建築の日本展
その遺伝子のもたらすもの

JAPAN IN ARCHITECTURE
Genealogies of Its Transformation

展示風景:「建築の日本展:その遺伝子のもたらすもの」森美術館、2018年
撮影:来田 猛
Installation view: "Japan in Architecture: Genealogies of Its Transformation," 2018, Mori Art Museum, Tokyo
Photo: Koroda Takeru

建築の日本展
その遺伝子のもたらすもの
JAPAN IN ARCHITECTURE
Genealogies of Its Transformation

六本木ヒルズ・森美術館15周年記念展
建築の日本展：その遺伝子のもたらすもの

Roppongi Hills and Mori Art Museum 15th Anniversary Exhibition
Japan in Architecture: Genealogies of Its Transformation

会期　2018. 4. 25（水）〜 9. 17（月・祝）
会場　森美術館［六本木ヒルズ森タワー 53 階］

主催　森美術館

後援　一般社団法人日本建築学会
　　　公益社団法人日本建築家協会
　　　アルカジア東京大会 2018
　　　一般社団法人日本建築構造技術者協会
　　　一般社団法人日本デザイン学会

協賛　株式会社大林組、清水建設株式会社、株式会社竹中工務店、
　　　鹿島建設株式会社、大成建設株式会社、株式会社日本設計、
　　　合同会社日本 MGM リゾーツ、大光電機株式会社、
　　　IHI 運搬機械株式会社、株式会社きんでん、
　　　三建設備工業株式会社、アマノ株式会社、
　　　千代田ビル管財株式会社、フジテック株式会社、
　　　株式会社入江三宅設計事務所、株式会社関電工、
　　　株式会社建築設備設計研究所、株式会社久米設計、
　　　株式会社九電工、株式会社日建設計、
　　　日本ピーマック株式会社、株式会社乃村工藝社、
　　　パナソニック株式会社、三機工業株式会社、
　　　高砂熱学工業株式会社、株式会社山下設計、
　　　横浜ビル建材株式会社、株式会社駒井ハルテック、
　　　新菱冷熱工業株式会社、AGC グラスプロダクツ株式会社

協力　シャンパーニュ ポメリー、
　　　コーニングインターナショナル株式会社、
　　　株式会社ハロー、前田建設工業株式会社、ものつくり大学、
　　　野口直人建築設計事務所、おだわら名工舎、
　　　住友電気工業株式会社、株式会社テオ、
　　　株式会社山長商店

Exhibition Period: 4.25 [Wed] – 9.17 [Mon], 2018
Venue: Mori Art Museum (53F, Roppongi Hills Mori Tower)

Organizer: Mori Art Museum

In Association with: Architectural Institute of Japan
The Japan Institute of Architects
ARCASIA ACA18 Tokyo
Japan Structural Consultants Association
Japanese Society for the Science of Design

Corporate Sponsors: OBAYASHI CORPORATION,
SHIMIZU CORPORATION, TAKENAKA CORPORATION,
KAJIMA CORPORATION, TAISEI CORPORATION,
NIHON SEKKEI, INC., MGM Resorts Japan LLC,
DAIKO ELECTRIC CO., LTD.,
IHI Transport Machinery Co., Ltd., KINDEN CORPORATION,
SANKEN SETSUBI KOGYO CO., LTD., Amano Corporation,
CHIYODA BLDG. KANZAI CO., LTD., FUJITEC CO., LTD.,
IRIE MIYAKE ARCHITECTS & ENGINEERS, KANDENKO CO., LTD.,
Kenchiku Setsubi Sekkei Kenkyusho, KUME SEKKEI CO., LTD.,
KYUDENKO CORPORATION, NIKKEN SEKKEI LTD,
NIPPON PMAC Co., Ltd, NOMURA Co., Ltd.,
Panasonic Corporation Eco Solutions company,
SANKI ENGINEERING CO., LTD.,
Takasago Thermal Engineering Co., Ltd.,
YAMASHITA SEKKEI INC., Yokohama Bilukenzai Co., Ltd,
KOMAIHALTEC Inc., SHINRYO CORPORATION,
AGC Glass Products Co., Ltd.

Support: Champagne Pommery,
Corning International K.K. (Japan), helo Inc.,
Maeda Corporation, Institute of Technologists,
noguchinaoto architect's, Odawara Meiko-sha,
Sumitomo Electric Industries, Ltd.,
Theo Inc., YAMACHO Co., Ltd.

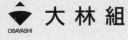 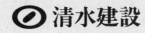 

ごあいさつ

　このほど森美術館は「建築の日本展：その遺伝子のもたらすもの」を開催する運びとなりました。現在、日本の現代建築は多くの国で実現し、世界中で高く評価され、建築の発展に、これまでなかったほどの大きな影響を与えています。

　このような活況の淵源は一体どこにあったのでしょうか。

　この展覧会では、日本の古代・古典建築の特徴を分析し、その遺伝子がどのように国際的に広がっていったのか、その鍵を握った人たちは誰だったのか、そして今もなおその遺伝子が、世界にさらに広がりつつあるのだとすれば、そこにはどのようなメカニズムが働いているのか、といった視点で日本建築の大きな流れを解き明かそうとする極めて野心的な試みです。展示は9つのセクションから構成され、縄文の住居から現代建築まで100のプロジェクトを、資料や精巧な大型模型、原寸大の茶室の再現、体験型のインスタレーションなどを含むおよそ400点の展示資料・作品で紹介しています。

　これらの9つの物語は、あくまでも仮説です。しかし西欧近代を基本的なモデルとしてその超克を試みた日本が、独自の目標を構築すべき時に来ているのだとすれば、本展の仮説を世に問い、そこから、さらに未来へ向かう新たな視野と議論が生じてくることを期待することも間違ってはいないのではないかと確信する次第です。

　日本は今、2020年の東京オリンピック・パラリンピックに向け、再びその文化と創造性を世界に問うべき時にあります。日本建築の過去と現在を語ることで、日本という国の新たなアイデンティティの構築に貢献することができれば幸甚です。

　最後になりますが、貴重な資料・作品をお貸し出しくださいました関係者、学術機関、企業、および本展の実現にご支援・ご協力を賜りました企業や個人の方々、また監修の責務を果たしていただきました藤森照信氏、共同企画者としてご尽力賜りました倉方俊輔氏、ケン・タダシ・オオシマ氏に衷心より感謝申し上げます。

森美術館 館長　南條史生

Foreword

Mori Art Museum is pleased to present the exhibition, "Japan in Architecture: Genealogies of Its Transformation." Contemporary Japanese architecture is today acclaimed around the world. Examples are built in many countries, and its influence on global architecture is unprecedented.

But where did such a situation originate?

This exhibition examines the characteristics of ancient and classical Japanese architecture and makes a highly ambitious attempt to elucidate the major currents of the nation's architecture from the perspectives of how its genealogies have spread internationally, the pioneering figures in this process, and the mechanisms behind the continued expansion of these genealogies today. Across nine thematic sections, the exhibition introduces 100 projects, ranging from Jōmon period homes to the contemporary, through approximately 400 exhibits, including materials, full-sized models, documents, and interactive installations.

These nine stories are ultimately hypothetical ones. However, if the time has come for Japan, having followed the model of Western modernity and then attempted to overcome it, now to construct its own original goals, I am confident that presenting these hypotheses will lead to new discussions and visions for the future.

As we look ahead to the Olympic and Paralympic Games to be held in Tokyo in 2020, the time is ripe for once again posing questions to the world about this culture and creativity. By exploring the past and present of Japanese architecture, it is my hope that we can contribute to constructing a new identity for the nation of Japan.

In closing, I would like to express my deep gratitude to all the related parties, academic institutions, and corporations that loaned us their valuable materials as well as to the many corporations and individuals, including the curatorial advisor Fujimori Terunobu and co-curators Kurakata Shunsuke and Ken Tadashi Oshima, whose generous support and cooperation helped realize this exhibition.

Nanjo Fumio
Director, Mori Art Museum

謝辞
Acknowledgments

本展開催および本書刊行にあたり、多大なご協力を賜りました下記の諸機関、関係者の方々に
深甚なる感謝の意を表します。(敬称略)

We would like to express our sincere gratitude to all the following institutions and individuals for their generous
assistance and contributions for the realization of this exhibition and publication. (Honorifics omitted)

後援 In Association with

一般社団法人日本建築学会
公益社団法人日本建築家協会
アルカジア東京大会2018
一般社団法人日本建築構造技術者協会
一般社団法人日本デザイン学会

Architectural Institute of Japan
The Japan Institute of Architects
ARCASIA ACA18 Tokyo
Japan Structural Consultants Association
Japanese Society for the Science of Design

協賛 Corporate Sponsors

株式会社大林組
清水建設株式会社
株式会社竹中工務店
鹿島建設株式会社
大成建設株式会社
株式会社日本設計
合同会社日本MGMリゾーツ
大光電機株式会社
IHI運搬機械株式会社
株式会社きんでん
三建設備工業株式会社
アマノ株式会社
千代田ビル管財株式会社
フジテック株式会社
株式会社入江三宅設計事務所
株式会社関電工
株式会社建築設備設計研究所
株式会社久米設計
株式会社九電工
株式会社日建設計
日本ピーマック株式会社
株式会社乃村工藝社
パナソニック株式会社
三機工業株式会社
高砂熱学工業株式会社
株式会社山下設計
横浜ビル建材株式会社
株式会社駒井ハルテック
新菱冷熱工業株式会社
AGCグラスプロダクツ株式会社

OBAYASHI CORPORATION
SHIMIZU CORPORATION
TAKENAKA CORPORATION
KAJIMA CORPORATION
TAISEI CORPORATION
NIHON SEKKEI, INC.
MGM Resorts Japan LLC
DAIKO ELECTRIC CO., LTD.
IHI Transport Machinery Co., Ltd.

KINDEN CORPORATION
SANKEN SETSUBI KOGYO CO., LTD.
Amano Corporation
CHIYODA BLDG. KANZAI CO., LTD.
FUJITEC CO., LTD.
IRIE MIYAKE ARCHITECTS & ENGINEERS
KANDENKO CO., LTD.
Kenchiku Setsubi Sekkei Kenkyusho
KUME SEKKEI CO., LTD.
KYUDENKO CORPORATION
NIKKEN SEKKEI LTD
NIPPON PMAC Co., Ltd
NOMURA Co., Ltd.
Panasonic Corporation Eco Solutions
company
SANKI ENGINEERING CO., LTD.
Takasago Thermal Engineering Co., Ltd.
YAMASHITA SEKKEI INC.
Yokohama Bilukenzai Co., Ltd
KOMAIHALTEC Inc.
SHINRYO CORPORATION
AGC Glass Products Co., Ltd.

協力 Support

シャンパーニュ ポメリー
コーニングインターナショナル株式会社
株式会社ハロー
前田建設工業株式会社
ものつくり大学
野口直人建築設計事務所
おだわら名工舎
住友電気工業株式会社
株式会社テオ
株式会社山長商店

Champagne Pommery
Corning International K.K. (Japan)
helo Inc.
Maeda Corporation
Institute of Technologists
noguchinaoto architect's
Odawara Meikou-sha
Sumitomo Electric Industries, Ltd.
Theo Inc.
YAMACHO Co., Ltd.

所蔵家・機関 Lenders

朝倉不動産株式会社
芦原太郎建築事務所
熱海市教育委員会
アトリエ・ワン
安藤忠雄建築研究所
出雲大社

小山工業高等専門学校
香川県
香川県文化会館
香川県立ミュージアム
鹿島建設株式会社
金沢工業大学建築アーカイヴス研究所
金沢工業大学ライブラリーセンター
金沢市
株式会社青木淳建築計画事務所
株式会社アダチ版画研究所
株式会社アマナ
株式会社アマナサルト
株式会社石上純也建築設計事務所
一般社団法人聴竹居倶楽部
一般社団法人日本建築学会
株式会社伊東豊雄建築設計事務所
MOA美術館
株式会社環境デザイン研究所
株式会社北川原温建築都市研究所
株式会社Kプロビジョン
株式会社三角屋
株式会社新建築社
株式会社新素材研究所
株式会社妹島和世建築設計事務所
株式会社竹中工務店
株式会社谷口建築設計研究所
株式会社たねや
株式会社帝国ホテル
株式会社内藤廣建築設計事務所
株式会社ナカサアンドパートナーズ
株式会社成瀬・猪熊建築設計事務所
株式会社日経BP
株式会社日建設計
株式会社乃村工藝社
株式会社ホテルオークラ東京
株式会社羽深隆雄・梅工設計事務所
株式会社坂茂建築設計
株式会社マガジンハウス
カーサブルータス編集部
株式会社槇総合計画事務所
株式会社山﨑健太郎デザインワークショップ
株式会社山田守建築事務所
株式会社吉村靖孝建築設計事務所
株式会社ライゾマティクス
株式会社レーモンド設計事務所
株式会社ロイヤルホテル
京都工芸繊維大学 美術工芸資料館
京都市美術館
京都大学大学院工学研究科建築学専攻
京都大学文学研究科図書館
宮内庁書陵部
隈研吾建築都市設計事務所
華厳宗大本山東大寺
ゲッティ イメージズ ジャパン
公益財団法人大倉文化財団

公益財団法人小田原文化財団
公益財団法人佐川美術館
公益財団法人竹中大工道具館
公益財団法人
特別史跡旧閑谷学校顕彰保存会
公益財団法人土門拳記念館
公益財団法人日光社寺文化財保存会
公益財団法人福岡文化財団
公益社団法人日本写真家協会
公益財団法人日本武道館
公益財団法人福武財団
公益財団法人横浜市ふるさと歴史財団
横浜開港資料館
工学院大学図書館
高知県立美術館
国際教養大学
国立研究開発法人
産業技術総合研究所東北センター
国立歴史民俗博物館
SANAA
三分一博志建築設計事務所
島根県立古代出雲歴史博物館
清水建設株式会社
聖徳宗総本山法隆寺
少林山達磨寺
象設計集団
大成建設株式会社
大徳寺孤篷庵
東武タワースカイツリー株式会社
高崎市美術館
多田美波研究所
茅野市尖石縄文考古館
中央工学校
中国新聞社
東京藝術大学
東京国立博物館
東京大学総合研究博物館
東北大学大学院
工学研究科都市・建築学専攻
凸版印刷株式会社
日光東照宮
西沢立衛建築設計事務所
日本大学理工学部建築学科建築史研究室
博物館明治村
久松真一記念館
福岡市博物館
福島県立会津若松市立一箕小学校
藤本壮介建築設計事務所
文化庁国立近現代建築資料館
星野リゾート トマム
ホンマタカシ写真事務所
武蔵野美術大学美術館・図書館
MURANO design
明治大学
本居宣長記念館
八尾市立歴史民俗資料館
山形県立博物館
UID一級建築士事務所
雪の里情報館
吉村順三記念ギャラリー

Adjaye Associates
ATELIER TSUYOSHI TANE ARCHITECTS

DAAS
John Pawson Limited
RCR Arquitectes
The Museum of Modern Art, New York
University of California Santa Barbara

阿野太一
池 浩三
石山修武
石渡 朋
市川靖史
岩崎和雄
上田 宏
内田道子
太田拓実
大橋正典
岡 啓輔
小川重雄
小倉以索
勝原基貴
加藤道夫
金子俊男
北嶋俊治
神代真砂実
腰原幹雄
後藤克典
来田 猛
鈴木久雄
田中英行
塚本二朗
富井雄太郎
西川公朗
畠山 崇
畠山直哉
平井広行
平尾 寛
平山治郎
藤塚光政
二川由夫
堀 啓二
本多晃子
水谷晃啓
八束はじめ
山田新治郎

Iwan Baan
Christian Merlhiot
Grant Mudford
Arnaud Rodriguez
Jens Weber

ご協力・ご助言くださった方々（機関・個人）
**Institutions and individuals who
have provided assistance and advice:**
————

伊勢神宮
嚴島神社
一般社団法人クールジャパンアワード協議会
裏千家今日庵
大分市
大分市美術館
表千家不審菴
株式会社黒川紀章建築都市設計事務所

株式会社桜製作所
株式会社修護
株式会社丹下都市建築設計
株式会社Misa Shin & Co
株式会社六角屋
建築倉庫ミュージアム
公益財団法人日本住宅総合センター
国土交通省
住電商事株式会社
中部大学
鶴岡市教育委員会
鶴亀工房
TOTOギャラリー・間
長崎県立大学
西村孝一法律事務所
長谷ビルディンググループ
平等院鳳凰堂
フジワラテッペイアーキテクツラボ
妙喜庵

五十嵐太郎
伊豆井秀一
磯 達雄
磯崎 新
今井雅之
岩岡竜夫
大沼 靖
小渕祐介
金田充弘
北村幸雄
榊原健祐
榊原由紀子
鈴木 光
角 奈緒子
スミス睦子
大宮司勝弘
谷川公朗
坪井良平
手塚雄二
中川 武
中谷弘志
永井壯茂
長門佐季
西松秀記
橋口 薫
原 研哉
藤田伊織
堀越英嗣
宮沢 洋
山口俊浩
八幡俊昭
横内 啓
渡部泰山

本書は、公益財団法人日本住宅総合センター事業
「住宅等の構法等の変遷に関する歴史的研究」の
助成により出版されました。
This catalogue is published in part by an assistance from
the Housing Research and Advancement Foundation of
Japan's project: Historical Study on the Transition of
Construction Methods of Houses and Other Buildings.

目次

004	ごあいさつ	
006	謝辞	
009	プロジェクト一覧	

013	論考1	日本、世界、伝統、モダン	藤森照信
017	論考2	未来が発見される建築の日本	倉方俊輔
022	論考3	世界の日本建築	ケン・タダシ・オオシマ
030	論考4	建築展の可能性──「建築の日本展:その遺伝子のもたらすもの」における企画と制作過程からの考察	前田尚武
035	視点	多数の過去認識と建築・庭園──近代の「ZEN」と中世の禅をめぐって	野村俊一

037　01 可能性としての木造
060　　　なぜ、みんな格子が好きなのか?　木内俊彦

067　02 超越する美学
076　　　超越する美　大井隆弘

083　03 安らかなる屋根
100　　　屋根をめぐる日本史　海野聡

107　04 建築としての工芸
128　　　建築の工芸性は、マーブルのように漂う　本橋仁

137　05 連なる空間
158　　　「空間」の成り立ち　岸佑

165　06 開かれた折衷
178　　　国の自画像　市川紘司

185　07 集まって生きる形
200　　　日本的コミュニティとデザイン&リサーチ・プロジェクト　石榑督和

207　08 発見された日本
232　　　旅人のまなざし──日本を「発見」した展覧会　山崎泰寛

239　09 共生する自然
262　　　建築の自然　徳山拓一

293	展示資料・作品リスト	
311	ブックガイド　塚本二朗 編・解説	
318	執筆者プロフィール	

年表:早稲田大学 小岩正樹建築史研究室 監修(pp. 64、81、104、132、162、182、204、236、266)
プロジェクト・データ:pp. 65、82、105、133、163、183、205、237、267

プロジェクト一覧

01 可能性としての木造
040 平等院鳳凰堂の組物
041 木組
042 ミラノ国際博覧会2015日本館 木組インフィニティ｜北川原 温
044 国際教養大学図書館｜仙田 満
045 大工秘伝書
046 会津さざえ堂（旧正宗寺三匝堂）
048 東照宮 五重塔
049 東京スカイツリー｜日建設計
050 嚴島神社 大鳥居
051 ホテル東光園｜菊竹清訓
052 古代出雲大社本殿
054 ティンバライズ200｜東京大学生産技術研究所 腰原幹雄研究室＋ティンバライズ
056 東大寺南大門
057 空中都市 渋谷計画｜磯崎 新
058 梼原 木橋ミュージアム｜隈 研吾

02 超越する美学
070 伊勢神宮正殿
071 鈴木大拙館｜谷口吉生
072 孤蓬庵 忘筌
073 アトリエ・ビスクドール｜前田圭介
074 佐川美術館 樂吉左衞門館｜樂吉左衞門（設計創案）、竹中工務店

03 安らかなる屋根
086 家屋文鏡
087 家形埴輪
088 『日本の民家』｜伊藤ていじ、二川幸夫
090 直島ホール｜三分一博志
092 洛中洛外図
093 佳水園｜村野藤吾
094 京都の集合住宅｜妹島和世
095 荘銀タクト鶴岡（鶴岡市文化会館）｜SANAA
096 東京オリンピック国立屋内総合競技場｜丹下健三
097 牧野富太郎記念館｜内藤 廣
098 日本武道館｜山田 守

04 建築としての工芸
110 日生劇場｜村野藤吾
112 ロイヤルホテル メインラウンジ｜吉田五十八
113 日本万国博覧会 東芝IHI館｜黒川紀章
114 ハノーバー国際博覧会 日本館｜坂 茂
115 ルイ・ヴィトン松屋銀座｜青木 淳
116 ブルーノ・タウトの工芸
118 旧日向家熱海別邸地下室｜ブルーノ・タウト
120 湧雲の望楼｜羽深隆雄
122 待庵｜伝 千利休
124 幻庵からアンモナイト美術館へ｜石山修武
126 蟻鱒鳶ル｜岡 啓輔

05 連なる空間
140 『過去の構成』と『現代の構成』｜岸田日出刀
142 石元泰博と桂離宮
143 桂離宮
144 House N｜藤本壮介
145 東京国立博物館 法隆寺宝物館｜谷口吉生
146 寝殿造
147 モデュールと木割
148 住居（丹下健三自邸）｜丹下健三
150 フクマスベース／福増幼稚園新館｜吉村靖孝

151 HouseMaker｜吉村靖孝
152 パワー・オブ・スケール｜齋藤精一＋ライゾマティクス・アーキテクチャー
154 香川県庁舎｜丹下健三
156 家具のモダニズム

06 開かれた折衷
168 伊東忠太と日本建築
171 祇園閣｜伊東忠太
172 第一国立銀行（三井組ハウス）｜清水喜助
173 宮城県会議事堂｜久米耕造、植田 登
174 大礼記念京都美術館｜前田健二郎
175 駒沢オリンピック公園総合運動場 体育館 管制塔｜芦原義信
176 静岡県富士山世界遺産センター｜坂 茂

07 集まって生きる形
188 旧閑谷学校
190 旧農林省積雪地方農村経済調査所
192 積雪地方農村経済調査所庁舎と雪国試験農家｜今 和次郎
193 52間の縁側｜山崎健太郎
194 恋する豚研究所｜アトリエ・ワン
195 栗源第一薪炭供給所（1K）｜アトリエ・ワン
196 神代雄一郎のデザイン・サーヴェイ｜明治大学 神代雄一郎研究室
197 瀬戸内のデザイン・サーヴェイ
198 LT城西｜猪熊 純、成瀬友梨
199 ヒルサイドテラス｜槇 文彦

08 発見された日本
210 シカゴ万国博覧会 日本館 鳳凰殿｜久留正道
212 帝国ホテル旧本館（ライト館）｜フランク・ロイド・ライト
214 フランク・ロイド・ライトと浮世絵
217 シンドラー自邸（キングス・ロード・ハウス）｜ルドルフ・シンドラー
218 笄町の自邸・事務所と旧井上房一郎邸｜アントニン・レーモンド｜井上房一郎
220 赤星四郎週末別荘｜アントニン・レーモンド
221 『アーキテクチュア・オブ・ジャパン』｜アーサー・ドレクスラー
222 日本家屋展 松風荘｜吉村順三
224 ポカンティコヒルの家（ロックフェラー邸）｜吉村順三
226 ポーソン自邸｜ジョン・ポーソン
227 ダーティー・ハウス｜デイヴィッド・アジャイ
228 レス・コルズ・パベヨーンズ｜RCR アルキテクタス
229 ルーヴル・ランス｜SANAA
230 台中国家歌劇院｜伊東豊雄

09 共生する自然
242 名護市庁舎｜象設計集団＋アトリエ・モビル
244 聴竹居（旧藤井厚二邸）｜藤井厚二
246 後山山荘｜藤井厚二（原設計）、前田圭介
248 芝棟
249 ラ コリーナ近江八幡 草屋根｜藤森照信
250 竪穴住居の復元研究
251 豊島美術館｜西沢立衛
252 A House for Oiso｜田根 剛
253 House & Restaurant｜石上純也
254 投入堂
256 小田原文化財団 江之浦測候所｜杉本博司＋榊田倫之
258 宮島弥山展望台｜三分一博志
260 嚴島神社
261 水の教会｜安藤忠雄

Contents

005 Foreword
006 Acknowledgments
011 List of Projects in the Exhibition

275 **Essay 1** Japan, World, Tradition, Modern **Fujimori Terunobu**
278 **Essay 2** The Japan of a Prophetic Architecture **Kurakata Shunsuke**
283 **Essay 3** Architectures of Japan **Ken Tadashi Oshima**
288 **Essay 4** Possibilities of Architectural Exhibitions:
Considerations for Their Planning and Development **Maeda Naotake**
291 **Insight** Multiple Interpretations of the Past in Regard to Architecture and Gardens
Exploring Modern Zen and the Zen of the Middle Ages **Nomura Shunichi**

037 **01 Possibilities of Wood**

062 Why Are People So Fond of Louvers? **Kiuchi Toshihiko**

067 **02 Transcendent Aesthetics**

078 Transcendent Beauty **Ohi Takahiro**

083 **03 Roofs of Tranquility**

102 The Roof in Japanese Architectural History **Unno Satoshi**

107 **04 Crafts as Architecture**

130 The Marbling of the Art of Architecture **Motohashi Jin**

137 **05 Linked Spaces**

160 The Origins of Space **Kishi Yu**

165 **06 Hybrid Architecture**

180 The Country's Self-Image **Ichikawa Koji**

185 **07 Forms for Living Together**

202 Design and Research of Japanese-Style Communities **Ishigure Masakazu**

207 **08 Japan Discovered**

234 Viewpoint of Travelers; the Exhibitions that have "Discovered" Japan **Yamasaki Yasuhiro**

239 **09 Living with Nature**

264 Views of Nature as Expressed in Architecture **Tokuyama Hirokazu**

293 List of Documents and Works
311 Book Guide **compiled by Tsukamoto Jiro**
318 Profiles of Contributors

Chronology (compiled by Koiwa Masaki Laboratory, Department of Architecture, Waseda University): p. 64, 81, 104, 132, 162, 182, 204, 236, 266
Project data: p. 65 - 66, 82, 105, 133 - 134, 163, 183, 205, 237 - 238, 267 - 268

List of Projects in the Exhibition

01 Possibilities of Wood

040 *Kumimono* of Byōdō-in Hō-ō-dō (eave-supporting bracketing complex of Byōdō-in Phoenix Hall)
041 *Kigumi*
042 KIGUMI INFINITY, Japan Pavilion, Expo Milano 2015 | Kitagawara Atsushi
044 Akita International University Library | Senda Mitsuru
045 Secret Books of Carpentry Techniques
046 Aizu Sazaedō (former Shōsō-ji Sansōdō)
048 Tōshōgū Gojū-no-tō (five-story pagoda)
049 Tokyo Skytree | NIKKEN SEKKEI
050 Itsukushima Shrine *Ōtorii*
051 Hotel Tōkōen | Kikutake Kiyonori
052 The Main Hall of the Ancient Izumo Shrine
054 Timberize 200 | KOSHIHARA Lab. IIS, the University of Tokyo and team Timberize
056 Tōdai-ji Nandai-mon (the Great Southern Gate of Tōdai-ji)
057 City in the Air: Shibuya Project | Isozaki Arata
058 Yusuhara Wooden Bridge Museum | Kuma Kengo

02 Transcendent Aesthetics

070 Ise Jingū Shō-den (the Ise Grand Shrine Central Hall)
071 D. T. Suzuki Museum | Taniguchi Yoshio
072 Kohō-an Bōsen
073 Atelier-Bisque Doll | Maeda Keisuke
074 Sagawa Art Museum Raku Kichizaemon Building | Raku Kichizaemon (design direction) / Takenaka Corporation

03 Roofs of Tranquility

086 Kaoku Monkyō (mirror with four buildings)
087 *Iegata Haniwa* (terracotta clay house figures)
088 *Japanese Folk Houses* | Ito Teiji / Futagawa Yukio
090 NAOSHIMA HALL | Sambuichi Hiroshi
092 *Rakuchūrakugai-zu* (painted scenes in and around Kyoto)
093 Kasuien | Murano Togo
094 Kyoto Apartments (NISHINOYAMA HOUSE) | Sejima Kazuyo
095 SHOGIN TACT TSURUOKA (Tsuruoka Cultural Hall) | SANAA
096 National Gymnasium for the Tokyo Olympic Games | Tange Kenzo
097 Makino Museum of Plants and People | Naito Hiroshi
098 Nippon Budōkan | Yamada Mamoru

04 Crafts as Architecture

110 Nissay Theatre | Murano Togo
112 Main Lounge, Royal Hotel | Yoshida Isoya
113 Toshiba IHI Pavilion, Expo '70 Osaka | Kurokawa Kisho
114 Japan Pavilion, Expo 2000, Hannover | Ban Shigeru
115 LOUIS VUITTON MATSUYA GINZA | Aoki Jun
116 Bruno Taut's Crafts
118 Basement of the former Villa Hyuga, Atami | Bruno Taut
120 Wakigumo no Bōrō | Habuka Takao
122 Tai-an | Attributed to Sen no Rikyu
124 From Gen-an to the Ammonite Museum | Ishiyama Osamu
126 Arimasuton Buiding | Oka Keisuke

05 Linked Spaces

140 *Composition of the Past* and *Composition of the Present* | Kishida Hideto
142 Ishimoto Yasuhiro and Katsura Imperial Villa
143 Katsura Imperial Villa
144 House N | Fujimoto Sosuke
145 The Gallery of Horyu-ji Treasures, Tokyo National Museum | Taniguchi Yoshio
146 *Shinden-zukuri*
147 Module and *Kiwari*
148 A House (Tange Kenzo House) | Tange Kenzo
150 Fukumasu Base / Fukumasu Kindergarten Annex | Yoshimura Yasutaka
151 HouseMaker | Yoshimura Yasutaka

152 *Power of Scale* | Saito Seiichi + Rhizomatiks Architecture
154 Kagawa Prefectural Government Office | Tange Kenzo
156 Modernist Furniture in Japan

06 Hybrid Architecture

168 Ito Chuta and Japanese Architecture
171 Gion-kaku | Ito Chuta
172 The First National Bank (The House of Mitsui) | Shimizu Kisuke
173 Miyagi Prefectural Parliament Building | Kume Kozo / Ueda Minoru
174 Kyoto Enthronement Memorial Museum of Art | Maeda Kenjiro
175 Gymnasium and Control Tower, Komazawa Olympic Park | Ashihara Yoshinobu
176 Mt. Fuji World Heritage Centre, Shizuoka | Ban Shigeru

07 Forms for Living Together

188 Former Shizutani School
190 Research Institute of Agrarian Economy in Snowbound Districts, the Former Ministry of Agriculture and Forestry
192 Research Institute of Agrarian Economy in Snowbound Districts Office Building and Snowbound Districts Experimental Farmhouse | Kon Wajiro
193 Longhouse with Engawa | Yamazaki Kentaro
194 Koisuru-Buta Laboratory | Atelier Bow-Wow
195 Kurimoto Daiichi Firewood Supply Station (1K) | Atelier Bow-Wow
196 Kojiro Yuichiro's Design Survey | Meiji University Kojiro Yuichiro Laboratory
197 Design Survey in the Seto Inland Sea Area
198 LT Josai | Inokuma Jun / Naruse Yuri
199 Hillside Terrace | Maki Fumihiko

08 Japan Discovered

210 The Hō-ō-Den, World's Columbian Exposition Japanese Pavilion | Kuru Masamichi
212 Frank Lloyd Wright's Imperial Hotel | Frank Lloyd Wright
214 Frank Lloyd Wright and Japanese *Ukiyo-e* Prints
217 Schindler House (Kings Road House) | Rudolph M. Schindler
218 Kōgai-chō House and Studio | Antonin Raymond
   The Former Inoue Fusaichiro House | Antonin Raymond (Original design)/Inoue Fusaichiro
220 Akaboshi Shiro's Weekend Cottage | Antonin Raymond
221 *The Architecture of Japan* | Arthur Drexler
222 Shōfū-sō, Japanese Exhibition House | Yoshimura Junzo
224 Residence in Pocantico Hills (Rockefeller House) | Yoshimura Junzo
226 Pawson House | John Pawson
227 Dirty House | David Adjaye
228 Les Cols Pavellons | RCR Arquitectes
229 Louvre-Lens | SANAA
230 The National Taichung Theater | Ito Toyo

09 Living with Nature

242 Nago City Government Office | Atelier ZO + Atelier Mobile
244 Chōchikukyo | Fujii Koji
246 Villa Ushiroyama | Fujii Koji (original design) / Maeda Keisuke
248 *Shibamune*
249 Kusayane, La Collina Omihachiman | Fujimori Terunobu
250 Restoration Study of Jōmon Dwelling
251 Teshima Art Museum | Nishizawa Ryue
252 A House for Oiso | Tane Tsuyoshi
253 House & Restaurant | Ishigami Junya
254 Nageire-dō
256 Enoura Observatory, Odawara Art Foundation | Sugimoto Hiroshi + Sakakida Tomoyuki
258 Miyajima Misen Observatory | Sambuichi Hiroshi
260 Itsukushima Shrine
261 Church on the Water | Ando Tadao

凡例　　　　　　　　　　　　　　　　　　　Notes to the Reader

本カタログは、本展で紹介された100のプロジェクトを、
本展を構成する9つのセクションに沿って収録するものである。

- プロジェクトの情報は、以下の順で記載した。
  プロジェクト名称
  建築家名・著者名
  竣工年・成立年、または時代（現存しないものは、「現存せず」「移築」等と記載）。

- 各図版のキャプションは以下の通り記載した。
  名称（資料名／作品名／書名など）
  制作者名／著者名
  成立年（制作年、撮影年、発行年など）
  サイズ
  撮影者など
  所蔵者
  資料提供者
  フォトクレジット
  ※一部の図版については、撮影者不明のため、写真の著作権者をご存知の方は、
  　発行元までお知らせください。

- 各セクションの最後に、そのセクションで紹介されたプロジェクト・データを
  収録した。プロジェクトのデータについては、下記の通り記載した。ただし、
  プロジェクトにより記載項目が異なる。
  建築またはプロジェクトの名称／資料の名称
  設計（設計者が個人の場合は生没年）
  名称
  所在地
  竣工年
  主要用途
  延床面積
  構造
  設計
  規模
  施工

- 本カタログの巻末に「出展資料・作品リスト」を付し、各資料の詳細データを
  収録した。（pp. 293-310）

- 同じ名称もしくは同じ内容の資料及び作品を複数にわたり掲載する場合、
  本文の図版キャプション及び展示資料・作品リストの資料・作品情報は、一
  回のみ掲載した。

- 日本語の英語表記について
  原則として、日本人の姓名の英文表記は、「姓名」の順とした。例外として、建築家
  事務所等の社名の英文表記が建築家名の「名姓」の順になっているものは、社名
  の通りとした。日本語のローマ字表記は、長母音にマクロンを付した（例：Tōdai-jiや
  rakuchū）。ただし、人名、および一般的に英語で使用される地名や単語などはマクロ
  ンを用いない（例：Tange KenzoやKyoto）。

This catalogue contains information on 100 projects from the nine
sections of the exhibition.

- Project information is given in the following sequence:
  Project name
  Architect / Author
  Year of completion / establishment, or era (Works no longer in existence are
  indicated as "demolished" or "relocated")

- Basic information for plates are listed in the following sequence:
  Title
  Photographer / Videographer / Crafter / Artist / Author
  Year created
  Size / Dimension
  Photographer / Documenter
  Owner / Custodian
  Provider / Collaborator
  Photo credit
  * Some plates are listed as unknown authors. If you recognize the copyright
  　holder, please contact the publisher.

- Project data are consolidated in the list at the end of each section.
  The information is listed in the following order. However, the
  attributes vary according to the types of work.
  Name of project / document
  Title
  Location
  Year
  Primary use
  Area
  Structure
  Design
  Constructor

- Detailed information on each exhibit are listed in the List of
  Documents and Works at the end of the catalogue. (pp. 293-310)

- Any documents or works mentioned in multiple occasions are listed
  singularly on plates and the list of documents and works.

- Regarding translation of Japanese language:
  Japanese names are listed in the order of surname / given name. The
  exceptions given to names of organizations bearing the names of individuals.
  In translating Japanese language, macrons are used to indicate long vowels
  in Japanese words (e.g. Tōdai-ji, rakuchū). Japanese names, commonly known
  place names and words adopted into English are given without macrons (e.g.
  Tange Kenzo, Kyoto).

論考1
日本、世界、伝統、モダン

藤森照信

写真1 シカゴ万国博覧会 日本館 鳳凰殿（p. 210）

　日本の伝統的建築は、世界的に見ると稀な姿を続けてきた。まず、多くの国と地域が、文明化の早いうちに煉瓦と石による組積造の構造に移り、平面も表現もそれに見合ったものを成立させ発達させたのに対し、日本は、木の柱と梁を立体格子状に組み合わせた軸組構造を続け、高度に発達させることに成功し、ヨーロッパ建築の対極となるような平面と構造と表現の3つをもちつづけて、今にいたる。

　そうした日本の伝統的建築の遺伝子が、どのように明治以後の日本の近代建築（明治の西洋館、大正のモダンデザイン、昭和のモダニズムの総称）に流れ込み、戦後の現代建築へと受け継がれ、またいかに世界の20世紀建築（モダンデザイン、モダニズム、合理主義、機能主義、インターナショナリズムなどと呼ばれる）に影響を与えたのか。この問いに答えるのは、何色もの糸が絡み合った毛糸の玉を解きほぐすに似て、面倒極まりないが、しかし、"日本の伝統"と"世界の20世紀建築"と"日本のモダニズム"の3つには通底する質が隠れているのは確かであり、日本の建築史家と理論家が丁寧に解きほぐしてゆく必要がある。

　その一助として、これまで考えてきたことを以下に綴りたい。

空間（平面）の連続性（流動性）の美

　日本と世界のモダンデザイン（アール・ヌーヴォーから表現派まで）とモダニズム（バウハウス、ル・コルビュジエ）の建築家が日本の伝統にいつ着目したのかはわかっている。日本では武田五一が、明治31年（1898）、歴史主義から自由な表現としての茶室を発見し、世界ではアメリカのフランク・ロイド・ライトが、明治26年（1893）、シカゴ万国博覧会 日本館の《鳳凰殿》（平等院鳳凰堂を範にした木造／p. 210、写真1）と出会って、それまでのヨーロッパ歴史主義を脱する手がかりを得、以後、何度か日本を訪れ、日本の伝統的造形表現（フランク・ロイド・ライトと浮世絵／p.214、図版1）に深入りしてゆく。ライトがいかに根深く学んだかは、ライトの新しい道を拓くことになる名作ユニティチャーチ（1904／図版2）と日光東照宮の平面（図版3）の酷似を見ればわかるだろう。

　ライトが日本の伝統を手がかりに、新しい建築への突破口を開いたのは建築にかかわるどの部分についてだったのか。建築は、平面、構造、表現（様式、装飾、テクスチャー）、設備などの各部分からなるが、ライトが日本の伝統に学んだのはどの部分だったのか。

　当時のライトは、アメリカのアール・ヌーヴォー（アメリカではアーツ・アンド・クラフツと呼ぶ）の段階にあり、日本の木の構造や様式（書院造など）や装飾に関心があったわけではない。彼が鳳凰殿のなかに見出したのは、襖を開けると部屋から部屋へ、障子を開けると室内から室外へと連続的に続く平面についてだった。

　壁で囲まれ、その一部に開く開口部（窓とドア）によってしか部屋同士も内と外もつながらない欧米の建築とは別の平面を目の当たりにして、衝撃を受けた。

　アメリカを代表する建築史家ヴィンセント・スカーリーは、こうした平面の特性について、「連続性・continuity」と述べた。平面の上に載る空間の水平方向への連続性である。

　具体的にどうしたか。たとえば代表作ロビー邸（1908／写真2）を見ると、平面においては主室がコア（階段室、暖炉、設備）の部分から発し、野外に向って細長く伸びてゆくのが、外観では、軒とテラスが欧米建築としては異例に水平に伸びるのが分かるだろう。欧米の歴史主義建築の勘所である平面と表現の分節性を越える方途をライトは見出し、実現し、その成果を明治43年（1910）、大冊の図版集にまとめ『Ausgeführte Bauten und Entwürfe von Frank Lloyd Wright（フランク・ロイド・ライトの建築――実施及び計画案）』（p. 214）と題してドイツのヴァスムート社から刊行する。アメリカではなくドイツから出したのは、当時、ドイツこそ、アール・ヌーヴォー段階からモダニズムへの進化の世界の先端を走っていたからだ。

　大西洋の向こうから届いたこの一冊の本にすぐ反応したのは、ワルター・グロピウス、ミース・ファン・デル・ローエなどドイツ表現派の面々であった。彼らも、ライトと同じように、歴史主義様式を否定してアール・ヌーヴォー段階、つづいて装飾を否定してドイツ表現派段階へと前進したものの、平面や外観の全体をさらにどう進めたらいいのか途方に暮れていたからだ。

図版1 (P.216)

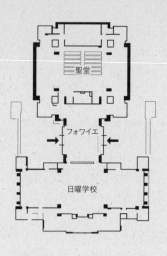
図版2 ユニティチャーチの平面図

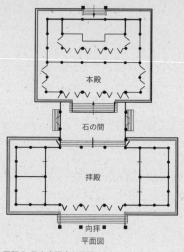
図版3 日光東照宮の平面

アメリカのライトのように、平面も外壁も、分節したり端部を強調する造形を付けたりせず、伸びやかに伸ばしてしまわばそれでいい、こう考えて、たとえばグロピウスはドイツ工作連盟博覧会モデル工場（1914）をつくっている。

グロピウスとミースは、ライトに学んだ流動性とオランダのデ・スティル（画家の代表はピエト・モンドリアン）に教えられた面による構成の2つを合わせてモダニズムを確立し、バウハウス（1919年創設、1924年再編）を通して、世界へと広めている。

バウハウスが確立したモダニズムは、山脇巌、山口文象、土浦亀城らの昭和初期の青年建築家によって日本にもたらされ、ここに日本のモダニズムは成立する。

以上の道筋を今から眺めると、興味深い。日本の伝統→アメリカのライト→ヨーロッパのバウハウス→日本のモダニズム、と地球を一周している。地球を一周して、日本の伝統は日本のモダニズムへと変身した。

この一周を、日本の建築家がなしとげたなら、日本の建築史家としては嬉しいが、当然ながらそれはなかった。日本の建築家が各段階で関わり、大きな遅れを取らなかったことでよしとしたい。

平面（空間）の流動性（連続性）を、バウハウスよりさらに先に進めたのは日本の建築家である。

バウハウスは、外観と室内空間の二つの連続性を確立したものの、室内と室外の関係は大ガラスの使用による視線の連続性（室内から室外を眺める）に止まっていた。それに対し、再編前のワイマールのバウハウス校舎（1926年につくられた有名な校舎の前の校舎）を訪れ、校長室（グロピウス設計、1923。バウハウスのモダニズムの第1号）を案内してもらった堀口捨己は、帰国後、しばし校長室体験を寝かした後、昭和3年（1933）、岡田邸（1933）をつくり、視覚だけでなく、平面（空間）も内と外を連続させることに成功する。堀口がこの成果を、ドイツ語で刊行したのは、バウハウスに向けてであった。

現代も水平方向への流動性（連続性）の探求は日本において先駆的に続く。

たとえば、伊東豊雄の空間構成の基本にあるのは"絶対水平感"だし、区画するものとしての壁やドアを嫌い、あたかも気づかぬうちにスッと外から内へと移っているように内外の関係を設定する。

伊東によって先駆的に試みられた内外連続性の究極的状態としての"内部空間と外部空間の区別の無化"は、後続の妹島和世、藤本壮介、平田晃久、石上純也らの"伊東チルドレン"に引き継がれ、今や、この内外無化は、世界の建築空間意識の先端を走っている。隈研吾のルーバー（格子）も大きくは内外無化の意識に発していると見ていいだろう。

日本の伝統を意識しているのは隈一人だが、内外無化もその発想の元をたどれば、バウハウスを経て日本の伝統の遺伝子にいたる。軽く、薄く、白く、透明に、そして水平に——こうした伊東チルドレンの印象の奥には本人たちも気づかぬ伝統の遺伝子が組み込まれている。

以上述べたように、ライトは、日本の伝統建築の平面（空間）に刺激されて、20世紀建築の新生面を拓くことに成功した。

軸組構造の美

平面の次に構造について。

日本の伝統建築は、木を組み合わせてつくられ、その結果、平面の連続性と柱・梁の軸組構造を誇っているが、木による軸組構造の遺伝子は20世紀建築の進化を果たして刺激することはあったのか、なかったのか。

あった。バウハウスの隆盛に一歩遅れて、あった。この出来事の主役は、欧米側がミースとコルビュジエ、日本側は坂倉準三と丹下健三。対の勝負。

20世紀建築は、それまでの煉瓦や石を止め、近代的材料である鉄と鉄筋コンクリートを駆使して構造体をつくるようまず志した。さらに続いて、鉄とコンクリートという新しい材料と新しい構造体を表現としても生かすよう求めた。

この、構造と材料を表現として生かす傾向を構造表現主義とも呼び、ドイツ工作文化連盟を中心に、20世紀建築をリードする思想の一つとなる。なおドイツ工作連盟のリーダーのヘルマン・ムテジウスは、明治20年に来日して、政府が推進した官庁集中計画に加わり、処女作も日本にあり、浮世絵の収集もしている。当然、日本の木造建築には詳しかった。

ドイツ工作連盟のペーター・ベーレンスそしてバウハウス

写真3 パリ万国博覧会日本館（Alfred Roth, *La Nouvelle Architecture*, Editions Girsberger, Zürich, 1940）

写真2 ロビー邸（William Allin Storrer, *A Frank Lloyd Wright Companion*, The University of Chicago Press, 1993）

写真4 IIT校舎（Franz Schulze & Edward Windhorst, *Mies Van Der Rohe: A Critical Biography*, The University of Chicago Press, 2012）

のミースが取り組んだのは鉄骨構造であった。ミースについて見てみよう。

鋼鉄による鉄骨構造は、それまでの鋳鉄のようにアーチ状にしたり装飾を付けたりせず、真っ直ぐ伸びる柱の頂部に水平の梁（桁）を架け渡す軸組構造をもって最も合理的で機能的構造とする。

この構造に先駆的に取り組んだミースは、バルセロナ・パヴィリオン（1929）とチューゲンハット邸（1930）という空間構成の傑作を生むが、しかし、構造表現への関心を欠き、前者は今も構造形式は不明（戦後、構造不明のまま再建された）、後者は軸組構造を取ってはいるが、水平に走る梁を天井裏に隠し、構造を表現には結びつけていない。

鉄骨による軸組構造を表現として現わすことに世界で最初に成功したのは、坂倉準三だった。昭和13年（1937）のパリ万博日本館（写真3）において、垂直の鉄柱と水平の鉄梁の間に大判のガラスをはめ込み、鉄骨の枠組とガラスの2つだけを前面に押し出した。この日本館は、審査委員長オーギュスト・ペレにより、アルヴァ・アールトのフィンランド館、ホセ・ルイ・セルトの自由スペイン館と並び建築グランプリに輝いている。

ミースのその後をたどると、バウハウスがナチスにより閉鎖された後、1938年にアメリカはシカゴに渡り、垂直の鉄と水平の鉄の間にガラスをはめ、それを表現として強調するIIT校舎（1943／写真4）を初めてつくり、さらにレイクショアドライブアパートメント（1951）により戦後の世界の超高層ビルの方向性を決める。

ドイツ時代の柱だけへの関心と、渡米後の柱の垂直性に水平性を加え軸組構造的に見せるやり方のあいだには溝があり、この溝を飛び越える可能性をいつどこで手に入れたのかの

謎を探ると、パリ万博日本館が浮上する。万博開催の最中、ミースはアメリカ渡航の交渉のため一週間、パリに滞在しており、その時、モダニズム建築創出の師であり仲間であったペレ、アールト、セルトの関係する万博を訪れなかったとは思えない。なお、セルトと坂倉の万博館の案はル・コルビュジエの事務所を借りて描かれているし、ペレはミースとコルビュジエ両方の師でもあった。

ここに一つ残念なのは、当の坂倉準三が、パリ万博日本館の革新性にどこまで自覚的であったかで、戦後の鉄骨構造の神奈川県立近代美術館（1951）を見ると、軸組構造を印象深く表現しようとはしていない。

パリ万博日本館を建築雑誌『現代建築』の編集長として特集した若き建築家が、軸組構造の美の問題を引き継ぐ。丹下健三である。

丹下の前には、2つの参考作があった。鉄筋コンクリートによる吉田鉄郎の大阪中央郵便局（1939）と鉄骨による坂倉の日本館の2つを編集長として取り上げた丹下は、鉄骨ではなく鉄筋コンクリートによってパリ万博日本館に現れた構造美の問題に取り組む。

鉄筋コンクリート軸組構造の先行例の大阪中央郵便局に丹下は不満だった。コンクリートを隠すタイル、梁の大型化防止策の欠如、窓下の立ち上がり壁、いずれも不満。総じて柱の垂直性と梁の水平性が一組になり、それを強調してこそ美しい軸組構造が生まれるという意識が、吉田鉄郎には乏しかった。

構造体というものは、いかなる構造体といえども、合理的につくっただけではその美はにじみ出てこない。ヒミツの粉を細部に及んで吹っ掛けないと美は生まれない。丹下がヒミツの粉の発明に挑んだ最初は、昭和17年（1942）の大東亜建

写真5 広島ピースセンター (Wiiii, License: CC BY-SA 3.0)

設記念造営コンペで、伊勢神宮の様式を鉄筋コンクリートに移すことを試み、その結果は、法隆寺に学んだ独自の配置計画とコルビュジエ風ヴォリューム感はうまくいったものの、国民広場を囲む回廊を支える柱と梁の接合部が気に入らない。当時のヨーロッパのモダニズムに学び、梁は四角、柱は丸柱にして、柱と梁の両方を表現として強調してみると、接合部が角と丸になり統一感が損なわれる。丹下はインタビューの時、「今でもここは直したい」と語っていた。

各所に振りまくヒミツの粉をすべて丹下が開発することができたのは、42歳の遅すぎるデビュー作となる広島ピースセンター（1955／写真5）の事務棟であった。ここにはいくつもの粉がある。ピロティの導入に始まり、打ち放しコンクリートの仕上げ、柱の角柱化、ヴェランダの影による梁背の視覚上の縮小化、壁の完全大ガラス化、そして何より、浅く張り出すヴェランダの手摺（勾欄）による水平性の強調。

ここに世界で初めて、打ち放しコンクリートによる軸組構造は水平と垂直の美を獲得する。さらに《香川県庁舎》（1958、p.154）が続く。

丹下によって日本の木造は鉄筋コンクリート造に置き換えられた。

2作の影響はすさまじく、以後、日本の公共建築はたいてい、村野藤吾や今井兼次のような自覚的反モダニストを除き、これに習う。

世界の影響という面では、なぜかヨーロッパではなくアメリカが大きい。

2人の戦後アメリカの代表建築家が丹下に学んでいる。丹下のライヴァルだったエーロ・サーリネンは、丹下に内緒で一週間、日本を訪れ、都庁舎（1957）と広島と香川に結実した軸組構造による水平と垂直の美に直接学び、最終作のディアカンパニー（1963）をつくる。後に丹下と共同設計することになるルイス・カーンは、初来日して丹下作に接した後、初めて打ち放しのラーメン構造に取り組んでいる（エール大学イギリス美術館。1974）。

打ち放しと日本の深い関係にも触れておこう。世界で初めて表現として試みたのはペレ（ランシーの教会。1922）で、ペレの弟子のコルビュジエより早く日本のレーモンドがこれに続き（レーモンド自邸。1925／ライジング・サン石油。1929)、戦後になると、丹下がレーモンド事務所OBの全面的協力により、世界で初めて緻密で美しい打ち放しを実現し、以後、日本は打ち放しコンクリートの花咲く世界でもまれな国となり、そうしたなかからやがて安藤忠雄が生まれて、今にいたる。

日本の建築家が打ち放し表現に傾注し、社会がこの簡素極まりない仕上げを受け容れた背景には、日本の木造建築の仕上げ上の特徴である"白木の美"があるにちがいない。打ち放しとは、コンクリートの白木状態ともいえるのである。

泥を石に化す錬金術のような打ち放しを、緻密かつ美しく仕上げるには設計者と施工者とコンクリート業者の技の連携が欠かせないが、その技の第一に大工技術があることを建築関係者以外は知らない。内田祥哉の言うように「木製の板を組み合わせて型枠をつくる鉄筋コンクリート造とは、実は見えない木造であり、大工技術が決定的に仕上がりを左右する」とすれば、戦後の日本の打ち放しの開花も、木造の伝統の充実なしにはあり得なかったことになる。

以上述べてきたように、日本の伝統建築の遺伝子は、空間（平面）の連続性と軸組構造の美という2つの面で、世界のモダニズムの誕生と進歩に深く関係し、そしてもちろん、日本の近現代の建築家の表現のなかに流れ込み、大きな成果を生み出して今に至るのである。

論考2

未来が発見される建築の日本

倉方俊輔

　現在、日本は建築がスゴいことで有名だ。分かりやすい例としてプリツカー賞がある。同賞は1979年にアメリカで設立され、その権威と国際性から「建築界のノーベル賞」と呼ばれる。日本人の過去の受賞者には、丹下健三、槇文彦、安藤忠雄、妹島和世、西沢立衛、伊東豊雄、坂茂がいる。この賞はこれまでにヨーロッパ、中南米、オセアニア、アジアなど、各国の建築家に幅広く与えられている。そんな中で日本人受賞者の数は7名と、アメリカの8名に次いで特に多い。他にも、磯崎新、谷口吉生、隈研吾など、国際的に良く知られる建築家は指折り数えられる。加えて特徴的なのは、こうした世界的な建築家が、キャリアの大半をこの島国で積んでいることだ。生まれた場所で建築を学び、仕事の依頼を受け、世界的に有名になる建築家がこれほどまでに輩出される国・日本には、きっと何かあるに違いない。

　さらに不思議なことがある。明治が始まった時、この国に建築家はゼロだった。そこから150年で、今のように世界の建築文化に貢献するようになったのである。

　「建築」という概念は、幕末の開国後に西洋から取り入れられた。それまでは、実際にものを作る「施工」と切り離されて、形を決める「設計」を行う職業はなかった。江戸時代までの日本人は、神社や寺院や茶室などの建物だけを他のものと分離して「建築」として鑑賞することも、論じることも、設計者の名前を記憶することもなかった。ましてや、どんな建築が日本的であるとか、建築の展覧会を開こうなどとは思いもよらなかった。

　「建築」は西洋文明の中で育まれた概念である。15世紀のルネサンス以降に目に見えて成長し、19世紀半ばに日本が世界に広く門戸を開いた頃にはほぼ、現在と同じ形をとった。それは何が「建築」かを考え続けること、と説明すると何も言っていないように感じるかもしれない。しかし「美術」も「文学」も似たものだ。それは有史以来あったとされ、形や認識は以前のものを呑み込みながら、変化する。つまり、「建築」は次に受け継げられるのを待つ、一貫した流れの概念であり、それは大小に関わりなく建物に宿ることがあるとされる。それが何かをつかむために言葉で論じられ、その流れに貢献した、あるいは、しようとする者は、設計者のなかでも、とりわけ「建築家」と呼ばれる。過去との格闘を通じて展開し、とある日、時の社会の価値観と切り離された評価基準を持つことで社会に強靭に貢献でき、その流れの存在さえ信じれば地域や国の枠はないとする、「建築」はいかにも西洋近代的な概念だ。それは日本には無かった。

　したがって、問いはこうなる。日本の伝統に「建築」は無かった。それにもかかわらず、なぜ世界の建築の中で欠かせない位置を占められたのか？

　さて、「日本の伝統に『建築』は無かった」とするのは、いくら括弧でくくって「西洋的な」という限定を示唆したとはいえ、強引ではないか。そう思われるかもしれない。確かにそうだ。仏教寺院の構成原理や書院造の凛とした空間のたたずまい、数寄屋造の工芸的な洒脱、神社の持つ場との一体性や民家の力強い生命力から、縄文の自然観まで、日本で過去に作られた遺産の建築的な価値は豊か過ぎて、一文ですべてを挙げることはできない。ただし、その中の動かない要素と動く要素を鋭く分別したり、過去との関係性を敏感に操作したり、それが持つ固有性と普遍性が考察されたりすることは、日本の伝統の中には無かった。

　では、それらを「建築」として捉える見方は、近代の西洋文明の流入で一挙に成立したか。そうではない。現在の私たちの捉え方は、次第次第に獲得されていった。2つの理由がある。一つは世界的な状況で、この150年間を通じて「建築」の形や認識が変わったからだ。もう一つは国内の状況で、日本の建築に対する調査研究が進展したからである。先ほどに述べたように、変わるものを一貫して捉えていこうというのが「建築」という概念だ。一つ目のそれによって二つ目の研究対象も変容する。両者が関わって、建築の日本の理解は、現在進行形なのだ。

　建築における日本らしさは「日本様式」にある。時代を通じて一貫した形がある。変わりない技術がある。あるいは縄文から続く精神がある、と言い切れたら、どれほど楽だろう。しかし、これは150年前の考え方に近い。そう短絡しないほうが幸いだ。

　日本が開国した1850年代、西洋では建築を「様式」で捉えることが一般的だった。「様式」という言葉は、中世の「ロマネスク様式」や「ゴシック様式」、その後15世紀に現れる「ルネサンス様式」といったように、建築では特に、ある地域の一定の時代に共通したデザインの仕方を表す際に使われる。「様式」を英語で言うと「スタイル（style）」となる。こちらのほうが日常用語的で、表面的な形のことのようにも思えるのだが、これもなかなか意味深である。「形式」であれば、その形式を構成している要素が互いにバラバラでも良く、また、ある専門分野の中で完結している印象を受ける。けれど、建築における「様式」は、それとは違う。全体から細部までに変化に富んだ一体感がある。また、ある地域

Essay 2　The Japan of a Prophetic Architecture

や時代の建築を作る技術と無関係でなく、当時の生活とのつながりを持っている。したがって、形の特有のまとまり方が、当時の社会が持っていた性格（キャラクター）を垣間見させるのが「様式」だ。「あの人にはスタイルがある」と言うのと同じように。

すなわち、建築を「様式」で捉えることは、建築を生きたまとまりとして認識し、それを科学することだ。「科学する」が加わったのは、これが17世紀の科学革命以後の西洋での出来事だからだ。したがって、実測と調査、整理と考察を行う建築史研究と批評を通じて、建築の「様式」的な分析が進み、その分析が同時代の建築設計に応用されたわけだが、それは「生きた」と矛盾し、「形式」へと堕落する危険と常に隣り合わせだった。過去の名作が備えた高貴さをまとい、内面の美しさが人々を善導するような作品が生まれた。単に歴史の威を借りた建物も誕生した。「建築家」は自分たちの存在を、前者を目指して修練を怠らない者であるとして、社会の中に位置付けることに余念がなかった。

以上のような19世紀半ばの「建築」を日本は輸入した。西洋建築史に基づいた設計を学び、同じことができるようになっていった。日本の伝統の中にも「建築」があったのではと考えるようになったのも当然である。建物を実測し、文献を調査し始めた。「様式」の時代だったので、似た説明で日本建築史を書いた。

それは、ある程度うまくいった。「建築」の概念を日本に取り込むことに生涯を尽くした伊東忠太が『日本帝国美術略史稿』の建築部分を1901年に執筆して以降、原始時代から近世までの列島の建物に関する通史がまとめられ、そこでは仏教寺院における「和様」・「唐様」（禅宗様）・「天竺様」（大仏様）、住まいにおける「寝殿造」「書院造」といったように江戸時代の呼称をもとにしながら、様式と言えなくもない、形による分類がなされた。

だが、それらは同じ時代に併存したり、次第にスライドしたりして、西洋建築史のような様式の交代劇を描いていなかった。かといって、列島内に外とは異なる様式が一貫していたと主張するのも不可能だった。形・技術・精神のどれをとっても、6世紀に中国大陸の建設技法と意匠を輸入して仏教寺院が建てられる以前に存在したものが、以後の建築に影響し続けたと主張することはできなかった。そもそもこの国では、形の特有のまとまり方が、そこまで意識されていただろうか？　近代以前の歴史の中に「建築家」が自生する気配すら見つからないのは、本質的な差の現れではないのか。

「建築」イコール「様式」だとしたら、「建築の日本」という言葉は諦めなければならない。だが、ここで思い出されるのは、「建築」の概念は連綿と変容するということである。

日本が幸いだったのは、建築を「様式」で捉えることの完成期に開国したことだ。科学的な整理が進んだ段階にあったので、教科書のごとく学べた。西洋文明の輸入に懸命な姿勢のまま、次の建築観への移行に直面できた。不幸な第二次世界大戦も、手痛い敗戦を通じて、従順に学ぶ姿勢をこの国に取り戻させた。ここまでの出来事は他の非西洋諸国でも起こり得るが、日本が特筆されるのは、日本建築 —— この語は通常、近現代を除いた日本の建築を意味する。その意味でここからはあえて用いる —— だけが西洋文明の外部から、世界の建築文化に刺激を与えた事実である。

完成期は、爛熟期に他ならない。18世紀の産業革命以降、社会がますます揺れ動くことを常とするものとなっていく中で、物体としても象徴としても動かないという「建築」の側面に特に光を当て、だからこそ果たせる社会の中での役割に重きを置いて完成したのが「様式」的な建築観だった。重厚な石積みの壁の上方では、古代ギリシアに由来する女神が繁栄を象徴しているかもしれない。実際には壁は鉄で支えられ、中は工場で成功を収めた成金たちの社交場だとしても。さらに喜劇的なことに、隣には建築家が腕を振るったゴシック様式の病院が建設中だ。それは社会的な慈善事業としてのキャラクターを示していて、大変結構なことだが、果たして後世の人が「あの時代にはスタイルがある」と振り返るだろうか？

1920年代に、建築におけるモダニズムが明瞭な形をとった。「様式」的な建築観は、その形の特有のまとまり方は当時の社会のありように根ざしているとして、形を分析し、新たな対象に適切に応用することによって、建築が社会に求められる役割を果たそうとしたが、目に見える物体性と象徴性を重視したために、かえって建設時の社会に根を下ろしていないというおかしさが生じた。百花繚乱の爛熟期の後、様々な試みの末に登場したモダニズムは、社会の変化に右往左往するのではない何かを「建築」と呼ぶという概念を受け継ぎ、それを強化したものだ。

まず建築が根を下ろすべきは社会だとモダニズムは考え、社会が近代に変化し続けている理由に目を向けた。そこには「生産」があった。確かに、新たな機械やエネルギーによる生産の変革こそが、社会の変化の根本にある。生活スタイ

ル、人と人との付き合い方、ひいては行政や政治のシステム
までを揺さぶった。したがって、建築のモダニズムは、もう
石積みの壁で「古き良き」過去を模倣したりはしないのだ。
鉄筋コンクリート造や鉄骨、その他、時代ごとに現れる最新
の工業製品をわざと見せるように使う。建物を支える構造が
どうなっているか、外から分かりやすいのも特徴だ。建設時
の社会を決定づけているものから素直に生えているように見
せたい。建築が「生産」に根ざしているかのように。

いかに作られるかはこれで良いとして、次に、なぜ作られ
るかが問われる。建築の根源は人を中に入れる空間だと、モ
ダニズムは捉える。身を守る洞窟のような、雨がしのげる水
平面のような。後になって建物の目的が分化し、それぞれの
定型が生じた。であれば、建築家が腕を振るうべきは、対象
が仮に病院だとしたら、慈愛に満ちた様式などではなく、目
的に最もかなう空間だろう。一刻も早く手術が受けられる平
面、健やかな光や風を入院者に届ける断面、衛生的で快適な
配置計画などを、先入観なしに考え抜くべきだ。モダニズム
は、人間の「行動」を原理にしたのである。人を中に入れ、
動かし、留め、出す。そんな建築の原点に立ち返って、現代
の複雑化した社会に応えながら、役立ち続けるものを作ろう
とした。デザインは単なる閉鎖的な箱ではなく、壁を超えて
内部と外部が連続した空間であることが多い。これも「行
動」を中心に据えたためだ。断面に工夫が多いのも特徴であ
る。人間の自由の拡張に建築の原点があるという思いと、新
しい構造やエレベーターなどの設備から、吹き抜け、ピロ
ティ、屋上庭園などを用いた新たな内外の構成が生まれた。

従来の装飾は排除された。それが根ざしているのは過去の
社会であって、同時代の社会の生産や行動ではないからだ。
ただし、美を捨てたわけではない。モダニズムは「幾何学」
を美のルールにした。目に見える要素は直線、力学的原理に
由来する曲線、それらを結ぶ面とわずかだが、その間に生
まれるバランスやプロポーション、マッスや透明性などに
よって、人に与える快を追求した。これによって揺れ動く流
行に左右されず、地域や国の枠を超えようとしたのだ。様式
がハイカルチャーな理屈を後ろ盾にしているのに対して、根
拠が露わで、民主主義的でもある。幾何学的な形は、見た目
に分かりやすいモダニズムの判別法だ。しかし、設計者がそ
の意図や美しさを語ることはあまりない。「生産」「行動」
「幾何学」の3つとも、直接は目に見えない。モダニズムは
「様式」の目に見える弱さを乗り越えて、目に映らないもの
に根差そうとしたと言える。だから、形は通常、技術や機能
の結果として説明される。美の探求は隠される。

日本の建築の弱さは、強さに転じた。以上のようなモダニ
ズムが成立し、展開する過程において。
「私に現代建築の原則を教えてくれたのは、日本の建築で[2]
あった」とは、1919年に来日し、第二次世界大戦の前後に
活躍したアメリカ人の建築家、アントニン・レーモンドの言
葉だ。彼は「日本以外のどこの文明が、美しくすることは、
すなわち、不要なものを捨て去ることであると、示しただろ[3]
うか」と述べ、単純で自由な畳の空間、天然の材料を素直に
使った構成、庭園との調和などについて賞賛を惜しまない。
その形を真似るのではなく、抽出した原則を応用して、鉄筋
コンクリートやガラスによる作品を設計した。

同じことは、世界的建築家のフランク・ロイド・ライトや
ブルーノ・タウトなどにも起こった。世界には西洋文明以外
の建築がたくさんあるが、中国やインドや中南米などの建築
は、このように深層の影響は与えていない。非西洋文明の中
で日本だけが、世界の建築の流れに寄与したのだ。なぜか。
「様式」失格だったからだろう。日本建築を独特の形として
捉えると、弱い。様式の強固な展開は無いし、中国文明の縮
小版とも言える。そもそも全体形のまとまりが強固に意識さ
れていたかどうかも怪しい。これは手に入る材料によって人
間を囲むという行為から離れなかったということでもある。
モダニズムは概念を象徴するのではなく、物の生産に根ざ
し、人間を変えるよりも行動を原点に、結果的に現れたかの
ような美に目覚めたものだった。この刷新された形と概念
に、日本建築は合っていた。

状況は絵画に少し似ている。写実ではない真実の表現を求
めていた西洋に、国内ではハイカルチャーでなかった浮世絵
などが影響を与えた。西洋文明が次の自画像を求めていた時
期に日本は開国した。西洋文明が流れ込んできたと同時に、
日本も外に溢れ出していった。建築のジャンルではそれより
はじわじわと、空間でしかできないことを求めていた西洋
に、「様式」のエキゾチシズムではない面で寄与した。同時
に、日本建築の理解も書き換えられたのだ。何が日本建築の
カルチャーなのか、発見は続いていく。

先のレーモンドによる日本建築の評価は、巨匠ミース・
ファン・デル・ローエの言葉として知られる「Less is More」
に通じる。引いた方が豊かなのだ。捨て去ることで原点に、
普遍に、生活そのものに近づいていく。建築に限らず、今も

私たちの中にあるモダニズムの思想だろう。

そんな視点から日本建築を書き換えた代表が、岸田日出刀の『過去の構成』（初版1929年、改訂版1938年）である。様式の交代劇を物語らず、自らのフレームで切り取った写真と批評文を通じて、日本建築には仏教伝来以前から現代まで一貫したものがあると感じさせる内容だ。日本の仏教寺院が住宅風であることや極小の茶室、簡素な調度類とは、ここで貧しさではなく、様式が行動を抑圧しなかった証のように語られている。簡明な線や面による構成が美しく、精神的であり、空間という建築の原点をつくり、普遍的に、生活の可能性を拡大するという新しい日本建築の理解が現れた。

同様の理解は、特に1930 - 50年代の堀口捨己、谷口吉郎、丹下健三、清家清らの作品にも共通する。岸田は大きな役割を果たしたが、さらに大事な先駆性は彼の姿勢にあるだろう。岸田はここが日本だから、日本を知り、応用すべきといった思考停止に陥っていない。写真も文章も、過去のものに当てる自らの評価基準を隠そうとしていない。他の建築家にしても、あくまでこちら側から「建築の日本」を捉えるのだという強い姿勢が個性と共鳴して、空間の流動性、生活に根ざした形、研ぎ澄まされた規律といった日本建築の理解の幅が作品の中に示された。

「建築の日本」がさらに豊かになるのは、第二次世界大戦後だ。戦後の日本建築の躍進の根底に1945年の敗戦がある。資源や思想のすべてを動員した総力戦が無条件降伏で終わったことで、日本では過去のスタイルを自国の表現とするのが禁忌となった。他のアジア諸国とは異なり、戦後の日本が瓦屋根や組物で彩られた国家施設を造らなかったのはそのためである。戦前に存在した様式による権威も、西洋とは違った近代化があり得るのではないかという考えも、同様に敗戦で水に流された。枠組みがモダニズムに限定されたことは、日本人建築家の能力の向きところとして効率的だった。前川國男や丹下健三らは、若き日の活躍が戦中戦後の約15年間の建築空白期で阻害されたという点では不幸だったが、貯めた思想を復興期に一気に放出し、前衛性すら戦後の反省の表現として社会に受け入れられた点では、最良の世代に生まれたと言える。

続く1920 - 30年代生まれの日本の建築家たちも、思想と建設の両面における再建の恩恵を受けたが、年長者とは異なる戦後世代らしさは日本の過去への視線で、民家への注目はその代表格だ。戦前は本格的な研究の対象とされていなかった伝統的な農家や町家に対する関心が戦後、高まる。これは

戦後歴史学の動向と同期している。為政者の形式を精神論に短絡させるのではなく、生活から生まれた「形」を実証的に扱おうというわけだ。縄文土器の美を評価した1952年の岡本太郎から、建築界では1955 - 56年の伝統論争などがこの流れに乗る。単体の建築を超えた形の中に「伝統」を見出す動きも、この世代の建築家や建築史家を中心に盛んになった。メタボリズム、日本の広場論・都市論、デザイン・サーヴェイなどがこれに当たる。共通するのは、地に足が着いた実証を以後の社会改良に生かそうという実践的な姿勢、それに日本の過去の中に近代に通じるものが存在したかを鋭く問う構えだ。二つは戦後歴史学および民家研究から流れこみ、その後は減少する性格だ。

このローカリティやコミュニティが、戦後の世界的なモダニズムの課題だった点が重要である。第二次世界大戦後、モダニズムは都市や農村の再建・再編の拠り所とされた。戦前のように単体で格好いい挑戦者ではいられなくなった。その場の地域性や共同体をどう引き受けるか。目に見えないコミュニケーションやシンボリズムを含んだ「形」を模索していた建築家たちにも、「建築の日本」は豊富なインスピレーションを提供したのだ。そこから槇文彦、黒川紀章、磯崎新らが世界に羽ばたいた。

日本の戦後史の特徴は、1945年の次に大きな分水嶺が1970年前後にあることで、建築界は特に顕著だ。1970年の大阪万博が過ぎ、1973年に高度成長が終わった頃、モダニズムが一つの枠組みであることが明瞭になった。同時に、進歩史観、建築家中心主義、敗戦後の姿勢の一様性が薄らいだ。結果、「擬洋風建築」のような建築家以前のデザインも評価されるようになった。「帝冠様式」と名付けられ、「日本だから」という思考停止の産物として軽んじられていたものの中に繊細な意匠が発見されるようになった。それに似た理由で忌避されていた伊東忠太の中に、自らの物差しで日本やアジアの可能性をつかもうとする、岸田の師匠らしい側面も見出されていった。様式的だとされていた村野藤吾らが、スタイルを逃れる工芸性において評価されるようになった。これらはほんの数例であり、日本建築が「様式」でなかったからこそ有し、モダニズムの枠組みでは捉え切れていなかったさまざまな要素は、今も発見されている最中なのだ。

先の分水嶺は——現在までのところ——日本においては敗戦後の特殊状況と言える建築家と社会との蜜月を終わらせた。以後、1960年代後半から肩を並べた組織設計事務所やゼネコン設計部が社会から見た中心となった。それによって

「アトリエ建築家」という概念が発生した。こちら側から世界を捉える姿勢はより強化された。同じ目線を過去の日本にも向けたことが彼らの世界的活躍の一端にもなっているだろう。それは以前にも増して、表面的な形や言葉を超えた関係性だ。読解には他者としての批評者が必要である。今の日本で足りていないものだ。

これと反対の方向でも「建築の日本」に向き合うことは必要で、大きな収穫を秘めている。ここまで述べてきたのは、日本の伝統が、次第に全体の一貫性ではなく、より部分の関係の中に見出されていった過程だ。ところで現在、社会が求めているのは、自然との共生、素材の社会性、コミュニティの形成といった、以前よりも倫理的で持続可能な要素である。日本に西洋文明のような建築や建築家が存在しなかった弱さは、ここで再び強さになりえる。手に入る材料によって人間を囲むという原点は、テクノロジーとの出会いを通じて、これまでの建築と建築家の概念ではない次のステージに日本を早く到達させる可能性も考えられる。
「建築の日本」は、これまでも海外からの刺激で見出されていったのだから、未来は明るい。すでに日本人建築家がこの島国の中でキャリアを重ねる状況が、過去のものになりつつあり、かつてのように閉じた特権的な一国ではなく、アジアやアフリカ、南米などの地域と並んで、さまざまな視線が行き交う日本だから。

ここまでを要約すると次の4点になる。❶日本に「建築」の概念はなかった。❷「建築の日本」は近現代に発見された。❸それはスゴい日本の建築家の背景だ。❹「建築の日本」は時代ごとに変わり、理解が積み重ねられた。❶～❹は文末を「している」なととして、現在進行形とも捉えてほしい。

その上で展覧会はどうあるべきか。本展の企画にお声がけいただいてから2年あまり、森美術館の南條史生館長、前田尚武氏、徳山拓一氏、建築史家のケン・タダシ・オオシマ氏と議論を重ね、建築史家の藤森照信氏にご助言をいただきながら、内容をどうするか考えてきた。

排除したことから述べると、日本建築はスタイルでないので「書院造」「数寄屋造」といった分類はやめた。時代順はつまらない。思わせぶりな「日本的なるもの」も無しにした。もちろん、単なる現代の日本人の建築展では新味がない。「日本建築とは～である」の中に何が入るかを考えていった。日本建築は木造である。日本建築は凄みがある。日本建

築は屋根である……など。それは論理的に、単数でも無限でもない複数に収まるはずである。9つのロジックは、各セクションの扉にまとめたので、ご参照いただきたい。全体を分割したのではないから、互いに重なっている。一つの対象が複数のセクションに入ることも当然あるが、全体として日本建築のありようを網羅しているのではないか。論理は形でないから、未来に開いているだろう。かつて——特に分水嶺の前を知る世代の——建築史家がしてきたことは、そのようなことだったはずだ。本展がそれを新しい形で再生させるきっかけにもなれば。専門家としてのささやかな願いだ。セクションの論理に対する応答を、それを叶えてくれそうな若手研究者にご執筆いただいた。作品解説と併せ、本図録の文章は深く、願いが夢想でないと確信させた。

最後に繰り返す。「建築」は単なる建物の意味では無い。「美術」が「お絵描き」ではなく、「文学」が「お話」でないように。そんな「建築」は開国以前の日本に存在したのか、しなかったのか。ここで結論づけることはできない。ただ、言えるのは、日本に「建築」は無かったと仮定しても、それは十分に魅力的ということだ。「建築」は、建築ならざるものを永遠に取り込むことで、動き、充実してきた。それはモダニズム前後の先の話でも述べた通りだ。開国以降「建築」的に見た、建築ならざる「日本」は、十分な供給源となって、日本の建築家の活躍を後押しした。そこには複数の日本がある。今、見えやすいものも、見えにくいものもある。そこから考えようではないか。本展はこのような視点に立った、初めての展覧会と言える。一般には「建築」の概念がもっと広まり、専門家には建築における「日本」をさらに語れるようになるきっかけになれば嬉しい。

注釈

1 もちろん、近代以前の日本で建造物への意識がゼロであったわけはない。近世における過去の建造物に関する関心・知識の動向と近代への継承史は、加藤悠希『近世・近代の歴史意識と建築』(中央公論美術出版、2015)に詳しい。つまるところ、議論は、何を「建築」として捉えるかという問題に関わる。現在の建築史の専門領域を仮に、西洋建築史、東洋建築史、日本建築史、日本近代建築史、都市史に大別すれば、先の問題はこれらすべてに関連し、分化しがちな各専門領域、加えてそれらと現在の実践との間の会話を再生させるだろう。「建築」と「日本」を正面から扱った本展を契機に、横断的な議論の展開が望まれる。
2 アントニン・レーモンド著、三沢浩訳「建築の根本原則」(1953年)『私と日本建築』(鹿島出版会、1967) p.181
3 アントニン・レーモンド著、三沢浩訳「日本建築について」(1935年) 前掲書 p.16

論考3

世界の日本建築

ケン・タダシ・オオシマ

日本の建築とは何か、そして、それは時の流れを経て、今日までとのように国際的背景や状況と関わりをもち、進化してきたのだろうか? 1889年に、アイルランドの詩人で劇作家でもあるオスカー・ワイルドは、「日本」また「日本のもの」という考え方とは美学的な創作だとし、彼のエッセイ 'Intentions. The Decay of Lying'（邦題:『虚言の衰退』）の中に登場する、ヴィヴィアンという人物に以下のように主張させた。

「私は、あなたが日本のものを好きなことを知っている。でも、芸術作品に表現されたような日本人たちが実際に存在していると、あなたは本当に思っているのだろうか? もしそう信じているのなら、あなたは日本の芸術をまったくもって何も理解できていない。（あなたが思う）日本人とは、何人かの特定のアーティスト・浮世絵師たちにより意図的な自覚のもとに創り出されたものなのだ。葛飾北斎か魚屋北渓、もしくは他の名だたる偉大な日本画家や浮世絵師の絵を、実際の日本人の紳士か淑女の隣に並べて置いてみれば、双方が全く、何一つも似ていないことに気づくだろう。日本で暮らす実際の日本人たちは、一般的な英国人たちとそれほどの差異はないという事だ。言い換えるなら、彼らはすこぶる平凡でありふれた人々であり、そこには、幾ばくの興味深さも特別性も見当たらないのだ。それどころか、日本のすべてがそっくりそのまま創造の産物だといえる。[1]」

明治維新で1868年に明治期が始まり、日本が正式に開国してから、わずか21年経った頃に、このように主張されたもので、開国に伴いこの島国に対して巻起された、日本への魅惑や幻惑が表現されたものだ。しかし解釈を拡大すると、ワイルドの主張が、日本建築を構成するのは如何なるものなのか、という根本的な疑問を投げかけていると言えよう。日本建築とは、単に、その建築家や建設者たちの国籍や言語そして人種によって定義されるというものなのだろうか? 日本の地域的なコンテクストに対する、ある特別で独特な感性によって定義できるというのだろうか? つまり、日本建築とは、そのデザイナーとクリエーターたちにより定義されるのか? もしくは、それは、建設される土地によって定義されるのだろうか? 日本建築とは、一つの建築様式であり、よって日本の国境の外へ運び出すことも可能なのだろうか? それとも、古代から現在に至るまでに日本で建設された建物の一切をもって、日本建築が構成されているというのだろうか? 日本建築において表現できるのは、はっきりと明示できるものではなく、内に秘められた暗黙的なものなのだろうか?

これらの質問は、確かに唯一となる解答とはあまりそぐわないものであり、おそらく、長い時間を経て展開される、より複雑な様々の表現や意見を通して理解されるものだろう。そのような表現や意見には、日本の国内外より発せられる、物理的なもの、および知覚的なものの双方が含まれているだろう。日本の中で体現される多方面にわたるインスピレーションや翻訳、また転換や変換との流れが、表現の場となる万国博覧会や展覧会、また出版物や実際に建設された建物などとの、多くの複数の節目や節点において、明確に表現されている。これらの理解や認識は、建築家たちの旅行や交流、さらには（ウェブ）サイトにより日本と世界が繋がれることなどにより、一層と進化していくことだろう。

初期の認知

ヨーロッパやアメリカにおいては、万国博覧会が、日本のデザインや建築への初期的な認知を形づくる場としての役割を果たした。明治期以前は、日本建築に対する理解は限定的で、あまりなかった。1862年のロンドン万国博覧会での日本からの出展は、主に英国の初代駐日本総領事であったラザフォード・オールコック卿（1809 - 1897）が収集した、漆器、薬で編んだ籠、陶磁器、織物、また木版画（浮世絵）などに限られていた。展示のイラストには、多くの国からの展示物が並べられている様子がよくうかがえ、そこに描かれた中国製の陶器の八重塔が日本からのものと勘違いされたかもしれない。

1867年のパリ万国博覧会では、江戸幕府、薩摩藩また佐賀藩により茶屋などが出展されたが、近代的な明治政府による最初の公式参加は1873年のウィーン万国博覧会で、神社と日本庭園の展示が特色であった。ところが、イラストに描かれた神社の周りを歩く見物客がその神聖さを理解していたようには、どうしても見えない。1876年のフィラデルフィア万国博覧会には、日本政府により2階建ての旅館様式の日本の専用パビリオン、加えて数寄屋様式の平屋の日本家屋と日本庭園が特徴的に展示された。これらの建物を日本国外に建つ本格的な日本の構造物にするために、日本から送られた建材と日本の大工たちにより、現地で組み立てられたと記録されている。[2]

数ある万博の展示パビリオンの中でも最も傑出していたのは、1893年のシカゴ万国博覧会で、平等院鳳凰堂を模して

建てられた《鳳凰殿》だろう (p. 210 **写真1**)。木軸構造と瓦張りの屋根で構成された鳳凰殿は、背景に見える「ホワイトシティ」、巨大なシカゴの新古典的な建築群と鮮やかな対照をなしていた。さらに、金箔が張られ孔雀が描かれた襖の輝きや輸出用の巨大な陶磁器が、当時のビクトリア的な感性の人々に対して、なおさらエキゾチックな魅力を増したに違いない。このパビリオンは、フランク・ロイド・ライトがいわゆる「日本建築」と初めて遭遇したものと考えられていて、後にライトが設計した《帝国ホテル旧本館 (ライト館)》(1923、p. 212) に象徴される、彼の生涯続く日本との対話がそこから始まったのだ。

出版物と展覧会

　時代を通した日本の建築に関する出版物は、一つの万華鏡のような意見や考え方の縮図を提示していて、それぞれの時代と各々の著者の興味や関心事を明らかにしてくれる。スコットランドのデザイナー、クリストファー・ドレッサー (1834 – 1904) は、1882 年に出版した著書 'Japan: Its Architecture, Art, and Art Manufactures' (訳：『日本：建築、芸術と工芸品』) で、4ヶ月にわたり日本中を旅して彼が見つけた品々の装飾の美しさを称賛した。著名な動物学者であり民俗学者や考古学者でもあったエドワーズ・モース (1838 – 1925 年) が 1886 年に出版した著書『日本のすまい――内と外』は、急速に西洋化する以前の、明治初期の日本の家屋をその類型学と多様性について、彼がほとんど客観的な観察として記述したものだ。

　ラルフ・アダムス・クラムの 1905 年に出版された著書 'Impressions of Japanese Architecture' (訳：『日本建築の印象』) は、ゴシック様式の教会や大学キャンパスの設計で知られているアメリカ人の建築家クラムが書いた一連のエッセイをもとに書かれたもの。日露戦争に勝利した以降の時期の日本建築に対する、クラムの熱意や発見がこの本には反映されている。ゴシック様式の建築と類似している日本の寺院や神社建築の構造に、クラムが興味を示しているのがよくわかり、最後には、寺院風のディテールで装飾された日本の国会議事堂の彼自身の設計提案図が付されていた。

　ドイツ人建築家ブルーノ・タウトの著書 1936 年出版の 'Fundamentals of Japanese Architecture' (訳：『日本建築の基礎』) や 1937 年出版の『日本の家屋と生活』は 1933 年に彼が訪日してから、日本に滞在した3年間の観察に基づいて書かれたもの。ドレッサーが日光東照宮を日本のアルハンブラであり、彼のビクトリア様式の装飾的な感性の規範とも通じるも

のがあると絶賛したのとは逆に、タウトは日光東照宮をキッチュで通俗的と考え、桂離宮や白川郷の合掌造の農家こそ、「近代的な特性」があるとして称賛したのだ。

　ドイツの出版社ヴァスムート (Wasmuth) より 1935 年に出版された吉田鉄郎の著書、'Das Japanische Wohnhaus' (邦題：『日本の住宅』) には、日本人建築家が直にヨーロッパの読者に向けて「日本の住宅」について解説したもので、日本の住宅の自然との近い関係や柔軟性また合理性、さらに構造体の表現や標準化などの特性が強調されている。床の間 (座敷飾り) のいくつもの幾何学的構成を表す図がデ・スティルのデザインとの強い相似を呼び起こさせた、と同時に、この本は、アルヴァ・アールトのマイレア邸 (1937 – 1939) の設計の詳細にみるように、欧州の建築家たちに多大な影響を与えた。

　第二次大戦後、ブルーノ・タウトが高評価し範例とした桂離宮や伊勢神宮また合掌造の農家は、新しい圧倒的な説得力のある写真による表現が加わり、世界中で新しい関心への波とインスピレーションを引き起こした。アメリカ人建築家で写真家のノーマン・カーヴァーは、フルブライト奨学金を受け、最初に直接日本を訪れ体験した一人であり、それによって写真集『日本の建築の形と空間』(彰国社、1955 年) を出版した。入念に枠組まれ切り取られた、桂離宮や伊勢神宮また何軒もの農家を撮影した彼の写真は、ページ上に十分な余白のあるレイアウトで印刷され、劇的で新しい表現の最高水準の作品として提示された。同じ年、1955 年に建築写真家の二川幸夫も、独自に洞察した日本の民家として農家を撮影し始め、1962 年に『日本の民家』(美術出版社、p. 88) を出版した。一方、写真家石元泰博が 1953 年に撮影した桂離宮の写真に、丹下健三とワルター・グロピウスとによる表題のテキストが添えられ、装幀とレイアウトをハーバート・バイヤーが手がけるという最高の布陣で、1960 年に『KATSURA 日本建築における傳統と創造』(造型社、イェール大学出版部、p. 142) として出版された。そこには、普通なら必ず見える切妻屋根が枠外に省かれ、モダニスト的な解釈が出来るように、巧妙に作成された幾何学的な構成が強調され提示されていた。

　対照的に、ニューヨーク近代美術館 (MoMA) では、出版物と展覧会の両方を通して「日本の建築」を特集した。1955 年に、MoMA のキュレーター、アーサー・ドレクスラーは著書 'The Architecture of Japan' (p. 221) を、古代から現在に至るまでの日本建築を紹介する一環として出版した。また並行して、美術館の中庭に実物住宅として建てられた、吉村順三設計の《松風荘》が展示された。(1954、p. 222) ドレクスラーは

以下のように説明した：「美術館のこの展示ハウスは、日本人たちに傑作だと考えられている建物群の特性を、ここで具体的に示すために選出されたもので、西洋の建築家たちにとっては、自分たちの建築活動において、継続して適切な関連性を与えるものと考えられるだろう。」17世紀に建立された滋賀県の園城寺（三井寺）光浄院をモデルにした「日本の住宅（松風荘）」は、1953年に名古屋の工房で制作された「本物」であり、屋根葺き用の檜の樹皮パネルの組立部材や灯篭、垣根、家具やキッチン用具、また庭園用の様々なサイズの石と粗い白砂を含む「すべての付属部材や装備品」が700個のクレートに梱包され搬送された。

桂離宮の茶室や農家を好んだタウトとは対照的に、吉村はドレクスラーと共に、美術館の中庭という限られた場所に収まるサイズで、また観覧者がアクセス可能となる住宅として、あえて、この書院造の代表的な例を採用したわけだ。実際に日本で制作された「本物」であり、また仏教の園城寺にある禅宗の宗教的な建物をモデルにしているのにもかかわらず、この日本の住宅の実物展示は、宗教とは関係ないものに一変していた。また家を取り巻く周りの環境も、本来の山並みの景色に囲まれたものから、マンハッタンのミッドタウンという都会的な街並みに代わり、またその気候も同じように変化した。とはいうものの、この日本の住宅の展示では、柔軟な柱構造の建築により、建物が並ぶ市街的なコンテクストにも十分に対応も可能な、近代建築のパラダイムが体現されたと言えよう。このような建築的な本質は、半世紀を経て、坂 茂設計のカーテンウォールの家が MoMA の出版した ' 1999 Un-Private House' の内表紙に特集として掲載されたことに見ることができ、追って2000年には、MoMA のあの同じ中庭に、段ボール製の管を格子状に屋根として組み合わせた Paper Arch という坂の作品が展示され、再び表現されたのだ。最近では、日本建築を特集した 'A Japanese Constellation: Toyo Ito, SANAA and Beyond'（訳：「日本の輝く一群：伊東豊雄、SANAA そして続く者たち」）と題された展覧会が2016年に MoMA で開催された。MoMA で進化をし続ける "日本の建築" に関しては、伝統的なものから最新のものまでの表現を展示するという、美術館に脈々と流れる独自の系譜ともいうべき特性が強調されていると言えるだろう。

影響とインスピレーションを与える輝く星座のような一群

一方、「日本の輝く一群」展では、時空を超えてつながった建築家たちのより幅広い集まりに注目し、彼らを、様々な

方向に、かつ非直線的なデザイン・インスピレーションの発展を広範にわたり進化させる、輝く一群だ、という風に見ることができるかもしれない。実際の星座は、夜空に浮かぶ想像上の形（神話のキャラクター、人物、動物そして物体）であり、同じ星々であっても、所を変えると様々な違う形に見えるように世界中でそれぞれ解釈されてきた。同様に、日本建築も日本以外での様々な解釈が、多種多様な形でつなげられていると言えるだろう。

ドレッサーやモースの記述した日本建築そして鳳凰殿が、フランク・ロイド・ライトのこの件についての早い時期の理解を形づくったとも言えよう。確かに、ライトは、多くのものや出典源からインスピレーションを受けたり、共通点ももっていたりした。例えばその中には、ウィーン分離派の芸術家たち——彼ら自身も万国博覧会の展示や加えて自らのコレクションで日本の芸術やデザインを見て、インスピレーションを受けたという——が含まれていた。実際のところウィーン分離派の芸術家たちは、日本の工芸品やグラフィックデザインまた木版画（浮世絵）などから多くの影響を受けたが、それと同じように、彼ら自身のデザインも現代の日本人デザイナーたちに大きな影響を与えてもいるのだ。伊藤忠太が1912年に「日本では誰もが西洋について語っている。また西洋では、誰もが東洋について語っている。よって（ウィーン）分離派は双方が出会う一つの場所になったのだろう。」と説明したように。アール・ヌーヴォーのデザインは、日本では馴染み深いように感じられるが、それはその作風がヨーロッパ的な様式や文化と日本的な様式や文化のちょうど中間にあるからであって、輸入された西洋の新古典主義のような、教条的な様式ではないからだろう。

それに対して日本の例としては、例えば堀口捨己の設計した、双鐘居（1927）では傾斜した土地に荒削りの石の基礎の上に設けられた木枠の入口があり、それはもう一つの輝く星座のような影響とインスピレーションを放つ表現となっているのだ。この入口の構成は、舗道として四半敷きデザインの正方形の石が、小砂利石の中に埋め込んで敷かれ、独特の幾何学的なパターンの水平方向と垂直方向のモールディングで縁取りされた枠内に収められ、同時に、露地を通り茶室まで導いてくれる様子は、3次元的なデ・スティルの作品やフランク・ロイド・ライトのプレーリーハウスの作品を彷彿とさせるだろう。つまり、折衷的なデザインにするのではなく、全体的な抽象化の中にある3つの参照それぞれを、基本的に結ぶつながりを明らかにしたのだ。それは、個々の参照が

その前身や前例から生じるという、一種の文化的な「鎖」のようなものから想起されたとこのデザインを解釈することが出来るだろう。したがって、ライトは日本の国内の伝統から吸収し、またデ・スティルはライトに影響され、そして、堀口は、彼ら両者から引き出された要素を一つに統合したのだ。[11] 一人の日本人評論家が以下に主張したように。「ライトの様式（他の西洋の建築様式とは対照的に）は、それが日本の家屋に類似しているという点からも、日本にとって特別に相応しいものだったと言えよう。」[12]

　フランク・ロイド・ライト自身も、日本建築やデザイン、またその他の多くの建築の解釈を広く奮い立たせた——取り分け、彼の下で働いて人たちにはとってはそうであった。自身の日本の芸術と建築との早期の遭遇に続けて、ライトは、1905 年に 2 ヶ月の間日本に旅をし、帰国した後は、日本の風景や芸術を通して見えてくる、ライトが考えた日本の理想が表現された自分の設計スタジオと住居を、タリアセン (1911 – 1925) に再現すべく構築した。[13] そhere、まさに、あのアントニン・レーモンド（1916 年に）やリチャード・ノイトラ（1924 年に）らを含む建築家たちが、初めてライト自身の世界に入り込んでいった場所となるのだ。そこでの経験は、その後、レーモンド自身も 1919 年に訪日し、東京でライトの帝国ホテルの設計と建設に従事することにつながったのだ。結局レーモンドは、第二次世界大戦の前と後とも日本で自身の建築設計事務所を開いて働き、終了するまでのほぼ 40 年間、日本で仕事をしたのだ。

　オーストリア出身の建築家ルドルフ・シンドラーは、イリノイ州オークパークにあったライトの事務所で、1917 年に働き始めた。その後、ライトの指示でロサンゼルスに行き、ライトのバーンズドール邸 (1919 – 1921) の設計に従事した。また自身のプロジェクトの、キングスロードの家として、《シンドラー自邸》(1922, p. 217) を設計した。デザインには、ライトのプレーリースクールの美学、アメリカ南西部のプエブロ・インディアン特有の風土的な形態、さらに日本のデザインの美学、加えて、カリフォルニア州のオープンな生活文化からくる屋内と屋外との融合という可能性といった様々な要素が組合わされ、この自邸は設計されている。長年の友でありウィーン時代の同級生でもあったノイトラは、1935 年にロサンゼルスのシンドラーに加わった。その後、彼も独立して自身の事務所を開設し、やがて国際的に評価を得た設計活動を確立した。ノイトラ自身は、1930 年に日本に旅行をしていて、その時受け入れてくれた建築家の土浦亀城と信夫

妻とは夫妻が 1924 年に渡米し、タリアセンでライト事務所に入所した時に最初に知り合った仲であった。ノイトラは、前出の屋内と屋外とが融合したライフスタイルという理想的な目標を、堀口捨己の岡田邸 (1933) の設計に表現された日本の理想的なものとの相乗効果により、さらに前に推し進めた。またノイトラ自身のシングルトン邸 (1959) では、ハリウッドヒルズの借景の前に備えられた家のプールの反射がその景色を映し出し、家とランドスケープを連結させたのだ。

　その一方で、ケース・スタディ・ハウス No. 8（訳：実証実験の家 8 号）としても知られている、チャールズとレイ・イームズによる自邸は 1949 年に建てられた。この家は、基準寸法となるモジュラーが用いられ、鉄骨で組み立てられた躯体構造とファサードの構成は、伝統的な日本建築の家屋とよく似ていた。チャールズとレイ・イームズは、この家で 1951 年に開催した茶道の行事で、あえて床に畳を敷くことでその相似関係を明示したのだ。そして彼らは、1960 年代に何度か訪日して日本との関係を続け、例えばインダストリアル・デザイナーの柳宗理と親しく交流をし、共に折り曲げたベニヤ合板を使って家具を制作し、イームズはラウンジチェア (1945) のデザインに、また柳はバタフライ・スツール (1954) のデザインに、それぞれ採用している。

　ライトの輝ける星座のような業績群には、数々のインスピレーションを与える物、環太平洋に散らばる弟子たちなどが挙げられるが、それとは対照的に、ライトのもう一つの輝ける星座となるものを挙げるとすれば、イタリアと日本とを結ぶものだったと言うことが出来るだろう。1905 年の日本への旅に続いて、1909 から 10 年にかけてライトはヨーロッパ旅行に出かけた。その旅で彼が主に過ごした場所は、フィレンツェを中心としたイタリアだったのだ。第二次世界大戦前のイタリアでのライトに対する関心は限られたものであったが、1951 年にフィレンツェへ舞い戻り、パラッツォ・ストロッツィにて初めてイタリアでの大規模な作品展を開催し、多くのイタリアのライトファンを魅了したのだ。その後、ライトによる、1952 年のヴェネツィアのカナル・グランデ（大運河）沿いの未完作品や、アンジェロ・マジエリ・メモリアルの設計にも、何十年も前となる東京の帝国ホテルでの彼のデザインにも表現されていた、装飾や鉢植えの植栽に対するライトの特別な感受性、が引き続き確認できた。

　この文脈の中で言うと、とりわけカルロ・スカルパ (1906 – 1978) は、ライトからの特別な影響やインスピレーションを受けたといえ、後に日本に対する情熱を分かち合うことと

Essay 3　Architectures of Japan

なったのだ。スカルパは、1960年のミラノ・トリエンナーレでフランク・ロイド・ライト展の展示を設計し、そのデザインには「日本の建築に関係したテーマや形体に対するスカルパの熟考」が、ライトのそれと相応するように明かされていた。[14] スカルパは1969年に日本へ旅行をし、1978年に再び訪日したが、その時不幸なことに、滞在地の仙台で階段から足を踏み外し不慮の悲劇的な死をとげた。[15] ヴェンツィアのカナル・グランデ（大運河）の入口に建つプンタ・デッラ・ドガーナの安藤忠雄による2009年の修復と改修では、対照的に、スカルパの重なり合う、レイヤー状の開口部のデザインが、日本の障子のように表現された。ヴェローナのカステル・ヴェッキオ美術館の大改修（1958–1964）でも、安藤のスカルパに向けたオマージュ、敬意が表されている。安藤は以下のように言及している。

「私自身はスカルパの詳細から、また彼の手摺りのデザインやそれぞれの床パネルを敷設するための金属の加工などから、多くのことを学んだと言える。（彼が大改修した）ヴェローナのカステル・ヴェッキオ美術館やヴェンツィアのパラッツォ・クエリーニ・スタンパーリアを訪れる度に新しい発見があり、私は感銘を受けるのだ。[16]」

ブリオン家墓地（1968–1978）の設計では、スカルパ自身1969年と1978年の旅で得たものをもとに、より一層彼の日本的な影響やインスピレーションをイタリアの土壌に合うように変換させ、文字どおりここが、彼の永遠に休息する場所となったのだ。ここでは、理想郷の実現は英雄的ではなく、むしろ、多くの価値や意味または魅力のある感受性や生と死に対する世界観として表現されていて、まるで龍安寺の石庭や屋外の能楽の舞台のイメージを呼び起こせるようだと解釈することができるだろう。

影響やインスピレーションを与え相互交流を促す、星座のような日本建築やデザインの直接的な世界への広がりとは対照的に、特定のデザイン要素は、多様な文化や気候において様々な作品を結びつけると言えるだろう。光浄院に具体的に表現された伝統的な書院造の家屋を、吉村順三が翻訳（解釈）したニューヨーク近代美術館（MoMA）中庭の日本の展示ハウス、松風荘を超え、その先には、家の内と外の間の曖昧なベランダ空間にある縁側という理想が、デンマーク、コペンハーゲン郊外の建築家ハールドール・グンログスソン自邸（1958）の設計では中心的なものであり、またカリフォルニア州ロスアンゼルス市街を眼下に望むハリウッドヒルズにあ

る、ピエール・コーニッグ作のケース・スタディ・ハウス No. 22（スタール邸）（1959）も同様だろう。グンログスソン自邸は木造だが、コーニッグの家は鉄骨造だ。いずれも軒が付き出るように拡張され、その下にベランダ空間がつくり出され、屋内と屋外の間を取り持つように緩衝させ、また明らかに部屋からの景色が縁取られているのだ。どちらの家も各々比較的に温和な気候の下、MoMAの日本の展示ハウスのように引き戸や引き窓を採用している。ところが、柔軟に家具を配置できる畳敷きの床ではなく、デンマークとアメリカのこの家には、最終的に、固定された家具が置かれ、またそのスケールも増大している。吉村自身も自らMoMA中庭の日本の展示ハウスを発展させた《ポカンティコヒルの家（ロックフェラー邸）》を設計し1974年に竣工した（p. 224）。吉村はクライアントと土地に合わせて家の規模も大きくなったので、鉄筋コンクリート構造を採用したが、家の内部と外部をつなぐ中間的な空間を醸し出す縁側は、ここでも維持されていて、ニューヨーク郊外ウェスチェスターのドラマティックで開放的な、周囲の緩やかに起伏して続く丘陵を、上手に切り取っている。

建築とユートピア

1960年代から現在に至るまでの日本とイタリアとの間、そしてそれを超えての関係にまつわる深遠な対話に関しては、'Architecture and Utopia'「建築とユートピア」という観点からとらえることが出来るだろう。これは1973年に出版されたイタリア人建築史家マンフレッド・タフーリ（1935–1994）の著書の英語版のタイトルで、そこには、建設された環境への理想の実現のための非直線的な軌跡に対する、彼のより広範な関心が表されている。現代の国際的な建築ジャーナリズムにおける自由な画像イメージの流れ、また第二次世界大戦後の国境を越えた旅行者の増加を踏まえると、デザインに対する大望や野心の特別にダイナミックな意見交換は、タフーリと建築家の丹下健三、また彼の弟子となる磯崎新、加えてイタリアの前衛的な建築家集団のスーパー・スタジオや、さらには現在のデザイン文化の担い手たちまでも含めた人々の間に見ることが出来る。

タフーリは、日本の建設された環境の中に、理想の実現のための大望や野心を見出したと、自身が若かりし頃、29歳の時の1964年に出版した本 'L'Architettura Moderna in Giappone'（訳：『日本の近代建築』）に記述した。[17] タフーリにとって、イタリアの近代建築運動の危機は、1958年に登場した「ネオ・

リバティ（新自由）」という集団によって顕在化したとし、彼らは、近代建築運動の第1期を彼らの折衷的で幻想的な建築の形態により評価し直し、さらにそれは、歴史と近代性の間にある弁証法的な関係について、激しい議論を引き起こした[18]。ある派閥は、その運動は今も十分健在だが、ちょうど成熟期に入ったところだと信じていた、一方、ローマのルドヴィーコ・クアローニとミラノのエルネスト・ロジャースに率いられた対立派は、「近代建築運動の基本的な教義に対して、それを不信感と異端の目で再評価する作業を行っていた」のだ[19]。タフーリは、まだ学生だった頃、後者が提唱していた「機械的な手法による、あるテーマを受け入れることを拒んでいるアーティストにとっては、有益となる、歴史的な伝統に対する批判的かつ熟考された再考察」という考え方の必要性に賛同していた[20]。またこの危機は、建築の都市との関係について、声高の論議も促した。アルド・ロッシは、すでに1960年からこのトピックについて講演を始めていて、アーキグラムやチームXによる英国のユートピア運動について、イタリアの建築誌「カザベッラ」にコメントを書いていた。ひいては、1960年代の初めには、フランスのロラン・バルトやイタリアのウンベルト・エーコといった他分野の知識人たちも登場し、象徴的なコミュニケーションの「媒体」としての建築的言語についての論議を先導した。そして、1961年2月にはアメリカの建築誌「アーキテクチュラル・フォーラム」に、日本の建築家、丹下健三のドラマティックな巨大構造物による、東京の都市構造の改革計画が掲載された。その年の4月に、タフーリは、'Un piano per Tokio e le nuove problematiche dell'urbanistica contemporanea.'（訳：東京計画と現代的な都市計画の新しい問題）と題された記事でそれに返答した[21]。

タフーリにすれば、丹下健三の作品は、反論の余地のないほどの国際的な影響力を放つ「ダイナミズム」を体現していた[22]。東京計画は「衛星都市（街）による、地方分権化にのっとった地域の均衡理論に基づく、2次元的な伝統的都市計画に対する論争であったと、後にタフーリは言及した。丹下にとって、第3次都市および都市構造の流動性への期待の高まりは、明らかであった。彼のメガ・ストラクチャーは、まったくもって未曾有のスケールでのデザインを召喚しているのだ」。イギリスでは、アーキグラム集団もまたユートピアとしてのメガ・ストラクチャー計画を提案していたが、タフーリにとって、丹下の作品がとりわけパワフルなものに感じられたのは、イギリスの計画と違い、丹下の計画が実際に具現化していたからなのだ。それらを列挙すると、1952年

の広島平和記念資料館と平和公園、有楽町の旧・東京都庁舎（1952–1957）、またメガ・ストラクチャー式デザインの山梨文化会館は建設中であったし、加えて、その他日本中に散らばった数多くの庁舎や市民ホールなどが挙げられるだろう。

丹下の建築は、単に都市的スケールで建設されたということだけでなく、同時にタフーリがそこに過去の歴史的な日本建築に向けて対応する「マニエリスト的な特質」を見出したという、変奏的な観点もあった。タフーリにしては、丹下が1960年代のイタリア建築の懸念に対する明確な解決策を提示したと考えられ、だからこそ彼にとっては、丹下が物理的また社会的変化に対峙するポジティブな主唱者となったのだろう。後に丹下は、日本建築に関する本の重要な主題の一人となった。その本には、16世紀の禅寺の庭園、龍安寺から丹下の東京計画での都市再構築案まで連なる96の図版があり、その半分近くが、丹下と彼の師匠だった前川國男の作品であった。またイタリアでの影響力が非常に大きくなっていた丹下は、主要建築誌、「カザベッラ」1966年7月号の表紙を飾っていて、1963年のマケドニアのスコピエ地震で大被害を受けたスコピエ再建のためのコンペでの優勝を受け、都市型メガ・ストラクチャーによる彼の再建計画案が特集された[23]。丹下はその後1967年にボローニャのフィエラ地区やシチリアのカターニアにて6万人の住民のための新しい街、またナポリの新都心のマスタープラン（1985–1995）などのアーバンデザインと都市計画を始めた。

基本的なレベルにおいてタフーリと丹下の両人は、どちらも第2次世界大戦を通して国家軍国主義により勃興し、そして没落していった各々の国に生き、よってその時代の極右国粋的な下に暮らし、続いてそのような経験の上に近代国家が建設されたのを経験したのだ。タフーリと丹下両者とも、1960年代に同じような建築の危機に対峙していたが、もう少し広い視点から見ると、イタリアと日本は、どちらも社会や政府また経済などすべての局面における近代化という根本的な問題に直面していたとも言えるだろう。終戦直後の時期に生きるということは、過去の全体主義的な軍国主義に向き合うという問題に、どう対峙するのかという根本的で未解決の問題を、関与したすべての国々の歴史家たちに与えてしまったのだ。マルクス主義に基づく歴史編纂は、イタリアの建築史家レオナルド・ベネーヴォロとマンフレッド・タフーリたちに対してのみならず、思想家ヴァルター・ベンヤミンや社会哲学者ユルゲン・ハーバーマスやその他のドイツのフランクフルト学派の人たちに、そして日本の歴史家丸山眞男

らに対しても、発展に伴うこれらの潜在的な段階を特定する、強力な手段を提示したのだ。解放と平等（という概念）とは、階級闘争によってのみ達成が可能だとする、これらの歴史家たちや、前衛的な近代建築運動（の担い手たち）両方の目標となるものなのだ。

そのような闘争は1968年の騒動に垣間見ることが出来るだろう。第14回ミラノ・トリエンナーレで、丹下健三の弟子の磯崎新は、彼の展示デザインにより最も目立つ位置に躍り出たのだ。第二次世界大戦による破壊の陰に、磯崎新のデザインで主題となったのは、湾曲し画像を映し出す12個の回転パネルに、幽霊や悲劇のイメージが投影されたものであった。このミラノ・トリエンナーレで注目を集めたのは、イギリスの想像力に富んだアーキグラムのデザイナーたち、アメリカ人のグラフィック・デザイナーのソール・バス、ギリシア系フランス人のアーバン・デザイナーで建築家のジョルジュ・キャンディリス、オランダ人の建築家のアルド・ファン・アイク、ハンガリー出身のアメリカ人美術理論家で教育者のジェルジ（ジョージ）・ケペッシュ、アメリカ人インダストリアル・デザイナーで建築家のジョージ・ネルソン、イギリス人建築家夫妻のアリソンとピーター・スミッソン、アメリカ人の建築家のシャドラック・ウッズたちであった。

当時の世界的な情勢不安を反映して、ミラノ・トリエンナーレでは1968年の5月30日、展示会場で行われていた記者会見に、数百人の芸術家や知識人また建築の教授たちが乱入し、会場を占拠したという事件が起きた。このような状況を踏まえて、磯崎は、幽霊が題材の浮世絵を展示に選び、協力者となる写真家の東松照明に広島と長崎に投下された原爆についてのドキュメンタリー写真の画像を提出してもらい、グラフィック・デザイナーの杉浦康平と共同し、また作曲家の一柳慧に展示用のサウンドを作成してもらった。戦争の悲劇、また危機にある社会といった画像のイメージは、1968年の世界情勢と共鳴したものであったのだ。そこには、目に見えない赤外線のビームによって、観覧者の誰か一人でも前を横切るように通過すると感知され、パネルに投影されたこれらの画像が動くようになっていた。杉浦は、写真と古典的な日本画の様式化された雲のようなグラフィック模様の両方を使用したが、展示には、死体が写っている多数の写真、そして広島の原爆投下後を写した1枚の写真があった。

磯崎は、「都市の未来は廃墟だ」とタイトルづけられた縦5メートル横13メートルの大型展示で、原爆で焦土と化し

た広島の映像に未来のメガ・ストラクチャーの姿が重ね合わされた、壁面のコラージュによって、同時に、展示を囲み込んだのだ。磯崎にとって、イタリアと日本との間に感知できたそれまでの暗黙の相似は、1971年に出版された著書『空間へ』によって明示され、彼の「空中都市」の計画構想が、古代ローマ時代のフォロ・ロマーノを喚起させる遺跡の映像と並置されて描かれていた。

このような、既存の都市構造の上にメガ・ストラクチャーを重ね合わせるという幻想的なコラージュは、フィレンツェをベースに活動していたスーパー・スタジオの建築家たちとも共鳴するものであった。彼らのコラージュは、スーパー・スタジオの「継続するモニュメント」という作品と「作品と思考」という付随記事と共にイタリアの建築誌 'Domus'（『ドームス』）1969年10月号に掲載された。彼らは、ルイス・カーンが提唱した、モニュメントの堂々とした不朽性の重要性を追求していたが、同時に彼らは「人間の歴史の産物として自讃し高揚する建築——言わば、唯一の可能な解決策が、理性の建築だとすることで、意思決定の過程に影響を与えられなくなっている建築に対する非難」も表明していた。[24]

磯崎は、彼らがまだ学生だった1966年にフィレンツェで起こったアルノ川の大洪水の記憶に対する思いに応えるように、完璧なプラトニックなかたちを創造するという、彼らの信念を解釈したのだ。[25] また磯崎は、彼らの Non-Stop City（止まらない街）を「無限に拡大しようとする衝動」として、さらに乱暴にも「激しい幻想」として、解釈したのだ。[26] スーパー・スタジオの強烈なイメージは日本でも共鳴し、建築誌「都市住宅」（鹿島出版会）1971年9月号に特集されたし、続けて翌10月に、磯崎自身のスーパー・スタジオに関する記事も、磯崎の10回シリーズで同誌に連載されていた「建築の解体」の一部として、「美術手帖」（美術出版社）に掲載された。スーパー・スタジオの紙上の建築の視覚的な衝撃は、日本では、前衛的な建築ジャーナリズムが広範な文化として浸透していたことにより、より増幅されたと言えるだろう。しかし、1978年にスーパー・スタジオが解散し、加えて実際に竣工した作品が最小限しかなかった点から、構築された環境に対する彼らの直接的な影響は、限定的なままとなり、タフーリのユートピアを日本が実現することへの期待を助長したのだ。

タフーリは丹下に期待し、また丹下と磯崎はイタリアのダイナミックな建築と、実存するまたは未完のユートピアとの間を繰り返し観察していたのとちょうど同じように、日本で

は、バブル経済の後押しと日本の建設の高い能力と技術に支えられ、継続する対話の中ですべての規模の建物が実際に建設されていることに、多くのイタリア人建築家は、気づいた。アルド・ロッシは、福岡のホテル・イル・パラッツォ (1986 - 1989) と北九州の門司港ホテル (1996 - 1998) の 2 棟のホテルを設計し、さらに小規模な宝石箱のような東京のアンビエンテ・インターナショナル・ショールーム (1992) をデザインしたが、それらは、イタリアの合理主義建築と日本の簡素性の建築との統融合として見ることができるだろう。対照的なのは、レンゾ・ピアノ・ビルディング・ワークショップによる、大阪湾の人工島に建つメガ・ストラクチャー関西国際空港 (1988 - 1994) の設計と、東京の銀座メゾン・エルメス (エルメスジャポン本社ビル兼ショールーム) (1998 - 2006) の設計と大改装があるだろう。さらに、2005 年にガエ・アウレンティは、東京の千代田区九段に建つイタリア文化会館の設計を通して、イタリアと日本との対話への自身の解釈を表現した。

現代の軌跡

　21 世紀になっても世界中の建築家は、引き続き「日本の建築」からインスピレーションを受けている。ロンドンのデイヴィッド・アジャイが設計したダーティー・ハウス (2002) は、外見の表情の「黒らかさ」が、谷崎潤一郎の随筆『陰翳礼讃』の情緒への共感や、彼自身が留学生として過ごした京都で、茶室を描きながらその光の研究をしていた時間などを呼び起こす。アジャイは「日本で予期していなかった一つの出来事は、(私の出身地)アフリカでの記憶とそこでの光を再び覚醒させたことだ。アフリカは、並外れた光輝を放っていて、それが建築またその空間での経験すべてに対して、全面的に影響を与えている。[27]」デイヴィッド・チッパーフィールドの初期の活動は、1990 年代初頭の 3 つのプロジェクトを通して、日本で形成されたと言えるだろう。その中には、簡素でミニマルな鉄筋コンクリート造の京都の TAK ビルディング (1989 – 1990) があり、続いて最近の設計では、建物の物静かで瞑想的な形体が周囲の日本の風景の色彩と材質感により補完されている、兵庫県の猪名川霊園 (2013 – 2017) が完成している。スペイン・カタルーニャ地方オロトの建築家集団 RCR アルキテクタスは、2017 年にプリツカー賞を受賞したが、彼らが設計した《レス・コルズ・パベヨーンズ》(2002 – 2005、p. 228) のデザインに見られるような、日本を旅した時に得た経験やインスピレーションを通して、彼らなりの日本との対話を継続させている。そこは、日本の旅館に泊まって

いるようであり、全面ガラス張りの部屋は、昼間の光あふれる居間から夜の漆黒の寝室へと空間の性質を変化させ、隣には深い浴槽にたっぷりとつかれる浴室――すべては、絶えず移り変わっていく降り注ぐ自然光によりつくり出されているのだ。グローバルな文脈から見てみると、日本建築の様々な理想像やそのヴィジョンは、時間の流れの中で絶えず進化し続けている。個々の理想像やそのヴィジョンは、「創造」または「発明」として構築できるものであり、オスカー・ワイルドの言葉を繰り返せば、ダイナミックな建築と実在する、または未完のユートピアの間にということになるだろう。これらの理想像やそのヴィジョンは、簡素でミニマルなものから華麗なものまで、また抽象的なものから具体性のあるものまでに及んでいるが、必然的に、それぞれのサイトやデザイナーの理想や文化的コンテクストなどにより形成されるものだ。しかしながら、これらは、決して単に直線的なものや、一つの方向だけを向いたものに限られているわけではなく、むしろ、多方面に節点のある散りばめられた星座のような形で、常に変化し、止むことのないインスピレーションを生み続け、進化し続けている。

[本稿の注釈、参考文献は、p. 287 参照]

論考4

建築展の可能性
「建築の日本展：その遺伝子のもたらすもの」における企画と制作過程からの考察

前田尚武

はじめに：建築展のジレンマ

　美術館は作家が創った「作品」を展示し、「作家」のクリエイティビティを鑑賞者と共有する場である。しかし、建築展において、作家即ち建築家の「作品＝建築物」そのものを実体として鑑賞することは不可能であるし、建築物が所蔵作品として美術館の屋外などに保存されていても、当然、美術作品のように借用して展示することもできない。

　一方で国内の美術館における建築展は、昨今、増加傾向にある。建築の専門家のみならず、一般の来館者の姿も目立つようになった。展示手法も、図面、模型などの建築資料を展示し、そこから三次元空間を読み解く力が求められる従来の読解型の展示から、建築空間を直観的に理解しやすい映像や写真による視覚型の展示、家具や原寸での空間再現などの体験型の展示まで多様化してきた。伝達する情報の編集と構成が鍵となり、空間やグラフィックなどの展示デザインも重視され、専門的知識がない鑑賞者の関心も喚起する空間メディアとしての拡がりをみせてきたことが理由として考えられる。[1]

　しかし何よりも大きな理由は、今世紀初頭から、急速に普及した現代美術特有の表現形式であるインスタレーション作品の影響だろう。絵画や彫刻といった表現媒体を鑑賞者と一定の距離感を保ち展示するのではなく、平面、立体から映像まで多様な媒体の混成により空間をダイナミックに変貌させるインスタレーション作品は、現代美術における鑑賞体験の醍醐味となった。ここにしかない場が創られ、鑑賞者に特別な体験を提供している。建築家においても、芸術祭や美術館の展覧会のためにインスタレーション作品を制作する例が増え、美術作品と同様に鑑賞や批評の対象となってきた。[2]建築家によるインスタレーション作品は、美術館展示における作家の作品を展示するという原則には沿っていることから、キュレーター、鑑賞者双方にとって理解しやすく、「作家＝建築家」のクリエイティビティを共有するには非常に有効な手段である。しかし、建築家が本来取り組んでいる建築物の制作プロセスにおいて、その意思決定は、建築家だけに閉じてはいない。それは自身の手を離れ社会に放たれ、そのかかわりの中で変容してゆく。建築物は、施主、地域住民、施工者、職人など様々な人々との協働によって創られていると言って良く、個人の創作の域を最初から逸脱している。建築本来の力は、建築家の作家性だけに由来するものではなく、また、その建築物が生まれる地域や社会との関係に留まるこ

ともなく、竣工後、建物がその場所に根付き、予期しなかった社会の変化や人々が関わることによって存在意義が変化していくという点にある。名作といわれる美術作品の多くが保存・収蔵されるのに対し、建築史上の名作といわれる建築物であっても次々と壊されてしまうのは、建築物が創られる時点から、作品性と同時に、解体するという選択も含めて、公共性や社会性から逃れられない宿命を背負っているからである。インスタレーション作品だけでは、建築家の現実と、建築の本質を伝えてゆくことは難しい。インスタレーション作品の展示と美術館の外部にある「作品＝建築物」を紹介する展示では、その展覧会の意図が根本的に異なっている。社会的属性を抜きに語ることができない「建築物」を対象とする展覧会は、美術展にはない特有のジレンマを抱えているといえるだろう。

　以降、「建築の日本展：その遺伝子のもたらすもの」の企画とその制作過程から、建築展が構成される背景を概観し、その可能性について考察してみたい。

1：普請から建築まで、これからの建築を考える場

　「建築」は明治の近代化とともに西洋から輸入された「Architecture」という概念の訳語である。建築史家・建築家の伊東忠太により提唱され普及した。明治以前の日本において、この「建築」にもっとも近い言葉が「普請」。「安普請」や「普請道楽」など建築を形容する言葉として今も残る。普く請う。もともとは仏教用語で、人々が資金提供から設計や工事といった労働提供に至るまで、様々な立場でプロジェクトに参加することを指した。世界最古の木造建築物として知られる法隆寺の創建（伝607年）から数えても、明治元年（1868）までは1261年。この遥かに長い期間をかけて成熟してきた日本建築は、施主、大工棟梁、市民が一体となって「普請」した成果をいまに伝える。平成30年（2018）は、明治元年（1868）から起算し満150年。この近現代の間に日本の建築は多様化し、世界が注目するようになった。

　「建築の日本展：その遺伝子のもたらすもの」は、日本の近現代建築を古代から近世までの古建築とともに展示し、その低層に通奏する遺伝子がもたらすものを探る展覧会である。近現代建築は、建築家の存在が重要であるが、それ以前の日本建築には近現代の概念と同質の建築家像を認めることは難しい。そこで本展では、作家が創作した作品を展示するという美術館の原則には沿わず、また、専門的な建築論を紹介するのでもなく、思想、政治、世相、技術、美術などが交錯し

た表象文化のひとつとしての「建築」を提示する。近代以降
の建築家が創りだした作品としての「近現代建築」、古代か
ら近世までの普請である「古建築」、技術、出版、調査、研
究などの「動向」を等価のプロジェクトと称して、古代から
現代まで、時空間を自由に行き来できるような構成とした。
「可能性としての木造」にはじまり「共生する自然」に終わ
る9つのセクションは、各プロジェクトの視点、論点、運
動、流行などをひとまとまりのコンセプトとして編み、未来
の日本建築へと紡がれる遺伝子のようなものである。勿論、
個々のプロジェクトは多角的な魅力や特質が積層されたもの
であり、一連の系譜や文脈で語り尽くせるものではない。
　プロジェクト数は100。できる限り、現存している建築物
を展示の対象とした。鑑賞者が本展で建築史の文脈や建築家
の思想、暮らしや文化的背景に関心を寄せ、実際の建築を訪
ねることで鑑賞体験が完結することを願っての選定である。
　約1500m²の大空間に配置された多数のプロジェクトを前
にして、それが捉えようのない全体のごく一部でしかないこ
とで見えてくる、壮大な建築の世界を実感する。ひとつの展
示空間のなかに時間も空間も異なるプロジェクトが共存して
起こる比較、連関、干渉といった相互作用により、鑑賞者の
想像力のなかに新しいアイデアが生まれる。展覧会という実
空間での鑑賞体験を通して、鑑賞者ひとりひとりのなかに多
様な認識が自由に生み出され、これからの建築を考える場に
なることを企図している。

2：建築展で何が観られるのか

　学術的見地からは、既存の関連資料を解析し、後世の研究
に寄与するよう整理することに主眼が置かれるべきだが、図
面に代表される読解が求められる学術資料の展示だけでは、
専門家ではない人々の理解を促すことは難しい。一般的な美
術展でも、企画の概要を練り上げるのと並行して、その展覧
会を代表する作品が「見どころ」として選定され、それを核
に企画されることが多い。しかしながら、建築展は「作品＝
建築物」そのものを展示することは難しく、展示できるもの
はすべて関連資料である。美術展のように「見どころ」とし
て、その展覧会を象徴する作品を選定することも難しい。そ
こで議論になるのが、インスタレーション、大型模型、原寸
展示など体験的に知覚できる展示である。[3] 大型展示が単なる
展覧会の「見どころ」としてだけではない価値をもつために
何ができるだろうか。本展では、企画当初より、資料調査と
並行して、四つの大型展示を様々なアプローチから検討して

きた。ひとつは、伝 千利休作の茶室《待庵》の原寸再現（本
書p. 122 - 123参照）。《待庵》は国内でも数点が再現されている
が、会期中常に内部に入り体験できる展示とした。制作は大
学研究機関の研究プロジェクトとして委託し、その研究成果
の発表の場とした。[4] ふたつめは、齋藤精一＋ライゾマティク
ス・アーキテクチャーによる、レーザー・ファイバーで描か
れた実寸の3次元図面空間と映像で体験的に古建築から近
現代建築まで流れるモジュール（尺度）や比例を知覚できる新
作のインスタレーション《パワー・オブ・スケール》である
（本書p. 152 - 153参照）。3つめは、本模型のために製材された国
産材で宮大工が1/3スケールで制作した《住居（丹下健三自
邸）》（本書p. 148 - 149参照）。遺族の証言と当時の丹下自身が撮
影した膨大な記録写真から、これまで書籍や展覧会で紹介さ
れてきた図面では解析できなかった詳細図面を再現し制作に
至った。[5] 最後に、現在、耐震補強工事中の香川県庁舎から、
オリジナルの家具を多数借用し会場内のブックラウンジに配
置。鑑賞者が自由に利用できるようにした[6]（本書p. 156 - 157参
照（家具のモダニズム）。美術館では、オリジナルの家具は、展
示台に載せられて展示されることが一般的だが、建築や家具
が文化財として保存、展示されるだけではなく、修復されな
がら永く活用されることの意義を示唆したいと考えた。

3：建築資料のアーカイブとその活用

　本展は、「作品」以外は「関連資料」として扱われる美術
館の通例から考えると、いわゆる「作品＝建築物」そのもの
は会場には展示されていない。建築家によるインスタレー
ションは「作品」そのものであると捉えることも可能だが、
プロジェクトを紹介する本展のような場合、展示される資料
はあくまで、全て「関連資料」である。しかし、建築家が描
くスケッチやドローイング、図面などの著作物には、彫刻や
絵画のように美術的観点として興味深いものも多い。建築家
自身が描いたスケッチや承認して制作された図面や模型を
「作品」として扱い、対象の建築物を撮影した写真や映像な
どは「関連資料」として捉えている美術館キュレーターも多
いのではないだろうか。この傾向は、作家自身と著作権者が
認めた写真のオリジナル・プリントを「作品」として位置づ
け、フィルムは「関連資料」として管理する美術館における
写真の収集方針に類似している。[7] 一方で、「作品＝建築物」
を撮影した写真家や映像作家による写真や映像も、美術や写
真の展覧会では各作家の作品として展示されているものも多
い。美術館における建築展では、展示物が博物学的価値のあ

る「資料」と美術的価値のある「作品」が共存していること
で起こる混乱も少なからずあり、各々の資料の位置づけとそ
の情報の取り扱いは大変複雑である。

　ひとつのプロジェクトを紹介するために収集された資料
は、スケッチ、図面、模型、CADデータ、書簡、写真、映
像、サンプル、パンフレット、関連書籍など多岐にわたる。
それらの形体は、実物からデータまで多種多様であり、保存
管理されている資料だけでなく新規に制作したものもある。
これらの資料がプロジェクト毎に一か所にまとめて収集・保
存されていることはなく、本展でも資料の提供・借用先は、
建物所有者、建築家／設計事務所、建築家の遺族や元所員、
家具や照明などのデザイナー、施工会社、写真家、映像作
家、出版社、美術館、博物館など22都道府県、1海外の約
145カ所、資料点数は約400点に及んだ。

　2007年頃から建築界では、建築資料の海外流出問題から
建築資料のアーカイブへの意識が急速に高まりはじめた。[8]美
術館、大学、博物館等での積極的な収集保管が促進され、そ
れに伴い専門的な建築展も増加し、展覧会の開催を機に、図
面を中心に資料の所蔵情報の整理も進んできた。しかしなが
ら、とくに映像や写真資料については、その著作権や管理者
が多方面に帰属しており、その所在も情報共有されていると
は言い難い。建築史上の名建築であっても、実物も図面もな
く、写真が書籍に掲載されているだけということもままあ
る。建築写真や映像、とくに建設記録映像は、建築の内外観
を記録するだけではなく、その環境とのかかわりが映しださ
れた二度と撮影することのできない貴重な記録である。展示
に際して、図面よりも写真や映像のほうがはるかに一般の来
館者への伝達力は高い。しかし、建築写真は雑誌用に撮影さ
れたものがほとんどであり、その多くはフィルムであること
から、オリジナル・プリントを収集の主方針とする美術館で
は保存収集が進むことは考えにくく、建築関連の写真・映
像のフィルム・アーカイブの充実は必須の課題といえる。ま
た、ひとつのプロジェクトに関する資料を多方面から調査収
集し展示するためには、建築物管理所有者、建築家、建築事
務所、施工者、各研究機関、写真家や建築家の遺族、出版社
に至るまで様々な許諾が必要となる。建築資料を活用する企
画の立場からは、プロジェクト毎の資料の所蔵家・機関や許
諾先のデータベースの構築も重要な課題であると感じている。

4：展示、カタログ、ラーニングプログラムの3者自立と相乗効果

　以上、述べてきたように、建築展は、展示の鑑賞体験によ

る建築への理解を促すこととともに、建築関連資料を公開し
情報の整理を行うという二つの目的を同時に果たす好機であ
る。

　展覧会は、研究成果の公開としての「展示」と展示資料・
作品の画像と解説で編集される「カタログ」、シンポジウ
ム、ギャラリーツアー、ワークショップなどの「ラーニング
プログラム」で構成される。「カタログ」と「ラーニングプ
ログラム」は、「展示」内容が決定した後に、「展示」の制作
に連動して進行するのが一般的だ。

　本展も原則的には同様ではあるが、「展示」、「カタログ」、
「ラーニングプログラム」の三者が互いに自立し、前述の目
的に即して、相乗効果が発揮できるような構成と制作進行を
試みた。

　「展示」では、新進の建築家とグラフィックデザイナーを交
えて展示デザインチームを組織し、古建築から現代建築まで
等しく明快な理解を促し、専門家ではない鑑賞者にも現代的
で新鮮な視点で、関心を喚起できるような展示手法とデザイ
ンを模索した。[9]また、「カタログ」は、展示の記録としての
側面をもちつつも、企画の概要が策定された初期段階で、9
つのセクションに対しての論考と年表を作成し、展示のコン
セプトや資料選定に反映させていった。さらに、論考、プロ
ジェクト解説を含む、52名の執筆者に原稿を依頼すること
で、読みごたえのある書籍として成り立つことを目指した。[10]
シンポジウムなどのラーニングプログラムでは、鑑賞者とと
もに現時点の問題を共有し議論できる時間となるよう多様な
企画を実施した。これらにより、「展示」、「カタログ」、
「ラーニングプログラム」の相互補完性、連動性を高め、展
覧会全体で説得力をもつことを目指した。

5：美術館における建築展の可能性と意義

　美術館における企画展には、現代美術、メディア・アー
ト、建築など複数のジャンルがあり、各ジャンルにおいても
個展、地域展、あるテーマに基づいて構成される展覧会など
の多様な形式がある。過去の国内で開催された建築展を振り
返ってみると、そのほとんどが、建築家の活動を振り返る回
顧的な個展か、ある歴史的な時間軸を設定し、系統立てて総
括する歴史展である。企画者が設定したテーマから構成され
る展覧会はまだまだ少ない。

　一方、テーマに基づいて構成される美術展は、キュレー
ターの創意で作品を配置し、展覧会のセクションや全体のス
トーリーが構築される。美術史の系譜に基礎を置きながら

も、作品の観方、読み解き方の幅を少しずつ広げたり、ずらしたりすることで、作品読解の多様な可能性を提示する。建築展でも史実や研究を礎に、多様な解釈を、ひとつの展示空間に織り込むことは可能だろう。

本展は当初、「日本建築の遺伝子」という原題で構想した。総合監修を藤森照信氏に依頼し、随時、企画の方向性を監修して頂きつつ、倉方俊輔氏、ケン・タダシ・オオシマ氏とともに企画を練り上げてきた。日本のアイデンティティを模索してきた近現代建築に「遺伝子」と.でもいうべきものを探し、本展を、歴史的文脈を資源にした独自性のある都市や建築の未来へと思考を巡らす場とするべく検討を重ねた。その結果、時系列や系譜で総括する建築展ではなく、未来の日本建築の萌芽となる補助線として、9つのセクションを編む構成とすることとした。建築史から学ぶ断片の延長線上に現代建築を提示し、近世と現代を相対化することで、明治以降の西洋性・近代性と呼応してきた日本に何が生まれたのかを問い、21世紀の日本建築の可能性を再考しようと試みた。

「21世紀的転換は、20世紀型のグローバルな実践を地域に分散させ一中心を移し、境界をぼかし、多様なローカル・スタンダードを生むことになった。これはつまり、唯一絶対的なパラダイムではなく、グローバルでありながらもローカルなものを目指しつつ、連鎖式にいろいろな可能性を探る、ということだ。（中略）こうした実践が世界とも地域の個性とも連動しているだけなく、デザイナー個人もまた特定の風土に触発されて鋭い感性を発揮するため、そこはつぎつぎと相乗効果が生まれるのだ。」[11]オオシマ氏は、20世紀を牽引した建築デザインの合理化／均質化がグローバルに進行し、千変万化する建築表現が氾濫した現状に警鐘を鳴らし、世界を知りながらも世界に依存せず孤立し得る場所からこそ、現代において求められる新しい価値が生まれると論じている。

また、倉方氏は建築史家として「『建築史』とは『建築物』の歴史ではなく、『建築行為』の歴史だと私は考える。社会の依頼、設計者の思考、設計、施工、完成後のプロセスといった総体を明らかにするには、残された建築物だけでは十分ではない。こうした『建築行為』を再構成する過程に寄与するものは、すべて『建築資料』だと言ってしまおう。その中でも他の分野で保護されづらいものを、特にわれわれは対象とすべきなのだろう。何が『建築資料』であるかを研究を通じて実証するのが研究者であり、それによって最終的に恩恵を受けるのは一般市民でなくてはいけない。」[12]と述べている。この指摘は、建築資料を展示し建築展を企画しようとす

る美術館にも向けられていると言えよう。

本展の企画に伴走してくれた二人の言葉から、美術館における建築展の可能性と立ち位置が見えてくる。

より良い建築や都市は、設計者や施工者など「建築物」の専門家だけの知恵や技術だけで創られるものではない。小さな個人住宅でも、巨大な再開発でも、各々のプロジェクトに関与するすべての人々の思考が礎となり建築は行為され、個々のプロジェクトが集積して都市となり、その総体が社会や環境を形成している。この意味において、建築は、あらゆる人にとって社会や環境を思考する一般教養であるといえるだろう。私たちを取り巻く都市と建築が新陳代謝を繰り返しながらも、豊かな社会や環境へと進化してゆくためには、建築展もまた、多様な視点・論点から建築が紡ぐ叡智を編み、建築の可能性を考える場として、より開かれていかなければならない。

注釈・参考文献

1 近年の建築展の活況は、『建築雑誌2008年4号, vol.123, no1575 特集 建築の展覧会を考える』（発行：日本建築学会、2008年）、『GA JAPAN 150 （JAN-FEB／2018）特集 流行る建築展』（A.D.A.EDITA Tokyo、2018年）が参考になる。ともに建築展の年表も掲載。森美術館では、「アーキラボ：建築・都市・アートの新たな実験展1950-2005」（2005年）、「ル・コルビュジエ展：建築とアート、その創造の軌跡」（2007年）、「メタボリズムの未来都市展」戦後日本・今甦る復興の夢とビジョン」（2011年）、「フォスター＋パートナーズ展：都市と建築のイノベーション」（2016年）と本展で開館15年間5展を開催。

2
近年、建築家によるインスタレーション作品が精力的に展示された国内の展覧会は、石上純也やSANAAらが参加した「SPACE FOR YOUR FUTURE」展（東京都現代美術館、2007年）、アトリエ・ワン、内藤廣らが参加した「建築はどこにあるの？7つのインスタレーション」（東京国立近代美術館、2010年）などが挙げられる。

3 「ル・コルビュジエ展」（2007年）では、画家として活動をしていたアトリエ、設計の基準にしていた人体寸法モジュロールを実寸で体験できる集合住宅「ユニテ・ダビタシオン」の一室、終の棲家となった極小空間「カップマルタンの小屋」を原寸で再現した。詳細は、『ル・コルビュジエ展：建築とアート、その創造の軌跡 展覧会記録』（発行：アーキメディア、2007年）を参照。「メタボリズムの未来都市展」（2011年）では、黒川紀章の代表作「中銀カプセルタワー」の保管されていたユニットを修復して展示した。展覧会閉幕後は、埼玉県立近代美術館へ寄贈され、貴重な資料として常設展示されている。

4 木造建築の実践的な技術を教えるコースを持つ国内唯一の大学であるものつくり大学が制作。建設学科及び総合機械学科教員8名と大工、左官、建具、経師、金工など各職人からなる非常勤講師6名、学生38名が10か月かけて、国内各所の実施例を調査し、設計施工した。

5 再現設計及び模型監修は、建築家・野口直人氏が担当し、図面考証には、丹下健三氏ご令嬢の内田道子氏、豊川斎赫氏、堀越英嗣氏にご協力頂いた。施工は、国産木材利用の活性化に取り組む林業組合や宮大工らからなるNPO法人「おだわら名工舎」が、小田原の地産材の赤杉材と元小田原藩林である辻村家山林の樹齢200〜300年の社寺仏閣の修理等に使用した杉の未利用材を製材し、実際の建築工法を想定して制作した。

6 香川県は、丹下健三設計の県庁舎をはじめ、モダニズムの名建築が現役で活用されている。本展は、香川県立ミュージアムの協力により、県所有の名作家具を修復して、鑑賞者が自由に活用できる展示が実現した。

7 例えば、東京都写真美術館の収集の基本方針（1989（平成元）年2月3日（昭和63年度）策定）では、「写真作品（オリジナル・プリント）を中心に、写真文化を理解する上で必要なものを、幅広く収集する。」とし、写真作品、写真資料、写真機材類、映像資料に分類されている。（https://topmuseum.jp/）

8 2007年、日本建築学会 建築アーカイブズ小委員会によるシンポジウム「日本

におけるアーカイブズの構築に向けて」(東京大学) が開催され、同年、現在、およそ20万点の建築関連資料の収集・研究・公開を行っている金沢工業大学建築アーカイヴス研究所および「JIA-KIT建築アーカーイヴス」(日本建築家協会 (JIA) と金沢工業大学 (KIT) が協同) が設立。2010年に東京大学大学院工学系研究科建築学専攻主催のシンポジウム「建築アーカイヴの現在と未来」で王立英国建築家協会 (RIBA) 英国建築図書館長イレーナ・ムレイ氏との議論のなかで建築資料の国外流出の問題の深刻さが指摘。森美術館で開催した「メタボリズムの未来都市展」の資料調査時にも国外美術館による収集調査が行われており、同展のトークセッションとして、山名善之氏、鈴木博之氏、八束はじめ氏、筆者で「危機に瀕する建築ドキュメント一建築アーカイブ設立の可能性を探る」を2011年に実施。文庁庁は、一連の建築資料保存問題の高まりを受け、2013年、国立近現代建築資料館を開館した。2014年には、日本建築学会建築歴史・意匠委員会が近現代建築資料館の委託を受け、近現代建築資料の所在状況に関する全国調査を実施。『近現代建築資料の現状と今後の課題—近現代建築資料全国調査WGを受けて—』(編集・発行：日本建築学会、2014年) にその成果が纏められている。

9 展示デザインは、建築家の元木大輔氏、工藤桃子氏、川勝真一氏、グラフィックデザイナーの橋詰宗氏、飯田将平氏と森美術館のデザインチームが担当。膨大な情報を鑑賞者の自由選択で (読み飛ばしながらも) 理解できることと、9つのセクションの展示の差異が際立つよう計画した。例えば、高さ5.5mの壁面では、3段階のエリアに分割し、高さ3m以上の上部 (遠景エリア) を大型の映像、写真、言葉などの概要展示、1〜3mの中部 (中景エリア) を核となる資料展示、1m以下の下部 (近景エリア) を資料の詳細な情報展示とし、資料情報のキャプションから解説パネル、空間まで、展示アイテムのモジュール化による展示システムを導入した。

10 カタログは、建築の分野の編集者で建築史家の伏見唯氏の協力のもとに編集された。展示内容が確定していない段階からの論考執筆や年表作成は難しい作業だが、伏見氏と各執筆者、年表作成を担った小岩正樹氏及び早稲田大学小岩建築史研究室との綿密な議論と連携により実現した。各展示プロジェクトの解説文は、展示資料の調査段階でご協力頂いた研究者、建築家、設計事務所担当者、セクションの小論執筆者など各プロジェクトを熟知熟考されている方々に執筆をお願いした。

11 ケン・タダシ・オオシマ『グローバル・エンズ：始まりに向けて』(発行：TOTO出版、2012年) 9頁

12 倉方俊輔「われわれの日本がいかに建設されていったのか—「所蔵先」悉皆調査が有する意義」『近現代建築資料の現状と今後の課題—近現代建築資料全国調査WGを受けて—』(編集・発行：日本建築学会、2014年) 78頁

《待庵》伝 千利休 1582年頃（安土桃山時代）
国宝／原寸再現：2018年／制作：ものつくり大学／制作風景 撮影：御厨慎一郎
Tai-an, Attributed to Sen no Rikyu, ca. 1582 / National Treasure
Full-size Reconstruction 2018 / Production: Institute of Technologists / Photo: Mikuriya Shinichiro

《住居（丹下健三自邸）》丹下健三／1953年（現存せず）
模型 1:3／2018年／制作監修：森美術館、野口直人／制作：おだわら名工舎／制作風景 撮影：御厨慎一郎
A House (Tange Kenzo House) Tange Kenzo, 1953 / demolished
Model 1:3, 2018 / Supervisor: Mori Art Museum, Noguchi Naoto / Production: Odawara Meikosha / Photo: Mikuriya Shinichiro

視点

多数の過去認識と建築・庭園
―― 近代の「ZEN」と中世の禅をめぐって

野村俊一

多数の過去認識

過去の日本の建築や庭園をモデルに、建築家はしばしば魅力的なデザインを実現させてきた。形態や空間を具体的に読み解きながら自らのデザインに昇華させる者や、失われた歴史的建造物を考証のもと再現する者、文献史料を丹念に読み込み自らの設計理念に取り込む者など、過去への対峙の手立てはじつにさまざまだ。よりよい建築をつくろうとするこれら制作者の立場にくわえ、観光などで現場に訪れた受容者の立場からも、いわゆる教科書では教えてくれない建築や庭園の魅力を覚え、物語ることが多々あるだろう。文字通り、その人の数だけ過去の認識がある。

過去を実用的かつ実践的に読解することが新たな創造を誘発しうることは疑いないだろう。しかし他方で、実用や目的に沿うように過去の認識を限定してしまうことも時に起こりうる。一事例としてここで「ZEN」をめぐる事例を瞥見してみよう。

近代の「ZEN」と建築・庭園

日本の建築と庭園を物語る行為は海外でも繰り返されてきた。なかでも禅の建築と庭園は海外でも認知度が高く、「静けさ」や「シンプル」などを意味する「ZEN」とともに、白砂と立石をあしらう枯山水が受容された。枯山水に触発された海外の庭園も多く、石庭をモチーフとしたイサム・ノグチ「チェース・マンハッタンプラザのサンクンガーデン」や、緑に染め上げた石庭にプラスチックの植栽を取り合わせたマーサ・シュワルツ「スパイス・ガーデン」など、数々のバリエーションが生まれている。いずれも石や砂をなぞらえた、抽象的な庭である。

近代の建築家も禅にしばしば言及した。ブルーノ・タウトは桂離宮の簡素な意匠に日本美の極地＝「永遠なるもの」を発見したが、その成立背景に禅の影響をみる。また、ワルター・グロピウスは伝統的な日本家屋の生活様式に「単純さと無駄のなさ」を見出し、ここでも禅の影響を指摘する。さらには、分別を嫌い「直接経験」を重視する禅の構えが、バウハウスでの実験理念と共通するとまで言いのける。1954年に日本を訪問したグロピウスは、「国際文化会館の友人たち」――おそらく前川國男・坂倉準三・吉村順三か――の助言のもと、鈴木大拙の著書を学んだという。1938年に英文原著が出版された鈴木の『禅と日本文化』は、水墨画の一角にのみ景を描いて余白を多く設ける手法や、禁欲的な「孤絶」などのキーワードを引きながら、形式や慣例を排除した禅の超越的なものを指し示す。英文で書かれたこともあり、欧米の知識人の異国趣味を刺激し、「ZEN」の質素や簡素といった特定のイメージを世界に種え付けたのである。

鈴木の著書は、日本の宗教の独自性と優越性を訴えようとする時代背景のもとで生まれ、とくに「ZEN」の抽象性や精神性にかかわる記述にこそ注目が集まった。そして、グロピウスの事例は、バウハウスの正当性を担保するため、この「ZEN」を実用的に援用したものだったと言ってよい。

たしかに、禅の文化にこのような一側面があったことは否定できないし、この一側面を受けて幾多もの新たなデザインが生み出されてもいる。しかし、あまりにもこの抽象的な側面のみ強調され、禅文化の全容へアプローチするには片手落ちの印象も否めない。では、禅にみる別の側面とはどのようなものだったのか。試みにここで、これら「ZEN」のイメージを保留にしたうえで、禅の建築と庭園が日本で本格的に定着した時期に着目し、これらの評判が世に広まった端緒を具にほじくり返してみたい。そこには今まで等閑視された実態が、新しい文化が伝播するうえでのさまざまな人間模様があった。

禅の山水と詩文

日本の禅文化の一立役者に夢窓疎石（1275 - 1351）が挙げられる。足利家の邸宅を構える室町殿、金閣がそびえる北山殿（現・鹿苑寺）、銀閣がそびえる東山殿（現・慈照寺）は、のちの書院造・茶室・庭園に多大な影響を及ぼした北山・東山文化の代表格だが、これらはすべて夢窓が1339年に復興した西芳寺をモデルに造営された。

注目したいのは、西芳寺に先駆けて1327年に彼が鎌倉で立ち上げた瑞泉寺である。境内背後の小高い山上に亭を建て、ここから望める山水をめぐって130編以上の詩文が詠まれたのである。これら詩文は額として亭に掲げられ、現在、水戸光圀が近世に復興したものが伝わる。つくられた庭園は池泉を携えた庭園で、亭からの眺望は鶴岡八幡宮や長谷寺にくわえ、遠方に箱根温泉や富士山まで見渡せる壮大なもので、「ZEN」の抽象的な枯山水とは趣が異なる。

さて、これら詩文は、まず五山派叢林の住持を務めた僧のほか、中国からの渡来僧や日本からの留学歴をもつ渡海僧、博多に渡来していた中国蘇州の教授など、禅院の興隆に重要な役割を果たした高名な僧や学者が名を連ねた。詩板の冒頭を占める全体の約3割が彼らによるものだった。

Insight Multiple Interpretations of the Past in Regard to Architecture and Gardens

では、彼らはいつどこで詩文を詠んだのか。瀟洒な山水を目の当たりに、多数の人間が寄り集まって詩会を行ったのかというと、じつはそうではない。詩文の年代や作者がわかるものに限っても、それぞれ詠まれた時期が微妙に異なるのである。夢窓が瑞泉寺を離れた後に詩文を寄せた者、このとき中国に留学していた者、夢窓の死後に寄せた者、さらには鎌倉に訪れたことすらない者も名を連ねる。くわえて、隣り合う詩文ですら韻がほとんど共有されていない。つまり、これら大量の詩文は、一堂に詩会が開かれて詠まれたのではなく、時間と空間を違えて、各々イレギュラーに詠み継がれたものだったのである。

山水の運営と
意味づけの連鎖

では、この詠み継ぎは偶然起きたのだろうか。たとえば、先に触れた蘇州の教授による詩文は、彼が博多滞在中に、夢窓派の禅僧が直接要請したことで実現した。夢窓の死後から数えて、じつに24年後の出来事であった。また、一部の者はテーマを与えられたのち、瑞泉寺の関係者に書簡として届けていた。つまり、詩文を収集する事業が、瑞泉寺のなかで運営されていたとみられる。当時の禅院では山水に多くの人々が集う様が望ましいという考えがあったが、この考え方にも沿った状況が意図的かつ仮想的に演出されたのである。

このようにして、瑞泉寺の山水をめぐり、高僧や識者らの署名付きの詩文が大量に生まれた。瑞泉寺の亭を中心とした、時間と空間を超えて山水を共有しうる仮想のソーシャル・ネットワークが成立した。一つの画像に時空を違えて各々コメントを紡いでいく、近年のSNSすら彷彿とさせる。そして、このネットワークを介した意味付けの連鎖が山水を価値付けしていく。この背景には、瑞泉寺側の詩文収集事業も功をなしたようで、山水の価値を高めるブランディング戦略とでもいえる事業が展開した。禅院の建築と庭園が流布した背景に、運営のたゆまぬ努力が透けてみえる。

興味深いことに、その後、読み継がれていった詩文は無名のものが多数を占め、かつ韻目が揃えられるなどして幾分形式化する。このような傾向となったのは、多数の著名人がブランディングした山水やこのコミュニティに、自らも名を残したいと願う者が増えたからなのかもしれない。あるいは、同時代の禅僧が、詩文の意味を継ぎつつ韻を踏むことが「上才」であると説いたことからも、形を整えた詠詩を心がける風潮ができたのかもしれない。自由闊達に作詩することが禅の証悟を裏付けるという観点からすれば、あまりにも生真面目ともみえる。

ともあれ、これら多数の詩文により、瑞泉寺の評判が高騰したことは疑いない。外国人など外部の眼差しが日本の文化をブランディングする様は、タウトやグロピウスの事例との類似性すら不意に想起させる。ここに、一つの山水をめぐる運営側とユーザー双方の欲望が垣間見られ、現代を生きる我々にとっても何ともリアルだ。「静けさ」や「シンプル」とは別種の、建築や庭園を立ち上げ、その情報を流通させよ

うとした禅僧のネットワークがあった。

事実へ漸近すべく
多数的に過去を捉え続けること

以上、禅の建築と庭園をめぐって、近代に種え付けられた「ZEN」とは異なる別の事象を管見の限り覗いてみた。ここに紹介した中世の事象も、建築史家が過去へ可能な限り近づくべく物語った叙述のひとつに過ぎない。日本の建築と庭園には、われわれが知らない世界がまだまだ潜在しているはずだ。

建築家・造園家・建築史家・修復技術者を問わず、立場や目的の別により過去認識の枠組みは多種多様である。しかし、いずれにおいても、特定の立場から発せられた過去を固定的・特権的なものとみなし、受動的にのみ捉えようとする態度は何も生み出さないだろう。かつての茶匠たちが過去の文化を巧みに継ぎつつ新たなものを創造したように、先人に対する生産的な批判精神が必要だ。眼前の建築・庭園の魅力や痕跡を手がかりに、まずは個々人が誤読を恐れずに物語りはじめること。そして、より〈本当のこと〉へと漸近すべく、建築と庭園の新たな地平を見出すべく、この物語を他者の言説と併せて深く吟味し続けること。この連鎖こそが、過去をふまえたよりよい未来の都市・建築への布石となるにちがいない。

注釈

1 ブルーノ・タウト著、篠田英雄訳「永遠なるもの」(『日本の家屋と生活』、雄鶏社、1949年)

2 ワルター・グロピウス著、坂本弘訳「集中化の教え」(『講座禅 第五巻 禅と文化』、筑摩書房、1968年)

3 以下、下記論文をもとに再構成した。野村俊一著「山水の生成とその諸空間—中世禅院における境致と社友の考察を通して—」(空間史学研究会編『空間史学叢書1 痕跡と叙述』、岩田書院、2013年)、野村俊一著「禅院の風景とその影響力」(小島毅監修、島尾新編『東アジア海域に漕ぎ出す4 東アジアのなかの五山文化』、東京大学出版会、2013年)。

4 歴史叙述を問うテキストは膨大に存在するが、ここでは最小限以下を挙げておく。マンフレッド・タフーリ著、八束はじめ訳『建築のテオリア——あるいは史的空間の回復』(朝日出版社、1985年)、アンドリュー・リーチ著、横手義洋訳『建築史とは何か?』(中央公論美術出版、2016年)、ヘイドン・ホワイト著、上村忠男監訳『実用的な過去』(岩波書店、2017年)。

01
可能性としての木造
Possibilities of Wood

　日本列島は高温多湿で、木材をどこでも調達できる条件を備えています。先人たちは、その可能性を最大限に活かしてきました。木を山で持続的に育て、流通させ、目的に応じて現場で組み立てる。伝統建築も木組も大工秘伝書も、そのような木の文化の証です。木造建築が世界的に見直されている現在、日本の木の文化で世界に貢献することはできないでしょうか。振り返るべき遺伝子のひとつは、日本に西洋建築がもたらされた近代にあります。日本の木が育てた思想や技術は、その後の鉄骨造やコンクリート造の近現代建築にもインスピレーションを与えてきました。入手や加工にさまざまな「力」の集中が欠かせない「石の文化」とは異なり、「木の文化」では、津々浦々の職人が設計と施工の技術を持ち、各地で材料が入手でき、構造を足したり、修理して取り替えたりすることも可能です。19世紀に西洋文明が流入する以前に極められた木造の技は、精緻に制御される現代の情報社会やテクノロジーのあり方とも親和性があると言えます。

The Japanese archipelago has a hot and humid climate as well as abundant forests, meaning wood can be procured from almost anywhere. Indeed, long ago the Japanese took full advantage of these resources. Wood was cultivated on mountains in a sustainable way and then circulated to construction sites, where it was used to build things. Traditional Japanese architecture, the *kigumi* carpentry craft of interlocking joints, and the secret manuscripts of carpentry handed down between generations of artisans are surely a testament to this wood culture. As people today all over the globe look again at wooden architecture, what can Japan's culture of wood contribute to the world? One of the genealogies we should look back on lies in the period of modernity when Western architecture was brought to Japan. The ideas and techniques cultivated by Japanese wood provided inspiration for even modern and contemporary architecture built in steel and concrete. Unlike a culture centered on stone, which requires the concentration of various abilities for procuring and processing in a select number of places, a wood-based culture means artisans equipped with the skills for designing and constructing are spread across the country. Timber can be acquired from different regions. It is also possible for a structure to be added to, repaired, and replaced. It might even be suggested that these techniques for wood construction, though mastered before the influx of Western civilization to Japan in the 19th century, have an affinity with the technology and other aspects of today's information society, where everything can be precisely controlled.

東大寺南大門
1199年（鎌倉時代）｜国宝｜世界文化遺産
東大寺南大門正面軒（部分）｜撮影：渡辺義雄｜画像提供：日本写真家協会

Tōdai-ji Nandai-mon
(the Great Southern Gate of Tōdai-ji)
1199 | National treasure | World Cultural Heritage | *Front eaves of Tōdai-ji Nandai-mon
(the Great Southern Gate of Tōdai-ji) detail* | Photo: Watanabe Yoshio
Courtesy: Japanese Professional Photographers Society

梼原 木橋ミュージアム
隈 研吾
2010年 | 外観 | 2010年 | 撮影:太田拓実

Yusuhara Wooden Bridge Museum
Kuma Kengo
2010 | Exterior View | 2010 | Photo: Ota Takumi

平等院鳳凰堂の組物

1053年（平安時代）｜国宝｜世界文化遺産

Kumimono of Byōdō-in Hō-ō-dō (eave-supporting bracketing complex of Byōdō-in Phoenix Hall)

1053 | National Treasure | World Cultural Heritage

部分模型　1904年頃／木／h1045 × w963 × d845／所蔵：東北大学大学院工学研究科 都市・建築学専攻／撮影：瀬脇 武（Echelle-1）

Partial Model ca.1904 / Wood / h1045×w963×d845 / Collection: Department of Architecture and Building Science, School of Engineering, Tohoku University / Photo: Sewaki Takeshi (Echelle-1)

けがれた地を離れ、浄土へと翔び立つような建築をつくりたい。浄土思想が流行した平安末期、ある貴族のロマンチックな想いが一つの有名な建築を生み出した。京都・宇治川の辺りに残る平等院鳳凰堂。機能性のない鉤の手に折れた翼廊を持つ平面構成も特異であるが、やはり深く突き出し、かつ伸びやかな反りをもつ屋根こそが鳳凰をイメージしたこの建築には欠かせなかった。

しかし、屋根を深く突き出すことは構造的に大きな困難を伴う。当時の屋根は土を盛って瓦を葺いていたためかなりの重量であった。それを支えるため下方の部材を外側へ持ち出していく構造体が「組物」である。斗と呼ぶブロック材と肘木と呼ぶ横架材を交互に積み、外側にせり出していくのである。しかも単純に横に出していたのでは早い段階で屋根荷重に負けてしまうので、途中で斜め下方に差し込む尾垂木という長い材を入れ、尻側に荷重をかけテコの原理で先端を持ち上げる工夫も組み込まれている。

この組物の技術は仏教建築の伝来とともに大陸から持ち込まれたのだが、大陸よりも風雨が強いわが国では軒をさらに深く出さざるを得なかった。ゆえに組物を有していても歳月を経た軒は次第に垂れてしまったのである。そこで工匠たちはある工夫を思いつく。屋根裏の隙間を広げてそこに太く長い丸太を突っ込めば屋根を深く出すことができると。人々の目にとまる組物はそれなりの美しさが求められるため太さの限界がある。しかし桔木と呼ばれる太い丸太を屋根裏に隠してテコの原理で跳ね上げればその制限はない。鎌倉時代から始まる桔木の技法はその便利さから以降急速に普及していく。それは同時に組物の衰退を意味していた。もはや屋根荷重を受ける必要のない組物はただの飾りとしてつくられていくようになる。

平等院鳳凰堂は桔木が登場する直前の時代につくられたため、まだ組物が構造的な力強さを持っている。古代建築が持つ構造美の最後の輝きがここに見て取れよう。

[坂本忠規]

In an age when the philosophy of the Jōdo (Pure Land) Buddhism was the trend, the romantic notions of a certain influential figure in the late Heian period produced this famous work of architecture situated near Uji River in Kyoto—the Byōdō-in (temple) Hō-ō-dō (Phoenix Hall). The concept was to translate a vision of a flight from the corrupt land into the Jōdo into architectural form. Besides its unique plan configuration with wing-like colonnades extending to canopies that serve no particular purpose, indispensable to the production of the image of the phoenix was the deeply protruding and flowing and elegant roofs.

This deep protrusion of the roof lines, however, is accompanied by great structural complexity; when the Hō-ō-dō was built, the roofs bore considerable weight as they were covered in soil and fitted with tiles. The subjacent structural elements that support the eaves of those heavy roofs are referred to as kumimono (bracket complex supporting the eaves). In this system, a bearing block on top of a pillar (to) and the structural bracket arms (hijiki) are stacked and interlocked and protrude outward. But if the protrusions of this bracket system simply extend out too suddenly, they would give under the roof load, and therefore long, obliquely protruding tail rafters (odaruki) were inserted so that the roof weight is supported by the inner ends, and the principle of leverage acts to lift the tail ends of the rafters.

The technique of kumimono was brought to Japan with the transmission of Buddhist architecture from the continent; yet, deeper eaves were required due to the comparatively stronger winds and rains. Over time, the eaves gradually started to sag, even with the support of the kumimono. It was then that carpenters came upon on a certain device: they discovered that the eaves could be deepened when they opened up the gaps beneath the roof and inserted thick, long logs. The thickness of members in the kumimono were kept to a minimum due to the certain elegance that was sought in their structural expression, but by hiding the large logs of the cantilevered members called hanegi within the roof void and introducing the principle of leverage there were no limits to how thin they could become. Later, due to their convenience, the technique of using hanegi at the start of the Kamakura era rapidly spread. At the same time, this signified the decline of kumimono; they had become mere decoration since they were no longer necessary for roof support.

Because the Byōdō-in Hō-ō-dō was built before hanegi arrived, the kumimono there have a powerful structural expression. In it, let us grasp the last brilliance of the structural beauty of ancient architecture.

[Sakamoto Tadanori]

日本は温暖湿潤な気候から豊かな木材資源を有する。一方で地震や台風などの過酷な自然災害が存在する。そのような条件から必然的に木材同士を組み合わせるための加工技術、つまり材木を伸ばすための「継手」、交差させて組むための「仕口」の技が高度に発達することになった。それは社寺における複雑に木材を交差させて組み上げる組物、数寄屋における曲面同士を隙間なく組み合わせる丸太仕事、民家における力強い小屋組に端的に表れている。つまり伝統建築の美は木組の構造美といっても過言ではないほどに昇華されたのである。

ところが近代建築の申し子として登場した鉄筋コンクリート造が、木組を建築の表舞台から消し去ってしまう。とりわけ安全上の問題から、オフィスビルを始めとする大型建築から木材が駆逐され、すべて鉄とコンクリートでつくられることになった。それでは日本の伝統的な構造美はどうなるのか。丹下健三を始めとするモダニズム建築家は鉄筋コンクリートで木組の構造美を再現できないか果敢にチャレンジしている。《香川県庁舎》（1958年）はその代表作であろう。

しかしその挑戦も長続きせず、半世紀に渡り鉄筋コンクリート造が日本の建築界に君臨することになった。ところがあまりにも普及したため、かえって木組が新鮮に写るようになった。その一方で集成材や金物の技術も発達したため、大型建築も木組でつくることが可能になってきた。同時に戦後に大量に植林した杉や桧が伐採されずに余っている状況も問題視されている。

日本には手仕事で木を刻む技術をもった大工もまだ多く残っている。同時に工作機械を用いて効率的に加工を施すプレカットの技術も高度に発達している。近年の隈研吾の建築作品に表れているように、その技術をうまく活用することができるならば、木組の美しさが日本に復活する可能性も見えてくるであろう。

［坂本忠規］

木組
Kigumi

Owing to its temperate-humid climate, Japan is a nation rich in timber resources; yet coupled with this factor is the prevalent occurrence of severe natural disasters such as earthquakes and typhoons. As an inevitable response to these circumstances, the techniques to join wooden structural members became highly developed through two principle methods: *tsugite*, the technique of extending timber members with coupling or connector joints and *shikuchi*, the interlocking of timber at right angles with angle joints. These can be observed in the intricate interlocking wood connections in shrines and temples and in the gap-free joinery of log construction along curved surfaces in *sukiya* buildings; they are also straightforwardly expressed in the powerful roof frames (*koyagumi*) of the *minka* (folk houses). In other words, it would not be an exaggeration to attribute the beauty of traditional Japanese architecture to the structural beauty of *kigumi*.

Nevertheless, steel reinforced concrete construction appears as a godsend for modernist architecture, effectively eliminating kigumi from center stage in Japanese architecture. Consequently, issues of safety in office buildings and other large-scale structures eradicated the use of timber construction and steel and concrete became the sweeping standard. What, then, became of the essence of traditional Japanese structural beauty? Well, Modernist architects such as Tange Kenzo boldly took up the challenge of reproducing kigumi in steel reinforced concrete, as seen in his magnum opus, the East Building of the *Kagawa Prefectural Government Office* (1958).

This challenge does not last long, however, and steel reinforced concrete construction goes on to dominate the Japanese architectural world for half a century. Eventually, that contemporary mode structural expression became so widespread that kigumi came to appear all the more fresh. Developments in the technologies of laminated lumber and metal hardware, meanwhile, have begun to afford applications of kigumi in large-scale architecture. At the same time, the massive quantities of cedar and Japanese cypress that remain from postwar re-forestation projects without being felled have been brought into the issue.

In Japan, there are still many carpenters who possess hand-crafted joinery techniques, and in parallel, industrial machinery has allowed rapid progress through effective processing in milling technologies. And as can be seen in the recent architectural work of Kuma Kengo, if these techniques and technologies are optimized, there is a chance that the beauty of kigumi will one day be revived in the cityscapes of Japan.

[Sakamoto Tadanori]

継手仕口　画像提供：公益財団法人 竹中大工道具館
Tsugite-shiguchi (traditional joint on a beam)　Courtesy: Takenaka Carpentry Tools Museum

追掛大栓継ぎ（おっかけだいせん）
Okkake-daisen-tsugi

台持継ぎ
Daimochi-tsugi

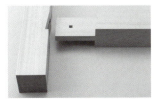
鼻栓
Hana-sen

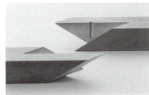
宮島継ぎ
Miyajima-tsugi

腰掛鎌継ぎ
Koshikake-kama-tsugi

蟻落し
Ari-otoshi

襟輪留
Eriwa-dome

腰掛蟻継ぎ
Koshikake-ari-tsugi

継手仕口模型 1:1　2018年／h670 × w120 × d120, φ272 × 980／木、アクリル、スチールパイプ／所蔵：三角屋／制作：三角屋
Tsugite-shiguchi Model 1:1　2018 / Wood, acrylic, steel pipe / h670 × w120 × d120, φ272 × 980 / Collection: Sankakuya / Production: Sankakuya

01　Possibilities of Wood

ミラノ国際博覧会2015
日本館 木組インフィニティ

北川原 温
2015年（現存せず）｜2018年（再制作）

KIGUMI INFINITY, Japan Pavilion, Expo Milano 2015
Kitagawara Atsushi
2015 demolished｜2018 reproduction

《木組インフィニティ》と称しているこの木組は、日本の木構造、木組の在り方を一つの形にしたものであると考える。金物を使用しない木組による構造は欧州の伝統建築でも数多く見られるが、欧州の伝統的な木組は間を壁で埋める平面的な見せ方が多い。対して日本の伝統的な木組は、柱を主体とした壁のない構成や深い軒の出などから奥行のある立体的な見せ方とすることが多い。こうした日本の伝統的な木組の空間的な在り方を再解釈し、構築したものが《木組インフィニティ》である。

ミラノ博覧会では長さ2,080mm、115mm角の集成材を使用し、1本あたり8カ所の単純な相欠き加工をしただけの僅か4種類の基本部材で組み上げられている。500mm角の立方体グリッドを基準とし、そのグリッドを傾けて連続させることで単純な部材構成でありながら見る角度によって表情が変わる多様な見え方を作り出している。

建築本体や接地面にて振止めの為に金物で固定している個所はあるが、11.6mの自立した構造体としてファサードを構築しており、構造として効かせている金物は一切使用しない木材特有の粘り強さを最大限に活かした構造としている。

長さ2,350mm、120mm角の国産カラマツ集成材を約20,000本、体積にして約670m³を現地へ輸送し、長さ2,080mm、115mm角に現地で加工して使用したが、近年の国内外にみられるような大断面、長尺のCLT（直交集成板）とは異なり、1本1本は非常に小さな部材であり、現地職人の手作業により組み上げられた構造体であることも、この木組の大きな特徴の一つである。

グリッドの大きさや奥行、角材サイズを変えることで、同じ仕組みでありながら、より多様な見え方を展開させることも可能である。

［桑原遼介］

The wooden framework called *Kigumi Infinity*, is based on the concept of wooden framework systems in traditional Japanese architecture. While in Europe I there are many examples of traditional wooden buildings that do not use metal hardware, but most have solid infill within the wooden framework, resulting in a planar expression. On the other hand, columns are the primary element of traditional Japanese wooden frameworks, and a spatial depth is generally produced by a structure devoid of walls or one possessing deep eaves. *Kigumi Infinity* is a reinterpretation and composition of the spatial design derived from traditional Japanese wooden framework systems.

The grid structure at the Expo Milano 2015 is comprised of only four types of basic frame members, each 2,080 mm-long, 115 mm-square glue-laminated timber member possessing eight simple halving joints (*aigaki*). The resulting 500-mm-square three-dimensional grid; tilting and repeating the grid produces a variety of expressions when viewed from different angles.

Although some metal hardware is used in the interior and at ground level as bracing, the *façade* is an 11.6 meter-tall freestanding structure assembled without using any metal fixtures, fully optimizing the elastic strength of wood.

Approximately 20,000 pieces of 2,350-mm-long, 120-mm-square members of laminated Japanese larch, a total volume of approximately 670 cubic meters, were shipped from Japan to Milan, Italy, and were locally processed into 2,080 mm-long, 115 mm-square members. Unlike CLT (Cross-Laminated-Timber), which is recently in wide use in Japan and other parts of the world and uses members that are much longer and have larger cross section, the short structural members hand-assembled by local craftsmen are what give this structure its character.

This same system has the potential for further development of complex forms through the differentiation of grid sizes, depths, and member sizes.

［Kuwabara Ryosuke］

《木組インフィニティ》
2018年／h5300×w10000×d1280／設計・制作期間：2017年9月〜2018年4月／設計：北川原 温、松川真友子（北川原温建築都市研究所）、フェデリカ・ブルノーネ（ミラノ工科大学）／構造アドバイザー：金田充弘（東京藝術大学准教授）／組立：前田建設工業／紀州ヒノキ材 提供・加工：山長商店／コーディネーター：一般社団法人公共建築協会 次世代公共建築研究会 木造建築部会／展示風景（森美術館、2018年）撮影：来田 猛

KIGUMI INFINITY
2018 / h5300 × w10000 × d1280 / Design and construction period: September 2017 to April 2018 / Design: Kitagawara Atsushi, Matsukawa Mayuko (Atsushi Kitagawara Architects Inc.), Federica Brunone (Politecnico di Milano) / Structural advisor: Kanada Mitsuhiro (Associate professor, Tokyo University of the Arts) / Construction: Maeda Corporation / Fabrication of Cypress Wood from Wakayama Prefecture: YAMACHO CO., Ltd. / Coordinator: Public Buildings Association, Advanced Public Building Group / Installation view, Mori Art Museum, 2018 Photo: Koroda Takeru

［右頁上］外観　2015年／撮影：大野繁／画像提供：北川原温建築都市研究所
［右頁下］パビリオン エントランス　2015年／画像提供：新建築社写真部
[opposite, top] **Exterior View** 2015 / Photo: Ono Sigeru / Courtesy: Atsushi Kitagawara Architects
[opposite, bottom] **Pavilion Entrance** 2015 / Courtesy: Shinkenchikusha

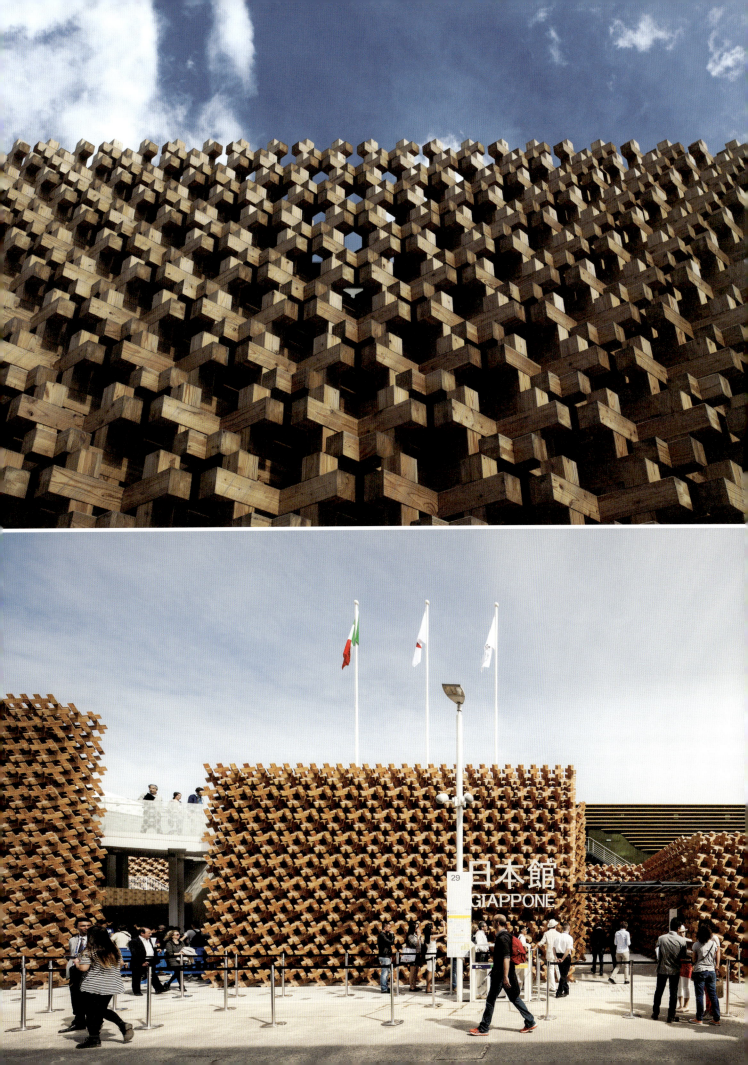

内観 画像提供：国際教養大学
Interior View Courtesy: Akita International University

国際教養大学図書館*

仙田 満
2008年

Akita International University Library*
Senda Mitsuru
2008

杜の図書館

緑あふれるキャンパスの景観と調和することが求められた。既存樹木を残すように図書館は配され、建物への日差しを遮りつつ、室内からはリラックスできる緑の景観が構成されている。窓から見える緑の景色と、秋田杉による濃密な木造空間により「杜の図書館」の実現が目指された。

ブック・コロシアム

図書館は本と人との出合いの場としての劇場空間「コロシアム」として計画された。洋書を中心とした段状のグレートホールと、和書を中心とした1階のリーディングスペースからなり、半円形平面のグレートホールは、中心に向かって段状に書架と閲覧席が組み合わされている。利用者は思い思いに本棚を巡り、気に入った場所で閲覧することができる。閲覧席は、大空間の中にありながら、落ち着いたスペースとなっている。一方、他の学生の様子も伺えるので、お互いに学習意欲が喚起され、集中しやすい環境を実現している。半円形の空間的集中と、屋外の森への方向性を併せ持ち、回遊しながら発展する循環性が意図された。

秋田杉のハイブリッド架構

半円形プランに、地場産スギ製材をつかって放射構造の屋根を架け渡し、和傘のように繊細で奥行き感のある豊かな木造空間が形成された。入手容易かつ安価な5～6寸角程度の地場産スギ製材を用いた2種類の特徴的な組立梁（重透梁と合掌梁）を縦に重ねて、放射配置し、円弧中心から放射状に建てた斜柱で支持する傘状の構造である。屋根梁組上には30mm厚の構造用合板を直貼りして水平剛面をつくり、ルーフ段差部にスティールのフィーレンデールトラスを配置し、鉛直荷重を支えつつ、ラーメンフレームで水平荷重を外周RC壁まで伝達する計画としている。木材同士の継手仕口には、「追掛け大栓継手」や「傾ぎそぎ入れ」など日本の伝統的な大工技術であるかん合式接合を用いて、簡素で美しいディテールが目指された。

［仙田 満］

The Library of Trees

The prerequisite for this library was a design that would harmonize with the lush greenery of the university campus. Configured to allow existing trees to remain, the building and its interior spaces were composed so that direct sunlight could be blocked while maintaining serene views out to the woods. Through the juxtaposition of a library hall densely fabricated with Akita cedar wood members with views of the lush scenery through the glazing, we endeavored to bring *"The Library of Trees"* into being.

Book Coliseum

This university library was designed as a "coliseum" in which people encounter books. The main space is comprised of a theater-like Great Hall mainly for foreign books and a first floor Reading Space for Japanese books; the Great Hall is semi-circular in plan, and the bookshelves and reading spaces are arranged in a radial fashion, stepping down toward the first floor space as the radius reduces in size. Library users are free to wander through the open stack library, select a book and sit to read at their favorite seats. Although the library space is vast, the radial configuration offers privacy to the reading spaces. On the other hand, the openness of the layout facilitates interaction among the university students, mutually inspiring in one another the desire to learn; in effect, producing an environment that facilitates mental focus. Both the concentration of space in the semicircular form and the directionality toward the forest help establish a circularity that unfolds while winding through the space.

Hybrid Akita Cedar Structure

The radial roof frame structure made of local cedar members spans over a semi-circular plan, forming a rich wooden space like a Japanese umbrella with its delicate skeleton and sense of depth. Locally manufactured, inexpensive and easily acquired 15.2 to 18.2-cm-square cedar timber members were used to produce two types of characteristic built-up girders (composite open beams and *gassho*-style wood truss cross beams). The umbrella structure is comprised of these girders laterally overlapping, and arranged in a radial fashion from the center of the arc supported by oblique columns. 30 mm structural plywood panels were directly attached to the roof trusses creating a flat plane, then steel Vierendeel trusses were installed within the stepped roof form, supporting the vertical load while transmitting the horizontal load to the perimeter reinforced concrete wall by way of the rigid frame structure. For the angled joints of the timber members, traditional Japanese interlocking wood joinery techniques such as large pins added to end joints and slant-cut joints were used to achieve a simple, but beautiful detail.

[Senda Mitsuru]

* 2014年に国際教養大学中嶋記念図書館に改称。

*Renamed Akita International University Nakajima Library in 2014.

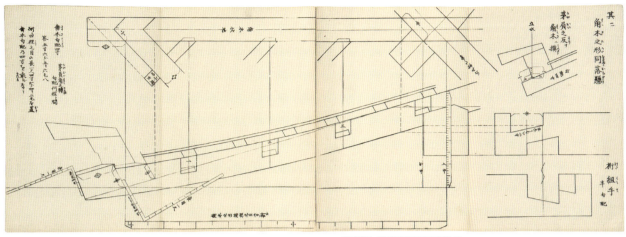

規矩術書『規矩真術 軒廻図解』下
1856年（江戸時代）／所蔵：公益財団法人竹中大工道具館
Carpenter's Stereotomy Manual *Kiku-Shinjutsu Nokimawari-Zukai* (calculation technique of dividing wood and illustration for curved eaves) Second Volume
1856 / Collection: Takenaka Carpentry Tools Museum

大工秘伝書
Secret Books of Carpentry Techniques

　日本建築を「技術」あるいは「生産」という視点から振り返ってみると新たな面白さが見えてくる。古来、中国や朝鮮半島から木造のデザインと施工技術を輸入し、それを洗練させることで発展を遂げてきた日本建築は、二つの特殊な性格を有することになった。一つは木材の組み立てという生産方法をひたすら追求したことにより、全体形状を決めることよりも、個々の部材形状の効率的な決定が重視されたことである。他方は、とくに平安時代以降につちかわれた独自の美的感覚を部材同士の微妙な寸法関係で表現し、それが誰でも決定できるようなシステムが求められたことである。

　その結果として「木割術」と呼ばれる各部材同士の比例関係をシステム化した設計技術が登場した。これは基準寸法に係数を掛けて目的の寸法を割り出す関係（Y＝αX）を連続化したもので、現代でいうプログラミングと同じ発想である。この特殊な技術は工匠家の秘伝として代々継承されたが、室町時代になるとそれを文章や図面で表現し巻物形式の「秘伝書」として伝えることが始まる。しかし当初は門外不出であった秘伝書も、モノとして表現されたからには宿命的にコピーされることになり、写本というかたちで流出してしまう。挙句には江戸時代になると「雛形本」（マニュアル本）として出版されオープンソース化されてしまうのである。

　この木割術の普及は建築デザインのあり方を大きく変えた。寸法や形状は仕組みを知っていればデザイン能力など関係なく自動的に決定することができる。そこにもはや工夫の余地がないとすれば、工匠の関心は彫物や彩色へと向かう。江戸時代を象徴する装飾主体の建築はこうした技術と生産の発展を契機の一つにして発生したのである。

　さて、技術自体はオープンソース化されたにもかかわらず、江戸時代を通じて秘伝書の書写は続けられた。これは秘伝書を写させることで流派の絆を確かめたという意味もあり、また巻物にすることでそこに神秘性を残すという意味もあったと考えられている。江戸時代はこのような独得の建築文化が花開いていたのである。

[坂本忠規]

One can appreciate Japanese architecture anew if one reexamines it from the viewpoints of technique and production. Japanese architecture, which was developed by refining wooden building designs and construction techniques imported from China and the Korean Peninsula long ago, took on two distinct aspects. First, the single-minded exploration of a production method based on the assembly of wooden components led it to place more importance on the efficient resolution of the design of individual components rather than of the whole building. Second, it made use of subtle dimensional relationships to express a unique aesthetic sensibility developed particularly after the Heian period (8th–12th c), and this necessitated a system that could enable anyone to determine these dimensions.

What resulted was a design technique known as *kiwari-jutsu* (literally, wood-dividing technique), which allows one to systematically determine the proportions between individual building components. It is based on a similar idea to that of modern programming in the sense that it generates a string of optimal proportions obtained by multiplying a standard dimension with a coefficient (Y= aX). This special technique was passed down through the generations as an artisanal secret, and in the Muromachi period (14th –16th c), it started to be conveyed in the form of texts and drawings printed in scrolls known as *hidensho* (literally, book of secrets). However, the closely kept secret was inevitably copied once it was manifested in physical works, and it was eventually leaked in pirated books. Ultimately, the information became open source in the Edo period (17th–19th c) when it was published in the form of design manuals.

The spread of the kiwari technique had a great impact on architectural design. It enabled anybody with an understanding of the system to automatically determine the dimensions and forms of buildings regardless of their design skill. This left little room for creative exploration, leaving artisans to focus on things such as ornamental carvings and color instead. The development of this building technique and production method was one factor that led to the rise of the ornamental architecture representative of the Edo period.

The hidensho continued to be reproduced even after the technique itself became open source. It is believed that they were copied by artisans who sought to confirm their ties to their particular schools. They also continued to be made in the form of scrolls to preserve their mystique. This was a unique architectural culture that bloomed in the Edo period.

[Sakamoto Tadanori]

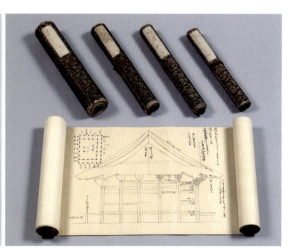

［左］大工技術書『新編三雛形』全3冊 1658年（江戸時代）／所蔵：公益財団法人竹中大工道具館　［右］木割書『柏木家秘伝書』巻子 全五巻 1689年（江戸時代）／所蔵：公益財団法人竹中大工道具館

[left] Carpenter's Technical Manual *"Shinpen-san-hinagata"* 1658 / Collection: Takenaka Carpentry Tools Museum [right] Carpenter's Design Manual *"Secret Books of Kashiwagi Family"* 1689 / Collection: Takenaka Carpentry Tools Museum

01　Possibilities of Wood

会津さざえ堂 (旧正宗寺三匝堂)

1797年（江戸時代）｜重要文化財

Aizu Sazaedō (former Shōsō-ji Sansōdō)
1797 | Important Cultural Property

[上] 内観　撮影：藤塚光政
[下] 外観　撮影：藤塚光政
[below] **Interior View**　Photo: Fujitsuka Mitsumasa
[bottom] **Exterior View**　Photo: Fujitsuka Mitsumasa

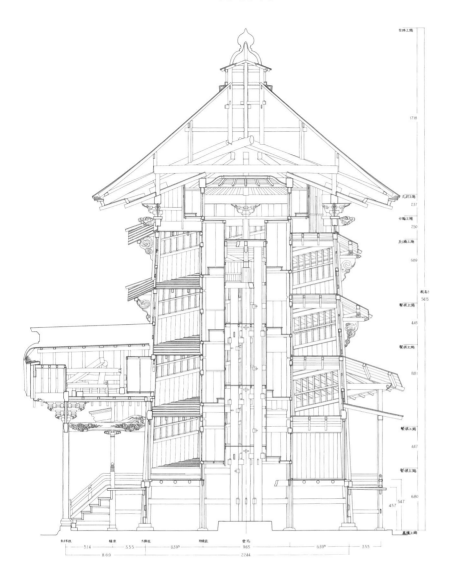

膠着したシステムを打破するのは何か。そのヒントがこの異形の建築に秘められている。江戸時代後期、建築のデザインは行き詰まっていた。形状はパターン化され、カタログから選ぶだけ。寸法は木割術によって自動的に決定する。それでは面白くないので彫物に凝ってみる。そういう時代に二重螺旋のスロープを納めた頓狂な仏堂が地方寺院に突如として表れたのである。

住職の郁堂禅師による考案とされるが詳細は不明。江戸時代、西国三十三ヶ所観音霊場や四国八十八ヶ所霊場の巡礼が爆発的に流行するが、遠方まで旅行できない庶民のために「お参りすれば霊場を巡礼したのと同じ功徳がある」とする建物をつくろうと考えたのである。「三匝」とは、仏法における「右繞三匝」、つまり仏に対して右廻り３回まわる作法の意味を込めたのであろう。その結果、3階建のお堂に33体の観音像を安置し、それも同じ場所を通らずに回れるよう二重螺旋構造としたところに機知がある。人々は不思議な３階建ての建物に登れるエンターテイメントを求めて殺到し、その後さざえ堂は関東から東北にかけて広がっていく。

しかしその成功の陰には、既存の枠組みからはみ出したことによる観念的、技術的な大きな困難があったに違いない。それを成し遂げたのは住職の思いなのか、欲望なのか、あるいは大工の執念なのか。いずれにせよ大衆の欲望とクリエイターの熱意が合致した時、建築のブレイクスルーが起こることをこの建物が証明している。

[坂本忠規]

At the end of the late Edo period (circa late 18th century), Japanese architectural design had reached an impasse. Forms had become a system of patterns, merely selected from a catalog. Dimensions were automatically determined using the *kiwari* method, a method of determining the proportion of the dimensions of each member. Because these forms were not interesting, they were dissolved through mechanisms of carving, engraving and sculpture. Despite the rigid system of creating architectural form at the time, a regional Buddhist temple with a wild, double helix ramp-staircase in the Buddha Hall somehow appeared. What breaks through a stalemated system? The hint to this question is hidden in the atypical form of the architecture in *Aizu Sazaedō*. *Sazae* refers to the spiraling, helix shape.

Although the temple is considered to be planned by Ikudo Zenji, the chief priest, the details are unclear. The Edo period marked a time of pilgrimages to major sites throughout Japan and treks such as Saigoku Sanjū-sansho (Saigoku Kannon Pilgrimage to 33 Buddhist temples) and the Shikoku Hachijū-hakkasho (Shikoku Pilgrimage of 88 Buddhist Temples) were quite popular, but also relatively far for ordinary people to travel. As a result, it is believed that *Aizu Sazaedō* was created, in part, to become a place that "had the same grace or benevolence as if one had traveled" to each site. *Sansō*, a Buddhist term meaning three times, comes from the phrase, *unyō sansō*, which indicated walking around a Buddha three times clockwise. Upon climbing winding double helix staircase three floors at *Aizu Sazaedō*, the visitor arrives to a hall filled with 33 statues of *Kannon*, the Buddhist deity of compassion. The witty genius of the staircase is in its double helix structure, where one can travel up the three floors without crossing once, again reinforcing the concept of unyō sansō. Crowds of people came to experience the novelty of climbing these unusual stairs in the three-story temple for entertainment. After this, the *Sazaedō* became known throughout Kanto and Tohoku regions.

Ultimately, despite the success of these double-helix staircase, there is no doubt that there were many challenges to liberate the design from the preexisting conceptual and engineering framework. Many questions still remain: was this the priest's idea? His desire? Or perhaps the carpenter's insistence? In any case, this building is proof of a breakthrough and innovation in Japanese architecture that was achieved by conformity of desires by the people and zeal of creator.

[Sakamoto Tadanori]

[上]実測断面図 1965年／実測調査：日本大学理工学部建築学科 小林文次研究室／所蔵：日本大学理工学部建築学科
[左頁右上]模 型 1:15 2005年 ／ 木／ h1213×w1042×d1042／所蔵：福島県会津若松市一箕小学校／制作：福島県郡山高等技術専門学校（現 福島県立テクノアカデミー）／撮影：来田 猛
[above] **Measurement Survey Section** 1965 / Measurement survey: Kobayashi Bunji Laboratory, Department of Archtecture, Nihon University College of Science and Technology/ Collection: Department of Archtecture, Nihon University College of Science and Technology
[opposite, upper right] **Model 1:15** 2005 / Wood / h1213×w1042×d1042 / Collection: Ikki Elementary School, Aizu Wakamatsu, Fukushima / Production: Koriyama Technical College, Fukushima (currently Koriyama Technical Academy) / Photo; Koroda Takeru

01 Possibilities of Wood

東照宮 五重塔
1818年（江戸時代）再建｜重要文化財｜世界文化遺産

Tōshōgū Gojū-no-tō (five-story pagoda)
1818 (Reconstruction) | Important Cultural Property | World Cultural Heritage

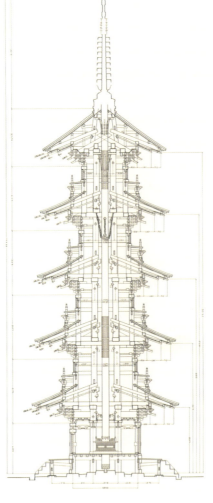

［左上 上から順に］心柱 弾竹（はじきだけ）　心柱 鉄鎖（てっさ）（吊金具）　心柱 初重（しょじゅう）　心柱 最下部と礎石　画像・資料提供：日光社寺文化財保存会　［右上］断面図 1983年／資料提供：日光社寺文化財保存会　［右下］外観 画像提供：公益財団法人日光社寺文化財保存会 [above, top to bottom] **Central pillar bamboo spring** Courtesy: Association for the Preservation of the Nikko World Heritage Site Shrines and Temples **Central pillar iron chain (metal hook)** Courtesy: Association for the Preservation of the Nikko World Heritage Site Shrines and Temples **Central pillar** Courtesy: Association for the Preservation of the Nikko World Heritage Site Shrines and Temples **Central pillar lowest part and foundation stone** Courtesy: Association for the Preservation of the Nikko World Heritage Site Shrines and Temples [above right] **Section** 1983 / Courtesy: Association for the Preservation of the Nikko World Heritage Site Shrines and Temples [bottom right] **Exterior View** Courtesy: Association for the Preservation of the Nikko World Heritage Site Shrines and Temples

　五重塔を構成する部材で、最も大事なのは、仏教的にも造形的にも、最上階の屋根から天に向かって突き出ている金属製の相輪である。巨大であるから相当な重量になり、それを支えるために直下に一本の巨大な柱を据える必要がある。これが心柱である。そしてその心柱を覆うために五重に屋根を積み上げたのである。
　しかしこの構造には大きな問題があった。木材は繊維方向にはほとんど収縮しないが、繊維と直交する方向には乾燥と圧縮でそれなりに縮む。すると心柱は縮まないのに、廻りの屋根とそれを支える構造体は年月が経つほど縮んでしまう。その結果、心柱と最上層の屋根が接合する部分に隙間を生じ、雨漏りするのである。仕方ないので、古来より必要に応じて心柱の根本を切り縮めてきた。
　この問題を抜本的に解決したのが、日光東照宮の五重塔などに見られる懸垂式、つまり心柱を吊り下げるという大胆な方式である。廻りの屋根を支える構造体に心柱を吊り下げてしまえば、心柱も一緒に下がっていくので隙間はできない。
　柱は本来、地面から力強く立ち上がり荷重を受けるものだが、それを無視して吊り下げてしまうには大きな勇気と決断が必要であったろう。江戸時代の工匠の関心は主に彫物に注がれたのだが、このような未解決の構造問題にも注がれていたのである。常識を覆す発想が建築を変えていく。見た目は派手だが、中をのぞくとそんな期待を抱かせてくれる工夫が隠されているのである。
　さて、時を経てこの五重塔にみる心柱が地震の揺れに対して制振作用を及ぼしているのではないかという説があらわれだした。模型による実験ではさほどの制振効果は確認されていないのだが、面白いことに、そこにアイデアを見出して実際に制振機能を持つ心柱をつくってしまった建築がある。ご存じ《東京スカイツリー》である。　　　　［坂本忠規］

One of the most important elements of the five-story pagoda, both in terms of form and Buddhist significance, is the *sōrin*—the metal finial protruding from the topmost roof of the pagoda upwards toward the heavens. Because of its considerable weight, the sorin requires a large pillar directly beneath it for support. That pillar is known as the *shin-bashira*, which literally means "central pillar." Correspondingly, there are five layers of roofing to envelop the central pillar.

There was, however, one great problem with this structure; while wood has little shrinkage in the direction of the grain, it tends to shrink in the direction of the annual growth rings (tangentially) from drying and compression. As a result, although the central pillar does not shrink, the surrounding roofs and the structure supporting the roofs shrink with the passage of time. As a result, a gap is created around the circumferential edge of the central pillar, where it abuts the uppermost roof of pagoda, causing the roof to leak. As this could not be avoided, since ancient times, the solution was to cut base of the pillar to constrict the gap. This problem was radically resolved with a suspended structural system—in other words, the boldly innovative method of hanging the central pillar, as seen in the five-story pagoda of *Tōshōgū* (shrine) in Nikko. By hanging the central pillar from the structure of the surrounding roofs, the pillar shrinks together with the roofs, avoiding the creation of gaps.

Since columns typically stand firmly upright from the ground and bear the weight of a structure, it must have taken quite a bit of courage and resolve to abandon that logic and suspend the pillar. Although the interest of artisans and craftspeople of the Edo period was concentrated mainly on carving, there was also focus on finding solutions for unsolved structural problems. Ideas that defied common sense started to transform architecture. Despite their showy appearance, if one could strip the pagodas to their bare bones, it would clearly reveal the remarkable technical progress in the field of structural design.

Time has now revealed that the central pillar within the five-story pagoda may act as a control for vibration during earthquakes; and while this has not been confirmed with simulation tests on models to test the vibration effect, interestingly, there is a built work of architecture that harnesses this very idea, with the central pillar acting as a seismic control for the structure—it is the *Tokyo Skytree*.

[Sakamoto Tadanori]

[上] 心柱と塔体をつなぐオイルダンパー 撮影：新良太／画像提供：日建設計
[左] 鳥瞰 2012年／画像提供：東京スカイツリータウン

[above] Oil Dampers Connecting *Shimbashira* (central pillar) to Steel Frame Photo: Atarashi Ryota / Courtesy: NIKKEN SEKKEI
[left] Birds-eye View 2012 / Courtesy: TOKYO SKYTREE TOWN

東京スカイツリー
日建設計
2012年

Tokyo Skytree
NIKKEN SEKKEI
2012

　高さ634m。世界一高い自立式電波塔である《東京スカイツリー》は、平面形状が低層部の3本足の鼎を想起する三角形から高層部の円形の展望ロビーへと連続的に変化し、三角形の頂点が描く稜線は日本刀の持つ「そり」を、円形に変化する部分からは、奈良・平安時代の寺院建築の列柱がもつ中央がゆるやかに膨らんだ「むくり」という伝統木造建築の曲線形状を生み出している。
　伝統的な塔状建築としては五重塔があり、高さ56mの東寺の五重塔が日本一の高さを誇る。この五重塔は、木造建築の中でも最も多くの伝説をもつ建物のひとつでもある。「五重塔が地震で倒壊したという記録がない」ことが、この伝説をつくりあげており、「スネークダンス」、「重箱構造」、「閂（かんぬき）説」、「心柱制振構造」など、さまざまな説が唱えられ、現代の構造設計者の耐震思想を刺激し、多くの現代建築で五重塔から触発された構造システムが提案されている。その中でも、五重塔の耐震機構で一番有名なのが、「心柱制振機構」で、心柱が振り子のように上から吊るされていて制震装置の役目を果たすというものである。
　東京スカイツリーでは、この機構を現代の技術で評価、性能を特化して耐震設計に盛り込んでいる。鉄骨造の塔体の中央部に設置した鉄筋コンクリート造の円筒部を心柱とみなし、周期の異なる心柱と塔体をオイルダンパーで結びながら閂効果と合わせて、地震時の塔全体の揺れを制御するシステムとなっている。
　大工の経験学に基づいた伝統的構法の要素を、構造工学に基づいた最新技術で再評価しながら組み込むことで、その形態、耐震性能を有した現代建築として生み出された。
［腰原幹雄］

　Stretching to a height of 634 meters as the world's tallest freestanding broadcasting tower, *Tokyo Skytree* is comprised of a base with a triangular footprint evoking the legs of an ancient Chinese tripod kettle (*kanae*) and a tower that gradually transitions from a triangular to a cylindrical form at the observatory levels. This transition results in a concave silhouette formed by the vertices of the triangular form, mimicking the concave curvature (*sori*) of a Japanese sword; and a gentle convex curvature is generated in the mid-section, recalling the characteristic positive camber (*mukuri*) of traditional Japanese wooden architecture, as seen in the colonnades of temples in the Nara and Heian periods.
　Five-storied pagodas are characteristic of traditional Japanese tower structures, the tallest of which is the 56-meter-tall five-story pagoda at Tō-ji (a major Buddhist temple in Kyoto), and among wooden structures in Japan are associated with much lore. In particular, the belief that historically, there are no records of any five-story pagodas that have collapsed from earthquakes appears to have created these myths. To explain this structural phenomenon, various structural theories have been put forward, such as the "snake-dance theory," the "multi-tiered-box hub structure theory," the "*kan-nuki* (bolt) theory," its "central pillar vibration damping structural system." Today, structural engineers in Japan are inspired by many of these structural theories in their approach to seismic design, and structural systems inspired by these five-story pagodas have been proposed in many modern buildings. The most famous aseismic device of five-story pagodas would be the "central pillar vibration damping structure mechanism," in which the central pillar suspended from the top of the pagoda would function like a balancing weight to act as a vibration damping control device.
　In the case of *Tokyo Skytree*, current technology methods were used to investigate this mechanism and optimize the seismic performance of the design. The system consists of a cylindrical central pillar of reinforced concrete independent of the peripheral steel framing. Possessing different periods of vibration, the central pillar and the tower structure are connected with oil dampers that function as the kan-nuki balancing weight mechanism, controlling the vibration of the tower in its entirety during an earthquake.
　Using state-of-the-art technology based on structural engineering, elements of traditional Japanese carpentry in wooden structures were thus reassessed and incorporated in the design of the *Tokyo Skytree* to create a modern architecture of unique form and seismic performance.
[Koshihara Mikio]

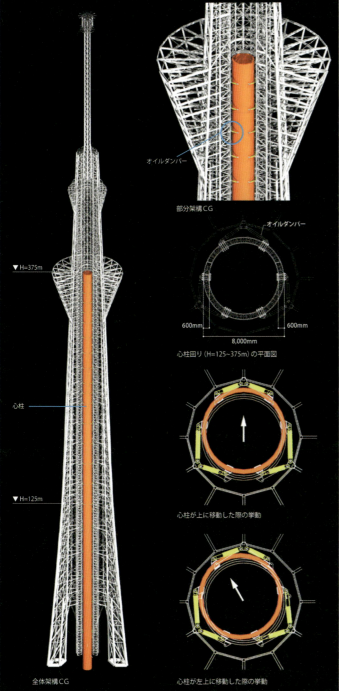

心柱制振概要図 2011年／画像提供：日建設計
Plan of Central Pillar Vibration Damping Structure 2011 / Courtesy: NIKKEN SEKKEI

01 Possibilities of Wood 049

嚴島神社 大鳥居
1875年 │ 重要文化財 │ 世界文化遺産

Itsukushima Shrine Ōtorii
1875 │ Important Cultural Property │ World Cultural Heritage

おおよそ建築には機能的な意味と象徴的な意味がある。例えば東京タワーは機能的には電波塔であるが、東京という都市のシンボルでもあり、高度成長の証でもある。そういった視点で鳥居を見ると、ほとんど象徴的な意味しかないことに気づく。あえていうならば機能的には門であるが、扉がついていないので出入りを規制することもできない。

では鳥居は何を象徴しているのだろうか。それは鳥居が立つ場所から先が神域であり、異世界であることを示しているのである。意味を深く知らなくても、朱色に塗られた異形の門をくぐれば、自然と異空間に入り込んだ気分を心理に及ぼす。京都・伏見稲荷の千本鳥居が外国人に人気なのもそのような理由からであろう。同じく観光客に人気なのが、嚴島神社の大鳥居。こちらは極限の大きさの木造であることと海中に屹然とそびえ立つことから、鳥居自体が清々しい神々しさを放っている。

そのような鳥居のシンボリックな造形を、巧みに利用したモダニズム建築家がいる。菊竹清訓。その代表作の《東光園》(1964) は建築家・伊東豊雄が生涯で最も衝撃を受けた建築という異形の観光ホテルである。モダニズムの様々なデザインエッセンスを盛り込み、普通なら破綻してしまうところを、柱・貫・笠木で構成される鳥居の構造で強引にまとめあげ、力強いマッチョな建築として成立させてしまっている。菊竹は伝統を意識的に利用したのではなく、彼自身に潜む日本的な遺伝子がやっているうちに自然と発露してくるのだという。「建築の遺伝子」を考える上で最も特徴的な建築であることは間違いないだろう。

[坂本忠規]

Generally speaking, architecture has a functional meaning and a symbolic meaning. For example, although Tokyo Tower functions as a radio signal tower, it also is a symbol of Tokyo and evidence of a period of a high degree of development. To look at *torii* from the same viewpoint, might only be to notice it for the symbolic meaning. Though a torii might functionally be understood as a gate, without a door, it cannot regulate entrance into a Shinto shrine.

So then, what is a torii symbolizing? The torii is the located at the stationary point before entering the sacred space of a shrine and demarcates entry into a different world. Even without knowing its deep meaning, passage under the bright vermillion, strangely shaped gate causes one to feel as if they have entered into another dimension. Kyoto's *Fushimi Taisha*, a major Shinto Shrine, famous for its *Sembon Torii* (one thousand gateways), is popular among foreigners for just that reason. Equally popular among tourists is the *Ōtorii* at *Itsukushima Jinja* (Itsukushima Shrine). Built from the largest possible wooden structure that emerges from and towers over the water, the form of *Itsukushima Jinja's* torii exudes a refreshing and sacred entrance to visitors.

Furthermore, modern architects have used the symbolic form of the torii as a device. For example, Kikutake Kiyonori's representative work, *Hotel Tōkōen*, (1964), is said to be an unusually formed hotel that has left the greatest impression on Ito Toyo throughout his career. The building achieves a strong "macho" architecture through building up various design essences of modern architecture, while reorganizing mundane elements such as the column, *nuki* (penetrating tie beam), and *kasagi* (cap piece) into the strong compositional of structure of torii. It can be said that in the design for *Tōkōen*, Kikutake naturally manifests not only the latent Japanese architectural "genetics", but at the same time he also utilizes his knowledge of traditional architecture as well. Without at a doubt, thinking about the architectural "genetics" produces the most unique architecture.

[Sakamoto Tadanori]

外観 画像提供:嚴島神社／写真提供:ハンズ・シルバースター／ゲッティ イメージズ
Exterior View Courtesy: Itsukushima Shrine / Photo: Hans SILVESTER / Getty Images

ホテル東光園
菊竹清訓
1964年

Hotel Tōkōen
Kikutake Kiyonori
1964

老舗旅館における昭和天皇行幸に対応する新館として計画された。歴史的日本建築の中で出雲大社、嚴島神社、清水寺に見られるような自然と対峙する柱や床の設定から、菊竹は「柱は空間に場を与え、床は空間を規定する」という命題を掲げ、いかに柱そのものが空間装置となりうるかに取り組んでいる。ここでは、嚴島神社の大鳥居を彷彿とさせる添え柱、貫梁をもつ鉄骨鉄筋コンクリートの6組の柱が2本の大梁を上部（7階）まで持ち上げ、5、6階の客室の床を直径16〜24mmの鋼棒24本で吊り下げるという大胆な構造をもつに至っている。この上下層での架構の違いは、異なる機能にいかに空間装置を与えるかという命題への回答であり、客室となる上層の架構の計画がメイン空間であるロビーに対して影響を及ぼさせないことを目指したものである。その結果、ロビーに表れる組柱は力学的な緊張感溢れる空間装置として「場」を生み出し、上層の和室を主とした客室内は大きな架構が露出してしまうことから免れ、人間的スケールを与えることにも寄与している。同時に新旧混在する旅館全体の要として新設されたロビーを「かわらない部分」と位置づけ、客室部分を「変わる部分」とする菊竹の代謝建築の思想の現れでもあった。現代の構法、技術によって、力強く自然と対峙する大胆な架構は最上階の名峰大山と呼応するシェル構造による屋根と相まって、出雲大社のごとく、創造的精神を持った自然との対峙する独自の「かた」、「かたち」を創出している。庭園は彫刻家・流政之（1923-）の手による。

[塚本二朗]

This building was constructed as the new wing of a long-established traditional *ryokan* (Japanese-style inn) in preparation for an imperial visit by Emperor Showa (1901–1989). Because the pillars and floors of traditional Japanese architecture are established such that they confront nature directly—as at the ancient *Izumo Taisha* (Izumo Grand Shrine) in Shimane Prefecture, the "floating" *Itsukushima Jinja* (Itsukushima Shrine) on the Seto Inland Sea, or *Kiyomizu-dera*, a major Buddhist temple in the eastern hills of Kyoto—Kikutake proposed that "pillars turn spaces into places, and floors define them" and wrestled with how to make pillars themselves function as spatial devices.

Here, Kikutake employs a bold structure in which six pairs of steel-framed reinforced concrete columns—whose bracing posts and penetrating beams are reminiscent of those used in the *Ōtorii* gate at *Itsukushima Jinja*—elevate two massive beams to the top of the seventh floor, from which the floors of the guest rooms on the fifth and sixth floors are suspended using twenty-four steel rods measuring 16–24 mm in diameter. The difference in frameworks used for upper and lower floors was Kikutake's answer to the question of how spatial devices could be applied to different functions, and illustrate his effort to prevent plans for the upper-floor guest rooms from impacting the main space of the lobby below.

As a result, the joined columns visible in the lobby function as spatial devices that create a place filled with a sense of dynamic tension, that prevent the interiors of the guest rooms—principally Japanese-style rooms on the upper floors—from exposing large framing members, and that contribute to the human scale of the whole. At the same time, the building expresses the Metabolist philosophy of Kikutake's architecture, with its new lobby—which serves as the hub of both new and old sections of the hotel—positioned as an "unchanging part" and its guest rooms positioned as "parts that change." The bold framework that powerfully confronts nature using contemporary structural methods and technology, combined with the roof shell on the highest floor that accords with nearby Mount Daisen, generates distinctively Kikutake's notion of *kata* (system) and *katachi* (form) that confronts nature with the same creative spirit seen at Izumo Taisha. The garden of the hotel was designed by sculptor Nagare Masayuki(1923-).

[Tsukamoto Jiro]

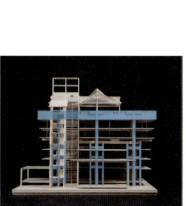

[上] 外観 1964年／撮影：新建築社写真部／画像提供：DAAS
[左] 模型 1:50 2011年／木／h729 × w845 × d632／所蔵：中央工学校／制作：中央工学校（元城淵、加納千夏、滝竜一、玉江直樹）／協力：渡邊友尚／監修：寺岡豊博

[above] Exterior View 1964 / Photo: Shinkenchikusha / Courtesy: DAAS
[left] Model 1:50 2011 / Wood / h729×w845×d632 / Collection: Chuo College of Technolgy / Production: Chuo College of Technology (Won Sung Yeon, Kanou Chika, Sei Ryuichi, Tamae Naoki) / Support: Watanabe Tomonao / Supervision: Teraoka Toyohiro

01 Possibilities of Wood

復元CG 2018年／制作：後藤克典／復元案：福山敏男
Restoration Model CG 2018 / Production: Goto Katsunori / Restoration plan: Fukuyama Toshio

古代出雲大社本殿
年代不詳（現存せず）

The Main Hall of the Ancient Izumo Shrine
Year unknown (demolished)

　古代神話の舞台、出雲の地にかつて大和朝廷に対立した勢力があった。その勢力が朝廷に降伏するかわりに、巨大な神殿を建ててもらう。それがイズモノオオヤシロ、出雲大社であったという。現在の社殿は1744年の再建ではあるが、その荘厳な姿からパワースポットとして人気を集めている。そして驚くことにかつての社殿は現在の2倍、約48m（16丈）の高さがあったとの伝承が残されている。この古代史ロマンを掻き立てる伝承は戦前から歴史家たちの関心を集め、様々な検討がなされてきた。

　木造建築を知る技術者からはそのような巨大な構造物が建つわけがないとされたが、一方でわずかに残る文献の記述はいずれもその巨大さを歌い上げている。その一つが平安時代に成立した『口遊(くちずさみ)』で、当時の三大建築として「雲太、和二、京三」の語を出し、雲太とは《出雲大社》、和二とは《東大寺大仏殿》、京三は京都の《大極殿》と説明している。当時の東大寺大仏殿は45m以上と推定されるから、48m説もあながち大げさとはいえない。またそれを裏付けるように宮司家に伝わる絵図『金輪御造営差図(かなわごぞうえいさしず)』には三本の丸太を金輪で緊結した巨大な柱の姿が描かれている。果たして真の姿はいかに。

　その謎が西暦2000年の節目の年に明らかになった。社殿付近の地中より巨大な木柱が出土したのである。『金輪御造営差図』に示すとおり直径1.2〜1.3mの柱を三本組にしており全体の直径は3mほどになる。これほど巨大な柱が立つならば48mの社殿も存在したに違いないとなったのである。天空にそびえ立つ巨大な神殿。実際にはたびたび倒壊したらしいが、それでもこの巨大な神殿を再建し続けた古代人の壮大な想いに現代人は感服せざるを得ないのである。

[坂本忠規]

According to ancient myth, a power in the region of Izumo opposing the Yamato imperial court in Nara was granted this enormous shrine by conceding their sovereignty; that shrine is the *Izumo Ōyashiro*, otherwise known as *Izumo Taisha*. The solemn *shaden* (main shine building) that stands today was rebuilt in 1744, and attracts throngs of visitors as a sacred "power spot." An astonishing legend exists that the current shaden was originally twice its current height, putting it at approximately 48 meters; this and other legends stirring up this ancient historical lore have gathered the interest of historians since before WWII, inciting a wide range of investigations.

Although structural experts in timber construction have stated that it would have been technically impossible to have built such an immense structure, historical records articulately document its scale. One such record is the *Kuchizusami*, an education manual for the young nobility created in 970 by Minamoto no Tamenori, a literary figure of the Heian period, in which it is stated that the three largest works of architecture were *Izumo Taisha*, *Tōdai-ji Daibutsu-den (the Great Buddha Hall)* in Nara and *Daigoku-den (Council Hall of the Imperial Palace)* in Kyoto. Since the original *Tōdai-ji Daibutsu-den* is estimated at over 45 meters, the theory that the shaden of *Izumo Taisha* was 48 meters must not entirely be an exaggeration. To further support that record, depicted in *Kanawa Gozōei Sashizu*, the ancient illustrated records handed down to chief priests, is a giant column comprised of three round pillars bound by steel bands. As if to satisfy the most curious historian's desire for a clue, there could not be any more accurate representation.

The mystery was solved in the landmark year of 2000 through an excavation of massive pillars in the vicinity of the shaden. As shown in *Kanawa Gozōei Sashizu*, the shrine's supports were composed of three pillars with a diameter of 1.2 to 1.3 meters bound into a single pillar with an overall diameter of approximately 3 meters. Extrapolating the dimensions of the structure based on those pillars, the total height of the shaden must have been 48 meters—a colossal shrine soaring in the heavens. Although the structure eventually collapsed, we cannot help but be in awe of the magnificence of the ancients who continually rebuilt this shrine of such an enormous scale.

[Sakamoto Tadanori]

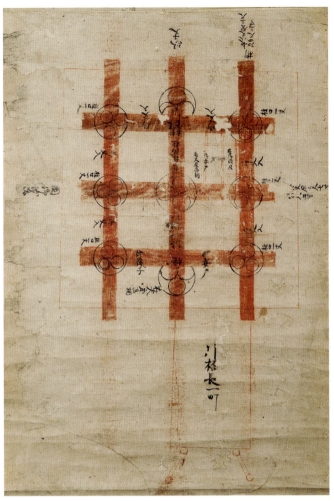

金輪御造営差図（かなわごぞうえいさしず）鎌倉時代 - 室町時代／所蔵：出雲国造 千家尊祐（出雲大社）
Kanawa (metal ring) construction specifications for the ancient Izumo Shrine 13th – 16th Century / Collection: Izumo Kokusou Senge Takamasa (Izumo Ōyashiro)

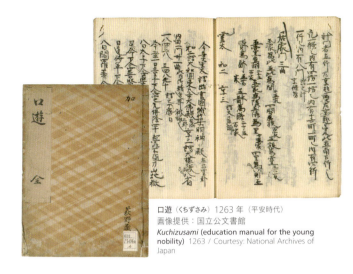

口遊（くちずさみ）1263 年（平安時代）
画像提供：国立公文書館
Kuchizusami (education manual for the young nobility) 1263 / Courtesy: National Archives of Japan

宇豆柱出土時の写真 2000 年 -2001 年／画像提供：島根県立古代出雲歴史博物館
Photo documentation of *Uzubashira* (sacred pillars) excavation site 2000-2001 / Courtesy: Shimane Museum of Ancient Izumo

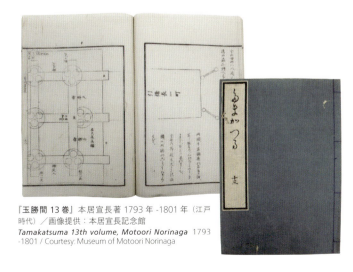

『玉勝間 13 巻』本居宣長著 1793 年 -1801 年（江戸時代）／画像提供：本居宣長記念館
Tamakatsuma 13th volume, Motoori Norinaga 1793 -1801 / Courtesy: Museum of Motoori Norinaga

01 Possibilities of Wood

ティンバライズ200

東京大学生産技術研究所 腰原幹雄研究室＋ティンバライズ

計画案｜2018年

Timberize 200

KOSHIHARA Lab. IIS, the University of Tokyo
and team Timberize

Proposal｜2018

模型 1：100 2018年／h2000 × w1200 × d1200 所蔵：東京大学生産技術研究所 腰原幹雄研究室

Model 1:100 2018 / h2000×w1200×d1200
Collection: Koshihara Laboratory, Institute of Industrial Science, University of Tokyo

[右頁左]《ティンバライズ 200 - Traditional》[右頁右]《ティンバライズ 200 - 2018》
2018年／所蔵：東京大学生産技術研究所 腰原幹雄研究室／展示風景（森美術館、2018年）撮影：来田 猛
[opposite, left] *Timberize 200 – Traditional*　[opposite, right] *Timberize 200 -2018*
2018 / Collection: Koshihara Laboratory, Institute of Industrial Science, University of Tokyo / Installation view, Mori Art Museum, 2018 Photo: Koroda Takeru

高密度に発展した現代の都市では、高価値の土地の有効活用から建物は、高層、多層化が要求される。伝統的な木造建築は、大規模といっても《東大寺大仏殿》など平屋の大屋根の建築が主流であり、多層建築としての床の建築は望楼や楼閣、天守などに限られていた。このため、直接的に高層木造建築につながる技術は少ないが、都市木造を触発する要素は数多く見られる。

縄文時代の望楼を復元した三内丸山遺跡の構造は、太い柱梁を規則正しく格子状に組んだ架構で、原始的ではあるが単純で合理性を目指す現代建築の架構に通じるものがある。桂離宮などの書院建築、数寄屋建築の繊細な細い部材や障子などの建具は日本の伝統木造の印象として思い浮かびやすいが、古島家住宅など農家型民家に見られる太い大黒柱や牛梁といった迫力ある野太い部材も伝統木造である。新宮熊野神社長床や嚴島神社末社豊国神社（千畳閣）などでは、列柱として太い柱が規則正しく並ぶ空間をつくりだしている。自然材料である木材は、大きい断面ほど貴重であり重要視され、「薄く」、「細く」を目指してきた工業材料による現代建築とは対極にあるのかもしれない。

合理性を目指す現代建築では、単純明快な架構形式が求められるが、伝統木造ではそれを「木割」という寸法体系のなかで整理してきた。現代建築の構造体とカーテンウォールの構成は、伝統木造の柱と建具の構成と同様である。一方、現代木造において、集成材やCLT（直交集成板）といった木質材料（エンジニアリング・ウッド）による大断面の柱梁、厚い床や壁は使用可能であり、その加工技術、施工技術とともに、構造設計、防耐火設計の手法が整備されつつある。また、光や通風など自然環境を取り込んできた伝統木造建築であるが、超高層建築では、人為的な制御をした環境設計をしなければならないだろう。

伝統木造建築の思想、技術と現代の建築技術が融合することにより、都市に適した木造超高層建築が実現する。　　　　　［腰原幹雄］

In densely developed contemporary urban environments, the high verticality and multi-storied composition of buildings is premised upon the effective use of high-value property. In traditional wooden architecture, the standard for large-scale structures was a single story building under one large roof, as seen in *Tōdai-ji Daibutsu-den (the Great Buddha Hall)*, whereas multi-storied architecture was limited to watchtowers, multi-story towers or viewing pavilions, and castle towers. Consequently, there are few historically based techniques for timber high-rises in Japan, yet several elements that inspired urban wooden construction can be seen.

The structure of the reconstructed Jōmon period watchtower at the Sannai-Maruyama archeological site has large columns and beams joined into a regular grid form. Although primitive, the structure correlates to the simplicity and rationality sought after in those of contemporary architecture. And while the delicate and fine architectural elements, *shōji*, and other fittings of the *shoin* style architecture of *Katsura Rikyū (Katsura Imperial Villa)*, or those of the *sukiya* style architecture are considered most representative of traditional Japanese wooden architecture, the dynamic and bold elements, such as the central pillar (*daikoku-bashira*) or large beams or girders (*ushibari*) in the *Yoshijima Heritage House* are also representative of traditional Japanese wooden construction. In the *Nagadoko Hall* of the *Shingū Kumano Shrine* in Fukushima, and in the *massha*, or subordinate shrine, of *Itsukushima Jinja (Itsukushima Shrine)* in Miyajima, or in the *Senjō-kaku Hall* of *Toyokuni Jinja* (shrine) in Hiroshima, spaces are created by the regularity of the rows of large columns. In diametric opposition to the increase in value of natural materials respective to the size of their cross sections, slim and slender industrial elements are favored in contemporary architecture.

Toward rationalization in contemporary architecture, the aim is to achieve simple and clear structural forms, however in traditional timber construction, a traditional measuring formula to determine the dimensions for each member, called *kiwari*, was used. The constituents of structural frames and curtain walls of contemporary architecture are similar to the columns and fittings of traditional timber structures. In contemporary wooden structures, posts and beams with large cross-sections and thick floors and walls are made possible by engineered wood materials such as laminated lumber or CLT (cross-laminated timber), and through their application, processing and construction methods, and structural and fire-proof design methods are being established. Another issue is that in traditional wooden buildings, natural elements such as sunlight and ventilation were incorporated into the structures; however, artificially controlled environments are a requirement in the design of super high-rise buildings.

Timber high-rises suitable for urban environments will be realized through the incorporation of concepts and methods of traditional wood construction in modern-day building technology.

［Koshihara Mikio］

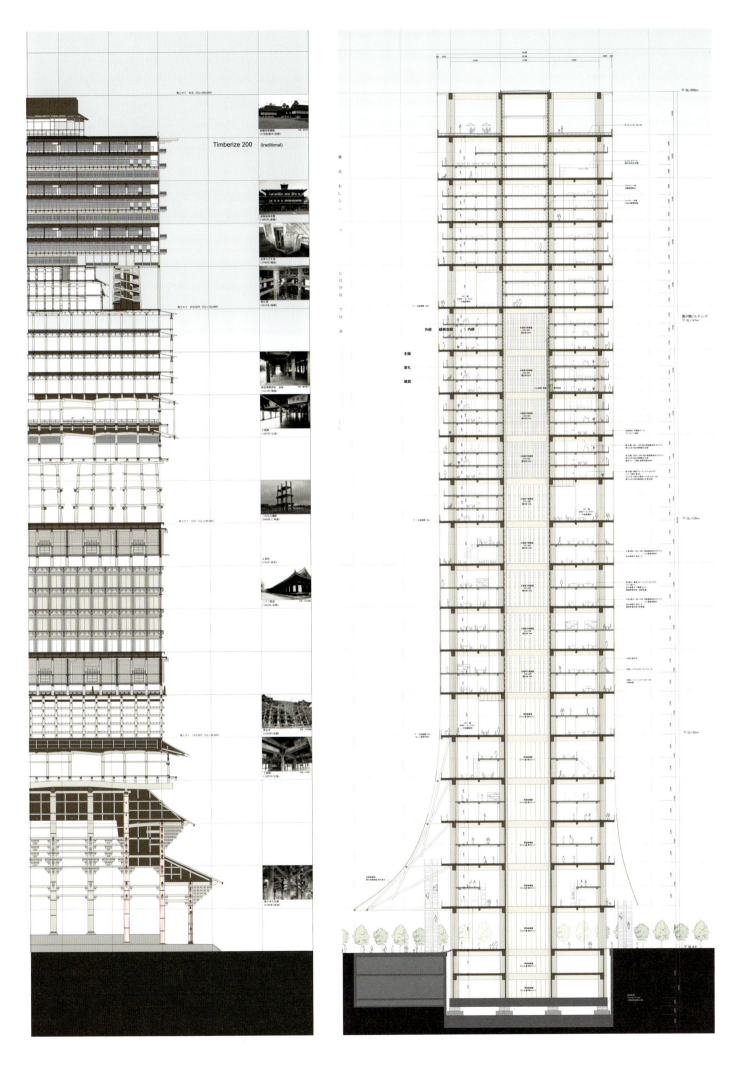

東大寺南大門
1199年（鎌倉時代）
国宝｜世界文化遺産

Tōdai-ji Nandai-mon (the Great Southern Gate of Tōdai-ji)
1199
National Treasure | World Cultural Heritage

《東大寺南大門西南面》撮影：渡辺義雄／画像提供：日本写真家協会
Southwest Side of Tōdai-ji Nandai-mon (the Great Southern Gate of Tōdai-ji)
Photo: Watanabe Yoshio / Courtesy: Japanese Professional Photographers Society

　正治元年（1199）に重源（1121-1206）が再興した東大寺の大門。境内の南正面に位置し、大仏様と呼ばれる建築様式を表している。
　天平宝字六年（762）頃に創建されたが、平重衡の南都焼討（1180）により、大仏殿などの主要建築とともに焼失した。その後、大勧進職に任命された重源のもと、陳和卿ら渡来人や東大寺工匠との協力で復興された。挿肘木を用いた六手先組物、幾重にも通る貫、隅にのみ見える扇垂木、繰形のついた木鼻、垂木の木口を覆う鼻隠板などに大仏様の特徴をうかがえる。上層まで達した長大な通し柱による深い吹き抜けが印象的だ。
　大仏様は鎌倉時代の初頭に登場した中世寺院建築の一様式で、中国北宋時代の福建地方からの影響が見て取れる。貫や挿肘木などの建築構造上有利な技法を用いるが、同じく重源が造営した《浄土寺浄土堂》（1192）などにも認められる。かつては「天竺様」などと呼ばれていたが、インド様式と誤解されないようにするため、大仏殿などで多用されたことをふまえ、のちにこの様式名に改められた。後年、大仏様の一部は東大寺工匠の末裔たちにより近畿地方や瀬戸内地方へと流通し、折衷様の建築に取り入れられた。

［野村俊一］

Tōdai-ji Nandai-mon or the Great South Gate was rebuilt by the Buddhist monk Chogen in the first year of the Shoji period, 1199. Marking the southern approach to the temple, it was built in accordance with *Daibutsu-yō*, an architectural style for temple building introduced from China in the 12th Century.

The original gate, built around 762, was burnt down along with the *Daibutsu-den Hall (the Great Buddha Hall)* and other temple structures in 1180 during the Siege of Nara commanded by Taira no Shigehira. However, under Chogen, appointed as *dai-kanjiki-shiki*, or chief fundraiser for the temple, foreign migrants were brought in, such as the Sung era Chinese priest and artisan Chin Nakei, to work with temple artisans on the rebuilding of *Tōdai-ji*.

The gate uses distinctive features of *Daibutsu-yō*, including six-stepped bracket assemblies composed of *sashi-hijiki* bracket arms, multi-layered *nuki* penetrating tie beams, *ohgi-daruki* fan rafters at eave corners, *kibana* nosings bearing *kurikata* molding patterns and *hana-kakushi-ita* boards covering the end grain of rafters. The massive pillars rising up through the lofty void to the upper reaches of the structure is impressive.

Daibutsu-yō is one of the architectural styles for medieval temples that emerged in the early phase of the Kamakura period, and shows influences from the Fujian region during China's Northern Sung Dynasty period. It uses structurally effective devices such as *nuki* and *sashi-hijiki*, which can also be found in Jōdo-ji Jōdo-do, a temple built in 1192 by Chogen. The style was once called *Tenjiku-yō* but was later changed to *Daibutsu-yō*, to distinguish it from Indian styles, as well as reflecting the fact that it was frequently used in Daibutsu-den halls. Later, elements of *Daibutsu-yō* was distributed to the Kinki and the Seto Inland Sea regions by the descendants of artisans of *Tōdai-ji* and incorporated into architectures build in accordance with *Secchū-yō*, a syncretic temple style strongly influenced by *Daibutsu-yō* and that of Zen temple architecture.

[Nomura Shun-ichi]

《東大寺南大門正面軒》
撮影：渡辺義雄／画像提供：日本写真家協会
Front eaves of Tōdai-ji Nandai-mon (the Great Southern Gate of Tōdai-ji)
Photo: Watanabe Yoshio / Courtesy: Japanese Professional Photographers Society

空中都市 渋谷計画 CG 2011年／画像：森美術館／制作：芝浦工業大学院八束はじめ研究室・菊池誠研究室、デジタルハリウッド大学院メタボリズム展示プロジェクト、森美術館
City in the Air: Shibuya Project CG 2011 / Images: Mori Art Museum / Production: Yatsuka Lab and Kikuchi Lab, Shibaura Institute of Technology; Metabolism Exhibition Project of Graduate School, Digital Hollywood University, Mori Art Museum

空中都市 渋谷計画

磯崎 新
1962年（計画案）

City in the Air: Shibuya Project

Isozaki Arata
1962 (proposal)

1960年代前半に磯崎新が制作した《空中都市》には、いくつかのバリエーションがある。西新宿を敷地として1960年から61年に制作された《新宿計画》は、ジョイント・コアと呼ばれる円柱状の垂直コアが林立する間に、構造ブレースが露出した居住ユニットがシステマティックに架け渡されるものであった。その未来的な構成は、1961年に丹下健三が発表した《東京計画1960》で磯崎が担当したオフィス街に用いられた（ただしコアが角柱となって垂直性が弱められている）ほか、丹下健三の《築地計画》(1961-65) や《山梨文化会館》(1966) などに展開した。一方、磯崎自身は《新宿計画》の発展ヴァージョンとして、ジョイント・コアがギリシャ神殿の廃墟の円柱に接合された「孵化過程」を1962年4月に発表する。磯崎はこれを「構築されるべき都市を非構築の側へ引き戻す」（『建築における「日本的なもの」』、2003）と説明しているが、同じ1962年の11月に制作されたもう一つの空中都市が、ここに挙げた《渋谷計画》である。

《新宿計画》と《渋谷計画》の大きな違いは、《新宿計画》では西新宿の広大な敷地が想定されていたのに対し、《渋谷計画》は既存街区の上空に住居群を浮かべる提案だったことである。ジョイント・コアは任意の空地に建てられ、これを幹として、そこからのびていく枝（横動線）や葉（住居ユニット）が空中で連結する（中間に橋脚を立てずに架橋する刎橋[はねばし]の形式である）。

このような構造形式は《東大寺南大門》(1203) の木組が参照されたと言われるが、実際には参照されたのは構造だけではない。のちに磯崎自身が論じているように（前掲書）、磯崎は《東大寺南大門》に文化の洗練を断ち切る「おどろおどろしい構築する力」を見ていた。つまり《空中都市》は、一方で「非構築」へ吸い寄せられながら、ほぼ同時に「構築」の意志にたどり着いた。この大きな振幅を可能にしたのは、750年の時を超えて構築力を宿しつづけていた木造の力だと考えることもできるだろう。

［木内俊彦］

In the early 1960s, Isozaki Arata proposed several variations of *City in the Air* projects. His *Shinjuku Project* was created between 1960 and 1961 for the Nishi-Shinjuku area and included housing units with exposed structural braces that systematically spanned across a forest of vertical cylindrical pylons, which he referred to as "joint cores." This futuristic design composition was used in the office district in Tange Kenzo's *Plan for Tokyo, 1960*, for which Isozaki was in charge as a design associate. (In that design proposal, however, square pylons were used instead of the cylindrical pylons, minimizing the verticality.) This concept was later developed in such projects as the *Redevelopment Plan for Tsukiji District* (1961–65) and *Yamanashi Culture Hall* (1966).

As an expanded version of the *City in the Air: Shinjuku Project*, in April 1962, Isozaki created a montage entitled *Incubation Process* that linked his joint core concept to the columns of an ancient Greek temple ruin (*Tempio di Hera Lanciania* in Agrigento, Sicilia, Italy). Isozaki explained that "the city to be constructed is drawn back toward deconstruction" (*Japanese Character in Architecture*, 2003). Later that year, in November, as another *City in the Air* scheme, he proposed the *Shibuya Project*.

The most striking difference between the projects for Shibuya and Shinjuku was that the latter was conceived for a vast redevelopment site in Nishi-Shinjuku, whereas in the former, the proposal was for the housing units to hover above the existing city, leaving it intact. The joint cores were to be erected on arbitrary vacant lots, and were considered as tree trunks from which branches (the horizontal circulation) and leaves (the housing units) would stem out and extend to form drawbridge-like structures (without supporting bridge piers).

Although this structural system is said to have been inspired by the wooden framework of *Tōdai-ji Nandai-mon* (1203) (the Great Southern Gate of *Tōdai-ji*, a major Buddhist temple in Nara), its structure was not the only aspect he referenced; as Isozaki argues much later (Ibid.), he perceived in the *Tōdai-ji Nandai-mon* "a daunting power to construct" that rejected the refinement of culture. It means, in Isozaki's *City in the Air* projects, he expressed *deconstruction* and *construction* almost stimulaneously. It might be considered that the power of the 750-year-old wooden structure enabled this grand conceptual oscillation.

[Kiuchi Toshihiko]

01 Possibilities of Wood

梼原 木橋ミュージアム
隈 研吾
2010年

Yusuhara Wooden Bridge Museum
Kuma Kengo
2010

　同じく隈研吾が設計した《梼原町地域交流施設（現・雲の上のホテル）》(1994) への増築で、道路をまたいでホテルと温泉施設を結ぶ連絡橋兼ギャラリーである。しかし、このようなプログラムの説明では、この建物を説明したことにはならない。この印象深いシルエットを持つ建築から、人々は一体どのようなメッセージを受け取っているのだろうか？
　橋に求められる長いスパンは、鉄筋コンクリートの大梁ではなく、鉄骨のトラス梁でもなく、断面18cm × 30cm の細かい木材が積み上がりながら迫り出す方法で実現されている。これによってまず、パーツの人間的スケールと、全体を見たときに背景の山にまで連続する景観的スケールが結びつく。橋には切妻の屋根がかけられて、動線としての開放性と居場所としての親密性が両立している。木材を積み重ねる方法は刎橋という伝統形式にならい、伝統木造の組物を彷彿させる日本的なものである一方、装飾的要素を排した幾何学的構成はグローバルにも理解できる。木材は、地元の木を地元で加工した集成材を用い、地元経済と結びついている。橋脚には鉄骨が組み合わされ、技術は伝統的であると同時に現代的である。木が積み重なる組積式による物質性は、伝統的な軸組（柱梁）式の記号性を解体することが意図されている。以上のように、人間的スケールと景観的スケール、開放性と親密性、日本らしさとグローバル性と地域性、伝統と現代、記号性と物質性など、様々な異なる領域を横断するようなデザインを、隈は「ノンヒエラルキー」という言葉で説明する。ノンヒエラルキーは、ユニバーサルと違って、普遍性を目指すものではなく、様々な差異を見定めた上で、その間を行き来する軽やかさをメッセージとして伝える戦略と言える。このような複雑なメッセージを一つのシルエットにまとめることは、多面性をもつ木造だからこそ可能であったことは間違いない。

［木内俊彦］

　The *Yusuhara Wooden Bridge Museum* is located in a small town in the forested mountains of Kochi Prefecture. It was designed by Kuma Kengo and built in 2010. An addition to the *Yusuhara Visitor's Center* that Kuma designed in 1994 (and that now operates as the *Kumo no Ue Hotel*), the museum serves both as a gallery and as a skywalk linking the hotel to the hot springs facility across the street. Such a programmatic explanation, however, does little by way of describing the building. What kind of message do people take away from this building and its striking silhouette?
　The long span of the bridge is achieved not through the kind of girder found in reinforced concrete construction or the truss beams found in steel framing but rather through the stacking and cantilevering of many wooden members that measure just 18 cm x 30 cm in cross-section. This creates a connection between the human scale of the building elements and the scenic scale of the whole as seen against its mountain backdrop. The bridge's gabled roof enables the interior to balance the openness of a circulation area with the intimacy of a residential space.
　While the building draws on the forms of traditional Japanese cantilevered *hane-bashi*, draw-bridges made using stacked lumber and closely resembles the bracket complexes of traditional wooden architecture, as a geometric composition devoid of decoration it also has a global appeal. The use of laminated timber produced locally from local materials connects the project to the local economy. The bridge piers incorporate steel frameworks, so the technology used is both traditional and contemporary. The materiality of timbers stacked like masonry deliberately deconstructs the symbolic nature of traditional post and beam construction.
　Kuma describes this interplay among different domains—human scale and scenic scale; openness and intimacy; the Japanese, the global and the regional; the traditional and the contemporary; symbolism and materiality—using the word "non-hierarchy." The non-hierarchical, unlike the universal, aims not for an all-encompassing appeal but can instead be described as a strategy of first taking stock of various differences and then conveying a message of lightness that moves back and forth between them. The ability to carry such complex messaging in a single silhouette is, no doubt, made possible by building with wood, a material that is related to all of these domains.

［Kiuchi Toshihiko］

[上2点] 外観 2010年／撮影：太田拓実
[avove] Exterior View 2010 / Photo: Ota Takumi

断面図 2009年／資料提供：隈研吾建築都市設計事務所
Section 2009 / Courtesy: KENGO KUMA & ASSOCIATES

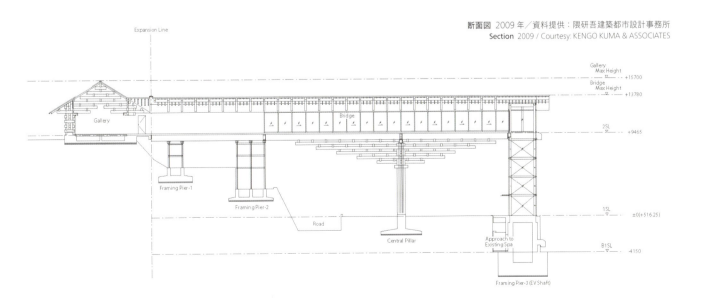

01 Possibilities of Wood

なぜ、みんな格子が好きなのか？

木内俊彦

「古いまま残す」か
「新しくすることによって残す」か

　伊勢神宮には、社殿を20年ごとに建て替える式年遷宮がある。装束や神宝も新調され、1300年以上前の古式が現代まで伝えられているが、なぜ20年に一度すべてを新しくするのか、正確な理由はわかっていない。古式を保つ社殿は、屋根や掘立柱の耐久性が20年程度だという説。建築や神宝などの製作技術を継承するのに20年が適当だという説。いくつかの説が考えられているが、少なくとも社殿が木造でなかったら、このような営みが1000年以上つづくことはなかっただろう。

　たとえば、ギリシャのパルテノン（紀元前5世紀）のような石造の神殿を式年遷宮することは考えにくい。古代ギリシャの建築も当初は木造で、その構造的意味が様式として石造に引き継がれているが、石造にしたということは、物としての神殿をそのまま残すことを選択したと言えるだろう。一方、日本では木造でありつづけたため、「古いまま残す」のではなく、『新しくする』ことによって『残す』」という逆転した仕組みが現れたのではないか。

「組む」ことと
「覆う」こと

　ある建物を木造から石造に変えると、耐久性のような物理的性質のほかに何が変わるだろうか？「空間を覆う」という建築本来の意図から考えると、石は「積む」ものであるのに対し、木は「組む」ものだという構法上の違いに気が付く（石を組む、木を積むこともあるが、ここでは組積式と架構式という一般的な構造形式を考える）。どういうことかと言うと、石造やレンガ造（組積式）では、積むことによって空間を覆うことができるのに対し、木造（架構式）は、組むだけでは空間を覆うことができず、覆いを別に考えなければならない。つまり、木造では「組む」ことと「覆う」ことが独立した問題であるのに対し、石造の場合、原理的には、この問題の分離がなくなる。

　たとえば、世界中の原始的住居では、木を組んだ骨組みに草や土で覆いをかけることは普通のことであっただろう。あるいは、日本でも西洋でも、木の骨組みの間を土や漆喰で埋めて壁をつくることは特別なことではな

い。しかし、時として、「組む」ことと「覆う」ことの関係が大きな問題になるということは、西洋建築史を振り返るとわかる。

　古代に木造から石造（組積式）に移行した西洋建築は、原理的には「組む」問題から解放されたはずであるが、現実には、〈組む＝構築性〉と〈覆う＝包囲性〉を対立する基本モティフ（動機）として、古代ギリシャ以降2000年以上にわたる建築の様式史を展開した[1]。極めて簡略化すれば、古代ギリシャにおいてオーダーの体系（柱頭などの細部形式と寸法の体系）として示された〈構築性〉は、ローマ建築に取り込まれると、パンテオン（2世紀）のような強い〈包囲性〉をもった建築の装飾的様相を帯びる。ルネサンスは、ゴシックの後に古典の〈構築性〉を回復する動きであったが、その後のバロックやロココでは、その〈構築性〉を揺さぶるような空間の〈包囲性〉の実験が繰り広げられた。しかし18世紀以降の新古典主義では、再び〈構築性〉が前面に表れる。

　驚くべきことは、このような様式の展開が、構造的には「組む」必要のない組積造において繰り広げられたことである。言い方を変えると、西洋では構造的には「組む」必要がなかったため、純粋に様式を展開できた。つまり、「空間を覆った」うえで、自由に「組む」ことができた。

「空間を覆ったうえで組む」か
「組むことによって空間を覆う」か

　では、木造でありつづけた日本ではどうだったか。自然の木に由来する〈構築性〉のモティフは、三内丸山遺跡のような縄文の巨木建物や、古代の出雲大社などに表れているだけでなく、大陸からもたらされた〈構築性〉の強い木造技術にも影響を受けて発展したと考えられる。それは、柱上部の組物によって深い軒を支える仕組みの発達や、中世に新たな構造技法を取り入れて建てられた東大寺南大門などに顕著に見られる。

　しかし、先に述べたように、柱と梁の〈構築性〉だけでは空間を覆うことができない。では、どのように〈包囲性〉は表現されたか。西洋建築は「『空間を覆った』うえで『組む』」と述べたが、それ対して日本では、「『組む』ことによって『空間を覆う』」という逆転した仕組みが発達した、と仮説を立ててみたい。

例としてまず挙げたいのは、大陸から伝えられた木造技術が、和様といわれる表現に変化するなかで現れた化粧垂木である。化粧垂木は、屋根面を支える構造部材である垂木（野垂木）の下に、化粧（見ばえ）としての垂木を別に設けたものである。同じ頃（平安時代後半）に室内に天井が張られ始めたことも考え合わせると、屋根は当時、ただ雨をしのぐものでも、構築性を示すものでもなく、「空間を覆う」ものとして強く意識されるようになったと考えられる。その「覆う」ための部材が、構造材と同様に「組む」ものであった。つまり化粧垂木は、単なる装飾というより、「構築性」と「包囲性」という、人が建築に投影する基本モティフを併せもち、両者を関係付けている。

同じような例として、町家の表層によく見られる格子を挙げることもできるだろう。格子も、平安時代から建具（蔀）や天井などに用いられるようになったものであるが、資源の節約や軽量化という利点だけでなく、木の「構築性」を生かしながら「空間を覆う」というモティフの二重性が見てとれる。

このように「『組む』ことによって『覆う』」仕組みは、そこに別の魅力が発見され、さらに独特の空間意識が育まれたと考えることもできる。「組む」ことによって空間を覆う場合、その包囲面にはすき間が含まれる。つまり透明性が生まれる。包囲面が実際に見通せる場合、面の重なりを捉えることができ、空間の多層性を志向する「奥性」[2]にもつながる。

他のシステムとの共存を意識させる仕組み

以上の論点を整理する。

❶西洋の石造（組積式）と日本の木造（架構式）を比べると、西洋では「A.『空間を覆った』うえで『組む』」様式が展開したのに対し、日本では「B.『組む』ことによって『空間を覆う』」仕組みが発達した。

❷古代ギリシャの神殿と伊勢神宮を比べると、ギリシャでは木造を石造に変えることで「A.古いまま残す」ことが可能になったのに対し、伊勢神宮では木造のままで「B.『新しくする』ことによって『残す』」仕組みが定着した。西洋の「A.古いまま残す」やり方は、後の時代にそれを活用する立場から見ると、「A.『残した』うえで『新しくする』」やり方（リノベーション的方法）と言

えるだろう。

西洋の「A.『空間を覆った』うえで『組む』」、「A.『残した』うえで『新しくする』」やり方は、どちらもとても合理的である。押さえるべきところを押さえたうえで、創作の自由を確保している。それに対して、日本の「B.『組む』ことによって『覆う』」、「B.『新しくする』ことによって『残す』」やり方は、あまり合理的とは思えない。なぜなら、関連する範囲を限定することが難しく、厳密に行おうとすれば無茶な試みになりうる。言い方を変えると、西洋的なやり方は「範囲を限定して自由を確保する」のに対し、日本的なやり方は「自由にならない範囲まで含めて動きやすさを模索する」傾向があり、結果的に、関連するシステム（構造、生産、自然など）との共存を意識させる力がある[3]。このように「共存」を意識させる仕組みは、筋を通す努力をしなければ「いい加減」になる危険性もあるが、無数のシステムが関連し合う複雑な状況において、合理的に割り切ることとは別の可能性をもっているのではないだろうか。そのような仕組みが、日本の木造のなかで育まれたと考えられる。

[本稿の注釈、参考文献は、p. 269 参照]

Why Are People So Fond of Louvers?

Kiuchi Toshihiko

Preserving History "As-Is" or "Through Renewal"

Every twenty years, the *Ise Grand Shrine (Ise Jingū)*, undergoes a complete reconstruction of all of its buildings within the shrine complex. Also, concurrently renewed at the same time are the sacred treasures and ceremonial garments in following with the ancient Shintō rites that have been maintained for over 1300 years; yet the actual rationale for the complete replacement of buildings and wares every twenty years is unknown. One explanation is that the physical durability of roofs and pillars supporting the shrine buildings is approximately twenty years. Another is that a period of two decades is suitable for passing down the technical methods of shrine construction and production of sacred treasures to the immediate next generation of carpenters and artisans. While several other theories exist, one thing is certain: had the shrines not been made of wood, this custom of periodic renewal would not have continued as it has for over 1,000 years.

For instance, it would have been inconceivable for periodic ritual construction of such stone temples or shines as the *Parthenon* in Greece (5th c. B.C.). And while Ancient Greek architecture was also constructed of wood and structural implications were subsequently stylistically translated into stone construction, this translation displays conscious resolve in maintaining them as enduring structures. On the other hand, in Japan, perhaps because of the continued tradition of timber construction, there was the reverse effect to "maintain" through renewal, and not by preserving old structures as they are.

Framing and Enveloping

When wood structures are rebuilt in stone, could there be any changes other than physical properties like durability? In considering the original intent of architecture as a means to "envelop space," one becomes conscious of the structural distinction between "stacking" stones and "framing" wood. (While there are ways to frame with stone and stack wood, for the purpose of this discussion, we are referring to the common structural types of masonry and frame construction.) In other words, in contrast to stacking as a method to envelop space in stone and brick construction, it is not possible to envelop space simply via timber framework; an envelope must be considered separately. Which means that contrary to timber construction, where there are two separate independent issues of "framing" and "enveloping," in stone construction, this distinction theoretically does not exist.

To give an example, it was commonplace for primitive dwellings all over the world to be built of timber framing covered in grass or dirt. And in Japan or in the West, it was not out of the ordinary to build walls of timber framing with earth or plaster infill. Yet looking back in western architectural history, it is clear that relations between "framing" and "enveloping" become a significant issue in certain cases.

Although Western architecture that shifted from timber to stone construction in ancient times theoretically should have been liberated from the problem of framing, in fact, a stylistic history of architecture spanning over 2,000 years since ancient Greece developed the opposing basic motifs of framing and enveloping.[1] As an exaggerated example, when the motif of framing revealed as classical orders in ancient Greece was incorporated in Roman architecture such as the *Pantheon* (2nd c.), which have strong motif of enveloping, the former motif became decorative. Whereas the Renaissance period was a movement to recover the classical motif of framing after the Gothic period, the Baroque and Rococo styles that followed challenged it through experimentation on enveloping surface; yet the motif of framing emerges in the forefront again in post 18th century Neoclassicism.

Surprisingly, such stylistic development transpired as a consequence of masonry that structurally had no need for framing, *i.e.,* the lack of structural necessity for framing in Western architecture allowed for unadulterated stylistic development. In other words, the envelopment of space liberated the act of framing.

Framing via Enveloping Space or Enveloping Space via Framing

Let us now take a look at the history of Japan, where wooden structures have persisted throughout the ages. First, the motif of framing derived from trees that is expressed in enormous wooden structures such as those found at the Sannai-Maruyama archaeological site from the Jōmon era (14,000-300 B.C.) or in the ancient *Izumo Shrine*. Second, Japanese architecture appears to have developed via influences from a timber framing technology that came from the continental regions. This can be seen in the development of joint systems that support deep eaves, especially in structural techniques that were incorporated in the Kamakura period (12th c.), such as the *Great South Gate (Nandai-mon) of Tōdaiji Temple*.

As previously mentioned, however, since it isn't possible to envelop space merely via framing of post-and-beam, in what ways has the motif of enveloping been expressed in Japanese architecture? While I stated that in Western architecture, space was framed via enveloping, I would like to formulate the hypothesis that in contrast, Japanese architecture developed through the reverse mechanism, *i.e.,* space was enveloped via framing.

As an example, I'd like to mention *keshō-daruki*, or decorated rafters, which appeared in *wa-yō* (Japanese style) transformed from timber construction techniques transmitted from continental regions. Keshō-daruki are rafters that were added for appearance (keshō), beneath the structural rafters that support the roof. Contemporaneous to this development (the latter half of the Heian period, [794-1185]), rooms became finished with ceilings, that is, roofs came to be considered not only a feature to keep off rain or express framed-ness, but also an architectural element that strongly informed the envelopment of space. Those elements of keshō-daruki used to "envelop" were "framed" in the same fashion as the structural members. In other words, keshō-daruki were not merely ornamental; they combined the basic two motifs of framing and enveloping that people identify with architecture, linking them to one another.

Similarly, one can offer as an example the latticework or louver seen on the exterior of *machiya* (Japanese traditional townhouses for merchants from the mediaeval period up to the Meiji period, [1868-1912]). Lattices used in door and window fittings, shutters, and ceilings from the Heian era not only were advantageous for their material economization and lightness in weight, one can also observe a duality of motifs: framing by timber and enveloping space.

In this manner, the means of enveloping a space via framing led to the discovery of another kind of charm, and one can even say it bred a more distinctive spatial consciousness. By framing to enwrap a space, gaps are produced along the enwrapped surface; in other words, it assumes an aspect of transparency. When the surface of the envelope is visually penetrated, one can perceive a superficial over-lapping, creating a sense of *oku*—the inner multilayering spaces.[2]

Devices that Highlight Synchronic Systems

The key points of this essay are clarified as follows:

❶ In a comparison of Western stone (masonry) construction and Japanese timber (frame) construction, the former led to A) styles of framing via enveloping space, whereas the latter led to B) devices of enveloping space via framing.

❷ In a comparison of ancient Greek temples to *Ise Jingū*, the switch from frame construction to masonry in the former enabled A) the preservation of structures "as-is," whereas at *Ise Jingū*, the system of B) preservation through renewal—became established.

This approach of A) the preservation of structures "as-is" in the west can be seen as A) renewing structures that were preserved, from the viewpoint of posterity.

In the above points, both 1 and 2, the Western approaches of A)—framing via enveloping space and renewing structures that were preserved—are very rational; the freedom of creation is secured after controlling aspects that can be controlled. Conversely, the Japanese approach of B)—devices of enveloping space via framing and preservation through renewal—do not appear to be very rational; it is difficult to limit the related realms of the systems and attempts at a rigorous approach could be absurd. In other words, in contrast to the western method of limiting the realm of the system to ensure creative freedom, the Japanese approach tends toward a search for a realm where it is uneasy to act freely, and consequently, it has strength in highlighting the coexistence with related systems (such as structure, production, or nature).[3]

In this device of highlighting synchronic systems, while one risks irresponsible actions unless effort is made to stick to the principles, in the situation in which many other systems are mutually related, there could be other potentialities than in a rational practical method. Such systems have been fostered through timber construction in Japan.

[Footnotes and References for this document are listed on p. 269]

01   Possibilities of Wood

年表
Chronology

日本建築の根源には「木造」という建築を構成するシステムが存在し、歴史と共に発展を続け、現代の日本建築の底にも流れている。そのシステムとは、木を組み構造を作り出す技術や、更新を続けていくことで永遠性を得ようとする行為であり、また、出雲大社本殿や五重塔にみられるような、高層化の系譜もあったといえる。この年表においては、木造技術が明確に表出している日本建築や、技術を記した書籍、そして式年遷宮のような更新を繰り返すシステムが近現代日本までどう流れてきたのかをみることができる。　　　　　［関根康季＋小岩正樹］

Japanese architecture originates in the structural system of wooden construction. This system has continued to develop along with the history of Japanese architecture, nourishing the roots of today's architecture in Japan. That system also involves the techniques of structural wood joinery as well as their eternalization through continued improvement. Even the heritage of five-storied pagodas and Izumo Ōyashiro (Izumo Grand Shrine) can be detected in the development of Japanese high rises. In the chronological table of this section, this series of works offers a chance to appreciate how aspects of Japanese architecture that clearly express timber structures and wood joinery methods have been carried through to contemporary Japanese architecture together with the reflection of the historical records of those techniques as well as the system of renewal through periodical reconstruction as in Shikinen Sengu. [Sekine Yasutoshi ＋ Koiwa Masaki]

監修：早稲田大学 小岩正樹建築史研究室
Adviser: Koiwa Masaki Laboratory,
Department of Architecture, Waseda University

● 本セクションでの展示プロジェクト Exhibit in this section　　● 他セクションでの展示プロジェクト Exhibit in other section

500	1000	1500	1900	1950	2000	2015

- 三内丸山遺跡 ※1 / Sannai-Maruyama Jōmon Archeological Site
- 三十三間堂 / Sanjūsangen-dō
- 吉島家住宅（西田伊三郎）/ The Yoshijima Residence (Nishida Isaburo)
- 海の博物館（内藤 廣）/ Toba Sea-Folk Museum (Naito Hiroshi)
- 法隆寺 西院伽藍 / Hōryū-ji Sai-in Garan (The Western Precinct of Horyu-ji)
- 東大寺南大門 / Tōdai-ji Nandai-mon (the Great Southern Gate of Tōdai-ji)
- 藤村記念堂（谷口吉郎）/ The Toson Memorial Hall (Taniguchi Yoshiro)
- 梼原 木橋ミュージアム（隈 研吾）/ Yusuhara Wooden Bridge Museum (Kuma Kengo)
- 嚴島神社 大鳥居 / Itsukushima Shrine Ōtorii
- 会津さざえ堂（旧正宗寺三匝堂）/ Aizu Sazaedō (former Shōsō-ji Sansōdō)
- スカイハウス（菊竹清訓）/ Sky House (Kikutake Kiyonori)
- ミラノ国際博覧会 2015 日本館 木組インフィニティ（北川原温）/ KIGUMI INFINITY, Japan Pavilion, Expo Milano 2015 (Kitagawara Atsushi)
- 清水寺本堂 ※3 / Kiyomizu-dera Hondō (the Main Hall)
- ホテル東光園（菊竹清訓）/ Hotel Tōkōen (Kikutake Kiyonori)
- 東大寺 正倉院 / Tōdaiji Shōsō-in
- 東寺 五重塔 / Tō-ji Gojū-no-tō (five-story pagoda)
- 明治期の学術模型
- 国立京都国際会館（大谷幸夫）/ Kyoto International Conference Center (Otani Yukio)
- 東京スカイツリー（日建設計）/ Tokyo Skytree (NIKKEN SEKKEI)
- 『匠明』
- 出雲大社庁の舎（菊竹清訓）/ Izumo Taisha Chō-no-ya (Administration Building of the Izumo Grand Shrine) (Kikutake Kiyonori)
- 平等院鳳凰堂の組物 / Kumimono of Byōdō-in Hō-ō-dō (eave-supporting bracketing complex of Byōdō-in Phoenix Hall)
- 清家清『日本の木組』／淡交社
- 伝統のディテール研究会（広瀬鎌二）『伝統のディテール―日本建築の詳細と技術の変遷』／彰国社
- 古代出雲大社本殿 / The Main Hall of the ancient Izumo Shrine
- 『国際建築 1955 年 1 月号 日本のモジュール』／美術出版社
- 福山敏男・井上 靖・大佛次郎・野間 宏『日本の寺』／美術出版社
- 『木砕之注文』
- 『増補 軒廻垂木雛形』
- 杵屋六左衛門別邸（吉田五十八）/ Kineya Rokuzaemon's Detached House (Yoshida Isoya)
- 『柏木伊兵衛政等秘伝書』
- 川添 登・菊竹清訓・福山敏男『日本のやしろ』／美術出版社
- 東大寺 七重塔（現存せず）/ Tōdai-ji Nanajū-no-tō (seven-story pagoda) (demolished)
- 根来寺 多宝大塔 / Negoro-ji Tahō daitō (pagoda)
- 国際教養大学図書館（仙田 満）/ Akita International University Library (Senda Mitsuru)
- 大嘗宮 正殿 / Daishō-kyū Shōden (A temporary structure for first ceremonial offering of rice)
- 東照宮 五重塔 / Tōshōgū Gojū-no-tō (five-story pagoda)
- 濱島正士『継手・仕口日本建築 の隠された知恵』／INAX
- 伊勢神宮 式年遷宮 ※2 / Ise Jingū (Ise Grand Shrine) Shikinen Sengū, the 20-year periodical reconstruction
- 東京中央郵便局（吉田鉄郎）/ Tokyo Central Post Office (Yoshida Tetsuro)
- ティンバライズ 200（東京大学生産技術研究所 腰原幹雄研究室＋ティンバライズ）/ Timberize 200 (KOSHIHARA Lab. IIS, the University of Tokyo and team Timberize)
- 名古屋城 天守閣 / Nagoya Castle's Main Tower
- 空中都市 渋谷計画（磯崎 新）/ City in the Air: Shibuya Project (Isozaki Arata)
- 丹下健三・川添 登『伊勢』／美術出版社
- 菊竹清訓『代謝建築論』／彰国社

※1

※2

※3

▌プロジェクトデータ
Project Data

p. 40

平等院鳳凰堂の組物
Kumimono of Byōdō-in Hō-ō-dō (eave-supporting bracketing complex of Byōdō-in Phoenix Hall)

［名称］平等院鳳凰堂
［所在地］京都府宇治市
［竣工年］1053年（平安時代）
［主要用途］寺院
［構造］木造
［規模］桁行三間、梁間二間、一重もこし付
[Name] Byōdō-in Hō-ō-dō (Phoenix Hall)
[Location] Uji, Kyoto
[Year] 1053
[Primary use] Buddhist temple
[Structure] Wood frame

p. 42

ミラノ国際博覧会2015日本館
木組インフィニティ
北川原 温（1951 - ）

KIGUMI INFINITY, Japan Pavilion, Expo Milano
Kitagawara Atsushi (1951-)

［名称］ミラノ国際博覧会2015日本館
［所在地］イタリア、ミラノ
［竣工年］2015年（現存せず）
［主要用途］展示場
［延床面積］4,390㎡
［構造］鉄骨造（建築主構造）、木造（立体木格子外壁）
［建築プロデューサー］北川原温＋北川原温建築都市研究所（小林大祐、和井原めぐみ、桑原遼介）
［設計］石本建築事務所
［現地アドバイザー］マルコ・インペラドーリ（ミラノ工科大学教授）
［施工］ヨーロッパ竹中（立体木格子：ガロッピーニ・レニャーミ）
[Name] Japan Pavilion, Expo Milano 2015
[Location] Milan, Italy
[Year] 2015 (demolished)
[Primary use] Exhibition pavilion
[Total floor area] 4,390㎡
[Structure] Steel frame (main structure), wood frame (façade, Wooden Grid Structure)
[Architectural producer] Kitagawara Atsushi + Atsushi Kitagawara Architects (Kobayashi Daisuke, Waida Megumi, Kuwahara Ryosuke)
[Design] Ishimoto Architectural & Engineering Firm
[Local advisor] Marco Imperadori (Professor, Polytechnic University of Milan)
[Construction] Takenaka Europe GmnH (Three Dimensional Wooden Grid Structure: Galoppini Legnami)

p. 44

国際教養大学図書館
仙田 満（1941 - ）

Akita International University Library
Senda Mitsuru (1941-)

［名称］国際教養大学中嶋記念図書館
［所在地］秋田県秋田市
［竣工年］2008年
［主要用途］図書館
［延床面積］4,055㎡
［構造］鉄筋コンクリート造、木造
［設計］仙田満＋環境デザイン研究所
［施工］大木・沢木・足利・石郷岡・互大異業種共同企業体
[Name] Akita International University Nakajima Library
[Location] Akita
[Year] 2008
[Primary use] Library

[Total floor area] 4,055㎡
[Structure] Reinforced concrete, wood frame
[Design] Senda Mitsuru + Environment Design Institute
[Construction] Ohki Corporation, Sawakigumi, Ashikaga Komuten, Ishigouoka Electric and Godai Setsubi Kogyo Joint Venture

p. 46

会津さざえ堂（旧正宗寺三匝堂）
Aizu Sazaedō

［名称］会津さざえ堂（旧正宗寺三匝堂）
［所在地］福島県会津若松市
［竣工年］1797年（江戸時代）
［主要用途］寺院、仏堂
［構造］木造
［規模］六角三層、向拝一間
[Name] Aizu Sazaedō (former Shōsō-ji Sansōdō)
[Location] Aizuwakamatsu, Fukushima
[Year] 1797
[Primary use] Buddhist temple
[Structure] Wood frame

p. 48

東照宮 五重塔
Tōshōgū Gojū-no-tō (five-story pagoda)

［名称］東照宮 五重塔
［所在地］栃木県日光市
［竣工年］1818年（江戸時代）再建
［主要用途］寺院、仏塔
［規模］三間四方
[Name] Tōshōgū Gojū-no-tō (five-story pagoda)
[Location] Nikko, Tochigi
[Year] 1818 (Reconstruction)
[Primary use] Buddhist temple
[Structure] Wood frame

p. 49

東京スカイツリー
日建設計

Tokyo Skytree
NIKKEN SEKKEI

［名称］東京スカイツリー
［所在地］東京都墨田区
［竣工年］2012年
［主要用途］電波塔、展望施設、放送設備
［延床面積］229,728.92㎡（街区全体）
［構造］鉄骨造、鉄骨鉄筋コンクリート造、鉄筋コンクリート造
［設計］日建設計
［施工］大林組
[Name] Tokyo Skytree
[Location] Sumida, Tokyo
[Year] 2012
[Primary use] Radio tower, observatory, broadcasting facility
[Total floor area] 229,728.92㎡ (all block)
[Structure] Steel frame, steel-frame reinforced concrete, reinforced concrete
[Design] NIKKEN SEKKEI
[Construction] Obayashi Corporation

p. 50

嚴島神社 大鳥居
Itsukushima Shrine *Ōtorii*

［名称］嚴島神社大鳥居
［所在地］広島県廿日市市宮島町
［竣工年］1875年（再建）
［主要用途］神社、鳥居

［構造］木造
［規模］両部鳥居（控え柱付の鳥居）
[Name] Itsukushima Shrine *Ōtorii*
[Location] Miyajima, Hatsukaichi, Hiroshima
[Year] 1875 (Reconstruction)
[Primary use] Gateway to a Shintō shrine
[Structure] Wood frame

p. 51

ホテル東光園
菊竹清訓（1928 - 2011）

Hotel Tōkōen
Kikutake Kiyonori (1928-2011)

［名称］ホテル東光園
［所在地］鳥取県米子市
［竣工年］1964年
［主要用途］ホテル
［延床面積］3,355.58㎡
［構造］鉄骨鉄筋コンクリート造
［設計］菊竹清訓建築設計事務所
［構造設計］松井源吾構造研究室
［施工］熊谷組
[Name] Hotel Tōkōen
[Location] Yonago, Tottori
[Year] 1964
[Primary use] Hotel
[Total floor area] 3,355.58㎡
[Structure] Steel-frame reinforced concrete
[Design] Kiyonori Kikutake Architects
[Structural design] Matsui Gengo
[Construction] Kumagai Gumi

p. 52

古代出雲大社本殿
The Main Hall of the Ancient Izumo Shrine

［名称］古代出雲大社本殿
［所在地］島根県出雲市
［年代］年代不詳（現存せず）
［主要用途］神社
［構造］木造
［高さ］48m（16丈）
[Name] The Main Hall of the Ancient Izumo Shrine
[Location] Izumo, Shimane
[Year] Unknown (demolished)
[Primary use] Shintō shrine
[Structure] Wood frame
[Height] 48m

p. 54

ティンバライズ200
東京大学生産技術研究所 腰原幹雄研究室＋ティンバライズ

Timberize 200
KOSHIHARA Lab. IIS, the University of Tokyo and team Timberize

［名称］ティンバライズ200
［所在地］東京都
［計画年］2018年（計画案）
［主要用途］商業施設、事務所、ホテル
［構造］木造、メガストラクチャ・ユニット・システム
［床面積］1ユニット 3,494㎡（83.2×42.0m）
［高さ］200m（1ユニット階層高さ10m×20層）、最大60階建（1ユニット最大3フロア×20層）
［設計］東京大学生産技術研究所 腰原幹雄研究室＋ティンバライズ
腰原幹雄、小杉栄次郎、土屋哲夫、安井昇、福本晃治、渡部光樹、小林道和、大野正人、國江悠介、内田早紀
[Name] Timberize 200
[Location] Tokyo

01 Possibilities of Wood

[Year] 2018 (proposal)
[Primary use] Commercial complex, office, hotel
[Structure] Wood frame, Mega structure unit System
[Floor area] 3,494 m²/unit (83.2 x 42.0 m)
[Height] 200 m (10 m / unit x 20 layer), MAX 60 Floor (MAX 3 Floor / layer x 20 layer)
[Design] KOSHIHARA Lab. IIS, the University of Tokyo and team Timberize
Koshihara Mikio, Kosugi Eijiro, Tsuchiya Tetsuo, Yasui Noboru, Fukumoto Akiharu, Watanabe Kouki, Kobayashi Michikazu, Ono Masato, Kunie Yusuke, Uchida Saki

p. 56

東大寺南大門
Tōdai-ji Nandai-mon (the Great Southern Gate of Tōdai-ji)

［名称］東大寺南大門
［所在地］奈良県奈良市
［竣工年］1199年（鎌倉時代）
［再建］俊乗房 重源（東大寺大勧進職）
［主要用途］寺院、門
［延床面積］897.27 m²（軒面積）
［様式］大仏様（天竺様）
［構造］木造
［規模］五間三戸二重門
[Name] Tōdai-ji Nandai-mon (the Great Southern Gate of Tōdai-ji)
[Location] Nara
[Year] 1199
[Primary use] Buddhist temple, Gate
[Total floor area] 897.27 m²
[Structure] Wood frame

p. 57

空中都市 渋谷計画
磯崎 新（1931 - ）

City in the Air: Shibuya Project
Isozaki Arata (1931-)

［名称］空中都市 渋谷計画
［計画地］東京都渋谷区
［計画年］1962年（計画案）
［主要用途］集合住宅
［設計］磯崎 新
[Name] City in the Air: Shibuya Project
[Location] Shibuya, Tokyo
[Year] 1962 (proposal)
[Primary use] Housing complex
[Design] Isozaki Arata

p. 58

梼原 木橋ミュージアム
隈研吾（1954 - ）

Yusuhara Wooden Bridge Museum
Kuma Kengo (1954-)

［名称］梼原 木橋ミュージアム 雲の上のギャラリー
［所在地］高知県高岡郡梼原町
［竣工年］2010年
［主要用途］展示場
［延床面積］445.79 m²
［構造］木造、一部鉄骨造、鉄筋コンクリート造
［設計］隈研吾建築都市設計事務所
［施工］四万川総合建設
[Name] Yusuhara Wooden Bridge Museum Kumo no ue no Gallery
[Location] Yusuhara, Takaoka, Kochi
[Year] 2010
[Primary use] Exhibition space
[Total floor area] 445.79 m²
[Structure] Wood frame, partly steel frame, reinforced concrete

[Design] Kengo Kuma and Associates
[Construction] Shimanto Sogo Construction

02
超越する美学
Transcendent Aesthetics

日本の建築にある意匠や構成の簡素さには、「シンプル」という言葉を超えた存在感があります。日本人建築家の作品が海外で高く評価されているのは、私たちも普段気づかない、日本建築が持つそのような性格によるのではないでしょうか。こうした感性は、「もののあはれ」、「無常」、「陰翳礼讃(いんえいらいさん)」など、さまざまな言葉で表現され、歴史のなかに連綿と流れてきました。構成要素は少なく、素材はその持ち味を率直に表し、寸法は研ぎ澄まされています。信じがたいほどの繊細さと大胆さが溶け合い、鋭く、儚く、凄みがあって、目の前にある実体を超えた何かを感じさせます。人工物なのに、人為的では「ない」何か。即物的なのに、物体では「ない」何か。目の前に美しい建築があるということが、論理の限界を超えるのです。木造にも打放しコンクリートにも通底する「超越する美学」は、これからも永遠に更新されることでしょう。

The plain quality in the design and structure of Japanese architecture has a presence that cannot be adequately conveyed by the word "simple." The work of Japanese architects receives much praise overseas surely because of this character of Japanese architecture, which is perhaps not even ordinarily noticed by Japanese people. It is a sensibility that has continued to be expressed throughout history in such phrases as *mono no aware* (sensitivity to ephemera), *mujō (impermanence)*, and *in'ei raisan* (in praise of shadows). There is a lack of structural components. The materials convey their intrinsic qualities honestly. The dimensions of the space are sharpened. An almost inconceivable degree of detail fuses together with the daring. It is keen, fleeting, and incredible, inspiring a sense of something that goes beyond the actual object in front of us. Though manmade, it does not feel artificial. Though matter-of-fact, it is not a mere object. That this beautiful architecture lies right before us seems to run counter to logic. The genealogy of transcendent aesthetics that underlies both wood and concrete architecture in Japan will surely continue to renew and evolve for eternity.

孤篷庵 忘筌
1751年 - 1829年（江戸時代） ｜ 重要文化財 ｜ 内観 ｜ 撮影：新建築社写真部 ｜ 画像提供：DAAS

Kohō-an Bōsen
1751 - 1829 ｜ Important Cultural Property ｜ Interior View ｜ Photo: Shinkenchikusha ｜ Courtesy: DAAS

アトリエ・ビスクドール
前田圭介
2009年 | 内観 | 2009年 | 撮影:上田宏 | 画像提供:UID

Atelier-Bisque Doll
Maeda Keisuke
2009 | Interior View | 2009 | Photo: Ueda Hiroshi | Courtesy: UID

伊勢神宮正殿
Ise Jingū Shō-den (the Ise Grand Shrine Central Hall)

《内宮正殿北面全景》1953年／撮影：渡辺義雄／画像提供：日本写真家協会

North Side of Central Hall, Naikū (inner shrine of the Ise Grand Shrine) 1953 / Photo: Watanabe Yoshio / Courtesy: Japanese Professional Photographers Society

伊勢神宮は、皇大神宮（内宮）および豊受大神宮（外宮）の総称である。これに、14か所の別宮、109の摂社・末社・所管社が所属し、伊勢を中心に、松阪、鳥羽などに分布している。『日本書紀』は、皇大神宮の創始を垂仁天皇（在位：前29–70頃）の時代、豊受大神宮を雄略天皇（在位：456–479）の時代と伝える。《伊勢神宮》最大の特徴である20年毎の式年遷宮は、『太神宮諸雑事記』（平安中期編纂）の記述から、皇大神宮が持統天皇4年（690）、豊受大神宮が同6年（696）を第1回として数え、平成25年（2013）の遷宮を62回としている。この制度は、14世紀中期頃から徐々に乱れを生じ、寛正の遷宮（1462）から123年の間隔を置いたものの、現在まで驚くほどよく守られてきた。

式年遷宮の目的は諸説あるが、老朽化にもとづく再建という即物的な捉え方は、最も容易に思いつく。20年を経れば掘立柱や屋根は傷み始めるので、それが制度発生の重要な端緒になったことは疑いようがない。あるいは、当初の形式を正確に伝承しようとした結果だとも言われている。遷宮をする数多くの殿舎が、同じ広さの土地を隣接させ、遷宮の際に新旧の殿舎が併存する一時期をもつことは、古来の形式を寸分違わず伝える方法として有効であったに違いない。当時すでに大陸から新しい建築の技術が伝来していたにもかかわらず、その弱さが克服されてこなかったのは、古い形式の伝承を重要視する神社の性格にも関係していただろう。

こうした遷宮によって、弱くとも古式を維持しつつ、神宮は常に新しい材料により更新されていく。白木の肌と香り、茅が黄金に輝く様を、人々は昔から賞讃してきただろう。それは、かつての日本人が「うつくしい」という言葉を小さく弱いものを愛でるために用いたこと、現在の「美しい」という言葉の意味が、清らかさを意味する「きよし」などと近いものであったことを、よく示しているように思われる。　　　　　　　　［大井隆弘］

参考文献／References
- 『稲垣栄三著作集・神社建築史研究（1）』中央公論美術出版、2006年
- 桜井敏雄著『名宝日本の美術（18）伊勢と日光』小学館、1982年
- *Inagaki Eizo Chosakushu: Jinja Kenchiku Kenkyushitsu (1) (Inagaki Eizo Collection: Shrine Architecture Research, Vol. 1)*, Chuokoron Bijyutsu Shuppan, 2006.
- Sakurai Toshio, *Meiho Nippon no Bijyutsu, Vol. 18, Ise to Nikko (The Art of Japanese Treasures Vol. 18, Ise and Nikko)*, Shogakukan Inc., 1982.

《内宮正殿正面床下柱と木階》
撮影：渡辺義雄／画像提供：日本写真家協会
The Pillars and Wooden Staircase of Central Hall, Naikū (inner shrine of the Ise Grand Shrine)
Photo: Watanabe Yoshio / Courtesy: Japanese Professional Photographers Society

Ise jingū (The Ise Grand Shrine) is the collective name for the shrine complex that is comprised of an inner shrine compound, *Kōtai Jingū* (or *Naikū*, lit. Inner Shrine) and the outer shrine compound, *Toyouke Dai-jingū* (or *Gekū*, lit. Outer Shrine). And belonging to the Grand Shrine are 14 detached shrines and 109 auxiliary shrines (comprised of *Sessha*, or shrines where gods related to the gods in the main shrine are worshiped; *Massha*, or small shrines belonging to the main shrine; and *Shokansha*, or shrines where the gods of clothing, food and housing are worshiped), which are distributed around the city of Ise, in the cities directly to the north and east, in Matsusaka and Toba (also in Mie Prefecture). The historic record, *Nihon Shoki (The Chronicles of Japan)* conveys that the *Kōtai Jingū* was created during the reign of Emperor Suinin (reign: circa 29 BC–70 AD, 11th emperor of Japan), and the *Toyouke Grand Shrine* was established under Emperor Yuryaku (reign: 456-479, 21st emperor of Japan).

The most distinguishing aspect of *Ise Jingu (The Ise Grand Shrine)* is the 20 year periodical reconstruction, which is recorded in the ancient shrine records compiled in the middle of the Heian period called the *Dai-jingū Shozōjiki* (lit. The miscellany documents of *Dai-Jingū* (great shrines) and *Ōkami* (gods)). According to those records, the first time for the rebuilding of both the Naikū and Gekū were in the 4th year of the reign of Empress Jito—the former in 690, and the latter in 696. The most recent reconstruction was recorded as the 62nd. Despite gradual disruption from the mid-14th century onward during the Kansho period, with a 123-year intermission from 1462 up until 1585, periodic reconstruction has been remarkably maintained ever since.

There are various views regarding the purpose of the periodic reconstructions, however, the simplest explanation is the practical replacement of deteriorated shrine structures. Since the embedded pillars and thatched roofs begin to decay after two decades, there can be no doubt that this was an instigating factor in establishing the system. Another theory is that the reconstructions enable the precise transmission of the form of the original structures. Most of the major shrine buildings within the *Ise Jingū* complex have adjacent shrine precincts of equivalent area dedicated to the new shrine construction. The maintenance of a period during the reconstruction where both old and new shrine structures coexist is certainly an effective method to transmit the ancient forms without error. Despite that new building techniques were already being imported from the Asian continent, the fact that the weaknesses of the system did not lend it to be superseded is perhaps due to the high regard for the continued transmission of ancient forms.

Thus, through this periodic reconstruction where ancient rituals are maintained despite their weaknesses, the materials of the *Ise Jingū* shrine structures are continuously being renewed. Since days long past, people have praised the unvarnished wood surfaces and their aroma, and the golden shimmer of the thatching. This clearly reveals that in the past, Japanese used the word "*utsukushii*" to refer to the expression for admiring small, fragile things, and the Japanese word used today for "beautiful" was closely associated with such words meaning cleanliness (*kiyoshi*).

[Oh-i Takahiro]

思索空間棟を水鏡の庭から望む 2011年／撮影：北嶋俊治
View of Shisaku-kūkan (Contemplative Space) from Suikyō no Niwa (Water Mirror Garden) 2011 / Photo: Kitajima Toshiharu

鈴木大拙館
谷口吉生
2011年

D. T. Suzuki Museum
Taniguchi Yoshio
2011

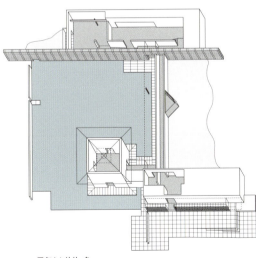

アクソノメトリック
資料提供：谷口建築設計研究所
Axonometric
Courtesy: Taniguchi and Associates

　鈴木大拙は、明治3年に金沢市で生まれた仏教哲学者である。英文による著作や講演によって、世界に禅の思想や文化を広めた人物として名高い。《鈴木大拙館》は、その偉業を顕彰するために、金沢の文化施設が集まる緑豊かな土地に計画された。設計を手がけたのは、《ニューヨーク近代美術館》や《東京国立博物館・法隆寺宝物館》などで知られる建築家・谷口吉生（1937-）である。建物全体は、玄関棟、展示棟、思索空間棟の3棟を回廊が結ぶ構成になっており、「玄関の庭」「露地の庭」「水鏡の庭」が各棟と対になって配されている。うつろいゆく自然の姿を強調するため、単純な形態と彩度の低い自然素材が選択されたが、谷口はこれを「無の意匠」と表現した。

　形態とは、事物の内部までを示す言葉であるから、「無の意匠」とは形状の単純さや色のみを語っているのではない。それを示すよい例は、一連の空間体験のクライマックスを飾る思索空間棟の屋根である。目に見えている鉄骨屋根の下には、もう一枚、鉄筋コンクリート造の屋根スラブが隠れており、日本に古くからある置屋根の蔵のような構造になっている。これによって、鉄骨の屋根がもつ構造上の役割が軽減され、先端わずか2センチの極めて薄い屋根が実現した。置屋根というアイデアが、屋根の構造的役割を整理し、形状の単純さやそれを強調する素材の決定までを導いている。

　空中に浮遊する二次元の闇には恐怖心さえ覚える。軒裏の暗さを顕在化したという意味では、落掛の向こうに深い闇をつくる「床」のようでもある。顕在化したものは、作家の意図に違いない。実際に、谷口はこの建築の解説で、「『床』は、日本文化の一面を顕著に象徴するものであり、この計画を構成する要素としてふさわしい」とも述べている。　　　　　　　　［大井隆弘］

Suzuki Daisetz, otherwise known as D. T. Suzuki, is a Buddhist philosopher who was born in Kanazawa in 1870, and is renowned as a leading figure who spread the ideas and culture of Zen Buddhism throughout the world in his English writings and lectures. To honor his great achievements, the *D. T. Suzuki Museum* was planned on a site rich in greenery in the vicinity of other cultural city facilities. Its architect is Taniguchi Yoshio (1937-), who is known for such masterworks as The Museum of Modern Art, New York or the Gallery of *Hōryū-ji Treasures, Tokyo National Museum*.

The *D. T. Suzuki Museum* consists of three spaces connected by corridors: Vestibule, Exhibition Space and Contemplative Space, and three gardens: the Vestibule Garden, the *Roji* Garden and the Water Mirror Garden, which are each paired with a space. To enhance the changing of the seasons, simple forms and low tone natural materials were selected, expressing Taniguchi's notion of "*Mu*" design, or "design of nothingness."

Because the form is a word that reveals what is inside, "Mu" design is not merely an expression of the simplicity of a shape or colors. A good example of what it is is the roof of the Contemplative Space that displays the climax of a series of spatial experiences; hidden beneath the visible steel frame roof, there is another roof of steel reinforced concrete, which uses a structure similar to the *okiyane*, or weather canopy roofs of old Japanese *kura*, storehouses. Due to this composition, the structural role of the steel frame roof was reduced, allowing an extremely thin roof with a thickness of only 2 cm. The idea of the okiyane organized the structural roles of the roofs, leading to the decision of simple shape and utilizing materials that emphasize that simplicity.

There is a certain sense of fear in a flat darkness that floats in the air. The significance of producing darkness under the eaves is to produce a floor-like element beyond the transom. An actualized idea must be the intention of its creator. In fact, as an explanation of this architecture, Taniguchi has said, "The floor is what conspicuously symbolizes one side of Japanese culture, and is therefore a suitable constituent of this plan."　　［Oh-i Takahiro］

02　Transcendent Aesthetics

孤篷庵 忘筌
1751 年 - 1829 年（江戸時代）｜重要文化財

Kohō-an Bōsen
1751 - 1829 | Important Cultural Property

　小堀遠州（1579–1647）が造営した茶室。竜光院で自身の菩提所として慶長 17 年（1612）に創建した寮舎を、寛永 20 年（1643）に大徳寺内へ移築したもの。現在のものは、寛政 5 年（1793）の焼失後に、松平不昧（1751–1818）らの助力のもと同規模の雲林院客殿を敷地内に移築し、旧規を踏襲することで復原したものである。

　忘筌の内部は 12 畳敷で、1 畳の点前座に 8 畳のほか別途 3 畳を配す。角柱や内法長押を採用し、茶室特有の中柱を立てた台目構を用いないなど、全体に書院造の構えをみせる。一方で、床の脇に点前座を並べ、点前座を客座の中央に据え、亭主側の二つの口を矩折りに配し、脇の 3 畳敷を相伴席のように用いるなど、遠州特有の草庵化の工夫がみられる。杉板に石灰を擦り込んだ砂摺天井や、点前座の風呂先に当たる床脇の吹抜け、点前座左方壁面に開けられた明障子など、細部意匠にも草庵化の志向を多分に見て取れる。

　とくに注目すべきは縁先の構成で、全面を開放せずに中敷居を入れ、上に障子を建てて下方だけを吹き抜けにしている。この開口により、西日を遮るとともに、縁先の手水鉢と灯籠とを取り合わせた風景を室内に獲得できるようになっている。また、縁先には犬走りの飛石と沓脱石が据えられており、客はこれらを伝って吹き抜けを潜り中へと入ってゆく。草庵茶室でよくみる小さな潜口とは異なる、窓を介したアプローチとなる。

［野村俊一］

Kohō-an Bōsen is a tearoom in Kyoto, built by Kobori Enshu (1579-1647), a commissioner of construction for the Tokugawa Shogunate who engaged in designing teahouses and gardens for the Shogunate and Imperial Court. The tearoom was initially built as a hermitage at his family temple in *Ryūkō-in*, a sub-temple of *Daitoku-ji* in 1612, and was relocated to *Daitoku-ji* in 1643. After it was destroyed in a fire in 1793, a similar sized guest hall of *Unrin-in* was relocated to the site with the help of Matsudaira Fumai (1751-1818) and others, and it was restored according to the original format.

The interior of the *Bōsen* tearoom has a 12-*tatami* mat area (a tatami mat is approximately 0.9 m by 1.8 m) with a 1- tatami mat *temaeza* (tea host's tatami mat), and adjacent service areas comprised of an 8- tatami mat and a 3- tatami mat room. By employing *kakubashira*, or square pillars, and *uchinori nageshi*, or tie beams used above doors or windows, and not using the commonly used *daime-kamae*, which is a configuration with a central pillar and side wall to partially shield the host from the guests, this tearoom reveals the *Shōin-zukuri* style (lit. reception style)—the ceremonial style of residential architecture. Alongside the *toko,* or dais, the temaeza is aligned centrally with the *kyakuza,* or tatami mats for guest seating, and there are two sets of service doors arranged at right angles for the tea ceremony host, and three tatami mats along the edge of the kyakuza for participants, all of which are devices characteristic to tearooms designed by Enshu. Many other such fine design details as the lime-finished cedar plank ceiling (*sunazuri tenjō*) (in which lime was rubbed to bring out the wood pattern in relief); the aperture in the partition between the tea host's tatami mat and the alcove; and the *akari-shōji,* or wood-lattice-framed translucent paper sliding screen, opening into the tea host's tatami mat exhibit the thatched hut aesthetic.

Of particular interest is the composition of the veranda sill, in which there is a two-panel sliding *shōji* window that sits above a raised sill, with the lower part of the composition left open below. This not only provides effective shade from the afternoon sunlight, but also provides an unobstructed view out to the tea garden, with its *chōzu-bachi* water basin (a symbol of purity) and *tōrō* stone lantern. In addition, just beyond the veranda is a narrow stepping-stone path and a *kutsunugi-ishi,* or treading stone (where guests remove their shoes), and guests walk along the path to duck in to enter from the veranda side. Also unlike the small *nijiri-guchi* (lit. wriggling-in entrance) low-height entrances to tearooms commonly seen in thatched tea huts, the approach here is through a window.

[Nomura Shun-ichi]

内観　撮影：新建築社写真部／画像提供：DAAS
Interior View　Photo: Shinkenchikusha / Courtesy: DAAS

外観 2009年／撮影：上田宏／画像提供：UID
Exterior View 2009 / Photo: Ueda Hiroshi / Courtesy: UID

アトリエ・ビスクドール
前田圭介
2009年

Atelier-Bisque Doll
Maeda Keisuke
2009

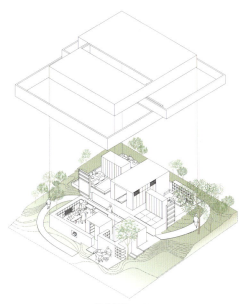

アクソノメトリック 資料提供：UID
Axonometric Courtesy: UID

生き生きとしたこの世界

情感溢れる自然の織りなす風景とは人工的なものと自然が互いに寄り添った姿ではないだろうか。この国は西欧のような外部と隔たった居住空間の関係よりはむしろ、伝統的な住まいに見られる自然に寄り添い、受け入れながら更新していく美意識を合わせもった暮らしを築いてきた文化といえる。だからこそ、そこには風景としての佇まいが生み出されてきたのだと思う。大きな屋敷の庭園もあれば、小さな長屋には坪庭や通り庭があるように、様々なスケールに応じて外部との関係性を保ちながら生き生きと暮らしてきたのである。

浮遊する帯による領域のない形式

この建築は人形作家である奥様のアトリエとギャラリー、そしてご夫婦の住宅である。敷地周囲を住宅に囲まれながらもプライバシーを確保しつつ開かれた空間を目指した。

プライバシーを確保するために、塀や壁なるものによって敷地の境界を取巻く、内側から全体を捉えていく形式ではなく、もう少し人が関わりをもつ範囲を広げながらそのような与件を満たす形式で捉えることができないかと考えた。

それは必要とされる機能を内部からつくりだしていくのではなく、近隣の緑地帯をも外部空間として見立てることで全体を捉えていくような、外側からつくり出していく形式である。壁・垂れ壁・塀などではない、重力から解放された腰壁＝浮遊する帯によって敷地全体を取巻くようなもの、それは実体としての内／外部領域ではなく外部の延長としての内部のような建築をつくりだす原理である。

重力に対し非対称に浮遊する帯が2重3重と互いにバランスを保ちながら積層することによって、内部には身体感覚として規定されない多様な領域の場が生まれ、敷地／隣地・内／外の新たな広がりのある関係性を創出している。　　　［前田圭介］

A Lively World

What makes for a deeply moving landscape woven together by nature? I (as the architect of this project) believe it is one where the artificial and natural exist as one. Unlike in the West, where domestic spaces are separated from the outside, Japanese culture has shaped a lifestyle which, as seen in traditional houses, integrates an aesthetic sensibility that seeks to connect with and embrace nature while undergoing continual renewal. I think this is the very reason why Japanese houses have been made as part of their surroundings. As traditional mansions with their open gardens and small *nagaya* (terraced houses) with their *tsubo-niwa* (small courtyard gardens) and *tōri-niwa* (corridor-like interior yards that connect the entrance and backyard) show, people have always found ways to live livelily at various scales by maintaining a connection with the world outside.

A Domain-less Arrangement Achieved with Floating Belts

This was a project to create an *atelier* and gallery for a doll artist and a residence for the artist and her husband. I aimed to give it open spaces while also providing privacy from the neighboring houses that surround the site.

I sought to secure the privacy of the residents not by lining the site boundaries with walls and fences to make an arrangement whose overall form is shaped from the inside out but by creating an arrangement that would expand the realm of their interactions with their surroundings.

What I arrived at is an arrangement that I shaped from the outside by treating even the green spaces around the site as part of the house's exterior spaces, as opposed to simply building out the required functions from the inside. The whole site is wrapped not by walls, hanging partitions or solid fences but by weightless waist-high bands, or floating belts, which together shape a building with internal spaces that seem to exist as extensions of the outside rather than forming actual inside or outside domains.

The layered belts, which are balanced atop one another asymmetrically, give rise to a variety of internal territories that are physically undefined, and they establish new open and expansive relationships between the site and the adjacent lots and between the inside and outside.

[Maeda Keisuke]

外観 撮影：畠山崇／画像提供：竹中工務店
Exterior View Photo: Hatakeyama Takashi / Courtesy: TAKENAKA CORPORATION

佐川美術館 樂吉左衛門館
樂吉左衛門（設計創案）｜竹中工務店（設計施工）
2007年

Sagawa Art Museum
Raku Kichizaemon Building
Raku Kichizaemon (design direction)｜Takenaka Corporation (design / construction)
2007

内観 広間「俯仰軒」
撮影：畠山崇／画像提供：竹中工務店
Interior View of *hiro-ma* (main room) *Fugyō-ken*
Photo: Hatakeyama Takashi / Courtesy: TAKENAKA CORPORATION

　佐川美術館の敷地は対岸に比叡山、比良山を望む琵琶湖畔の景勝地にある。本館[*1]はこの立地を活かし、建築とランドスケープの一体化した雄大な風景の創出を求めた。そのため敷地の大半に水庭を設け、水上の回遊式庭園ともいうべき経路空間を特徴とする環境を作った。
　別館[*2]は樂吉左衛門氏自身の設計創案、監修による氏の茶碗に調和し響きあう「現代の茶室」と非日常の展示空間創出の取り組みである。本館から拡張された水庭に浮かび、茫々たる水生植物に囲まれた茶室のみを地上に配し、それは葦や蒲、水面、コンクリート、大型割れ肌石等の個性的な素材を吟味厳選して茶碗との調和を追求した異空間とした。
　また茶室アプローチ、展示機能等はすべて水面下の地下に配し、その特徴を活かす水の演出を行った。本館からの渡り廊下を経て、階段を下り別館地下1階へ至る。更に下った地下2階、そこは水のゆらぎを映す天空光を感じながら眼と心を馴化して非日常の展示室へ入る導入の場所である。
　地下1階の奥に設けた茶室アプローチは水膜に覆われた円形水露地を核として水音や、外気、微かな自然光や、スリット状の採光によって、水面下の場所を暗示しながら屈曲し、水庭を直接見せるのではなく潜在意識に訴える水底の表現とした。苔や草木に代わって「水」で客を迎える現代の露地である。
　水との関係を大切にした本館と別館、ともに現代の技術と素材を駆使した現代建築には違いないが、それはまた周辺環境と呼応しながら理想の環境をつくるという古来の日本庭園の文化につながる、水をめぐる「庭」の創出でもある。　　　　　　　［内海慎介］

注釈／Footnotes
[*1] 本館：設立母体、佐川急便株式会社創業40周年記念事業として1998年3月開館／日本画家 平山郁夫氏、彫刻家 佐藤忠良氏の作品の常設展示の他、企画展示も開催／設計施工 竹中工務店
[*2] 別館：樂吉左衛門館　同、50周年記念事業として2007年9月開館／陶芸家 樂吉左衛門館氏の展示室と茶室より成る／設計創案、樂吉左衛門／設計施工 竹中工務店
[*1] Main Building opened in March 1998 in commemoration of the 40th anniversary of Sagawa Express Co., Ltd.
Permanent exhibition of the works of Nihonga artist Hirayama Ikuo and scultptor Sato Churyo, in addition to space for planned exhibitions.　Design / Construction: Takenaka Corporation
[*2] Annex—*The Raku Kichizaemon Building*
Tea-ceremony room and exhibition space for the works of ceramic artist Raku Kichizaemon.　Opened in September 2007 in commemoration of the 50th anniversary of Sagawa Express Co., Ltd.　Design Direction: Raku Kichizaemon　Design / Construction: Takenaka Corporation

The *Sagawa Art Museum* is situated on the scenic shore of Lake Biwa overlooking Mt. Hiei to the south and the Hira Mountains to the north beyond the opposing bank.

The design of the Main Building*¹ aimed at the unification of architecture and landscape with the magnificent scenery, taking full advantage of its setting. Toward that purpose, the site was almost entirely submerged in a "water garden" reflecting pool and features a circulating promenade. *The Raku kichizaemon Building*² designed and supervised by 15th generation ceramic artist Raku Kichizaemon to enhance and complement his tea bowls is comprised of a "modern tea ceremony house" and a special exhibition space. This was done through the creation of a unique floating space on the water garden extending from the Main Building—a single tea house sitting amidst the thickness of aquatic plants and produced with a carefully selected unique palette of materials, such as reeds and cattails, water, concrete and large split face stone.

The approach to the tea house and all service functions for the exhibition are submerged below grade under water level to highlight the effect of the water in the design. Stairs down to the basement level of the annex are reached by way of a connecting passageway from the Main Gallery. Further underground is the second basement level where visitors immerse themselves in the natural light that shimmers as it passes through the water surface as they enter the special exhibition space.

The approach to the tea ceremony room at the back of the first basement level has a circular *mizuroji*, subterranean courtyard with shallow water suggesting an otherworldly underwater place through water sounds, fresh air, dim natural lighting, and bold slits of light, not directly revealing the water garden, but expressing the bottom of the water to arouse the subconscious. In substitution for the moss and greenery of a typical *roji*, or dewy path, leading to the tea house, water is the element that greets the visitors here.

Both the designs of the Main Gallery and the *Raku Kichizaemon Building* annex that have deliberate relationships to water, are examples of contemporary architecture that make full use of today's techniques and materials; together, they are also an innovation of a garden of water that evokes the ancient culture of Japanese gardens in its creation of an ideal environment as it relates to the surrounding environment.

[Utsumi Shinsuke]

[上]内観 地下2階ホール
撮影：畠山崇／画像提供：竹中工務店
[右]鳥瞰
撮影：岡本高幸／画像提供：竹中工務店
[above] **Interior View of B2F Hall**
Photo: Hatakeyama Takashi / Courtesy: TAKENAKA CORPORATION
[right] **Birds-eye View**
Photo: Okamoto Takayuki / Courtesy: TAKENAKA CORPORATION

内観 広間「俯仰軒」
撮影：畠山崇／画像提供：竹中工務店
Interior View of *hiro-ma* (main room) *Fugyō-ken*
Photo: Hatakeyama Takashi / Courtesy: TAKENAKA CORPORATION

内観 小間「盤陀庵」
撮影：畠山崇／画像提供：竹中工務店
Interior View of *ko-ma* (small room) *Banda-an*
Photo: Hatakeyama Takashi / Courtesy: TAKENAKA CORPORATION

内観 水露地
撮影：畠山崇／画像提供：佐川美術館
Interior View of *Mizu-roji* (path to tea room)
Photo: Hatakeyama Takashi / Courtesy: Sagawa Art Museum

内観 腰掛待合 撮影：畠山崇／画像提供：竹中工務店
Interior View of *Koshikake-machiai* (waiting bench) Photo: Hatakeyama Takashi / Courtesy: TAKENAKA CORPORATION

アクソノメトリック
2011年／資料提供：竹中工務店
Axonometric
2011 / Courtesy: TAKENAKA CORPORATION

02　Transcendent Aesthetics

超越する美

大井隆弘

　先人が「うつくしい」と言った時、それは私たちが現在使う「美しい」とは意味が違ったらしい。国語学者・大野晋によれば、およそ室町時代より前、「うつくしい」という言葉は自分よりも小さく、弱く、「はかない」ものに対する愛情をさした。現在の「美しい」に近い意味を持っていたのは、「くはし」や「きよし」といった言葉だったそうだ。「くはし」とは細かいこと、「きよし」は明るく清々しく澄んだ様子、純粋無垢な様子である。

　日本の芸術や文化を扱った論考では、これまで文学や絵画を中心として、様々な美意識が見出されてきた。「省略の美」や「余白の美」はその代表例である。ここでは、そうした日本の美意識を、「はかなさ」「くはし」「きよし」といった言葉ごとにふりかえり、近現代の建築家がもつ美意識について考察したい。

はかなさ

　「無常」という仏教の言葉がある。この世の物事に常はなく、人はみなやがて死ぬ。永遠で普遍的なものなど存在しない。中世の文学を語る際、こうした「はかなさ」への好みは欠かすことができない。枕草子の「春はあけぼの……」のように、日本人は物事のうつりゆく様に美を見出してきた。ある一瞬に美があり、一瞬だからなお美しい。美術史学者・高階秀爾は、これを実体の美に対して「状況の美」と呼ぶ。「状況の美」は、絵画であれば余白や物の配置に現れる。余白を利用することで、次の瞬間の異なる状況を予感させたり、神秘的な印象を抱かせたりする。相国寺の禅僧であった雪舟の山水画や、江戸期の琳派の一連の作品はそのよい例である。あるいは、近世の俳諧や茶の湯と関係して多用されるようになった「さび」の意識も、「はかなさ」への好みと似たところがある。「さびれる」「年を経てふるびる」といった本来消極的な意味をもつ言葉にもかかわらず、「さび」といえば積極的な評価の対象となる。

　建築において「状況の美」といった場合は、特に龍安寺の石庭を例にとることが多いようである。白砂に自然のままの石が置かれたその庭は、規則正しさではなく、石相互の相性によって配置が決められている。哲学者・和辻哲郎の言葉を借りれば、「気合いによる統一」である。このことは、雁行とか非対称といった日本建築らしい建築の配置手法にも通じている。

「はかなさ」は、一瞬の物事や消極的な意味を積極的な意味に転化する。この意識が「余白の美」や「気合による統一」といった美意識や手法を生み出したのである。

くはし

　「くはし」は、「細し」や「美し」と書き、繊細で精妙な美しさをいう。「香ぐわしい」とは「香」と「くはし」をあわせた、香りを讃える言葉である。万葉集にある「走り出のよろしき山の、出で立ちのくはしき山ぞ」も、山の形の美しさ、その曲線美を讃えた歌である。

　曲線について考えることは、「くはし」に対する理解を深めてくれる。日本の曲線は、西洋の石を積んでつくるダイナミックなアーチではない。重力に従順で非対称、仮名のような優しさがある。軒や石垣の曲線であれば、それは縄や紐をたるませた直線の変形だと言われる。建築史家・伊藤ていじに至っては、日本にはそもそも直線と曲線の区別がなかったのではないかと述べた。刀の曲線はどうだろう。早ければ奈良時代の肖像画とされる「聖徳太子及び二王子像」において、聖徳太子は真刀をさしているが、これは片手で持って突くのによい形である。しかし平安以降の刀は、両手で円運動を描き、硬軟問わず切断する形へ変わる。緊張感と優しさが共存した不思議な線。伊藤ていじが1960年の世界デザイン会議のために用意した『Nature and Thought in Japanese Design』を見てほしい。「くはし」といって讃えた曲線は、こうしたものだったろう。

　ただ、「くはし」から直接的に想像するのは、物事の詳細さ、そのものである。日本の絵画を考えてみよう。「吹抜屋台」の絵画や洛中洛外図の類の多くは、平面的で写実性からほど遠い。決して本物と見間違うことはない。しかし、目を凝らすと、そこには人々のいきいきとした姿が精緻に描かれている。特に、応挙や北斎の写生帖などは、西洋絵画に匹敵するほどの写実性があると言われる。構図は非写実的だが、細部は写実的というのが、日本絵画一般の評価である。

　建築にも、優れた職人による細部が山ほどある。ただ重要なことは、「くはし」の意識が微細な物事を認識させるような方向へも発展したことである。孤篷庵の忘筌の間を想像してみよう。室内の暗さと静けさは私たちの感覚を敏感にし、障子が視界を限定して庭の微細な物事

に意識を向かわせる。日本建築は、木と壁を組み合わせ、あちらこちらに隈をつくって静けさを添える。障子は視界を限定し、木立がゆらめく影を映し出す。谷崎潤一郎の『陰翳礼讃』が伝えているのは、そうした細かな美をひきたてる日本建築の陰影表現の巧みさである。[6]「くはし」とは、曲線を讃えるような意識を含みながら、詳細さに美を認める。そして、細かな物事を読み取らせるような舞台を設える手法を生み出してきた。

きよし

日本人は清潔を好む民だと言われる。そして、汚れなき様を美として認める。中国の美の本質は宝玉にあると言われるが、日本のそれは水の清らかさにあるという人がいる。確かに、水辺を抱く日本建築は多い。

ブルーノ・タウトが『日本美の再発見』で、日光東照宮を批判し伊勢神宮を評価したのは、その清らかさゆえであったろう。[7]常に新しく、装飾がなく、人為的な汚れもない。伊勢神宮の始まりは仏教伝来から1世紀を経た7世紀後半とされている。「青丹よし奈良の都」という言葉が語るように、礎石立ちや瓦、彩色技術はすでに各地で実践されていた。それにもかかわらず、伊勢神宮は傷みやすい材料と工法を選択し、千数百年の時間を超えて造替を繰り返してきた。檜の香りが漂う白木に、清らかさへの好みを感じずにはいられない。

では清らかさとは何か。高村光太郎は『美の日本的源泉』において縄文土器と埴輪を比較して清らかさと美の関係について述べている。[8]「埴輪の人物はすべて明るく、簡素質樸であり、直接自然から汲み取った美への満足があり、いかにも清らか」との一文は、「きよし」に余計なものを省こうとする美意識があることを教えてくれる。省くことで、明るく自然な美が生まれる。これは、「省略の美」や「否定の美」と呼ばれる。

「否定の美」のよい例は、藤原定家が詠んだ「見わたせば花も紅葉もなかりけり」である。定家は、本来そこにはない花や紅葉を持ち出して否定し、何もない状況をいっそう引き立てた。建築の場合は、利休の逸話が手がかりをくれる。利休は珍しい朝顔を育てていたが、秀吉の観覧にあわせて朝顔をすべて切り取り、茶室に一輪だけ朝顔を生けたという。利休は朝顔の存在を一端否定した上で、その珍しさ、美しさを強調したのである。そもそも、茶の湯には「否定の美」があふれている。茶の湯とは庶民生活の一部を切り取った芸術であり、それを外路地、中門、内路地、蹲居、躙口といった装置で日常と切り離して美化していく。

「きよし」とは、純粋無垢で簡素質樸な状態を讃える。ここから「省略の美」や「否定の美」が生まれる。伊勢神宮や利休の逸話は、そのことをよく教えてくれる。

日本の美意識がもつ超越性

先人が用いた「うつくしい」という言葉は、「きよし」や「くはし」といった意味から、今日の「美しい」という言葉へと近づいていった。自分よりも小さなもの、「はなかい」ものを愛でる意識は、豊かなものや善なるものというよりは、むしろ汚れのなさ、清潔さ、詳細さに同調してきたのである。「はかなさ」を基礎としたからこそ、「美しい」には一瞬や消極的な物事を積極的に評価しようとする、超越的な意識が存在しているのだろう。鈴木大拙は、これを「即非の理論」といった。[9]「Aは即ちAに非ず、故にAなり」といった意識、物事の否定からその本質に迫ろうとする意識である。本居宣長は「事の心」や「物の心」、つまり物事の本質をみることが「あはれ」だと説明した。[10]

近代の建築は、一部でそうした「あはれ」とも言うべき、本質の如何を巡って展開してきたように思う。たとえば「和風」の系譜である。「和風」という言葉は「洋風」の対概念であり、近世以前の日本建築を客観視する。昭和戦前期には、吉田五十八（1894-1974）に代表される建築家たちが日本建築の線を嫌い、大壁の表現に取り組んだ。戦後になって「新日本調」が流行すると、大壁は偽物だと言って批判され、軸組を覆う壁が取り払われた。清家清（1918-2005）やアントニン・レーモンド（1888-1976）の建築がよい例である。その過程で欄間は開放的になり、丹下健三（1913-2005）の自邸（1953）のように天井や屋根を自立的に扱う表現も現れた。方法こそ異なるが、ここには日本建築を客観視し、本質を追求しようとする意識、言ってみれば「超越する美」の意識がある。

現代には、あまりにシンプルで、今にも消えてしまいそうな建築がある。たとえば、谷口吉生（1937-）やSANAA（妹島和世1956-・西沢立衛1966-）の建築がそうだ。真っ白な壁。自立的な薄い屋根、あまりに細い柱。時にそれらは浮遊している。ここから、「きよし」や「くはし」にもとづく様々な美意識を見出すことは容易であろう。しかし重要なことは、これらの建築が各部を自立的に扱う意識にもとづいていることである。過去に試行錯誤されてきた本質を追求する操作は、現代建築では既にあたりまえのものになった。「和風」とは断絶したように見えるそれらだが、「超越する美」の意識を深く宿しているようなのだ。

［本稿の注釈、参考文献は、p.269参照］

Transcendent Beauty

Ohi Takahiro

Evidently, when our forebears described things as "*utsukushii*" (beautiful), they used the word in a different sense from how we use it today. According to linguist Ohno Susumu, before around the Muromachi period (1336–1573), the word "utsukushii" was used to express affection for things that were small, weak, and "*hakanai*" (transient).[1] Words such as "*kuwashi*" and "*kiyoshi*" were closer in meaning to the word "utsukushii" that we use now. "Kuwashi" meant "fine," whereas "kiyoshi" was used to describe things as "bright and refreshingly clear" or "pure."

A variety of aesthetic sensibilities have been identified through past studies on Japanese art and culture that have focused primarily on literature and painting. The aesthetic sensibilities that appreciate "*shōryaku-nobi*" (beauty of elimination) and "*yohaku-no-bi*" (beauty of blankness) are two representative examples. This column seeks to classify such Japanese aesthetic sensibilities in relation to the concepts of "*hakanasa*" (transience), "kuwashi" and "kiyoshi" and to examine the sensibilities held by architects of modern and contemporary times.

Hakanasa

There is a term in Buddhism known as "*mujō*" (impermanence). It teaches that nothing remains unchanged in this world and that all people will eventually pass away. Indeed, there do not exist eternal or timeless things. One cannot discuss medieval literature without addressing the Japanese penchant for *hakanasa* (transience). Japanese people have long appreciated beauty in the way things undergo change, as the passage "*haru wa akebono…*" (In spring, the dawn…) in *Makura no Sōshi (The Pillow Book)* (1002) illustrates (This line that opens Sei Shonagon's book describes the dawn as the most beautiful time of a spring day). Beauty is seen to exist in a particular moment, and the fact that it is fleeting makes it all the more beautiful. Art historian Takashina Shuji calls such beauty *jōkyō-no-bi* (the beauty of a situation).[2] In paintings, this sensibility is manifested in *yohaku* (blank space) and in the placement of objects. Yohaku can be utilized to suggest a coming shift in situation or to evoke a sense of the spiritual. Great examples of this can be found in the *Sansui* paintings (a genre of landscape painting with roots in China) of Sesshu Toyo (1420–1506), who was a Zen priest of Shōkoku-ji Temple in Kyoto, and in the work of the *Rimpa* School painters of the Edo period (1603–1868). Another aesthetic sensibility that embodies a taste for hakanasa is *sabi,* which was applied widely in poetry and in the Japanese tea ceremony during the early modern period. Despite being a word with negative literal meanings such as "forlorn" and "old and worn," when things are described as sabi, they are seen as objects of positive appraisal. (The word sabi was originally used in a literal sense to describe things that show the wear of time. This led the word to be associated with its homophone meaning "patina" and with the notion of a forlorn object, which in turn connected it to the ideas of serenity, melancholy, transience and imperfection. It is now commonly used to describe beauty that comes with age or the intrinsic beauty that exudes through the surface of an object.)

Discussions about jōkyō-no-bi in architecture often seem to use the rock garden of *Ryōan-ji,* a well-known Zen temple in Kyoto, as an example. The design of the garden, which is composed of raw rocks set in a sea of white gravel, was guided not by a desire to achieve orderliness but by an interest in finding an affinity between each of the individual rocks. To borrow the words of philosopher Watsuji Tetsuro, it illustrates a technique that can be described as "*kiai ni yoru tōitsu*" (unification by mutual attunement).[3] It is the same technique applied in the design of the flight formation of geese and asymmetrical compositions characteristic of Japanese architecture.

Hakanasa is a concept that transforms fleeting phenomena and negative meanings into things to be viewed positively. This understanding enabled the emergence of the aesthetic sensibility toward yohaku-no-bi and the compositional technique of "unification by mutual attunement."

Kuwashi

The word kuwashi, which can be written in Japanese script as 細し (fine) or 美し (beautiful), means "finely beautiful." When coupled with the character 香 *(ka,* scent), it forms the word *kaguwashii,* which is used to praise fine scents (The merge causes "kuwashi" to change pronunciation to "guwashi" and to take on the adjective ending "-i"). In the phrase "*hashiride no yoroshiki yama no, idetachi no kuwashiki yamazo*" (mountain with fine slopes / mountain with a beautiful form) from a poem in the *Man-yōshū* (Collection of Ten Thousand Leaves; *circa* late 7th–late 8th c.), the word kuwashi is used to express admiration for the beautiful form and curves of a mountain (In this instance, "kuwashi" is followed by the archaic adjective ending "-ki").

We can deepen our understanding of kuwashi by thinking about curves. Japanese curves are unlike those of the dynamic arches of the west that are constructed by building up layers of stone. Rather, they conform to gravity, they are asymmetrical, and they have a gentleness about them like the curves of *kana* scripts ("kana" refers to the Japanese syllabic scripts or phonetic alphabet, which are used in combination with relatively more angular logographic Chinese characters known as *kanji*). The curves of eaves and fortification walls in Japanese architecture, for instance, are often described as straight lines that have been deformed in the manner of loosely hanging ropes or strings. The architectural historian Ito Teiji goes as far as to suggest that Japanese people originally did not make a distinction between straight lines and curves.[4] What about the curves of Japanese *katana* swords? In *Shotoku Taishi and Niōji-zō (Portrait of Prince Shotoku and Two Princes)*, a portrait dated to as early as the Nara period (710–794), Prince Shotoku (574–622) is depicted with a sword shaped for being thrust using one hand. However, the shapes of swords from the Heian period (794–1185) onward evolved so that they could be swung in a circular motion with two hands to slice through things both hard and soft. Such swords have intriguing curves that are at once both tense and gentle. One can better appreciate this by looking at the book *Nature and Thought in Japanese Design,*[5] that Ito Teiji prepared for the 1960 World Design Conference. These were undoubtedly the kinds of curves that the people of the past used to praise as kuwashi.

More than anything, however, what the word kuwashi immediately brings to mind is the idea of detailedness itself. Consider Japanese paintings. Many *fukinuki-yatai* paintings (paintings in which buildings are rendered without roofs or ceilings so as to reveal their interior spaces) and *rakuchūrakugai-zu* (a genre of painting that depicts life in the old capital city of Kyoto from a bird's-eye-view) are depthless and far from realistic. You would never mistake them for reality. Yet, if you take a closer look, you will see that they are filled with lively figures depicted in meticulous detail. The sketchbooks of artists such as Maruyama Okyo (1733–1795) and Katsushika Hokusai (1760–1849), too, are said to demonstrate levels of realism on a par with Western paintings. This is why Japanese paintings have generally been described as having unrealistic compositions and realistic details.

Countless details made by skilled craftspeople can also be found in works of architecture. The important point to note in regard to them is how the concept of kuwashi has been developed to foster a sensibility for appreciating subtle phenomena. Imagine yourself in the *Bōsen tearoom* at *Kohō-an*, a Buddhist temple in Kyoto. The dimness and silence of the interior hones your senses, and the *shōji* screens (movable partitions made of wooden lattice frames backed with translucent paper) limit your field of view to focus your attention on the subtle details of the garden. Japanese architecture is composed of wood, walls and a variety of nooks that provide a sense of tranquility. The shōji, while limiting sightlines, also catch the wavering shadows of trees. One can understand how shadow and darkness is skillfully utilized in Japanese architecture to augment such subtle beauty in the book *In Praise of Shadows* (1933) by Tanizaki Jun-ichiro.[6]

Kuwashi is a concept that incorporates a sensibility for admiring curves while also recognizing beauty in detail. It has given rise to techniques for setting stages where one can appreciate subtle phenomena.

Kiyoshi

Japanese people are often described as liking cleanliness. Indeed, we see beauty in things that are immaculate. It is also said that jewels represent the essence of Chinese beauty, whereas the essence of Japanese beauty is embodied in the *kiyorakasa* (purity) of water. There certainly are many works of Japanese architecture that integrate waterside spaces.

The determining factor that led architect Bruno Taut to express praise for the *Ise Jingū* (Ise Grand Shrine) while criticizing the *Nikko Tōshō-gū* in *Nihombi no Saihakken* (*Rediscovering Japanese Beauty*) (1962) was its kiyorakasa.[7] The buildings at *Ise Jingū* are always new, they are devoid of ornamentation, and they have no artificial impurities (the main buildings of the Shintō shrine complex known collectively as the Ise Grand Shrine are rebuilt periodically in a ritual process known as *sengū*). *Ise Jingū* is believed to have been founded in the late 17th century, one century after Buddhism was introduced into Japan. Stone foundations, ceramic roof tiles and coloring technology were already in wide use by that time, as evinced by the phrase "*Aoniyoshi Nara no miyako*" (O the deep-green capital of Nara) in the *Man-yōshū* (the words "deep green" can be interpreted

as a reference to tinted ceramic roof tiles. Tiled roofs only came into use after the invention of stone foundations, which were needed for buildings to withstand the weight of the heavy roofs). Despite this fact, the shrine structures at *Ise Jingū* have been built as relatively fragile constructions made with non-durable materials, and they have continued to be rebuilt again and again over the centuries. Nothing better epitomizes the fondness Japanese have for kiyorakasa than the shrines' bare, unvarnished wood surfaces that perennially emit the fresh scent of *hinoki*, Japanese cypress.

But what exactly is kiyorakasa? In *Bi no Nihonteki Gensen (Japanese Sources of Beauty),* Takamura Kotaro discusses the relationship between purity and beauty by comparing and contrasting Jōmon pottery (Jōmon period, *circa* 14,000–300 B.C.) and *haniwa* terracotta figures (Kofun period, circa 250–538).[8] The line which reads, "haniwa figures . . . are all bright, plain, and simple; they have a satisfying beauty drawn directly from nature; and they are patently kiyoraka (pure)" tells us that the concept of kiyoshi (pure; archaic synonym of kiyoraka) is tied to an aesthetic sensibility interested in eliminating the extraneous. The act of eliminating gives rise to bright, natural beauty. Such beauty is described as *shōryaku-no-bi* (beauty of elimination) or *hitei-no-bi* (beauty of negation).

The lines "*miwataseba, hana mo koyo mo, nakarikeri*" (When I look around, the blossoms and crimson leaves, they are nowhere to be seen) from a poem by Fujiwara no Teika (1162–1241) provides a good example of hitei-no-bi. Teika emphasizes the emptiness of the scene by putting the image of colorful blossoms and autumn leaves in the reader's mind only to negate their existence. The following anecdote about the tea master Sen no Rikyu (1522–1591) should help illustrate how the aesthetic sensibility has been applied in architecture. It is said that Rikyu grew morning glories in his garden, but he picked all of them ahead of a visit by Regent Toyotomi Hideyoshi (1537–1598), who wished to see the then uncommon flowers in bloom. Rikyu placed just one of the morning glories on display in his teahouse. By negating the presence of the flowers outside, Rikyu heightened the rarity and beauty of the sole plant inside. Instances of hitei-no-bi are prevalent throughout the culture surrounding *chanoyu,* (the Japanese tea ceremony). The art form has taken a practice of common daily life and beautified it by separating it from the realm of the everyday with the help of various architectural devices, such as the *soto-roji* (outer passage in the tea house garden), *chūmon* (middle gate), *uchi-roji* (inner passage in the tea house garden), *tsukubai* (a low-set basin for guests to cleanse their hands before entering the tearoom), and *nijiri-guchi* (a small opening for guests to enter a tearoom).

Kiyoshi is a concept that praises things which are pure, plain, simple and honest. It gave rise to shōryaku-no-bi and hitei-no-bi, which are well illustrated by the anecdotes about the *Ise Jingū* and Rikyu.

The Transcendentality of Japanese Aesthetic Sensibilities

The word utsukushii (beautiful) used by our forebears assimilated the meanings of kiyoshi (pure) and kuwashi (fine) as it evolved into its current usage. Its original sense of cherishing things that are small or hakanai (transient) aligned with the qualities of immaculacy, purity and detailedness rather than with copiousness or integrity. Owing to its foundational ties to the concept of hakanasa (transience), the word utsukushii used today retains a transcendent sensibility that appreciates fleeting and negative phenomena in a positive light. Zen scholar Suzuki Daisetz (1870–1966) described it with the term "*Sokuhi no Ronri*" (the logic of *is* and *is not*).[9] This is an understanding that "A is not A, therefore A is A"—that is, an awareness for grasping the true nature of things by negating their existence. *Kokugaku* (national studies) scholar Moto-ori Norinaga (1730–1801) explained how this notion of grasping the true nature of things—or what he called "*koto no kokoro*" (heart of events) or "*mono no kokoro*" (heart of objects)—is captured by the concept of "*aware*" (a sensibility toward the transience of things).[10]

Some works of modern architecture appear to have been developed through the pursuit of the essential, or around the concept of *aware*. One example is the genealogy of *wafū* (Japanese style) architecture. The concept of wafū, which was conceived as a binary opposite of *yofū* (western style), objectivizes premodern Japanese architecture. In the prewar years of the Showa period (1926–1989), architects such as Yoshida Isoya (1894–1974) eschewed the linear elements traditionally identified with Japanese architecture and instead explored designs that made use of *ōkabe* (a method of wall construction where the framing members are covered over as opposed to being infilled). However, when so-called *shin-Nihon-chō* (neo-Japanese style) design gained popularity after the war, architects gradually did away with the walls that hid the underlying framing as ōkabe construction came to be criticized as dishonest. The work of Seike Kiyoshi (1918–2005) and Antonin Raymond (1888–1976) illustrate this transition well. During this shift, *ramma* (transom lights) became increasingly transparent, and there even emerged designs that treated the ceilings and roofs as independent elements, as exemplified by the *Tange House* (1953) by Tange Kenzo (1913–2005). While employing different methods, these architects shared a sensibility for examining Japanese architecture objectively to grasp its essence—or what can be called a sensibility for "transcendent beauty."

In more recent years, we have witnessed the emergence of buildings that are so simple that they look like they might disappear at any moment. The work of Taniguchi Yoshio (1937–) and SANAA's Sejima Kazuyo (1956–) and Nishizawa Ryue (1966–) are cases in point. Immaculate white walls. Freestanding thin roofs. Extraordinarily thin columns. At times, these things will even appear to be floating in midair. It should be easy to see how such works reflect the various aesthetic sensibilities grounded in kiyoshi and kuwashi. The key point to be made, however, is that they are based on a sensibility that seeks to treat the various components of a building as independent elements. This approach that architects experimented with in the past as a way of grasping the essence of Japanese architecture has now become the norm in contemporary architecture. Despite how they seem unrelated to the genealogy of wafū architecture, they still deeply embody the sensibility for "transcendent beauty."

[Footnotes and References for this document are listed on p.270]

年表
Chronology

谷崎潤一郎が著した『陰翳礼讃』は、日本伝統の美としての陰翳を提示した。その美しさとは、日常生活に潜みつつも、抽象化することで離れ、超越性を獲得したものといえる。年表では、そのような抽象化によって作り出される建築空間や、張りつめた美が表出している空間を選定した。そのような美は建築に視覚化されたものだけでなく、中世、古代の芸術作品にまで遡ることができる。
［関根康季＋小岩正樹］

In his essay, *In Praise of Shadows*, Tanizaki Junichiro cites shadows as an essential element of Japanese traditional aesthetics. He also holds that this beauty is in a realm separate from everyday life, even to the point of transcending it. Chosen for this section of works in the chronological table are architectural spaces created by such shadows, and spaces that express a tense beauty. Such beauty is not only that visualized as architecture, but that which can be traced back to medieval and ancient works of art.
[Sekine Yasutoshi ＋ Koiwa Masaki]

監修：早稲田大学 小岩正樹建築史研究室
Adviser: Koiwa Masaki Laboratory, Department of Architecture, Waseda University

● 本セクションでの展示プロジェクト Exhibit in this section　● 他セクションでの展示プロジェクト Exhibit in other section

| 500 | 1000 | 1500 | 1900 | 1950 | 2000 | 2015 |

● 伊勢神宮正殿 Ise Jingū Shō-den (the Ise Grand Shrine Central Hall)
● 薬師寺 東塔 Yakushi-ji East Pagoda
● 龍安寺 石庭 Ryōan-ji Sekitei (Ryōan-ji Zen Stone Garden)
● 平等院鳳凰堂の組物※1 Kumimono of Byōdō-in Hō-ō-dō (eave-supporting bracketing complex of Byōdō-in Phoenix Hall)
● 藤原定家『見渡せば 花も紅葉もなかりけり 浦の苫屋の 秋の夕暮』
● 桂離宮 Katsura Imperial Villa
● 能
● 琳派 作品
● 雪舟 山水図
● くはし『万葉集』「走り出のよろしき山の 出で立つのくはしき山ぞ」
● 慈照寺 東求堂 Tōgu-dō of Jishō-ji (commonly known as Ginkaku-ji)
● 待庵 Tai-an
● 大徳寺 真珠庵 庭玉軒 Teigyoku-ken Tea House of Shinju-an at Daitoku-ji
● 旧閑谷学校 Former Shizutani School
● 孤篷庵 忘筌 Kohō-an Bōsen

● 神奈川県立近代美術館（坂倉準三）The Museum of Modern Art, Kamakura (Sakakura Junzo)
● 中野本町の家（伊東豊雄）White U in Nakano-honcho (Ito Toyo)
● 藤村記念堂（谷口吉郎）The Tōson Memorial Hall (Taniguchi Yoshirō)
● 徳雲寺 納骨堂（菊竹清訓）Tokuun-ji Ossuary (Kikutake Kiyonori)
● 住吉の長屋（安藤忠雄）Sumiyoshi Row House (Ando Tadao)
● 墨の家（伊丹 潤）Sumi no Ie (India Ink House) (Itami Jun)
● 白の家（篠原一男）House in White (Shinohara Kazuo)
● 虚白庵（白井晟一）Kohaku-an (Shirai Seiichi)
● ブルーノ・タウト『日本美の再発見』
● 堀口捨己『堀口捨己作品・家と庭の空間構成』／鹿島出版会
● 伊藤ていじ『び nature and thought in japanese design』／美術出版社
● ハウ・ハイ・ザ・ムーン（倉俣史朗）How High The Moon (Kuramata Shiro)
● 鈴木大拙『禅と日本文化』／岩波書店
● 堀口捨己『architectural beauty in japan』／国際文化振興会
● John Pawson『Minimum』
● 小篠邸（安藤忠雄）The Koshino House (Ando Tadao)
● 高村光太郎『美の日本的源泉』
● 光の教会（安藤忠雄）The Church of the Light (Ando Tadao)
● 谷崎潤一郎『陰翳礼讃』／創元社
● 雲伴居（白井晟一）Umbankyo (Shirai Seiichi)
● 谷口吉郎『谷口吉郎作品集』／淡交社
● 白井晟一『白井晟一の建築』／中央公論社
● 浅蔵五十吉美術館（池原義郎）Asakura Isokichi Art Museum (Ikehara Yoshiro)
　佐川美術館 樂吉左衞門館（樂吉左衞門［設計創案］、竹中工務店）Sagawa Art Museum Raku Kichizaemon Building (Raku Kichizaemon [design direction], Takenaka Corporation [design / construction])
● 二川幸夫・伊藤ていじ『現代の数寄屋』／淡交社

● 高階秀爾『日本人にとって美しさとは何か』筑摩書房
● 鈴木大拙館（谷口吉生）D. T. Suzuki Museum (Taniguchi Yoshio)
● アトリエ・ビスクドール（前田圭介）Atelier-Bisque Doll (Maeda Keisuke)

※1

02　Transcendent Aesthetics　081

■ プロジェクトデータ
Project Data

p. 70

伊勢神宮正殿
Ise Jingū Shō-den (the Ise Grand Shrine Central Hall)

[名称] 伊勢神宮正殿
[所在地] 三重県伊勢市
[主要用途] 神社
[構造] 木造
[規模] 桁行三間、梁間二間
[Name] Ise Jingū Shō-den (the Ise Grand Central Hall)
[Location] Ise, Mie
[Primary use] Shintō shrine
[Structure] Wood frame

p. 71

鈴木大拙館
谷口吉生 (1937 -)

D. T. Suzuki Museum
Taniguchi Yoshio (1937-)

[名称] 鈴木大拙館
[所在地] 石川県金沢市
[竣工年] 2011年
[主要用途] 博物館
[延床面積] 630.8 m²
[構造] 鉄筋コンクリート造、一部鉄骨造
[設計] 谷口吉生／谷口建築設計研究所
[構造設計] 構造計画プラス・ワン
[施工] 清水・豊蔵特定建設工事共同企業体
[Name] D. T. Suzuki Museum
[Location] Kanazawa, Ishikawa
[Year] 2011
[Primary use] Museum
[Total floor area] 630.8 m²
[Structure] Reinforced concrete, partly steel frame
[Design] Taniguchi Yoshio/ Taniguchi and Associates
[Structural design] Structural Design Plus One Inc.
[Construction] Shimizu Corporation and Toyokura Construction Joint Venture

p. 72

孤篷庵 忘筌
Kohō-an Bōsen

[名称] 孤篷庵 忘筌 (ぼうせん)
[所在地] 京都府京都市
[竣工年] 1751年 - 1829年 再建 (江戸時代)
[主要用途] 茶室
[規模] 十二畳
[構造] 木造
[創建] 小堀遠州
[再建] 松平不昧
[Name] Kohō-an Bōsen
[Location] Kyoto
[Year] 1751-1829 (reconstruction)
[Primary use] Tea-ceremony room
[Structure] Wood frame
[Design] Kobori Enshū
[Reconstruction] Matsudaira Fumai

p. 73

アトリエ・ビスクドール
前田圭介 (1974 -)

Atelier-Bisque Doll
Maeda Keisuke (1974-)

[名称] アトリエ・ビスクドール
[所在地] 大阪府箕面市
[竣工年] 2009年
[主要用途] アトリエ、住宅
[延床面積] 151.25 m²
[構造] 鉄骨造
[設計] 前田圭介
[構造設計] 小西泰孝建築構造設計
[造園] 荻野寿也景観設
[施工] 西友建設
[Name] Atelier-Bisque Doll
[Location] Mino, Osaka
[Year] 2009
[Primary use] Atelier, house
[Total floor area] 151.25 m²
[Structure] Steel frame
[Design] Maeda Keisuke
[Structural design] Konishi Structural Engineers
[Landscape design] Toshiya Ogino Landscape Design
[Construction] Seiyu Kensetsu Construction

p. 74

佐川美術館 樂吉左衛門館
樂吉左衛門 (1949 -) (設計創案)
竹中工務店

Sagawa Art Museum Raku Kichizaemon Building
Raku Kichizaemon (1949-) (design direction)
Takenaka Corporation (design construction)

[名称] 佐川美術館 樂吉左衛門館
[所在地] 滋賀県守山市
[竣工年] 2007年
[主要用途] 美術館、茶室
[延床面積] 2,262 m²
[構造] 鉄筋コンクリート造、鉄骨造
[設計創案] 樂吉左衛門
[設計] 竹中工務店
[施工] 竹中工務店
[Name] Sagawa Art Museum Raku Kichizaemon Building
[Location] Moriyama, Shiga
[Year] 2007
[Primary use] Art museum, tea-ceremony room
[Total floor area] 2,262 m²
[Structure] Reinforced concrete, steel frame
[Basic Design] Raku Kichizaemon
[Design] Takenaka Corporation
[Construction] Takenaka Corporation

03

安らかなる屋根
Roofs of Tranquility

　日本の風土は、西洋のように日中の熱を貯められる厚い壁ではなく、屋根を発達させてきました。屋根は雨や雪を遮り、軒を深く伸ばすと日光を十分に受けることができます。環境に対応しながら、外から眺められて象徴にもなるという両義性を持つ日本建築の屋根は、人間を守り、機能を姿かたちで表現して、見た目にも安心させる「安らかなる屋根」だと言えるでしょう。その遺伝子は現在も健在です。1964年の東京オリンピックの2つの施設はともに、機能に由来する屋根を合理的に再解釈して用いながら、都市の風景のなかの象徴となっています。大屋根だけが屋根ではありません。自由自在に差しかけられた屋根の集合は、個と共同体、内部と外部との調和の形として伝統的に受け継がれ、SANAAの《荘銀タクト鶴岡（鶴岡市文化会館）》では小さな屋根と大屋根との融合が試みられています。三分一博志は環境装置として屋根を進化させました。内外の環境を調停する屋根は依然、日本の建築の重要な要素のひとつなのです。

The Japanese climate and terrain developed a special type of roof, rather than the thick walls for keeping daytime heat like Western architecture employs. The roof provides shelter from rain and snow as well as adequately controls the amount of sunlight exposure through extending the deep overhanging eaves. In this way, the roof in Japanese architecture is somewhat ambiguous in that it can both respond to the environment while also forms a symbolic presence when viewed from outside. We might call them "roofs of tranquility" in that they provide reassurance on a visual level as a manifestation of their function to protect mankind from harm. This genealogy remains alive and well today. Two of the facilities built for the 1964 Tokyo Olympic Games offer a logical reinterpretation of the roof that derives from its function while also presenting designs that use the roof to produce something iconic within the landscape of the city. However, the large roofs of Japanese architecture are not only roofs. Sets of freely sloping roofs can be seen as a traditional expression of harmony between the individual and the community, the inner and the outer. In this way, *SHOGIN TACT TSURUOKA (Tsuruoka Cultural Hall)* by SANAA attempts a fusion of small and large roofs. Sambuichi Hiroshi has also evolved the roof into an environmental device. Mediating the inside and outside environments, the roof is still one of the most important elements in the architecture of Japan.

『日本の民家』
伊藤ていじ｜二川幸夫

1957年-1959年｜山形県蔵王の妻破風の民家｜1955年｜撮影：二川幸夫

Japanese Folk Houses
Ito Teiji｜Futagawa Yukio

1957-1959｜A Folk House with *Tsumahafu* in Zao, Yamagata｜1955｜Photo: Futagawa Yukio

直島ホール
三分一博志
2015年 | 外観 | 2015年 | 撮影：小川重雄

NAOSHIMA HALL
Sambuichi Hiroshi
2015 | Exterior View | 2015 | Photo: Ogawa Shigeo

家屋文鏡

3-7世紀頃（古墳時代） | 1881年（明治時代）出土
奈良県佐味田宝塚古墳（出土地）

Kaoku Monkyō (mirror with four buildings)

ca. 3rd - 7th century | Excavated in 1881
The Samita Takarazuka-kofun, Nara (excavation site)

家屋文鏡
3-7世紀頃（古墳時代）／1881年（出土）／φ 235
出土地：奈良県佐味田宝塚古墳／所蔵：宮内庁書陵部
Kaoku Monkyo (mirror with four buildings)
ca. 3rd - 7th century / Excavated in 1881 / φ 235
Excavation site: The Samita Takarazuka kofun (mounded tomb)
Collection: Archives and Mausolea Department, Imperial Household Agency

拡大図
Detail

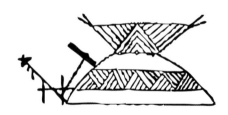

現存最古の木造建築は法隆寺金堂であるが、それ以前から人類は建物を造ってきた。建築の原初は住居であろうが、古墳時代以前の様相は現存建築からはその姿を知ることはできない。そこで有力な資料の一つとなるのが、佐味田宝塚古墳に副葬品として埋納された《家屋文鏡》である。ここには4つの建物が描かれ、建築の細部、特に屋根の形が細かく描き分けられている。4棟はそれぞれ異なる建物として描き分けられており、入母屋造の竪穴建物・切妻造の高床倉庫・入母屋造の高床住居・入母屋造の平屋住居で、草葺の屋根の表現がなされている。いずれも千木とみられる破風から延びた2本の線の描写があり、細部まで丹念に描き込まれている。地面に接した建物のほか、高床の倉庫や住居があることから、床上の生活と土間の生活の両方があったことがわかる。さらに入母屋造の竪穴建物と高床住居には蓋が描かれており、高貴な人物の建物のサインとみられている。階段も高床の住居には手摺りが付き、倉庫にはなく、建物の格式により描き分けている。高床倉庫は床下の柱間を遮蔽して、床下の空間を造り出しており、当時の使用方法の一端が表れている。

古墳時代以前の建物が現存しないがゆえにその史料的価値は高く、遺跡で復元する際には、家形埴輪や銅鐸に描かれた描写などとともに、《家屋文鏡》は復元の重要な竪穴建物の参考資料として活用された。関野克による登呂遺跡の竪穴住居復元では、『鉄山秘書』のたたらの上屋構造とともに、《家屋文鏡》の描写が参考にされた。

[海野聡]

The oldest wooden architecture in existence today is *Hōryū-ji Kondō*, (the main hall of a major Buddhist temple complex in Nara Prefecture); but naturally, humans had been building prior to that time. Although architecture understandably originates in the dwellings of a civilization, in looking at contemporary Japanese architecture, there is no way to grasp the form of habitations prior to the 3rd century, before the Kofun, or Tumulus era. However, there is one convincing record that had been found among the burial accessories within an ancient tomb, the Samita Takarazuka tumulus in Nara Prefecture —the *Kaoku Monkyō* (bronze mirror with four buildings).

Depicted on the back of this mirror are four buildings, among which the distinction is particularly detailed in roof forms. Each of the four buildings is different; one pit dwelling with a hip-and-gable roof; one raised-floor storehouse with a gabled roof; one raised-floor house with a gabled roof, and the last, a single story hut with a gabled roof; all with thatched roofs. Elaborately represented in detail are the two lines expressing *chigi* (forked roof finials on the gables) that extend out from the *hafu* (bargeboards). Observing that there are storehouses and dwellings with raised floors in addition to those connected to the earth, we can presume that daily activities took place both on the dirt floor and above ground level. Moreover, there is a canopy in front of both the pit- and raised-floor dwellings with hip-and-gable roofs, which can be read as a symbol of a dwelling of a noble person. There are handrails along the stairs of the raised-floor dwelling, yet not on the stairs of the storehouse, thus revealing the formality of each building. The gaps between the pillars underneath the raised-floor storehouse are covered, creating an enclosed space below, suggesting its usage.

Since there are no structures prior to the Kofun period in existence, the images featured on the *Kaoku Monkyo*, as well as on *dōtaku* (ceremonial bronze bells) and in the form of *iegata haniwa* (terracotta clay houses figures) and have great historic value, and are utilized as important reference materials towards the reconstruction of the buildings at archeological sites. For the reconstruction of the Toro Archaeological Site (ruins from the 1st c., Yayoi period), architectural historian Sekino Masaru referenced the structure of storage sheds of iron culture areas in *Tetsuzan Hisho* (a book written in the Edo period about those areas) as well as the images in relief on the *Kaoku Monkyo*.

[Unno Satoshi]

古墳には刀剣・埴輪・銅鏡など、多くの威信財が副葬品として埋納されたが、埴輪のなかには建築を象った家形埴輪も含まれている。古墳時代前期には作られ、中期・後期にひろく分布する。副葬品として、死後の世界のために建物の焼き物が埋納されることは東アジアでは多い。中国の明器陶屋などが有名であり、河南省の七層連閣式彩絵陶倉楼などがある。楼閣・陶屋・井戸などの建物のほか、河北省業城からはトイレとみられるものまで出土している。

日本の家形埴輪は中国の明器陶屋ほどではないが、細部まで作りこまれており、当時の建築を比較的、忠実に再現している。特に赤堀茶臼山古墳からは８個の家形埴輪が出土しており、この一群は豪族居館などを表すものと考えられている。破風を強調した切妻造や寄棟造など、屋根を作り分けており、《家屋文鏡》の描写と共通する点も多い。また大棟上に鰹木を配したもの、高床の表現をしたものなど、様々な建築形式が表現された。また扉口の位置から平入・妻入の両者があったことがわかり、窓の表現も見られる。これらの造形は現存建築のない古墳時代の建築を考えるうえで貴重である。この家形埴輪から多様な建築の形状の存在と機能分化の様子が想定され、さらに居宅を取り巻く一画の空間構成を知る手がかりを我々に与えてくれる。また水辺の祭祀の場を象ったものもあり、水を引き込む導管が建物の下を通るように作りこんでいる。

こうした小建築は家形埴輪に限った話ではなく、瓦製で仏塔や仏堂を表現した瓦塔や瓦堂が造られたことが出土資料から知られ、元興寺や海龍王寺の五重小塔では精巧な三手先組物が作り込まれており、古代建築の情報を今に伝えている。

[海野 聡]

Many items from the Kofun (Tumulus) period of Japan that indicate prestige and status including swords, *haniwa* terracotta clay figures, or bronze mirror were buried as funerary offerings in *kofun* tumuli, and among those items were *iegata haniwa*, or baked terracotta house-shaped clay figures, modeling various building types. These iegata haniwa were produced during the early Kofun period and were widely distributed in the middle- and late-Kofun period. Clay building figures are very common funerary offerings for the afterlife in East Asia. Chinese funerary ceramics are well known; one example of which is the seven-storied joint pottery granary tower artifact of Henan Province. In addition to other replicas of structures such as towers, houses and wells, even those thought to be toilets were excavated in the ruins of a military fortress in the province of Hebei.

Although not as much so as the funerary ceramics in China, the Japanese iegata haniwa are elaborate in detail, and fairly faithfully represent the architecture of the period. In particular, eight iegata haniwa figures were excavated from the Akabori Chausuyama Tumulus, and this group of figures is thought to represent the dwellings of *gōzoku,* or local ruling families. There are a variety of roof types such as those that emphasize the bargeboards, with gabled or hipped roofs, and features that are similar to the houses depicted on a *kaoku monkyō* (bronze mirror with four buildings). Also, there are various architectural forms expressed the *katsuogi* (ridge billets set perpendicular to the ridgepole) on the roof or the raised floors. These terracotta figures are valuable records of the architecture of the Kofun period for which we otherwise have no record in existing built form. In observing the iegata haniwa figures, we can imagine the existence of a variety of building forms and aspects of their functional differentiations, to further receive clues about the spatial composition of a dwelling. In addition, there are figures that replicate the sites of waterside rituals created with conduits to draw water below the buildings.

Such small structures are not limited to iegata haniwa figures alone. Excavations have revealed that stupas, pagodas expressing Buddhist temples, and pavilions were made of tile, and from the miniature five-story pagodas housed at both *Gangō-ji* and *Kairyūō-ji* in Nara, such elaborate details as the triple-bracket system convey information on ancient architecture to the present age.

[Unno Satoshi]

家形埴輪
3-7世紀頃（古墳時代）

Iegata Haniwa
(terracotta clay house figures)
ca. 3rd - 7th century

模式図　資料提供：八尾市立歴史民俗資料館
Diagram　Courtesy: Yao City Museum

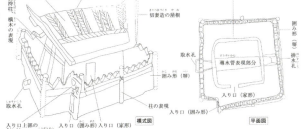

水の祭祀場を表わした埴輪　3-7 世紀頃（古墳時代）
所蔵：八尾市立歴史民俗資料館
Haniwa (baked terracotta clay figures) Representing the Waterside Ritual Field
ca. 3rd - 7th century / Collection: Yao City Museum

『日本の民家』

伊藤ていじ｜二川幸夫
1957年-1959年

Japanese Folk Houses
Ito Teiji｜Futagawa Yukio
1957-1959

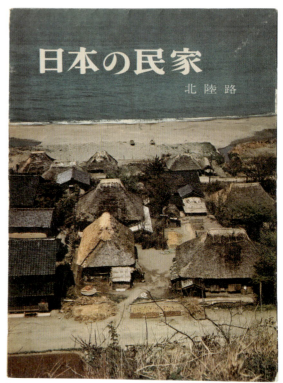

『日本の民家 第4巻 北陸路』1959年
MINKA Japanese Folk Houses 4th volume Hokurikuji 1959

　古来、人類最初の建築は住宅である。雨・風・直射日光を防ぎ、寒暖から身を守るための設備が住居の基本的な機能で、生活環境に合わせ、さまざまな形の住居が生み出された。それゆえ狭い日本の国土であっても民家は各地の風土に合わせて、多様な形をしている。都市部では家屋が集中し、軒を連ねるため、切妻造の町家が連続するし、農村部では建物が点在するため、大屋根を架けることができる。けだし、近代日本の文化財保護の過程では、古社寺保存法の名に知られるように、民家はその枠組みに組み込まれなかった。わずかに戦前の国宝保存法で、吉村家住宅と小川家住宅が指定されたのみで、その位置づけは低かったといわざるを得ない。それゆえ民家調査そのものも白茅会など柳田國男ら民俗学者によっておこなわれてきた。

　戦後、こうした民家の美しさをカメラに収め、魅力を引き出したのが二川幸夫で、ここには巨大な屋根・力強い柱など、民家の見どころが凝縮されている。もともと早稲田大学文学部在学中に建築史教授田辺泰の勧めで民家の撮影を手掛けはじめ、全国の民家を行脚すると、『日本の民家』全10巻（1957 - 1959）を刊行した。文化財保護法による奈良今井町の今西家の重要文化財指定が1957年のことであるから、1950年代という早い時期に民家に着目し、その魅力と価値を世に発信した功績は計り知れない。

　同じく『日本の民家』の文を手掛けた伊藤ていじはその後、民家研究を先導していく。同書にて地域的分類の指標として、民家の形式に言及しており、特に本棟造、大和棟、合掌造など屋根に着目した民家の類型だけではなく、棟飾り、平入・妻入など、屋根に関する記述も多く、民家を特徴づける巨大な屋根に大きな関心が寄せられた。また来るべき開発による民家の破壊を予見するかのような保存への提言はその後の民家保存に一石を投じるものであった。

[海野 聡]

山形県蔵王の妻破風の民家 1955年／撮影：二川幸夫
A Folk House with *Tsumahafu* in Zao, Yamagata 1955 / Photo: Futagawa Yukio

　The first buildings of humankind were dwellings. Shelter from rain, wind and direct sunlight, and protection from temperatures of either extreme were the basic functions; and in response to different living environments, a variety of forms of dwellings emerged. This is why even for such a small country, there is a diversity of dwelling forms corresponding to the climate of the various regions. In dense urban areas, *machiya* townhouses have overlapping eaves producing a continuous string of gabled-roof (*Kirizuma-zukuri*), and in rural areas, sparsely scattered *minka*, or traditional folk houses, are covered in large roofs. Yet the nation's only process of preserving modern cultural properties, the national law of the Preservation of Old Shrines and Temples, the preservation of houses is not included. Under the pre-WWII Law for the Preservation of National Treasures, only two residences were designated—the *Yoshimura Residence* and the *Ogawa Residence* (both built in the late Edo period in Osaka and Kyoto, respectively)—and their low assessment for their architectural value cannot be denied. However, in the past, thorough research on minka has been conducted by Hakubokai led by folklorists such as Yanagita Kunio.

　After the war, the splendor and charm of minka were captured by architectural photographer Futagawa Yukio, and condensed in his masterpiece compilation is the rustic beauty of the massive roofs, powerful columns and picturesque roofscapes. Under the direction of architectural historian Tanabe Yasushi at Waseda University, Futagawa made a pilgrimage of minka over the entire country, culminating in his ten-volume series, *Japanese Folk Houses* (1957-1959). Thanks to the Cultural Properties Protection Law, the *Imanishi Residence* (built in the early Edo period) in the town of Imai in Kashihara, Nara Prefecture was registered as an Important Cultural Property in 1957. This early recognition and transmission of the appeal and value of minka to the rest of the world as early as the 1950s was an immeasurable accomplishment toward the preservation of Japanese traditional dwellings.

　Similarly, the author of the *Minka (Japanese Folk Houses)* series, Ito Teiji, subsequently went on to lead research on minka, and in the text, he touches on various forms of minka to indicate regional categorizations; the text not only characterized them by their roofs, such as the *Hommune-zukuri*, *Yamato-mune* and *Gasshō-zukuri*, but also included substantial descriptions about the roofs themselves, such as the *munekazari* ridge ornaments, and the *hirairi* or *tsumairi* entrances (entries on the side parallel to the roof ridge or perpendicular to the roof ridge, respectively), which aroused great interest in the enormous and distinctive minka roofs. As if these efforts toward preservation were driven by foresight of the destruction of minka for the sake of the eventual age of development nationwide, they were effective in raising questions and interest for the future minka preservations.

[Unno Satoshi]

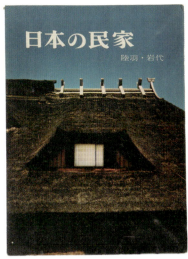

『日本の民家 第1巻 陸羽・岩代』／1958 年
MINKA Japanese Folk Houses 1st volume Rikuu and Iwashiro / 1958

『日本の民家 第2巻 武蔵・両毛』／1958 年
MINKA Japanese Folk Houses 2nd volume Musashi and Ryomo / 1958

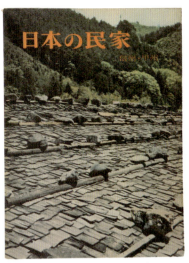

『日本の民家 第3巻 信州・甲州』／1958 年
MINKA Japanese Folk Houses 3rd volume Shinshu and Koshu / 1958

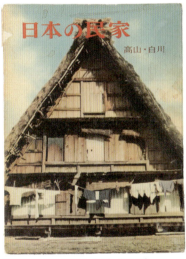

『日本の民家 第5巻 高山・白川』／1958 年
MINKA Japanese Folk Houses 5th volume Takayama and Shirakawa / 1958

『日本の民家 第6巻 京・山城』／1959 年
MINKA Japanese Folk Houses 6th volume Kyo and Yamashiro / 1959

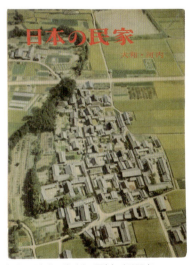

『日本の民家 第7巻 大和・河内』／1957 年
MINKA Japanese Folk Houses 7th volume Yamato and Kawachi / 1957

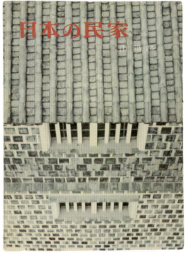

『日本の民家 第8巻 山陽路』／1958 年
MINKA Japanese Folk Houses 8th volume Sanyouji / 1958

『日本の民家 第9巻 四国路』／1958 年
MINKA Japanese Folk Houses 9th volume Shikokuji / 1958

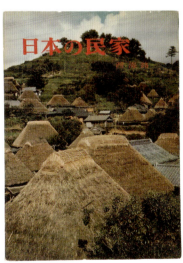

『日本の民家 第10巻 西海路』／1959 年
MINKA Japanese Folk Houses 10th volume Saikaiji / 1959

『日本の民家』全 10 巻　文：伊藤ていじ／撮影：二川幸夫／発行：美術出版社／個人蔵
Minka (Japanese folk houses), Ten-volume series　Text: Ito Teiji / Photo: Futagawa Yukio / Publisher: BIJUTSU SHUPPAN-SHA / Private Collection

外観
2015年／撮影：小川重雄
Exterior View
2015 / Photo: Ogawa Shigeo

直島ホール
三分一博志
2015年

NAOSHIMA HALL
Sambuichi Hiroshi
2015

　水や空気といった「動く素材」を整えていく感覚が人の根底にあるのではないかと思っている。例えば、人類には谷を流れる水の速度を変えて水田にしていった文化がある。人々は暮らしのために、動く素材の速度を調整する必要があった。瀬戸内海の離島、直島で進められている《THE NAOSHIMA PLAN》は、個々の建築や街区、水路などを通して、島全体の水や空気など「動く素材」を浮き上がらせ、その美しさ、大切さを再認識してもらう試みである。

「建築は未来への手紙」
　中世からの城下町である直島・本村の2年半にわたる調査から見えてきたものは、自然と寄り添って暮らしてきた人々の営みの形跡だった。街区の形、家々の配置や間取りから水路に至るまで、町全体が地形や風、水の流れに配慮された姿形をしており、私にとってそれは、この場所本来の「動く素材」の流れを記した中世の人々からの「手紙」のように受け取られた。ホール、集会所、庭園で構成され、2棟の異なる檜の大屋根が特徴である。《THE NAOSHIMA PLAN》の公のプロジェクトとして直島本来の動く素材の流れをいかに次の世代へ伝えるかが大きなテーマであった。

　ホールの大屋根は総檜葺きで直島の集落に多くみられる伝統的な入母屋形状に直島の風向に即して風穴が開いている。この形状は、直島の動く素材の流れを可視化すると同時に空気の圧力差を生み、ホール内の空気を循環させる。夏に窓を閉じても空気が緩やかに動くことで熱気が抜け、さまざまな活動ができるよう工夫がされている。

　今後、直島ホールが島民や観光客にとって集いや憩い、さらには地球鑑賞の場として直島の中世より受け継がれてきた文化、芸術を世界に伝える場となると共に、400年前から届けられた本村の谷の「風のメッセージ」を、この大屋根がさらに後世へ届けてくれることを願っている。　　　［三分一博志］

内観
2015 年／撮影：小川重雄
Interior View
2015 / Photo: Ogawa Shigeo

風洞実験の様子
3 分 24 秒／2015 年
画像提供：三分一博志建築設計事務所
Wind tunnel experiment
3min. 24sec. / 2015
Courtesy: Sambuichi Architects

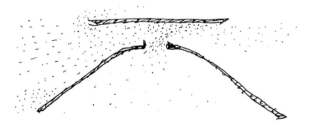

屋根の断面スケッチ
2013 年／画像提供：三分一博志建築設計事務所
Section sketch of roof
2013 / Courtesy: Sambuichi Architects

Humans can be said to possess an underlying urge to rearrange "elements that move" such as water and air. Historically, for example, humankind has cultivated rice fields by adjusting the flow of water through valleys; there was a need for people to adjust the speed of those "elements that move" for the sake of their livelihoods. In a similar vein, the Naoshima Plan, a long-term redevelopment project on the remote island of Naoshima in the Seto Inland Sea, is an effort to foster a renewed appreciation for the beauty and value of water and air and other "elements that move" across the entire island by bringing them into the foreground through such built environments as architecture, town planning and waterways.

Architecture as a Letter to the Future
The architect's two-and-a-half-year survey of the island's Honmura disctrict, a castle town dating to Japan's medieval period, revealed traces of villagers who lived in harmonious coexistence with nature. From the configuration of the waterways and streets to the arrangement and layout of dwellings, the entire town took formation in consideration for the flow of the land, wind and water. This human imprint can be perceived as a kind of letter from the people of the medieval era to those of the present age. As a succession of this idea, for this public project conducted under the Naoshima Plan, the major premise of the design of NAOSHIMA HALL was how to best convey the natural flow of the elements on the island to the generations to follow.

NAOSHIMA HALL is comprised of a main hall, a community center and a garden, and its two buildings feature large roofs of *hinoki* (Japanese cypress). The large roof over the main hall covered entirely in hinoki possesses the form of the traditional *irimoya* hip-and-gable roofs commonly seen in Naoshima, and incorporates an aperture through it to allow for the passage of Naoshima's prevailing winds. The form is at once a visualization of the flow of moving elements as well as a device for generating variation in air pressure to circulate air throughout the hall. In summers, the gentle movement of the air dissipates the heat even while the windows are shut, enabling a variety of activities.

It is hoped that these large roofs will further transmit to the following generations the "messages of wind" of the valley of Hommura that were delivered 400 years ago, and that NAOSHIMA HALL will serve as a place for local citizens and tourists to gather or unwind, and moreover, that it will become a place for valuing the earth, and conveying the ancient arts and culture of Naoshima to the rest of the world.

[Sambuichi Hiroshi]

洛中洛外図
16-19世紀頃

Rakuchūrakugai-zu
(painted scenes in and around Kyoto)
ca. 16th - 19th century

　中世末期から近世初期にかけての京都の市中（洛中）と郊外（洛外）を描いた風俗画で、室町将軍邸・細川管領邸などのほか、年中行事や四季折々の風物とともに、庶民の民家の様子や各階層の風俗も描かれている。米沢市上杉博物館蔵の狩野永徳筆の国宝（上杉本）をはじめ、景観年代が最も古い戦国期の様子を描いた国立歴史民俗博物館所蔵甲本（歴博甲本）や同乙本（歴博乙本）東京国立博物館所蔵模本（東博模本）、福岡市博物館蔵（福岡市博本）などがある。描かれた京都の景観は歴博甲本、東博模本、上杉本、歴博乙本の順で、16～17世紀の京都の景観を知る重要な手がかりである。

　16世紀の京都は構に囲まれた上京・下京の集落で構成されており、それぞれに民家が描き込まれている。上京の立売の辻は最も栄えていた場所で商業・交換の場の中心地であった。下京では四条室町が鉾の辻と呼ばれるように祇園祭の中心で、町の中核であった。いずれも切妻造の町家が接道して建ち並び、盛況ぶりがうかがえる。その屋根は石置き板葺のものが多いが、柿葺や藁葺のものもみられ、瓦葺は寺院など限られたものであった。町家の背後に広がる空閑地は松や竹藪で彩られ、そこに置かれた井戸の周囲には生活のための共用の場を形成した。

　特徴的な屋根も多くみられ、例えば最古の歴博甲本では二階屋が3棟しか描かれていないが、桃山期の福岡市博本では二階屋が数多く見え、特に四条付近の町家の二階座敷は山鉾の巡行の観覧に使用された。また切妻屋根の両端を一段切り上げた卯建が描かれたものも多く、歴博甲本にはその数は少ないが、17世紀前半の舟木本（岩佐又兵衛筆）には多くの家が卯建を上げていたようである。卯建は「うだつがあがらない」という語の語源にもなっているが、有力な商工業者の富裕のステータス・シンボルで、17世紀には多くの民家が卯建を上げていた様子がうかがえる。

[海野 聡]

Rakuchūrakugai-zu (Scenes in and around Kyoto) is the genre of screen paintings that depict everyday life within (*rakuchū*) and outside of the early capital of Kyoto (*rakugai*) from the 16th century to the late 18th century. In addition to scenes of the annual festivals and activities through the seasons, the paintings portray the lives of ordinary people engaged in common activities and the customs and manners of each strata of society at that time, and includes views of the official residences of a Muromachi period shōgun, as well as that of a regent, the Hosokawa-dono, or Hosokawa residence.

　Famous among these screens are the national treasures painted by Kano Eitoku (1543-90) held in the *Yonezawa City Uesugi Museum* collection, as well as the oldest extant versions (*Rekihaku A* and *B* versions) presenting scenes of the Sengoku period (Period of Warring States that lasted from 1467 to 1567) in the collections of the National Museum of Japanese History, the Tokyo National Museum, and the Fukuoka City Museum. These screens are invaluable sources of information regarding life in the capital city of Kyoto in the 16th and 17th centuries, and collections of them are listed in the following order of significance, the first being the most important: the *Rekihaku A* versions at the National Museum of Japanese History, the collection at the Tokyo National Museum, the Uesugi version (versions of the Uesugi family), and the *Rekihaku B* versions at the National Museum of Japanese History.

　In the 16th century, the capital of Kyoto was enclosed and divided into two main areas—Upper Kyoto (Kamigyō, the northern half, for residential areas for nobles and warriors) and Lower Kyoto (Shimogyō, the southern half for economic activity)—and these screens portray the homes of the people from all social classes. The Upper Kyoto area was a particularly lively center of commerce and exchange with intersections bustling with street vendors, merchants and townspeople. In Lower Kyoto, the area around Shijō-Muromachi crossing was the center of the town, where during the area's main annual event, the *Gion* Festival, decorated wooden floats (called *hoko*) would rotate to change direction in the procession throughout the capital. In either area, *machiya* (urban vernacular townhouses for townspeople) with gabled roofs line the streets thriving with activity. A majority of the roofs have wooden shingles weighed down with stones, but also depicted are shingled roofs and thatched roofs, and tiled roofing used for temple structures. Pine trees and bamboo groves cover the vacant lots behind the *machiya*, where the wells would form shared community spaces.

　These screens are illustrative of the distinctive roof styles of the period; in the oldest National Museum of Japanese History (*Rekihaku A* versions), for example, there are only three two-story structures, but in the screens of the Fukuoka City Museum collection depicting the streetscapes of the Azuchi-Momoyama period (the late 16th century), there are many. In particular, the second level parlors of the two-story *machiya* in the Shijō area are shown in use for viewing the procession of the *yamahoko* (another term for the decorated festival floats). Moreover, many roofs are shown with parapet walls at either end of the structure called *udatsu*, which are seldom seen in the screens of the *Rekihaku A* versions, but are seen frequently in the houses depicted in the early 17th century screens painted by Iwasa Matabei. There is a phrase in Japanese, "can't build the udatsu," meaning "to not be able to get ahead in life," which illustrates how the udatsu were used as an identification of status or position for wealthy merchant establishments; they were featured on many merchant residences in the 17th century.

[Unno Satoshi]

洛中洛外図屏風（舟木本）部分
岩佐又兵衛／江戸時代前期（17世紀）／所蔵：東京国立博物館／
画像提供：TNM Image Archives

Scenes in and around Kyoto (Funaki version) detail
Iwasa Matabei / Early Edo Period (17th century) / Collection: Tokyo National Museum / Courtesy: TNM Image Archives

[上・下] 鳥瞰／外観 1959年／撮影：市川靖史
[top and bottom] Birds-eye View / Exterior View 1959 / Photo: Yasushi Ichikawa

佳水園
村野藤吾
1959年

Kasuien
Murano Togo
1959

京都、東山といえば七代目小川治兵衛（1860-1933）作庭による数々の庭で知られている。この《佳水園》の敷地もまた、小川治兵衛が手がけ、その息子の小川白楊に引き継がれた庭がもとになっている。《佳水園》は、この庭を取り込む形で設計された。東山の尾根を造成したこの敷地は、三条通り沿いの、やはり村野藤吾設計による11階建てのホテルと東山とに挟まれている。その狭小な敷地にも関わらず、伸びやかな緩い勾配の屋根の連なりは、その狭さを感じさせない。

この建築は、「現代の」数寄屋であると言われる。その所以は、あくまでも伝統的な構法によらない積極的な鉄筋コンクリートと鉄骨の利用がみられるからだ。たとえば、この建築を特徴づけるのは勾配の緩い、そして線の細い屋根だが、これを成立させているのは隠れた帯鉄の存在に他ならない。屋根をつくる架構の存在を感じないため、薄い屋根という印象が際立っている。

しかし、これは巧みな視覚操作によるもので、もちろん屋根を支える架構は存在する。それを可能にしているのが、「箕甲」と呼ばれる構法だ。社寺などの切妻の端部では、屋根の形そのままに妻側でみせてしまうと、鈍重な印象となってしまうところを、ぐっと反った細い破風板をつけることでシャープな印象をもたせる。その際に屋根の端部だけを破風板に合わせて下側に折り曲げる。この部分を箕甲と呼ぶ。

とはいえ、《佳水園》ほどの緩い勾配であれば、本来は必要とされないが、村野はこの箕甲をあえて用いることで、破風板そのものをも隠している。そのため、佳水園の屋根は、薄い二つ折りの板のようにも見えてくる。実は、この箕甲の裏を支えているのが、薄い帯鉄であった。

こうした、伝統構法だけによらずに、むしろ近代的な技術を援用して実現し得た、徹底的な屋根の水平性によって強調されるものは、背後にせまる東山の自然に他ならない。竣工時、敷地に自生した小松を残して、この端正な屋根を突き抜けるように渡していたというのだから、確信的だろう。　　　　　［本橋 仁］

The Higashiyama area in Kyoto is known for the numerous gardens designed and created by Ogawa Jihei VII (1860-1933). *Kasuien*, an annex of the *Miyako Hotel* (current, the *Westin Miyako Kyoto*) designed by Murano Togo in 1959, sits atop a knoll leading to the eastern hills of Higashiyama. The hotel grounds were also originally landscaped by Ogawa Jihei and subsequently maintained by his son, Ogawa Hakuyo.

Designed to enclose the garden, the architectural form of *Kasuien* is situated on a ridge of the hills of Higashiyama, between the 11-floor hotel building (also designed by Murano Togo) along Sanjō Street and the hills of Higashiyama. Despite its narrow site, the overlapping gently sloping roofs give an impression of unrestrained space.

Kasuien is considered to be a contemporary *sukiya*, a traditional Japanese style architecture that originated around the culture of the tea ceremony; unfaithful to traditional sukiya design convention, it utilized the steel reinforced concrete and steel frame construction instead of depending on the traditional timber construction methods. For example, hidden iron strips enabled the distinctive gently sloped and thinly profiled roofs; restraining the expression of the roof framework allowed for the accentuation of a thin roof profile.

This emphasis is due to a skillful visual manipulation, and of course, there is a framework supporting the roofs. The construction method that enables visual trick is called *minokō*, which are the drooping verges at the edges of the roof on the gable end. As can be seen at the ridge ends of gabled roofs on shrines and temples, direct exposure of the gable form would create a blunt expression, and therefore the addition of a thin, curved gable-end board (*hafu-ita*) creates a sharp impression. The edges of the roofs are then bent downward to connect to the gable-end board; this detail is the minokō.

Although the roofs at Kasuien are gently sloped, making this technique superfluous, Murano intentionally used minoko to hide the gable-end boards, giving the impression that the roofs are thin, folded planes, when in fact, the minoko are supported by the thin iron strips.

Instead of merely depending on traditional construction methods, Murano's design was supported through modern construction methods to help realize the pronounced horizontality of the roofs that is perfectly balanced with the backdrop of the hills of Higashiyama. When the project was complete Murano had left the young, natural pine trees untouched, seemingly with the intent for them to eventually surpass the height of these sharply horizontal roofs.

［Motohashi Jin］

部分詳細パース（軒、庇）
資料提供：新建築社
Detail Perspective (eaves)
Courtesy: Shinkenchikusha

03　Roofs of Tranquility

鳥瞰 撮影：妹島和世建築設計事務所
Birds-eye View Photo: Kazuyo Sejima & Associates

京都の集合住宅

妹島和世
2013年

Kyoto Apartments (NISHINOYAMA HOUSE)

Sejima Kazuyo
2013

外観 撮影：妹島和世建築設計事務所
Exterior View Photo: Kazuyo Sejima & Associates

京都の閑静な住宅地に建つ、10戸からなる賃貸の集合住宅である。
　一棟の建物に大きな屋根を架けるのではなく、周りの建物に近い大きさの21枚の屋根の集まりによって一つの大屋根が感じられる集合住宅をつくろうと考えた。
　各住戸には3枚の屋根があり、そのうち1枚の屋根が他の住戸に跨がっているため、戸建て住宅が単に集合するのとは異なるプランが生まれた。また、敷地の高低差に合わせて少しずつ段差をつけて全体を配置し、屋根の勾配や方向、高さも異なるため、光の入り方や空間の広がりなど、断面的にも変化が生じる。
　分け入っていくような空間のつながりの中で、たまたまそこにリビングがあって、サンルームのお風呂があり、木陰の縁側、お隣の坪庭や裏庭へと続く路地、屋根の切れ間に現れるみんなの中庭など、屋内と屋外、パブリックとプライベートが偶然混ざり合ったような割り切れない関係で全体が成り立っている。

[妹島和世]

Kyoto Apartments is a rental housing complex consisting of ten apartment units in a quiet residential area of Kyoto.
　The premise of the design was to create a collective housing complex not as a single tower with a large roof, but as an assemblage of 21 independent roofs similar in scale to those of the neighboring houses that together evoke a single roof.
　Each dwelling unit has three roof planes with one overlapping the adjacent unit, generating a plan unique from a simple collection of detached houses. Variances in sunlight, spatial progression and cross sections of the units are also a result of the slight adjustments of roof heights to the changes in ground level, and the diverse pitches, orientation and heights of the roofs.
　The complex is comprised of the inseparable relationships of happenstance connections of outdoor and indoor, public and private—a living room, a bath in a sunroom, a tree-shaded porch, a small inner garden or an alleyway—linked via the spaces entered through the interstices.

[Sejima Kazuyo]

荘銀タクト鶴岡（鶴岡市文化会館）
SANAA
2017年

SHOGIN TACT TSURUOKA
(Tsuruoka Cultural Hall)
SANAA
2017

地域の文化芸術活動拠点となる文化会館の建替えである。敷地は、豊かな自然に囲まれ、歴史的建造物である庄内藩校致道館に隣接している。建物の外観は、いくつかの小屋根群が集まる形とし、建物の大きさを分節している。それらは外周に向かって低くなってゆき、道路沿いでは1階建てくらいの低さまで高さを抑えている。このようにボリュームをコントロールすることで、致道館や街並との調和を目指している。

市民が鑑賞者となり演者にもなる「地域のためのホール」として、ホールを回廊空間で包む鞘堂形式を採用した。回廊は日常的に市民に開放され、裏表なく色々な場所での活動を可能とし、特別な公演時には舞台上下の間仕切りによって裏表に区切ることも可能としている。

中央のホールは可能な限り奥行きを抑え、客席と演者が一体感のあるホールを目指している。ホール全体に生音が響き渡るワインヤード型とし、どの客席からも直接舞台にあがれる空間構成としている。

地域の周辺環境に馴染みながら、多様な空間のなかで様々な活動が生まれ、市民の方々の日常の一部となればと考えた。［妹島和世・西沢立衛（SANAA）］

SHOGIN TACT TSURUOKA is a rebuilding project of a cultural hall to serve as the hub for cultural arts of the region. The site is surrounded by rich greenery and is adjacent to Chidōkan, a historic museum that once served as a Confucian school. The exterior appearance of the hall assumes the form of a cluster of roofs that articulate the size of the building. The pitch of the roofs angle downward toward the perimeter of the site, and swoop down to a one-story height along the roadside. In containing the volume in this way, the aim was to achieve a harmonious balance with the school and the townscape.

For a cultural hall aimed toward regional users, where the local citizens are the audience and the actors, we employed the form of a *sayadō*, or building constructed over a shrine or temple for protection, and wrapped the hall in a corridor. The corridor was designed to have free access and facilitates activity in various places without any front or back side; for special performances, partitions at the top and bottom of the stage can be operated to divide the spaces into a front and back.

For the central hall, the intent was to reduce the depth to the extent possible, and make a hall that produces a sense of unity between the audience and the actors. The vineyard style concert hall was used to enhance the acoustic quality of unprocessed sound throughout the entire hall, allowing the spatial composition where the stage is directly accessible from all audience seating. We anticipate this cultural hall to become a regular part of the lives of the local citizens as it integrates with the surrounding local environment and as its diverse spaces give birth to a variety of activities.

[Sejima Kazuyo, Nishizawa Ryue (SANAA)]

［上］内観　［下］外観　2017年／撮影：新建築社写真部
[above] **Interior View**　[below] **Exterior View**　2017 / Photo: Shinkenchikusha

[左・右] 国立代々木競技場 第一体育館 2013年
／撮影：ホンマタカシ
[above] First Gymnasium, National Gymnasium for the Tokyo Olympic Games 2013 / Photo: Homma Takashi

東京オリンピック国立屋内総合競技場

丹下健三
1964年

National Gymnasium for the Tokyo Olympic Games

Tange Kenzo
1964

　20世紀後半の世界を代表するといってかまわないこの建築には、日本伝統が影響している。たとえば、《東大寺大仏殿》をしのばせるような大きな屋根、また両端に載る鯱か鴟尾のような突起物。

　そもそも屋根を外観の表現の中心に置くこと自体が、多雨な気候下の木造という日本の伝統建築の宿命的なものに違いない。

　この作品に伝統を感じないまま傑作として受け容れている人のほうが多いが、たとえ伝統に気づいていても「伝統を意識したからこの表現が生まれた」とは思わない。ル・コルビュジエ（1887 - 1965）に発するモダニズムの原理と伝統が完全に溶け合って一体化しているからだ。

　この作品の内外を味わうと、建築史家として次のようなことを言いたくなる。バウハウス以後のモダニズムの代表的建築家は、例外なく伝統を背景に持つのはないか、と。

　たとえば、ミース・ファン・デル・ローエの後ろにはカール・フレデリック・シンケルがあり、その奥にはドイツ観念論が隠れている。コルビュジエの《ロンシャン教会》は、地中海の造形文化が生み出した。アントニオ・ガウディはスペインが、アルヴァ・アールトは北欧が生んだ。フランク・ロイド・ライトだって、アメリカ開拓の歴史をバックに出現した。メキシコのルイス・バラガンもブラジルのオスカー・ニューマイヤーもそう。

　唯一、ワルター・グロピウス（1883 - 1996）は例外で、伝統や文化と一切切れた地点でバウハウス校舎を生み出した。伝統を感覚のレヴェルにおいても切り捨て、まるで数式のようにして完全抽象造形を生み出した。だからこそグロピウスはモダニズムの原点となりえたし、世界中に影響を与えることができた。

［藤森照信］

Traditional Japanese architecture has had an influence on this architecture that we do not hesitate to call it representative of the latter-half of the twentieth century. For example, one might recall the large roof at Tōdai-ji Daibutsu-den (the Great Buddha Hall), and protuberances such as *shachihoko*, fish ornaments, adorning both ends of the roof, as well as the *shibi*, a type of roof ornament on the main roof-ridge of the temples and palaces. It cannot be mistaken that originally, emphasizing the roof at the center of the external appearance of the building itself is indebted to the traditional wood construction architecture for rainy climates.

Furthermore, many people accept Tange Kenzo's work, *National Gymnasium for the Tokyo Olympic Games*, as his masterpiece while not perceiving the connection to tradition; however, even if one notices a connection to traditional architecture, it likewise does not follow that the expression was born from Tange consciously thinking about tradition. Rather, it is through Le Corbusier's (1887-1965) principles of Modern architecture and tradition that meld and integrate the theories of modern architecture and history together. Having experienced the gymnasium's interior and exterior, I wish to speak to the following as an architectural historian: the representative Modern architecture after the Bauhaus, without exception, builds upon tradition grounded in its background. For example, behind Mies Van Der Rohe is Karl Fredrich Schinkel, and hidden behind him is German Idealism. Le Corbusier's *Chapelle Notre-Dame-du-Haut Ronchamp*, emerged from the formative culture of the Mediterranean Sea. Likewise, Antoni Gaudí was born in Spain, and Alvar Aalto in Northern Europe. When speaking of Frank Lloyd Wright, the developing history of America appears in the background. Historical context likewise appears in the background for Mexico's Luis Barragan and Brazil's Oscar Niemeyer, too.

With the exception the one and only Walter Gropius (1883-1969), the Bauhaus School emerged from completely cutting itself off from tradition and culture. Emancipating completely with the feelings of revel toward tradition, completely abstract form making emerged from highly mathematical and numerical methods. For this reason, Gropius can be seen as the starting point for modernism, which had effects worldwide.

[Fujimori Terunobu]

国立代々木競技場
2016年／撮影：ホンマタカシ
National Gymnasium for the Tokyo Olympic Games
2016 / Photo: Homma Takashi

鳥瞰　画像提供：日経ＢＰ社
Birds-eye View Courtesy: Nikkei Business Publications

牧野富太郎記念館
内藤 廣
1999年

Makino Museum of Plants and People
Naito Hiroshi
1999

内観　1999年／撮影：石元泰博
Interior View 1999 / Photo: Ishimoto Yasuhiro

抗うか受け流すか

　現代の技術をもってすれば、フラットルーフでも勾配屋根でも、それぞれ技術的に課題があるものの性能的には大差がないと思っている。となると、どちらを選ぶかは建物に対する建築家の姿勢、ということになる。自然の猛威に対する防備という観点からは、対峙するという姿勢か受け流すという姿勢かの選択になる。その意味では、この建物は明らかに受け流す側にいる。

　高知は台風が頻繁に襲来することで知られる。敷地は高知郊外の五台山の山頂稜線にあり、当然のことながら風に対する配慮が必要だった。鉄筋コンクリート造であれば堅牢に防備を固める方法を採ったであろうが、当初より木造であることが求められた。また、環境を大きく改変しないように地面の造成を可能な限り少なくしたかった。したがって、地形の起伏を読みながら、そこに伏せるような屋根となった。有機的な形状は、こうしたプロセスから生まれた。

　また、木造架構では構造が軽くなる。そうすると場合によっては、重力に対する抵抗より風による吹き上げの力に対する抵抗の方が支配的になる。いわば、地面から引きはがされる力に抗する必要が生じる。屋根の構造もこの必要から導き出された形となっている。また、軒を出来るだけ低く、棟の高さを周囲の森の樹木より低く抑えることを考えた。風による猛威を周囲の環境を借りて受け流すためである。この建物では、周辺環境に対するこうした対応が周囲との親和性を奇跡的に生み出している。

　伏せた屋根の下には、外と内が一体となったような空間を展開した。植物学者として自然をこよなく愛した牧野富太郎を記念する建物である。自然に抗うのではなく、猛威を受け流しつつ周囲の樹木や植物に助けられ、彼らとともに生き、いずれは森に埋もれていく建物を目指した。建物が完成してから 20 年近くの歳月が流れた。いまや森に守られ、森に埋もれるような屋根になっている。この屋根の全体像は大空を飛ぶ鳥の目からしか確認できない。
［内藤 廣］

To Resist or to Deflect

With the technology we have today, I believe that it makes little difference whether a roof is flat or curved in terms of performance, though they do each pose their own technical complications. The decision of which one to employ is therefore only a matter of what stance an architect takes toward a building. When considered from the perspective of providing defense against nature, it becomes a choice between resisting *or* deflecting. In this sense, buildings obviously belong on the side of deflecting.

The city of Kochi is known for being frequently hit by typhoons. This project, *Makino Museum of Plants and People*, is located within the Kochi Prefectural Makino Botanical Garden, which sits nestled at the crest of Mount Godai outside Kochi, so it naturally had to be designed with consideration for the winds. If the buildings were structured in reinforced concrete, I likely would have found a way to solidly fortify them, but I was required to make them in wood from the outset. I was also interested in minimizing the need for earthworks so as not to alter the site too much. I thus carefully read the lay of the land to develop roofs that appear to hug the ground. Their organic forms took shape as the result of this process.

A wood structure makes for a light building. This means that the upward force of the winds working on a building can at times exceed the downward pull of gravity. In other words, the building must be made to resist being pulled off from the ground. The structures of the roofs in this project were also developed out of this need. I also made a conscious effort to lower the eaves as much as possible and to keep the roof ridges from exceeding the height of the trees in the surrounding forest. This was because I wanted to deflect the force of the winds by making use of the surrounding environment. This was a project in which such considerations for the environment incredibly produced an affinity between the buildings and their context.

The low-lying roofs shelter spaces in which the outside and inside seem to merge as one. The buildings (completed in 1999) together stand as a memorial to Makino Tomitaro, a botanist who had a great love for nature. I aimed to make buildings that would deflect, rather than resist, the forces of nature with the help of the surrounding trees and plants, coexist with the flora, and eventually be overgrown by the forest. Nearly two decades have passed since they were completed. The roofs are now buried within and protected by the forest, and their full forms are only visible to the eyes of the birds in the skies.

[Naito Hiroshi]

日本武道館

山田 守
1964年

Nippon Budōkan

Yamada Mamoru
1964

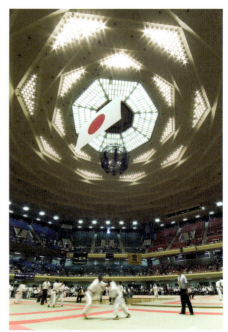

1964年に開催された東京オリンピックでは、柔道がはじめて正式種目として採用された。《日本武道館》は、その会場として皇居のお堀の中、北の丸公園に計画された屋内競技場である。設計者は、《聖橋》や《京都タワー》で知られる建築家・山田守（1894 - 1966）で、地下に必要諸室、地上1階に競技場、それを取り囲むように2階と3階に合計 15,027（五輪開催時）の客席が設けられた。地下から3階までの構造は鉄筋コンクリート造で、屋根は鉄骨トラスを架けている。

オリンピック前年に行われた設計競技では、「日本の武道振興」のための「純日本式の一大聖堂」が要求された。これに対して山田も「日本武道の精神的な表現と千代田城のもつ風雅な環境にもっとも調和する建築様式」を追求した。平面を八角形としたのは、「競技場の平面は第一に東西南北の方位を明示できる形が必要」との認識からだという。軀体部分は、組物を思わせる3階座席の段状の張り出し、木造架構のようなコンクリート打ち放しなど、日本建築の各要素を様々に読み替えつつ、骨太な表現としてまとめられている。

一方で、擬宝珠をのせた大屋根は、趣をやや異にする。屋根の反った形状には、パラボラ曲線が用いられているが、山田は設計中何度もこれに修正を加えたという。完成後の解説には、「壮麗な大曲線 富士こそ自然な美しさ」との小見出しが設けられた。柔道選手のような力強い軀体の表現に加えて、《日本武道館》がおおらかさを併せ持つのは、富士山のゆったりとした稜線へのイメージが存在したからで、軀体と屋根の組み合わせが「日本武道の精神的な表現」と「千代田城の風雅な環境」に調和する表現の両立を実現させている。

[大井隆弘]

Judo became an official competition event for the first time for the Tokyo Olympic Games held in 1964. Completed that same year by architect Yamada Mamoru (1864-1966) (known as the designer of *Hijiri-bashi [Hijiri Bridge]* and *Kyoto Tower*) as a venue for martial arts events, *Nippon Budōkan* is an indoor arena located within Kitano-maru Park just inside the moat of the Imperial Palace grounds. It was designed with service rooms in the basement, and the arena on the first level, encircled by seating on the 2nd and 3rd floors, with a total capacity of 15,027 (at the time of its construction). The structure is composed of two main elements: a reinforced concrete base structure from the basement level up to the 3rd floor level and a steel truss roof.

In the design competition for the *Nippon Budōkan* held the year before the Olympics, the request was for an "authentic Japanese style cathedral" for the promotion of Japanese martial arts (*budō*). In response, Yamada sought an architectural style that "optimally harmonized the spiritual expression of Japanese martial arts with the elegance of *Chiyoda-jō (Edo Castle).*" The octagonal floor plan was derived from Yamada's perception that "the floor plan of the arena should above all provide a sense of orientation in terms of the four cardinal directions." The structural framework boldly expresses traditional Japanese architectural elements translated into the design as seen in the step-like overhangs on third floor, as well as the poured-in-place exposed concrete structure—both reminiscent of timber construction.

The *giboshi* (lily-shaped ornamental cap atop the main roof) expressed slightly different taste. The parabolic curb used for curvature of the roof was allegedly revised and modified many times by Yamada during the design process. Upon completion, he explained in a commentary: "the spectacularly large curve of Mt. Fuji is the quintessence of natural beauty." On top of a robust framework expression akin to the physique of Judo players, the gentle Mt. Fuji-like silhouette of the roofline gives the *Nippon Budōkan* a relaxed image; together, it's the framework and roof satisfy the harmonious plurality of the "spiritual expression of Japanese martial arts" and "the elegance of *Chiyoda-jō (Edo Castle)*."

[Oh-i Takahiro]

内観 撮影：山田新治郎
Interior View　Photo: Yamada Shinjiro

参考文献／References

- 『新建築』1964年10月号、新建築社
- 鈴木貴詞ほか4名「山田守研究その2 日本武道館、京都タワーにおけるデザインソース」『日本建築学会学術講演梗概集』,1999.9
- *Shinkenchiku.* October 1964 Issue, Shinkenchiku-sya
- SUZUKI Takashi and 4 others: Study of YAMADA Mamoru No.2, Design source of Nippon Budokan and Kyoto Tower *(Summary of Lecture of Architectural Institute of Japan, 1999.9)*

外観 撮影：山田新治郎
Exterior View　Photo: Yamada Shinjiro

[上下]展示風景（森美術館、2018年）撮影：朱田 猛
[top, bottom] Installation views, Mori Art Museum, 2018
Photo: Koroda Takeru

屋根をめぐる日本史

海野 聡

日本建築における屋根

屋根、それは雨や日光を遮り、断熱により、快適な居住環境をわれわれにもたらしてくれる存在である。縄文時代の竪穴建物などの大部分が屋根であることを見ても、その重要性は想像できるであろう。そして雨の多い日本では、軒下に広い空間を設け、半屋外、あるいは内外の緩やかな境界という独特の空間を生み出している。

たとえば、子どもの描く家の絵に、柱や窓はなくとも、屋根はあろう。そのくらい、日本建築は屋根なしには語れないのである。さらに言えば、日本の古建築はこの屋根を支えるためにあると言ってもよいかもしれない。こうした独特の屋根に関する文化は、近現代の建築にも少なからず影響を与えている。近現代の建築家はどのように江戸時代以前の日本の伝統的な建物の屋根の歴史を受け止め、解釈したのであろうか。

屋根の象徴性

日本の伝統建築の多くは、ほかの文化と同じく、東アジアの大陸文化から影響を受けている。その中でも中国抜きには語れない。

中国は、古来、広範な地域を支配する強固な国家を封建制によってつくり上げてきた。建物には屋根で畏怖させるという支配装置の一面があり、これを象徴するように建物の格式ごとに屋根の形が決まっていた。最高級は、「重檐廡殿頂（二重屋根の寄棟造）」で、紫禁城太和殿（1697年）のような宮殿建築に用いられる形式である。

このように中国では、屋根は格式を備え、象徴性を有した一つの装置であった。日本においても、屋根は建物を区別する重要なパーツで、古代人もここを重視している。たとえば、古墳から家の絵を描いた銅鏡（家屋文鏡）が出土し、屋根の形が細かく描き分けられている。ここには入母屋造伏屋建物（A棟）・切妻造高床倉庫（B棟）・入母屋造高床住居（C棟）・入母屋造平屋住居（D棟）が表現されており、いずれも草葺の屋根とみられている。A・C棟には蓋が描かれていることから、高貴な人物の建物と推察できる。同じく、家形埴輪でも、寄棟造、切妻造と異なる形の屋根を造形している。心合寺山古墳から出土した水辺の祭祀場を表した埴輪では切妻造の屋根が明瞭に表現されて、特に破風が造りこまれている。こ

のように屋根はデフォルメされつつも、細かく表現されているのである。

屋根の象徴性はその上に置かれる飾りにも見て取れる。たとえば神社の本殿では千木や鰹木、寺院や城郭では鴟尾・鬼瓦・鯱などを屋根の上に備えるものも珍しくない。日本最古の歴史書である『古事記』には、山の上から国内を見渡して、天皇の邸宅と同じように鰹木を上げている家を見つけて、これを問題視したという逸話がある。ここからも屋根飾りが強い象徴性をもっていた様子がうかがえよう。

屋根の構造と美

日本建築の屋根の魅力はその構造的な力強さと軒先のラインの曲線の優美さに集約されている。構造原理に基づく深い軒は日本建築の水平性を強調している。そして軒の端部の反り上がりの曲線美に大工棟梁は魂を込める。一方で、伊勢神宮のように直線性が強調された軒もある。いずれも、軒先のラインに注力しており、その優美さが日本建築の魅力の一端をわれわれに語りかけてくれる。

屋根を葺く材料にもさまざまな種類があり、瓦・檜皮・板・茅などが伝統的な葺材である。瓦以外は植物性の材料で、日本の風土を生かした材料である。切り揃えられた茅は人々の心を引き付けてやまない。こうした葺材の違いも屋根の形状に大きな影響を与えている。特に茅葺の場合、雨漏りへの対策から、必然的に屋根勾配を大きくし、傾斜のきつい屋根とする必要がある。そのため、茅葺民家では、屋根の占める割合が大きく、まさに屋根を支えるために建物が存在しているかのような印象を与えている。

また茅葺民家では、葺替えというメンテナンスが地域社会のつながりをも映し出している。世界遺産白川郷の「結」のように、集落の共同作業として、屋根の葺くこともあり、集落で茅を確保するための茅場を設けることもあった。

屋根（小屋組）の進化

建築は3次元の構造物であるから、建物を大きくするには、屋根の構造が大きな課題として立ちはだかる。それゆえ、日本建築史は屋根の進化の歴史といっても差

し支えないくらい、屋根が重要な位置を占めている。

古代の屋根構造は比較的、単純なもので、天井を張らず、そのまま屋根を支える架構を見せるものも多く、その構造美には目を見張るものがある。その一方で、奥行方向の大きさは梁の長さに規制されてしまい、古代建築では奥行方向に建物を大きくすることができない。これを解消するため、平安時代以降、野屋根という方法が発生し、実際の屋根と屋内から見える屋根が構造的に分離し、隙間が生まれた。この隙間に桔木を入れて、「てこの原理」を用いることで、軒先が下がらないよう、改良を加えていった。こうした技術の結晶である小屋組であるが、通常は天井で覆い隠されているため、黒子に徹している。対照的に、小屋組が大きくなることで、建物の外観のうち、屋根の占める部分が大きくなる。東本願寺本堂 (1895年) などを見てもらえばわかるであろうか。実に屋根がファサードの3分の2以上を占めている。まさに屋根が表舞台で大きく主張しているのである。

寺院で天井が張られるのとは対照的に、民家では、土間部分の太い小屋梁に力強さを見ることができる。また茶室や数寄屋建築では、屋根の構造を直接、見せることで、格式張らず、軽快で素朴な空間を演出している。屋根の見せ方で建物は重くも軽くもなるのである。

近世以降、建築平面が有機的に拡大し、中小規模建物を密集させ、多くの屋根を架ける複合屋根が発達していく。一つの巨大な建物に屋根を架けるのではなく、建物を近接させ、さまざまな屋根を架ける方法である。雁行に建物を配置し、屋根を切り替えた桂離宮 (17世紀) はその一例であろう。これにより、のっぺりとした巨大な屋根から、多彩で変化に富んだ屋根へと変革を遂げた。東アジアでは、単一の建物が単一機能をもつことが多く、複合的な屋根は少ないが、こうした複合施設とその複雑な屋根は日本のオリジナリティの表出の一つとも言えよう。

屋根の象徴性の理解と継承

このように、日本建築において、屋根は象徴性をもった存在で、長い歴史をかけて、これを支える小屋組を進化させてきた。そして煩雑な小屋組を天井で覆い隠す一方で、意図的にこの粗野で力強い構造を見せるという手法も獲得してきたのである。また複合的な屋根を架ける

ことで、多細胞的で有機的な外観を生み出してきた。さて、それでは近現代の建築家がこうした日本の伝統建築の屋根をどのように捉えたのであろうか。

一つは屋根の象徴性に重点を置いたもので、1930年代の和洋折衷として生まれた帝冠様式はその最たるものであろう。愛知県庁舎 (1931年) では鉄骨鉄筋コンクリート造の中央に入母屋造や破風を付けた和風の屋根を載せており、まさに屋根が和風の代表的な要素であったのである。建築の大部分が屋根というような象徴性の強いものも、こうした系譜の一つと捉えられる。

二つ目は屋根を支える小屋組の構造や軒のラインの美しさを意図的に見せる方法である。前者は屋根の力強さに力点を置いたもので、後者は主にファサードにおいて軒先を強調するものである。

三つ目は複合的な屋根で、屋根を細かく切り替えることで、変化に富んだファサードを生み出し、さらに内部も空間に細やかな変化をもたらしている。

日本建築の屋根の伝統を継承する一方で、近現代の建築家は日本の伝統建築の弱点を克服している。すなわち、日本建築は重厚かつ巨大な屋根であるため、どうしても屋内空間が暗くなりがちであったが、屋根に切り込みを入れるトップライトという手法でこの問題を解決したのである。また鉄板などを用いることで、屋根形状の自由の獲得とともに、軽さの追求が可能となり、変化に富んだ複合的な屋根や軒先を薄くする数寄屋風の軽い屋根を優美に表現している。

このように日本建築において、屋根は建物そのものといっても過言ではなく、近現代の建築家はこの特徴を咀嚼し、改良を加えることで、「日本的」な建築を生み出してきたのである。

[本稿の注釈、参考文献は、p. 270参照]

The Roof in Japanese Architectural History

Unno Satoshi

The Roof in Japanese Architecture

Protection from the rain, a shade for sunlight and interior insulation, we rely on the roof to create a comfortable interior living environment. Taking a look at the *tateana-tatemono* (dugout or pit dwelling structure from the Jōmon period) mostly made-up with large roofs, one might imagine of the importance that the roof served. In ever-rainy Japan, the roof creates deep space under the eave, half-exposed. This space establishes a unique, partially conditioned space—a gentle transition between interior and exterior.

The roof is an inextricable element of architecture. For example, if a child draws a house, even if there are no columns or windows, there will surely be a roof. To that degree, to discuss Japanese architecture, is to have a discourse on the roof. Arguably, the roof quite literally supported traditional architecture. In what ways have modern architects been influenced by the traditional roof from the pre-Edo period?

The Symbolism of the Roof

Japanese architecture, as is the case of many other cultural fields, received its influence from the culture of the Greater East Asian Continent. Thus, to speak of the origins of Japanese architecture, requires first a discussion of the roof in Chinese Architecture.[1]

Ancient China developed from an extensive, strict system of feudalism. Through this system, a vast sphere of influence was created. By creating a variation in the roof, each building's social caste was made manifest in the building itself. Through this, the roof became a device that struck awe within subjects of these domains. The highest-ranking roof style was double-hipped roof, such that it was employed at the palace complex at the *Forbidden City, Hall of Supreme Harmony* (1697).

In this way, China used symbolism in the roof to show the social status of the building. Even in the case of Japanese architecture, ancient peoples placed an emphasis on differentiating elements of the roof. Evidence of this was found in a dwelling design found on the back of an unearthed *kaoku-monkyō* (mirror with four buildings) found in a *kofun* (tumulus). This mirror revealed the design of house with each part of the roof separated and drawn in detail. In this mirror, the *irimoya-zukuri fuseya* (composite hip and gable roof building, Building A), *kirizuma-zukuri takayuka-sōko* (gable-roof raised warehouse building, Building B), *irimoya-zukuri takayuka* (composite hip or gable roof raised building, Building C), and *irimoya-zukuri hirayajūkyo* (composite hip or gable roof bungalow, Building D) are all expressed in detail. It is believed that each of these representations all show roofs made of *kusabuki* (thatch). Additionally, it can be surmised from the roof crowns on Buildings A and C that these depicted residences for noblemen. Other artifacts, such as *iegata haniwa* (terracotta clay house figures), even show the difference in form of the *yose-mune zukuri* (hipped roof) and *kirizuma-zukuri* roof styles. One such *haniwa* unearthed from the *saishijō*, waterside ritual field, at *Shionji-yama Kofun*, shows the distinction of the *kirizuma-zukuri* form, especially with articulation of the *hafu* (decorative protection board attached to the end of the gabled roof)

as part of the roof.[2] While the roof might appear deformed, it captures varies details in its depiction.[3]

Additionally, the symbolism of the roof was further expressed through the ornament. Examples of such elements include the *jinja honden* (main building of Shintō shrines), the *chigi* (ornamental crossed rafter ends on Shintō shrine gables) and *katsuogi* (log on the roof of Shintō shrines set perpendicular to the ridgepole); and, in the case of the temple and castle: the *shibi* (decorative roof tiles attached to both ends of the roof), *oni-gawara* (a gargoyle-like ridge-end tile) and *shachi-hoko* (a pair of decorative dolphin or grampus figures adorned on the roof-ridge of a Japanese castle). These elements likewise are not unusual. Even the oldest written account of Japanese history, the *Kojiki* (Records of Ancient Matters) contains an anecdote expressing concern over looking at the whole country from the mountains, and finding houses with katsuogi similar to those of the Emperor's residence. Mention of this further indicates the strong symbolism that the roof ornamentation held.

The Roof Structure and Beauty

The charm of the Japanese roof derives from structural strength and elegant curves of the *nokisaki* (eaves). The fundamentally deep eave found in Japanese architecture emphasizes the horizontality of the building—the spirit of the master carpenter is imbued in the upward sloping line of the eave. However, other precedents, such as *Ise Jingū* (the *Ise Grand Shrine*), emphasize the roofline through rectilinear lines. Common to both examples, however, is the way that the eaves become a focal point—an element contributing to the elegance of Japanese architecture.

Similarly, the *fukizai* (roofing material) also differs in roofing, sometimes utilizing ceramic tiles or *hiwada* (cypress bark shingles) boards, or other times *kaya* thatch. With the exception of ceramic tiles, fukizai utilize plant-based materials found in the Japanese landscape. People cannot help but be moved by the attractive visual effect of cut and aligned thatch. The differences between these roofing materials also greatly impact the form of the roof. Specifically, in *kaya-buki* (thatch) roofing, practical concerns such as leakage from rain necessitated the roof angle to become steeper. For this reason, the kaya-buki *minka* (thatched roof vernacular folk house), the roof constitutes a large percentage of the elevation. The sharp angle certainly gives the minka its presence.

Furthermore, the kaya-buki minka's maintenance for re-roofing the thatch also engages the local community of the region. This is strongly seen in the example of the World Heritage site Shirakawa-go, wherein each village works together to harvest the thatch and cover the roof of one minka. Described as *yui*, the villagers work in collaboration to mutually help one another.

Advancements in the *Koya-gumi* (roof frame or truss)

Given architecture is a three-dimensional structure, enlarging the building provides challenges for scaling the roof. For this specific reason, the innovations to the roof takes occupy a crucial place in Japanese architectural history, to the extent that it might be suggested that the history of architecture developed in tandem with the advancements of the roof.

Ancient roof structures are comparatively simple structures, many with the roof simply held on beams without a ceiling attached—a sight to see. This construction technique was limited, however. In these ancient buildings, as the depth of the space increased, the depth of the beam similarly could not increase infinitely; in other words, the depth of the ancient buildings hit a threshold with the method of construction. After the Heian period, a method of building was developed in order to resolve this issue through the invention of the *noyane,* the outer roof of the double roof structure hidden by the ceiling. In practice, the roof and the elements seen under the roof are structurally independent, birthing a gap between the two parts.[4] To prevent the eave from falling, an innovative wedge called a *hanegi,* a material attached to the attic to support the eaves, was attached to support the roof using the leverage principle. Although this is considered a feat in engineering, the *koya-gumi,* is typically hidden by the ceiling and acts as a scaffold instead. In contrast, as the koya-gumi becomes larger, the plenum space of the roof also becomes greater, likewise manifesting itself in the building's exterior elevation. In the *hondō* (main temple) of *Higashi Hongan-ji,* a major Buddhist temple in Kyoto (rebuilt in 1895 after a fire), one can understand the effect of this structural principle. In reality, the roof takes about 2/3 of the elevation. Certainly, the roof takes the center stage of importance in this architecture.

In contrast to temples, where the ceiling is attached, the traditional minka (vernacular folk house) emphasizes the *koya-bari* (roof beam or frame) in the *doma* (earthen dirt floor area). Furthermore, in the teahouse and *sukiya* style architecture, directly showing the roof structure, creates light movements within the space without flaunting social status. Thus, the method of showing the roof makes the architecture appear lighter or heavier.

In the present day and age, the floor plans of architecture have organically grown, midscale buildings have become dense, and many single roofs have flourished into multiple, complex roofs. These complex forms are not one giant roof, but rather a method to cover neighboring buildings with various roofs. The example par excellence of this style of *gankō* (the flight formation of geese), where the architecture is distributed into a series of buildings, is in the shifting roofs of *Katsura Imperial Villa* (17th c.).[5] Through this, the monolithic roof is broken up into a series of smaller roofs. Whereas in East Asia it is often the case that one building has a dedicated single use program, these multi-use facilities and complex roofs demonstrate the originality in Japanese architecture.

The Comprehension and Succession of the Symbolism found in the Roof

In this manner, the *koya-gumi,* imbued with the rich history and symbolism, was made to develop over time. While the complex frame was occasionally concealed behind the ceiling, in other instances the crude structure would intentionally be revealed. Furthermore, in the case of the multi-roofed structures, the array of multiple roofs gave way to an organic and multicellular exterior expression. From this one might wonder in what ways modern architects has

carried forth the Japanese traditional style.

One such method is through emphasis of the symbolism of the roof. The most conspicuous instance of this is evident in the 1930s *wayō-setchū* (a composite of the Western and Japanese architectural styles), that resulted in *Teikan yōshiki* (*Imperial Crown style*). One such example is in the *Aichi Prefectural Government Building* (1931), which boasted a reinforced steel concrete structure with an *irimoya-zukuri* style roof with gable—a modern building topped with a Japanese roof.[6] Certainly, in this building, the roof became a component of the traditional Japanese style. The Japanese architecture with large size roofs draws inspiration from this symbolism and the lineage of the roof.

Another approach to expressing the roof in modern architecture, in contrast, places emphasis on the *koya-gumi,* showing the lines and curves of the roof frame and rafters. Through the emphasis earlier generations placed upon the roof, the generations that followed continued to emphasize *façade* primarily through the eave.

The third way modern architecture has been impacted by the traditional roof is through the complex roof shape. The detailed areas where the roof changes elevation creates a rich and varied *façade.* This change in architecture of the roof form conversely also brought about changes to the details and spaces of the interior.

While Japanese architecture inherited the roof from the traditional architecture, modern architecture overcame the shortcomings of traditional architecture through its technological advancements in construction. In particular, the heavy and massive nature of the roof in Japanese architecture created spaces disposed to darkness; however, by cutting through the roof with a skylight, this problem is solved. Additionally, the use of steel plates in roofing lightened gravity loads, allowing for even more freedom in form making. The result of these innovations is that complex roofs and eaves could now be expressed as elegant, sukiya forms.

To conclude, it is no exaggeration that the roof is an integral part of Japanese architecture: that, to trace the development of the roof allows for an understanding of the development of Japanese architecture. Contemporary architects continue this tradition of the roof by thoroughly examining its unique characteristics and proposing innovations. Through these efforts, "Japanese" architecture has emerged from the roof.

[Footnotes and References for this document are listed on p. 270-271]

年表
Chronology

屋根は建物が所属する国家や共同体、そして時代を象徴する「トーテム」となりうる。水平に長く張り出した軒先に、合掌造りの勾配に、我々は日本的なものを敏感に感ずる。帝冠様式の異質性や国立体育館の大屋根に新しい時代の到来や技術の片鱗を感じ取り、高揚する。この年表では、そのような視点から選定した建物を紹介する。　　［竹田福太朗＋小岩正樹］

The roof is an emblem symbolizing the nation, community or era to which a building belongs. Something uniquely Japanese can be keenly perceived in the horizontality of the deep eaves of *minka* folk houses, or in the steep incline of the *gasshō-zukuri* houses of Hida region in Gifu Prefecture. In the heterogeneity of the roofs of the *Teikan*, or Imperial Crown style (a hybrid Japanese-Western style) architecture or the massive roofs of Tange Kenzo's National Gymnasium for the Tokyo Olympic Games, the arrival at a new age and a glimpses of technology can be captured and enhanced. In this section of the chronological table of the exhibit, the works have been selected to reveal this perspective.
[Takeda Fukutaro ＋ Koiwa Masaki]

監修：早稲田大学 小岩正樹建築史研究室
Adviser: Koiwa Masaki Laboratory,
Department of Architecture, Waseda University

● 本セクションでの展示プロジェクト Exhibit in this section　　● 他セクションでの展示プロジェクト Exhibit in other section

500　　1500　　1900　　1950　　2000

● 吉野ヶ里遺跡の竪穴式住居
Pit-style Dwellings at the Yoshinogari Archaeological Site

● 今城塚古墳 家形埴輪
Iegata Haniwa excavated at the Imashirozuka Kofun
(Tombs)

● 白川郷 合掌造 ※1
Gasshō-zukuri Farmhouses in Shirakawa-gō

● 家屋文鏡
Kaoku Monkyō
(mirror with four buildings)

● 家形埴輪
Iegata Haniwa (Terracotta clay house figures)

● 賀茂別雷神社 (流造) ※4
Kamo-wake-ikazuchi Jinja
(commonly known as Kamigamo Shrine)
(Nagare-zukuri)

● 春日大社 (春日造) ※2
Kasuga Taisha (Kasuga Taisha Shrine) (Kasuga-zukuri)

● 善光寺 本堂
Zenkō-ji Hon-dō (the Main Hall)

● 神奈川県庁舎 (小尾嘉郎)
Kanagawa Prefectural Government Office Building
(Obi Karo)

● 伊勢神宮 (神明造) ※3
Ise Jingū (the Ise Grand Shrine)
(Shimmei-zukuri)

● 松本城 天守
Matsumoto Castle, Tenshu (Keep)

● 法隆寺 五重塔
Hōryū-ji Gojū-no-tō (five-story pagoda)

● 愛知県庁 本庁舎 計画案 (渡辺 仁)
Aichi Prefectural Government Office Main Building
(the competition proposal)
(Watanabe Jin)

● 東大寺 大仏殿
Tōdai-ji Daibutsu-den (the Great Buddha Hall)

● 洛中洛外図
Rakuchūrakugai-zu
(painted scenes in and around Kyoto)

● 岩崎小弥太熱海別邸 (曽禰達蔵)
Iwasaki Koyata's Atami Detached House
(presently Atami Yōwadō)
(Sone Tatsuzo)

● B・タウト『日本の家屋と生活』

● 前川國男自邸 (前川國男)
The Kunio Mayekawa Residence (Mayekawa Kunio)

● 大倉集古館 (伊東忠太)
Okura Museum of Art (Ito Chuta)

● 明治神宮 宝物館 (大江新太郎)
Meiji Jingū Hōmotsu-den
(Treasure Museum)
(Oe Shintaro)

● 在バンコク日本文化会館 (計画案)
(丹下健三)
Japan-Thailand Cultural Center
in Bangkok
(the competition proposal)
(Tange Kenzo)

● 吉田鉄郎
『日本の建築 JAPAN ARCHITECTURE』

● 岸田日出刀
『京都御所』／相模書房

● 今和次郎
『日本の民家』／相模書房

● 佳水園 (村野藤吾)
Kasuien (Murano Togo)

● 東京オリンピック
国立屋内総合競技場 (丹下健三)
National Gymnasium for the Tokyo Olympic Games (Tange Kenzo)

● 日本武道館 (山田 守)
Nippon Budōkan (Yamada Mamoru)

● 『日本の民家』(伊藤ていじ、二川幸夫)
Japanese Folk Houses (Ito Teiji, Futagawa Yukio)

● もうびいでぃっく (宮脇 檀)
Moby Dick,
Ishizu Second House
(Miyawaki Mayumi)

● 京都の集合住宅 (妹島和世)
Kyoto Apartments (NISHIYAMA HOUSE)
(Sejima Kazuyo)

● 牧野富太郎記念館 (内藤 廣)
Makino Museum of Plants and People (Naito Hiroshi)

● 荘銀タクト鶴岡 (鶴岡市文化会館)
(SANAA)
SHOGIN TACT TSURUOKA
(Tsuruoka Cultural Hall)

● 直島ホール (三分一博志)
NAOSHIMA HALL
(Sambuichi Hiroshi)

● サーペンタインパビリオン
(藤本壮介)
Serpentine Gallery Pavilion
(Fujimoto Sosuke)

※1

※2　上：正面 下：側面　　※3　上：正面 下：側面　　※4　上：正面 下：側面

■プロジェクトデータ
Project Data

p. 90

直島ホール
三分一博志（1968 - ）

NAOSHIMA HALL
Sambuichi Hiroshi (1968-)

［名称］直島ホール
［所在地］香川県香川郡直島町
［竣工年］2015年
［主要用途］ホール、集会所
［延床面積］1,272.86 m²（ホール：979.69 m² 集会所：293.17 m²）
［構造］鉄骨造、一部鉄筋コンクリート造、木造
［設計］三分一博志建築設計事務所
［施工］鹿島建設
[Name] NAOSHIMA HALL
[Location] Naoshima, Kagawa
[Year] 2015
[Primary use] Hall, community center
[Total floor area] 1,272.86 m² (hall: 979.69 m², community center: 293.17 m²)
[Structure] Steel frame, partly reinforced concrete, wood frame
[Design] SAMBUICHI ARCHITECTS
[Construction] Kajima Corporation

p. 93

佳水園
村野藤吾（1891 - 1984）

Kasuien
Murano Togo (1891-1984)

［名称］佳水園
［所在地］京都府京都市
［竣工年］1960年
［主要用途］ホテル
［延床面積］1,638 m²
［設計］村野・森建築事務所
［施工］大林組
[Name] Kasuien
[Location] Kyoto
[Year] 1960
[Primary use] Hotel
[Total floor area] 1,638 m²
[Structure] Wood frame
[Design] Murano Togo
[Construction] Obayashi Corporation

p. 94

京都の集合住宅
妹島和世（1956 - ）

Kyoto Apartments
Sejima Kazuyo (1956-)

［名称］京都の集合住宅（NISHINOYAMA HOUSE）
［所在地］京都府京都市
［竣工年］2013年
［主要用途］集合住宅
［延床面積］1,260.00 m²
［構造］鉄骨造、一部鉄筋コンクリート造
［設計］妹島和世建築設計事務所
[Name] Kyoto Apartments (NISHINOYAMA HOUSE)
[Location] Kyoto
[Date] 2013
[Primary use] Apartment
[Total floor area] 1,260.00 m²
[Structure] Steel frame, partly reinforced concrete
[Design] Kazuyo Sejima & Associates

p. 95

荘銀タクト鶴岡（鶴岡市文化会館）
SANAA

SHOGIN TACT TSURUOKA (Tsuruoka Cultural Hall)
SANAA

［名称］荘銀タクト鶴岡（鶴岡市文化会館）
［所在地］山形県鶴岡市
［竣工年］2017年
［主要用途］多目的ホール
［延床面積］7,846.12 m²
［構造］鉄骨造、鉄筋コンクリート造
［設計］SANAA＋新穂建築設計事務所＋石川設計事務所
［施工］竹中工務店・菅原建設・鈴木工務店特定建設工事共同企業体
[Name] SHOGIN TACT TSURUOKA (Tsuruoka Cultural Hall)
[Location] Tsuruoka, Yamagata
[Year] 2017
[Primary use] Multi-purpose hall
[Total floor area] 7,846.12 m²
[Structure] Steel frame, reinforced concrete
[Design] SANAA + Shinbo Architects Office + Ishikawa Architects Office
[Construction] Takenaka Corporation, Sugawara Corporation and Suzuki Corporation Joint Venture

p. 96

東京オリンピック国立屋内総合競技場
丹下健三（1913 - 2005）

National Gymnasium for the Tokyo Olympic Games
Tange Kenzo (1913-2005)

［名称］東京オリンピック国立屋内総合競技場（現 国立代々木競技場）
［所在地］東京都渋谷区
［竣工年］1964年
［主要用途］体育施設
［延床面積］28,705 m²（第一体育館）／5,644 m²（第二体育館）
［構造］鉄筋コンクリート構造、一部鉄骨鉄筋コンクリート構造
［設計］丹下健三＋都市建築研究所
［構造設計］坪井善勝研究室
［施工］清水建設（第一体育館）／大林組（第二体育館）
[Name] National Gymnasium for Tokyo Olympic Games
[Location] Shibuya, Tokyo
[Date] 1964
[Primary use] Sports facility
[Total floor area] 28,705 m² (First Gymnasium), 5,644 m² (Second Gymnasium)
[Structure] Reinforced concrete, partially steel-frame reinforced concrete
[Design] Kenzo Tange + URTEC
[Structural design] Yoshikatsu Tsuboi Laboratory
[Construction] Shimizu Corporation (First Gymnasium), Obayashi Corporation (Second Gymnasium)

p. 97

牧野富太郎記念館
内藤 廣（1950 - ）

Makino Museum of Plants and People
Naito Hiroshi (1950-)

［名称］牧野富太郎記念館
［所在地］高知県高知市
［竣工年］1999年
［主要用途］博物館
［延床面積］7,362 m²
［構造］鉄筋コンクリート造、鉄骨造、木造（小屋組）
［設計］内藤廣建築設計事務所
［施工］竹中・香長・中勝建設共同企業体
[Name] Makino Museum of Plants and People
[Location] Kochi
[Year] 1999
[Primary use] Museum
[Total floor area] 7,362 m²
[Structure] Reinforced concrete, steel frame, wood frame (roof frame)
[Design] Naito Architect & Associates
[Construction] Takenaka Corporation, Kacho, and Nakakatsu Corporation Joint Venture

p. 98

日本武道館
山田 守（1894 - 1966）

Nippon Budōkan
Yamada Mamoru (1894-1966)

［名称］日本武道館
［所在地］東京都千代田区
［竣工年］1964年
［主要用途］武道館
［延床面積］18,512 m²
［構造］鉄骨鉄筋コンクリート造
［設計］山田守建築事務所
［施工］竹中工務店
[Name] Nippon Budōkan
[Location] Chiyoda, Tokyo
[Year] 1964
[Primary use] Martial arts event facility
[Total floor area] 18,512 m²
[Structure] Steel-frame reinforced concrete
[Design] Yamada Mamoru Architecture, Engineers & Consultants
[Construction] Takenaka Corporation

03　Roofs of Tranquility

04
建築としての工芸
Crafts as Architecture

「建築とは、観念が全体を統率するものだ」という西洋の概念が持ち込まれた明治期以前の日本には、別の考え方がありました。建築も美も、機能や実用と切り離すことをせず、素材や手仕事が最後まで物を言う実体をありのままに捉えていたのです。そのうえで、日本人の得意とする自然を抽象化する意匠のセンスと高度な匠の技を駆使して、「部分」が説得力ある「全体」を織りなす工芸としての建築が構築されていました。このような工芸性は、遺伝子として近現代の建築にも脈々と流れています。村野藤吾や吉田五十八がつくりあげたのは、素材が放つ輝きと一体となった体感的な空間です。その背後には、図面に描ききれない共働者や職人とのやりとりがあるのです。実用的な部分の集積として建築をとらえる考え方は、黒川紀章らのメタボリズム建築を生み、やがて工業部品に工芸性を見出した石山修武に流れ込み、近年では坂茂、青木淳の作品に見ることができます。建築という概念と、独自に成熟した工芸との出会いが、現在の最先端の動向とも共鳴する流れを成立させました。

In Japan prior to the Meiji period (late 19th to early 20th century), when the concept of architecture as something that governs the whole was introduced from the West, there was a different way of thinking about architecture. It was understood as something, along with aesthetics in general, that could not be separated from function or utility, as an entity where the materials and handiwork were everything. As such, architecture was built as a craft that interwove the whole with convincing component parts, harnessing advanced techniques and design sensibility for treating nature as something abstract that is the Japanese forte. This genealogy of craftsmanship has passed down through the ages to modern and contemporary architecture. Murano Togo and Yoshida Isoya created experiential spaces that integrated with the radiance of the materials. Underlying this is the interaction with the collaborators and artisans that does not appear on the architectural plans. The way of thinking of architecture as the accumulation of practical components produced the Metabolism of the likes of Kurokawa Kisho and eventually continued down to Ishiyama Osamu, who uncovered the craftsmanship in industrial parts, and, more recently, can also be seen in the work of Ban Shigeru and Aoki Jun. This encounter between the concept of architecture and crafts that matured with such originality formed a current that still resonates with cutting-edge trends today.

待庵
伝 千利休

1582年頃（安土桃山時代）｜国宝｜妙喜庵待庵茶席床の間 洞床荒壁仕上げ
1974年｜撮影：土門拳｜所蔵：土門拳記念館

Tai-an
Attributed to Sen no Rikyu

ca. 1582 ｜ National Treasure ｜ *Alcove in the Tai-an Teahouse, Myōki-an*
1974 ｜ Photo: Domon Ken ｜ Collection: Ken Domon Museum of Photography

幻庵
石山修武
1975年 | 内観 | 撮影:大橋富夫

Gen-an
Ishiyama Osamu
1975 | Interior View | Photo: Ohashi Tomio

[上] 内観　[右] 外観／撮影：市川靖史
[above] **Interior View**　[right] **Exterior View** / Photo: Ichikawa Yasushi

日生劇場
村野藤吾
1963年

Nissay Theatre
Murano Togo
1963

　オフィスと劇場。《日本生命日比谷ビル》には、おおきく性格の異なる二つの機能が共存している。村野藤吾（1891 - 1984）は、相異なるこの二つの機能を、一つの建築におさめるにあたり、2階以上の軀体をぐっと持ち上げ、地上階をひろく外部に解放した。それにより、多様な人を受け入れる懐の大きいエントランスを生み出した。

　曲線の美しい螺旋階段を上がり劇場に入ると、まず複雑な三次曲面をもつアコヤ貝の貼られた天井に目を奪われる。この形態は、劇場を計画するうえで必要不可欠な音響効果を狙った結果である。実際に、入り込めるほどの大きな模型をつくり、何度も音響試験を重ねながら、この形は決定されていった。そうしたプロセスを経たからこそ、まさに手でこね上げたような彫塑的造形が生まれたのだろう。

　また建物全体には、全面を荒く叩き加工された花崗岩が、本来の構造である鉄筋コンクリート造のうえに被覆として貼り付けられている。こうした擬態した構造の表現は、近代建築が追い求めた機能主義の文脈のなかで、時として批判の対象ともなった。しかし、耐久性に優れた石をつかうという選択は、村野にとっては、建築の寿命を考えたときの合理的な判断であり、ごく自然な選択であった。石を使ってはいけないという近代建築の不文律こそ、彼にとっては全く無意味なものだったろう。そのことは、他にも地価の高い日比谷という土地で、地上階から一切の商業施設を排除するという決断からも伺える。

　あくまでも経済原理に基づきながら、意匠とそれに基づいた自由な材料の選択とによって、恒久的な印象をもった記念性の高い建築を生み出しているのである。

[本橋 仁]

The Nissay Hibiya Building consists of two largely contrasting functions: an office building and a theater. In accommodating these separate functions into a single building, Murano Togo (1891-1984) lifted the second level high off the ground level, opening up the first level to the public; this resulted in an invitingly deep, grand entrance that serves a broad variety of visitors.

Ascending the beautifully curving spiral stairway the visitor is led into the spectacular cave-like theater hall finished in pearl oyster shells. The hall's interior form is the result of various studies to achieve ideal acoustic properties critical to the theater design. The final form was determined after repeated testing using large-scale mock-ups large enough to crawl inside. The handmade-like sculptural form came about as the result of such processes.

Rough chisel-finished granite slabs are affixed to the actual reinforced concrete structure as cladding over the entire building—on all wall surfaces and the *façade*. Such imitative structural expression was often the target of criticism in the context of the functionalism pursued in modern architecture, but for Murano, durable granite was a rational and very natural option in consideration of the life span of the building. In fact, to him, the unwritten rule of modern architecture of not using stone was most certainly completely meaningless. Such flexibility was also reflected in his bold decision not to place any commercial facilities above ground level, despite the theater's prime location in the Hibiya district of Tokyo with high land value.

This significantly monumental building bears an image of longevity by its sophisticated design that served as the premise for the liberated selection of materials, while also preserving economic principles.

[Motohashi Jin]

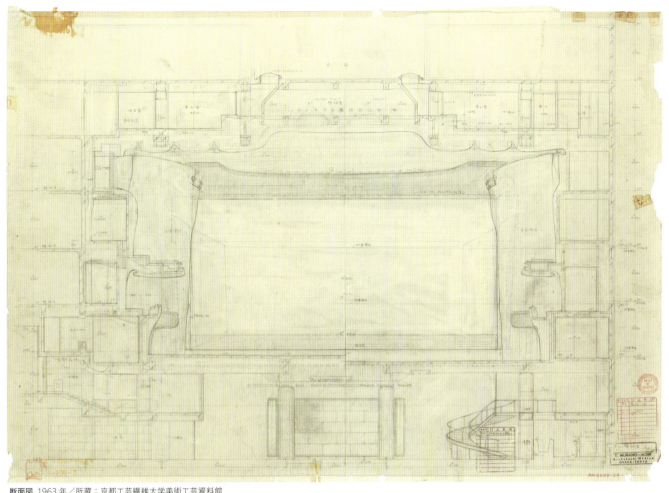

断面図 1963 年／所蔵：京都工芸繊維大学美術工芸資料館
Section 1963 / Collection: Kyoto Institute of Technology Museum and Archive

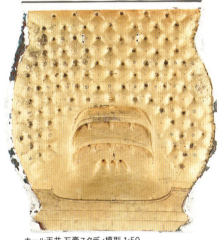

ホール天井 石膏スタディ模型 1:50
h150 × w630 × d600／所蔵：MURANO design
Hall Ceiling Plaster Study Model 1:50
h150 × w630 × d600 / Collection: MURANO Design

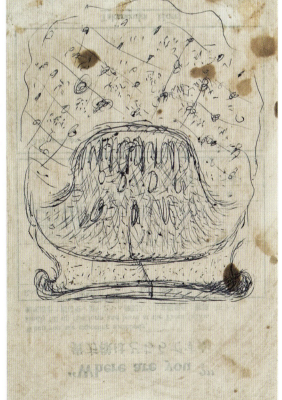

スケッチ ホール天井
所蔵：MURANO design
Sketch for Hall Ceiling
Collection: MURANO Design

日生劇場の模型を製作する村野藤吾
画像提供：MURANO design
Murano Togo Working on the Model for Nissay Theatre
Courtesy: MURANO design

04 Crafts as Architecture

[上] ロイヤルホテル（現 リーガロイヤルホテル）メインラウンジ 1973年／画像提供：竹中工務店
[右]《紅白梅図屏風》尾形光琳／18世紀／所蔵：MOA美術館
[above] Main Lounge, Royal Hotel (current RIHGA Royal Hotel) 1973 / Courtesy: TAKENAKA CORPORATION [right] Red and White Plum Blossoms Ogata Korin / 18th century / Collection: MOA MUSEUM OF ART

ロイヤルホテル メインラウンジ

吉田五十八
1973年

Main Lounge, Royal Hotel

Yoshida Isoya
1973

　《大阪ロイヤルホテル（現・リーガロイヤルホテル）》は、大阪・中之島にある関西屈指のホテルである。建築家・吉田五十八（1894 - 1974）の設計により、ウェストウィングが1965年、タワーウィングが1973年に完成した。バーナード・リーチや柳宗理、浜田庄司、河井寛次郎、岩田藤七、多田美波、懸治朗など、名だたる美術家がデザインに関わったことでも知られるホテルである。

　吉田五十八は、東京美術学校（現・東京藝術大学）を卒業後、大正・昭和の約50年間にわたって日本建築の近代化に取り組んだ建築家である。当初は、数寄屋住宅を中心に設計活動を展開したが、後年は平安時代の建築に強い関心を示しつつ、鉄筋コンクリート造による日本的表現を追求した。

　《メインラウンジ》はタワーウィング1階にある。その設計意図を、吉田は「基調を平安の時代にとり、中央の独立柱は、これを漆の蒔絵調とし、これに配するに、大和絵の絵巻物にみる、湧き井戸からの曲水のせせらぎをきかし、天井にはガラスの小片20数万個を群生させて、紫雲たなびくさまのシャンデリアを配し、またこの曲水の落ち口の庭には、滝壺まで9mの落差をもつ雄大な滝庭とした」と述べている。蒔絵模様の柱は美術家・懸治朗、シャンデリアは多田美波がデザインし、ガラス工芸家・岩田藤七が制作にあたった。岩田と吉田は大学卒業が同期の間柄である。

　吉田の作品は、美術家と関わりをもつものが多い。戦前の作品にはその住宅やアトリエが多く、より大規模な建物を手がけるようになった戦後の作品には、協力者として美術家が登場する。絵巻物に着想を得てまとめられた全体の意匠はもとより、柱や照明などの部分までもが美術工芸品のような高い完成度を示すのは、吉田の幅広い美術ネットワークの反映でもある。

[大井隆弘]

The *Royal Hotel* (current *Rihga Royal Hotel Osaka*) located in Nakanoshima, Osaka, is one of the leading hotels in the Kansai area. Designed by Yoshida Isoya (1894-1974), the West Wing of the hotel was completed in 1965, and the Tower Wing in 1973; both are renowned for their collaborative design efforts with well-known artists of the time including Bernard Leach, Yanagi Sori, Hamada Shoji, Kawai Kanjiro, Iwata Toshichi, Tada Minami and Agata Jiro.

Architect Yoshida Isoya graduated from the Tokyo School of Fine Arts (current Tokyo University of the Arts) and influenced the modernization of Japanese architecture for approximately fifty years spanning the Taisho and Showa periods. Early in his career, Yoshida focused mainly on residential works in the *sukiya* style, a traditional architectural style originally used for tea houses. In his later years, Yoshida possessed a strong interest in the architecture of the ancient Heian period and pursued the development of Japanese expression in reinforced concrete construction.

The design of the Main Lounge located on the first floor of the Tower Wing is described by Yoshida as being: "based on ancient Heian period architecture with independent columns finished in gilded Japanese lacquer, among which can be heard the murmurs of a meandering stream flowing from a spring, as portrayed in the classical Japanese decorative *yamato-e* scrolls. From the ceiling are hung chandeliers composed of clusters of over two hundred thousand fragments of glass to resemble flowing purple clouds. The stream is sourced by a nine-meter-high waterfall featured in the exterior garden." The columns in gilded lacquer finish were designed by artist Agata Jiro, and the chandeliers were designed by Tada Minami and produced by a glass artist Iwata Toshichi, Yoshida's peer at the Tokyo School of Fine Arts.

Several of Yoshida's works involved artists from various fields. Before WWII, Yoshida designed many residences and studios for the artists. Eventually, when he began to design larger projects after the war, he involved those artists in collaborations of those works. The overarching concept that arrived at the use of gilded lacquer to bring together the design, and the highly artistic level of detail shown in such elements as the columns and lighting fixtures reflect Yoshida's broad acquaintanceship with artists.

[Oh-i Takahiro]

1970年に「人類の進歩と調和」をテーマとして開催された万国博覧会において、黒川は3つの展示館を手掛けた。1960年頃から、これからの建築はつくりやすさと同時に分解しやすさ、移動しやすさが条件となると提唱してきたことを踏まえ、それぞれを「プレファブ化」、「ユニット化」した部分の集積による建築として設計した。

　東芝・IHI（石川島播磨重工業）館は、鋼板6枚を組合せた三角錐の四面体テトラピース1,476基で構成されたフレームにより、直径40m・重さ300tの朱色のドームを空中に浮かび上げている。開催テーマの具現化を試み、「人類の文明の故郷である森と生命の象徴としての太陽」、「森で生命の誕生を育む巣」といったイメージでデザインされた。同時に、万博の意図する未来的な表現を、プレファブ工法という技術を用いてどこまで感性的な造形芸術として迫れるかの挑戦でもあった。

　構造は当時の先端技術のコンピュータを駆使して解析された。テトラピースは150kg〜2tまでの4タイプに分類され、製作は東京工場で行われた。ピースは現場に運搬された後、4〜6基ずつ地上でユニット化されたものを3本のアーチを構成するように、レーザー測定を用いて組立てられた。

　空中ドームへは、直径26mで500人収容できる円盤状の観客席が油圧によって地上から5.5m上昇し、ドーム底部に導かれる。ドーム内は映像展示として、9面のスクリーンが360°観客を取り巻くように映画が上映される。観客席は18分間の映像にシンクロして旋回し、演出効果を高める装置としても機能する。映画観賞後は地下1階まで降下し、降りた空間は「水と光」で展開される展示でしめくくられる。

　6ヵ月の開催期間後、展示館は取り壊されることとなるが、「分解しやすさ」を加味していることから、設計思想どおり他の展示館に抜きん出て整然と解体された。解体後、黒川はきれいに取り外されたテトラピース1基を譲り受け、名古屋の実家の庭先に30年飾っていたほど愛着があった。2001年に自ら設計した名古屋市美術館での回顧展を機に、テトラピースは同美術館に寄贈され、屋外に展示されている。

［大沼 靖］

Architecture in 1960 entered a discourse wherein designs began to consider prefabrication and aggregation of units for ease of construction, while also offering easy disassembly and relocation to other locations. Fittingly, the 1970 World Exposition, EXPO 1970 Osaka, chose "Progress and Harmony for Mankind" as its theme. Kurokawa Kisho undertook designs for three pavilions addressing these ideas.

　The *Toshiba Ishikawajima-Harima Heavy Industries (IHI) Pavilion* was one of the three pavilions designed by Kurokawa, and is composed of a frame structure of 1,476 tetrads constructed of six-layer steel-plate pyramids. Inside the frame, a 40-m, 300-ton red dome was suspended in the air. Attempting to embody the exhibition theme, the design was made to illustrate "the forest as the home of human progress and the sun as a symbol of life," as well as "the nest in the forest from which all came into existence." At the same time, the futuristic design expression also offered an opportunity to push the engineering used in prefabrication to reach for new heights by testing the limits for creating sensitive, custom crafted works.

　Additionally, the structural design of the pavilion used the most cutting-edge computer technology at the time for the structural analysis. In the Toshiba IHI pavilion, four different types of tetrad pieces, each weighing from 150 kg to 2 ton were analyzed by computer and then were constructed in a factory in Tokyo. Once each piece was delivered on site, 4-6 units were made into modules that were constructed using a laser-measuring tool in order to construct the three-dimensional arch.

　It can be deduced from the lower portion of the pavilion that the free-floating, 26-m-diameter dome that could accommodate 500 people that was suspended 5.5 m above ground was achieved through the use of an oil hydraulic lift. Within the dome, 9 screens created a 360-degree panorama where visitors could enter and be immersed into a cinematic experience. For 18 minutes, the videos synchronized and rotated, functioning as a device that enhanced the effects of the performances in the dome. After the viewing the film, visitors exited through the first underground level that concluded the experience by showing an exhibit of "light and water" after emerging through the dome.

　After six months of exhibition, the Toshiba IHI Pavilion was slated to be demolished; however, taking into account the concept of ease of dismantling and in the spirit of the architectural discourse of the time, the pavilion was orderly disassembled, and one of the tetrad pieces was relocated to Kurokawa's house where he kept one of the fully completed tetrad pieces and lovingly displayed it in his garden in Nagoya for 30 years. The tetrad piece was donated in 2001 for a retrospective of Kurokawa's own works at the *Nagoya City Art Museum* (also designed by Kurokawa), where has since been displayed outside.

[Ohnuma Yasushi]

日本万国博覧会 東芝IHI館

黒川紀章
1970年（現存せず）

Toshiba IHI Pavilion, Expo '70 Osaka

Kurokawa Kisho
1970 (demolished)

［左］テトラユニット部分模型 1:5　1996年／所蔵：森アートコレクション／撮影：来田 猛
［下］外観　撮影：新建築社写真部／画像提供：DAAS
[left] **Partial Model of Tetra Unit 1:5**　1996 / Collection: Mori Art Collection / Photo: Koroda Takeru / Courtesy: Mori Art Museum, Tokyo
[below] **Exterior View**　Photo: Shinkenchikusha / Courtesy: DAAS

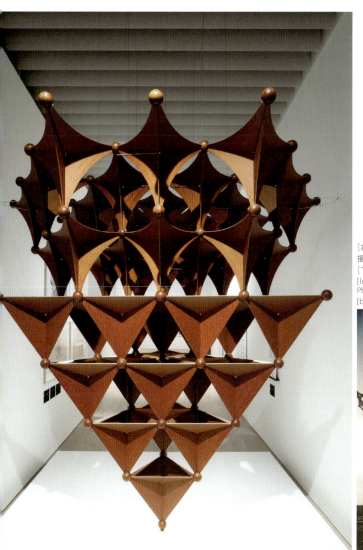

ハノーバー国際博覧会
日本館

坂 茂
2000年（現存せず）

Japan Pavilion, Expo 2000, Hannover
Ban Shigeru
2000 (demolished)

［上］内観 2000 年
［下］外観 2000 年
撮影：平井広行
[top] Interior View 2000
[above] Exterior View 2000
Photo: Hirai Hiroyuki

　建設し、また壊されるまでをも含めてデザインする。設計者の坂 茂（1957 - ）がコンセプトにしたのは、会期終了後の建物解体時に廃棄物がなるべく出ない建築であった。環境問題が主要なテーマとなった博覧会にも関わらず、パビリオンは半年後に取り壊すことにより大量の産業廃棄物を出すという矛盾がある。その課題に対して、再生紙でできた紙管をつかった建築に取り組んでいた坂に白羽の矢が立った。

　紙管の建築は、たしかに解体後に発生する廃棄物の再生を考えても、優位な素材であった。しかし、紙管を使っていくらコストを抑えても、結局はそれらを繋ぐジョイントにコストがかさんでしまうという課題もあった。

　そこで、このパビリオンの設計にあたっては、徹底的なジョイントの省略が検討された。紙管はいくらでも長く作ることができる。さらに、紙管はたわませることが出来るという実験の成果から、カーブを描く紙管で、それらをグリッド状に組んで三次曲面をうみだすアイデアにたどりつく。こうした新しい構法へのチャレンジは、コンサルタントとして協力をしたフライ・オットー（1925 - 2015）との関係あってのものだ。発注主である JETRO（日本貿易振興会）からの正式な契約の前から、独自に彼らとの下準備をはじめ、密な関係を築いていった。

　そうした協働の結果が、画期的なジョイントを生む。それまで利用してきた木のジョイントではなく、紙管同士を布製テープとバックルで緊結する方法が取られたのである。環境に配慮できるだけでなく、グリッドを立ち上げる際に、角度がひらくことで結びつけられた帯に締め付けが働くことと、さらに平面に組んだ紙管を立ち上げる際の自由な動きも許容されることは、大きな利点となった。

　壊されることまでもデザインしなければならないという、環境配慮への厳しい条件下において、紙管のさらなる可能性を求めた技術の追求が、あたらしい造形へと至らしめたのである。
［本橋 仁］

The premise of the *Japan Pavilion* was a design that encompasses not only the construction of the building, but also its demolition. Accordingly, a design concept that the architect Ban Shigeru had adopted was to create such a structure that produced minimal waste when dismantled upon the closure of the exhibition. Ban, who had been dealing with cardboard tube made of recycled paper architecture, was selected for solving this contradictory task. Thus he was entrusted to meet the incongruous challenge of designing a pavilion that, for an exposition with the theme of environmental protection that, nevertheless, inevitably would be demolished a half year later by which it would consequently produce a huge amount of industrial waste.

In consideration of reusing the waste after demolition, cardboard tube architecture was indeed a superior material selection. But Ban was faced with a complex cost issue: although the cardboard tubes themselves were inexpensive, the cost of the joints to connect the tubes would invalidate their use.

To deal with this issue, thorough studies to reduce the number of joints were carried out. One finding was that cardboard tubes could be manufactured to any length, and tests demonstrated that the tubes could be used in curved forms. These investigations led to the idea to weave the curved cardboard tubes into a grid pattern to produce a vaulted form. These challenges to achieve new construction methods were made possible by the collaboration with Frei Paul Otto (1925-2015), who acted as a consultant for Ban. In fact, Ban and Otto held a close relationship prior to signing the formal design contract with the client, JETRO (Japan External Trade Organization), and had already completed preliminary studies of the design.

This collaborative effort produced a revolutionary joint system; instead of using wooden joints used in previous designs, the system implemented a method of binding the tubes with cloth tapes and buckles. This solution not only had less environmental impact, but also possessed other major advantages: the angles of the bonded tubes would open producing a suitable amount of tension on the binding as the grid was lifted up into place, and flexibility of movement was afforded at the joints during erection.

The stringent design requirements that included the demolition of the building are in fact what encouraged and directed the technical pursuit of the greater potential of cardboard tubes and brought about a new architectural form.
[Motohashi Jin]

アクソノメトリック 2000 年
資料提供：坂茂建築設計
Axonometric 2000
Courtesy: Shigeru Ban Architects

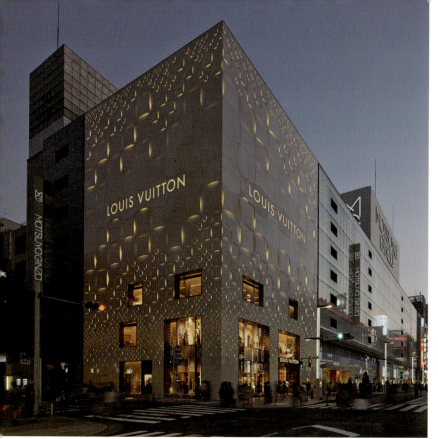

外観 2013年／撮影：阿野太一
Exterior View 2013 / Photo: Ano Daici

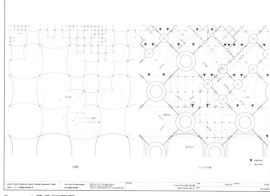

B ユニット基準断面図
2013年／資料提供：青木淳建築計画事務所
B Unit Typical Section
2013 / Courtesy: Jun Aoki & Associates

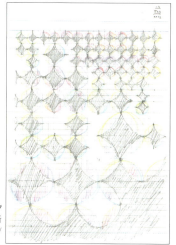

スケッチが描かれたキャンパスノートブック
no.102 2012年／所蔵：青木淳建築計画事務所
Campus Notebook with Sketches, no.102 2012 /
Collection: Jun Aoki & Associates

ルイ・ヴィトン松屋銀座

青木 淳

2013年

LOUIS VUITTON MATSUYA GINZA

Aoki Jun

2013

　これまで、国内外の青木淳（1956-）はルイ・ヴィトンの店舗を9つ、実現してきた。名古屋、表参道のように建築本体のデザインも含まれる場合もあるが、「外装」のみの場合も多い。高度なマーケティングに基づく内部の商業デザインは、建築家の手に負えるものではないと割り切り、外装を内装から切り離された、独立した建築として捉え直してきたからだ。

　そうした表面的とも捉えられがちなデザイン行為は、モダニズムのなかでは忌避されてきたものだ。内部と外部、その統合こそ建築家が追うべき責任と考える向きは強く、外装のみの設計に対しては積極的な姿勢で挑む建築家は少ない。こうした状況のなかで青木は、内部空間を包む機能として、建築の外装があるのではなく。内部空間を暗示させる機能としての建築、つまり「包装紙」のように外装はそれだけで自律しているという、まったく異なるアプローチをとっている。たとえば、モアレ効果を狙った名古屋栄店、大小さまざまな正方形のパタンの光が大理石の奥からにじみ出る銀座並木通り店など、様々な視覚効果をつかって外装を設計してきた。しかし、どの店舗の外装においても消せなかったものがある。それは目地であった。

　銀座松屋店では、いよいよその目地をも表面から消し去ることに成功している。この店舗の設計条件は非常に厳しい。この松屋銀座店の既存軀体は古く、もとを辿れば1930年に岡田信一郎（1883-1932）によって設計された銀座伊東屋にまでさかのぼる。伊東屋が移転後、松屋の店舗として利用され、軀体を使いまわしながら、その外装のみを変えてきた。そのため、改修においても厳しい重量制限が課せられた。さらに、外装のために与えられた奥行きは、わずか23センチ。このわずかな厚みの中に、手前と奥に二つのパネルを重ねた形で構成されている。そして、軀体に取り付けられる奥のパネルには実際には目地が斜めに、対角線上に入っている。それが、手前のパネルによって、巧みに隠されてしまうのである。言葉で書くと簡単だが、それには緻密な計算が必要とされ、非常に複雑な形態で軀体に取り付いている。しかし、外観は全くそれを感じさせない。目地を表面から消し去ることで、より包装紙のように自律した外装の印象を強めている。　　［本橋 仁］

Aoki Jun designed a series of Louis Vuitton stores in Nagoya, Roppongi and Omotesando. In each of these projects, his extent was limited to the exterior skins. Aoki clearly determined that the interior designs of the *boutiques* needed to be based on specialized marketing expertise rather than architectural. He re-defined the exterior skins, independent from the interior spaces, as the scope of architecture, and thus designed them accordingly.

These architectural design efforts of limited scope with a tendency to be considered superficial have been avoided in Modern architecture. There is a strong trend to consider the integration of exterior and interior spaces as the very role of an architect, and there are few architects who pursue projects that only involve the design of the exterior skin. But in such circumstances, Aoki did not presume that the function of the exterior skin is merely to cover the interior space, but rather took the completely different approach that it is an architecture for suggesting the space within, or in other words, is an independent wrapping-paper like entity. To illustrate, he has been designing the exterior skin by incorporating various visual effects, i.e., the *Moiré* effect at the Nagoya Sakae Store, and square patterned of light of varying sizes seeping through the thin marble slabs in Ginza Namiki-dori Store. But in these projects, there was one element that he could not eliminate from the exterior skin: the joints.

In the *LOUIS VITTON MATSUYA GINZA* project, Aoki finally succeeded in eliminating the joints from the exterior surface. The design requirements for this store were very strict. The existing structure of the Matsuya Ginza Department Store was old, dating back to the Ginza Ito-ya building designed by architect Okada Shin-ichiro in 1930. After Ito-ya moved out, Matsuya Department Store used the same structure through the years, only changing the exterior. For that reason, limits for the bearing load were strictly enforced, and a depth of only 23 centimeters was permitted for the new exterior skin. Within this limited depth, a combination of two wall panels were applied—one on the building surface and another inner layer as an underlay. The inner panels attached to the structure have joints in diagonal pattern that are skillfully concealed by the surface panels. Easier said than done, however, this design required precise calculations and an exceptionally complicated attachment to the structure, which could not be seen from the exterior. The elimination of joints from the façade further strengthened the image of an autonomous wrapping-paper-like exterior skin.　　[Motohashi Jin]

ブルーノ・タウトの工芸
Bruno Taut's Crafts

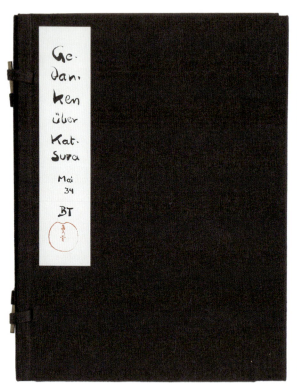

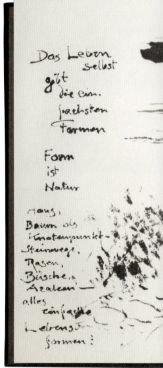

『日本文化私観』ブルーノ・タウト著
発行：明治書房／1937 年（第二版）
所蔵：少林山達磨寺
Nihonbunkashikan (my manifesto for Japanese culture) Bruno Taut
Publisher: Meijishobo / 1937 (2nd Edition)
Collection: Shorinzan Darumaji

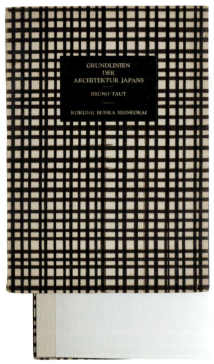

『Grundlinien der Architektur Japans』ブルーノ・タウト著／発行：国際文化振興会／1936 年／所蔵：文化庁国立近現代建築資料館
Grundlinien der Architektur Japans Bruno Taut / Publisher: KOKUSAI BUNKA SHINKOKAI / 1936 / Collection: The National Archives of Modern Architecture, Japan

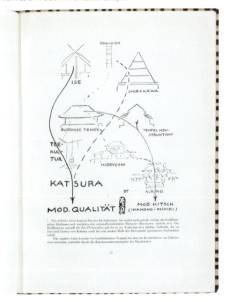

『ニッポン』ブルーノ・タウト著／発行：明治書房／1938 年／所蔵：少林山達磨寺
Nippon Bruno Taut / Publisher: Meijishobo 1938 / Collection: Shorinzan Darumaji

　ブルーノ・タウト（1880 - 1938）が我が国の産業工芸界に果たした功績は非常に大きい。そのきっかけを作ったのが、仙台に 1928 年に創設された商工省工芸指導所で、タウトが来日した 1933 年 5 月に『独逸ヴェルクブンドの成立とその精神』を発行、同年 9 月に東京三越本店で開催の研究試作品展覧会にタウトを招待し、11 月に指導者として招聘した。タウトは、全国の工房や工場の範となるモノづくりが課題であることを理解し、日本の伝統と近代の合一が大切であると説き、ドイツ工作連盟の理念と手法（調査研究≒デザイン≒製作≒外部の評価）を伝授した。10 編を超える提案書や意見書が残る。剣持勇ら所員を指導して実験用椅子や木製仕事椅子、金属製卓上照明具が産まれた。タウト自身は金属製ドアノブをデザインし、また生駒山頂小都市図図も作製した。市内や近郊を巡って色紙画も描いている。
　翌年 8 月 1 日から 1936 年 10 月 8 日まで、タウトは井上房一郎（1898 - 1993）の世話で高崎市郊外の黄檗宗寺院少林山達磨寺境内の草庵洗心亭に住みながら、群馬県下の材料（木、竹、竹皮、絹、木綿、羊毛、鉄、ガラスなど）による照明器具、サラダボール、ペーパーナイフ、椅子、本立て、篭、裂地、クッション、燭台などをデザインし、銀座ミラテスで販売され、地場産品の範を示した。工人はもとより、農山村の人々の役に立つことをタウトは願っていた。タウトは「井上のための日々の仕事」という自筆の記録を残し、折に触れて色紙画も描いている。
　タウトは、熱海の《旧日向家熱海別邸地下室》を設計し、1936 年に竣工した。社交室、洋風客間、和室、ベランダが構想され、竹の手すり、細竹を縦に張り合わせた壁面、電球を吊す竹を編んだ鎖、葡萄色の絹地張りの壁など、空間を工芸的手法で彩り、椅子や卓子や行燈や絨毯もデザインした。2006 年に重要文化財に指定されている。
　これらのタウトの多彩な活動は、彼が日本の伝統と現代の合一を一貫して追求したことを示している。
[庄子晃子]

Gachō Katsura Rikyu (sketchbook Katsura Imperial Villa) Bruno Taut / 1981 / Collection: Shorinzan Darumaji

[左]卓上照明器具 商工省工芸指導所 試作（『工芸ニュース 第三巻 8 号』）画像提供：産業技術総合研究所　[中]竹製ライトスタンド h550 × w430 × d430／所蔵：少林山達磨寺　[右]行燈 h937 × w348 × d348／所蔵：熱海市教育委員会
[left] **Study models for light stand**, *Kōgei News Volume 3rd (8)* Courtesy: National Institute of Advanced Industrial Science and Technology [middle] **Bamboo Lamp Stand** Collection: Shorinzan Darumaji [right] **Lantern** h937 × w348 × d348 / Collection: Department of Education, City of Atami

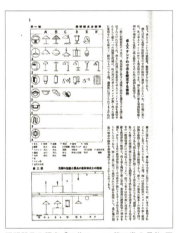

照明器具分類表『工芸ニュース 第三巻 8 号』）画像提供：産業技術総合研究所東北センター
Classified table of lighting fixtures, *Kōgei News Volume 3rd (8)* Courtesy: National Institute of Advanced Industrial Science and Technology

Bruno Taut (1880 - 1938) made prodigious contributions to Japan's industrial arts. Taut's involvement in the industrial arts came through a chance invitation from the Ministry of Commerce and Industry's Industrial Art Institute (presently part of the National Institute of Science and Technology), founded in Sendai in 1928. In 1933, the same year Taut arrived in Japan, the Institute published *The Establishment and Spirit of the Werkbund*. The following September, the Institute opened an exhibition of product design and research prototypes at the Nihombashi Mitsukoshi Main Store to which Taut was invited. Two months later, Taut was invited as a lecturer at the Institute. Taut understood the tasks for craftsmanship in the paradigm shift to the factory and workshop model. He explained the importance behind the integration of Japanese tradition and the present when he taught the "Research Investigation ⇌ Design ⇌ Manufacture ⇌ Outside Critique" methodology of the Deuscher Werkbund, or the German Association of Craftsman. Over ten volumes of proposals and written opinions remain from this period. Kemmochi Isamu, among others, also lectured at the Institute, and various products including experimental chairs, wooden work chairs and metal desk lamps were produced. Taut also designed metal doorknobs and made the *Mount Ikoma Summit Small City Plan* while at the Institute. All while doing so, Taut traveled extensively through cities and suburbs, sketching landscapes on *shiki-shi*, Japanese illustration boards.

The following year, from August 1st until October 8th, 1936, Taut moved to the suburbs of Takasaki, Gumma, where he resided in the Senshin-tei, a small residence or hut in Obakushu Shorinzan Daruma-ji, a major Zen Temple, thanks to Inoue Fusaichiro (1898 - 1993). While living in Gumma, Taut used local materials (wood, bamboo, bamboo reeds, silk, cotton, wool, iron and glass) to design and manufacture light fixtures, salad bowls, paper knives, chairs, book stands, baskets, fabrics and textiles, cushions, candle stands and so on. These various products made with local materials were sold in the Ginza Miratesu store. Taut wished to assist not only local craftsmen, but also the residents of the agricultural villages. Taut chronicled this time period in his journals titled *"A day's work for Inoue-san"* and in an occasional sketch on shiki-shi.

In 1936 Taut completed the design for the lower level space in the *Basement of the former Villa Hyuga* in Atami, Shizuoka Prefecture. Taut's design envisioned a Western-style sitting room, Japanese-style room and veranda. Industrial arts that adorned the space ranged from bamboo handrails, wall surfaces made of thin, vertical bamboo slats joined together, chains of woven bamboo with light bulbs hung from them, grape-colored silk walls, to even the design of chairs, tables, paper lanterns and rugs. In 2006, the house was designated as an Important Cultural Property. Each of these episodes illustrates the Taut's breadth of work and activity in his pursuits to unify Japanese traditions with the present time.

[Shoji Akiko]

旧日向家熱海別邸地下室 2017年／撮影：来田 猛
Basement of the Former Hyuga Villa, Atami 2017 / Photo: Koroda Takeru

旧日向家熱海別邸地下室

ブルーノ・タウト
1936年｜重要文化財

Basement of the former Villa Hyuga, Atami

Bruno Taut
1936｜Important Cultural Property

　数々の温泉地で知られる伊豆半島。それは活発な火山活動の証でもあり、半島の大部分は山並みが占める。この海と山とのわずかな敷地に、温泉地は線的に広がっている。《旧日向家熱海別邸地下室》もまた、海と山に挟まれた斜面に立地している。

　敷地には、すでに建築家・渡辺仁（1887 - 1973）の設計による邸宅が建っていた。斜面を造成したわずかな敷地には、庭を設けるまでの余裕が残されていなかった。そこで斜面地にせり出す形でコンクリートが打たれ、「架空庭園」（タウト記）のような形で庭が設けられた。施主である日向氏は、このコンクリートの躯体と斜面との間にできる空間に目をつけ、ブルーノ・タウトに「一部は現代風のもの、一部は純日本式のものにしたい」という、漠然としたイメージを告げて、設計の依頼を行う。

　施主からの依頼を、タウトは三つの部屋をつくることで満たした。どの部屋も、海側に開けた眺望をもち、手前より社交室（ピンポン室）、洋間、日本間と続いていく。地下に降りる階段は、ゆっくりと右側に折れ曲がりながら、最初のピンポン室に突き刺すようにして伸びる。さらに天井には、一直線に渡された電球の羅列が、あえて不揃いに垂らされている。階段から降りていくと、この電球から誘われて、一直線にならんだ部屋の奥へと視線が移っていく。

　そうして出来たこの日本間を、これが要望された純日本式だと言われても、少々戸惑ってしまう。それは、タウト自身が「上段の間」と呼ぶ、海に向かって設けられた四段の広い階段状の設えに、感じる違和感からくるように思う。日本間であれば、もっとも格式が高いはずの床の間も、このあまりに大胆な上段の横におかれては、控えめだ。しかし、それは決してタウトが、日本建築を理解していなかったことを示すものではない。むしろ、タウトは日本建築を研究し、その上で単なる過去の模倣を避けて、彼らしい自由さで取り組んだ結果である。

　施主である日向氏は、工事が始まってから口出しをほとんどせず、自由にタウトに設計を任せたという。その結果、日本に深い理解を示した外国人、タウトによる国内唯一の建築作品が、この熱海の地に生み出されたのである。

［本橋 仁］

The Izu Peninsula is known for its countless hot spring resorts—a sign of active volcanic activity. Meanwhile, mountain ranges cover almost the entire peninsula and hot spring areas spread linearly over the sparse land between sea and mountain. The *Villa Hyuga* was built on a slope similarly sandwiched between the sea and the mountains.

　Already extant on the site was a residence designed by Japanese architect Watanabe Jin (1887-1973). With barely land for the house on the sloped site, once the house was built, there was no space for a garden. As a solution, a garden was established in the form of a "virtual garden" (as described by German architect Bruno Taut) protruding from the slope on a concrete platform. The client, tradesman Hyuga Rihei, discovered more space between the concrete formwork and the slope to build on, and announced his vague request for "something partially modernistic and partially purely Japanese style" to Taut and commissioned him for the design of an annex.

　Taut satisfied Hyuga's request by creating three rooms; each room opening out to an ocean view, and the stairs connecting from the main house sequentially leads to a salon (table-tennis room), a western-style room and a Japanese-style room. The stairs down to this lower level gradually bend and wrap toward the southwest, extending directly into the table tennis room. Suspended in rows from the ceiling of the living room are small electric bulbs intentionally hung in an uneven arrangement; as one moves down the stairs, these rows of lights draw the vision deeper into the room.

　Whether or not the client's request for a pure Japanese style was satisfied is slightly debatable. This sense of incongruity seems to come from the four wide steps oriented toward the ocean from the room Taut referred to as the *jōdan-no-ma* (the raised-floor room). The placement of this very boldly pronounced upper level directly alongside what should be an extremely formal element—the *tokonoma* dais—renders it quite modest in comparison to the conventional Japanese style. This, however, does not imply that Taut lacked an understanding about Japanese architecture; in fact, Taut was studied on the subject and deliberately pursued freeness in design that was not merely imitative of the past.

　Once the construction on this annex began, interference from Hyuga was purportedly minimal, leaving Taut to design without restraint. Consequently, as a foreign architect with deep appreciation of Japan, Taut produced his one and only work of architecture in the country, there in the seaside city of Atami.

[Motohashi Jin]

[下]社交室・アルコーブ
[右]社交室（ピンポン室）
[below] Salon and alcove
[right] Salon (table tennis room)

[左]洋室・上段
[下]洋室
[left] Western-style room and raised-floor room
[below] Western-style room

[下]日本間
[右]日本間・上段
[below] Japanese-style room
[right] Japanese-style room and raised-floor room

湧雲の望楼
羽深隆雄
2008年

Wakigumo no Bōrō
Habuka Takao
2008

　羽深隆雄（1945 - ）はポストモダニズム期に一世を風靡した建築家・梵寿綱（1934 - ）の初期の弟子である。「日本のガウディ」と称された師の装飾性を、建築の工芸性に対する深い理解を仲立ちに日本の伝統へと接続し、数々の老舗旅館や高級鮨店《銀座久兵衛》の新館の設計を手がけるなど、前衛性と大衆性の融合に成功している。

　《湧雲の望楼》は設計者自身のセカンドハウスだ。玄関の向こうには、幾重にも連なる山々の雄大な眺望が広がり、東京から60km足らずの距離にいるとは思えない。

　木造2階建ての邸内には精緻で逞しい工芸性がみなぎり、変化に富んだ自然の雄大さに見合っている。玄関の大扉は90mm厚の欅の一枚板。年月を実感させる年輪の上に細やかな三重格子が彫り込まれ、そこにねじ曲げられた形をした鍛造の引き手が付いている。建具は歴代最年少の32歳で「現代の名工」に選ばれた渡辺文彦による仕事であり、同じく設計者と知己の深い鍛造作家・倉田光太郎が引き手を制作した。羽深はこのセカンドハウス全体に、過去と同一ではないデザインを施すことで、職人の腕を高みに向かわせ、それぞれの素材の個性を引き出している。

　工芸性とは、装飾にだけ限定された言葉ではない。本作の構造体には羽深が中心となって開発し、特許を取得した新しい構法が用いられている。柱と梁を接合する仕口の内部に接合金物部材を内蔵させ、木製の楔を併用することで、部材の断面欠損を最小限に抑え、構造材として高い強度と剛性を確保している。木材の収縮や木やせにも対応し、竣工後も強い耐力が保持できる。

　羽深は木材を扱う家に生まれたからこそ、その特性を生かし、新たな構法で素材の感触を露わにしている。物質をどのように組み立てるかまでを新規に構想しようとする工芸的な設計と作り手への介入は、職人そのものとも表面的なデザイナーとも違う、日本の建築家の特質の一端を示している。　　　　　　　　　　　　　　　　　　　　　　　　　　　［倉方俊輔］

Habuka Takao (1945-) is an early pupil of architect, Bon Juko (1934-), a predominant figure in Japan's Postmodernist period. Connecting the decorativeness of his teacher, who was known as the "Japanese Gaudi," to Japanese tradition by mediating through a deep understanding of the craft of architecture, Hakuba has been succeeding in merging the avante-garde with popular appeal in the design of many long-established inns and the new *Ginza Kyubey*, a high-end sushi restaurant. *Wakigumo no Bōrō* (Spring Cloud Observation Tower) is the architect's private vacation home. Beyond the entrance extends a magnificent view of overlapping mountain ranges, which makes it incredulous that its location is less than 60 km from Tokyo.

　The two-story wooden house is filled with elaborate and powerful craftsmanship and matches with the grandeur of its transforming natural environment. The large 90-mm thick entrance door is made from a single plank of solid zelkova. Embellished with a fine sanjū-gōshi triple lattice design carved into the annular rings that express the age of the wood, the door is fitted with a handle of twisted wrought iron. The fittings were hand crafted by 32-year-old Watanabe Fumihiko, the youngest carpenter to be awarded with the designation, Contemporary Master Craftsperson, and the door handle was produced by metalwork artist Kurata Kotaro, a close friend of the architect. In applying to every part of this vacation house a design distinct from any seen in the past, Habuka encourages the artisans and craftspersons to use their skills to the utmost and brings forth the personality of each material.

　The craftsmanship in Hakuba's architecture is not limited to decoration alone. He played an key role in inventing and patenting a new structural method which he applied to its construction. Posts and beams were connected using hardware concealed within the structural members, and combined with the use of wooden wedges, the loss of cross-sectional area was minimized, thus ensuring the highest strength and rigidity of the wood as a structural material. This method takes into consideration the shrinkage and thinning of the wood members, and maintains the yeild strength of the wood even after the structure is built.

　Because Habuka was born into the trade of wood craftsmanship, he optimizes the character of wood as an architectural material, revealing its nature through innovative structural methods. His craft-like design that attempts to create new vision down to the very assembly of its materials and his collaboration with the craftspersons and artisans sets him apart from the craftsperson and superficial designer, and identifies Hakuba as one of Japan's representative architects.
　　　　　　　　　　　　　　　　　　　　　　　　　　　　　[Kurakata Shunsuke]

［上］玄関外観。欅の大扉は高さ3.4m。1階外壁は珪砂入りの黒土壁左官仕上。2階外壁は杉の木羽板吹き。天井は秋田杉柾にシルクスクリーン仕上げ。［下］玄関大扉詳細。彫り込みは三重格子のデザイン。引き手は鉄の鍛造。
画像提供：羽深隆雄・栴工房設計事務所
[above] Exterior view of entryway: With a 3.4 meters high entry door made of solid zelkova, the first floor exterior is finished in black soil plaster with quartz sand. Beneath the eaves' underside and ceilings of silkscreened straight-grained Akita cedar, the second level exterior is clad in cedar shingles. [below] Detail of door with carved *sanjū-gōshi* triple lattice pattern and wrought iron handle.
Courtesy: Takao Habuka & S.E.N. Architect Associates

障子越に吹抜けを見る。障子は円、四角、三角の完全無欠の構成要素のデザイン。 画像提供：羽深隆雄・梅工房設計事務所
View of the atrium beyond the *shoji* screen. Shoji is comprised of circular, square and triangular components symbolizing absolute perfection. Courtesy: Takao Habuka & S.E.N. Architect Associates

[上]≪ザ・くさび≫で組まれた欅材の架構。天井は煤竹。 [下]正面外観。時間とともに木羽板の外壁が周囲の自然に同調してゆく。
画像提供：羽深隆雄・梅工房設計事務所
[top] Structural post-and-beam framework of zelkova with patented *The Kusabi* wedges. The ceiling is finished in smoke-cured bamboo. [above] Exterior view. The shingles are designed to blend into the surrounding nature over time.
Courtesy: Takao Habuka & S.E.N. Architect Associates

障子詳細。桟は通常、桧材が用いられるが、ここでは美しいが扱いにくい杉材を見付 3mm で仕上げている。中央部の濃い色の桟は神代朴の木。
Detail of shoji screen. *Hinoki* cypress materials are usually used for crosspieces, however, hard to treat but beautiful cedar materials are used instead to finish at 3mm. The dark colored crosspiece of the central elements is *Jindai Honoki* (Japanese white-bark magnolia).

幅、奥行き、高さ共に人間の身長から割り出された、極小の内部空間。その表皮は土、あるいは草木の類など儚くあいまいな形状をもつ自然素材で形づくられており、さながら人間のための巣といった空間感覚である。古来、大陸から渡ってきた、もしくは大陸から分化して生活していた日本列島に住む人々が、どのようにして今日に続く独自な感性、世界観を確立していくに至ったのか、そのひとつがこの小さな茶室に現れているように思える。

露地を歩き茶室に近づくと、まずは低く差し掛けられた土間庇に迎えられる。そこで一度かがむように頭を垂れ空間の変化を感じつつ、庇の脇からくぐるように歩を進めていく。客用の玄関である躙口は人がくぐり入ることができる最小限の大きさとして決定され、強く内外の閾を意識させる。躙口から内部に入ると、暗く幽玄な茶室空間が広がっている。徐々に目が闇に慣れてくると、その表皮の藁苆が土壁の荒さを際立たせ、煤けた表情と共に侘びた風情をみせている。窓や鴨居の構成は一枚の絵画のように相対的に決定され、自然素材ゆえの形状のゆらぎも視線に落ち着きを与えていく。

次第に空間の変化に意識が向かっていく。太陽の光のうつろいや差し掛かる雲の動きは、薄い障子紙を介して劇的に茶室の明暗と方向性を変える。また、風が木々を揺らす音や空気の動きが、その極限まで薄く、気泡をもった土壁を介して伝わってくるのを感じる。そして意識は閉じられた極小の内部空間から、屋外の自然やそのさらに先へと無限に広がっていく。

千利休（1522-91）の手により《待庵》で試行された草庵茶室は、今日まで400年以上にわたり伝承され、その後の建築形式にも影響を与え続けてきた。その所以のひとつとして自然を敬い、共に生きてきた日本人の世界観、生活観を現していることが挙げられよう。自然を克服すべきものと捉えるのではなく、人間も自然の一部であるという思想の具現化が、近世という時代に高度な表現として結実していたことに驚嘆する。

［岡田公彦］

待庵
伝 千利休
1582年頃（安土桃山時代）｜国宝

Tai-an
Attributed to Sen no Rikyu
ca. 1582 | National Treasure

Tai-an is a small tea room at Myōki-an in Kyoto built around 1582; its interior dimensions in width, depth and height are based on the average human height. It is covered with dirt walls or otherwise impermanent materials from plants and grass used to create a natural and ambiguous form, possessing the spatial impression of a nest for humans, as it were. This small tea room is considered as the refined outcome of an established worldview for people in the Japanese archipelago that maintains an original sensitivity passed down from ancient times when its inhabitants migrated from the continent or when the islands were formed by subduction.

Walking through the *roji* (a teahouse garden) leading to the tea house, one approaches a low extended eave space. Here, one lowers the head briefly while experiencing the change of the space, then passes through from the side of eaves, continuing along the path. The height of the *nijiri-guchi*, wriggling-in entrance, the small guest entrance to the tea room, was determined by the minimal space needed for a person to duck under, emphasizing the threshold between the outside and inside worlds. Upon entering through the nijiri-guchi, a dim tea room space with ethereal charm unfolds. Once the eyes gradually adjust to the darkness, the straw fibers appear accentuating the roughness of the dirt walls, which together with the soot-colored appearance revealing an expression of *wabi*, or a certain cosmic loneliness. The composition of the window and lintels along which *shōji* screen slides form an image of sophistication, and the soft-edged forms produced by the natural materials generates a calm aesthetic.

One's consciousness gradually shifts to the subtle changes of the space—the variation of sunlight or the movements of the clouds through the thin translucent paper of the shōji dramatically affects the brightness and directionality of the tea room. The movement of the cloud which hollowness of the solar light approaches no changes the light and shade and the directionality of the tea-ceremony room dramatically through thin shōji paper. One can also perceive the thinly dispersed sound and movement of air when the wind stirs the trees, permeating the porous dirt walls; eventually, this perception infinitely expands one's awareness from the enclosed intimate space out to the nature outside and beyond.

This *sōan*-style (rustic) tea room, the only existing tearoom confirmed as the creation of Sen no Rikyu (1522-91), one of the early tea ceremony masters, has been maintained for over 400 years, continually influencing the architectural forms of Japan that have since followed. One reason for this time-honored impact is that the respect of nature reflects the values and view of the world of a nation of people who have lived harmoniously alongside one another. It is a marvel that nature was not seen as something to conquer, but rather, that the embodiment of the ideal that humans are a part of nature was realized in the highly refined expression of tea room architecture in the early modern period.

［Okada Kimihiko］

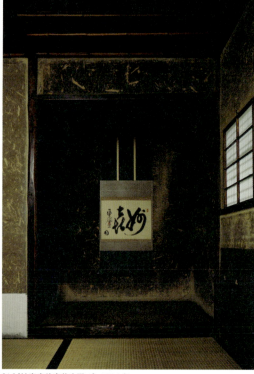

［左］《妙喜庵待庵茶席躙口》1974年
［上］《妙喜庵待庵茶席床の間 洞床荒壁仕上げ》1974年
撮影：土門拳／所蔵：土門拳記念館

[left] *Half-size Doorway (nijiri-guchi) of the Tai-an Teahouse, Myōki-an* 1974
[above] *Alcove in the Tai-an Teahouse, Myōki-an* 1974
Photo: Domon Ken / Collection: Ken Domon Museum of Photography

待庵 原寸再現
2018年／制作：ものつくり大学
展示風景（森美術館、2018年）撮影：来田 猛
Tai-an Full-size reconstruction
2018 / Production: Institute of Technologists
Installation views, Mori Art Museum, 2018 Photo: Koroda Takeru

04　Crafts as Architecture

幻庵からアンモナイト美術館へ

石山修武

幻庵｜1975年
アンモナイト美術館｜2018年 -（計画中）

From Gen-an to the Ammonite Museum

Ishiyama Osamu

Gen-an | 1975
Ammonite Museum | 2018- (work in progress)

アンモナイトミュージアム ドローイング　2018年／h1998 × w2277／所蔵：スタジオ GAYA
Drawing for Ammonite Museum　2018 / h1998 × w2277 / Collection: Studio GAYA

《幻庵》はわたくしのはじまりの作品であり、《アンモナイト美術館》はおわりに近くの作品になろう。昔からどうしても巨大な《幻庵》を作ってみたいとの気持があった。けれども日本では不可能なのも知っていた。だから日本を脱けるしかなかろうと機会をうかがっていた。2017年の暮近くに二ヶ月程のインド、ネパールの旅をした。幾つもの峠を越えてガンジス川上流カリガンダオ河に面したヒマラヤ圏のツクチェに辿り着いた。旧友のジュニー・トラチャンが一緒だった。ジュニーはトゥカリ族の族長である。幻庵主であった榎本基純とは、生前アンナプルナ連峰を巡る大旅行をした。ツクチェも訪れた。何かの巡り合わせだろう。

ネパールはインドと中間に挟まれた超多民族国家である。ジェニーも前国王の暗殺以来交友が途絶えていたが、今度の旅で執念で探り当てた。唐突に彼は言った。「石山さん、ツクチェにアンモナイト美術館作るんだけど行ってみない？」。73才になっていたので体力的にヒマラヤ圏はどうかなと考えたが、死ぬこともあるまいと出掛けた。35年前は歩いたが今度はジープだった。岡倉天心が、『東洋の理想』に述べたアジアの地政学は今や熾烈極まる。将来のアジアの盟主国になる中国とインドの力関係がネパールで衝突している。山国ネパールは近代化のあえぎで何処もかしこも道路工事だらけだ。けれどもネパールにはヒマラヤ山脈がある。ヨーロッパのアルプスとは桁違いな巨大さがある。日本列島の自然はすでに破壊されているが、ヒマラヤの巨大さは異次元である。ダウラギリの尖峰に朝光がきらめく時、地球の自転公転を瞬時に体内化する。

《幻庵》の極小空間は、時間の廻転運動、地球の自転を一瞬にして知る人間の知覚の力でもある。わたくしのつたない年少時の解説文の、他は全て不的確であるが、藤原定家の夢の浮橋のくだりは的確だと鋭敏な建築史家の鈴木博之（1945 - 2014）は見抜いた。今、進めている《アンモナイト美術館》は、《幻庵》の極小をヒマラヤの極大に対応させるべく、ヒマラヤ圏での技術に適う限りを尽そうとしている。R・バックミンスター・フラー（1895 - 1983）が空輸可能な軽さを持つ構造物を思考したように、金属部品はパタン市からの空輸を考える。カリガンダキは誰もが知る如くに、太古海底であった。二大プレートの衝突により、アンモナイトは白日の許にさらされ化石となった。ヒンドゥー教のヴィシュヌ神の化身とされる。この金属と石の洞穴からの日本は遠い植民地の如くである。

［石山修武］

[上] 幻庵 アクソノメトリック [下] 幻庵 スケッチ
所蔵：スタジオ GAYA
[above] **Gen-an Axonometric** [bellow] **Gen-an Sketch**
Collection: Studio GAYA

外観　撮影：大橋富夫
Exterior View　Photo: Ohashi Tomio

Gen-an (1975), a hermitage, is my first work of architecture, and the *Ammonite Museum* is close to being one of my last. Since long ago, I have had an irrepressible urge to create an enormous *Gen-an*; yet because I knew that it would be impossible to carry out that desire in Japan, I searched for opportunities overseas.

In the year 2017, I took a trip to India and Nepal for close to two months in late summer. Traversing over several mountains, I arrived at the village of Tukuche facing the Kali Gandaki River upstream the River Ganges in Northern Nepal in the Himalayan mountain range. I was with an old friend, Junny Tranchan, the head of the Thakali (an ethnolinguistic group originating from the Dhaulagiri zone of Nepal). In the past, I had taken a grand tour around the Annapurna mountain range with Enomoto Motozumi, the client of *Gen-an*, while he still was alive; and in some kind of interesting coincidence, we had visited Tukuche at that time, too.

Nepal is a multiracial nation sandwiched between India and Tibet. Although my associations with Junny had been curtailed since the Nepalese Royal Massacre, I was determined to reconnect. When I finally reached him, he immediately sprung an invitation upon me saying, "I'm going to build an ammonite museum in Tukuche, would you like to come and visit?" Because I had turned 73, I was unsure about how I could physically manage the trip to the Himalayas, but since I figured it would not kill me, I went along. Thirty-five years ago, I had walked those roads, but this time, we traveled by a Jeep.

The geopolitical situation of Asia that art historian Okakura Tenshin (1862-1913) had written about in *The Ideals of the East* is today facing a fierce predicament. The power struggle between the future leaders of Asia, China and India, now collide in Nepal. As if gasping to catch up with modernization, there is roadwork underway all over the mountainous terrain of Nepal. And then, there are the Himalayas; their enormity is a different order of magnitude from the European Alps. The natural environment of the Japanese archipelago has been already damaged, but the scale of the Himalayas is another dimension all together. When the morning light glitters on the sharp peaks of Mt. Dhaulagiri, the revolution of the earth is instantaneous.

Likewise, the minimal space of *Gen-an* is the equivalent of the instantaneous human perception of knowing the rotational motion of time, the earth's rotation. Architectural historian Suzuki Hiroyuki (1945-2014) had the keen insight into my clumsy juvenile explanatory text in that although everything I had written was non-precise, my thoughts on Fujiwara no Teika's *Yume no Ukihashi (Dream of the Floating Bridge)* were on the mark. The Ammonite Museum that is currently underway will refer to the minimalism of *Gen-an* in its response to the Himalayas as a maximum expression, and I will do my best to apply local building techniques.

Just as Buckminster Fuller (1895-1983) conceived of a light structure that could be transport by air, I am considering flying in the metal elements from Patan City. As everyone knows, the Kali Gandaki Gorge was in ancient times located at the bottom of the sea. From the collision of two major plates, the ammonite was exposed to the broad daylight and became fossilized. They are considered the incarnation of Vishnu (protector and preserver of the universe). From this cave of metal and stone, Japan is like a faraway colony.

[Ishiyama Osamu]

蟻鱒鳶ル
岡 啓輔
2005年-（建設中）

Arimasuton Building
Oka Keisuke
2005 - (work in progress)

外観 撮影：本多晃子
Exterior View Photo: Honda Akiko

　無い、足りない、寒い、ひもじい、そういう辛い状況を克服しようと人類は長いこと努力してきた。
　人々は、糸を紡ぎ、布を編み、土地を耕しタネを蒔き、木を伐り、家を建て「モノづくり」でそれを克服してきた。近年、飛躍的な生産性の進歩で、世界は足りないどころかアッという間にモノであふれている、状況はひっくり返った。暮らしと共にあった「モノづくり」は、貧しい時代に「仕方なくやっていたこと」として忘れ去られ、ほんの一部の人だけの仕事となってしまおうとしている。
　人は生きるために「モノづくり」に励んできた。自然と向き合い、物質と向き合い、道理を考え、意匠を凝らし、沢山のことを学び、悦びを感じながら、それは《希望そのもの》で大きな悦びとなっていた。
　「もうあるからつくる必要無し」ではなく、「つくりたい！」これは人が遺伝子の中で育んできた大切な思いだ。つくるなら遺伝子に深く刻まれた「衣・食・住」のことが良い。たくさんの人と繋がれるし、成果がわかりやすい。始めれば気づきや学びが連続し、悦びは回り出す。
　建築は、たくさんの人がたくさんの人の未来を信じ、力を合わせてつくるモノだ。
　希望の無いところに建築は建たない、大きくてビビるけどやりがいも大きい。
　「建築をつくる悦び」は希望を伝播する、それは建築の最も大切な力だ。
　その悦びは街に広がり、何百年と伝えられる。
《蟻鱒鳶ル》は放つ。　　　　　　　　（岡 啓輔）

For ages, humans had strove to overcome the conditions of having too little, not enough, or of being cold or hungry.
People spun thread, wove fabric, tilled the land and sowed seeds, cut trees and built homes, surmounting those conditions through "handiwork" In more recent years, the situation has been completely overturned—in the blink of an eye, through the progress of rapid productivity, far from not having enough, our world overflows with commodities. The handiwork that previously went hand-in-hand with lifestyle has faded to oblivion as merely something that one had no choice but to do in impoverished times, and has now become the work of only a small part of the population.
People worked hard at handiwork to maintain their livelihood. Handiwork brought people tremendous pleasure and was hope itself—being face to face with nature and matter, using reason, elaborating on designs and gaining an abundance of knowledge, all while experiencing the joy of creation.

《蟻鱒鳶ル》は、岡啓輔が 2005 年から自力で建設を続けている自邸である。完成形の図面はなく即興的に造り続けている。建築を学び、型枠大工の経験を積んだ岡は、コンクリートの輸入間もない明治期の文献を研究し、独創的な建設方法を実践している。

《蟻鱒鳶ル》のコンクリートはガラスのような手触りである。秘訣は、コンクリート打設後の養生にある。コンクリートは、水が蒸発して固まるのではなく、水とセメントが化学反応し、ガラス質に結晶化して強度がでる。型枠にコンクリート流し込むと表面の水分が蒸発を始めるが、化学反応に必要な水分まで蒸発すると乾燥収縮して、ひび割れなどの劣化を生じる。岡は、表面がガラスのような手触りになるまでの 2 週間、育てるように、ひたすら水をかけ続ける。

《蟻鱒鳶ル》のコンクリートは水を通さない。岡の打つコンクリートは密度が高く、防水の必要がない。通常 1 階分の高さの壁を 1 回で打設するところ、岡は 70cm ずつ、4 回かけて打設する。コンクリートはセメントに混ぜる水が少ないほど、ひび割れもしにくく水も通さない。しかし、固すぎると流動性が低くなり、型枠の隅々までいきわたらない。セメントに混ぜる水の割合は、一般的には 50〜60 パーセントだが、岡の生コンは、37 パーセント。水分が少なく作業性の悪い生コンを型枠の隅々まで締め固め、高い水密性と耐久性は得るために、自分自身の手が届く高さまでしかつくらない。

《蟻鱒鳶ル》の型枠は工芸的である。岡の身体が基準で造られたこの建物は、既成品の型枠では対応できない。杉板や木片を組み合わせて、農業用ビニールを巻いた独創的な型枠を使用している。そこに、様々な素材を挟み込み、コンクリート表面の意匠を巧みに凝らしている。

《蟻鱒鳶ル》は、生産性を求めた近代建築の主役、コンクリートの新たな実験場である。工芸と工業の隙間でものつくりを根本から問い直そうとしている。

[前田尚武]

"It is not about creation based on necessity, but it is the important urge to create that has been cultivated and is inherent in our genetic makeup. It is good to create clothing, food, and home—the aspects of life that are carved deeply into our genes. In doing so, we connect with many others, and the results are clear. Once you begin, awareness connects to learning, generating joy.

Architecture is something created through the forces of many people who put their faith in the future of many others.

Buildings are not constructed in places where hope does not exist; though the scale can be overwhelming, the satisfaction of creation is also great.

The joy of creating buildings transmits hope, and is the most important power of architecture.

This delight spreads through the town and is transmitted for several hundred years. I release my creation, *Arimasu-tombi-ru*, in the spirit of such transmitting joy." [Oka Keisuke]

Arimasuton Building is the private residence of Oka Keisuke, who has been constructing the building with his own hands for twelve years since 2005. He continues to build in impromptu style without design documents of the final form. After studying architecture and gaining experience as a concrete formwork builder, Oka did research on documentation of construction in the Meiji period (1868 - 1912) before concrete was introduced to Japan, and currently practices his own original method of construction.

The concrete of *Arimasuton Building* feels like glass. The secret is in the curing that takes place after casting the concrete. Concrete does not harden by the evaporation of water, but there is a chemical reaction between the water and cement in which it crystallizes into a glass-like matter and strengthens. When concrete is poured into formwork, the moisture on the surface starts to evaporate, but if the amount of moisture necessary for chemical reaction evaporates, fissures or other forms of degradation may occur from drying shrinkage. Since it takes two weeks to achieve the texture of glass on the surface, Oka is meticulous in his routine to cure it with water.

The concrete of *Arimasuton Building* is impermeable by water. The method used by Oka to pour concrete gives it high density eliminating the need for waterproofing. While generally, concrete pours are done one floor height at a time in single pour, Oka divides these into four phases, pouring to height of only 70cm each time. The less water there is in the cement, the more resistant the concrete is to cracking, and the less permeable it is to water. If the concrete is too dry, however, the workability is compromised and the concrete will not thoroughly reach down into the corners of the formwork. Typically, the amount of water is about 50 to 60 percent of the cement; but Oka's cement mixture is 37 percent. To compact this low-moisture, poor-workability mixture into every inch of the formwork and achieve high water-tightness and durability, Oka pours only to a height he can reach with his own hands.

The formwork of *Arimasuton Building* is a craft. For a building whose production is based on the standard of Oka's physical form, conventional formwork materials and equipment could not be used. Instead, Oka assembles cedar panels and wood fragments and wraps them in sheets of vinyl generally used for agricultural purposes to fabricate his original version. In creating this ad-hoc formwork, he inserts various other materials, skillfully elaborating on the design of the concrete surface.

Arimasuton Building is a new testing site for concrete—the material that revolutionized modern architecture in response to its demand for productivity. In this way, Oka is exploring the question of handicraft in the gap between craft and industry from its roots.

[Maeda Naotake]

コンクリートオブジェ
φ 200 × 1000, φ 550 × 1200
岡 啓輔／2018 年
Concrete Object
φ 200×1000, φ 550×1200
Oka Keisuke / 2018

04 Crafts as Architecture

建築の工芸性は、
マーブルのように漂う

本橋 仁

　日光東照宮、この建築を「IKAMONO・INCHIKI
（いかもの・インチキ）」と評した建築家がいた。ドイツ人の
建築家、ブルーノ・タウト（1880 - 1938）である。タウト
は、日本インターナショナル建築会からの招待で、昭和
8年（1933）からおよそ3年間、日本に滞在した。そして
来日から半月も経とうとする頃、日光を訪れ、こう残し
ている。

> 五月二一日（日）
> 東照宮――いかものだ。神馬は厩のなかで頗る御機嫌斜
> めである、欄間の三猿（見ざる、聞かざる、言わざる）。兵隊
> のような配置、なにもかも型にはまっている。華麗だが
> 退屈、眼はもう考えることができないからだ。（昭和8年5
> 月21日『タウトの日記』より抜粋）

　日光を批判し、桂離宮や白川郷の合掌造りの論理的な
性格のなかに、日本の美を認める。そうしたモダニス
ト・タウトを必要としたのは、「国際様式」を推し進め
る日本の建築家たちであった。彼らはタウトの言葉を印
籠として振りかざし、建築の装飾を「虚飾」として断罪
していったのだ。

虚ろな形を巡って

　装飾を蔑む眼の存在は、なにもタウトによって初めて
もたらされたものではない。日本のモダニズムの幕開け
を語るのに、あるひとりの青年建築家の叫びにも似た声
を紹介したい。

> 　構造に、それを偽る被覆を貼り付けることは、例外
> なく虚偽建築です。それはボロの着物を見せないように
> 安トンビ（外套）を羽織るようなものではないですか。
> そんな社会の虚礼を憎まずにいられますか。（山崎静太郎
> 「虚偽建築に就いて中村先生へ」『建築雑誌』1915年11月号／著者抜
> 粋のうえ、現代語訳）

　声の主は、当時若干30歳、東京帝国大学建築学科を
卒業したばかりの建築家、山崎静太郎（1885 - 1944）。と
き、大正4年（1915）、当時建築学会の語彙編纂委員をつ
とめていた中村達太郎（1860 - 1942）を相手取り、虚偽建
築の意味を巡り論争が繰り広げられたのだ。「虚偽論争」
とも呼ばれる誌面を介した論争は、まさに日本のモダニ
ズムの萌芽といえる。[1]

　教科書的なモダニズムに対して、建築家、村野藤吾
（1891 - 1984）もまた疑問をもったひとりであった。1933
年大阪の講演会「新興建築講演会[2]」の席上で、なぜ装飾
を排除しなければならないのか、果たして経済的な説明
で片付けられるのか、と強く同時代を生きる建築家に問
いかけた。そして、最後にこう加えた、「現代を生きる
新興建築家は海外の意見ばかりを聞きすぎではないの
か？」と。まさに、この講演会の主賓こそ、ブルーノ・
タウト。彼の来阪記念行事での一幕であった。
　村野は、晩年までこの虚偽というレッテルと闘いつづ
けた。晩年の傑作、日生劇場（1963）もまた、鉄筋コン
クリート造の表面に、構造の役割を担っていない「被覆
としての石」を貼り付け、現代的ではないと批判の的と
なった。村野は、そうした批判に対し、毅然としてこう
語る。

> 　私の学生時代に鉄骨造に石を積んでいくのはシャムコ
> ンストラクション（虚偽建築）といわれて、ずいぶん排斥さ
> れたものですが、私はいまはそう思わない。鉄骨の心
> があるのにあれはオーダーがついているから、様式的に
> まちがっている、本当のものではない、というほうがま
> ちがっている。（村野藤吾「日生を語る」『新建築』1964年1月号）

　虚偽論争から50年も経った日生劇場においても、さ
らには現代においてもなお、非構造材である装飾は、時
に不当とも思えるほどの冷ややかな眼差しを浴びせられ
てきた。しかし、一見優勢にも思えたモダニズムもま
た、普遍的な建築の有り様は示すことができなかったで
はないか。そうしたなかで、村野は時代に束縛されない
その態度を貫くことによって、ある意味で様式化されて
しまった現代性を克服しようとしていった。

工芸指導者としてのタウト

　日本にはもう一人のタウトがいる。日本の工芸の質を
高めようとしたタウトである。商工省による工芸指導所
が昭和3年（1928）、仙台に設立される。[3]戦後、東京に移
転しインダストリアルデザインを中心とする産業工芸試
験所として移行するまでの20余年、ここでは日本の伝
統工芸から産業デザインにいたる研究がなされ、日本の
規範となるデザインが模索された。
　来日中のタウトは、昭和8年（1933）9月4日、丁度
東京でひらかれていた工芸指導所研究試作品展覧会を見
る機会を得る。そこに居合わせた所員に向けられた言葉
は、やはり「いかもの」工芸という痛烈な批判。西洋受
け売りのデザインを強く批判した。当時の所長、国井喜
太郎（1883 - 1967）はすぐにタウトを顧問として呼び寄
せ、およそ5ヵ月間指導にあたらせた。短い期間のな
かで、所員に課せられたのは「規範原型」の研究。機
能・材料・構造・経済・造形の5つの要素が、その基

本的条件に定められ、日々繰り返しの実験がおこなわれた。「いかもの」脱却に奮闘する所員は、座面の検討には雪で型を取るのがいいと思えば、吹雪の鳴子温泉に実験に出向くことも問題ではなかった。

こうした「雪のテストチェア」で実験を繰り返していた所員の一人に、その後日本を代表する工業デザイナー、剣持勇（1912-1971）がいた。タウトの教えに衝撃を受けて以降、剣持は、自分の居場所を机上から、工場にみつけていく。タウトが伝えたことは、規範であって規格ではない。工芸を生み出すための質を担保したうえで、その上に立つ工芸を期待したのである。タウトの日本における功績は、剣持のその後の作品に示されているとおり、まさに日本の技術を前提としたジャパニーズ・モダンの展開として現代の日本のデザインの基底をつくっている。

「図案」からのアプローチ

日本の多くの大学が、エンジニアリングに立脚点をもつ建築教育を行うなか、東京美術学校（現在の東京藝術大学）は「図案」から建築へとアプローチしていった。

明治29年（1896）、東京美術学校に図案科が設立される。図案とは文字どおり、工芸品の模様などの意匠、文様や形を指す。この図案科のカリキュラムのなかで、建築装飾史の講義がはじまる。教官として招聘されたのは、塚本靖（1869-1937）。彼は日光東照宮などの調査・研究で知られる研究者肌の人間であり、まさに建築装飾が専門であった。

じつは、美術学校での建築教育は、創設者のひとりでもある岡倉覚三（天心、1863-1913）のかねてからの希望でもあったという。岡倉は、建築装飾術の教育は、絵画や彫刻の教育抜きには、不可能であると感じ、とくに美術学校において建築装飾術の教育を行うことに意味を見出した。

こうして、設立された図案科が、大正12年に建築科として独立するまでに、特異な人材を輩出する。たとえば、今和次郎（1888-1973）。彼は日本の各地をめぐり、誰も見向きもしなかった民家を見て歩き、『日本の民家』（鈴木書店、1922）としてその紹介をおこなった。彼は早稲田大学で教鞭もとり、テキスタイルを通して建築に携わった内井乃生など後進を育てた。さらには、数寄屋建築の近代化を目指した吉田五十八（1894-1974）。彼の代表作である大阪ロイヤルホテル（現在の、リーガロイヤルホテル）では、2層吹き抜けのエントランスの柱に金蒔絵を施し、その柱を縫うように川を流し、日本の屏風絵に入り込んだような、美しいロビーを生み出している。

東京美術学校は、モダニズム建築を牽引した工学を背景とした建築教育と並行しながら、日本の建築界に色濃い影響を残していくことになる。それは、建築の装飾についての深い理解、さらに建築にとどまらない美術全般の素養に基づくものだろう。彼らもまた、モダニズムが置き去りにしてしまった日本の伝統を捉え、近代に引き継ごうとしていった。

表層に漂うマーブル

昨今、ちょっと他にはない間取りや外観をもつ物件を「デザイナーズ」と呼ぶ向きがある。こうした物件を総称する言葉の存在は、翻って考えてみると、現代におけるデファクト・スタンダード（事実上の標準）がこの世界には存在していることを意味している。そうした点で、合理主義を追求した近代化は、ある意味で成功した。

しかし建築は果たして、単なる工業製品にまで脱色されていくのだろうか。村野藤吾は、石を貼り付け、現代性という様式を乗り越えようとした。タウトは、日本における工芸の「質」を造形から生産までの一体のバランスをもって高めようとした。そして、岡倉覚三は建築装飾を美術学校として教育することの必要性を感じていた。

建築に限らず、昨今さまざま仕事が専門分化し、合理化されている。商業施設においては、なおさらのこと、企業の蓄積されたノウハウは、一方で建築家としての設計に制約を与える存在でもある。青木淳（1956-）による一連のルイ・ヴィトンにおける設計は、そうした状況に対するポジティブな挑戦でもある。青木は、あえて建築の内部空間は直方体とし、複雑なプログラムはいれていない。その代わり外観に特化し、表層1メートルの空間を建築家の領分として定め、建築それ自体の「美しさ」への志向を担保する存在として寄与している。制約のなかで、建築家の仕事があらためて装飾に向いてくるというのは、興味深い。青木と同じように、大正期、行き過ぎた合理主義に注意を払った建築家に、後藤慶二（1883-1919）がいた。

> 如何にも建築は構造であることに相違ないが、構造必ずしも建築ではないのである、学士（山崎）の言は建築即構造と解せられる嫌がある、更めて云ふ構造を造るものは知識にして、建築を成すものは心なることを。（後藤慶二「形而下の構造に対する形而上の批判」『建築雑誌』1916年7月号）

近代建築において、いくら機能主義、合理主義が推し進められようが、建築の工芸性は捨象されることはなかった。むしろ、そして進みゆく建築の合理化のなかで、それはマーブルのように表層に漂いはじめている。

[本稿の注釈、参考文献は、p. 270-271 参照]

The Marbling of the Art of Architecture

Motohashi Jin

There was once an architect who criticized the *Nikko Tōshō-gū* (Shrine) as being *"ikamono"* or *"inchiki,"* that is an imitation of something genuine or real. That was Bruno Taut (1880-1938), the German architect who was invited to Japan by the International Architecture Association of Japan in 1933 and stayed for three years. He visited Nikko barely a fortnight after his arrival and left these remarks.

> Sunday, May 21
> Tōshō-gū is fake. The sacred horse shimme is exceedingly displeased in a stable. The three wise monkeys (who neither see, speak nor listen) are lined up like soldiers on their transom board. All is trapped in cliché. Before all that tedious splendor, my eyes had ceased to think.
> (Excerpt from Taut's Diary, May 21, 1933.)

This was a rendition of Japanese aesthetics that criticized Nikko and found beauty in the rational character of *Katsura Imperial Villa* or the *Gasshō-zukuri* of Shirakawa-go. Those who needed this "modernist Taut" was a group of Japanese architects promoting International Style. They wielded Taut's words as a sword (in a sense as the *Carte Blanche* of sort) and condemned architectural decoration as "ostentation."

On Empty Form

It wasn't Taut who first introduced this dismissive viewpoint on decoration. I would like to introduce a voice, closer to a cry, by a young architect, from the dawn of the Modern movement in Japan:

> Covering a structure to misrepresent what it actually is is nothing but false architecture. It's like someone putting on a cheap overcoat in order to hide a scruffy kimono she is wearing underneath. Don't you hate such formalities in society?
> (Yamazaki Seitaro: On False Architecture—for Prof. Nakamura: Kenchiku Zasshi, November 1915.)

These remarks were made by Yamazaki Seitaro, then 30 years old and just graduated from the architecture department of Tokyo Imperial University (presently Tokyo University). It was 1915 when he provoked the argument against Nakamura Tatsutaro (1860-1942), a member of the Terminology Committee at the Architectural Institute of Japan, over the definition of "false architecture." The debate provoked by the paper, known as the "*kyōgi ronsō*" or "falseness controversy," can be said to be the first budding of Japanese modernism.[1]

However, Murano Togo (1891-1984) is another of the architects who did not fit textbookish modernism. In his *Lecture on the New Architecture*[2] at a symposium in Osaka in 1933, he strongly questioned his fellow architects why decoration had to be eliminated and asked if anyone could give a sound economic rationale for this. He then concluded as follows: "isn't it the case that many emerging architects in these modern times pay too much attention to opinions from abroad?" Actually, it was Bruno Taut who was the keynote speaker for this symposium. This happened during the event that has been organized to celebrate his visit to western Japan.

Murano fought against this "falseness" label all his life. *Nissay Theatre* (1963), one of the masterpieces he designed toward the end of his career, also became a target of criticism as being not properly modern, due to its use of non-structural "cladding stone" covering the surfaces of the underlying reinforced concrete construction. Murano stood firm against such criticisms, saying:

> When I was a student, piling stones over the steel structure was called "sham construction" or false architecture and often eliminated. However, I now disagree with such an argument. I think those who say "steel structure is the core and therefore the source of order, so stylistically it is wrong and inauthentic" are wrong.
> (Murano Togo: Remarks on Nissay: Shinkenchiku, January 1964).

Whether in the case of the *Nissay Theatre* built 30 years after the "falseness controversy," or even in the contemporary period, from time to time decoration has been the target of cold and unreasonable criticism on the grounds of being a non-structural element. However, despite the apparent hegemony of modernism, it was never able to present a viable universal condition of architecture. In such circumstances, Murano tried to overcome what could be described as conventionalized modernity by sticking to his position free from the constraints of the time.

Bruno Taut as a Leader of the Industrial Arts

There was another Taut in Japan. This was the Taut who tried to help improve the quality of Japanese "industrial arts," or craft manufactures. The Ministry of Commerce and Industry established the Industrial Art Institute in Sendai in 1928.[3] It had served as a base for traditional Japanese crafts and industrial design for close to twenty years until it was transformed into the Industrial Art Institute in Tokyo, focusing on setting standards for industrial design after the war.

During his visit to Japan, Taut had the opportunity to visit an institute exhibition of product design and research prototypes held in Tokyo on September 4, 1933. What enthused his listeners were his critical remarks once again made about ikamono, or fake industrial arts. He harshly criticized designs parroting Western models. The director of the institute, Kunii Kitaro (1883-1967) immediately invited Taut to be an advisor, an assignment that lasted for approximately five months. Within this limited period, institute members were tasked with research on "original standards." Function, material, structure, economy and form were set as five basic elements, their basic conditions defined, and a series of experimental researches conducted. For researchers strenuously aiming to break free of ikamono, it was no problem at all that the research challenge of modeling and molding a sitting surface might entail visiting Naruko Onsen (a hot spring location) in a snowstorm and conducting experiments by sitting in the snow.

One of the researchers running these repeated experiments of "snow molded test chairs" was Kemmochi Isamu (1912-1971), who later became one of the prominent industrial designers of Japan. Impressed by Taut's teachings, Kemmochi found his place on the factory floor rather than at a desk. What Taut conveyed were norms, not specifications. He expected to see the industrial arts based upon a foundation which secured quality. As demonstrated by Kemmochi's later works, Taut's contribution to Japan was the establishment of Japanese technique as the basis on which "*Japanese Modern*" could be developed.

The Approach from Design *(Zuan)*

While many universities in Japan provided architectural education based upon engineering, the Tokyo National University of Fine Art and Music (presently Tokyo University of the Arts) used *zuan* (design) as a starting point to approach architecture.

The Design Department was set up in Tokyo National University of Fine Art and Music in 1896. "Zuan," the word translated here as "design," stands for the drawn schemes for crafted objects such as patterns, stencils and forms. Lectures on the history of architectural ornament began as a part of the Design Department's curricula. Tsukamoto Yasushi (1869-1937) was invited as a lecturer. Known for his scholarly research on *Nikko Tōshō-gū*, indeed architectural ornament was his research specialization.

Delivering architectural education within an art school framework was a long-awaited desire of one of the founders of the school, Okakura Kakuzo (1863-1913), also known by his artist name Okakura Tenshin. He believed it was impossible to teach architectural ornamentation skills without providing an education in painting and sculpture and therefore he found it particularly meaningful to deliver an education on architectural ornament within the framework of an art school.

The Design Department established with such history produced unique individuals until it became an independent school of architecture in 1923. For example, Kon Wajiro (1888-1973) was one of them. He visited different parts of Japan, casting his eyes on the vernacular *minka houses* to which no one had paid attention before, introduced through his publication, *Nippon no Minka* (Suzuki Shoten, 1922). He taught at Waseda University and produced successors such as Uchii Nobu who engaged with architecture through textile, and Yoshida Isoya (1894-1974) who pursued modernization of *sukiya* architecture. His masterpiece, the *Royal Hotel* (presently *Rihga Royal Hotel Osaka*), has a double-height entrance lobby graced by columns adorned in gold *maki-e* lacquer. With a stream threading through the space this beautiful lobby feels as if you have entered a picture on a *byōbu* folding screen.

Running alongside the engineering-based architectural education that was the motive force for modernism, Tokyo National University of Fine Art and Music nonetheless left a strong influence on the field of Japanese architecture. This was not only because of its profound understanding of architectural ornament, but also its broader foundation that was not limited to architecture but extended to art in general. The school also sought to grasp Japanese traditions that had been left behind by modernism to pass on to the next generation.

Marbling Floating on the Surface

In recent years in Japan, the word "designer's"[4] has become a word used to describe properties with unusual layouts or appearance. The presence of a word to describe such architecture makes us think that there may be a *de facto* standard in the society. In this regard, modernization in pursuit of rationalization was a success.

However, I wonder if architecture has decolorized to the point of becoming a simple industrial product. Murano Togo tried to overcome the modern style by cladding with stone. Taut tried to improve the quality of Japanese industrial arts by striking a coherent balance between designing and production. Okakura Kakuzo felt the necessity of providing education on architectural ornament within the art school.

Nowadays, not just architecture but many occupations are undergoing specialization and rationalization. This applies even more so for commercial facilities, where the accumulated know-how of a company actually constitutes a constraint on the architect's design. A series of Louis Vuitton stores by Aoki Jun (1956-) is a positive challenge to such a situation. Aoki deliberately leaves the interior space of the architecture as a straightforward cubic volume without a complicated program. Instead, he focusses his design attention on the exterior, regarding the 1-meter-deep outer layer as a canvas given over to the architect. This confined, secured realm becomes a space for the pursuit of aesthetic beauty in architecture. It is fascinating to see architects continue to pursue ornament within constraints. Like Aoki, Goto Keiji (1883-1919) was one of the architects in the Taisho period who was alarmed by excessive rationalization:

> Sure enough all architecture involves structure, but not all structures are architecture. The remarks by the scholar Yamazaki Seitaro are often misunderstood as if architecture equals structure. Let me repeat. If making structure requires knowledge, creating architecture requires the soul.
> (Goto Keiji: Critique of the metaphysical against the structure of the physical: Kenchiku Zasshi, July 1916.)

No matter how much functionalism or rationalism was promoted in modern architecture, the art of architecture was never abandoned. As rationalization of architecture proceeds, it has actually started to float on the surface, like marbling.

[Footnotes and References for this document are listed on p. 271]

年表
Chronology

工芸の集積として建築は存在している。この年表においては、工芸性や素材性など、いわゆる建築図面のみでは表現できない質感を包含した建築を選んだ。近代以降は建築家1人の主体ではなく、細部、制作技術にも依拠した建築を抽出した。年表の中で伝統的意匠と素材への追求を辿ることで、細部装飾の可能性を見出す。　　　　　　　　　　［大和祐也＋小岩正樹］

Architecture is an assemblage of craft. The chronological table of this section presents that in this series of works, the selections of architecture possess qualities of craft and materiality and other characteristics that cannot be expressed in drawings. Since the modern age, architecture derived not through an individual architect, but through its details and building manufacturing technologies. In this section of the chronological table, the potential of decorative details is discovered by trailing the pursuit of traditional design and materials.　　［Owa Yuya ＋ Koiwa Masaki］

監修：早稲田大学 小岩正樹建築史研究室
Adviser: Koiwa Masaki Laboratory,
Department of Architecture, Waseda University

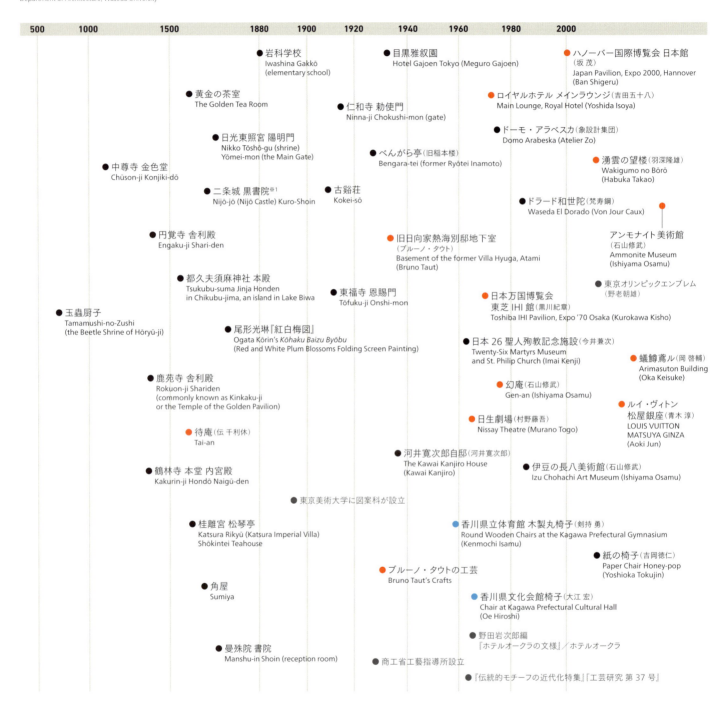

プロジェクトデータ
Project Data

p. 110

日生劇場
村野藤吾（1891 - 1984）

Nissay Theatre
Murano Togo (1891-1984)

［名称］日本生命日比谷ビル（日生劇場）
［所在地］東京都千代田区
［竣工年］1963年
［主要用途］劇場、事務所
［延床面積］42,878.78㎡
［構造］鉄筋コンクリート造
［設計］村野・森建築事務所
［施工］大林組
[Name] Nissay Theatre in the Nissay Hibiya Building
[Location] Chiyoda, Tokyo
[Year] 1963
[Primary use] Hall, office
[Total floor area] 42,878.78㎡
[Structure] Reinforced concrete
[Design] Murano Togo
[Construction] Obayashi Corporation

p. 112

ロイヤルホテル メインラウンジ
吉田五十八（1894 - 1974）

Main Lounge, Royal Hotel
Yoshida Isoya (1894-1974)

［名称］ロイヤルホテル メインラウンジ（現リーガロイヤルホテル メインラウンジ）
［所在地］大阪府大阪市
［竣工年］1973年
［主要用途］ホテル
［延床面積］992㎡（メインラウンジ）
［構造］鉄骨鉄筋コンクリート造、鉄筋コンクリート造
［設計］吉田五十八研究室、竹中工務店
［施工］竹中工務店
[Name] Main Lounge, Royal Hotel (present RIHGA Royal Hotel)
[Location] Osaka
[Year] 1973
[Primary use] Hotel
[Total floor area] 992㎡ (Main Lounge)
[Structure] Steel-frame reinforced concrete, reinforced concrete
[Design] Yoshida Isoya, Takenaka Corporation
[Construction] Takenaka Corporation

p. 113

日本万国博覧会 東芝IHI館
黒川紀章（1934 - 2007）

Toshiba IHI Pavilion, Expo '70 Osaka
Kurokawa Kisho (1934-2007)

［名称］日本万国博覧会（大阪万博）東芝IHI館
［所在地］大阪府吹田市
［竣工年］1970年（現存せず）
［主要用途］展示場
［延床面積］4,849㎡
［構造］鉄筋コンクリート造、鉄骨造
［設計］黒川紀章
［施工］竹中工務店
[Name] Expo '70 Osaka Toshiba IHI Pavilion
[Location] Suita, Osaka
[Year] 1970 (demolished)
[Primary use] Exhibition pavilion
[Area] 4,849㎡
[Structure] Reinforced concrete, steel frame
[Design] Kurokawa Kisho
[Construction] Takenaka Corporation

p. 114

ハノーバー国際博覧会 日本館
坂 茂（1957 - ）

Japan Pavilion, Expo 2000, Hannover
Ban Shigeru (1957-)

［名称］ハノーバー国際博覧会日本館
［所在地］ドイツ、ハノーバー
［竣工年］2000年
［主要用途］展示場
［延床面積］3,016㎡
［構造］紙管、木造
［設計］坂茂建築設計
［コンサルタント］フライ・オットー
［施工］竹中工務店ヨーロッパ
[Name] Japan Pavilion, Expo 2000, Hannover
[Location] Hannover, Germany
[Year] 2000
[Primary use] Exhibition pavilion
[Total floor area] 3,016㎡
[Structure] Paper tube structure, wood frame
[Design] Shigeru Ban Architects
[Consultant] Frei Otto
[Construction] Takenaka Europe GmBH

p. 115

ルイ・ヴィトン松屋銀座
青木 淳（1956 - ）

LOUIS VUITTON MATSUYA GINZA
Aoki Jun (1956-)

［名称］ルイ・ヴィトン松屋銀座
［所在地］東京都中央区
［竣工年］2013年
［主要用途］店舗
［面積］1,475㎡（投影面積）
［構造］鉄骨鉄筋コンクリート造
［設計］青木淳建築計画事務所（ファサードデザイン）
［施工］パルマスティーリザ・ジャパン、大成建設
[Name] LOUIS VUITTON MATSUYA GINZA
[Location] Chuo, Tokyo
[Year] 2013
[Primary use] Retail
[Area] 1,475㎡ (projected elevation)
[Structure] Steel-frame reinforced concrete
[Design] Jun Aoki & Associates (façade design)
[Construction] PERMASTEELISA JAPAN,Taisei Corporation

p. 118

旧日向家熱海別邸地下室
ブルーノ・タウト（1880 - 1938）

Basement of the former Villa Hyuga, Atami
Bruno Taut (1880-1938)

［名称］旧日向家熱海別邸地下室
［所在地］静岡県熱海市
［竣工年］1936年
［主要用途］住宅
［延床面積］185.58㎡
［構造］鉄筋コンクリート造
［設計］ブルーノ・タウト
[Name] Basement of the former Hyuga Villa, Atami
[Location] Atami, Shizuoka
[Year] 1936
[Primary use] House
[Total floor area] 185.58㎡
[Structure] Reinforced concrete
[Design] Bruno Taut

p. 120

湧雲の望楼
羽深隆雄（1945 - ）

Wakigumo no Bōrō
Habuka Takao (1945-)

［名称］湧雲の望楼
［所在地］埼玉県比企郡
［竣工年］2008年
［主要用途］住宅
［延床面積］210.33㎡
［構造］鉄筋コンクリート造、木造
［設計］羽深隆雄・梅工房設計事務所
［施工］山岸建工、山崎建築
[Name] Wakigumo no Bōrō
[Location] Hiki, Saitama
[Year] 2008
[Primary use] House
[Total floor area] 210.33㎡
[Structure] Reinforced concrete, wood frame
[Design] Takao Habuka & S.E.N. Architect Associates
[Contraction] Yamagishi Kenko, Yamazaki kenchiku

p. 122

待庵
伝 千利休

Tai-an
Attributed to Sen no Rikyu

［名称］妙喜庵 待庵
［所在地］京都府乙訓郡大山崎町
［竣工年］1582年頃（安土桃山時代）
［主要用途］茶室
［創建］伝 千利休
［構造］木造
［規模］茶室二畳、次の間一畳板入畳付、勝手の間
[Name] Tai-an, Myōki-an temple
[Location] Ōyamazaki, Otokuni, Kyoto
[Year] ca. 1582
[Primary use] Tea house
[Design] Attributed to Sen no Rikyu
[Structure] Wood frame

p. 124

幻庵からアンモナイト美術館へ
石山修武（1944 - ）

From Gen-an to the Ammonite Museum
Ishiyama Osamu (1944-)

———

幻庵
Gen-an

［名称］幻庵
［所在地］愛知県新城市
［竣工年］1975年
［主要用途］住宅、茶室
［延床面積］60.3㎡
［構造］ねじ式シリンダー構造
［規模］地上2階、半地下1階
［設計］DAM・DAN（石山修武、野口義巳）
［施工］川崎製鉄（シリンダー制作）、大塚組（アッセンブル）、及部春雄（鉄工）
[Name] Gen-an
[Location] Shinshiro, Aichi
[Year] 1975
[Primary use] House, tea-ceremony room
[Total floor area] 60.3㎡
[Structure] Cylinder structure
[Design] DAM・DAN (Ishiyama Osamu, Noguchi Yoshimi)
[Construction] Kawasaki Steel (cylinder), Otsuka-gumi (assembling), Oibe Haruo (steel work)

———

アンモナイト美術館
Ammonite Museum

［名称］アンモナイト美術館

［所在地］ネパール連邦民主共和国ムスタン郡ツクチェ村
［竣工年］2018 -（計画中）
［主要用途］美術館
［設計］石山修武
[Name] The Ammonite Museum
[Location] Tukche, Mustang, Federal Democratic Republic of Nepal
[Year] 2018- (work in progress)
[Primary use] Museum
[Design] Osamu Ishiyama

p. 126

蟻鱒鳶ル
岡 啓輔（1965 - ）

Arimasuton Buiding
Oka Keisuke (1965-)

［名称］蟻鱒鳶ル
［所在地］東京都港区
［竣工年］2005 年 -（建設中）
［主要用途］住宅
［敷地面積］40㎡
［規模］地下 1 階地上 4 階（予定）
［構造］鉄筋コンクリート造
［設計］岡 啓輔
［施工］岡 啓輔
[Name] Arimasuton Buiding
[Location] Minato, Tokyo
[Date] 2005- (work in progress)
[Primary use] House
[Site area] 40㎡
[Structure] Reinforced concrete
[Design] Oka Keisuke
[Construction] Oka keisuke

04

建築としての工芸
Crafts as Architecture

[上下] 展示風景（森美術館、2018 年）撮影：来田 猛
[top, bottom] Installation views, Mori Art Museum, 2018
Photo: Koroda Takeru

136

05

連なる空間
Linked Spaces

　日本の伝統は、厳密に空間を分け隔てなくても、建築が私たちの暮らしを豊かにすることを世界に示しました。厚い壁で内と外を区別したり、部屋の機能を固定化したりするのではなく、実用性が見た目の美しさにもつながる建築。近現代に発見され、現在も生き続ける開かれた空間の理想像とはどのようなものでしょうか。20世紀、モダニズムの時代になって、建築で重要なのは「空間」だという考え方が強まります。それ以前のように象徴性や様式といった見た目や、決まりごとに縛られることなく、人間が行動する場がいかに形成されているかを大切にしようという考え方です。人間は水平に動きます。その動きを閉じ込めるのではなく、しなやかに補うような「連なる空間」を日本の伝統のなかから見出すことができます。見た目や決まりの日本らしさを超え、人間の空間を求める遺伝子は、今も次の展開を待っています。

The traditions of Japan have demonstrated to the world how architecture enriches our lives even when it does not strictly divide space. As opposed to thick walls that separate inside from outside, or to fixing the functions of rooms, the practicality in Japanese architecture connects to its visual beauty. Discovered in the modern and contemporary eras, and alive and well today, what is this ideal image of accessible space? Entering the 20th century and the period of modernist architecture, the idea of space grew more prominent. This approach attempted to value the question of how the site of human actions can be shaped in a way that is free of past restraints of established conventions or appearance, such as symbolism and style. People move horizontally. In the traditions of Japan, we can detect linked spaces that seem to nimbly complement rather than shut off movement. Transcending visuals or a fixed "Japanese-ness," this genealogy that aspires for human space now awaits its next development.

桂離宮

Katsura Imperial Villa

House N
藤本壮介
2008年｜内観｜2008年｜撮影：イワン・バーン

House N
Fujimoto Sosuke
2008｜Interior View｜2008｜Photo: Iwan Baan

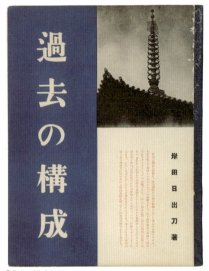

『過去の構成』（初版本）
岸田日出刀著／出版：構成社書房
1929年／個人蔵
Kako no Kōsei (composition of the past) First Edition
Kishida Hideto / Publisher: Kōseisha Shobō
1929 / Private Collection

『過去の構成』（改訂版）岸田日出刀著／出版：相模書房／1951年／
所蔵：文化庁国立近現代建築資料館
Kako no Kōsei (composition of the past) revised edition Kishida Hideto
Publisher: Sagami Shobō / 1951 / Collection: The National Archives of Modern Architecture, Japan

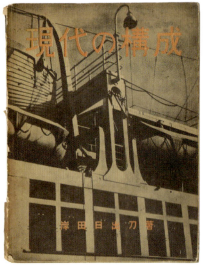

『過去の構成』と『現代の構成』
岸田日出刀
1929年-1930年

Composition of the Past and *Composition of the Present*
Kishida Hideto
1929-1930

『現代の構成』（初版本）
岸田日出刀著／出版：構成社書房
1930年／個人蔵
Gendai no Kōsei (composition of the present) First Edition
Kishida Hideto / Publisher: Kōseisha Shobō
1930 / Private Collection

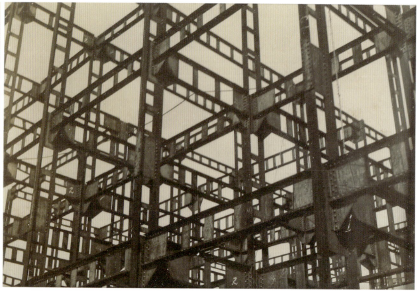

05　連なる空間

『過去の構成』(1929) と『現代の構成』(1930) は、建築学者・建築家である岸田日出刀 (1899 - 1966) が構成社書房より発表した写真集である。

当時、博士論文「欧州近代建築史論」を提出したばかりの岸田は、東京帝国大学助教授としての地歩を固めつつ、堀口捨己 (1895 - 1984)、今井兼次 (1895 - 1987)、板垣鷹穂 (1894 - 1966) ら帝国美術学校の設立にも関わった面々と「造形芸術雑誌」を謳った機関紙『建築紀元』（同じく構成社書房）を出版するなど、美術界との接点を持ちながら「構成」という幾何学的抽象美の観点から、装飾に代わる建築における美意識を変革しようとしていた。岸田は、新たに希求されるようになったこうした造形面での美意識を支える感情を「形式感」と呼び、建築家たちにその向上を求めた。その姿勢を反映するように『現代の構成』の序章に、「現代人の一員である著者の形式感を問われた場合、無言で示すそれへの解答が本書である」とのコンセプトを示している。

一方、「現代」だけでなく、「過去」にも目を向けた背景には、当時の建築史が置かれていた状況も影響していたと考えられる。モダニズムの到来は、歴史との隔絶を引き起こした。歴史が設計のソースとして無力化し、実証主義的方法による研究の進展と工学偏重の学問整理によって、建築史無用論の北風が吹いていたのである。そのような状況下で岸田は、自身の博士論文によって、それまでの様式史観からの脱却に挑戦し、東大の建築教育に携わりながら歴史を設計に結びつける回路を維持しようとしていた。

カメラとレンズによってもたらされた視覚世界を通して、自らの「形式感」を明示し、伝統的日本建築の中からモダニズムの原理を見出すことで、継承すべき伝統と打破すべき因襲の区別を示す作業は、同時に歴史を創作論に転換するためのひとつの試みでもあった。これらの著書によって展開された日本の歴史的伝統への眼差しは、堀口捨己や丹下健三 (1913 - 2005) など、当時の建築家たちに大きな刺激を与えた。　［勝原基貴］

Kako no Kosei (Composition of the Past) (1929) and *Gendai no Kosei (Composition of the Present)* (1930) are two photographic collections published by Koseisha Shobo and compiled by Kishida Hideto (1899-1966), an architectural scholar and architect.

At the time of their compilation, Kishida had just submitted his doctoral dissertation, *A Theory of European Modern Architectural History*. While establishing his career as assistant professor at the Imperial University of Tokyo, Kishida was involved in a variety of activities connected to the art world, such as jointly establishing the Imperial Art School (current Musashino Art University) together with architects and art scholars including Horiguchi Sutemi (1895-1984), Imai Kenji (1895-1987), and Itagaki Takao (1894-1966). With that same group, Kishida also issued an art and design journal, *Kenchiku Kigen (Architecture Epoch)*, also published by Kōseisha Shobō. Through such endeavors, Kishida sought an approach for a new aesthetic value in architecture in regard to composition,—an aesthetic based on geometric abstraction, as a replacement for traditional decorative styles. He referred to the approach of the new aesthetic as a "sense of form" and encouraged this sensibility in fellow architects. To identify his concept, Kishida wrote in the prologue of his book, *Gendai no Kōsei*: "If I, as a member of the contemporary generation, were to be asked what *sense of form* is, I would offer this book as my sole response."

A possible reason that Kishida focused not only on forms of the *present*, but also on forms of the *past* in his writing was the context of architectural history at the time. The advent of modern architecture had incited a rejection of history as a source of design, promoting research that was instead based on empirical methods and a technologically oriented scholastic readjustment, unfavorably impacting the influence of architectural history on design. Throughout his doctoral dissertation work and involvement in architectural education at the Imperial University of Tokyo, Kishida endeavored to free himself from historical perspectives based on architectural styles and maintain a connection between history and design.

In these two manifesto-like writings Kishida demonstrated his notion of "sense of form" using visual images acquired through his camera and lens. In his search for principles of modern architecture within traditional Japanese architectural concepts, the task of differentiating "traditions that should be transmitted" from "conventions that should be abolished" reflected his concurrent attempt to transform architectural history into a theory on the creation of architecture. To leading architects of the time, such as Horiguchi Sutemi and Tange Kengo, Kishida's perspectives toward historic Japanese traditions portrayed in these books served as strong stimuli.　［Katsuhara Motoki］

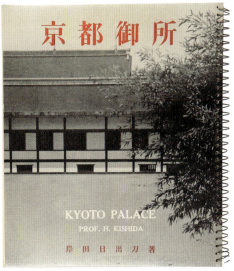

『京都御所』（初版本）
出版：相模書房／1954 年
所蔵：文化庁国立近現代建築資料館
Kyoto Imperial Palace (First Eidition)
Publisher: Sagami Shobō / 1954
Collection: The National Archives of Modern Architecture, Japan

『京都御所』掲載写真
1930 年頃／撮影：岸田日出刀／所蔵：金沢工業大学建築アーカイヴス研究所
Photographs from *Kyoto Imperial Palace*
ca.1930 / Photo: Kishida Hideto / Collection: Research Institute for Architectural Archives, Kanazawa Institute of Technology

05　Linked Spaces

石元泰博と桂離宮
Ishimoto Yasuhiro and Katsura Imperial Villa

『シカゴ、シカゴ』（美術出版社）などで知られる写真家・石元泰博(1921–2012)。アメリカで生まれ、高校卒業まで日本で過ごしたのち再渡米し、「シカゴ・ニュー・バウハウス」の流れを汲むインスティテュート・オブ・デザインでハリー・キャラハンらのもと写真を学んでいる。1953年からは活動の拠点を日本に移し、1954年にかけて桂離宮を撮影。それが1960年に写真集として結実する。石元の写真に1954年に時を同じく桂を訪れ「世界中で見た最も美しいものの一つであった」と称したワルター・グロピウス(1883 - 1969)と、丹下健三（1913 - 2005）による表題のテキストが添えられ、装幀とレイアウトをハーバート・バイヤーが手がけるという布陣が敷かれたのが『KATSURA　日本建築における伝統と創造』（造形社、イェール大学出版部）である。そこで見られる写真は帰国直後故に、伝統的日本建築への先入観を持たず、ディテールを中心に大胆な構図により桂離宮にあるモダニズムが意図的に抽出されている。「重た過ぎる屋根との明らかな不調和によって全体としては死んでいる」と丹下が評した新御殿、書院の外観もその屋根は切り取られ、障子や柱のみが写し出されたカットとして用いられた。こうした石元の眼を通じモダナイズされたビジュアルをもつ「KATSURA」は書籍というメディアとして、かつてブルーノ・タウト(1880-1938)が評価した桂離宮を改めて知らしめることとなり、国内外に衝撃を与えた。

その後1971年には亀倉雄策がレイアウトを一新した改訂版、昭和の大修理を終えた桂離宮を、かつては削ぎ落とした装飾性をも許容して撮り下ろした1983年のカラー版、2010年には現代の印刷技術でモノクロの桂を再現させた平成版と半世紀に渡り国内外で出版され続けた。すべて石元の眼を通じた同じ桂離宮ながら、撮影時期、レイアウト、装幀、印刷技術そして添えられるテキストなどの差異から、四冊四様の書籍となっている点も興味深い。　[塚本二朗]

Ishimoto Yasuhiro (1921-2012) is the photographer known for works such as *Chicago, Chicago* (Bijutsu Shuppan-sha). Ishimoto was born in America and lived in Japan until he graduated from high school, after which he returned to America. Ishimoto studied photography under Harry Callahan at the Photography Department of the Institute of Design (current Illinois Institute of Technology), considered to be one of the schools associated with Chicago New Bauhaus.

In 1953, Ishimoto's creative endeavors returned back to Japan, and throughout 1954 he photographed *Katsura Rikyū (Katsura Imperial Villa)*. A volume of these photographs came to fruition in 1960. Ishimoto's photos were expertly laid out and bound by Herbert Bayer (1900-1985) in *Katsura: Tradition and Creation in Japanese Architecture* (Yale University Press), and included captions and headings by Tange Kenzo (1913-2005) and Walter Gropius (1883-1969), the latter who had visited the villa in 1954 and exclaimed that "Katsura is one of the most beautiful things he had seen in the world."

Ishimoto's photographs were taken consequently after returning home, and had no reservations or bias toward the traditional architectural subject; rather, Ishimoto focused on bold compositions that abstractly conveyed the modern architectural details in Katsura Rikyū. For example, photographs of the *Shin-goden*, (new palace or villa) which Tange had criticized as "dead as a whole, due to the overly heavy roof and incongruous brightness," and the *Shoin* (traditional Japanese-style house developed in the Muromachi Period, 14th c, containing a study or drawing room), were compositions featuring the exterior *façade* with the roof cropped out of the picture frame, capturing only the *shōji* screens and columns of the villa. The media capturing these modernized visuals seen through Ishimoto's eyes were published in *Katsura*. Katsura Rikyū, which had originally been praised by Bruno Taut (1880-1930), once again became a topic of discussion and had an impact from within and outside of Japan.

Following the first publication, several reprints of the book have continued over half a century, both domestically and abroad: first, Kamekura Yusaku made a new layout and revised version of the publication in 1971, followed by a color version in 1983 that re-photographed Katsura Rikyū after a major restoration during the Showa Period, accepting the state of the chipping ornament, and finally, continuing to the 2010 Heisei version which re-imaged the villa using modern day printing technology in 2010. Although each volume conveys the same Katsura Rikyu through Ishimoto's eyes, the time of photography, binding, printing technology and accompanying texts all differ, making the four volumes and four different forms quite fascinating.　[Tsukamoto Jiro]

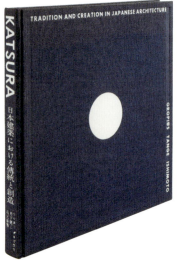

『KATSURA 日本建築における傳統と創造』
ワルター・グロピウス、丹下健三著／出版：造形社／1960年／撮影：石元泰博／個人蔵
Katsura: Nihon Kenchiku ni okeru Dento to Sozo(Tradition and Creation in Japanese Architecture)
Walter Gropius, Tange Kenzo / Publisher: ZOKEISHA / 1960 / Photo: Ishimoto Yasuhiro / Private Collection

『桂 日本建築における傳統と創造』
丹下健三著／出版：中央公論社／1971年／撮影：石元泰博／個人蔵
Katsura Tradition and Creation in Japanese Architecture
Tange Kenzo / Publisher: CHUOKORON SHA / 1971 / Photo: Ishimoto Yasuhiro / Private Collection

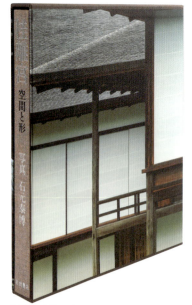

『桂離宮 空間と形』
発行：岩波書店／1991年（第二刷）
撮影：石元泰博／解説：磯崎新、熊倉功夫、佐藤理／個人蔵
Katsura Rikyu: Kukan to Katachi (Katsura Imperial Villa: Space and Shape)
Publisher: Iwanamishotens / 1991 / Photo: Ishimoto Yasuhiro / Comment: Isozaki Arata, Kumakura Isao, Sato Osamu / Private Collection

『桂離宮』
発行：六耀社／2010年（初版）
撮影：石元泰博／序文：内藤廣／個人蔵
Katsura Rikyu (Katsura Imperial Villa)
Publisher: RIKUYOSHA / 2010 (First Edition) / Photo: Ishimoto Yasuhiro / Foreword: Naito Hiroshi / Private Collection

京都西郊に営まれた離宮。八条宮家創設者となる智仁親王（1579–1629）が、平安貴族の雅趣豊かな故事を回想して別荘を建てたのに始まる。雁行形に配された古書院・中書院などの数寄屋風書院造、点在する松琴亭・笑意軒などの茶室、周囲に拡がる回遊式庭園など、建築と庭園の取り合わせに景観美をみせる。個別建築にみる屋根や床の高さや形式、建具の使い分けによる立面のアクセントが見どころである。

数寄屋風書院造が織りなす現状の雁行形は、いくつかの段階を経て成立した。まず、智仁親王がのちの古書院となる「瓜畑のかろき茶屋」を建てると、のちの寛永 18 年（1641）ごろ、宮家を継いだ智忠親王（1619–1662）が古書院の一部を改築して御座の間（中書院）と旧役所を増築、さらに寛文 3 年（1663）の後水尾上皇の桂御幸に備え、仕舞の間（楽器の間）・御幸御殿（新御殿）・臣下控所を増築した。現在の古書院・中書院・楽器の間・新御殿と雁行する建築群はこのとき以来のものである。なお、現状の旧役所は明治期に旧規に倣い復元されたものである。

その後、八条宮家は家督を相続する子に恵まれず、時の上皇や天皇の皇子に継承され、宮号も常磐井宮、京極宮、桂宮と改称した。しかし、桂宮も明治 14 年（1881）淑子内親王の薨去により断絶すると、桂別業も明治 16 年（1883）に宮内省（現 宮内庁）に移管され、《桂離宮》と改称された。現状のものは昭和の大修理により昔日の姿に復されたものである。

[野村俊一]

Katsura Rikyū is a detatched imperial villa built on the western side of Kyoto. Prince Hachijo Toshihito (1579-1629), the first-generation of the imperial family Hachijo-no-Miya, conceived of and constructed this villa based on historic records of the elegance of the aristocrats and nobles of the Heian period. The adjoining Old, Middle and New *Shoin* complex arranged in the form of *gankō* (flying geese formation) and the garden dotted with teahouses, such as *Shokin-tei* and *Shoi-ken*, and the circular stroll garden that traverses the landscape express the integral scenic beauty of architecture and garden. Features of the design of the Shoin complex include the roofs that make the architecture read like independent buildings, the varying plan arrangements and floor heights, and the vertical surfaces accentuated by the interior fittings, such as the *fusuma* sliding doors and *shōji* screens.

The present staggered gankō arrangement of the *Sukiya*-style *Shoin-zukuri*, (tea ceremony room-style residential architecture) Shoin cluster was established in stages. First, Prince Toshihito built a "teahouse in a melon patch," which later became the main villa referred to as *Koshoin* (old study), and later, Toshihito's son Prince Toshitada (1619-1662) added the New Shoin, or *Goza-no-Ma* while renovating part of the Koshoin, (which later became the Middle Shoin), and rebuilt the office around 1641. Afterward, in preparation for another imperial visit from retired Emperor Gomizuo-joko in 1663, Toshitada built the *Gakki-no-Ma* (room for musical instruments), the *Miyuki-goten* (also known as the *Shingoten* or New Villa), and a waiting arbor. The current zigzagged configuration of the Old Shoin, Middle Shoin, Gakki-no-Ma and New Shoin was realized at this time. The present former office building was rebuilt by the Imperial Household Ministry according to the original design, after it took control in 1883.

Subsequently, Prince Toshihito had no successors by birthright, and so the property was succeeded by the son of retired Emperor Gomizuno-o (Toshihito's adopted son), Prince Sachi, and eventually the Imperial Hachijo-no-miya house went through changes in name from Tokiwai-no-miya, Kyogoku-no-miya and finally to Katsura-no-miya. Upon the death of the last heir, Princess Sumiko, in 1881, the title of Villa Katsura was transferred to the Imperial Household Ministry in 1883 (now the Imperial Household Agency) and it was renamed *Katsura Rikyu*, or *Katsura Imperial Villa*. The present condition is the result of an extensive restoration project completed in 1982 to return the buildings to their original forms.

[Nomura Shunichi]

桂離宮　Katsura Imperial Villa

[左]《中書院一の間および二の間南面》1981 年 -1982 年／撮影：石元泰博／所蔵：高知県立美術館／© 高知県、石元泰博フォトセンター　[下]《桂離宮 中書院東庭から楽器の間ごしに新御殿を望む》1981 年 -1982 年／撮影：石元泰博／所蔵：高知県立美術館／© 高知県、石元泰博フォトセンター
[left] *Second Room, left, and the Main Room, right, of the Middle Shoin, viewed from the northeast* 1981-1982 / Photo: Ishimoto Yasuhiro / Collection: The Museum of Art, Kochi
© Kochi Prefecture, Ishimoto Yasuhiro Photo Center
[below] *Middle Hoin, right and the New Goten, left, veiwed from the east; Broad Veranda of the Museic Suite in the middle* 1981-1982/Photo: Ishimoto Yasuhiro /Collection: The Museum of Art, Kochi/© Kochi Prefecture, Ishimoto Yasuhiro Photo Center

House N

藤本壮介
2008年

House N
Fujimoto Sosuke
2008

　住宅とは、一つの箱状の物体ではなくて、関係性の場である。それは社会的に見ると個と公の間の関係性であり、温熱環境的に見ると内部と外部の間の空気の関係性であり、文化史的には自然と人工物の間の関係性である。これらの関係性は連続していながらも分けられているという意味で、豊かに複雑である。そして関係性という視点から建築を捉え直すことによって、建築単体を超えてその周囲に広がる都市や庭、自然などの領域までも建築の設計と体験の対象として考えることができる。

　日本の伝統的な建築は、ずっと昔から、建築も庭園もはるか彼方の山並みまでを一つの、あるいは複数のつながり＝関係性として捉え、それを体験のうちに織り込むような空間を作り出している。軽やかな障子や襖が作り出す幾重にも重なる層が、内部と外部の関係を連続させながら分節し、深い庇は建築と庭とをずれながら重ね合わせる。庭は建築によって意味をもち、建築は庭や周囲の地形や山々までをも見たときに初めて真の価値をもつ。自然と人工の境界は豊かに曖昧で、全ては関係性の網目の中に溶け合わされている。

　この《HouseN》という住宅は、そのような内部と外部の関係性を箱の中の箱の中の箱、という入れ子の作りによって、建築化する試みである。内部と外部が突然に分節されるのではなく、街から徐々にプライベートな空間へと奥まっていくグラデーションという関係性の中に住むということ。奥のヒューマンスケールの居場所が幾重もの箱を介して大きな空へと連続して行く感覚。都市空間とごく個人的な空間がいくつもの層の揺らぎの中で適切に分節され、また意外性を持って連続すること。公と個、外部と内部、都市と住宅、そして自然と人工の間に横たわる豊かで曖昧な多様さに場所を与えることで、住むという行為が家を超えた広がりを持ち始めるに違いない。

［藤本壮介］

As the architect of this house, I consider that the house is not a merely a box, rather it sets the scene for different relativities. If one were to look at the house from a social context, there is a relationship between public and private; to look at it from a thermal environment, there is a relationship between the inside and the atmosphere outside, to look at it from cultural history, and there is a relationship in the space between nature and artifice. While these relationships are continuous, they are also separate, and in essence, richly complex. By reclaiming architecture from the viewpoint of relationships, architecture succeeds its singularity as a building and broadens its relationship to the city, the garden and nature, to many different territories. These relationships allow one to think about architectural design and the purpose of the experience.

Traditional Japanese architecture from long ago was designed in such a way that the architecture and the gardens would integrate the views of the mountain ranges off in the distance; that is to say, connect complex relationships in these spaces in order to weave various elements together into the same experience. Delicate *shōji* (Japanese-wood-framed translucent paper sliding doors), windows and screens, and *fusuma* (Japanese wood-framed opaque paper sliding doors or panels), made layers upon layers that constituted the relationship between the interior and exterior, while at the same time articulating the differences between those spaces. For example, deep eaves from the roof separate the architecture from the garden by overlapping the two spaces at the same time. Through architecture, the garden has meaning, and seeing the garden and the forms of its surroundings, all the way to the distant mountains, architecture has true value for the first time. The boundary between artificial and natural environment is richly ambiguous; all relationships meld together in its mesh.

The residence called *House N*, attempts to create architecture that explores this relationship of interior and exterior through the nested box within a box. The boundaries of the interior and exterior are absolutely not articulated, but instead, the inhabitant lives within various gradations of public to private relationships; the street gradually becomes more private as it approaches the interior spaces. The human-scaled interior living space achieves a feeling of connection through the medium the box and its many layers, to the expansive sky beyond. Moments of urban and deeply intimate spaces vacillate throughout the interior, and each appropriately articulated part creates an unexpected element of surprise in the connections. By providing a rich space that can span the varied ambiguous relationships of public and private, exterior and interior, urban and residential, and natural and artificial elements, likewise must mean that the action of dwelling surpasses the house and has begun to expand into other realms.

[Fujimoto Sosuke]

［上］内観
2008年／撮影：イワン・バーン
［下］内観
2008年／撮影：鈴木久雄
[above] Interior View
2008 / Photo: Iwan Baan
[right] Interior View
2008 / Photo: Suzuki Hisao

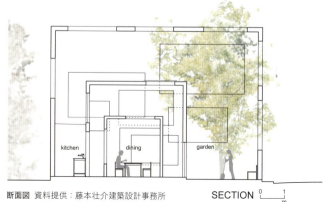

断面図　資料提供：藤本壮介建築設計事務所
Section　Courtesy: Sou Fujimoto Architects

谷口吉生（1937 - ）は、《土門拳記念館》(1983)をはじめ多くの公共建築を手がけていることで知られる。1999年に竣工したこの建物は、正面手前の水面に上野の緑と建物が反射し、後ろに引いたライムストーンの石壁の間に、ステンレスのフレームとガラスのカーテンウォールがはめ込まれ、下に敷かれたコンクリートの上に垂直と水平のフォルムを幾何学的に構成する。設計に際して谷口は、「崇高な収蔵物に対する畏敬の念と周辺の自然を十分に尊重する方針によって、現在の東京には貴重な存在となってしまった静寂や、秩序や、品格のある環境を、この場所に実現することをめざした」(『建築雑誌』2001年8月号）と書いている。この建物に求められた、収蔵物の永久保存と公開展示という二律相反する機能は、石壁に囲われる静謐な内側と、ガラスやステンレスによる開放的で明るい外側のコントラストによって説明された。その一方で谷口は、アプローチの動線の変化によってもたらされる目の愉楽、正面外観の構成の非対称性、縦格子の線の意匠が、「抽象性を保ちながらも、ある種の日本的空間に接近するための試み」(同上）だと書いている。いずれも、1920年代から1930年代にかけて、桂離宮、茶室、数寄屋から近代的視線が発見した空間的特徴であり、静寂、秩序、品格といったものを想起させるにふさわしいクラシカルな特徴である。谷口は、建築を箱型に四角くフレームする「門構え」と呼ばれる手法によって、建物に奥行を与え、周囲の景観を空間に取り込もうとした。ミニマルかつモダンでありながらどこか日本的な印象を与えるのは、ユニバーサルな幾何学的構成が、いわば伝統という解釈格子を通すことによって、構成と空間による創造の運動へと展開された結果であるとも言えるだろう。

［岸 佑］

Taniguchi Yoshio (1937–) is known for designing numerous public buildings, including the *Ken Domon Museum of Photography* (1983). The *Gallery of Horyu-ji Treasures*, completed in 1999, is a geometric composition of vertical and horizontal forms arranged above a plane of concrete. It stands facing a reflecting pool that mirrors the greenery of Ueno and the building's glass curtain wall, which is framed by a stainless-steel overhang and backed by a limestone wall. In designing the building, Taniguchi aimed "to create on this site an environment of serenity, order, and dignity—now a rarity in Tokyo—through an approach that pays due reverence and respect to the treasured collection items and the surrounding nature" (translated from the AIJ's *Journal of Architecture and Building Science*, August 2001). He responded to the two-faced program that called for the collection items to be both permanently stored and publicly exhibited by creating serene inner spaces encased in stone and setting them in contrast to airy, bright outer spaces wrapped in glass and stainless steel. The nonlinear approach route offering visual delight, the asymmetrical façade, and the vertically slatted screens composed of fine lines represent Taniguchi's attempts "to close in on a kind of Japanese space while maintaining a sense of abstraction" (ibid.). These are all spatial characteristics that were rediscovered through the lens of modernity during the 1920s and 1930s in the Katsura Rikyu, teahouses, and *Sukiya* architecture (an architectural style that developed out of the aesthetics of the tea ceremony), and they are classical qualities that are certainly fit for evoking serenity, order and dignity. Taniguchi also sought to give the building depth and to draw the surrounding landscape into its spaces by framing it into a box form using a technique known as *mongamae* (gating). It can be said that the reason why the resulting minimalist, modern building seems to have a Japanese feel to it is because Taniguchi succeeded to induce a creative interaction between composition and space by passing the universal geometric composition through his interpretive filter of tradition.

[Kishi Yu]

東京国立博物館 法隆寺宝物館
谷口吉生
1999年

The Gallery of Horyu-ji Treasures, Tokyo National Museum
Taniguchi Yoshio
1999

［右］**Interior View** ［下］**Exterior View** 1999年／撮影：新建築社写真部
[right] **Interior View** [below] **Exterior View** 1999 / Photo: Shinkenchikusha

寝殿造
Shinden-zukuri

　平安時代に成立した住宅建築の様式であり、名称は江戸時代末期の儒学者である沢田名垂の『家屋雑考』(1842) による。奈良時代の住居をもとに、平安京内の貴族の第邸として9世紀後半から発展し、中世以降も継承された。現存する遺構はないものの、平安時代の記録資料や文学作品からその様子が窺える。

　寝殿造は、複数の殿舎から構成されることが特徴である。敷地の中心に東西棟の南面する正殿「寝殿」を置き、その左右東西に南北棟の脇殿「対」を配する。寝殿と対は「渡殿」という廊状の建築で繋がれ、対は、北、北東、北西に設けられる場合もある。寝殿の南には庭が拡がり、さらにその南には遣水が注ぐ池や中島を設け、橋が架けられた。これらは主人やその家族の居住空間であるとともに、儀式や饗宴の場ともなる中心部であり、東西の対からは南庭を囲うように「中門廊」や「透廊」が延び、池に際して「釣殿」が設けられた。また、敷地は築地塀で囲まれ、東西を主要な入口とし、中門廊にもその名の通り中門を設ける。中門廊と築地塀との間には「二棟廊」や「侍廊」「車宿」「随身所」があり、北側には雑舎があったと推測される。平安時代後期、藤原宗忠の『中右記』は殿舎が兼ね備わった様子を「如法一町家」すなわち「法の如き一町の家」と記すが、発掘遺構などから、実際はより小規模なものや多様な配置構成があったことが知られている。

　寝殿や対は、身舎と庇さらに孫庇や広庇からなる構造だが、居住性を高めるために柱間装置や障屏具、座臥具などを工夫して用いた。外周には全面開放が可能な蔀戸を主に表側に吊り、採光や空間の連続性をはかるとともに、一部には開閉が容易な両開きの妻戸も設けた。内部は間仕切りに襖障子を用いるほか、壁代や御簾、屏風や衝立、几帳にて仕切り、帳台や畳を置いて座所とした。個々の調度には装飾が施され、居住空間を充実させて室礼を整え、儀式や饗宴にも供された。これら調度は、場面に応じて室内空間を作り出す融通性を持つが、内部空間の仕切りとしての利用のみならず、内外空間の連続性や殿舎群構成の結びつきにも寄与し、寝殿造の全体と細部が連動していることを示す。

[小岩正樹]

[上]『源氏物語絵巻 第四十九帖 宿木一 絵』模写：椿 潤也／2006年／所蔵：東京藝術大学 [下]源氏物語二条院復元模型 1:50 2002年／h150×w1450×d1450／所蔵：池浩三／考証、製作：中部大学 池浩三研究室／協力：西村孝一（西村孝一法律事務所）

[below] **Chapter 49 Yadorigi 1 ("The Ivy"), The Tale of Genji** Reproduction: Tsubaki Junya / 2006 / Collection: Tokyo University of the Arts [bottom] **Nijyoin from The Tale of Genji Reconstructed Model 1:50** 2002 / h150xw1450xd1450 / Collection: Ike Kozo / Research and Production: Chubu University Ike Kozo Laboratory / Support: Nishimura Koichi (Nishimura Koichi Law Office)

Shinden-zukuri is an architectural style established in the Heian period (late 8th to 12th c) that was used in aristocrats' residences. It was first mentioned in *Kaoku-Zakkō* (*Observations of Houses*), a book written in 1842 by Confucian scholar Sawada Natari. *Shinden-zukuri* has roots in the residences of the preceding Nara period (early to late 8th c), and developed as residences of aristocrats in the ancient capital of present-day Kyoto in the late ninth century, and continued to be used in the medieval period. Although there are no remains of *Shinden-zukuri* style residences, they can be studied from the records and literary works of the Heian period.

　One of the notable characteristics of the *Shinden-zukuri* style is that it is a residential complex style composed of several separate buildings. In the center of the complex, the *shinden*, or the main building, is located on the east-west axis facing south, acting as a *seiden*, or central building. On the east and west sides, and to the north of the shinden, there are *tai*, which are secondary pavilions. The Shinden and *tai* are connected by *watadono*, or covered corridors. In some cases, a multiple number of *tai* may be located to the north, northeast and northwest of the shinden. A garden typically extended to the south of the shinden, and further south, there would be a pond into which a narrow stream flows, with bridges to cross over the waters. These components were the main venue for ceremonies and feasts for guests, as well as the living spaces for the head of the household and members of the family. Extending toward the south from the eastern and western tsui were the *chūmon-ro* (corridors with gates) or *suki-ro* (open-colonnaded corridors) that enclosed the garden, and *tsuri-dono*, or pergola-like structures, which may have been located by the pond. The entire residential complex was surrounded by a *tsuiji-bei*, or a perimeter wall made of mud and topped with tiled roof, and the main entrances were located on the east and west perimeter walls, and *chūmon-ro* would serve as an inner entrance, as indicated by their name (*chū* meaning "middle", *mon* meaning "gate", and *ro* meaning "corridor"). An open space between the *chūmon-ro* and tsuiji-bei would house auxiliary buildings such as: *futamune-ro*, a structure to receive guests; *saburai-ro*, office and quarters for housekeepers; *kuruma-yadori*, a garage for aristocrats' ox carts and drivers; and *zuijin-dokoro*, a station for house guards. On the north side, it was surmised that, *zōsha*, or service buildings, housed the kitchen, storage and spaces for servants. In the *Chūyūki* diaries kept by an aristocrat, Fujiwara no Munetada, at the end of the Heian period (11th to 12th c), the fully equipped *Shindei-zukuri* residence complex referred to as *Nyōhō-Icchō-ya*, (meaning "a exemplary town house akin to a 100-meter-square residence") or in other words, residences that spanned over an area of approximately 100-meters square. It is found from excavation ruins, however, that there were smaller scale *Shinden-zukuri* residences and there was a variety of building arrangements.

　The structural components of the shinden and *tai* were as follows: *moya*, the central space, *hisashi*, the surrounding space, and *additional space*, eaves that extended from the main space. To enhance the comfort of the residents, various furnishings were devised such as partitions between columns in the form of drapery or *shōji* screens and the like, and seating and bedding. Hung along the building perimeter, mainly on the front side, were *shitomido*, or latticed shutters, that could be raised to a fully opened position to provide for daylighting and a continuity of space; and in certain locations *tsumado*, or a pair of swinging doors, were installed and were easy to open and shut. Inside, *fusuma-shōji*, or paper sliding doors, were mainly used as partitions. To partition the interior spaces, other furnishings were also used such as *kabeshiro*, or partitioning drapery separating a central room from secondary spaces; *misu*, or bamboo rolling blind screens; *byōbu*, or portable folding screens; *tsuitate*, or portable self-standing screens, and *kichō*, or portable partitioning curtains. And on the floor, *chōdai*, curtained sleeping platforms and tatami mats were laid for seating and sleeping. These fittings and furnishings were decorated to enrich the living space and to satisfy the protocol for various ceremonies and feasts. Consequently, these furnishings afforded flexibility to the rooms so that they could be used for various occasions, and function not merely as partitions for interior spaces, but also contribute to the continuity between interior and exterior spaces and connect the various buildings of the residential complex, demonstrating the link between *Shinden-zukuri*'s architectural whole and its parts.

[Koiwa Masaki]

モデュールと木割
Module and *Kiwari*

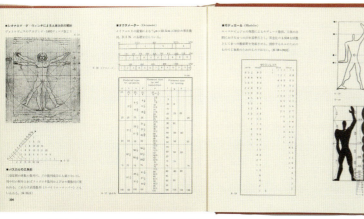

『モデュール』
出版：彰国社／1963年／個人蔵
Module
Publisher: SHOKOKUSHA Publishing /
1963 / Private Collection

『匠明』復刻版
出版：鹿島出版会／2010年（第15刷）／監修：
太田博太郎／解説：伊藤要太郎／個人蔵
Shomei
Publisher: Kajima Institute Publishing / 2010 /
Editorial Supervision: Ota Hirotaro / Commentaries:
Ito Yotaro / Private Collection

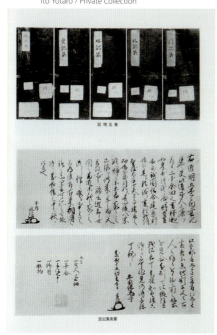

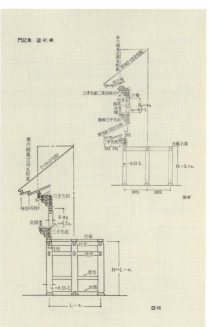

「木割」とは、日本の社寺建築において部材間の比例関係に基づいて各部の寸法を決める体系・ルールを指す。また、前近代から日本の住宅には畳に代表される規格材や3尺・6尺という基準寸法が多く用いられてきた。このため、明治以降の日本では、一定の規格寸法（モデュール）に沿って建築部材を大量生産して部材の無駄を省こうとする近代建築の発想を受け入れる土壌が出来上がっていた、といえる。

また、ル・コルビュジエ（1887-1965）が提唱した「モデュロール（Modulor）」とは、フランス語のmodule（モデュール、寸法）とSection d'or（セクション・ドール、黄金分割）を掛け合わせた造語で、人体寸法に沿った建築基準寸法の数列を指す。若き日の丹下健三はコルビュジエによる美しい建築プロポーションと、その背後にあるモデュロールの発想に魅了され、自ら独自のモデュロールを開発して建築部材寸法を割り出そうと試みている。例えば、香川県庁舎では、300、600、900、1500……と450、750、1200、1950……という2系列のフィボナッチ数列を駆使して、柱、窓割、小梁の幅など、様々な部材寸法を決めていった。この結果、水平垂直を規範とする広島平和記念公園本館の柱梁構造とは対照的な、神輿を彷彿とさせる賑やかな外観が実現した。

一方で、「コルビュジエのモデュロール」と「丹下モデュロール」の差異は、前者が人体と建築を結びつけるための道具であったのに対して、後者は建築と都市を結びつけるための道具として位置付けられた。言い換えれば、前者がヒューマン・スケールに呼応しているとすれば、後者は群衆のスケールに呼応しており、丹下はその規範を古代ローマに求めている。

［豊川斎赫］

The *Kiwari* is the method for determining the proportion of the dimensions of each member used in the design of Japanese temples and shrines. In addition to this proportioning system, the Pre-modern Japanese house was represented by the modules of *tatami* mats and many basic dimensions used factors of 3 *shaku* by 6 *shaku*. For this reason, it can be said that Japan's Post-Meiji-period modern architectural ideas developed from the foundation of traditional standardized dimensions (modules) for building elements that could be mass-produced to reduce waste.

Furthermore, Le Corbusier's (1887-1965) professed *Modulor*, French for module, and the *Section d'or*, golden section, suggests the progression of architecture to fit measurements of the human body. In his early days as a young architect, Tange Kenzo was fascinated by Le Corbusier's beautiful architectural proportions and the underlying concept of the Modulor when he attempted to develop his own system of proportioning architectural elements. For example, in the *Kagawa Prefectural Government East Building*, double-row Fibonacci sequences of 300, 600, 900 (...) and 450, 750, 1200, 1950 (...) were freely used to determine the dimensions of columns, window spacing, widths of joists, among many other elements of the building. From the experiments in Kagawa, Tange went on to employ the rectilinear column and beam structure in the *Hiroshima Peace Memorial Museum* and contrasted this structure by creating a lively façade that recalled a *mikoshi*, a portable shrine that is carried in traditional festivals.

Yet, the difference between "Le Corbusier's Modulor" and "Tange's Modulor" is that the former used the Modulor as a tool to link the human body with the architecture; while in contrast, the latter used it as a tool to link architecture to the city. In other words, Le Corbusier's Modulor responds to the human scale while Tange's Modulor responds to the scale of a public space—a model that sought to recall the public spaces of Ancient Rome.

[Toyokawa Saikaku]

05　Linked Spaces

画像提供：内田道子
Courtesy: Uchida Michiko

住居（丹下健三自邸）

丹下健三
1953年（現存せず）

A House (Tange Kenzo House)

Tange Kenzo
1953 (demolished)

《住居（丹下健三自邸）》は1953年に竣工した木造住宅で、丹下健三が設計した数少ない住宅のひとつであり、以下4つの特徴を有する。1つ目の特徴は、東京・成城の300坪の敷地に塀を設けず、築山によって周囲と分節している点である。このため、近所の子供らが自由に敷地内を駆け回ることができた。

2つ目の特徴は、ピロティ形式を採用し、生活の主な活動を2階エリアに集約している点である。設計当初は1階平屋の住宅として計画されたが、途中段階でピロティ形式が採用された。これにより、個人住宅の域を超えて、公館と呼ぶに相応しい偉容を獲得した。

3つ目の特徴は室内を3尺・6尺ではなく、4尺・8尺の寸法体系を用いている点である。その理由について、丹下は椅子式と床座が織り混ざった生活を行う際に3尺・6尺ではやや窮屈であったと説明している。一方で2階全面に畳を敷いたのは畳の快適さや感触によるところが大きく、丹下は座布団と低い椅子を併用する「実験的な試み」と位置付けている。和風住宅に比してやや大きな寸法体系と低い椅子からの視線を意識した室内構成は障子

A wooden house built in 1953 in the Seijo area of Setagaya in Tokyo, A House (*Tange Kenzo House*) is one of the few houses designed by Tange Kenzo. It features four distinct characteristics. The first feature, the *tsukiyama*, is an artificial mound that articulates the land from the surrounding neighborhood without building a wall around the perimeter of the approximately 300-*tsubo* (close to 1,000 square meters) site. Neighborhood children were therefore able to run about freely on the property.

The second characteristic is the employment of a pilotis form in which the main daily activities are consolidated on the second level of the house. At first, it was planned as a one-story house, but Tange adopted a pilotis form midway through the design process. Through this maneuver, Tange acquired the dignified appearance of a public edifice beyond the sphere of a private residence.

The third aspect is that Tange based his interior layout on a four by eight *shaku* modular system as opposed to the common three by six *shaku*. (Note: *Shaku* is a unit of length that can be considered the Japanese foot, which is derived from the distance measured by a human hand from the tip of the thumb to the tip of the forefinger.) He explained that the three by six *shaku* module was too constraining for a lifestyle that integrates chair-style seating with floor-based seating. More-

模型 1:3 2018年／制作監修：森美術館、野口直人／制作：おだわら名工舎／展示風景（森美術館、2018年）撮影：来田 猛
Model 1:3 2018 / Supervisor: Mori Art Museum, Noguchi Naoto / Production: Odawara Meikou-sha / Installation views, Mori Art Museum, 2018 Photo: Koroda Takeru

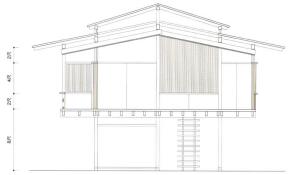

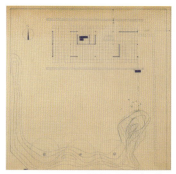

配置図 所蔵：内田道子
Site Plan Collection: Uchida Michiko

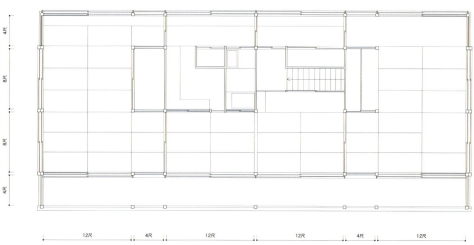

［上］模型断面図 ［下］模型平面図 図面作成：野口直人
[above middle] Model Section **[above] Model Plan** Production: Noguchi Naoto

の割付にも影響し、洗練された内観が実現している。

　4つ目の特徴は2階の外周欄間部分が全て素通しのガラスとなっており、ベランダの軒を室内まで連続させることで、木造でありながら浮遊感のあるデザインが実現した点である。また、室内の要所要所で藍や朱などのモダンな色使いが用いられ、篠田桃紅による襖絵、イサム・ノグチの照明「あかり」と相まって、和風でありながらも諸芸術が統合された近代建築を実現した。

　丹下自邸は、丹下と同世代の芸術家、デザイナー、建築家らが集う場としても機能し、後にグッドデザイン賞や世界デザイン会議の実現に大きく寄与した。この点で、戦後日本の建築史のみならず、デザイン史にとっても重要な建物といえよう。　　　　　　　　　　　　　　　　　　　　　　［豊川斎赫］

over, Tange's primary reason for using *tatami* mats over the entire second floor surface was for the comfort and the feel of the *tatami,* and he wanted to experiment with using low chairs together with *zabuton* floor cushions. The slightly larger module for a Japanese-style house and floor layout based on the low sight line due to the low seating also influenced the grid proportions of the bamboo lattice in the *shōji* panels and produced a refined interior design.

The final distinction of this residence is the clear glass transom that wraps around the perimeter of the second level, creating visual continuation of the eaves of the veranda to the interior, and lending a floating expression despite the building's wooden structure. Furthermore, a modern color scheme of indigo or vermilion was used for interior features, coordinating with a *fusuma* painting by Shinoda Toko, Isamu Noguchi's *Akari* lighting, and unifying Modernist with Japanese-style architecture.

At its peak, Tange's private residence functioned as a gathering place for artists, designers and architects of his generation and later greatly contributed to the establishment of the Good Design Awards and the 1960 World Design Conference in Japan. On this point, this building is not only significant in Japanese postwar architectural history, but also in the history of design itself. [Toyokawa Saikaku]

05　Linked Spaces

フクマスベース／福増幼稚園新館

吉村靖孝
2016年

Fukumasu Base/ Fukumasu Kindergarten Annex

Yoshimura Yasutaka
2016

《フクマスベース》は、千葉県市原市の私立福増幼稚園が運営する子育て支援施設である。もともと既製倉庫のリノベーション・プロジェクトとしてスタートしたが、再利用を阻むさまざまな条件を総合的に判断し、結局新築となった。遊具を与えてお行儀良く遊ばせるのではなく、子供達が自ら遊び方を考えたくなるような施設が望まれたため、もとの倉庫と同サイズの既製テント倉庫を転用して明るい大空間を確保したうえで、閉じずに蛇行を繰り返す木造の壁を挿入して無数のコーナーをつくり、空間の使い方をあらかじめ規定してしまう居室という単位を解体している。壁の高さは天井高の変化に呼応しながら変動するが、高くなりすぎて強度が不足する部分では、壁厚を上げるのではなく、あえて大きな斜材を付け足し、何かを吊したり、あるいは自分自身がぶら下がったりすることができるような、遊びの手がかりをつくった。2階の床の一部は階段状で簡易な客席になるが、その上部3段は本棚へと変化して、ここでも使い方の固定化を回避している。鳥の眼で全体を俯瞰して設計するのではなく、虫の眼の視点で、一見すると矛盾とも取れる小さな操作を積み重ねてつくるこのような設計態度をアドホクラシーと呼んで、建築と、その利用者である子供達のクリエイティビティとのできるだけスムーズな接続を目指した。粗野でおおらかな空間が、園側の柔軟な運営と馴染み、竣工後2年を経過した現在では、地域に開かれた公民館のような施設に育っている。　　　　　　［吉村靖孝］

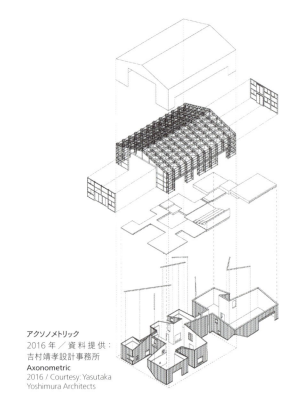

アクソノメトリック
2016年／資料提供：
吉村靖孝設計事務所
Axonometric
2016 / Courtesy: Yasutaka
Yoshimura Architects

Built in 2016 and designed by Yasutaka Yoshimura Architects, *Fukumasu Base* is a childcare support facility run by the private Fukumasu Kindergarten in the city of Ichihara in Chiba Prefecture. Launched as a project to renovate an existing warehouse, ultimately the decision was made to build anew after considering various factors that stood in the way of reuse. The client wanted a facility that would inspire children to discover their own ways of playing rather than one in which they were simply given playthings and told to behave themselves. To this end, we erected a ready-made tent warehouse the same size as the former warehouse to enclose a bright, expansive space in which we installed winding wooden walls that created something open-ended with countless corners, thereby deconstructing the notion of rooms as units with predefined functions. The height of the walls varies with the changing height of the ceilings, but in sections where too much height would lead to a loss of strength, instead of raising thicker walls we intentionally added large diagonal members, or hung things up—or added things that kids themselves could hang off of—that would inspire play. Part of the floor on the second story is stepped to create simple bleacher seating, but the top three tiers also serve as bookshelves. Here, too, we sought to avoid locking a given space to a particular function. By adopting an architectural approach that we called "adhocracy"—one based not on a bird's-eye view of the overall design but rather a bug's-eye view, on an accumulation of small operations that may appear contradictory at first—we sought to create as smooth as possible a connection between the building and the creativity of the children who would use it. This rough and open space, adapting to the kindergarten's flexible management style, has now, two years after its completion, become a kind of community center that is open to the local area.　　　　　　[Yoshimura Yasutaka]

[上]内観 [下]外観　2016年／画像提供：吉村靖孝設計事務所
[below] **Interior View** [bottom] **Exterior View** 2016 / Courtesy: Yasutaka Yoshimura Architects

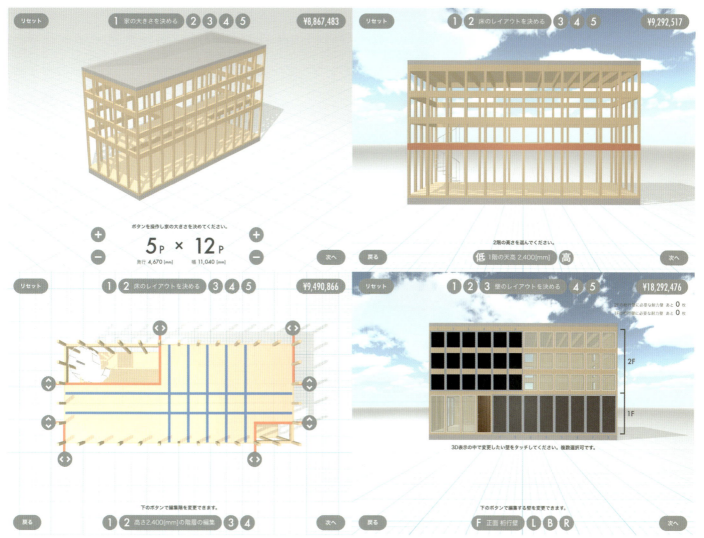

画像提供：吉村靖孝設計事務所
Courtesy: Yasutaka Yoshimura Architects

HouseMaker
吉村靖孝
2014年

HouseMaker
Yoshimura Yasutaka
2014

《HouseMaker》は、iPad 上で動作するエンドユーザー向けの設計支援アプリのβ版である。水平方向に 910mm、垂直方向に 1,200mm の細かな格子フレームを用い、簡易な構造計算と積算を逐次行うことで、専門家でなくとも、住宅の外殻となる外壁や開口部の位置やサイズを自由に変更できる。ユーザーは、「全体サイズ」、「メイン二階床高さ」、「メイン床形状」、「サブ床形状」、「外壁及び開口部」、「屋根形状」の 6 項目を順に決定してデザインする。正式版では、購入ボタンを押すと同時に図面が出力され、建材や職人が運び込まれて、数週間でマイホームが建つ。竣工後手を加える際も、外壁の格子が小さいおかげで重機に頼ることなく自力建設できる。そんな未来を目指して開発した。開発及び設計に際しては、人工知能による設計の一歩手前で、人間が自ら制御しているという感覚を失うことなく、しかしできるだけ簡易に設計が完了するよう配慮した。それが、ＤＩＹや調理などと同じく愛着の増幅に貢献するからであり、また選択肢を限定することが、並んだ際の街並みを調整することにもつながると考えたのである。なおこの作品は、２０１４年に開催された「MAKE HOUSE」展で発表され、主催者ニュー・コンストラクターズ・ネットワーク（NCN）が持つ SE 構法という木造技術が応用されている。

[吉村靖孝]

HouseMaker is a *beta* version of an iOS-based design support application for end users of iPad devices. Without the need of any architectural expertise, in its ability to successively perform simple structural calculations and estimates, this application allows one to freely change the dimensions or size of the apertures and walls that comprise the exterior shell of the house utilizing a finely gridded module of 910 mm (in the horizontal direction) by 1,200 mm (in the vertical direction). To determine the design of the house, the user sequentially makes a selection from among the following six items—overall size, height of the second floor main space, layout of the main floor, subfloor layout, exterior wall and apertures, and roof shape. In the commercial release version, as soon as the user clicks the purchase button, the drawings are printed out, building materials and contractors are procured, and the house is built in a within period of several weeks. In the case where one may want to modify the house after completion, the fine grid of the exterior walls facilitate easy self-build methods without the need for heavy industrial machinery. The application was developed with a vision of this potential future application. Toward design and development, the application is a direct antecedent to artificial intelligence, without sacrificing the sense that humans are in control, and it was created with the idea that one could complete the design as easily as possible. Just as with DIY home building or cooking projects, this degree of control enhances one's attachment to the work, and it was considered that limiting one's design options would also lead to regulating the cityscape when the buildings are assembled side by side. This project was introduced at an exhibition held in 2014 entitled *Make House* and employed the wood construction technology called "SE structure" (a systematized wooden rigid frame structure) that was developed by the organizer of the exhibition, on New Constructor's Network (NCN).

[Yoshimura Yasutaka]

パワー・オブ・スケール

齋藤精一＋ライゾマティクス・アーキテクチャー
2018年

Power of Scale

Saito Seiichi + Rhizomatiks Architecture
2018

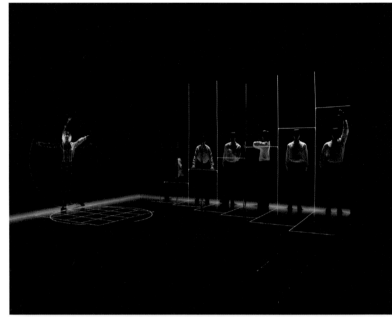

建築は人間が使う道具であり、建築内に物理的に存在する人間のスケールを長いこと探求した装置でもあると私は思う。本作品《パワー・オブ・スケール》はその人間のために創り上げられた装置＝建築を模型や図録で想像するのではなく、実寸で空間スケールを体験・体感することを目的に制作した。本作品内ではリアルスケールにこだわり歴史的建造物や普段立ち入ることができない建物、我々の身の回りに存在する大小様々な空間を映像とレーザーファイバーによって再構築している。

ここ数年の液晶に溢れた生活や、CG、VR等のテクノロジーの発展によって人間は疑似世界に慣れ、実空間で起きていること、身の回りの変化や美しさへの興味を失ってしまったように感じる。映画やゲーム、360度に広がるコンテンツは様々な新しい体感をもたらしたが、ひょっとすると人間が生物的に持っている大きさや方向の感覚を弱めてしまったかもしれない。建築というものは、景色や季節、光、気候等の外的要因と共に、その環境を受けた人の営みの内的要因によって創り上げられた唯一無二の造形物のはずだが、建築家も含め多くの人間はその感覚を忘れてしまったとも考えてしまう。だからこそこのインスタレーションは、スケールの体験を通してもう一度人間らしいスケール感を考えるきっかけを与え、人間のスケールを逸脱した大規模開発が乱立する東京でもう一度「我々人間のスケール感覚の力」を再確認してもらうことを意図していた。　　　　　[齋藤精一]

Architecture is a tool used by people. I believe that the scale of human physical presence inside a building has long been a device that has been pursued in the design of architecture. This work, Power of Scale, does not imagine architecture as models and drawings that were made as devices for humans; but rather, it focuses upon the true measurement of the scale of a space. This work is fixated on true scale in historical buildings and other buildings that cannot be regularly accessed and reconstructs various large and small existing spaces around us using video and fiber laser technology.

Over the last few years, humans have become accustomed to the virtual world through technological advancements in LCD (liquid crystal displays), CG (computer-generated graphics), VR (virtual reality) etc., such that when present in actual space, there is a sense of a loss with regards to awareness to changes around one's immediate surroundings and an interest in beauty. Movies, games and content expanded to 360-degrees have brought diverse new experiences; however, on the other hand, it is possible that these technologies have also weakened people's innate sense of scale and direction.

Architecture should be uniquely created by internal factors, such as people's activities, paired with the external factors of landscape and season, light, climate, et al. Despite this, many people, including architects, think that sentiment has been completely forgotten. Therefore, this installation offers the opportunity to rethink human scale through its experience, as well as the chance to reassess the "power of our sense of human scale" especially in Tokyo, where large-scale development projects deviate greatly from the scale of the people.　　[Saito Seiichi]

《パワー・オブ・スケール》2018年／展示風景（森美術館、2018年）撮影：本間無量
Power of Scale 2018 / Installation views, Mori Art Museum, 2018 Photo: Homma Muryo

本作で再現した建築と工作物
Recreated architectures and other works

電話ボックスC型　1960年代
Telephone Box Type-C　1960's / h800 × w900 × d2000

中銀カプセルタワー　1972年／黒川紀章
Nakagin Capsule Tower　1972 / Kurokawa Kisho / h3800 × w2050 × d2100

東北大震災避難所段ボールハウス　2011年
Cardboard House for evacuation shelters in the Great East Japan Earthquake　2011 / w2000 × d2000

茶室
Tea room　h2700 × w2700 × d2200

同潤会アパート　1927年
Dōjunkai Apartments　1927 / h3600 × w2700 × d2300

プレハブ住宅　1971年
Prefabricated home　1971 / h2200 × w4800 × d2250

Hanem Hut　2013年／中村好文
Hanem Hut　2013 / Nakamura Yoshifumi / h3000 × w4000 × d2000

高過庵　2004年／藤森照信
Takasugi-an　2004 / Fujimori Terunobu

05 Linked Spaces

香川県庁舎
丹下健三
1958年

Kagawa Prefectural Government Office
Tange Kenzo
1958

外観 撮影：市川靖史
Exterior View Photo: Ichikawa Yasushi

丹下健三は香川県知事・金子正則から香川県庁舎の設計依頼を受けた際、以下のような条件を提示されている。❶香川の気候風土やその他環境に適応すること、❷県民のための建築であり民主県政の殿堂であるとの感じが強く出ること、❸既存の鉄筋コンクリート3階建の庁舎とできるかぎり融合すること、❹本館の建築が香川に定着するために資材はなるべく多く県内産を活用すること、の4条件であった。当時、丹下は《旧 東京都庁舎》(1957)の設計に取り組んでおり、都庁舎に似たスタディ案も検討されたが、最終的には正方形の高層棟と長手に伸びる低層棟が南庭を囲う案に収斂していった。《旧 東京都庁舎》に比して香川県庁舎の特徴は3つあり、1つは都庁舎では外装に鉄のルーバーを多用したが、香川県庁舎ではコンクリートのベランダで高層棟の外周を取り巻いている点である。特に、室内の床を支える小梁をそのままベランダまで延長していることで外装が一気に賑やかになり、神輿のような外観を形成した。またこのベランダが日射や雨水処理に有効に働き、香川県庁舎の長寿命化に大きく寄与している。

　2つ目は、両庁舎ともピロティ形式を採用したが、香川県庁舎では南庭と一体化することで県民が集い、賑わう都市のコアが具体化されたことである。東京都庁舎の場合、建物規模に対して敷地が狭小であったが、香川県庁舎の場合には都庁舎に比してゆとりがあり、南庭、高層棟の1階、低層棟のピロティが陶版壁画を中心に一体化し、開かれた公共空間が実現している。

　3つ目は、東京都庁舎と同じく香川県庁舎は設備コアを建物の中央に据え、耐震壁で囲ったが、都庁舎での経験を存分に活かし、意匠・構造・設備の一体化したオフィス提案がなされた。

　香川県庁舎は1950年代に近代と伝統の問題が議論された最中に実現した公共建築であり、コンクリートを用いた日本らしい庁舎建築の手本となった。これと同時に、大人しいとは言い難い狂気を秘めた外観は、60年代に爆発する丹下の才気を予感させるものでもあった。

[豊川斎赫]

In Takamatsu, Kagawa Prefecture on Shikoku Island, facing the Seto Inland Sea, stands a *tour de force* modern prefectural hall complex. A major addition to the existing structure with a brand-new eight-story administrative office tower and a low-rise legislative assembly hall in reinforced concrete construction was designed by Tange Kenzo, and was completed in 1958.

　When Tange Kenzo was commissioned to design the *Kagawa Prefectural Government Office* complex by the Kagawa Prefectural then-governor Kaneko Masanori, he was given four design requirements. The building must firstly be suited the local context of climate and environmental conditions of Kagawa; secondly, it was to serve as a powerful icon for the people of Kagawa Prefecture as a democratic prefectural government edifice; thirdly, it should integrate well with the existing three-story reinforced concrete government office building; and fourthly, the building was to utilize local building materials to the extent possible to make it comfortably blend with the Kagawa townscape. At the time, Tange was in the midst of designing the (former) *Tokyo Metropolitan Government Office Building* in Yuraku-cho, and consequently, there were schemes that resembled it among his design studies, but he settled on a *parti* of an office tower with a square floor plan and an extended, rectangular low-rise wing that encloses a courtyard to the south.

　There are four features of the design for *Kagawa Prefectural Government* office complex that it distinct from the (former) *Tokyo Metropolitan Office Building*: firstly, while the latter has an abundance of steel louvers, for the former has reinforced concrete balconies that wrap the perimeter of the office tower. Moreover, the beams supporting the floor slabs were extended out into the balconies, creating a lively expression on the façade resembling a *mikoshi*, or portable shrine that is carried in traditional Japanese Shinto festivals. These balconies also act as shading devices to keep out the direct sunlight and divert rainwater, contributing to the durability of the hall complex.

　The second distinction is that although both city government office buildings employed *pilotis* on the ground level, in the Kagawa complex, the pilotis are unified with the adjacent South Court to effectively produce a dynamic urban core where citizens can gather. In contrast to the smaller site area relative to the building scale in Tokyo, in respect to the size of the Kagawa complex, the site was expansive, and the South Court, the office tower ground level, and the pilotis of the low-rise wing were integrated around a decorative porcelain mural (by artist Inokuma Genichiro), resulting in an open public space.

　The third distinction from the *Tokyo Metropolitan Government Building* is that while the towers both have a central mechanical and electrical service core surrounded by aseismic walls, Tange fully capitalized on his experience in Tokyo to produce a more unified office design for Kagawa in terms of architectural design, structure and mechanical and electrical services.

　Finally, the *Kagawa Prefectural Government Office* complex is a public architecture realized in the 1950s amid debates between the Modernist movement and tradition, and as such, it became a model for a Japanese-style public architecture using reinforced concrete. At the same time, the not-so-modest exterior with hidden unconventionality gives a hint of Tange's brilliance that exploded later in the 1960s.

[Toyokawa Saikaku]

[左]1Fロビー [右]県庁ホール 2016年／撮影：ホンマタカシ／所蔵：香川県立ミュージアム
[above left] First Floor Lobby [above right] Prefectural Building Hall 2016 / Photo: Homma Takashi / Collection: The Kagawa Museum

家具のモダニズム
Modernist Furniture in Japan

展示風景:「建築の日本展:その遺伝子のもたらすもの」
森美術館、2018 年
撮影:来田 猛
Installation view: "Japan in Architecture: Genealogies of Its Transformation," 2018, Mori Art Museum, Tokyo
Photo: Koroda Takeru

香川県庁舎 マガジンラック付ベンチ
1958 年 | h1120 × w3000 × d1800 | デザイン:丹下健三研究室 | 制作:桜製作所 | 所蔵:香川県

Bench with Magazine Rack at the Kagawa Prefectural Government Office
1958 / h1120 × w3000 × d1800 / Design: Kenzo Tange Laboratory / Production: Sakura Seisakusho / Collection: Kagawa Prefecture

　1958 年竣工の《香川県庁舎東館(旧本館)》(丹下健三設計)では、丹下研究室によってオープンスペースの家具がデザインされ、木製家具については地元の桜製作所が制作した。卍形に組み合わせた長方形の座面の中央に、新聞棚とマガジンラックを立ち上げるベンチは、「県民に開かれた庁舎」というコンセプトを象徴する存在である。

The furniture pieces in the open spaces of the Kagawa Prefectural Government Office East Building (formerly the Main Building), built in 1958, were designed by the Tange Laboratory, and the wooden pieces among them were manufactured by the locally based Sakura Seisakusho. This bench, which is composed of four rectangular seats set in an interlocking *manji* (a Buddhist symbol) arrangement around a central rack for newspapers and magazines, symbolizes the facility's concept of a "government building open to all prefectural citizens."

香川県立体育館木製丸椅子
1964 年 | h435 × w830 × d830 | デザイン:剣持デザイン研究所 | 制作:天童木工 | 所蔵:香川県

Round Wooden Chairs at the Kagawa Prefectural Gymnasium
1964 / Design: Kenmochi Isamu / Production: Tendo Mokko / Collection: Kagawa Prefecture

　《香川県立体育館》(1964、丹下健三設計)の家具は、剣持勇がデザイン、天童木工が制作を担当した。上開きに積層させた木材がモザイクのような独特の表情を見せる。座面には黒・緑・赤などのビニールが張られ、カラフルな組み合わせ効果を生む。白いプラスチック板を被せたテーブルもある。

The furniture in the Kagawa Prefectural Gymnasium (built in 1964, designed by Tange Kenzo) was designed by Kemmochi Isamu and manufactured by Tendo Mokko. The chairs are made of layers of wood that taper outward towards the top and create a mosaic-like texture. The sitting surfaces are covered with black, green, and red vinyl cloth, which make for colorful arrangements when the chairs are grouped together. They are complemented by tables topped with white plastic panels.

香川県庁舎間仕切り棚
1955–58 年 | h1950 × w7200 × d450 | デザイン:丹下健三研究室 | 制作:桜製作所 | 所蔵:香川県

Partition Shelves at the Kagawa Prefectural Government Office
h1950 × w7200 × d450 / Design: Kenzo Tange Laboratory / Production: Sakura Seisakusho / Collection: Kagawa Prefecture

　東館低層棟 2 階の県庁ホール受付のクローク棚。丹下研デザイン、桜製作所制作。同じ形状の棚は、同ホール 3 階出入り口回り、1 階ロビー受付に置かれた。丹下が設計した旧東京都庁舎でシャルロット・ペリアンがデザインした仕切り棚を翻案し、長方形の箱をパズルのように組み合わせている。箱の背面には青・黒・白のカラーボードが貼られる。

This is a coat shelf at the second-floor reception desk of the Prefectural Hall in the low-rise wing of the Kagawa Prefectural Government Office East Building. It was designed by the Tange Laboratory and manufactured by the Sakura Seisakusho. The same shelf was placed by the hall's third-floor entrance and the reception desk on the first-floor lobby. Made of rectangular boxes that fit together like a puzzle, the shelf's design was adapted from that of a partition shelf Charlotte Perriand designed for Tange's former Tokyo Metropolitan Government Building. The boxes are backed by blue, black, and white boards.

香川県庁舎陶製椅子
1955–1958年｜h400 × w500 × d500｜デザイン：丹下健三研究室｜所蔵・所在：香川県

Ceramic Chairs at the Kagawa Prefectural Government Office
1955-58 / h400×w500×d500 / Design: Kenzo Tange Laboratory / Collection: Kagawa Prefecture

　東館1階ロビーと南庭に置かれた。丹下研デザイン。寸胴甕を逆にしたような形態であり、旧都庁舎での臼形の椅子（木製）の重心をより低く安定させた。信楽で制作され、赤・白・黒・青など原色を基調とした釉薬がかけられる。ロビーと南庭の背後にそそり立つ陶板壁画「和敬清寂」（猪熊弦一郎作）と調和した空間を構成する。

These chairs designed by the Tange Laboratory were placed in the first-floor lobby of the East Wing and in the south garden. Shaped like upturned urns, they were made to be stable by lowering the center of gravity of the wooden mortar-shaped chairs designed for the former Tokyo Metropolitan Government Building. The chairs, made in Shigaraki, have been coated in pure red, white, black and blue glazing. They compose a harmonious space together with the towering ceramic wall relief by Inokuma Gen-ichiro, titled *Wakei Seijaku*, backing the lobby and south garden.

香川県文化会館椅子
1965年｜h640 × w505 × d495｜デザイン：大江宏｜制作：天童木工｜所蔵：香川県

Chairs at the Kagawa Prefectural Cultural Hall
1965 / h640 × w505 × d495 / Design: Oe Hiroshi / Production: Tendo Mokko / Collection: Kagawa Prefecture

　《香川県文化会館》（1965、大江宏設計）の家具は、大江宏（1913–1989）がデザイン、天童木工・桜製作所が制作を担当した。薄い合板を折り紙のように曲げ、背もたれ（背面）と肘掛（側面）を作り出すこの椅子は、早くから成形合板技術に取り組んできた天童木工の担当。天童木工の技術は、協働を通じて桜製作所にも伝習された。

The furniture at the Kagawa Prefectural Cultural Hall (built in 1965, designed by Oe Hiroshi) was designed by Oe and manufactured by Tendo Mokko and the Sakura Seisakusho. This chair, whose backrest and armrests have been formed by folding thin plywood boards like paper, was made by Tendo Mokko, a forerunner in plywood forming technology. The technology held by Tendo Mokko was passed on to the Sakura Seisakusho through their collaboration.

香川県庁舎 クローク荷物置き
1958年｜h348 × w1610 × d545｜デザイン：丹下健三研究室｜制作：桜製作所｜所蔵：香川県

Table Bench at the Kagawa Prefectural Government Office
1958 / h348 × w1610 × d545 / Designed: Kenzo Tange Laboratory / Manufactured: Sakura Seisakusho / Collection: Kagawa Prefecture

　香川県庁舎ホール受付に置かれた、簀子（すのこ）状の座面をもつ荷物置き兼長椅子。

This table bench with a slatted backrest was placed at the reception desk of the Prefectural Hall. It was designed by the Tange Laboratory and manufactured by the Sakura Seisakusho.

五色台山の家椅子
h795 × w420 × d520｜デザイン：坂倉準三（担当：坂倉準三建築研究所 長大作）｜制作：天童木工｜所蔵：香川県

Chair at the Mountain House in Goshikidai
h795 × w420 × d520 / Design: Sakakura Junzo , Cho Daisaku(Junzo Sakakura architects and engineers)/ Production: Tendo Mokko / Collection: Kagawa Prefecture

　丹下研から独立した浅田孝（1921–1990）が手がけた《五色台山の家》（1965）で使われた家具。坂倉準三建築事務所の長大作（1921–2014）がデザイン、天童木工が制作を担当した。薄い合板と板材を組み合わせた軽快な作りと形には、坂倉準三（1901–1969）と旧知のジャン・プルーヴェ（1901–1984）の影響があるとされる。

This furniture piece was used in the *Mountain House in Goshikidai* (1965) designed by former Tange Laboratory member Asada Takashi (1921–1990). It was designed by Cho Daisaku of Sakakura Associates Architects and Engineers and manufactured by Tendo Mokko. The design of the chair with its light build and form realized with the use of thin plywood and wood board is believed to have been influenced by Sakakura's longtime friend Jean Prouvé (1921–1984).

チェーンデリア
1973年｜デザイン：多田美波｜所蔵：多田美波研究所

Chain-delier
1973 / Design: Tada Minami / Collection: Minami Tada Associates

　コの字型のアクリルパーツを連結して組み立てるシャンデリア。《皇居新宮殿》（1968）など多田美波よる一連のクリスタルガラスによるシャンデリアを幅広く展開できるようシステム化した。《日本海運会館ビル》（1973）で初めて発表し、1976年にヤマギワから製品化された。

This is a chandelier that was assembled by connecting c-shaped acrylic parts. Tada Minami developed a system for her crystal glass chandelier designs so that they could be adapted widely to various projects, including *the Tokyo Imperial Palace* (1968). This piece was first revealed in the Nihon Kaiun Kaikan Building (built 1973) and made commercially available by Yamagiwa in 1976.

五色台少年自然センター 椅子
h795 × w420 × d520／デザイン：坂倉準三（担当：坂倉準三建築研究所 長大作）／制作：天童木工／所蔵：香川県立ミュージアム

Chairs at the Mountain House in Goshikidai h795×w420×d520 / Design: Sakakura Junzo , Cho Daisaku(Junzo Sakakura architects and engineers)/ Production: Tendo Mokko / Collection: The Kagawa Museum

日本海運会館ビル チェーンデリア 1973年／画像提供：多田美波研究所

Nihon Kaiun Kaikan Building with chain-delier
1973 / Courtesy: Minami Tada Associates

「空間」の成り立ち

岸 佑

日本の建築空間が、平面・構造の簡素・明快さ、素材の美の尊重、無装飾、周囲との調和といった特徴で表されるとしたら、それは 20 世紀の近代建築運動もしくはモダニズムの影響下で成立した概念である。これらはモダニズムとかかわりながら、「構成」「環境」「身体」という 3 つの要素によって 20 世紀に成立した。しかし、「日本」も「空間」も、今や自明ではない。それらは、静的ではなく動的であり、不変ではなく変化する。

「空間」概念の歴史性

19 世紀末ドイツ・ウィーンの美術史学から登場した「空間」という概念が日本の建築へ紹介されるのは、1920 年代末のことである。しかし「空間」が建築言語として用いられはじめるのは、1940 年代に入ってからであった。この時期に英語で書かれたものとしては、G. ギーディオン（1888-1968）の『空間・時間・建築』(1941) がよく知られているが、日本語では戦局が悪化し、召集が迫るなかで遺書のように執筆された井上充夫 (1918-2002) の論文「我国上代建築の配置及空間把握の方式について」(1943) と「我国近世建築の配置及平面にみる空間把握の方式について」(1944)、そして浜口隆一 (1916-1995) の建築評論「日本国民建築様式の問題」(1944) がその嚆矢となる。「空間」概念が、広く普及したのは、第二次世界大戦後のことであった。

過去と現在の「構成」

モダニズム建築と、やがて「空間」と呼ばれる概念とを接続するキーワードは、「構成」であった。「構成」とは、選びとられたエレメントを結びつけたり、組み合わせたり、関係づけるその作法と、それによってひとつにまとめあげることであり、工学にかかわるコンストラクションおよび芸術にかかわるコンポジションの訳語として、いわば工学と芸術を結びつける概念だった。建築とは、形、素材、感覚の「構成」から成り立つと解されていたのである。重要なことは、モダニズムの建築言語が形態、デザイン、空間、秩序、構造、構成、環境、身体といった抽象度の高い語彙体系で成立している点にある。これらの語彙体系による把握は、過去の建築を歴史的時間から解放し、共時的な存在にした。1930 年代には、神社・茶室・数寄屋（とりわけ伊勢神宮と桂離宮）がモダ

ニズムの視線から再発見・再評価されていくが、古代から近世までの建築を同一に並置し解釈しえたのは、「構成」という抽象概念で日本建築を捉えたからにほかならない。「構成」という概念を通じて、過去に現在的問いを投射することにより、「日本」は建築を歴史から領有しえたのである。

「構成」がモダニズムの視線によって見出されたにもかかわらず、この二つは相補的な関係にあった。「構成」は伝統を解釈する認識の枠組であり、モダニズムの視線はその認識の枠組を構築する。モダニズムの視線は、写真表現やグラフィックデザインと強い影響関係にあった。とりわけ写真は、過去の建築を白と黒のコントラストで表し、抽象絵画を想起させる幾何学的なプロポーションの美しさや、障子がもつ機能性や採光性といった内包された近代性を視覚化するとともに、襖や漆喰に反射する光の淡さなど日本的な美的範疇のものを表現した。岸田日出刀 (1899-1966) の写真集『過去の構成』(1929) と『現代の構成』(1930) は、写真のモダニズムによって過去と現在を「構成」していく建築的実践のひとつだったといえよう。

「構成」という認識枠組は、社寺建築を中心とした木造軸組構造に対する歴史的再評価をもたらした。20 世紀に登場した鉄・ガラス・コンクリートによる構造材に対する認識の変化は、素材の美の尊重に対する感覚を先鋭化させた。坂倉準三 (1901-1969) のパリ万国博覧会日本館（1937 年竣工）において、鉄骨で組み上げた柱と梁は日本建築の現代的表れと解釈された。谷口吉生 (1937-) の東京国立博物館法隆寺宝物館（1999 年竣工）でも、柱と梁はミニマルかつ抽象的に「構成」されている。丹下健三 (1913-2005) の香川県庁舎（1958 年竣工）は、構造のダイナミクスが建物の前面に「構成」として表れ、柱と梁が木造建築の木割を想起させる。大江宏 (1913-1989) の法政大学 55 年館（1955 年竣工）・58 年館（1958 年竣工）のコンクリートに転写された型枠の木目は、モダンでありながらも独特な味わいをコンクリートにもたらしている。

「環境」の拡張と「身体」の発見

気温、湿度、雨量といった自然地理は、建築に大きな影響を与える。もともと気候条件の意味で用いられていた「環境」という語彙が、やがて自然気候条件のみなら

ず人間の身体感覚にまで拡張されていった。前川國男（1905 - 1986）は、石や木といったマテリアルによって規定される建築の文化的条件を「表現的環境」という言葉で説明し、複数の建物が関係づけられた「日本の空間」を「環境秩序的」だと表現したことがある。[4]「環境」とは関係の空間を構築する修辞であった。

　戦前から戦後につくられた木造のモダニズム住宅は、合理性や機能性を生活の美の中に溶け込ませていく。モダニズムの美的感覚は、プランやディテールの「構成」に投影された。このことは、丹下健三の自邸（1953年竣工）を現在の目線で見るとわかるように、モダニズムが抽象的な理念や理想ではなく、実感を伴う現実として日常生活と結びついていくことを意味した。たとえば、開口部を広く取り、部屋の採光性を高め、周辺環境を窓から取り込み、内部と外部の調和を図ろうとする。部屋の機能は固定されず、障子や襖によって可変であることにより、自由な平面を実現し、内部と外部がひとつの「空間」として認識されていく。清家清（1918 - 2005）は、このような空間構成を、寝殿造りの「舗設」という言葉を用いて説明した。その一方で「環境」概念は、建築と自然との共生を美学化したのである。木造は、意識しようとしまいと、専門的な視点から見た時に、和風の問題を連想させた。この連想は、近代以前の建造物が木造建築技術によって成立してきたことと無関係ではない。それに従えば、モダニズムを木造で試みる発想は、前川のいう「表現的環境」によってもたらされたものだと捉えられるだろう。

「環境」は「空間」と結びつき、「身体」に対する関心を喚起させる。「空間」における「身体」の重要性が認識されるようになったのは、戦前から1960年代までの伝統と創造の関係を問う文脈においてであった。1930年代の堀口捨己による茶室論から、1940年代の前川國男による伝統論と浜口隆一の建築評論、そして1950年代の伝統論争に至るまで、創造の方法あるいは技術の表現として、内に存在するリアリティと「日本」との関係が「身体」を通して論じられていた。縁側は深く突き出た日本家屋の軒下なしには成立し得ないが、一方では障子によってウチとソトの境界を曖昧にする。鉄骨によるスパンやガラスによる大開口部が、同様の効果を建築にもたらすとしても、それを伝統と見るかモダンと見るか

は、最終的にその場にいる身体感覚に託されるだろう。伝統は、建築の形として直接的に現れるものでもなければ、体の内に血肉化されているのでもない。伝統は身体と建築がかかわる場に生起する。井上充夫が近世に見出した「行動的空間」は、「空間」概念から遡行的に発見された「身体」に基づいていたともいえよう。

創造の運動としての「空間」と「構成」

　日本の建築空間は、「構成」をその基調に置きながら、「環境」を拡張し、「身体」を発見することで成立した。近代的視線による日本的空間とは、身体と建築が交わる場に伝統と創造を発見していく過程でもあった。その後の高度経済成長期から現在に至るわれわれの生活や空間のなかで、あるいは現代建築の実践のなかで、これらはどのように動的に変化しているだろうか。平面・構造の簡素・明快さ、自然環境との調和、無装飾といった特徴は、日本の伝統的な空間を説明する特徴のひとつとなった。しかし、藤本壮介（1971 - ）の東京アパートメント（2010年竣工）や、吉村靖孝（1971 - ）のフクマスベース（2016年竣工）といった現代建築の実践が、このような特徴と結びつけられて語られることは少なくなっているように思われる。もはやわれわれをアプリオリに規定するものが、「日本の空間」を導くのではない。それでもなお、発想の根底に、光の処理に、素材の手触りに、あるいは部分／全体のプロポーションに、そして立ち現れる建築に、日本独自の空間を見出そうとする視線はなくならない。日本語世界を文化的な「後背地」とする限りにおいて、建築の「空間」や「構成」は、むしろ自然と文化の相互作用の内で醸成される歴史的概念、すなわち時間のなかで継続的な変化を必然とする創造の運動として捉え直されるべきであろう。

[本稿の注釈、参考文献は、p.271参照]

The Origins of Space

Kishi Yu

The unique characteristics expressed in Japanese architectural space, such as the floor plan, structural simplicity, clarity, respect to materials, unadorned surfaces, and harmony with surroundings, are concepts established from 20th century movements in architecture.[1] Particularly in the 20th century Modern Movement, notions of composition, environment and body were developed; however, concepts of "Japan" and "space" were not as self-evident and remain so even today. Rather, these concepts of Japan and space can be thought of as dynamic, not static and ever-changing, not immutable.

The Historical Concept of Space

The concept of space was introduced to Japanese architectural discourse at the end of the 1920s via late nineteenth century German and Viennese artistic circles. Despite this history, "space" was not used as an architecture term until the 1940s. At this time, Siegfried Gideon's book *Space, Time & Architecture* (1941) was well known, but in Japan the war situation had worsened, impacting Japanese scholarship at the time. While the call for involuntary military service loomed closer, theses and essays from this period, such as the last testaments of Inoue Mitsuo (1918-2002) *Regarding Methods for Understanding the Space in the Layout and Plans in Our Country's Ancient Architecture*, and *Regarding Methods for Understanding Space by Looking at Our Country's Modern Architectural Layout and Plans*, as well as the architectural criticism by Hamaguchi Ryuichi (1916-1995) in *The Problem of Styles for Japan* (1944), can be regarded as among the earliest Japanese language texts using "space" (*kūkan*) in an architectural context. Thus, in Japan, the concept of space was widely disseminated only after World War II.[2]

"Compositions" of Past and Present

The keyword connecting modern architecture to space is "composition." Composition is understood to be a method of selecting elements, bringing them together, producing relationships between them and unifying them as a whole. By extension, composition could be seen as a method to connect construction and engineering with artistic composition. According to this way of thinking, architecture can be understood as the ability to establish compositions of form, material and sensation. Underlying this discussion is the emergence of modernist architectural terms such as form, design, space, ordering system, structure, composition, environment and body.[3] This new abstract terminology liberated architecture from history, allowing it to exist synchronously as discourse. For example, by 1930s Shintō shrines, teahouses, *sukiya*, especially the *Ise Grand Shrine (Ise Jingū)* and *Katsura Imperial Villa (Katsura Rikyū)* were rediscovered and re-analyzed through the lens of modern architectural criticism; however, ancient and modern architecture could only be juxtaposed through the abstract concept of composition. In this way, critics were able to project architecture from ancient times to the architecture of the present day; Japan was thus able to culturally appropriate its architectural history.

Although composition was discovered from the viewpoint of the Modern Movement, a complementary relationship exists between composition and tradition: while composition establishes a cognitive framework for a modernist interpretation of tradition, the modern point of view constructs the framework for that cognizance. This modern point of view was strongly influenced by photographic expression and graphic design. Photographs of early architecture were particularly expressive through the use of strong black and white contrast. The beauty of geometric proportions recalled abstract paintings, while subjects such as the *shōji* screen or paper sliding doors and faint light reflected onto the sliding panels (*fusuma*) and the plaster walls (*shikkui*) expressed a uniquely Japanese category of aesthetics by visualizing modernity through functionality and lighting. The photo collections of Kishida Hideto (1899-1966) *Compositions of the Past* (1929) and *Compositions of the Present* (1930) are said to be examples of modern photography that sought to capture a certain unity of past and present.

The cognitive framework for composition additionally catalyzed the historical reevaluation of the Japanese traditional wooden post and beam construction (*mokuzō jikugumi kōzō*) for temples and shrines. Twentieth century developments in structural materials such as steel, glass and concrete brought about changes in the recognition of structural materials by radicalizing the importance of the beauty of materials. The Expo Paris 1937 *Japanese Pavilion* by Sakakura Junzo (1901-1969) was interpreted as Japanese architecture constructed from a steel frame with columns and beams; the *Tokyo National Museum Gallery of the Hōryūji Treasures* designed by Taniguchi Yoshio, (1937-) completed in 1999, minimally and abstractly composes columns and beams; the *Kagawa Prefectural Government Office East Building* by Tange Kenzo (1913-2005), completed in 1958, recalls post and beam construction (*chūryō*), wood dimensioning (*kiwari*, proportioning or allocation) as it expresses the composition through the dynamic structure of the building's front *façade*; finally the *Hosei University '58 Building*, completed in 1958, by Oh-e Hiroshi (1913-1989) imprints wooden texture through formwork to bring a modern, yet unique expression to concrete.

The Expansion of Environment and the Discovery of the Body

Elements that constitute natural geography, such as atmosphere, humidity and rainfall exert great influence on architecture. While the word "environment" originally denoted atmospheric conditions, the definition eventually expanded to encompass human recognition of the body as well. Mayekawa Kunio described architectural cultural conditions provided through materials such as rock and stone as an "expressive environment" (*hyōgenteki kankyō*), the co-ordination of multiple structures expressed "Japanese space" while also demonstrating an "environmental order."[4] "Environment" thus came to mean constructing spaces of relationships.

Furthermore, modern wooden houses constructed before and after World War II combined rationality and functionality into the beauty of everyday activity. The aesthetic of modern architecture was projected into the composition of plans and details. As seen in Tange Kenzo's own house, completed in 1953, modern architecture was not an expression of abstract ideals, but rather found meaning by connecting everyday activities through lived experience. For example, in the design, Tange attempted to create harmony between the interior and exterior through large openings that provided daylight while also permitting the surrounding environment to enter the house. Without determining each room's function, the *shōji* and *fusuma* created a free plan; the exterior and interior are conceived of as one large space. Furthermore, Seike Kiyoshi (1918-2005) used the *shinden zukuri* (an aristocratic architectural style from the Heian period) *shitsura-e* (to prepare) to describe this sort of spatial composition. On the other hand, the concept of environment aestheticized the union between architecture and nature. When experts focus deeply upon wood construction, it becomes entangled with the problem of Japanese style. This entanglement is not unrelated to the pre-modern structures that were realized from wooden structural engineering. Therefore, the sentiment behind attempting to make modern wooden structures surely can be traced back to Mayekawa's "expressive environment."

Connecting the concept of environment to space, by extension, evokes interest in the body. The recognition of the importance of the body in space is explored in the context of prewar Japan to the 1960s when architects began to question the relationship between tradition and creation. From Horiguchi Sutemi's theory of tea rooms (1930s), Mayekawa's theory of tradition and Hamaguchi Ryuichi's architectural theory (1940s), finally culminating in the 1950s debate on tradition in which the existing reality of the interior and its ever-present relationship to Japan was discussed in connection with the body as an expression of creation and engineering. For example, the *engawa*, or verandah, was not possible without a deep eave protruding from the house; however, at the same time, the shōji screen mediated the boundaries between inside and outside. Likewise, even if a span enabled by steel and large openings created by glass achieved the same architectural effect, the question of whether or not they are modern or traditional, surely relies on more corporal interpretations of architecture. If tradition does not appear immediately from form, it cannot become assimilated into the whole. Tradition thus occurs through the relationship between architecture and the body. It can be said retroactively that Inoue Mitsuo's "dynamic space" (*kōdōteki kūkan*), observed in the early modern period, shows an early discovery that was based on the awareness of the "body."

The Creation of Movement as Space and Composition

Japanese architectural space therefore establishes its basic foundation from composition, expansion through environment, and engagement with the body. From a contemporary viewpoint, Japanese space is also the process of discovery from tradition and creation wherein body and architecture meet. After a long, prosperous period of economic growth leading to the present day, a lingering question becomes whether or not these elements are dynamically changing. The balance of plans, the structural simplicity, clarity, natural environment and unadorned surfaces has become a hallmark of traditional Japanese space. However, recent architecture in Japan, for example, the *Tokyo Apartment* of Fujimoto Sosuke (Sou Fujimoto) (1971-), completed in 2010, and the *Fukumasu Base* of Yoshimura Yasutaka (1971-), completed in 2016, seem no longer to pay attention to such concerns. In these two examples, the aspects known *a priori* as "Jap-

anese" space no longer applies. At their core, the handling of lighting, the sensation of real materials, the part-to-whole proportion, and the overall visual appeal of the architecture demonstrates that the uniqueness of Japanese space may not have entirely disappeared. Given the cultural "hinterland" of the Japanese language-speaking world, architectural "space" (*kūkan*) and "composition" (*kōsei*) are historical concepts that have developed in Japan over time; in other words, they are not something fixed but the products of inexorable engagement with the natural and human world, and thereby subject to continual renewal and rebirth.

[Footnotes and References for this document are listed on p. 271-272]

年表
Chronology

日本の空間概念を探るにあたって2つの方向から年表をまとめた。1つは近現代において、日本建築の空間を実現するために何が必要かを追求した流れ。具体的には構成美によって空間を捉えようとした作品群が相当する。もう1つは日本建築の空間を内と外の空間の流動性、自由な室空間と考えた流れである。日本の空間概念という捉えることが難しい主題に対して1つの手がかりを見る。　　　　　　　　　［大和祐也＋小岩正樹］

For this section of the chronological table, works were compiled from two distinct approaches of Japanese spatial exploration. One is the trend of pursuing what is necessary to realize the space of the Japanese architecture in modern and contemporary architecture—specifically, works that capture space through compositional beauty. The other is the fluidity of the internal and external space of Japanese architecture and the flexibility of room arrangements. For this complex theme of grasping the concept of Japanese space, attention has been directed toward a clue in each work.　　　　　　　　　　　　　［Owa Yuya ＋ Koiwa Masaki］

監修：早稲田大学 小岩正樹建築史研究室
Adviser: Koiwa Masaki Laboratory, Department of Architecture, Waseda University

● 本セクションでの展示プロジェクト　Exhibit in this section　● 他セクションでの展示プロジェクト　Exhibit in other section

| 500 | 1000 | 1500 | 1900 | 1920 | 1930 | 1940 | 1950 | 1960 | 1980 | 2000 |

- 新薬師寺 本堂　Shin-Yakushi-ji Hon-dō (Main Hall)
- 唐招提寺 金堂　Tōshōdai-ji
- 西明寺 本堂　Saimyō-ji Hon-dō (Main Hall)
- 『過去の構成』と『現代の構成』(岸田日出刀)　Composition of the Past and Composition of the Present (Kishida Hideto)
- 香川県文化会館 (大江 宏)　Kagawa Prefectural Cultural Hall (Oe Hiroshi)
- 広島平和記念資料館 (丹下健三)　Hiroshima Peace Memorial Museum (Tange Kenzo)
- 東京国立博物館 法隆寺宝物館 (谷口吉生)　The Gallery of Horyu-ji Treasures, Tokyo National Museum (Taniguchi Yoshio)
- パリ万国博覧会日本館 (坂倉準三)　International Exposition 1937 Paris, Japan Pavilion (Sakakura Junzo)
- 香川県庁舎 (丹下健三)　Kagawa Prefectural Government Office (Tange Kenzo)
- 桂離宮　Katsura Imperial Villa
- 八勝館 御幸の間 (堀口捨己)　Miyuki-no-ma, Hasshō-kan (Horiguchi Sutemi)
- House N (藤本壮介)　House N (Fujimoto Sosuke)
- 長寿寺 本堂　Chōju-ji Hon-dō (Main Hall)
- 岡田邸 (堀口捨己)　The Okada House (Horiguchi Sutemi)
- ホテル・オークラ東京・メインロビー (谷口吉郎)　Hotel Okura Tokyo's Main Lobby (Taniguchi Yoshiro)
- 浄土寺 浄土堂 ※1　Jōdo-ji Jōdo-dō
- 慈光院 書院　Jikō-in Sho-in (main reception building)
- 若狭邸 (堀口捨己)　The Wakasa House (Horiguchi Sutemi)
- 北村邸 (吉田五十八)　The Kitamura House (Presently Kitamura Museum) (Yoshida Isoya)
- 旧風間家住宅　The Former Kazama Residence Heishin-do
- コアのあるH氏の住まい (増沢 洵)　The Hara House (Masuzawa Makoto)
- パワー・オブ・スケール (齋藤精一＋ライゾマティクス・アーキテクチャー)　Power of Scale (Saito Seiichi + Rhizomatiks Architecture)
- 栗林公園 掬月亭　Ritsurin Garden Kikugetsu-tei
- 夏の家 (アントニン・レーモンド)　Antonin Raymond's Own Summer House (Antonin Raymond)
- 幻庵 (石山修武)　Gen-an (Ishiyama Osamu)
- 森博士の家 (清家 清)　The Doctor Mori House (Seike Kiyoshi)
- 岡山の住宅 (山本理顕)　House in Okayama (Yamamoto Riken)
- 東福寺 龍吟庵 方丈　Tōfuku-ji Ryūgin-an Hōjō (the main residence and gardens)
- 聴竹居 (旧藤井厚二邸) (藤井厚二)　Chōchikukyo (Fujii Koji)
- 私の家 (清家 清)　My House (Seike House) (Seike Kiyoshi)
- 寝殿造　Shinden-zukuri
- 園城寺 光浄院 客殿 ※2　Onjō-ji Kōjō-in Kyakuden (reception hall)
- スカイハウス (菊竹清訓)　Sky House (Kikutake Kiyonori)
- HouseMaker (吉村靖孝)　HouseMaker (Yoshimura Yasutaka)
- 前川國男自邸 (前川國男)　Kunio Mayekawa Residence (Mayekawa Kunio)
- ポカンティコヒルの家 (ロックフェラー邸) (吉村順三)　Residence in Pocantico Hills (Rockefeller House) (Yoshimura Junzo)
- 『納涼図屛風』
- 土浦亀城自邸 (土浦亀城)　The Tsuchiura House (Tsuchiura Kameki)
- 久我山の家 (篠原一男)　House in Kugayama (Shinohara Kazuo)
- 日本橋の家 (岸 和郎)　House in Nihombashi (Kishi Waro)
- 『一遍上人絵伝』
- 『春日権現験記』
- 住居 (丹下健三自邸) (丹下健三)　A House (Tange Kenzo House) (Tange Kenzo)
- 吉田鉄郎 『日本の住宅』
- 石元泰博と桂離宮　Ishimoto Yasuhiro and Katsura Imperial Villa
- フクマスベース／福増幼稚園新館 (吉村靖孝)　Fukumasu Base/Fukumasu Kindergarten Annex (Yoshimura Yasutaka)
- 堀口捨巳 『一住宅と共庭園』／洪洋社
- 丹下健三 石元泰博 W・グロピウス 『桂離宮 日本建築における伝統と創造』／造型社

※1

※2

※3

▌プロジェクトデータ
Project Data

p. 143

桂離宮
Katsura Imperial Villa

[名称] 桂離宮
[所在地] 京都府京都市
[主要用途] 別荘
[延床面積] 960㎡ (御殿)
[構造] 木造
[Name] Katsura Imperial Villa
[Location] Kyoto
[Primary use] Villa
[Total floor area] 960㎡
[Structure] Wood frame

p. 144

House N
藤本壮介 (1971 -)

House N
Fujimoto Sosuke (1971-)

[名称] House N
[所在地] 大分県大分市
[竣工年] 2008年
[主要用途] 住宅
[延床面積] 85.51㎡
[構造] 鉄筋コンクリート造
[設計] 藤本壮介建築設計事務所
[構造設計] 佐藤淳構造設計事務所
[照明設計] シリウスライティングオフィス
[施工] 佐伯建設
[Name] House N
[Location] Oita
[Year] 2008
[Primary use] House
[Total floor area] 85.51㎡
[Structure] Reinforced concrete
[Design] Sou Fujimoto Architects
[Structural Engineer] Jun Sato Structural Engineers
[Lighting Design] SIRIUS LIGHTING OFFICE
[Construction] Saiki Construction

p. 145

東京国立博物館 法隆寺宝物館
谷口吉生 (1937 -)

The Gallery of Horyu-ji Treasures, Tokyo National Museum
Taniguchi Yoshio (1937-)

[名称] 東京国立博物館 法隆寺宝物館
[所在地] 東京都台東区
[竣工年] 1999年
[主要用途] 博物館
[延床面積] 4,030.55㎡
[構造] 鉄筋コンクリート造、一部鉄骨造
[設計] 株式会社谷口建築設計研究所
[施工] 株式会社大林組
[Name] The Gallery of Horyu-ji Treasures, Tokyo National Museum
[Location] Taito, Tokyo
[Year] 1999
[Primary use] Museum
[Total floor area] 4,030.55㎡
[Structure] Reinforced concrete, partly steel frame
[Design] Taniguchi and Associates
[Construction] Obayashi Corporation

p. 148

住居 (丹下健三自邸)
丹下健三 (1913 - 2005)

A House (Tange Kenzo House)
Tange Kenzo (1913-2005)

[名称] 住居 (丹下健三自邸)
[所在地] 東京都世田谷区成城
[竣工年] 1953年 (現存せず)
[主要用途] 住宅
[延床面積] 140㎡
[構造] 木造
[設計] 丹下健三
[施工] 渡辺栄吉、名木喜作
[Name] A House (Tange Kenzo House)
[Location] Seijō, Setagaya, Tokyo
[Year] 1953 (demolished)
[Primary use] House
[Total floor area] 140㎡
[Structure] Wood frame
[Design] Tange Kenzo

p. 150

フクマスベース／福増幼稚園新館
吉村靖孝 (1972 -)

Fukumasu Base / Fukumasu Kindergarten Annex
Yoshimura Yasutaka (1972-)

[名称] フクマスベース／福増幼稚園新館
[所在地] 千葉県市原市
[竣工年] 2016年
[主要用途] 幼稚園 (子育て支援施設)
[延床面積] 684.81㎡
[構造] 鉄骨造、木造
[設計] 吉村靖孝建築設計事務所
[構造設計] 満田衛資構造計画研究所
[設備設計] 環境エンジニアリング
[施工] ひらい建設
[Name] Fukumasu Base / Fukumasu Kindergarten Annex
[Location] Ichihara, Chiba
[Year] 2016
[Primary use] Kindergarten (childcare support facility)
[Total floor area] 684.81㎡
[Structure] Steel frame, wood frame
[Design] Yasutaka Yoshimura Architects
[Structural design] Mitsuda Structural Consultants
[Environmental design] Kankyo Engineering
[Construction] Hirai Construction

p. 151

HouseMaker
吉村靖孝 (1972 -)

HouseMaker
Yoshimura Yasutaka (1972-)

[名称] HouseMaker
[発表年] 2014年
[建築設計] 吉村靖孝建築設計事務所
[アプリケーションディレクション] 吉村靖孝
[アプリケーション実装] 松山真也
[コーディネーター] ドミニク・チェン (ディヴィデュアル)
[構造設計] エヌ・シー・エヌ、池田昌宏 (建築構造設計事務所ナチュラルセンス)
[Name] HouseMaker
[Year] 2014
[Architectural design] Yasutaka Yoshimura Architects
[Application direction] Yoshimura Yasutaka
[Application design] Shinya Matsuyama
[Coordinator] Dominick Chen (Dividual)
[Structural design] NCN (new constructor's network), Ikeda Masahiro (Natural Sense)

p. 152

パワー・オブ・スケール
齋藤精一 (1975 -) ＋ライゾマティクス・アーキテクチャー

Power of Scale
Saito Seiichi (1975-) + Rhizomatiks Architecture

[名称] パワー・オブ・スケール
[制作年] 2018年
[制作] ライゾマティクス・アーキテクチャー (齋藤精一、佐藤大地、細野隆仁、柳澤知明、元木龍也、望月俊孝、渡辺綾子) ｜ Film Producer：山下公彦、有友賢治 ｜ Director：後藤雅人 ｜ Cinematographer：らくだ ｜ Lighting：穂苅慶人 ｜ Motion graphics：EDP graphic works ｜ Motion graphic director：熊本直樹 ｜ motion graphic designer：加藤貴大 (EDP graphic works) ｜ Perspective Drawing：山崎洋志 (ROOM.C)、玉田理未 (ROOM.C)、芹澤一人 (ROOM.C)、長岡航大 (ROOM.C) ｜ Offline edit：甲斐隼人 (STUD)、大村拓也 (STUD)、斎藤峻 ｜ Online edit：萩原千尋 (Khaki) ｜ 出演：奥井奈々 (B TOKYO)、TAKUMI (B TOKYO) ｜ Production manager：河村和也、矢村善裕、龍紀美子、石井篤史 ｜ Sound Produce：イーライ・ウォークス ｜ Sound Engineer：中村督 (Potato Studio) ｜ Sound Direction：小澤祐一郎 (GROUNDRIDDIM) ｜ Special Thanks：鎌田明日香、小野田裕士
[制作協力] 住友電気工業、乃村工藝社 (山田健太郎／日野潤平／山田竜太／川原正毅)、コーニングインターナショナル、TYO、EDP graphic works、GROUNDRIDDIM
[Name] Power of Scale
[Location] Minato, Tokyo
[Year] 2018
[Primary use] Installation
[Production] Rhizomatiks Architecture (Saito Seiichi, Sato Daichi, Hosono Takahito) Film Producer: Yamashita Kimihiko, Aritomo Kenji ｜ Director: Goto Masato ｜ Cinematographer: Rakuda ｜ Lighting: Hokari Michito ｜ Motion graphics: EDP graphic works ｜ Motion graphic director: Kumamoto Naoki (EDP ｜ graphic works) ｜ motion graphic designer: Kato Kidai (EDP graphic works) ｜ Perspective Drawing: Yamazaki Hiroshi (ROOM.C), Tamada Satomi (ROOM.C), Serizawa Kazuto (ROOM.C), Nagaoka Kodai (ROOM.C) ｜ Offline edit: Kai Hayato (STUD), Omura Takuya (STUD) / Saito Shun ｜ Online edit: Hagiwara Chihiro (Khaki) ｜ Act: Okui Nana (B TOKYO), TAKUMI (B TOKYO) ｜ Production manager: Kawamura Kazuya, Yano Yoshihiro, Ryu Kimiko, Ishii Atsushi ｜ Sound Produce: Eli Walks ｜ Sound Engineer: URBAN (Potato Studio) ｜ Sound Direction: Yuichiro "YUYA" Ozawa (GROUNDRIDDIM) ｜ Special Thanks: Kamata Asuka, Onoda Yuji
[Production Support] Sumitomo Electric Industries, NOMURA (Yamada Kentaro, Hino Jyunpei, Yamada Junpei, Kawahara Masaki), Corning International. Versalum LLC, TYO, EDP graphic works, GROUNDRIDDIM

p. 154

香川県庁舎
丹下健三 (1913 - 2005)

Kagawa Prefectural Government Office
Tange Kenzo (1913-2005)

[名称] 香川県庁舎
[所在地] 香川県高松市
[竣工年] 1958年
[主要用途] 庁舎
[延床面積] 12,066.20㎡
[構造] 鉄筋コンクリート造
[設計] 丹下健三研究室
[構造設計] 坪井善勝研究室
[施工] 大林組
[Name] Kagawa Prefectural Government Office
[Location] Takamatsu, Kagawa
[Year] 1958
[Primary use] Government office
[Total floor area] 12,066.20㎡
[Structure] Reinforced concrete
[Design] Kenzo Tange Laboratory
[Structural design] Yoshikatsu Tsuboi Laboratory
[Construction] Obayashi Corporation

05　Linked Spaces

164

06
開かれた折衷
Hybrid Architecture

日本の建築は、6世紀に中国や朝鮮半島から、仏教伝来とともに普及した技術や意匠から大きな影響を受けました。その後も大陸からの文化を、組み合わせたり、変容させたりして、私たちがいま日本建築に感じる「日本らしさ」が育まれてきました。約150年前の開国から、日本文化と西洋文化の折衷は始まりました。明治期に大工が西洋建築に似せて木造で作り、国内各地に広まった「擬洋風建築」はその一例です。これは西洋文明を創意豊かに自ら受け入れるという、世界史でも稀なできごとでしたが、その受容力は古代から続くこの国の特徴でもあり、「開かれた折衷」の遺伝子と言えるでしょう。こうした流れとともに「建築家」という新しい職業が日本に輸入され、今度は彼らが世界のなかの自国の建築の姿を思考し始め、いまに受け継がれています。その始まりを代表する人物が伊東忠太です。多様な地域文化が興隆し共存する現代の国際社会で、「西洋対日本」という枠組みを超えて、「世界はそもそも折衷である」という多様性を積極的に受容してきた視座は、これからより重要な意味を持つことでしょう。

Architecture in Japan was influenced by the techniques and designs that spread to Japan with the arrival of Buddhism from China and the Korean Peninsula in the 6th century. The subsequent elements of culture that came to Japan from the Asian continent were variously combined and transformed to cultivate a certain "Japanese-ness" that we can today sense in the architecture of Japan. Following the opening of Japan approximately 150 years ago, Japanese culture began to intermix with Western culture. An example of this is the "giyōfū architecture" that appeared throughout Japan during the Meiji period, whereby master carpenters used wood to build structures in the style of Western architecture. Within world history, this development was unusual in that Western civilization was embraced and adopted in a highly creative manner. Indeed, this receptiveness has been one of the characteristics of Japan since ancient times. We might call it the genealogy of "hybrid architecture." Alongside this development, the profession of "architect" was imported into Japan. These architects then began to conceptualize the style of architecture they believed appropriate for representing their nation within the context of global architecture, a task that they continue to be engaged in today. Ito Chuta was one of the leading figures at the start of this process. In our current international society, where a wide variety of regional cultures prosper and co-exist, this outlook that transcends the simplistic dualism of the West and Japan to assertively embrace diversity as a fundamental quality of our hybrid world will surely only keep growing in significance.

祇園閣
伊東忠太
1927年 | 外観 | 撮影：岩崎和雄

Gion-kaku Exterior View
Ito Chuta
1927 | Exterior View | Photo: Iwasaki Kazuo

静岡県富士山世界遺産センター
坂 茂
2017年 | 外観 | 撮影:平井広行

Mt. Fuji World Heritage Centre, Shizuoka
Ban Shigeru
2017 | Exterior View | Photo: Hirai Hiroyuki

伊東忠太（1867 - 1954）によって日本建築史の研究が始まったとされるのは「法隆寺建築論」（初稿 1893 年，最終稿 1898 年）が、実測調査と文献調査に基づいて実証的に結論に至ろうとする科学的な態度を、日本建築に適用した最初の文章だったためだ。これについては、もっぱら法隆寺の柱の膨らみと古代ギリシア建築のエンタシスとの一致を指摘したものであり、西洋で公認されていた建築史の原点と日本とを接続させたい伊東の意図の産物だとする俗説が流布しているが、同論を実証的に読めば、彼が評価しているのは一貫して「其形式の明かに支那式の規模を存し、微に印度式の遺跡を残し、猶ほ且つ希臘式の痕跡を留むるは其益々趣味ある所以なり」と書いている通り、折衷の所産としての法隆寺に他ならない。

1902 年から 3 年間の世界一周を実行した姿勢も、「法隆寺建築論」の自然な延長上にある。野帳を開くと、調査して記録し、文献にあたり、それらの関係性を考察しようという熱量に驚嘆する。こうした行動が、過去の日本建築を世界の中に位置付けるためだけでなく、未来の日本建築を鼓舞するものとして企てられたところに、その後の日本建築史研究がたどった道筋との大きな違いがある。

1908 年に論説した「建築進化論」も、しばしば誤読されがちだが、近代以前の日本建築の意匠を表面的に採用するようなものではなく、主体的な取捨選択を伴った前進を主張している。現代は建築の過渡期であるとして、自らの試みも論理的に正当化し、《伝道院》(1912)、《一橋大学兼松講堂》(1927)、《築地本願寺》(1934) などの実作も手がけた。

長く東京帝国大学の教授を務めるなど日本の建築界の正統な中心にいながら、彼の行動は時代の中の異端に留まった。しかし、そのことが少なからず、既存のありようにルール付けられない建築家が、未来の伝統を拓くという西洋の建築観が、この国で息の根を止められずに済んだことに寄与したのである。

［倉方俊輔］

伊東忠太と日本建築
Ito Chuta and Japanese Architecture

法隆寺中門 部分模型 1:10
h910 × w720 × d670 ／所蔵：東北大学大学院工学研究科 都市・建築学専攻／撮影：瀬脇 武（Echelle-1）
Hōryū-ji Chumon Partial Model 1:10
h910×w720×d670 / Collection: Department of Architecture and Building Science, School of Engineering, Tohoku University / Photo: Sewaki Takeshi (Echelle-1)

Japanese architectural history began with Ito Chuta (1867-1954)'s *Architectural Theory of Hōryū-ji* (first publication, 1893, last publication, 1898), which was the first theory applicable to Japanese architecture that used a conclusive scientific posture based on on-site surveys and investigative research. It was in this theory that Ito primarily identified the similarity between the slight convex in the shaft of the columns at Hōryū-ji in Nara with the entasis of those of the architecture of ancient Greece. Ito's conclusion that connects Japan to the officially recognized historical origin of Western architectural history continues to be the popular view. In an empirical reading of his consistent evaluation : "It is apparent that there exists (in Hōryū-ji) a Chinese scale, with slight vestiges of an Indian style, yet the reason for my increasing interest is due to the traces of Greek style," it is clear that Hōryū-ji is the only example of an eclectic product of this historic caliber in Japan.

The undertaking of a three-year-long worldwide trip from 1902 was a natural extension of Ito's investigations for his *Architectural Theory of Hōryū-ji*. Inspecting his field notes, one can only marvel at his fervor in examining the relationships between his records of investigations and references. Such actions were not taken to establish a global position for Japanese architecture of the past, but were an attempt at inspiring future Japanese architecture; accordingly, they made a great difference in the path of Japanese architectural history that followed.

Although his article written in 1908, *The Theory of Architectural Evolution,* tends to be misinterpreted, it is not about superficially applying the designs of Japanese architecture prior to Modern architecture, but it emphasizes the progress that comes with an autonomous selective process. Logically justifying his own attempts at design by stating that the age was transitional period of architecture, he undertook the design of such works as *Dendō-in (1912)* at Kyoto's *Hongan-ji*, Hitotsubashi University's *Kanematsu Auditorium (1927)* and *Tsukiji Hongan-ji (1934)* among others.

While Ito served as a long-time professor of Tokyo Imperial University (presently The University of Tokyo) and was otherwise positioned in the legitimate center of the Japanese architectural world, his actions remained nonconformist for the times. Yet, it may be said that, in no small measure, architects with an uncompromising approach to Western architecture who opened up future possibilities contributed to this country without stifling it.

[Kurakata Shunsukei]

[左頁]《法隆寺中門西北面》
[左]《法隆寺中門西院伽藍》
撮影:渡辺義雄／画像提供:日本写真家協会
[opposite] *Northwest Side of Chūmon, Hōryū-ji*
[left] *Chūmon, Saiin Garan, Hōryū-ji*
Photo: Watanabe Yoshio
Courtesy: Japanese Professional Photographers Society

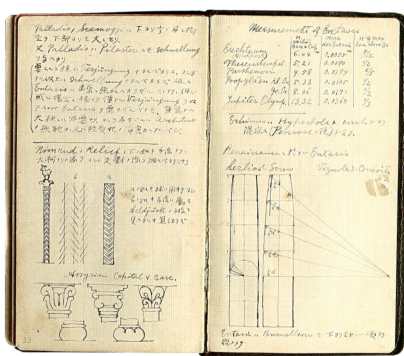

[右]『野帳 第十二巻・希・伊・独・仏』
1905 年／所蔵:日本建築学会建築博物館
[下]『野帳 第四十巻・法隆寺 大正十二年より大正十五年まで』
1924 年 – 1927 年／所蔵:日本建築学会建築博物館
[right] *Greece, Italy, Germany and France, Field Book 12th Volume*
1905 / Collection: Architectural Institue of Japan Architectural Museum
[below] *From 1923 to 1926, Hōryū-ji, Field Book 40th Volume*
1924 – 1927 / Collection: Architectural Institue of Japan Architectural Museum

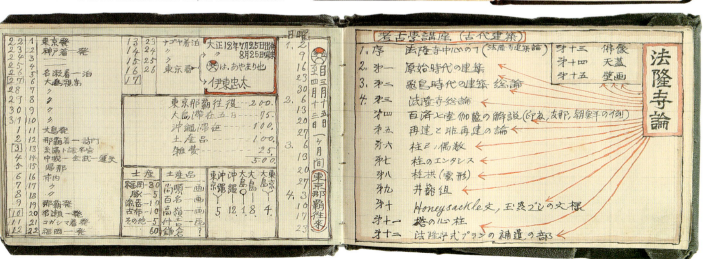

06 Hybrid Architecture

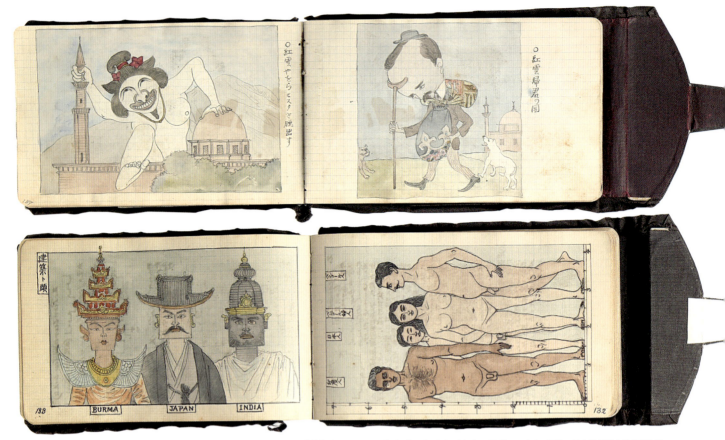

[上]『野帳 第十一巻・叙利亜・小亜細亜』1904年／所蔵：日本建築学会建築博物館
[top] *Syria and Anatolia (Asia Minor), Field Book 11th Volume* 1904
Collection: Architectural Institute of Japan Architectural Museum

[下]『野帳 第六巻・印度・自緬甸至孟買』1903年／所蔵：日本建築学会建築博物館
[above] *From Myanmar to Mumbai, India, Field Book 6th Volume* 1903
Collection: Architectural Institute of Japan Architectural Museum

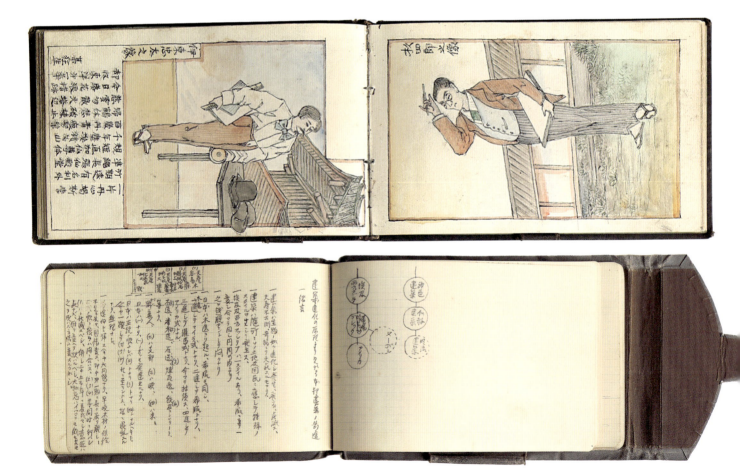

[上]『野帳 第六十八巻・台湾（雑）』1908年／所蔵：日本建築学会建築博物館
[above middle] *Taiwan, Field Book 68th Volume* 1908 / Collection: Architectural Institute of Japan Architectural Museum

[下]『野帳 第七十四巻・奈良』1895年／所蔵：日本建築学会建築博物館
[bottom] *Nara, China, Field Book 74th Volume* 1895 / Collection: Architectural Institute of Japan Architectural Museum

祇園閣
伊東忠太
1927年

Gion-kaku
Ito Chuta
1927

　《祇園閣》は祇園祭の山鉾を模した塔建築で、《旧大倉家京都別邸》と同じ敷地内に別邸と同時（1926年7月）に着工し、別邸より1ヶ月ほど後（1927年12月）に竣工した。現存する図面の物件名称は《京都大倉家別邸内祇園閣》とあり、大倉家別邸が「主」で祇園閣が「従」であることが分かる。鉄筋コンクリート造（屋根部は鉄骨造）で、建坪38.34坪、頂上の鶴の頭までの高さは112尺（33.94m）ある。内部スペースのほとんどが階段で、2層の外部物見台を持つ。これら物見台から京都の風景を眺めるための建築であった。

　設計は伊東忠太、施主は大倉土木（現・大成建設）の創業者である大倉喜八郎、施工は大倉土木である。大倉喜八郎は、《祇園閣》落成の姿を見る事なく亡くなった。伊東忠太と大倉喜八郎とは30歳違いながら、深い親交があったと言われている。大倉喜八郎が伊東忠太に設計を依頼した物件は《祇園閣》を含め8件あり、うち4件が建設されその全てが現存している。護国寺にある大倉喜八郎夫妻の墓も伊東忠太の設計による。

　伊東忠太の設計作品には動物や幻獣の装飾が多く用いられていることが知られるが、《祇園閣》にも鶴や狛獅子、照明を抱える幻獣、十二支などの装飾がある。大倉喜八郎の雅号が「鶴彦」であることから、特に象徴的な屋根の頂上と正面扉内側に鶴が取り付けられている。また伊東忠太が大倉喜八郎へ寄せた追悼文「趣味の鶴彦翁」の中に、《祇園閣》の狛獅子建設にまつわる逸話が残されている。大倉喜八郎の「こんな小さなものは大嫌ひだ、見上げる様な大きなものでなければならぬ。」という言葉に応え、伊東忠太が設計し直したというもので、残された図面からもそのプロセスを読み取ることができる。
[杉江夏呼]

The *Gion-kaku* is a pagoda tower modeled after a *yamahoko*, a decorative festival float, used in the Gion Matsuri (Gion Festival) held in July each year in Kyoto. The *Gion-kaku* was constructed in December 1927 on the same plot of land as the *Former Okura Family Kyoto Villa*. Although both the residence and the *Gion-kaku* began construction in July 1926, the *Gion-kaku*'s construction lasted approximately one month longer than the residence, opening in December 1927. Existing plans from the time show its formal name as the *Gion-kaku* in the premises of the Kyoto Okura Family Residence, which allows for the understanding that the Okura Family Villa was considered the principle building and the *Gion-kaku* was a subordinate building in the complex. A steel-reinforced concrete building (with a steel frame roof), the *Gion-kaku* floor area is 38.34 *tsubo*, approximately 127 m², and reaches the highest point at the 112 *shaku*, approximately 33.94 m, at the top of the crane on the roof. The interior space is comprised primarily of stairs, and has a two-story watchtower. The architecture was made to overlook the scenery of Kyoto in the backdrop.

The *Gion-kaku* was designed was by Ito Chuta and the benefactor was Okura Kihachiro, the founder of Okura Doboku, present day Taisei Corporation—the company that also constructed the *Gion-kaku*. Unfortunately, Okura Kihachiro was unable to see the *Gion-kaku* in his lifetime, passing away before its completion. Although nearly a 30-year age gap existed between Ito Chuta and Okura Kihachiro, it was said that they shared a very close friendship. For example, Okura Kihachiro had commissioned Ito Chuta for designs of eight other buildings, including the *Gion-kaku*, four of which were constructed and still exist. Even the Okura family grave for Kihachiro and his wife, in Tokyo's *Gokoku-ji*, was also designed by Ito Chuta.

It is known that Ito Chuta's design works often use animal or cryptid, mystical beasts as decorative motifs, and to this end, *Gion-kaku* is no exception. In *Gion-kaku*, however, Ito utilizes imagery of cranes and *koma-jishi*, the typically paired mythical lions found in Shinto shrines, illuminated mythical beasts, and animals of the zodiac to adorn the architecture. As Okura Kihachiro's pen name was "Tsuruhiko," a special crown on top of the roof and the main entrance door featuring a *tsuru* (crane) are attached. Additionally, Ito's eulogy of Kihachiro, *The Past times of Mr. Tsuruhiko* features a remaining anecdote about the construction of the *Gion-kaku* and the koma-jishi. Addressing Mr. Okura's complaints that "he really hated the statues looking so small and insisted that needed to be something large to look up at from the ground," Ito redid the design. The process of revision to the design of the statues can be observed in Ito Chuta's remaining original drawings of the house.
[Sugie Natsuko]

祇園閣 模型 1:20　1928年頃／h1683 × w805 × d805／制作：坂本甚太郎（建築模型師）／所蔵：大倉集古館
Gion-kaku Model 1:20 ca.1928 / h1683×w805×d805 / Production: Sakamoto Jintaro (Architectural Modeler) / Collection: Okura Museum of Art

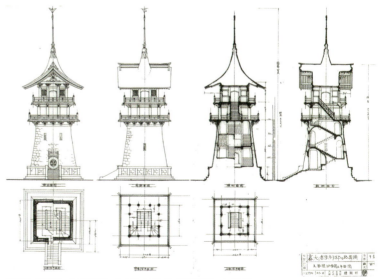

立面図、断面図　及び平面図　1:100　1926年／資料提供：大成建設
Elevation, Section and Plan 1:100　1926 / Courtesy: Taisei Corporation

参考文献／References
- 杉江夏呼：大成建設設計部所蔵「伊東忠太設計祇園閣図面」
- 日本建築学会技術報告集, 第22巻第51号, pp. 783-788, 2016.6
- Sugie Natsuko, THE STUDY ON HISTORIC DRAWINGS ABOUT GIONKAKU : DESIGNED BY CHUTA ITO OF TAISEI CORPORATIC POSSESSION,
- AIJ JOURNAL OF TECHNOLOGY AND DESIGN, Volume 22, #51, pp 783-788. June 2016.

《第一国立銀行》は日本で最初に誕生した銀行で、1873（明治6）年に開業した。当初は、三井組の新たな本拠地《三井組ハウス》として建設計画が進められていたが、明治政府のもと銀行条例の変更等により建設途中から《第一国立銀行》と改め、初代頭取には渋沢栄一（1841 - 1931）が就任した。

銀行建築としても日本初となるその造りは、日本の伝統的な城郭建築と西洋の建築様式を調和させた、いわゆる和洋折衷の形を成し、斬新で独創的なデザインはまさに文明開化を象徴する建物として評判を呼び、東京の新名所として多くの錦絵に写し描かれている。この和風とも洋風ともつかないその特異な作風は「擬洋風建築」とも呼ばれ、日本人の大工・棟梁らは錦絵からその姿・形を学び、幕末から明治初期にかけ全国各地で建設された。

《第一国立銀行》は、まさに擬洋風建築のさきがけとなる作品だが、これを手がけた清水喜助（1815 - 1881）は幕末から横浜居留地に赴きお雇い外国人技師らとの仕事を通して洋風建築を学び、早くからその腕を振るう。技術的にも高い技量を備え、進取の精神をも備えていた喜助は自由な発想と表現力で、新しい時代を飾るものづくりに果敢に挑戦する。

《第一国立銀行》の最終設計図案が完成するまでには5回も図面が書き直され、試行錯誤の過程が見てとれるが、喜助が最終的に決定した案は、既存の形にとらわれることなく、「和洋折衷」という、これまでにない造形美を大胆に作り出すものだった。そこには、単に洋風建築を真似て造るのではなく、自国の伝統美と西洋の息吹を同時に取り込もうとする喜助なりの揺るぎない信念があったものと思われる。

一時代を風靡したこの建物は、1898（明治31）年に解体されるまで兜町を華やかに飾った。

［畑田尚子］

Established in 1873 (the sixth year of the Meiji period), *Dai-ichi Kokuritsu Ginko*, or *the First National Bank*, was, true to its name, Japan's first modern bank. Although initially conceived as the Mitsui-gumi House, a new headquarters for Mitsui-gumi, the main institute of the Mitsui conglomerate, in the midst of construction, the plan was modified due to the financial policy changes implemented by the Meiji government. Consequently, the building was completed as the headquarters for Dai-ichi Kokuritsu Ginko, for which Shibusawa Eiichi, a well-known industrialist, was appointed as its president.

As the first example of architecture for a financial institution in Japan, Dai-ichi Kokuritsu Ginko blended traditional Japanese castle architecture with Western architectural styles into an eclectic Japanese-Western aesthetic (described in Japanese as *"wayō secchū"*). The novel and original design of this bank building was renowned as an icon of Japan's Westernization movement and was featured in many colored wood-block prints as one of Tokyo's trendy sites. Its unique architectural style, neither purely Western nor Japanese, was referred to as *"giyōfū"* or *"imitative Western-style"* architecture; the forms and images of these buildings depicted on the colored wood-block prints were studied by Japanese master carpenters of the time, resulting in the construction of many imitations throughout the country in the late 1800s to early 1920s.

Dai-ichi Kokuritsu Ginko's pioneering status of *Giyōfū*-style architecture was due to the efforts of a single individual; during the late-1800s, its master carpenter Shimizu Kisuke II (1815-1881) studied Western architecture by works alongside American architect R. P. Bridgens (1819-1891) who was hired by the Edo Shogunate government for the foreign settlement of Yokohama. Showing talent in his early ages, Kisuke had both the technical ability and the progressive spirit to take on the creation of an architectural style for the new age with his highly creative ideas and potential for expression. The final design documents for *Dai-ichi Kokuritsu Ginko* were redrafted five times before they were approved for construction indicating a trial-and-error approach, and the final scheme that Kisuke selected gave birth to *wayō secchū*, a bold, new architectural aesthetic that was not constrained by any preexisting architectural form. This resultant product displays Kisuke's strong determination to not merely imitate traditional Western-style architecture, but to integrate traditional Japanese aesthetics with the newly imported Western style.

As an influential work of architecture, *Dai-ichi Kokuritsu Ginko* splendidly adorned the town of Kabuto, Tokyo, until it was demolished in 1898.

[Hatada Takako]

第一国立銀行（三井組ハウス）

清水喜助
1872年（明治時代）現存せず

The First National Bank (The House of Mitsui)

Shimizu Kisuke
1872 (demolished)

［左］《第一国立銀行》
1872年／所蔵：清水建設
［下］《東京名所 海運橋五階造真図》
歌川国輝（二代）／錦絵／1873年／所蔵：清水建設
[left] *First National Bank*
1872 / Collection: Shimizu Corporation
[below] *Five-story building in Kaiunbashi* Utagawa Kuniteru (The second)
Colored woodblock print / 1872 / Collection: Shimizu Corporation

[上]外観 1881-1915 年頃
[右2点]雛形模型 1881 年頃/木/ h600 × w1125 × d770
いずれも所蔵：東北大学大学院工学研究科 都市・建築学専攻/
撮影：瀬脇 武（Echelle-1）
[above] Exterior View ca.1881-1915
[right] Model ca.1881 / wood / h600 × w1125 × d770 /
Photo: Sewaki Takeshi (Echelle-1)
Collection: Department of Architcutre and Building Science,
Shool of Engineering, Tohoku University

宮城県会議事堂

久米耕造｜植田 登
1882年（明治時代）現存せず

Miyagi Prefectural Parliament Building

Kume Kozo｜Ueda Minoru
1882 (demolished)

　仙台市表小路に創建された宮城県の県会議事堂。明治初年（1868）に公布された太政官布告により本県初の通常県会が体系化されると、初期の議事堂として仙台市匂当台の宮城師範学校が臨時に充てられたが、やがて明治14年（1881）に新たな議事堂の工事が始まり、翌年4月に2階建の木造洋風建築が完成した。中廊下を介し諸室につながる1階と、10間×13間の規模の会議場をもつ2階とで構成される。漆喰塗りの大壁に穿たれたアーチ窓、1.2階で異なる柱頭を載せた角柱、2階正面の起破風、手摺子付きの高欄など西洋建築のモチーフを見出せるいっぽうで、日本式の桟瓦や覆輪型の鬼瓦といった在来工法特有のデザインも散見される。大正4年（1915）に取り壊されたが、設計の検討に用いられた雛形模型が東北大学大学院工学研究科都市・建築学専攻に保存されている。古写真に残る実現した建造物との差異も注目される。

　本議事堂の設計には、宮城県技手の久米耕造のほか植田登が関与したと指摘されている。植田登は旧名を市太郎とし、文部省技手兼担時に宮城県第二高等中学校の工事監督を担当したほか、明治20年（1888）頃には《東北学院旧宣教師館（旧デフォレスト館・重要文化財）》の設計にも携わっている。J・H・デフォレストは、《宮城英学校（のちの東華学校）》の設立のため、新島襄の協力要請のもと明治19年（1886）に仙台入りしたアメリカ・ボード所属の宣教師で、同校の設立は宮城県令・松平正直や初代仙台区長の松倉恂、米国総領事および日本銀行副総裁を務めた富田鐵之助など、教育者・政治家・経済界の重鎮たちが賛同したプロジェクトであった。このように植田は県下における日本の近代化に深く関わった建築技術者の1人であって、彼らの手による《宮城県会議事堂》は、その近代化の痕跡を表徴するメルクマールの1つに位置づけられるのである。

[野村俊一]

This parliamentary building of Miyagi Prefecture was built in the town of Omote-koji in Sendai City. When the prefecture's first parliament was systematized by the official *Daijōkan-fukoku*, or the Proclamation by the Grand Council of State in 1868, the first assemblies were temporarily held at the Miyagi Shihan Gakko, or Teachers College, in the town of Kotodai in Sendai, but eventually construction for a new assembly hall began in 1881, and a two-story Western style timber structured building was completed in April the following year.

The parliamentary hall was comprised of a first floor with conference rooms accessed off of a double-loaded corridor, and a 10 *ken* by 13 *ken* (approximately 19m by 24 m, 1 *ken* being 1.82 m, the length of a *tatami* mat) assembly hall on the second floor. While on one hand, the structure is embellished with Western ornamental motifs in its large plaster-coated wall with punctured with arched windows, pilasters capped with varying capitals on the second floor, and front facing bargeboard with convex curves, and a railing with balusters, it also exhibits unique Japanese-style construction features such as S-shaped roofing tiles and decorative *onigawara* (lit. goblin tile) roofing tiles at the ends of the main ridge. Although demolished in 1915, a study model used for design investigation is kept at the Department of Architecture and Building Science of Tohoku University School of Engineering Graduate Department. They also have old photographs of the building for comparison.

In addition to Kume Kozo, an assistant engineer of Miyagi prefecture, it is documented that Ueda Minoru also participated in the design of this assembly hall. Before Ueda's changed his first name from Ichitaro, as assistant engineer cum member of the civil engineering division of the Ministry of Education, he was in charge of the construction of Miyagi Prefecture's Dai-ni College and around 1887, he was involved in the design of the *Tohoku Gakuin University Theological Seminary* (Former DeForest Memorial House, an Important Cultural Property). Rev. J. H. De Forest, a missionary for the affiliated American Board of Commissioners for Foreign Missions in Sendai, was commissioned at the request of Joseph Neesima for the establishment of the *Miyagi Ei Gakkō* (later Tōka Gakkō) in 1886. It was a project that was approved by men of influence such as educators, politicians and economic leaders, such as the prefectural governor of Miyagi, Matsudaira Masanao; the first chief of Sendai Ward, Matsukura Jun; and the United States consul general and Bank of Japan's deputy governor Tomita Tetsunosuke. In this way, Ueda was one of the architectural engineers who was deeply involved in the modernization of Japan within Miyagi, and under the direction of these men, the *Miyagi Parliamentary Building* represented a trace of those efforts towards modernization.

[Nomura Shun-ichi]

大礼記念京都美術館
前田健二郎
1933年

Kyoto Enthronement Memorial Museum of Art
Maeda Kenjiro
1933

　1928年の京都で執りおこなわれた昭和天皇即位の礼を記念して計画・建造された美術館。1926年に開館した東京都美術館に次ぐ日本で2番目の公立美術館である。戦後の駐留軍による接収が解除された1952年に改称され、京都市美術館となった。設計案は、東京美術学校図案科（現・東京藝術大学建築科）を卒業し、逓信省と第一銀行に勤めた建築家の前田健二郎（1892-1975）が手がけた。前田は《早稲田大学大隈記念講堂震災記念堂（現・東京都慰霊堂）》など、1920年代におこなわれた数々の建築設計コンペで一等入選を果たす「コンペキラー」だったが（両建築案は実現せず）、本美術館もまたコンペに勝つことで設計者に選ばれている。ベージュ色のレンガタイルで覆われた軀体は西洋建築の古典主義様式を基調とするが、その上部には銅瓦葺きの傾斜屋根が載り、さらに城郭建築を思わせる日本的な千鳥破風が正面中央に加わる。これは「建築様式は四周の環境に応じ日本趣味を基調とすること」というコンペ応募要綱から導き出されたデザインであった。とくに屋根意匠の点から、1930年代の日本建築に流行した和洋折衷の様式である「帝冠様式」の代表作のひとつに数えられる。だが「帝冠様式」に往々にして見られるキメラのような唐突でいびつな折衷の感覚は本美術館には薄い。なお大理石で仕上げられたエントランスロビーにおける灯籠のような照明、あるいは2階のステンドグラスが嵌まる格天井など、インテリアにも「日本趣味」は散りばめられている。1933年の竣工から80年以上が経った2015年に再整備設計プロポーザルがおこなわれ、青木淳（1956-）と西澤徹夫（1974-）の設計共同体によるリノベーションが決定。建築正面を地下に掘るスロープ広場の創出や北側中庭の室内化などを施し、2020年にリニューアルオープンする計画となっている。　　　　　　　　　　　　　　［市川紘司］

This museum was planned and built in commemoration of the coronation of Emperor Hirohito in 1928 in Kyoto. It is the second public museum of Japan, built after the Tokyo Metropolitan Art Museum that opened in 1926. In 1952, it was renamed the *Kyoto Municipal Museum of Art* at the end of the Allied Occupation of Japan in 1952. The museum was designed by architect Maeda Kenjiro (1892-1975), a graduate of Design Department, the Tokyo School of Fine Arts (presently Department of Architecture, the Tokyo University of the Arts) who was retained by the Ministry of Communications and Japan's oldest bank, the Dai-ichi Bank. Winner of several competitions in the 1920s, such as those for Waseda University's *Okuma Auditorium*, *The Great Kanto Earthquake Memorial Hall (Tokyo Irei-dō)* (although neither were built), Maeda gained the commission for this museum also through his legendary award winning prowess.

　Although the museum, with its skeleton wrapped in beige brick tiles, is based on classic Western architecture, it is capped with a copper tile pitched roof, and adorned with a decorative Japanese-style dormer bargeboard, called *chidori hafu,* in the center of the *façade* evoking traditional Japanese castle architecture. Maeda arrived at this solution in response to the competition application request calling for "a basic Japonica style of architecture around the entire building periphery." Particularly in respect to the roof design, the museum is considered to be one of the masterpieces of the *Imperial Crown Style*, a Japanese-Western eclectic style that was popular in 1930s Japanese architecture. Yet here, the *Imperial Crown Style* usage is far from the typical chimerical abrupt, distorted eclecticism in other attempts of that age in architectural history. The interior also is sprinkled with Japonica as seen in the Japanese stone lantern-like lighting fixtures in the marble-finished entrance lobby or the stained glass inlaid coffered ceiling on the second floor.

　Design proposals for the museum's re-development were presented in 2015, more than 80 years since its completion in 1933, and subsequently Aoki Jun (1956-) and Nishizawa Tetsuo (1974-) have been chosen to lead the renovation design committee. With a goal toward reopening in 2020, the work entails the excavation of a sloped plaza at the front of the building and an enclosure of the north side courtyard.　　　　　　　　　　　　　　　　　　　［Ichikawa Koji］

本館正面　画像提供：京都市美術館
Front View of Main Building　Courtesy: Kyoto Municipal Museum of Art

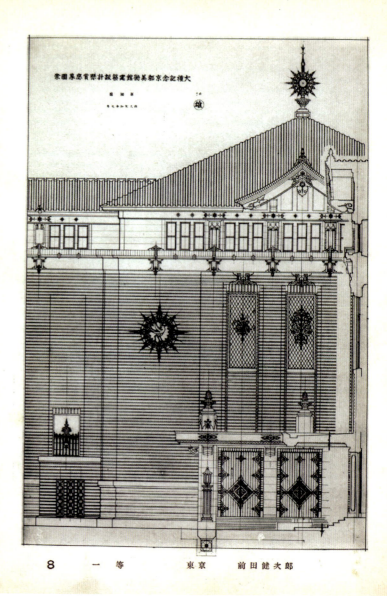

立面詳細図　資料提供：京都市美術館
Elevation Detail　Courtesy: Kyoto Municipal Museum of Art

外観 1964 年
所蔵：武蔵野美術大学 美術館・図書館
Exterior View 1964
Collection: Musashino Art University Museum & Library

駒沢オリンピック公園
総合運動場 体育館 管制塔

芦原義信
1964 年

Gymnasium and Control Tower, Komazawa Olympic Park

Ashihara Yoshinobu
1964

《駒沢オリンピック公園総合運動場》の体育館・広場・管制塔は、1964 年東京オリンピックの施設として、当時の最新技術が導入された斬新な空間であり、日本を象徴するような建築表現も工夫されている。アメリカのハーバード大学でバウハウス直伝の近代建築を学んで帰国したばかりの芦原義信（1918 - 2003）は正統派モダニズムの建築家であり、彼にとって様式の借用や折衷は避けるべきことであったはずである。しかし、世紀の祭典で世界を意識するが故に、日本の伝統建築の表現を借用して、建築に新しい日本のアイデンティティとオリジナリティーが表現されている。

日本らしさの断片
体育館：法隆寺夢殿
体育館の大空間の架構は 4 本の斜め柱が支える当時の最新構造技術である鉄筋コンクリートによる HP シェル構造であるが、8 角形の屋根形態は飛鳥様式の国宝《法隆寺 夢殿》を連想させる。
管制塔：五重塔
高さ 50m コンクリート打放しの塔は、公園の管制塔として機能するが、その形態は伝統的な木造建築の五重塔を連想させる。
配置計画：伽藍配置
大階段を昇ると石畳の広場が出現し、その左右に陸上競技場と体育館、正面には管制塔と聖火台があり、それぞれが群造形となるように計画されている。この配置は法隆寺の中門、回廊、塔、金堂と言った、仏教建築の伽藍配置を連想させる。また、芦原義信はイタリアの広場に感激して人間の空間認識や視覚構造の研究を行い、その成果をこの広場の設計に活かしている。大階段は人々が佇むローマのスペイン階段、石畳の広場はベニスのサンマルコ広場であり、人々が歩きながら見る建築や自由に利用できる公共的外部空間とすることを意図していた。当時の日本には珍しい、木の一本も生えていない都電の敷石を利用した広大な石畳の広場は、都民が気ままに利用できるスポーツ公園の広場として定着しており、1964 年東京オリンピックの貴重なレガシーとなっている。

［芦原太郎］

As new facilities built for the 1964 Olympics, the Komazawa Olympic Park General Sports Ground, Gymnasium, Plaza and Control Tower introduced new spaces to the public through the most current engineering of the time, ingeniously developing an architectural expression that could become symbolic of Japan. Freshly graduated and returned to Japan from Harvard University's strict Bauhaus-influenced curriculum at its Graduate School of Design, Ashihara Yoshinobu was an orthodox modern architect who believed that borrowing or blending styles should be avoided. However, conscious of the world stage for the celebration of the century, Ashihara consequently emulated the expression of traditional architecture to show the architecture and originality of the new Japan.

The Fragment of Japanese-ness
The Gymnasium: *Hōryū-ji Yumedono*
The Gymnasium's large open space framework is supported by four diagonal columns to create a hyperbolic parabola shell structure that utilized the latest advances in structural engineering at the time, reinforced concrete; however, the octagonal roof is reminiscent of the art and architectural in the Asuka period (6th -7th c) and echoes the National Treasure, *Horyu-ji Yumedono*.
Control Tower: *Five-story Pagoda*
Height: 50 meters. Although the exposed-concrete tower serves the function of the control tower over the park, this form recalls the wooden architecture of the *five-story pagoda*.
Layout Plan: *Garan*, Placement of Buddhist temple buildings
The layout of these various building elements are arranged such that upon climbing the grand staircase, visitors arrive to a stone-paved piazza. To the right and the left are the running tracks and the Gymnasium; directly in front is the Control Tower and Olympic torch. This composition recalls the *Garan* arrangement of buildings in Buddhist Architecture: the placement of these buildings is reminiscent of *Hōryū-ji's Chūmon* (Inner Gate), cloister, *Five-story Pagoda* and *Kondō* (Main golden hall).

 Furthermore, Ashihara Yoshinobu, deeply moved by Italian Piazzas, researched human cognition in these spaces and the visual structure. The result of this research played a major role in the design of the park's piazza: the large staircases are inspired by the Spanish Steps in Rome, where people loiter; the stone paved plaza references Piazza San Marco, in Venezia. Ashihara intended for people to freely use this public outdoor space while walking and viewing the architecture in the park. Perhaps the greatest legacy of the 1964 Olympics is that this stone-paved piazza—a rarity in Japan for its use of *Toden* (Tokyo Tram) Electric Railway stone pavers over a large area, while not growing a single tree—became known as a public sports park that all residents could enjoy freely.

［Ashihara Taro］

全体立面スケッチ（南面）1:500 1964 年／所蔵：武蔵野美術大学 美術館・図書館
Elevation Sketch (South Side) 1:500 1964 / Collection: Musashino Art University Museum & Library

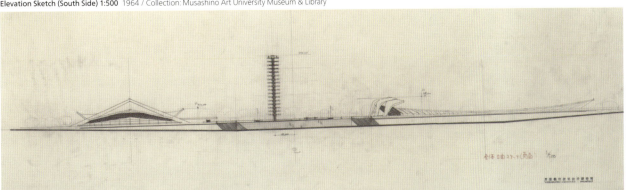

静岡県富士山
世界遺産センター

坂 茂
2017年

Mt. Fuji
World Heritage Centre, Shizuoka

Ban Shigeru
2017

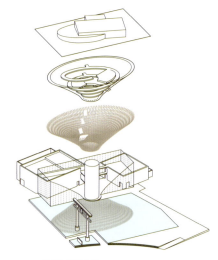

アクソノメトリック
資料提供：坂茂建築設計
Axonometric
Courtesy: Shigeru Ban Architects

外観　撮影：平井広行
Exterior View　Photo: Hirai Hiroyuki

富士の水の循環と反映

「日本を象徴する存在として世界的にも認識されている富士山は、平成25年6月、ユネスコの世界文化遺産に登録された。富士山の形態は日本の美意識の原点であり、象徴ともなって日本人の心に深く刻みこまれている。また古くより噴火を繰り返す富士山を神が宿る山として畏れ、古くから信仰の象徴となっており、まさに世界文化遺産に相応しい存在である。」

（公募型プロポーザル募集要項より）

晴天の冬初めてコンペの敷地を訪れ、富士山を目の前に見た。この美しく力強い富士山を背景にしてどんな建築が適切であろうか？　即ち、山型の屋根でないことは悟った。どんなに美しい富士山型の屋根をデザインしても、富士山を前にしてはキッチュにみえるのではないか。しかし《富士山世界遺産センター》として、富士山ならではのシンボル性は必要だと考えた。

恥ずかしながら、富士山に登ったことのなかった自分にとって富士山の思い出深い記憶は、中学高校時代ラグビー部の山中湖畔の合宿所から見た「逆さ富士」の強烈なイメージだった。水に映った富士山の姿は実物を直接見るよりも、より季節、天候、時間などにより抽象的にイメージを変化させる。その実像と虚像の両方の組み合わせにより単に山の景色でない新たな造形を生み出す。そんな現象を使って「逆さ富士」型の建築を、前面の富士山からの湧水を利用した水盤に映し、富士山型の虚像を作り出すことを思い立った。

「逆さ富士」型の本体は富士ヒノキでできた格子のクラッディングで覆い、敢えて木が適度にエージングすることを期待する建築とした。「逆さ富士」型本体の形に沿って、内側には螺旋状のスロープが回り、外周内部壁面には、富士山の標高に合わせた環境映像が映し出され、登山体験を想起することができる。そして「逆さ富士」型建物の頂上（ペントハウス）では一面の開口が富士山をピクチャーウィンドウにより一枚の絵のように切り取っている。それにより富士山の湧水で育った富士ヒノキで形造られた建築は、湧水により空調され、湧水の水面に反映して象徴としての富士山が完成した。

[坂 茂]

Mt. Fuji's Cycle of Water and Reflection

"Mount Fuji, known all over the world as a symbol of Japan, was registered as a UNESCO World Cultural Heritage Site in June 2013. The form of Mount Fuji is an origin point for Japanese aesthetics and is deeply engraved in the hearts of the Japanese people. Additionally, in ancient times, the continually active volcanic mountain was feared as a place where gods lived, Mount Fuji is also a place that has long believed to be an object of faith. Without a doubt, it is appropriate to be named as a World Heritage Site."
(From competition brief)

I went to the competition site for the first time on a clear day of the winter, and right in front of me was Mount Fuji. What is an appropriate architecture for this beautiful and strong presence of Mount Fuji in the backdrop? Immediately, I decided that we would not use a mountain-shaped roof. No matter how beautifully the mountain-shaped roof is designed, would it not look *kitsch* in front of Mount Fuji? In the end, I realized that as it is the design for the *Mt. Fuji World Heritage Centre*, symbolism suited to Mount Fuji would be necessary.

Though it is a bit embarrassing, I have not climbed Mount Fuji; my strongest memory of it, however, is from my junior and senior high school rugby days, where I saw an intense image of inverted Mount Fuji on the surface of Lake Yamanaka from our lodging. The reflected image of Mount Fuji on the water, more than looking at the real thing, was changed into abstract images of season, atmosphere and time. Through the pairing of the real and virtual image of the mountain rather than a simple image of the landscape, a new form of Mount Fuji was born. Using this phenomenon to reflect the "inverted image of Mount Fuji" onto the water surface of the spring in the foreground of Mount Fuji, I set out to create the virtual image of Mount Fuji for the Heritage Centre.

The main body of the "inverted Mount Fuji" is wrapped in a *Fuji hinoki* cypress lattice that is expected to weather over time. To complement the "inverted image of Mount Fuji," a spiral ramp and stairs wraps the form. Environmental time lapse movies that match the elevation on Mount Fuji are projected on to the outer circumference wall so that visitors can experience the sensation of climbing up the mountain. At the peak of the "inverted Mount Fuji"—its penthouse—a large picture window carves out a stunning view of the Mount Fuji. Furthermore, the water from the spring in front of Mount Fuji was used to grow the hinoki cypress used in the lattice, and is also pulled into the building to be used as air conditioning, then is pumped into reflected surface of the spring, completing the symbol of Mount Fuji.

[Ban Shigeru]

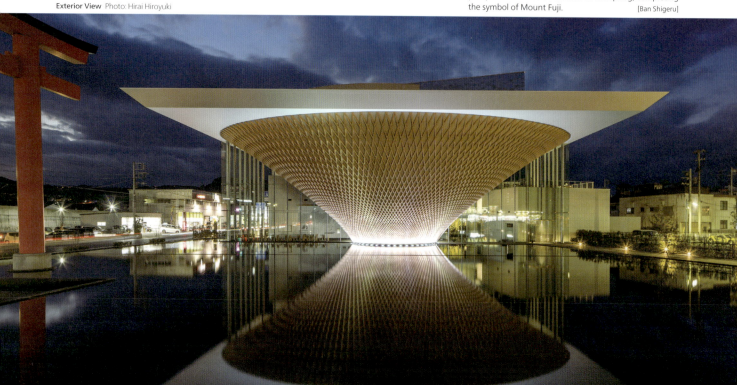

[上下] 展示風景（森美術館、2018年）撮影：来田 猛
[top, bottom] Installation views, Mori Art Museum, 2018
Photo: Koroda Takeru

国の自画像

市川紘司

「日本建築」とは一口に言っても、それは日本列島の内側のみで純粋培養されてきたわけではない。形式的には分けて教えられる「日本史」が実際は世界やアジアの歴史と直接／間接的に連動しているように、あるいは「日本人」と名指しされる民族の境界が時代によっては微妙に移ろうように、「日本建築」もまたその時々のグローバルな文脈に寄り添いながら存立してきた。近代以前は言うまでもなく中国大陸との影響関係がきわめて深い。そもそも、われわれがいま現在「日本的」だと感じる「和様」の建築も、大陸から導入された技術や様式に、天井、板床、繊細な造作物などによる改変が加えられながら成立したものにほかならない。和様の成立は平安時代のことだが、その後も大仏様や禅宗様といった大陸の新技術・様式が導入されるたびにそれらを包摂し、昇華していった。「日本建築」のベースは日本列島の外側との応答関係から形成されてきたのである。

辰野金吾と伊東忠太が描いた「自画像」

近代に入り、国民国家の誕生によってナショナル・アイデンティティが形成される一方で、人と情報の交通量が飛躍的に増せば、日本の建築がグローバルな文脈に占めるポジションを厳密に考えようとする機運は必然的に生まれてくる。ここで重視されたのは、それまでの中国建築との関係性ではなく、より広い東洋世界、そして西洋世界との関係性であった。日本近代建築の始祖・辰野金吾（1854-1919）が、イギリス留学時代に日本の古建築の特徴について問われながら答えに窮し、「日本建築史」研究の必要性を痛感した、というのはあまりに有名なエピソードである。自国の建築の史的変遷を体系化すること、つまり日本建築の「自画像」を描き出すことは、明治の建築界の最重要ミッションのひとつとしてあった。

日本建築の自画像作成には伊東忠太（1867-1954）が最大の貢献を果たした。伊東は最初の体系的な日本建築史を著し、architectureの訳語として「建築」を提案することで、「日本」において「建築」がいかなる存在であるのか、その思考の基本となる枠組みを創出した。また「法隆寺建築論」では、飛鳥時代の遺構である法隆寺中門の柱に見られるふくらみを、古代ギリシア建築の柱のエンタシスとの影響関係から論じた。つまり、日本建築の源流を遠くギリシアにまで遡って見出そうとしたのだ。

その後、伊東は自らの建築史観を確かめるべく、大陸を東から西へと踏破して各地の建築をつぶさに調査する。そして帰国後の講演において、世界の建築を大きく古代系・西洋系・東洋系に分類し、その東洋系と支那系に一部重なる系譜として日本建築を見なしたうえで、「日本を本位」としてこれを発展させる「建築進化論」を提唱した。フレッチャーの「建築の樹」に象徴される西洋中心史観のなかで、日本建築は「非歴史的建築」として傍流に位置づけられるのみであったが、これを覆そうとしたわけである。このように巨大な地理的・時間的広がりのなかで日本建築を位置づけようとする伊東の試みは、実作のうえでも展開されている。築地本願寺（1934）ではインドの仏堂様式が、大倉集古館（1917）では中国風の反りの強い屋根が参照された。また京都の祇園祭で引かれる山鉾を形態モチーフとした祇園閣（1928）など、その想像力はときにいわゆる「建築」の枠組みを超え出た。伊東の建築には空想上の怪物や妖怪を象った彫刻的細部が多々見られることは、よく知られていよう。

和洋折衷の系譜

近代以前は大陸文化との絡み合いのなかで熟成された日本建築は、文明開化の明治以降ではその主たる相手を西洋へと変える。辰野や伊東の登場に先立つ明治前半期の大工棟梁が、横浜や神戸といった外国人居留地にある洋館を参照しながら独自展開した「擬洋風建築」はその最初期の事例である。二代目清水喜助（1815-1881）による第一国立銀行（1873）は、居留地の大きなヴェランダを持つ建築形式（ヴェランダ・コロニアル）を基本に、極彩色の鶴や亀が彫り込まれた欄間、唐破風、千鳥破風などが混在する和洋折衷の代表的擬洋風建築だ。

また、辰野と同世代の建築家・片山東熊（1854-1917）が手がけた東宮御所（現・赤坂離宮、1909）は、バロック様式で全体が格調高くまとめられた宮廷建築だが、正面玄関の屋根に設けられた青銅製の甲冑彫刻など、和風のディテールが外観や室内に挿入されている。西洋文化を十分に吸収した近代国家としての姿と、連綿と続く歴史を持つ伝統国家としての姿という、近代日本の二重性がここで表現されていると言えるだろう。また人々の「生活の器」である住宅においても和洋折衷は現れた。堀口捨己（1895-1984）は岡田邸（1933）や若狭邸（1939）で、和

風住宅と近代的なインターナショナル・スタイルを併存させる住宅作品を手がけた。

1930年代に流行した「帝冠様式」も、以上のような和洋折衷の系譜に位置づけられるだろう。「帝冠様式」とは、RC造のシンプルな建築ボリュームに和風屋根を載せるスタイルで、東京帝室博物館 (現・東京国立博物館、1937) や大礼記念京都美術館 (現・京都市美術館、1933) が代表例に挙げられる。これらの建築の多くは、設計案を選定するコンペの募集要項に「日本趣味」が求められたすえに生み出されたものだが、当然ながらモダニズムを学んだ建築家たちはこうした流れに反対した。東京帝室博物館コンペでは、モダニズムを信奉する「日本インターナショナル建築会」の面々はコンペ拒否を声明し、あるいは前川國男は落選覚悟であえてル・コルビュジエ譲りのインターナショナル・スタイルの設計案を応募した。最終的に当選したのは、いまわれわれが目にする渡辺仁 (1887-1993) による「日本趣味」の建築である。

戦前日本が列島の外に設置した植民地、あるいは傀儡国家の満州国においても、帝冠様式に似た建築表現が展開されている。満州国国務院庁舎 (1936) がとりわけ興味深い。設計者の石井達郎は、車寄せに見られるトスカナ式ジャイアント・オーダーなど大枠はシンプルな西洋古典主義としつつ、頂部には紫禁城中和殿に似た方形屋根を付加している。つまり、伝統屋根を戴冠する「帝冠様式」的な形式ではありつつ、その屋根表現は和風ではなく中国風としているのだ。満州国は、体面上は「ラストエンペラー」愛新覚羅溥儀が君臨し、日本人が実質的な舵を取る傀儡国家であった。日本人の手になる中国風屋根をあしらった官舎には、その捻じれた体制が結果的によく現れている。

日本建築の自画像をめぐる議論は戦後になっても続く。だが、そこで主だって焦点化されるのは、華美な装飾を控えた木造のミニマルな美学や、室内外が連続的に関係する空間構成などである。戦前のような即物的な折衷表現は影を潜めたと言えるかもしれない。ただし、造形を切り口とする日本的表現が絶えたわけではない。村野藤吾 (1891-1984) の大阪歌舞伎座 (1958) では、唐破風が連続するにぎやかなファサードにより、民衆の伝統的娯楽を上演するという建物のプログラムを存分に表現した。また、メタボリズムの菊竹清訓 (1928-2011) が手がけた東光園 (1964) は、ロビーのRCの組み柱が鳥居を想起させるように、外観をまとめる頂部のシェル屋根は和風屋根への参照を感じさせる造形となっている。あるいは岩本博行 (竹中工務店、1913-1991) の国立劇場 (1966) は、面積の割に高さが低い劇場施設であることから水平性を強調すべく、プレキャスト・コンクリートによって正倉院の校倉造を翻案した。なお、校倉造の再解釈という点では、大江新太郎 (1876-1935) による明治神宮宝物殿 (1921) が先駆的な事例として挙げられる。

求められる「自画像」の更新

グローバルな文脈における日本建築の「自画像」を問う問題意識は、1950年代の伝統論争をピークに、現在に近づくほど薄まっていると言える。だが、それは驚くべきことではあるまい。たとえば1990-2000年代の中国建築界が伝統建築の現代的表現への関心を強めたように、こうした問題意識は、ある国家が既存の世界秩序のなかでプレゼンスを示そうとする振興の過渡期にこそ、前景化するものだろうからだ。

だが、自らの手で「自画像」を描こうと描くまいと、非西洋圏にある以上、日本の建築は不可避的にオリエンタルな視線を集め続けざるを得ない。そしてその視線によれば、いかなる日本人建築家の実践にも「日本的なもの」が見出されてしまうだろう。「日本的なもの」に無自覚になり、それを確立された事実として取り扱ってしまえば、創作の振れ幅や他者からの解釈を限定してしまう可能性をもつ。であるならば、やはり「自画像」の再検討と再構成を主体的に続けることはいまなお必要な作業のはずだ。

その作業において重要になるのは、おそらくアジアとの関係をいま一度念頭に置くことだろう。近代以降、日本建築の特徴はほとんど西洋との対比のみから描かれてきた。たとえば「室内外が連続的に流動する空間」というのは、西洋建築との対比から描き出された日本建築の「自画像」の典型だろう。だが、似たような「自画像」を中国の園林に見出し、モダニズム的解釈から立論する建築家が近代中国にもいたように、その描写の方法と精度には検討の余地が少なからず残されている。中国、台湾、韓国、ベトナム、タイ……等々のアジア各地から国際的な評価を得る建築家が登場をはじめた現在だからこそ、「自画像」の再検討そして更新は、日本建築にとり、ふたたび重要な課題として浮上するはずだ。

[本稿の注釈、参考文献は、p.272参照]

The Country's Self-Image

Ichikawa Koji

In short, Japanese architecture was not cultivated solely from within the Japanese archipelago. While Japanese history is typically taught formally as its own subject, without a doubt, it directly and indirectly interlocks with the larger history of Asia and world; in other words, the boundaries that constituted the Japanese ethnic group differed subtly during various time periods. Likewise, Japanese architecture developed with the passage of time within the global context, and in the pre-modern periods, its relation to China was exceedingly strong. The aspects we now regard as "Japanese" originally were introduced through the engineering and architectural styles from Mainland China: roof, flooring materials and delicate fixtures were nothing if not changes and innovations on established precedents. The first realization of a "Japanese-style" occurred in the Heian period, but after that the *Daibutsu-yō,* a Buddhist architectural style introduced from China and the *Zenshū-yō,* a style reflecting the Zen sect of Buddhist architecture brought engineering and architecture from abroad that were absorbed into the style. Certainly, the basis for Japanese architecture was established through influences outside of the Japanese archipelago.

A "Self-image" Drawn by Tatsuno Kingo and Ito Chuta

Upon entering the modern era, while Japan's national identity was formulated through the birth of a nation state, at a time when the exchange of people and information grew at a dramatic rate. Because of the rapid growth of the country, Japanese architecture inevitably stood to occupy a position in the global context as architecture to be seriously considered. However, by that time, what was emphasized here was no longer the architectural relationship to the Chinese architecture as previously, but rather the relationship with the wider Oriental world and the Western world. A famous episode from the grandfather of Japanese modern architecture, Tatsuno Kingo (1854-1919), occurred while he was studying abroad in England. During his studies, he was questioned ancient Japanese architecture's merits and, at a loss for a reply, he ultimately arrived at the conclusion that it was necessary to conduct research on the history of Japanese architecture. Formalizing the unique historical transitions of Japan's architecture—that is to say, drawing the "self-image" representative of how Japan saw itself—became one of the most important missions for architects in the Meiji period.

To this end, Ito Chuta (1867-1954) made the greatest contribution in drawing the self-image of Japanese architecture. For example, Ito authored the first systematic history of Japanese Architecture, most notably in his translation of the English word "architecture" as *"kenchiku"*[1] in Japanese, thereby establishing a framework to discuss such a notion as "architecture," in terms of what constituted "architecture" in Japan. Furthermore, in Ito's doctoral thesis, *The Architecture of Hōryū-ji,* he theorized that the building method at the *Hōryū-ji Chū-mon* (Inner gate), established in the Asuka period (6th c. to early 8th c.), seems to have taken influence from ancient Greek architecture's columnar entasis in the visual swelling of the column.[2] In other words, the origins of Japanese architecture seemed to trace back to Ancient Greece.

After that, in order to confirm his own historic architectural ideas,

Ito traveled the continents from East to West, investigating each region's architecture closely. Upon return, in his lecture regarding his travels, he outlined the great differences between ancient, Western and Eastern architecture, noting that Japanese architecture was partially overlapping Eastern and Chinese architecture. He professed for a progressive theory to develop a "Japanese-oriented architectural standard."[3] This was in contradistinction to existing theories at the time, such as those found in Banister F. Fletcher's *History of Architecture on the Comparative Method.* Seen from within the symbolic center of the West, Japanese architecture had a tendency to be seen as "ahistorical architecture"; however, this claim actually concealed it by precluding it from the entire narrative of other architectural styles. In this way, within an enormous geographic and temporal broadening, Ito aimed to position Japanese architecture in this narrative through the praxis of his own works. For example, he designed *Tsukiji Hongan-ji* (1934) in the style of an Indian Buddhist Temple; his design for the *Okura Museum* (1917) referenced the strong curve of the Chinese-style roof. Furthermore, the *yamaboko,* decorative float carried annually at the Kyoto Gion Matsuri (festival), was referenced in the Ito's *Gion-kaku* (1928). These works, among many other examples, taxed Ito's facilities of imagination to allow for his architecture to surpass the existing stereotypes established by those such as Fletcher. Ito's architecture came to be well known for the fantastic sculpturally modeled details of phantoms and goblins.

A Lineage of Japanese-Western Eclecticism

From even before the modern period, in unison with continental culture, the mature style of Japanese architecture—the architecture from post-*Bunmei-Kaika* (Cultural Enlightenment of Meiji)—had resulted in a changed relationship to the West. Preceding Tatsuno and Ito in early Meiji period was the *daiku tōryō,* master builder-carpenters who also initiated the development of "Imitative Western Style Architecture" by referencing the Western styles found in Yokohama and Kobe where settlements of foreigners lived. Shimizu Kisuke (1815-1881), the second owner of Shimizuya (presently Shimizu Corporation), based the design for the *Dai-ichi Kokuritsu Ginkō (First National Bank)* (1873), to employ the architectural form of the verandah, a foreign concession,[4] with variegated cranes and turtles engraved into the *ramma* (Japanese-style transom), the *kara-hafu* (undulating bargeboard), and the *chidori-hafu* (dormer gable). This building became an example par excellence in mixing of Western and Eastern styles of architecture.

Further instances of eclecticism can be seen in the design for the *Tōgū Palace* (presently *Akasaka Detached Palace,* 1909). Tatsuno's contemporary, Kataoka Tokuma (1854-1917) integrated the whole with elements of *Baroque-style* architecture for *Imperial Court Style* architecture; despite these Western elements, the main entrance roof employed a bronze engraving of Japanese armor, accompanied with other insertions of Japanese style into the interior. Japanese architecture could thus be likened to express a duality parallel to its formation as a modern nation state with an unbroken and continuing tradition that had an ample inhalation of Western culture. Moreover, Japanese-Western influences started to appear not only in the architecture but also in such everyday tools as the house. The architect, Horiguchi Sutemi (1895-1984), designed two houses, the *Okada House* (1933) and the *Wakasa House* (1939) demonstrating efforts to incorporate the traditional Japanese house and the International Style.

The popularity of 1930s *Teikan* (Imperial Crown) style positioned Western-Japanese style in the same vein as the Imitative Western Style. *Teikan* style, simply put, is an ordinary reinforced concrete structure architectural volume adorned with the Japanese-style roof.[5] Representative examples of the *Teikan* style include: *Tokyo Teishitsu Museum* (presently *Tokyo National Museum*, 1937) and the *Kyoto Enthronement Memorial Museum of Art* (presently *Kyoto Municipal Museum of Art*). Many selected competition briefs at this time called for designs demonstrating "Japanese taste"; however, architects educated in the tradition of modern architecture were fiercely opposed to this fad. For example, in the competition for the Tokyo Imperial Museum, the Japan International Architecture Association that espoused modernism declared their opposition to these stylistic demands in the brief. Mayekawa Kunio, prepared to lose, deliberately submitted a design in Le Corbusier's applauded International Style. Ultimately, the winner was Watanabe Jin (1887-1993), an architect who came into the public eye through his winning entry that appealed to "Japanese tastes," in the *Teikan* style.

In the Pre-war period outside the Japanese archipelago, colonies, including the puppet state, Manchu-kuo, also displayed *Teikan* style tendencies in architectural expression. The *General Affairs State Council Building of Manchu-kuo* (1936) is of especially of note. The architect, Ishii Tatsuro, employed a Tuscan giant order in the otherwise simple carport frame, showing Western classicism. The building, on the other hand, had a roof added that looked similar to the roof on the *Forbidden City's Meridian Gate*. In other words, while there was a formal methodology for adapting the *Teikan* style roof, the Council Building instead consciously adapted the Chinese-style roof. Manchu-kuo maintained a figurehead, Pu Yi, acting as the "Last Emperor," but in reality, the state was substantially controlled with the Japanese of the helm. The way that the Japanese designers dealt with the Chinese style roof is effectively illustrated in the twisted form of the Council Hall.[6]

The debate about the self-image of Japanese Architecture continued into the period following World War II. However, the primary focal point became exercises of restrained, minimal aesthetics and spatial compositions connecting the interior and the exterior. It could be said that architectural spirit of Pre-World War II practical eclecticism had quieted. However, this did not mean different perspectives on Japanese expressions of architecture had ceased. One such example can be seen in the *Osaka Kabukiza* (1958) by Murano Togo (1891-1984). In the design, Murano employed a continuous *kara-hafu* roof style to his heart's content, producing a lively *façade* for the kabuki building program—a traditionally lively and public space of performance.[7] Moreover, *Hotel Tōkō-en* (1964) by the Metabolist architect, Kikutake Kiyonori (1928-2011), utilizes reinforced concrete construction forms in the lobby in order to recall the traditional *torii* gate. The crown and the shell that bring together the

composition of the building further evince the reference to the Japanese-style roof in a Metabolist manner. Furthermore, Iwamoto Hiroyuki (1913-1991) of Takenaka Corporation designed the *National Theatre of Japan* (1966) to be a relatively low height building in relation to its footprint in order to emphasize the horizontality; this same sensibility was further translated in the precast concrete, recalling the *Shōsō-in's Azekura-zukuri* design of an ancient wooden construction technique of stacking triangular logs. However, of the examples of the reinterpretation of *Azekura-zukuri*, the *Meiji Jingū Hōmotsu-den Treasure Museum* (1921) by Oe Shintaro (1876-1935) serves as a precedent to the modern interpretation of this style.

Updating the Sought-After Self-Image

The concerted effort of creating a self-image of Japanese Architecture for a global context reached its apex in the 1950s with the controversial debate over tradition and modern and it is said that it has since waned as we have approached the present. However, this should not come as surprising, as it remains a crucial point in the foreground for a nation to promote its presence within the existing global context during a period of transition. Likewise, from the 1990 to 2000s, Chinese architecture became concerned showing traditional architecture in a modern expression.[8]

However, whether or not this self-image was drawn by one's own hand and regardless of whether or not the architecture is of the non-Western world, Japanese architecture cannot escape being continually co-opted into an "oriental" viewpoint. Thus, in any case, due to this point of view, Japanese architects should still try to discover that which actually constitutes "Japanese" work.[9] If one becomes unconscious to Japanese style, settling to accept it as reality, risks limiting the depth of the work as well as the viewer's capacity to understand it as well. Even if this might be so, subjectively continuing the re-investigation and restructuring of this self-image of architecture is the necessary work to be done, even now.

For this work, it is likely that the connection to Asia is the crucial point perhaps on one's mind. After modernism, the idiosyncrasies of Japanese architecture are largely drawn in contrast to Western architecture. For example, "flowing spaces connecting the interior and the exterior" are the epitome of conclusions drawn in contrasting Japanese architecture with Western architecture. However, upon looking at a similar self-image of architecture developed in the Chinese garden, Chinese architects drew conclusions from a modern interpretation of these gardens;[10] and as a result, there is sufficient room for introspection into their methods and accuracy in their research. At a time where architect-scholars from China, Taiwan, Vietnam, Thailand and many other regions of Asia have emerged, a renewed interest in self-image should be an important undertaking that likewise overarches Japanese architecture.

[Footnotes and References for this document are listed on p. 272-273]

年表
Chronology

アジア、そして世界の中にある日本は、その時々のグローバルな文脈に寄り添いながら存在してきた。近代以前は中国大陸および朝鮮半島からの影響が強く、新技術・様式が導入されることで形成された日本建築を年表に抽出した。近代以後はより広い東洋建築、そして西洋建築との関係性の中でさまざまな折衷を展開していく。伊東忠太、擬洋風建築、宮廷建築、近代和風、帝冠様式、和風の再構成。これらの建築を通して世界との対応の中で確立していった日本の意匠とは何かを辿る。

[大和祐也＋小岩正樹]

監修：早稲田大学 小岩正樹建築史研究室
Adviser: Koiwa Masaki Laboratory,
Department of Architecture, Waseda University

In the context of Asia and rest of the world, occasionally Japan would find its place situated comfortably within its global context. Prior to the arrival of modernist design and concepts, there was strong influence from Mainland China. This section of the chronological table presents a sample of Japanese architecture that originated in the introduction of new technologies and styles during the Nara period (710 to 794). After modernist concepts were introduced, the definition of Eastern architecture expanded and various compromises developed within the relationship between Western architecture. Japanese architecture was reconfigured through the architect Ito Chuta and the styles of *Giyōfū* (Western-influenced Japanese), *Kyūtei* (Imperial Court), modern Japanese and *Teikan* (Imperial Crown). Through the buildings presented in this series of the chronological table, we trace the history of Japanese design as it was established in correspondence with the rest of the world.

[Owa Yuya ＋ Koiwa Masaki]

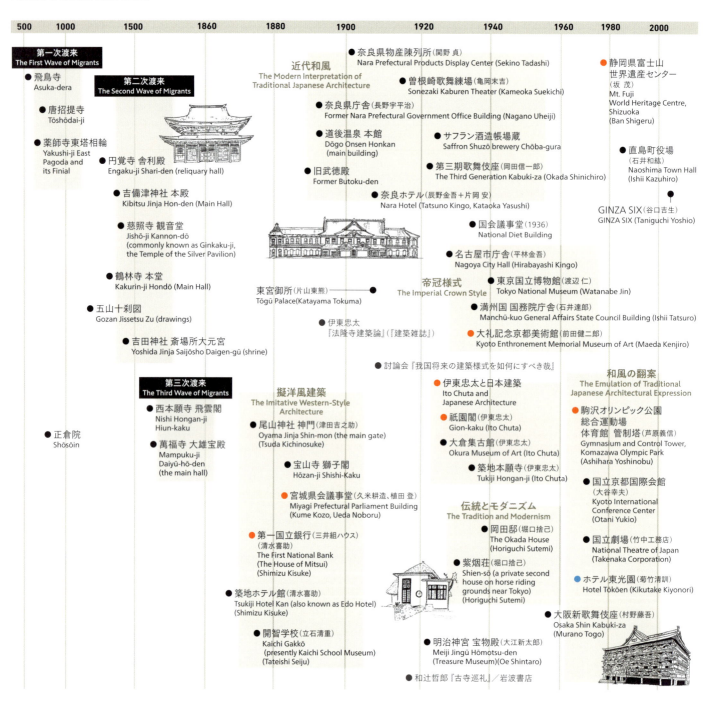

● 本セクションでの展示プロジェクト Exhibit in this section　● 他セクションでの展示プロジェクト Exhibit in other section

■ プロジェクトデータ
Project Data

p. 171

祇園閣
伊東忠太 (1867 - 1954)

Gion-kaku
Ito Chuta (1867-1954)

[名称] 大雲院祇園閣
[所在地] 京都府京都市
[竣工年] 1927年
[主要用途] 展望台
[延床面積] 126.7 m²
[構造] 鉄骨鉄筋コンクリート造
[設計] 伊東忠太
[施工] 大倉土木 (現 大成建設)
[Name] Gion-kaku, Daiun-in
[Location] Kyoto
[Year] 1927
[Primary use] Observation tower
[Total floor area] 126.7 m²
[Structure] Steel-frame reinforced concrete
[Design] Ito Chuta
[Construction] Okura Doboku (current Taisei Corporation)

p. 172

第一国立銀行（三井組ハウス）
清水喜助 (1815 - 1881)

The First National Bank (The House of Mitsui)
Shimizu Kisuke (1815-1881)

[名称] 第一国立銀行（三井組ハウス）
[所在地] 東京都中央区
[竣工年] 1872年 (明治時代) 現存せず
[主要用途] 銀行
[延床面積] 1,297.2 m²
[構造] 木骨石造
[設計] 清水屋 (現 清水建設)、清水喜助 (二代目店主)
[施工] 清水屋 (現 清水建設)、清水喜助 (二代目店主)
[Name] The First National Bank (The House of Mitsui)
[Location] Chuo, Tokyo
[Year] 1872
[Primary use] Bank
[Total floor area] 1,297.2 m²
[Structure] Wood-frame masonry
[Design] Kisuke Shimizu II, Shimizu-ya (current Shimizu Corporation)
[Construction] Kisuke Shimizu II, Shimizu-ya (current Shimizu Corporation)

p. 173

宮城県会議事堂
久米耕造 (出生没不明) 植田 登 (出生没不明)

Miyagi Prefectural Parliament Building
Kume Kozo, Ueda Minoru

[名称] 宮城県会議事堂
[所在地] 宮城県仙台市
[竣工年] 1882年 (明治時代) 現存せず
[主要用途] 県会議事堂
[構造] 木造
[設計] 久米耕造 植田 登
[Name] Miyagi Prefectural Parliament Building
[Location] Sendai, Miyagi
[Year] 1882 (demolished)
[Primary use] Prefectural parliament building
[Structure] Wood frame
[Design] Kume Kozo, Ueda Minoru

p. 174

大礼記念京都美術館
前田健二郎 (1892 - 1975)

Kyoto Enthronement Memorial Museum of Art
Maeda Kenjiro (1892-1975)

[名称] 大礼記念京都美術館 (現 京都市美術館)
[所在地] 京都府京都市
[竣工年] 1933年
[主要用途] 美術館
[延床面積] 9,349 m² (本館) 1,967 m² (別館)
[構造] 鉄骨鉄筋コンクリート造
[原案] 前田健二郎 (設計競技一等案)
[設計] 京都市営繕課
[施工] 清水組 (現 清水建設)
[Name] Kyoto Enthronement Memorial Museum of Art (current Kyoto Municipal Museum of Art)
[Location] Kyoto
[Year] 1933
[Primary use] Art museum
[Total floor area] 9,349 m² (main building) 1,967 m² (annex)
[Structure] Steel-frame reinforced concrete
[Original Design] Maeda Kenjiro
[Design] Building and Repairs Section, The City of Kyoto
[Construction] Shimizu-gumi (Shimizu Corporation)

p. 175

駒沢オリンピック公園総合運動場 体育館 管制塔
芦原義信 (1918 - 2003)

Gymnasium and Control Tower, Komazawa Olympic Park
Ashihara Yoshinobu (1918-2003)

[名称] 駒沢オリンピック公園総合運動場 体育館 管制塔
[所在地] 東京都世田谷区
[竣工年] 1964年
[主要用途] 体育館、管制塔
[延床面積] 7,920 m² (体育館) 1,230 m² (管制塔)
[構造] 鉄骨鉄筋コンクリート造、HPシェル構造 (体育館屋根)
[設計] 芦原建築設計研究所
[施工] 鹿島建設 (体育館)、藤田組 (管制塔)
[Name] Gymnasium and Control Tower, Komazawa Olympic Park
[Location] Setagaya, Tokyo
[Year] 1964
[Primary use] Gymnasium, control tower
[Total floor area] 7,920 m² (gymnasium) 1,230 m² (tower)
[Structure] Steel-frame reinforced concrete, HP Shell (gymnasium roof)
[Design] ASHIHARA Architect & Associates
[Construction] Kajima Corporation (gymnasium), Fujita-gumi (tower, current Fujita corporation)

p. 176

静岡県富士山世界遺産センター
坂 茂 (1957 -)

Mt. Fuji World Heritage Centre, Shizuoka
Ban Shigeru (1957-)

[名称] 静岡県富士山世界遺産センター
[所在地] 静岡県富士宮市
[竣工年] 2017年
[主要用途] 博物館
[延床面積] 3,410 m²
[構造] 鉄骨造
[設計] 坂茂建築設計
[施工] 佐藤工業・若杉組特定建設工事共同企業体 (建築)
[Name] Mt. Fuji World Heritage Centre, Shizuoka
[Location] Fujinomiya, Shizuoka

[Year] 2017
[Primary use] Museum
[Total floor area] 3,410 m²
[Structure] Steel frame
[Design] Shigeru Ban Architects
[Construction] Sato Kogyo and Wakasugi Gumi Joint Venture (architecture)

184

集まって生きる形
Forms for Living Together

　建築がつくる「公共」の概念は、西洋に由来しています。建築に囲まれた広場が人々の交流や市民意識を育んだ例が思い描かれるでしょう。日本は伝統的に西洋のような広場を持ちませんでしたが、人々を和してきたのはどんな形だったのでしょうか。日本には、長屋や寺子屋など、人と人の縁がつなぐ空間がありました。ただ、日本建築における「公共性」について本格的に探求が開始されたのは20世紀、建築を「空間」で捉えるモダニズムの時代に入ってからです。伝統的なコミュニティが息づく集落を実測したデザイン・サーベイ（実測調査）は、建物内外の空間と目に見えない関係性の形をとらえようとしました。自然の恵みと災害に囲まれた日本では、変化のない不動の形より、繊細で流動的な「人と人」、「人と物」とが作用し合う形が発達してきました。さまざまな問題解決が求められる現代の国際社会においても、日本の「集まって生きる形」という日本建築の遺伝子への注目は高まっています。

The concept of a "public" created by architecture comes from the West. It brings to mind a plaza surrounded by architecture, cultivating exchange between people and civic consciousness. Though Japan did not traditionally have plazas like in the West, people nonetheless were brought together by certain kinds of places. Social bonds were shaped by such spaces as *nagaya* (a type of longhouse) and *terakoya* (temple schools). However, the search for a "public" quality in Japanese architecture only really began in the 20th century with the arrival of the modernist period, which interpreted architecture as "space." Design surveys examined villages where traditional communities lived, attempting to understand the spaces both in and outside buildings as well as the invisible social relationships. In Japan, which simultaneously enjoys the blessings of nature while also facing the risk of disaster, forms developed that allow for the delicate and fluid interactions between people or between people and things, as opposed to unchanging, immobile forms. As our international society today continues to confront all kinds of problems, there is increasing global interest in this genealogy of Japanese architecture that produces forms for living together.

旧閑谷学校
1701年（江戸時代）｜特別史跡｜備前焼瓦、屋根のパイプ、垂木の漆、土間の漆喰｜撮影：小川重雄

Former Shizutani School
1701 | Special Historic Site
Bizen Roof Tiles, Roof Pipes, Urushi on Rafter, Lime Plaster of Earth Floors
Photo: Ogawa Shigeo

恋する豚研究所
アトリエ・ワン
2012年 | 外観 | 撮影:石渡朋 | 2015年

Koisuru-Buta Laboratory
Atelier Bow-Wow
2012 | Exterior View | Courtesy: Ishiwatari Tomo | 2015

旧閑谷学校
1701年（江戸時代）｜特別史跡

Former Shizutani School
1701 | Special Historic Site

［右］《花頭窓から孔子・光政を祀る聖廟・神社、楷の木が漆の床に映り込む》
［右頁］現在も学校として使われている姿
［下］航空写真
すべて撮影：小川重雄

[right] *View of Mausoleum and Shrine Enshrining Confucius and Mitusmasa through Katoumado,*
Reflection of Chinese Pistachio Tree on Urushi painted floor
[opposite] **The Building Being Used as School**
[below] **Aerial View**
Photo: Ogawa Shigeo

集の建築の原点としての閑谷学校

　1701年に造営された日本で最初の庶民学校の建築。岡山藩主・池田光政（1609 - 1682）の遺言に基づき、岡山藩200年の歴史の中でも最も傑出した藩政家と評される津田永忠（1640 - 1707）が差配して建築した。津田は、万人に開かれた学校を永遠に残すというミッションに対して、建築をつくる前に、学校全体の環境を計画した。人々が集まってくるための広場、山火事から学校を守る火除けのための丘、防災のための池、学校を火事や災害から守るための長大な石塀、石塀で閉ざした内側の治水を制御するための石造りの埋設管による排水路など、大胆かつ緻密な計画が駆使されている。石塀は大阪城などの城壁を手掛けた当代一流の石工集団が手掛け、治水計画も岡山藩最大の新田計画を手掛ける職人集団が普請している。津田は生涯で2000haを優に超える新田開発を推進し、名庭・後楽園の差配も行ったという人物だが、閑谷学校はそれらの英知が結集したプロジェクトでもある。

　建築についても当時の建築の常識から大きく逸脱した、徹底した工学的アプローチによって計画されている。まず平面形は極めて純粋な内陣・外陣の幾何学的構成をとっており、他の聖堂建築に類例がない。立面においても入母屋造で屋根は二段屋根となるしころ葺きとしながらも、段が変わるところで角度の変化がない。屋根瓦は1200℃もの高温で焼き締めた備前焼の瓦屋根としており、この瓦を焼くための窯をわざわざ造営している。瓦の下地の下には陶管が埋まっていて結露による下地板の腐敗を防ぐ工夫がある。あらゆる仕上げ木材は防虫のために漆が塗りこまれ、雨戸には車輪をつけ日々のメンテナンスを容易にしている。こういった細かい配慮の全てがこの時代にとっては極めて異質な気配りであり、津田の時代を超越した近代的な知性や常識にとらわれない決断力をよく示す。

　また、江戸時代はお国替えが頻繁に起きていたので、それに対処するために、藩の財政から切り離された、学校が所有する「学校田」を開発し、独自の財政基盤を持つようにデザインされている。建築のプログラムを持続的に運営していくマネジメントにまで気配りがされた、集の建築の原点であり、到達点とも言える傑出した建築である。

[藤原徹平]

The Shizutani School as the Origin of Collective Architecture

Built in 1701, the *Shizutani School* was the first school for the education of common people in Japan. The school was established to fulfill the will of Ikeda Mitsumasa (1609 - 1682), head of the former Okayama feudal domain. The construction was managed by Tsuda Nagatada (1640 - 1707), who is known as the most distinguished clan administrator in the 200-year history of that domain. Tsuda was served with the mission to establish a school for all of the students in the area regardless of their class—one that could continue to serve for eternity. Before designing the school itself, Tsuda planned a bold but carefully organized comprehensive plan for the school environment that included: a large, open space for students to gather; a berm to isolate the school from forest fires; a pond as a water reservoir in case of an emergency; long, stone walls to guard the school from fire and disasters; and a drainage system using underground pipes enclosed within the stone walls to control flow of rainwater. The stone walls were constructed by the master stonemasons of the time who had built the ramparts of Osaka Castle and other feudal fortifications, and flood control was undertaken by the builders of the largest new rice field development in the Okayama domain. Tsuda's past achievements included the development of a new rice field that extended over an area more than 2,000 hectares and the supervision of the construction of the celebrated *Kōraku-en* (a major Japanese garden) in Okayama, one of the top three traditional gardens in Japan. The *Shizutani School* is a project that combined the wisdom that Tsuda obtained from those past achievements.

　The construction of the school harnessed Tsuda's meticulous engineering approach, deviating greatly from the accepted building practices of the time. The floor plan is a highly simple and purely geometric composition of inner hall and outer hall, unprecedented in any shrine or temple building. Although appearing to be an *irimoya-zukuri*, or hip-and-gable construction, in elevation, the roof was built in *shikoro-buki* style, a method of constructing a hip-and-gable roof on separate planes, however, the slope is maintained in both planes, atypical of that roof type. The roof was laid with locally produced *Bizen* ware tiles, fired at a high temperature of 1,200 degrees Celsius at kiln constructed expressly for the construction of the school. Under the roof tiles, ceramic pipes were installed beneath the substructure to prevent deterioration of the sheathing due to dew condensation. All finished wood surfaces were applied with Japanese lacquer to prevent termite damage, and storm doors were equipped with wheels for easy maintenance. This careful architectural detail was highly unusual at the time, and reveal Tsuda's cutting-edge wisdom that was far ahead of his time and his decision-making skills that were unconstrained by convention.

　In the Edo period, lords were faced with frequent transfers from one domain to another. To cope with this uncertain financial situation, Tsuda developed rice fields that were owned by the school designed to provide a financial base independent of the domain. With such foresight to realize a sustainable operation of the building program, the architecture of *Shizutani School* can be considered Japan's origin and target of collective architecture.

[Fujiwara Teppei]

旧農林省積雪地方
農村経済調査所
1933年

Research Institute of Agrarian Economy in Snowbound Districts, the Former Ministry of Agriculture and Forestry
1933

鳥瞰 画像提供：雪の里情報館
Bird's-eye View Courtesy: YukinoSato Information Center

猛吹雪の中、肩にはリュックサック、手には玄米の握り飯で東北六県を駆け巡る姿には鬼気迫るものがあった。山形県出身の代議士、松岡俊三（1880 - 1955）である。そして、東京ではスーツに身を包み、国会で東北の「雪害」を訴えその補償を求めたのである。

雪害は農業被害のみならず、衛生から教育へとその影響は多岐に渡ると、松岡は説いた。事実、当時の東北はいまだに貧困ゆえの堕胎が後を絶たず、農業支援だけでは解決できない問題も孕んでいた。変わることのない自然に、国家として救済の政策を求めたのだ。こうした地方都市からの民主的な行動により昭和8年、山形県新庄市に《農林省積雪地方農村経済調査所（通称「雪調」）》という起点を得る。

研究所は設立にあたり三つの課題が掲げられた。雪の科学的研究、農村経済の研究、そして農閑期の副業指導である。初代所長山口弘道（1895 - 1978）のもとには、雪の結晶研究で知られる中谷宇吉郎（1900 - 1962）、農業経済学を専門とした東畑精一（1899 - 1983）、それに山形出身の図司安正（1905 - 1990）の三人が迎えられた。

しかし当初の雪調は「孤軍」であった。東北県民は、あきらめの態度で「大雪は豊年の兆しだから」と取り合わなかった。「雪に生活しながら雪の恐ろしさを知らない」、それが松岡の口癖だった。そこで図司を理事長に雪国更生協会を設置、副業への意欲を駆り立てようというと、昭和12年「最上郡民芸品展覧会」を開催する。東京の三越でもこれが開催されると好評を博し、副業のための共同作業場は賑わいをみせていった。

この展覧会には柳宗悦（1889 - 1961）も関与し、日本民藝館にも巡回をさせた。時を同じくして輸出用工芸品の技術指導のため1940年に来日したシャルロット・ペリアン（1903 - 1999）が同展覧会を訪問している。日本各地を視察し、展覧会という形で工芸の方向性を示そうと企画していたペリアンは、柳の紹介を通じて同年11月6日に雪調への訪問、所長の山口に作品制作を依頼する。その一つ、《木製折りたたみ寝台》は来日から展覧会までの限られた時間のなかで、ペリアン自身が台を設計し、雪調にクッションカバーの制作を依頼した、日本の職人との共作でもある。そして翌1941年「選択 伝統 創造展」に展示されるのである。

その会期まもなくの4月2日、柳宗悦が雪調に宛てた手紙には、こう記されている。「ペリアンの會新庄のもの第一等也 萬歳！」。松岡による雪害運動とその後の活動は、工芸に見出され、雪国に住む人の誇りを取り戻していくのである。　［本橋 仁］

The man who trekked throughout all six prefectures of Tohoku shouldering a backpack with a ball of unpolished rice in hand in furious blizzards, Matsuoka Shunzo (1880-1955), is the unique National Diet representative from Yamagata Prefecture who appeared in Tokyo spiffed up in a suit to appeal for compensation from Tohoku "snow damage" at the Diet in Tokyo.

Matsuoka defined "snow damage" as the burden on the livelihood of citizens living in the Tohoku region not only in terms of agricultural damage of poor harvest due to cold weather, but also its effect on aspects of life from hygiene to education. In fact, at that time, after the agricultural depression in the 1920s, abortions and infanticide of girls by desperate poverty-stricken peasants were widespread, and Tohoku was fraught with problems that could not be solved by agriculture support alone. Through Matsuoka's "snow damage" movement, a national policy for relief was sought for the compensation for the unrelenting forces of nature. In response to this democratic action from a regional city, *the Ministry of Agriculture and Forestry, Research Institute for Rural Economies* in Snowy Regions (hereafter, the Institute) was established in Shinjo-shi, Yamagata in 1933.

In establishing the Institute, the following three problems were undertaken: scientific research on snow, research on rural economies and guidance for creating side businesses during the off-season for farmers. Three people were invited to assist the first director Yamaguchi Hiromichi (1895-1978): Nakaya Ukichiro (1900-1962) from the Low Temperature Science Laboratory, Tohata Seiichi (1899-1983) who specialized in agricultural economics and politician Zushi Yasumasa (1905-1990) from Yamagata Prefecture.

The Institute, however, was fighting a lone battle; without rising to the occasion, the citizens of Tohoku yielded to the docile belief that heavy snow was an omen of a year of rich crop. This acquiescent approach to the burdens of living in Tohoku led Matsuoka to often remark that despite their daily compromises due to living in snowy regions, the people of Tohoku could not recognize the harm. As a means to revitalize the region, he assigned Zushi as chief director of the Snowy Region Recovery Association, and held a Folk Crafts Exhibition in Mogami County in 1937 to stimulate interest in generating side businesses. When held in Mitsukoshi Department Store in Tokyo, it won favorable reception, and collaborative workplaces for developing winter side businesses started to bustle with activity.

Japanese philosopher and founder of the *mingei* (folk craft) movement Yanagi Soetsu (1889-1961) also participated in this exhibition brought it to the Japan Folk Crafts Museum. Yanagi's contemporary, Charlotte Perriand (1903-1999), who was visiting Japan in 1940 for technical guidance of exports of industrial arts visited the exhibition. As part of her plan to demonstrate industrial directionality in the form of exhibitions, Perriand explored various parts of Japan. On the occasion, she visited the Institute on November 6 that year by introduction through Yanagi, and commissioned the production of Tohoku folk crafts from the director Yamaguchi. One of the items was commissioned as a collaboration with a Japanese craftsperson, in which she requested cushion covers for a wooden folding bed she designed in the brief interval of her stay in Japan; it was displayed the following year in an exhibition entitled *Tradition, Selection, Creation*.

During the exhibition, Yanagi wrote the following in a letter addressed to Institute on April 2: "Cheers to Perriand's Top-Rate Gathering in Shinjo!" Consequently, Matsuoka's "snow damage" movement and the ensuing activity lead to the discovery of industrial arts and renewed the pride of those living in snowy regions.　[Motohashi Jin]

折り畳み式寝台 クッション／1941 年／机台用盆 机台 指導：シャルロット・ペリアン／椅子 指導：芹沢銈介／丸マット 所蔵：山形県立博物館
A Chaise Longue and Cushions / 1941 / Table Top and Table Legs Instructor: Charlotte Perriand / Chairs Instructor: Serizawa Keisuke / Round Carpet Collection: Yamagata Prefectural Museum, Japan

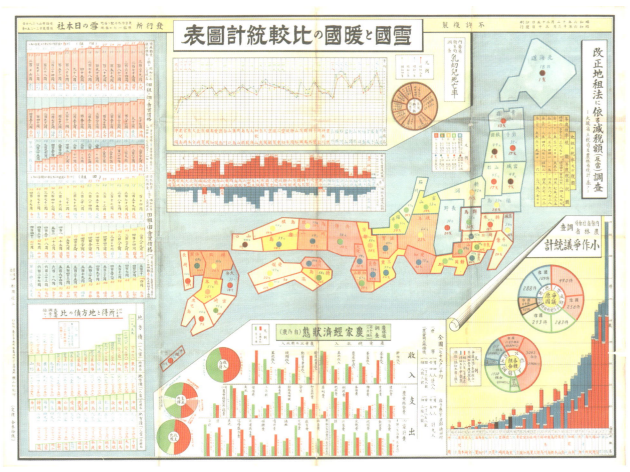

雪国と暖国の比較統計図表 1931 年／資料提供：雪の里情報館
Statical Comparison between Snowy and Non-snowy Regions in Japan 1931 / Courtesy: YukinoSato Information Center

191

積雪地方農村経済調査所庁舎と雪国試験農家

今 和次郎
1937年

Research Institute of Agrarian Economy in Snowbound Districts Office Building and Snowbound Districts Experimental Farmhouse

Kon Wajiro
1937

[左] 雪国試験農家家屋 外観　画像提供：雪の里情報館
[右] 雪国試験農家家屋 模型　h650 × w930 × d940／所蔵：雪の里情報館／撮影：来田 猛
[left] Exterior View of Experimental Farmhouse for Research Institute of Agrarian Economy in Snowbound Districts　Courtesy: YukinoSato Information Center　[right] Model, Experimental Farmhouse for Research Institute of Agrarian Economy in Snowbound Districts　h650×w930×d940 / Collection: YukinoSato Information Center / Photo: Koroda Takeru

　東北の雪は、湿り気をもって重い。いつまでも雪を屋根の上に載せていては、屋根もペシャリといってしまうだろう。そうした、毎年繰り返される雪下ろしの労苦も致し方ないこと、そう雪国の人々は受け入れてきた。
　そうした「雪害」への補償をもとめる運動を受け、《旧農林省積雪地方農村経済調査所（通称「雪調」）》は設置される。「雪調」の初代所長である山口弘道（1895 - 1978）のもとには、単なる調査にとどまらず雪国の生活を改善する提案まで出来る組織を目指して、幅広い分野の研究者が集められた。その中に後に《雪調庁舎》を設計する、今和次郎も含まれていた。
　今は、大正期から日本全国の民家を調査したことで知られている。決して裕福ではない家庭も取り上げながら、日本全国の民家を「目」をつかってみて歩き、それらをスケッチと文章で描写していった。その成果は『日本の民家 田園生活者の住家』（1922）としてまとめられている。そうした民家に対する彼の見識もさることながら、彼に求められたのは「手」であった。彼が委託されたのは、「積雪地方農家家屋及び農村共同作業場設計調査研究」。まさに雪国の負担を、設計を通していかに改善するかが彼の使命であった。
　そんな調査の途上、調査団の一行は、一軒の家と出会う。それは、新潟県大崎村の校長先生が自ら考案した実験的な家であった。屋根は45度の急勾配、切妻でトタン葺きのため、雪は自然と落下する。さらにコンクリートで基礎を50センチも高くしているため、冬の積雪にも入り口は確保されていた。こうした民家の発見が参考ともなり、今を中心として雪調の敷地には《雪国試験家屋》、《雪調庁舎》が建てられていった。そのいずれもが、やはり急な勾配の屋根をもっていた。
　民家の造形は、長い年月をかけ、風土の中で培われてきたことは事実であろう。それゆえに、環境に適した造形であることに疑いはない。しかし、その造形は絶対的なものではなく、社会や技術の変化は、つねに改善可能な選択の余地を生み出していく。「雪調」による、科学的見地の導入は、雪国に新たな選択肢を生んだ。この急勾配の三角屋根には、単なる外からの補償に頼るのではない、地域を自活させようとする地方都市の強い意思がある。

[本橋 仁]

Snow in the northeastern regions of Japan is heavy with moisture and when it remains on the rooftops, there is a risk that roofs will cave in from the load. Year after year, the people of the northern regions of Japan have endured the inescapable labor of snow removal from the roofs. *The Former Ministry of Agriculture and Forestry, Research Institute for Rural Economies in Snowy Regions* (hereafter, the Institute) was established in response to what became known as the "snow damage movement" to compensate citizens for such damage from heavy snowfall. The first director of the Institute, Yamaguchi Hiromichi (1895-1978), did not only conduct simple surveys, but gathered a wide range of researchers and endeavored toward an organization that could suggest measures for improving the livelihood for citizens dwelling in snowy regions. Included among those specialists was architect Kon Wajiro (1888-1973), who later went on to design the Institute's headquarters.
　Kon is celebrated for investigating *minka* folkhouses all over Japan from the Taisho era (1912-1926). Including in his research the homes of families who were not at all affluent, he traveled over the entire country making observations and described the minka and the lifestyle of their inhabitants in his sketches and writing. This survey resulted in his publication of *Rural Houses of Japan: Houses of People Living in Farm Areas* (Suzuki Shoten, 1922). Yet it was not only his perception of those minka that was sought, it was his action; he was entrusted with leading the Design Research of *Farmer's Houses and Collaborative Workplaces of Agricultural Villages in Snowy Regions*. It was his mission to lift the burden of the snowy regions through design.
　Amidst such investigations, the survey team encountered one house—of an experimental design that a school principal living in Osaki Village in Niigata Prefecture had devised by himself. The tin gabled roof had a steep 45-degree slope, naturally keeping the snow from piling on top. Moreover, the foundation was raised 50 centimeters off of the ground level to ensure a clear entrance during winter snowfalls. The discovery of such a private house served as a reference, and in a project led by Kon, an *experimental house* was built on the site of the Institute, and eventually, their *headquarters* was also built. Accordingly, both of them were capped by roofs with steep inclines.
　The shaping of a minka folk house takes substantial time, with sure cultivation by the climate and land of its region; consequently, there can be no doubt that its form is suited to its environment. That form, however, is not absolute, and social and technical changes always create room for improvement. The scientific perceptions introduced by the Institute produced new options. The triangular steep-grade roofs express the strong intent of the regional cities to enable the areas support themselves without merely relying on external compensation.

[Motohashi Jin]

本庁舎外観　画像提供：雪の里情報館
Exterior View of Research Institute of Agrarian Economy in Snowbound Districts Office Building　Courtesy: YukinoSato Information Center

外観透視図 2018 年／画像提供：山﨑健太郎デザインワークショップ
Perspective Exterior View 2018 / Courtesy: Yamazaki Kentaro Design Workshop

52間の縁側
山﨑健太郎
2019年（竣工予定）

Longhouse with Engawa
Yamazaki Kentaro
2019 (to be completed)

　計画中の小規模多機能型居在介護施設である。

　ライフスタイルの変化や核家族化、少子高齢化に伴い、介護が大きな問題となってきた。10年にわたり宅老所という形態でデイサービスを営んでいるクライアントによると、介護は地域で見ていかなければ立ちいかないのだという。単なる介護施設ではなく、資本主義経済を超えて地域の人が集まり助け合う場となる建築を目指している。

　主用途となる小規模多機能型とは、核となる「デイサービス」に「宿泊」、「訪問介護センター」を加え、その地域に必要なケアサービスを複合化したものである。この計画では介護施設に加え、「こども食堂」と障碍者の就労支援スペースとして「工房」、「寺子屋」を併設している。

　南北に細長くゆったりとした起伏をもつ敷地に対して、一枚の長い縁側にさまざまな人々が佇むような風景をイメージした。縁側は従来のものと同じく地面と近い関係にあるが、北部では地面から離れ宙に浮き、高さ約2 m。縁の下には雨水を活用した水辺を設けている。子供の遊び場や床上の外部空間に対しては川床のように冷気を呼び込み、人々が憩うための場所とした。

　長い縁側に面した畑は、ここを訪れる子どもたちや地域の人たちによってサポートされ、収穫した野菜や果実はこども食堂の食材に使ったり、加工して販売したりする。外部の川床となる縁側に面した工房も同様に、施設にとっての小さな生業である。

　この計画は、運営者や利用者のみならず、地域の子どもやお年寄りたちの未来の営みを支えるための場づくりである。

［山﨑健太郎］

With the lifestyle changes of recent years and the aging of the population, the nursing care arena has shifted from the home to institutions. Nursery care facilities are, at heart, places where people who do not require medical treatment live their lives, but an excessive emphasis on managing the lives of residents has turned such facilities into places that cannot be described as appealing to the elderly.

The client for this project had been in the nursing care business for a decade and, taking the idea of *home* seriously, operated two "*takurosho*" where occupants are able to live with other people in their communities. "Takurosho" is a common term used for small-scale, multi-functional, community-based residential nursing facilities for the elderly. Built around core day services, they also offer overnight stays and home-visit nursing centers, providing the comprehensive care services that their communities need. This project was a plan for relocating one of these facilities to a new building that would seek to transcend capitalist economic principles as a place where the people of the community could help each other, one that, in addition to nursing care facilities, also incorporated a *kodomo shokudo* (a children's cafeteria designed to help children living in poverty), a workshop to serve as employment support for people with disabilities, and a *terakoya* school space.

The building—a long, wide, single-floor structure reminiscent of the *Sanjusangen-do* (Hall of 33 Bays), a Buddhist temple in Kyoto—was designed around the image of a single long veranda facing the fields, one on which all sorts of people could coexist. The fields would be supported by visiting children and community members, with the harvested vegetables and fruits used as ingredients for the cafeteria or processed for sale. Shared by residents and visitors alike, this changing landscape envelops the building in a kind of harmony.

The long veranda that links the various functions within the building takes advantage of the gentle rolling of the site from north to south such that the building is positioned near the ground on the south but elevated above the ground, as if floating, on the north. A waterside using rainwater created approximately 2 meters below the veranda acts like a riverbed drawing cool air to the children's play area where people gather and the exterior space above floor level. We positioned the workshop and terakoya space, which are also used by people other than residents, much like the unfloored *doma* entrance space and *oku-zashiki* back room found in traditional homes to enable drawing those from the outside into the building in a familiar, natural way.

The project was designed to create a forum that would support the future activities not only of the operators and occupants but also of children and seniors in the local community.

[Yamazaki Kentaro]

模計 1:30　2018 年／h600 × w3600 × d750／所蔵：山﨑健太郎デザインワークショップ
Model 1:30　2018 / h600 × w3600 × d750 / Collection: Yamazaki Kentaro Design Workshop

外観／内観 撮影：石渡朋／2015-2018 年
Exterior View / Interior View Photo: Ishiwatari Tomo / 2015-2018

恋する豚研究所

アトリエ・ワン
2012年

Koisuru-Buta Laboratory

Atelier Bow-Wow
2012

　福祉サービスの多様性は、ケアする相手や利用可能な地域資源の多様性の反映である。法的な枠組みは、そうした多様性を想定しきれるものではなく、現場からその運用を提案する必要がある。高齢者向けのサービスを展開してきた社会福祉法人・福祉楽団（千葉県香取市）は、地域の障がい者の就労機会が十分でないことを理解し、養豚家でもある理事長が生産するブランド豚「恋する豚」をハム・ソーセージに加工し、豚しゃぶしゃぶを提供する《恋する豚研究所》を構想した。障害者総合支援法の中の、雇用を義務付けた就労継続支援 A 型の施設である。「ケアにルーティンはなく、相手に合わせて組み立てる創造的な仕事」という信念のもと、おいしいハム・ソーセージ（日本大学生物資源科学部の協力）、おしゃれなパッケージ（デザイン福岡南央子）、だれもが自然にいられるような開放的な空間が目指された。

　敷地は片側が杉林に縁取られた台地の端で、谷戸に沿って細く続く水田、杉林の斜面、畑が広がる台地を横切る県道 44 号からアクセスする。ロードサイドの施設にありがちな、モータリゼーションが農村を侵食するのではなく、農村に属するヴィッラが、道が通ったことで不意に現れたようなあり方を目指した。ヴィッラというのは、16 世紀にヴィチェンツァ周辺で開発された荘園の中に建てられた別荘建築のこと。都会から来た富豪たちの田舎暮らしを満足させるために、ギリシャ神殿を再解釈した列柱のロッジアを手前に配し、建物を実際よりも大きく見せるアンドレーア・パッラーディオ (1508 - 1580) の手法が知られる。ここでは鉄柱による横長のロッジアが駐車場との関係を調整し、工程に合わせて室が細分化された工場に、レストラン、広場、事務室、トイレ・会議室それぞれの寄棟が屋根勾配を異ならせつつ、中庭を中心に寄り添う大屋根が載る構成となっている。2 階からは、腰から軒の高さまでの木製水平連窓により、周囲の杉林がどこからでも見える。

　2013 年 4 月のオープン以来、昼しか営業しないレストランは、週末には 1 時間半待ちの人気ぶりである。その間、大人は屋根つき広場のベンチに腰掛け、子供は芝生広場で遊ぶ。どこもスタッフによる手入れが行き届いているので、長居できてしまうのである。

[塚本由晴]

Diversity of welfare services is a reflection of the variety of people who need care and available resources. Legal framework cannot assume all the cases. Each proposal from the site must address unique issues and variety of problems. Fukushi Gakudan (a social welfare corporation based in Katori City, Chiba Prefecture), has been working to provide elderly care services, hence it has come to feel the need to address the insufficiency of working opportunities for the elderly people and people with disabilities in the region. In response, the chief director conceived the idea of a new type of facility, the *Koisuru-Buta Laboratory* to process ham, sausage and to serve pork *shabu-shabu* using the *Koisurubuta* brand pork which the chief director has developed in the region as a pig farmer.

　Under the Comprehensive Services and Supports for Persons with Disabilities Act, this facility provides A-type (employment contract regulated work) support and continued opportunities for employment. Based on the conviction that "caregiving is not routine, but creative work built on relationships with users," we strived to create an open space where anyone could feel relaxed, together with delicious ham and sausage, and attractive graphic design (by Fukuoka Naoko) from package to signage system of the building.

　The site is located at the edge of a plateau, one side of which is covered by the cedar forest. Access is given by the road that cuts through the landscape of the rice paddy at the valley bottom, the cedar forest on the slope of the plateau and the field on the plateau top. Unlike the usual roadside facility where motorization has encroached on agricultural villages, the project aimed to express the building as villas which belongs to the farming village that had unexpectedly appeared by the road. A villa recalls the 16th century private residences that were built in the vicinity of Vicenza, Italy. In order to make wealthy people from the city to enjoy country living, Andrea Palladio's methods for making buildings appear larger than they actually were employed; the Greek temple colonnade and *loggia* were applied to the front of the building to make them appear larger than life-size. In *Koisuru-Buta Laboratory,* the colonnade with the repetition of steel columns guides the visitors from parking hidden behind the grass mound to the restaurant. Four hipped roofs with different pitch were employed to differentiate programmatic uses: restaurant, plaza, office, toilet and meeting space, with a courtyard nestled between them to compose the large roof, and factory where the tasks were subdivided according to the process, located on the ground level. From the 2nd floor, visitors can see the surrounding cedar forest from all angles through the strip windows that extend from the sidewall to the eaves of the building.

　Since opening in April 2013, the restaurant, which is only open for lunch, has become a popular spot for customers with waits exceeding an hour and a half on weekends. During that time, adults sit in the benches in the plaza underneath the large roof while their children can play on the grass, all for which are a blessing of the thorough maintenance by the staff, as such, it is natural for people to stay a long time in these spaces.

[Tsukamoto Yoshiharu]

模型 1:100
h300 × w2000 × d1500／所蔵：アトリエ・ワン／2018年／撮影：来田猛
Model 1:100
h300×w2000×d1500 / Collection: Atelier Bow-Wow / 2018 / Photo: Koroda Takeru

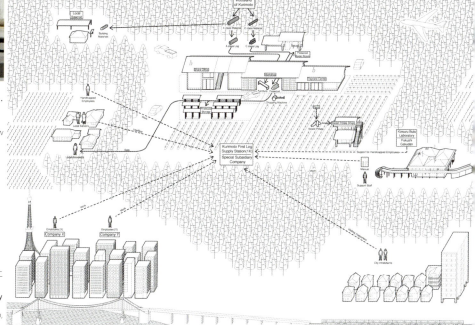

栗源の里山を資源化するためのアクターネットワーク
2018年／資料提供：アトリエ・ワン＋東京工業大学塚本研究室
Redesigning the Actor Network for the rediscovery of the local resources of Satoyama in Kurimoto
2018 / Courtesy: Atelier Bow-Wow + Tsukamoto lab, Tokyo Institute of Technology

栗源第一薪炭供給所 (1K)

アトリエ・ワン
2018年

Kurimoto Daiichi Firewood Supply Station (1K)

Atelier Bow-Wow
2018

　香取市栗源地域では、1980年頃まで地域の山から集落の男たちが木を切り出し、地元の大工が家を建てていたという。だが今では人が減り森も放置されるようになった。自動車、家電が作りだした日米経済摩擦への各種対策が、間接的に日本の林業を、輸入材に価格的に対抗できないところまで追い詰め、森と人々の間に市場原理由来の障壁を作り上げてしまった。こうした手入れされていない杉林に囲まれている《恋する豚研究所》が、持ち主の許可を得て森を間伐し、ストーブの薪をつくり始めたところ、譲って欲しいという人が現れるようになった。2011年の東日本大震災以来、薪は熱源の多元化手段として注目されているのである。そこに「仕事づくり」の可能性を感じ取った福祉楽団は、森の間伐、薪の生産を、地域の障がい者や高齢者とともに行う《栗源第一薪炭供給所（以下1K）》を、隣の畑を借りて整備することに決めた。訓練や身体を動かす場を、障害者総合支援法の就労継続支援B型として提供する。そこで育った人材が一般雇用に結びつくよう複数の企業に特例子会社への参加を呼びかけ、そのシェアオフィスをつくる。また高齢者が利用できるデイケアセンターを設置し、希望する高齢者には働いてもらう。また香取市名産のサツマイモの栽培、加工も行うケアファームとする。薪割体験や芋掘りなど、都市部居住者の農村体験も想定されている。こうして多様な人や資源が交わることが《1K》では目指されている。
　当然間伐や薪の生産には危険が伴う。そこで簡単なレバー操作で安全に薪を割ることができるスプリッターがバリアフリーとして導入される。バリアフリーというと、段差の解消に話題が集中しがちだが、社会にはもっと様々な障壁が存在している。先に述べたように、地域の森と人々の間にも市場原理由来の障壁がある。そこで《1K》では、この障壁を崩すために、栗源の木で作ること（現わしの木材に全体の90％）と、地元の林業家、製材所、大工の協力を得ることにこだわった。特に柱はとなりの森から切り出し、皮をむき乾燥丸太のまま使っている。
　全体構成は納屋など農業建築を再解釈し、同一断面を長手方向へ押し出している。ここでは頬杖と開き止めにより部材寸法を抑えた7.2mスパンの屋根架構が反復され、頬杖の横力に対抗するために、丸太柱を内と外から挟んで水平二重桁としている。作業場の引き戸を大きく開けると、南側の薪ボイラーが見え、さらにその向こうに杉林が見える。

［塚本由晴］

　It is said that until the 1980s, the men from the farming villages in the Kurimoto area of Katori, Chiba Prefecture would cut down trees from the mountains in the area to build houses. However, at the present time, the population has shrunken greatly and the forest has become abandoned. Countermeasures to address the Japan-America economic tensions in the automobile and electronics industries in the '80s have indirectly impacted the Japanese forestry industry to the extent that it cannot compete with cheap imported timber from North America. This market principle is the origin of the barrier that has been thrust between the forest and the people all over Japan.
　Koisuru-Buta Laboratory, surrounded by unmanaged cedar forests, has gotten agreement to periodically thin the trees and started producing firewood for wood stove, as voices for handing it over have also appeared. It was a moment when wood stove has received attention as an alternative method to diversify heat generation after the 2011 Great East Japan Earthquake. The Fukushi Gakudan, an organization that saw the opportunity to create work in the areas of forestry and kindling production, decided to lease the neighboring field to *Koisuru-Buta Laboratory* and establish *Kurimoto First Firewood Supply Station* (hereafter *1K*) to provide a new place where the region's disabled and elderly citizens can work, while also dealing with environmental challenge of sustainably foresting and manufacturing timber.
　This program provides training drills and a place for people to move their bodies, falling under the Support for employment continuation B-type services in the Comprehensive Services and Supports for Persons with Disabilities Act. In an effort to connect users with training to regular employment, a share office was created in order to call other companies for participation in collaborating with the special exception subsidiary company for the forest management, and a daycare center for elderly persons was also created, and provided them with opportunities to help in the production of firewood. Furthermore, the Katori City specialty, sweet potatoes, are cultivated and processed in the facility as a care farm. Trials for splitting logs and cropping potatoes, among many other types of agricultural experiences for residents of the city are anticipated to take place in this facility. Thus, what are aimed for *1K* to achieve are these various types of exchanges of resources and experiences.
　Naturally, lumbering and manufacturing kindling are accompanied by various work-place hazards. To address these dangers, a splitter machine was introduced as a barrier-free device that can safely split lumber. While barrier-free typically focuses upon the removal of stepped grade changes, there are many other hindrances that exist within society. As expressed before, there is a barrier derived from the market between the region's forests and the locals. To address these, for its building, *1K* prioritized using local wood and making a cooperative effort to involve the regions foresters, wood processing plants and carpenters in order to break down the aforementioned barrier derived from the market between local forest and people. In particular, the lumber that would become the columns was cut down from the forest adjacent to the site.
　The entire architectural composition is a reinterpretation of the agricultural type of the barn with the same cross-section pushed out in the longitudinal direction. The roof structure, which spans 7.2 meters, constructed with light cedar beams reinforced by the bracing and tie bar, governs the space by its repetition. In order to counter the lateral forces of the braces, double girders are inserted on the inside and outside each round column. If one opens the large sliding door to the workroom, the wood burning boiler which provide hot water for the facility becomes visible, as does the cedar forest in the distance.

[Tsukamoto Yoshiharu]

「抵抗尺度」としての伝統 ── 神代雄一郎のデザインサーヴェイと日本

朝鮮戦争の特需を背景とするビル・ブームから狂乱の60年代へ──都市開発は戦争で灰燼に帰した都市を蘇らせ、やがて戦後そのものをも消していった。神代雄一郎（1922 - 2000）は、金にまかせた開発と、それを誘導する政治や官僚制と、そして何よりも戦争を忘れて「経済戦争に動員される」建築家たちに失望し、「スランプ」から這い出すためアメリカへ旅発つ（1965 - 66）。アメリカは彼にとって、いわば「理念としての戦後」（民主主義）と「事実としての戦後」（経済的自由）の双方の起源であり、解かねばならない「問い」だったのだろう。神代は古いシェイカーの村や捕鯨の村などを見てまわった。上から与えられた日本の民主主義とは違う、アメリカの草の根民主主義の基盤として入植者たちのコミュニティを見たのである。その視点から日本を再発見したい──帰国の翌年（1967）、神代は早くも辺境漁村の調査に着手した。女木島、伊根、壱岐、菅島、沖ノ島、十三。日本の集落＝コミュニティを、近代化と戦争と高度成長でおかしくなった日本の社会をやり直すための規準（カノン）とみなせないか──神代研の初期サーヴェイ群には焦燥と高揚がある。

同時期に、神代は日本建築意匠論の傑作として名高い「九間論」を発表した（1969）。九間とは三間四方の正方形の空間だ。神代は古代から近世へと日本の時空を疾走し、人と人、人と自然、人と神とが出会う場としての九間を次々に取り出してみせる。それは、数寄屋の広間のように伸びやかに流れ開放性とも、あるいは草庵の茶室のような極小の凝縮性とも異なる、明確な大きさとフォルムをもつ空間の系譜だ。1930年代以来のモダニストの日本建築観を相対化しうる、特異な伝統観が打ち出されたのである。しかし神代にはより現実的な課題があった。それは経済原理によっていたずらに切り詰められていく日本住宅の趨勢に対する「抵抗尺度」を意匠論的に立てることだった。

デザイン・サーヴェイを通して神代が探求したのは、同じ経済原理によって無批判に肥大化していく都市開発への「抵抗尺度」であった。生業（自然と人）と祭礼（神と人）から導き出されたコミュニティの理想的な大きさとフォルム。規準なき肥大化を批判する根拠。1974年、神代は建築界に巨大建築批判を突きつけ、設計者の主体性を問い、孤立する。神代の真摯さとナイーブさに私たちは何を感じるか。私たちもまた日々大小の選択をしている。

［青井哲人］

神代雄一郎のデザイン・サーヴェイ
明治大学　神代雄一郎研究室
1960年代 – 1970年代

Kojiro Yuichiro's Design Survey
Meiji University Kojiro Yuichiro Laboratory
1960s – 1970s

Tradition as a "Resistance Scale" Kojiro Yuichiro's Design Survey and Japan

From the building boom stimulated by special procurements during the Korean War up through the frenzied economic growth of the 1960s, urban development had revived the cities that had once turned to ash in WWII, eventually wiping away any trace of the post-war reconstruction phase itself. Discouraged by money-fed development led by the government and bureaucrats, and even more by the architects who had forgotten the war and who were rallied by an economic one, Kojiro Yuichiro crept out of his slump by traveling to the United States (1965-66). For Kojiro, America was the origin of two concepts: "postwar as philosophy" (democracy) and "postwar as fact" (free economy), which he felt compelled to decipher. He toured Shaker and whale hunting villages; there he could witness local communities of immigrants who had set the foundation of American grass-roots democracy, which contrasted with democratization that had been imposed upon Japan from outside.

With a desire to rediscover Japan from that perspective, Kojiro returned to Japan the following year (1967), and quickly began a survey of remote fishing villages—Megi-jima (an island in the Seto inland Sea in Kagawa Prefecture), Ine (in the Tango Peninsula facing the Sea of Japan in Kyoto Prefecture), Iki (an archipelago in the Sea of Japan in Nagasaki Prefecture), Sugashima (an island in Ise Bay in Mie Prefecture), Oki-no-shima (an island in in Kochi Prefecture), and Jusan (in Aomori Prefecture). The early surveys by Kojiro's research laboratory were conducted with impatience and urgency to discover the potential of traditional Japanese villages, i.e. communities, as the criteria for Japanese society to recover itself from one that had been set off kilter from modernization, wars and rapid economic growth.

Around the same time, Kojiro presented his *magnum opus*, a reputed design theory of traditional Japanese architecture, which he called *Kokonoma-ron* (1969). *Kokonoma* refers to a nine-*tatami* mat (roughly 5.4 m by 5.4 m or 3-*ken* by 3-*ken* square) space. In his theory, Kojiro dashes off several examples from Japan's ancient and early modern history of this nine-tatami mat space as spaces where humans would encounter one another face to face, encounter nature and encounter the realm of the gods. This space was different from both the expansive and flowing openness of the reception halls of *Sukiya*-style tea rooms or the maximally condensed nature of the *Sōan*-style tea house; it was the lineage of spaces with a clearly defined size and form. It was a demonstration of a unique view that relativized the modernist view of Japanese architecture from the 1930s onward. For Kojiro, however, there was a more immediate task: his formulation of a design theory called "*Teikō Shakudo,*" or "Resistance Scale," with which he aimed to challenge the aimless trend to economize housing as a result of the economic tenets of the time.

In parallel, through his surveys, Kojiro impatiently sought to establish the "Resistance Scale" as a design theory that could challenge the indiscriminate expansion of urban development driven by the same economic principles. He looked to the livelihood, or relations between nature and people, and festivals, or relations between gods and people, to deduce the ideal size and form of communities as the basis for judging over-scaled design. In 1974, Kojiro cast criticism on the mass-scale designs of the architectural profession, calling into question the autonomy of designers, which ultimately led to his isolation from others. As we still make daily choices based on scale, just what can be learned from Kojiro's earnestness and naivety?

[Aoi Akihito]

［左から］伊根デザインサーヴェイ 集落平面図 ❶〜❹
1968年／所蔵：明治大学建築アーカイブス（明治大学理工学部建築学科）
[from left] **Village Plan, Design Survey of Ine No.1-4**
1968 / Collection: Meiji Architecture Archives, Department of Architecture, Faculty of Science and Technology, Meiji University

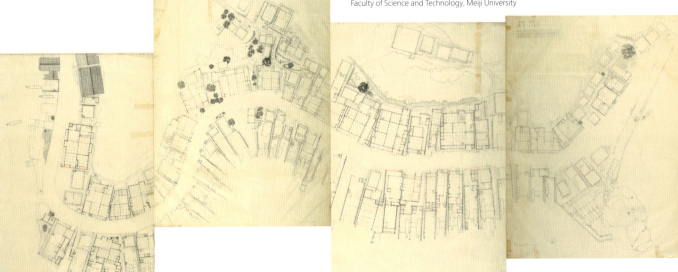

[左]スケッチ 三分一博志／2015 年／画像提供：三分一博志建築設計事務所　[下]「御堂前」での祭礼 明治大学神代雄一郎研究室／1967 年／所蔵：明治大学建築アーカイブス（明治大学理工学部建築学科）
[left] **Sketch** Sambuichi Hiroshi / 2015 / Courtesy: Sambuichi Architects [below] **Ritual at** *Omidomae* Meiji University Kojiro Yuichiro Laboratory / 1967 / Collection: Meiji Architecture Archives, Department of Architecture, Faculty of Science and Technology, Meiji University

瀬戸内のデザイン・サーヴェイ
Design Survey in the Seto Inland Sea Area

1960 - 70 年代、デザイン・サーヴェイを牽引した神代雄一郎は、女木島・引田・櫃石島といった香川の集落を度々フィールドに選んでいる。

アメリカから帰国した神代が、1967 年に女木島を最初のサーヴェイの対象とするまでには、前史があった。高松を訪れた神代は、県庁舎が地域の建築のあり方に好循環をもたらしていることに注目し、「建築家は地方で何をしたか」（『建築文化』、1960 年）を発表した。やがて香川に拠点を構えた彫刻家流政之（1923 - ）との知遇を得て、流が主導するデザイン運動体「讃岐民具連」へ参加した（1963 年）。度々香川を訪れる中、他地域からの文化が積層的に加算されつつも力強く固有の伝統を保持する、「島国日本の縮図」のような女木島に魅かれたのではないだろうか。

香川県知事・金子正則（1907 - 1996）や山本忠司（1923 - 1998）ら県建築課の協力を得て行われた女木島のサーヴェイで、神代は夏祭りを通じて集落での生活や空間の秩序を動的に捉え、神社をはじめとする 4 つの広場の空間構成と役割、それらを巡行する神輿・太鼓台等のお下がりの行列の動きと構成を克明に追った。そこにコミュニティと環境との深い相互作用を探ろうとする視点が強く感じられる。その後、流がまちづくりに関わっていた港町引田のサーヴェイ（1975 年）では、変わろうとする地域内の動態的な関係性にも着目しており、都市へのまなざしの転換も感じられる。それは、高度成長を経た地域の二つの顔でもあった。

この頃、山本忠司は、オオテのような石壁と、地形や植生と調和する配置をもつ《瀬戸内海歴史民俗資料館》（1973 年）や、くねらせた街路と広場を中心に据え、集落的なコミュニティ形成を意識した《県営住宅宇多津団地》（1975 年）を世に問うている。それまでの山本は、素材の扱いに地域性を探ろうとする志向をもっていたが、神代との協働を経験することで地域のもつ古きものと新しきものとのせめぎ合いに風土性獲得のヒントを得て、70 年代の特徴的な建築群へと至ったようにも見える。1979 年、神代も関わる形で提起された「瀬戸内海建築憲章」は、その思想的到達点といえる。そしてこの理念は、晩年の山本が参画した《直島家プロジェクト》（1998 年～）や、綿密な集落調査《THE NAOSHIMA PLAN》を基礎にした三分一博志（1968 - ）の活動のように、近年まで受け継がれているのではないか。デザイン・サーヴェイは、確かに瀬戸内に多くの種を蒔いたのである。　［佐藤竜馬］

The 1960s-1970s design surveys spearheaded by Kojiro Yuichiro frequently chose the islands such as Megi-jima, Hitsuishi-jima and Hiketa to conduct the survey of Kagawa Prefecture.

Kojiro, having just returned from America, had a previous history of conducting surveys on site, prior to his first design survey in Megi-jima in 1967. He first visited Takamatsu, the capital of Kagawa, to focus on the ways that the *Kagawa Prefectural Government Office East Building* (by Tange Kenzo) brought good circulation to the architecture of the region. He pondered, "what did architects do in localities?" in *Kenchiku Bunka*, an architectural magazine published by Shokokusha Publishing, in 1960. Before long, he became friends with Nagare Masayuki (1923 -), a local sculptor in Kagawa, and was introduced to Nagare's artistic guild, Sanuki Minguren, an association of designer-craftsmen from Kagawa (1963). While traveling frequently to Kagawa, Kojiro was enticed by the regional culture that had layered a strong preserved history. Like "a miniature version of the Island country of Japan," he would be enticed by Megi-jima.

By having the support and participation of Kaneko Masanori (1907 - 1996), the Governor of Kagawa Prefecture and Tadashi Yamamoto (1923 - 1987), among other members of the Prefecture Architecture Section to administer the survey, he was able to consider the summer festival from ancient times, the lifestyle and activities and the order of space in each community. Beginning with *jinja* (shrines), four plaza spaces were divided and each person took different roles, which included carrying the *mikoshi*, the portable shrine, *taikodai*, a large float used to carry Japanese drums, observing the composition and movements carefully. There, they were able to feel the strong connection between community and environment from their viewpoint of observing interactions. The following survey for the port town of Hiketa (1975) focused on the dynamic state of those relationships, being able to perceive the changing look of the city. For these, there were two faces to regions that had experienced a high growth.

Around this time, Yamamoto Tadashi, had become fixated on the bending path from to the plaza and the *Seto Inland Sea Folk History Museum* in Takamatsu, which had a large-castle frontal fortification like rock wall with a balanced landform and planting formation, as well the newly revealed *Prefectural Utazu Housing Complex*, which focused upon creating a collective community. Up until this point, Yamamoto had intended to find materials to understand each region; however, through his experience working with Kojiro, he saw that the new and old things of the region in conflict with one another offered a method to comprehend the region. As such, he decided to also look at the architecture from the 70s. In 1979, the Architectural Charter of the Seto Inland Sea, which also was brought into question by Kojiro, can be seen as the time when these ideas of community had arrived at a point for discourse.

Now late in his years, Yamamoto took part in planning the *Naoshima Art House Project* (1998) and *the Naoshima Plan*, the meticulous investigation of the communities in the Seto Inland Sea. Efforts by architects, such as Sambuichi Hiroshi (1968 -), who have taken over these efforts as recently as the past year laid the foundation for the Naoshima Plan. Certainly, the early design surveys sowed many seeds that laid the foundation for projects in the Seto Inland Sea.

[Sato Ryuma]

[上]LT城西 全体模型 1:10 2011年／h830 × w1460 × d1090／所蔵：成瀬猪熊建築設計事務所
[下左]外観 [下右]内観 2011年／撮影：西川公朗
[above] **LT Josai** Model 1:10 / 2011 / h830 × w1460 × d1090 / Collection: Naruse Inokuma Architects
[bottom right] **Exterior View** [bottom left] **Interior View** 2011 / Photo: Nishikawa Masao

LT城西

猪熊 純＋成瀬友梨
2013年

LT Josai

Inokuma Jun ＋ Naruse Yuri
2013

かつて家族は複数の世代から成り立っていましたが、現在、平均世帯人数は2.5人を下回り、総世帯の4分の1以上が単身世帯となっています。身近に感じることとしても、孤独死の問題や、買い物難民問題があったり、マンションでは隣に住む人が誰だかわからないという不気味さがあったり、あるいは震災の時に地域との関係の希薄さを実感した方も多いと思います。では、単純に昔に戻ればいいかというとそうではありません。なぜなら、今起こっていることは、ウェットな地域や血縁によるコミュニティを窮屈に感じて、そこから出た人たちが、自然に作ってきた状況だからです。

私たちは、こうした状況をポジティブに捉え、昔とも違う第3の選択肢を作ることに興味があります。地縁・血縁のような濃く重たいつながりではなく、軽やかで緩やかなつながりと、これまで会ったことのない人との新しい出会いを生み出すような場の創造こそが、私たちの生活を豊かにしていくのではないでしょうか。

今回展示している作品は、住まいにおいて、私たちの興味を実践したものであり、名古屋に新築で計画されたシェアハウスです。出身地も仕事もばらばらの13人が、一緒に暮らしています。木造の慣習的なモジュールを用いながら2間(3.6m)のグリッドに個室を立体的に配置し、建物の高さを2.5層分に調整することで、大小様々な共用の空間を作りました。アルコーブ状のソファーコーナーでは数人で集まって映画を観たり、窓辺のテーブル席ではひとりで仕事をしたり、2階のホールでストレッチする人たちがいたり、あるいは全体を使って、大勢の人を招いたコンサートを行ったこともあります。公園のような自由さと、親密なカフェのような居心地が同居し、それぞれが思い思いに過ごすことができます。13人の他人が住まう家。言葉にすると奇妙な状況ですが、ここではそれが、とても自然なこととして実現しています。

［成瀬友梨＋猪熊純］

There was once a time when families were composed of multiple generations, but today, the average household size has fallen below 2.5 people, and a quarter of all households consist of only one person. The issues of *kodokushi* (lonely death) and *kaimono nanmin* (shopping refugees), the uneasiness of not knowing one's apartment neighbor, and the lack of close ties within local communities—something that becomes particularly evident during times of disasters—are real problems for many (The term "*kodokushi*" describes the phenomenon of people dying alone and unnoticed, while the term "*kaimono nanmin*" describes situations where people have nowhere to shop for daily goods nearby as a result of local stores going out of business). However, simply reverting to the ways of the past is not a solution. This is because the present situation was created naturally by people who chose to leave the stifling, close-knit environment of communities built around regional and blood relationships.

We at Naruse Inokuma Architects have taken a positive attitude toward this situation, and we are interested in creating a third option that is different also from that of the past. We believe that we can enrich people's lifestyles by making places that will give rise to new encounters with others and facilitate the formation of light, relaxed ties as opposed to the heavy, thick ties of regional and blood relationships.

We put our interest into practice in this project shown here. This is a "share house" in Nagoya. Thirteen people, all from different places and all in different professions, live together in this house. While using a module system typical of wood buildings, we established a 2-ken (3.64 m) grid and arranged private rooms within it three dimensionally. We were also able to create common spaces of various sizes by adjusting the height of the building to 2.5 stories. Residents can use the alcove-like sofa corner to gather around movies, the window-side table to focus alone on their work, the second story hall for stretching, or the entire building to host concerts. With the freedom of a park and the intimacy of a *café*, this building allows everyone to spend their time freely in whatever way they wish. A house for 13 people. It may seem like an odd situation when put in words, but here it has been realized as a very natural thing.

[Naruse Yuri ＋ Inokuma Jun]

ヒルサイドテラス
槇 文彦
1969年-1998年

1969年から1998年まで7期にわたり代官山の旧山手通り沿いにゆっくりと展開していった住居、店舗、カフェ、ギャラリーなどのプログラムからなる複合施設。モダニズムの建築言語を一貫して用いつつ、アーバンデザインの可能性が追求された。それは個としての建築をいかに集合させ、群として魅力ある空間を生み出せるのかという実践でもあった。10メートルに統一された軒線、内外のパブリックスペース、歩道レベルでの皮膜の透明性、入隅のコーナーといった全体にわたって取り入れられた規範が、200メートルにわたって景観にまとまりを与えている。

しかしながら、それぞれの建築をより詳細に見ていくと、造形言語の統一よりも、時間がもたらした状況の変化を反映し、変化に富んだ建築の集合が実現されていることに気がつく。箱状のボリュームが組み合わさり水平性が強調された構成主義的な1期、ボリュームが解体しつつ垂直性が強まる2期、シンメトリーをベースとした立面操作と磁器質タイルの仕上げが印象的な3期、さらに通りを挟んで計画された6期になるとファサードがスクリーン状に処理され、それまで以上に軽やかな表情が作り出されている。

むしろ、それぞれの建築間での視線の交錯、樹木を含めた自然の要素や微地形への丁寧な対応、敷地の奥行き方向に展開し回遊できる外部空間によって、敷地全体に槇が「奥」と表現した都市空間が体現されている。
[川勝真一]

鳥瞰 1992年／撮影：ASPI
画像提供：槇総合計画事務所
Bird's-eye View 1992/Photo: ASPI
Courtesy: Maki and Associates

Hillside Terrace
Maki Fumihiko
1969-1998

Designed by Maki Fumihiko, *Hillside Terrace* is a multi-use urban residential complex that has affiliated tenant components including offices, retail, eateries and galleries. It was built in seven phases from 1969 to 1998 and unfolds sequentially along Kyu-Yamate Dori (Avenue) in the chic area of Daikanyama. Through its evolution, Maki sought the potential of urban design through a consistent use of the language of Modern architecture. Its gradual development was an endeavor in how individual buildings could be collectively brought together to create spatial appeal in group form. The consistent application of a standard that is reflected in the uniform 10-meter-high eave lines, interior and exterior public spaces, transparency of the *façades* at pedestrian level, and recessed corners produces consistency along the 200-meter-long streetscape.

In a more detailed observation of the individual buildings, however, one can appreciate the collective expression of a rich diversity of architecture that reflects the changing circumstances of the passage of time more than a mere integration of a formal language. The first phase of the development was characterized by a structuralist approach that emphasized horizontality with interconnected box-like forms; in the second phase, Maki deconstructed the forms while accentuating verticality; and in the third phase, symmetry was applied to the elevations that were finished in a striking porcelain tile finish. Across the street from the other phases of development, the sixth phase is characterized by a lightness of expression as produced by the screen-like façade.

Maki's urban concept of *"oku"* or *"oku-ness"* (Japanese inner space) is embodied throughout the site through the shared lines of sight between buildings, careful handling of the natural elements of trees and topography, and integrative exterior public spaces that sequentially draw the pedestrian deeper into the complex.
[Kawakatsu Shin-ichi]

《ヒルサイドテラス》
5分14秒／2017年／ディレクター・編集・撮影：田中英行／空撮：井上 玄／音楽：石田多朗
Hillside Terrace
5min. 14sec. / 2017 / Director, Editor, Camera: Tanaka Eikoh / Aerial Shoot: Inoue Gen / Music: Ishida Taro

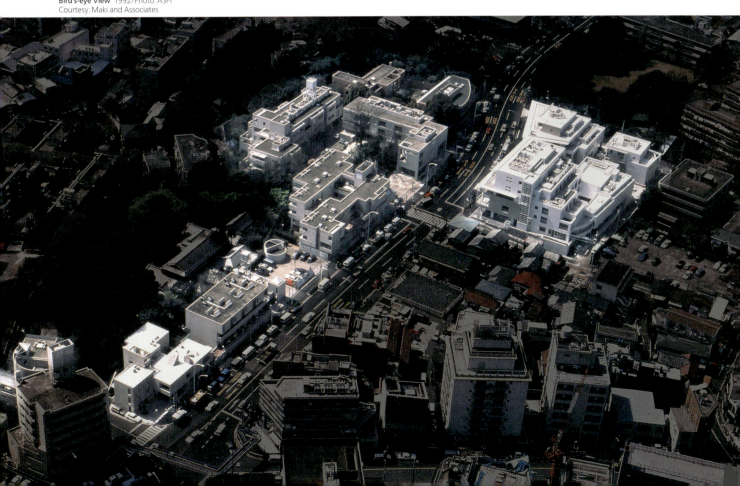

日本的コミュニティと
デザイン＆リサーチ・プロジェクト

石榑督和

　日本における公共とはなにか。これは近代以降の日本において大きな課題であった。建築がつくる公共性は西洋由来の概念であるが、欧米都市の広場のように誰にでも開かれた「公」の空間がそのまま日本で実現されてきたわけではない。元来、日本でも人は集まって暮らし、独自の空間と社会を育んできた。

　都市における公共空間を「公」と「共」の空間に分ければ、日本の都市は、街路や広場といった「公」の空間は貧弱だが、路地裏などの「共」の空間の魅力は評価されてきた。集まって暮らす人々が共同で所有し、共通して利用できる空間や知恵を「共」とするならば、それは国家や自治体などとの公的な主体が所有し、すべての人々に開かれている空間や知恵とは異なるものである。前近代に時代を遡れば「共」のかたちは広く日本の地域を支えていたが、近代化の過程はそれを「公」と「私」に切り分けてきた。

　このセクションでは、集まって生きるかたちを考える。集まって生きるかたちには、人が集合して暮らす際の物理的な「形」と、社会的な関係性としての「かたち」がある。人と人の関係性など無形の「かたち」が、物理的な「形」である建物や環境によって支えられることもあれば、またその逆に、物理的な「形」が無形の「かたち」に規定され、生み出されることもある。人が集まって生きるなかで、こうした二つのかたちは、どのように捉えられ、また描かれてきたのか。このセクションでは、特に近現代における建築家のデザインとリサーチ・プロジェクトからそれを読み解いてゆく。

雪国・東北地方の振興と
生活改善のなかで

　1930 年代は、国家が主導し、地域共同体を経済の面からも空間の面からも更生していこうとした時代である。内務省や農林省では、昭和恐慌と度重なる凶作のため疲弊しきっていた農山漁村を、自立した経営体として立て直すための試行が行われた。農山漁村経済厚生運動である。この運動のなかで、地域のすまいや生活道具が建築家や民藝研究家によって調査され、改善の研究が進められるとともに、無名なものの美が見出されていった。

　今和次郎（1888 - 1973）は 1934 年から 41 年にかけて、農林省積雪地方農村経済調査所による積雪地方農家家屋調査と同潤会による東北地方漁村住宅改善調査に参加し、《農林省積雪地方農村経済調査所庁舎》(1938) や《雪国試験農家》(1938) を設計、地方の人々の生活と住宅の改善に取り組んだ。

　一方で柳宗悦（1889 - 1961）は、民藝の視点から手仕事による生活用具づくりを東北の人々の副業として奨励し、経済的な雪国振興を進めた。生活用具はくりかえしつくられ、世代を超えて継承されてきた美しさを持っていた。こうした美しさはシャルロット・ペリアン（1903 - 1999）にも認められ、彼女の助言のもと洋家具の製作にも応用された。

　時代の趨勢は、建築家をはじめ専門家の知的活動を地域共同体の改善や更生に収斂させ、指導的立場で地域に関わることを要請したが、彼らはそのなかでも光あるものを見つけ創造につなげていた。

日本のすまいの調査と研究

　今和次郎の住宅改善の仕事の前史には、書籍『日本の民家』(1922) と考現学がある。今は大正期に全国各地をめぐり、当時すでに失われつつあった民家を調査・研究した。民家そのものだけでなく、そこに暮らす人々の様子や、民家の周りにあるあらゆる物を網羅的に記録したスケッチとメモを残した。そこには、民家を生きた対象として捉えていた今の視線が表れている。今が見ようとした人々の切実な暮らしは、関東大震災後には東京の都心部の其処此処にも立ち現れることになった。今は震災後の市街地で次第に体裁を整えていくバラックの変化を「住居の発育」として観察し、普遍的な住居の発達過程と重ねている。

　西山夘三（1911 - 1994）は、膨大な「住み方調査」によって、戦前戦後の庶民のありふれた暮らしを明らかにし『日本のすまい』(1975 - 1980) にまとめた。多種多様な日本のすまいのなかから、典型となる型をつかみだし、日本の住宅全体を複雑な階層構成をもった総合体として捉えようとするものであった。西山も暮らしの調査の記録を多くの図として描いているが、漫画家志望だった西山は今のスケッチに憧憬を抱いたのかもしれない。

共有の資源としての
建物のタイポロジー

近代以降、「共」による土地所有は崩れ、「公」もしくは「私」へと所有は分化し、「共」の生産の場であった入会地は消えていくこととなった。戦後、個人が土地つきの住宅を持つことが政策的に奨励され、他方で国や地方自治体などの「公」は生産性の向上や人命と財産を守ることを目的に、国土を覆うように社会基盤の整備を進めていった。建築はこうした状況を推し進めるのに大きな役割を果たしたが、1960年代後半からは多くの建築家によって近代あるいは戦後の問い直しが行われるようになった。これは、それまでの日本社会では周縁へと追いやられてきた対象を再評価しようという動きでもあった。

既存の集落や都市を見直すことで、建築をつくることを問い直そうとしたのが、全国の建築家や大学研究室によって行われたデザイン・サーヴェイという運動である。初期のデザイン・サーヴェイは、世代を超えて継承されてきた建物のタイポロジーが生きている、ヴァナキュラーな街並みを対象に、実測と図面化を行い、その地域の景観がもっている構造をあぶり出そうとした。そしてそこから、日本的都市像を生み出すための設計方法論をつかみ出そうとした。この運動の背景には、都市化による街並みの消失と、コミュニティの崩壊が顕在化しはじめたことがある。地方であれ大都市であれ、デザイン・サーヴェイが対象化した空間の多くが、地域の生産や祭礼の中心となる「共」の場であったことは注目される。

現在の日本の都市では、かつては存在した建物のタイポロジーが消失してしまったように思われる。しかし、それでも建物のタイポロジーの可能性と、それを共有することで生まれる社会の可能性をアトリエ・ワン（1992 - ）は押し広げようとしている。アトリエ・ワンによる「ヴォイド・メタボリズム」や「金沢、町家、新陳代謝」などのリサーチ、一連の「まちや」作品は、建物のタイポロジーに時間軸を導入することで、建築家が街並みの形成に関わること、ヴァナキュラーな建築をつくることの可能性を示している。

アトリエ・ワンのように、都市を建物のタイポロジー

から読む方法は、デザイン・サーヴェイの時点では見出されておらず、70年代末に陣内秀信（1947 - ）によって日本へ導入されたイタリアのティポロジアの方法論や、布野修司（1949 - ）によるアジアの都市調査を経て醸成されてきたと考えられる。[4]

新しい「共」──社会・空間の再構築

デザイン・サーヴェイの時代から約半世紀が過ぎ、当時存在した地方の街並みやそこで維持されていた景観や生活文化の多くが消えてしまった。また、東北では東日本大震災からの復興が進むなかで、地域が大きく変化し、これまで蓄積されていた地域の資源がふるいにかけられ、残るものと急速に消えていくものが峻別されている。

人口減少に悩む地域のなかには、一度来るだけの観光客ではなく、何度も訪れるリピーターを増やし、彼らに地域の維持に参加してもらう取り組みを行っている場所がある。新しい「共」とでもいうべきガバナンスの仕組みで、地域社会を排他的なものにせず、二拠点居住者や都市住民に地域のメンバーに加わってもらい、文化や資源を持続させる方法と社会のあり方が模索されている。[5]神山町プロジェクトでは、こうした取り組みに建築家が関わり、見えなくなっていた地域の資源が再発見され、新たな社会的・空間的ネットワークが結び直されつつある。

世界ではじめて人口減少社会を経験する日本における集まって生きるかたちへの現代的な実践は、グローバルにも重要な示唆を与えることになるだろう。

［本稿の注釈、参考文献は、p. 273 参照］

Design and Research of Japanese-Style Communities

Ishigure Masakazu

The definition of "public" space was a significant issue after the introduction of modernism in Japan. The public nature of architecture itself is a concept derived from the West, and accordingly, plazas and other such openly accessible public spaces as seen in European cities never materialized in Japan. Although people similarly gathered in communities, spaces and social systems unique to the Japanese had been cultivated and established.

Etymologically speaking, the word "public" in Japanese is composed of two Chinese characters—公 (kō), signifying "public," and 共 (kyō), meaning "shared." In terms of Japanese urban spaces, separating the concept of urban public space into these two aspects of the word, "public" and "shared," there is poor definition of "public" spaces found among the streets and in plazas, however, the allure of "shared" back alleys and other such urban spaces unique to Japanese cities has gained recognition.[1] If "shared" refers to jointly-owned, shared-use spaces and the collective wisdom of those who gather as a community, then it can be found in the public constituents such as a nation or the local government, and it is distinct from the openly accessible public spaces and universal wisdom available to everyone. In pre-modern times, the form of "shared" space widely supported the regions of Japan, but in the process of modernization, these spaces were divided into "public" and "private."

In this essay, we consider forms of communal living spaces. Within the forms for gathering and communal living are the physical "forms" that are premised by communal living, as well as the "forms" of social relationships. Just as the immaterial forms of relationships between people are supported by the physical forms of buildings or environments, the same is true for the reverse—physical forms may be prescribed by or emerge from immaterial form. Just how have these two forms been grasped or how have they been represented within the sphere of communal living? This question is explored in this essay primarily through design and research projects by modern and contemporary architects.

Improving Living Environments in the Snowbound Tohoku Region

During the 1930s, under the movement for the promotion and improved living in snowy regions of the Tohoku area of the main island of Japan, the government initiated a rehabilitation of local communities, both economically and spatially.[2] This was an attempt by the nation's Home Ministry and Ministry of Agriculture and Forestry to rebuild the communities as independently operating bodies as a means to revitalize the rural areas of Japan that had been affected by the Showa Great Depression and had been completely drained of economic vitality from repeated poor harvests. This was known as the *Keizai Kosei Undō*, or the Economic Rehabilitation Movement for Rural Areas. Through this movement, architects and folk craft researchers surveyed local dwellings and tools for daily living, and discovered the beauty of anonymous craftsmanship while investigating ways to improve them.

From 1934 through 1941, architect Kon Wajiro (1888-1973) participated in surveys for the Ministry of Agriculture and Forestry's Research Institute of Agrarian Economy in Snowbound Districts as

well as in Dojunkai corporation's improvement surveys for the rural dwellings of the Tohoku region; Kon also designed the *Ministry of Agriculture and Forestry's Research Institute of Agrarian Economy in Snowbound Districts Office Building* (1938) and the *Snowbound Districts Experimental Farmhouse* (1938), devoting his expertise to improving the lives and homes of the local people of Tohoku.

On a more grassroots level, Yanagi Muneyoshi (1889-1961) encouraged the production of the handicraft and utilitarian objects of ordinary people as a side business for the people of the Tohoku area to promote the economy of the snowy regions. Handcrafted utilitarian tools that had been produced time and again possessed beauty that extended beyond generations. Such beauty was recognized by French architect Charlotte Perriand (1903-1999), and under her supervision, those skills were applied to the production of Western-style furniture in Japan.

The trend of the times was the request for hands-on guidance and the convergence of intellectual activity of architects and other experts on the improvement and reformation of local communities; and through these associations, activities that revealed potential led to creative output.

Surveys and Research on Japanese Homes

Preceding Kon Wajiro's efforts toward housing improvement, he had published a book, *Nippon no Minka* (*Rural Houses of Japan: Houses of People Living in Farm Areas*) (1922), and had conducted extensive research on modern social phenomena. In the Taishō period (1912-1926), Kon visited each region of Japan to survey and research *minka*, or vernacular folk houses, whose presence had by then been fading from the rural landscape. Kon sketched and surveyed not only the minka themselves, but also exhaustively documented aspects of the daily lives of their inhabitants, and all of the articles that surrounded the minka. Those documents captured Kon's perspective of the minka as a living entity. The earnest existence of those rural dwellers that Kon attempted to understand also later appeared in the inner cities after the Great Kanto Earthquake. After the earthquake, Kon observed the transformation of the barracks of the disaster-stricken areas into the "development of housing" that gradually gave order to the appearance of the town, a process that overlapped with the development of the ubiquitous Japanese home.

Through his vast lifestyle survey, architect and reformist Nishiyama Uzo (1911-94) depicted the pre- and post-war lives of commoners and compiled his findings in *Nippon no Sumai* (*Japanese Homes*) (1975-80). In this survey, Nishiyama attempted to synthesize housing in Japan as a phenomenon with complicated hierarchical composition through selecting typical models from among great variety of Japanese houses. While Nishiyama, an aspiring comic artist, also documented his lifestyle investigations through illustration, it is likely that he admired the cyclopedic style of Kon's sketches.

Role of Architectural Typology

Concerning the typology of buildings as sources of joint ownership, after the modern age, the public nature of landholding collapses, and ownership was broken down into either "public" or "private" land eventually obliterating common land, which had until that time been the generator of "public" spaces. After the war, the government promoted the policy for citizens to own houses with land, and at the same time, the "public" realm of national or local governments became established as social infrastructure over the entire nation towards encouraging productivity and protecting the lives and property of the citizens. Architecture played a large role in propelling forth such a situation, however, after the late 1960s, many architects began reexamining modern and postwar solutions for public space. It was a movement to reevaluate communal living spaces that had been relegated to the margins of Japanese society up until that time.

The questioning of how to create architecture through a re-evaluation of extant villages and cities is an academic movement of the 1960s referred to as "design survey," which was performed by architects and university research laboratories over the entire country. Early design surveys conducted on-site investigations and produced visual documentation of townscapes lined with vernacular building typologies in active use that had been passed down over generations, and sought to uncover the inherent systems of the area. From those systems, the architects and researchers then attempted to discover design methodologies that could generate Japanese-style urban images. Premising this movement was the disappearance of vernacular townscapes through urbanization and the increasingly evident collapse of the community. Consequently, it was recognized that production and festivals of a region informed the public spaces of many of the spaces in the surveys, regardless of whether they were in rural villages or cities.

In today's cities in Japan, the typology of buildings that previously existed seem to have disappeared. Atelier Bow-Wow (1992-), however, has been attempting to expand the social potential of vernacular architectural typologies through transforming them into communal spaces. In their research that includes "Void Metabolism," Kanazawa, Machiya, Shinchin-taisha (Metabolism), and in their series of Machiya projects, Atelier Bow-Wow revealed the possibilities for architects to contribute to the creation of townscapes and the creation of vernacular architecture.

As with Atelier Bow-Wow, methods of reading into building typology were not discovered when design surveys were the academic trend, but rather, they were nurtured through the methodology of Italian *Tipologia* introduced to Japan in the late 1970s by architectural historian Jinnai Hidenobu (1947-),[3] and the urban research of Asian cities by architectural and urban historian and critic Funo Shuji (1949-).[4]

A "New" Public Space—Reconstructing Society and Space

Around a half a century has passed since the age of the design survey movement and much of the local townscapes and long-maintained scenery and lifestyles that had existed then have vanished. Furthermore, amidst the progress of restoration work in the Tohoku region since the Great East Japan Earthquake, the region has been greatly transformed and its past resources have been sifted through, and a sharp line has been drawn between those that remain and those fast becoming relics of the past.

There are regions experiencing population decline, where initiatives are being taken to increase the number of visitors—not only those who visit once, but repeater visitors—and to involve them in preservation efforts. Using the framework of governance of what can be referred to as "new" public spaces, through such means as involving second-home owners and urban residents in the communities without making them exclusive, these areas are pursuing methods of sustaining local cultural resources and ideal forms of community.[5] In Tokushima, where a town revitalization project called the *Kamiyama-chō Project* is underway, architects are making such efforts, and local resources that had been disappearing have been rediscovered, and new social and spatial networks re-created.

Contemporary approaches to communal forms of living in Japan, the world's first nation to experience population decline, are certainly to have globally significant implications, and thus research on Japanese-style communities will continue to play a strong role in the formation public spaces in the future.

[Footnotes and References for this document are listed on p. 273]

年表
Chronology

人が集まる場には、特定の人間の使用を意識した明瞭な機能を持つものと、自然発生的に生じ、明瞭な目的意識に依らないものの二つがある。近代以降、著名建築家たちは、ヴァナキュラーな雰囲気を残しながら、特定の人間のための集まる場を設計した。二つの異なる集まる場が次第に統合されていく様子が年表からも確認できる。　　　　　　　　　［竹田福太朗＋小岩正樹］

There are two types of places where people gather: one has a clear function consciously created for specific users, and the other emerges spontaneously without any particular function. After the modern age, notable architects of Japan designed places for the former type of place while maintaining a vernacular atmosphere. This section of the chronological table presents the series of works that reveals the eventual merging of these two different gathering places.　　　　　　　　　　　　　　　[Takeda Fukutaro ＋ Koiwa Masaki]

監修：早稲田大学 小岩正樹建築史研究室
Adviser: Koiwa Masaki Laboratory, Department of Architecture, Waseda University

● 本セクションでの展示プロジェクト　Exhibit in this section
● 他セクションでの展示プロジェクト　Exhibit in other section

1500	1900	1950	2000

- シェアハウス
- コーポラティブハウス
- 会所（猿の草子 連歌会・茶席）
- 枕木の家 生闘学舎（髙須賀 晋）　Seito Gakusha, a House Made of Railroad Ties (Takasuga Susumu)
- 三内丸山遺跡の大型竪穴式住居　Large Scale Pit-style Dwellings at the Sannai-Maruyama Archeological Site
- 同潤会アパート※3　Dōjunkai Apartments
- ひろしまハウス（石山修武）　Hiroshima House (Ishiyama Osamu)
- 旧閑谷学校　Former Shizutani School
- 八王子セミナーハウス（吉阪隆正）　Inter-University Seminar House in Hachioji (Yosizaka Takamasa)
- 糸満漁民食堂（山崎健太郎）　Itoman Gyomin Shokudō (Yamazaki Kentaro)
- 結
- 雷門 仲見世通り 浅草　Kaminari-mon Nakamise-Dōri (shopping street) in Asakusa
- 崎津集落※2　Sakitsu Shūraku (village) in Kumamoto Prefecture
- 旧農林省積雪地方農村経済調査所　Research Institute of Agrarian Economy in Snowbound Districts, the Former Ministry of Agriculture and Forestry
- 恋する豚研究所（アトリエ・ワン）　Koisuru-Buta Laboratory (Atelier Bow-Wow)
- 伊根の舟屋　The Row of Funaya Houses by the Sea in Ine, Kyoto Prefecture
- 高幡鹿島台ガーデン 54（宮脇 檀）　54 Garden Houses of Takahata-Kashimadai
- 金沢東茶屋街　The Higashi Chaya District in Kanazawa
- ヒルサイドテラス（槇 文彦）　Hillside Terrace (Maki Fumihiko)
- 積雪地方農村経済調査所庁舎と雪国試験農家（今和次郎）　Research Institute of Agrarian Economy in Snowbound Districts Office Building and Snowbound Districts Experimental Farmhouse (Kon Wajiro)
- LT 城西（猪熊 純、成瀬友梨）　LT Josai (Inokuma Jun, Naruse Yuri)
- 環濠集落今井町　Imai Kangō (moated) Village in Nara Prefecture
- 槇 文彦『見えがくれする都市』／鹿島出版
- 神代雄一郎『コミュニティ建築は可能か』／鹿島出版
- 江戸三座　Edo Sanza, Three Major Kabuki Theaters in Edo Period
- 新宿西口広場（坂倉準三）　Shinjuku Station Westgate Plaza (Sakakura Junzo)
- 栗源第一薪炭供給所（1K）（アトリエ・ワン）　Kurimoto Daiichi Firewood Supply Station (1K) (Atelier Bow-Wow)
- 平城京※1　Heijō-kyō, the Capital of Japan during the Nara Period
- おまつり広場（丹下健三）　The Festival Plaza at the Expo 1970 in Osaka (Tange Kenzo)
- 52 間の縁側（山崎健太郎）　Longhouse with Engawa (Yamazaki Kentaro)
- 東京計画 1960（丹下健三）　A Plan for Tokyo, 1960 (Tange Kenzo)
- 商工省貿易局後援ペリアン女史創作作品展覧会　The Creative Works of Charlotte Perriand Exhibition (Supported by the Ministry of Commerce and Industry's Department of Export)
- 神代雄一郎のデザイン・サーヴェイ（明治大学 神代雄一郎研究室）　Kojiro Yuichiro's Design Survey (Meiji University Kojiro Yuichiro Laboratory)

※1

※2

※3

▌プロジェクトデータ
Project Data

p. 188

旧閑谷学校
Former Shizutani School

［名称］旧閑谷学校
［所在地］岡山県備前市
［竣工年］1701年（江戸時代）
［主要用途］学校
［延床面積］415.23㎡（講堂）
［構造］木造
[Name] Former Shizutani School
[Location] Bizen, Okayama
[Year] 1701
[Primary use] School
[Total floor area] 415.23 ㎡ (Hall)
[Structure] Wood frame

p. 190

旧農林省積雪地方農村経済調査所
Research Institute of Agrarian Economy in Snowbound Districts, the Former Ministry of Agriculture and Forestry

［名称］旧農林省積雪地方農村経済調査所（現 雪の里情報館）
［所在地］山形県新庄市
［設立年］1933年
[Name] Research Institute of Agrarian Economy in Snowbound Districts, the Former Ministry of Agriculture and Forestry (current Yukinosato Information Center)
[Location] Shinjo, Yamagata
[Year] 1933

p. 192

積雪地方農村経済調査所庁舎と雪国試験農家
今 和次郎（1888 - 1973）

Research Institute of Agrarian Economy in Snowbound Districts Office Building and Snowbound Districts Experimental Farmhouse
Kon Wajiro (1888-1973)

［名称］積雪地方農村経済調査所庁舎
［所在地］山形県新庄市
［竣工年］1937年（本庁舎）
［主要用途］事務所
［延床面積］694.22㎡
［構造］木造
［設計］今 和次郎
［施工］請負人：米山 保、代人：小林貞五郎、小島文太郎、山岸厚輔、棟梁：堀口勇蔵
[Name] Office for Research Institute of Agrarian Economy in Snowbound Districts
[Location] Shinjo, Yamagata
[Year] 1937
[Primary use] Office
[Total floor area] 694.22 ㎡
[Structure] Wood frame
[Design] Kon Wajiro

［名称］雪国試験農家
［所在地］山形県新庄市
［竣工年］1937年
［主要用途］住宅
［延床面積］171.90㎡
［構造］木造
［設計］今 和次郎
[Name] Experimental Farmhouse for Research Institute of Agrarian Economy in Snowbound Districts
[Location] Shinjo, Yamagata
[Year] 1937
[Primary use] House
[Total floor area] 171.90 ㎡

[Structure] Wood frame
[Design] Kon Wajiro

p. 193

52間の縁側
山﨑健太郎（1976 - ）

Longhouse with Engawa
Yamazaki Kentaro (1976-)

［名称］52間の縁側
［所在地］千葉県八千代市
［竣工年］2019年（竣工予定）
［主要用途］宅幼老所
［延床面積］498.68㎡
［構造］木造
［設計］山﨑健太郎デザインワークショップ（山﨑健太郎、岡本章大）
［施工］ベステック・オフィス（上田将博）
[Name] Longhouse with Engawa
[Location] Yachiyo, Chiba
[Year] 2019 (expected completion)
[Primary use] Elderly home
[Total floor area] 498.68 ㎡
[Structure] Wood frame
[Design] Yamazaki Kentaro Design Workshop (Kentaro Yamazaki, Akihiro Okamoto)
[Construction] Bestec Office (Masahiro Ueda)

p. 194

恋する豚研究所
アトリエ・ワン

Koisuru-Buta Laboratory
Atelier Bow-Wow

［名称］恋する豚研究所
［所在地］千葉県香取市
［竣工年］2012年
［主要用途］就労支援センター（工場、レストラン、事務所）
［延床面積］1,015.45㎡
［構造］鉄骨造
［設計］アトリエ・ワン
［施工］石井工業
[Name] Koisuru-Buta Laboratory
[Location] Katori, Chiba
[Year] 2012
[Primary use] Employment support center (factory, restaurant and office)
[Total floor area] 1,015.45 ㎡
[Structure] Steel frame
[Design] Atelier Bow-Wow
[Construction] Ishii Construction

p. 195

栗源第一薪炭供給所（1K）
アトリエ・ワン

Kurimoto Daiichi Firewood Supply Station (1K)
Atelier Bow-Wow

［名称］栗源第一薪炭供給所（1K）
［所在地］千葉県香取市
［竣工年］2018年
［主要用途］就労支援センター、シェアオフィス、通所介護施設、店舗
［延床面積］448.70㎡
［構造］木造
［設計］アトリエ・ワン
［施工］ハヤシ工務店
[Name] Kurimoto Daiichi Firewood Supply Station (1K)
[Location] Katori, Chiba
[Year] 2018
[Primary use] Employment support center, share office, day-care center, shop

[Total floor area] 448.70 ㎡
[Structure] Wood frame
[Design] Atelier Bow-Wow
[Construction] Hayashi Construction

p. 198

LT城西
猪熊 純（1977 - ）、成瀬友梨（1979 - ）

LT Josai
Inokuma Jun (1977-), Naruse Yuri (1979-)

［名称］LT城西
［所在地］愛知県名古屋市
［竣工年］2013年
［主要用途］シェアハウス
［延床面積］321.58㎡
［構造］木造
［設計］成瀬・猪熊建築設計事務所
［構造設計］坪井宏嗣構造設計事務所
［設備設計］Gn設備計画
［施工］ザイソウハウス
[Name] LT Josai
[Location] Nagoya, Aichi
[Year] 2013
[Primary use] Shared House
[Total floor area] 321.58 ㎡
[Structure] Wood frame
[Design] Naruse Inokuma Architects
[Structural design] Hirotsugu Tsuboi Structural Engineers
[Facility design] Gn-setsubi
[Construction] Zaisohouse

p. 199

ヒルサイドテラス
槇 文彦（1928 - ）

Hillside Terrace
Maki Fumihiko (1928-)

［名称］ヒルサイドテラス
［所在地］東京都渋谷区
［竣工年］1969年（1期）-1998年（7期）
［主要用途］住宅
［延床面積］23,770.31㎡（全街区13棟合計延床）
［構造］鉄筋コンクリート造
［設計］槇総合計画事務所、元倉眞琴（アネックスA・B棟）
［施工］竹中工務店
[Name] Hillside Terrace
[Location] Shibuya, Tokyo
[Year] 1969 (1st phase)-1998 (7th phase)
[Primary use] House
[Total floor area] 23,770.31 ㎡ (all 13 building blocks)
[Structure] Reinforced concrete
[Design] Maki and Associates, Makoto Motokura (Annex A, B)
[Construction] Takenaka Corporation

08
発見された日本
Japan Discovered

　「伝統」は見出されるものだとしたら、国外から発見された日本建築も、いま、あらためて考察すべき知の資産です。国外からのまなざしでその特徴や魅力が発見され、応用された日本の伝統建築の例として、1893年の《シカゴ万国博覧会日本館 鳳凰殿》が挙げられます。岡倉天心の監修のもと平等院鳳凰堂をモデルに建設された日本館に影響を受けたのが、後に帝国ホテルの旧本館を設計したフランク・ロイド・ライトです。ライトは、この日本館から、後に近代建築の規範となる自由に連続する屋根と床の手掛かりを得たと言われています。また、戦前・戦後の日本で活躍したアントニン・レーモンドは、日本建築の精神を、自然への親近感、単純さ、奥ゆかしさ、軽さ、優雅さといった言葉で表現し、「ほとんど透明に近いもの」とまで述べています。こうした特徴を、茅葺屋根や深い庇、また室内外の空間の連続性といった形で引用し、自らの作品に結実させました。こうした「発見された日本」の遺伝子は、海外に建設された日本人建築家の作品にも見出され、これからも未来の日本像を広げてゆくに違いありません。

If traditions are something waiting to be "found," then the Japanese architecture that was discovered outside of Japan is a fount of knowledge worthy of reappraisal today. One example of traditional architecture in Japan whose characteristics and appeal were discovered and applied by perspectives from outside the country is Hō-ō-den, the Japanese pavilion at World's Columbian Exposition in 1893. The pavilion, which was supervised by Okakura Tenshin and modeled on the Hō-ō-dō hall at the temple Byōdō-in, influenced Frank Lloyd Wright, who would later design the former main building of the Imperial Hotel in Tokyo. It is said that Wright was inspired by the pavilion to create the continuous roofs and floors that later became a key feature of modernist architecture. Antonin Raymond, who worked in Japan in the prewar and postwar periods, described the spirit of Japanese architecture as an affinity for nature, simplicity, refinement, lightness, elegance, and even "something almost transparent." These characteristics came to fruition in his own designs that referenced Japan's thatched roofs, deep eaves, and uninterrupted inner and outer spaces. This genealogy of "Japan discovered" is present even in the work of Japanese architects constructed overseas, and will certainly continue to expand the image of Japan in the future.

シカゴ万国博覧会日本館 鳳凰殿 [上]
久留正道
1893年（明治時代）現存せず
『シカゴ万国博覧会 臨時博覧会事務局報告』｜1893年｜所蔵：乃村工藝社

The Hō-ō-Den,
World's Columbian Exposition Japanese Pavilion [Top]
Kuru Masamichi
1893(demolished) | Special Report for Exposition Committee, World's Columbian Exposition
Ca.1893 | Collection: NOMURA

帝国ホテル旧本館（ライト館）［下］
フランク・ロイド・ライト
1923年（大正時代）現存せず｜1985年 移築（中央玄関）｜外観｜画像提供：大成建設

Frank Lloyd Wright's Imperial Hotel [Above]
Frank Lloyd Wright
1923(demolished)｜1985 (relocated: Main Entrance Hall)｜Exterior View｜Courtesy: Taisei Corporation

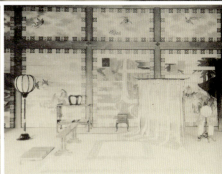

『シカゴ万国博覧会 臨時博覧会事務局報告』
1893年／所蔵：乃村工藝社
Special Report for Exposition Committee, World's Columbian Exposition
1893 / Collection: NOMURA

シカゴ万国博覧会 日本館 鳳凰殿

久留正道
1893年（明治時代）現存せず

The Hō-ō-Den, World's Columbian Exposition Japanese Pavilion

Kuru Masamichi
1893 (demolished)

　シカゴ万国博覧会は1893年5月1日から10月31日にわたって開催された、15回目の万博である。コロンブスによる「新大陸」発見400年を記念したもので、ミシガン湖畔のジャクソン・パーク内におよそ280万㎡もの敷地を確保して開かれた。80以上の国々がパビリオンを展開し、列強が植民地政策を誇示する「帝国主義の祭典」（吉見俊哉）として知られている。日本は国威発揚と輸出の拡大を目的として積極的な姿勢で参加し、陶磁器や七宝、絹織物、絵画などの出品物は400点以上におよんだ。

　日本館は湖畔のラグーン内の島（Wooded Island）に、《平等院鳳凰堂（阿弥陀堂）》をモデルとして建設されたことから《鳳凰殿》と呼ばれた。設計は文部省技師の久留正道（1855 - 1914）、施工は日本土木（現・大成建設）である。久留は日本館対岸の喫茶店も設計した。

　日本館はモデル同様に大きく3棟に分けられたが、棟ごとに時代を違えた表現が与えられている点に注目したい。向かって左が「藤原時代」（平安時代）の寝殿造（京都御所）、右が「足利時代」（室町時代）の書院と茶室（銀閣寺東求堂）、そして中央が「徳川時代」（江戸時代）の大名屋敷（江戸城）である。時代の設定は、日本美術の体系的評価を進めていた岡倉天心（1863 - 1913）の意向を受けたと考えられている。

　興味深いのは、計画当初はひと繋がりの建築をつくるのではなく、3棟が別々に建設される予定だったことだ。《平等院鳳凰堂》をベースとすることが決まった上で、久留は全体に統一感を持たせるために3棟の屋根を銅葺に統一するなど独自のアレンジを加え、ユニークな外観を得たパビリオンが完成した。《鳳凰殿》は単なる展示場ではなく、それ自体が展示品として建設されたのである。

　この展示品たる建築に強く影響を受けた建築家の一人にフランク・ロイド・ライト（1867 - 1959）が挙げられる。ルイス・サリヴァン（1856 - 1924）のもとでシカゴ万博の交通館を担当していたライトは、恐らく建設中から《鳳凰殿》を目撃しており、独立当初の「プレーリー・ハウス」で用いられた水平に伸びる屋根の手がかりを得たと言われている。日本館は評判も上々で、ジャポニズムが流行する列強諸国の期待に応えた、日本らしさをまとう建築だったと言えよう。なお、《鳳凰殿》は会期後も残されたが1946年に焼失している。

［山崎泰寛］

参考文献／References

三島雅博「1893年シカゴ万国博における鳳凰殿の建設経緯について」日本建築学会計画系論文報告集 (429), 151-163, 1991年11月｜吉見俊哉『博覧会の政治学：まなざしの近代』中公新書、1992年｜山田久美子「シカゴ万博と鳳凰殿」立教大学異文化コミュニケーション学部紀要 2, 133-144, 2010年
Mishima Masahiro: *Regarding the Details of the Construction of the Ho-o-den for the 1893 Chicago World's Exhibition*: Architectural Institute of Japan, Bulletin of Planning Essays (429), 151-163, November 1991.
Yoshimi Shunya: *Politics of the Exhibitions: Manazaji no Kindai*: Chuokoron Shinsha, 1992.
Yamada Kumiko: *Chicago Exhibition and the Ho-o-den*: Rikkyo University, Bulletin for the Department of Foreign Cultural Communication, 2, 133-144, 2010.

[左]《シカゴ・コロンブス万国博覧会 鳥瞰絵図》 [右]同部分
1893 年／所蔵：博物館明治村
[left] *Bird-eye View of World's Columbian Exposition, Chicago* [above] *Detail*
1893 / Collection: The Museum MEIJI-MURA

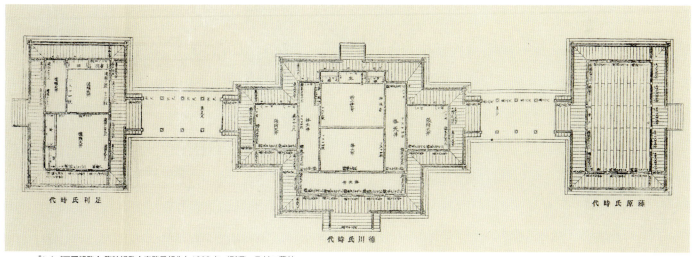

『シカゴ万国博覧会 臨時博覧会事務局報告』 1893 年／所蔵：乃村工藝社
Special Report for Exposition Committee, World's Columbian Exposition 1893 / Collection: NOMURA

The 15th World's Fair: Chicago Columbian Exposition was held from May 1st to October 31st, 1893. On the occasion of the 400 year anniversary of Columbus' discovery of "The New World," the exhibition venue reserved nearly 2,800,000 m² (approximately 692 acres) of space in Lake Michigan's Jackson Park. Over 80 countries participated with pavilions, and the major world powers of the time had an ostentatious display that came to be known as a "celebration of colonialism" (Yoshimi Shunya). Japan, with great zeal to show the prestige of the nation and with the goal to expand trade imports, displayed what amounted to over 400 items including: porcelain and precious gems, silk woven materials and paintings.

The Japan Pavilion constructed at Wooded Island, located at the shore within the lagoon, was called the *Hō-ō-den*, as it used the *Amida-dō (Amida Hall)* of *Hō-ō-dō* at *Byōdō-in*, Kyoto, as a model for inspiration. It was designed by Kuru Masamichi, an engineer from the Ministry of Education, and constructed by Nihon Doboku, present day Taisei Corporation. Kuru also designed the tearoom on the shore facing the Japan Pavilion.

However, while the Japan Pavilion was similar to the *Hō-ō-dō* in its composition that divided the building into three large pavilions, it differed to have each pavilion introduce visitors to a different period of Japanese history. The left pavilion depicted the Fujiwara Era (9th century-12th century) middle Heian period *Shinden-zukuri,* an aristocratic architectural style (including *Hō-ō-dō* and *Kyoto Imperial Palace*), the right featured the Ashikaga era or Muromachi period *shoin* study and tea house, from the interior of *Jishō-ji* (also known as Ginkaku-ji, *The Silver Pavilion*). Finally, the center pavilion introduced the Tokugawa era, Edo period *Daimyo* residences and Edo Castle. The selection of time periods used was thought to have taken inspiration from Okakura Tenshin, who had furthered systematic appraisal for the progress of the Japanese arts.

More fascinating, however, is that the pavilions were not originally planned as a single architecture, but rather as three pavilions that are constructed separately. After the *Byōdō-in Hō-ō-dō* base had been selected, Kuru integrated individual elements, such as the copper roof to each so that the end result was a unique exterior view. The *Hō-ō-den* was not simply an exhibition hall, but also served as a constructed work of art for the exhibition.

Additionally, the Japan Pavilion struck a note with none other than Frank Lloyd Wright (1868-1959). Having supervised the Chicago World's Fair Transportation pavilion under the guidance of Louis Sullivan (1856-1924), Wright likely was impressed by the sight of the *Hō-ō-den* while it was under construction. It is said that he took inspiration from the Japan Pavilion for his Prairie School concept houses that he had begun to individually develop at the time, especially taking cues from the deep eave extension of the horizontal roof plane. As the Japan pavilion received many favorable reviews, it could be said that it was Japanese-like architecture that met the expectations of the major world powers that had been on a *Japonism* trend at the time. Ultimately, the *Hō-ō-den* was retained even after the exhibition, preserved until it was lost in a fire in 1946.

[Yamazaki Yasuhiro]

帝国ホテル旧本館（ライト館）
フランク・ロイド・ライト
1923年（大正時代）現存せず ｜ 1985年 移築（中央玄関）

Frank Lloyd Wright's Imperial Hotel
Frank Lloyd Wright
1923(demolished) ｜ 1985 (relocated: Main Entrance Hall)

［右］食堂 内観 ［下］外観
画像提供：大成建設
[right] Interior View of Dining Hall [below] Exterior View
Courtesy: Taisei Corporation

「まだ日本を訪れたことのない外国人は、まず日本の伝統に対して敬服し脱帽したことはない。日本を訪れた時、外国人は良かれ悪しかれ母国の習慣や考え方を、日本に適切でも不適切でも持ち込んできた。ところが礼儀正しく謙虚な日本人たちは、逆に感心して、それをしっかりと受け止め、単に驚いていたのだ。日本人は、自分たちも同様にしようとしたのだ。日本の芸術の伝統は、この世界で最も高貴で純粋なものの一つであり、しっかりとその中国起源についても言及したのだ。だからこそ彼らを侮辱しないように努めようと、私は直感したのだ。西洋は東洋から学ぶべきことが沢山ある。そして、まさに日本は私が初めて日本版画（浮世絵）を見たとき、また、最初に老子を読んで以来、ずっと夢見てきた、偉大なる東洋への入り口（ゲートウェイ）なのである。」

フランク・ロイド・ライト：『自伝―ある芸術の展開』より

1913年から1923年まで10年間を通して設計、施工された帝国ホテルは、フランク・ロイド・ライトにとって、その時までに実際に建設されたプロジェクトの中でも最大規模の建物となり、彼の作品群の中でも最も重要な作品の一つとされている。デザインは、シカゴと東京の間を行き交った700枚を超える設計図面を通して、まず多重棟や寺院のような屋根、加えて伝説的な「侍」の彫像が配された構成という、意識的に日本を想起させるようなホテルの全体案に始まり、時を経て変遷し進化を遂げながら、結局、火山岩大谷石で構築されたより抽象的で幾何学的な構成のものへと展開していった。ライトの帝国ホテルは、一概には東洋式と西洋式のどちらにも属さない、逆に二つの文明を理想的に融合させているようだと呼べる、まさに「オリエントの宝石」だと解説された。

東京の都心、日比谷に所在した鹿鳴館（1883年）のすぐ北側に位置した、初代帝国ホテル（1887 - 1922）に取り代わり建てられる、ライト設計の新しい帝国ホテルは、一つの小宇宙都市でも形づくるように、中央に十字架型に構成されたロビー空間、大食堂、オーディトリウム（演芸場）が配され、上階には饗宴場ホワイエ、下階にはキャバレー・レストランがあり、ゆっくりと歩きながら社交的な交流をするために客室外側に設けられたプロムナードや広々としたルーフ・ガーデンが設けられていた。

ライトの帝国ホテルが、営業初日の1923年9月1日に起きた関東大震災の被害をほとんど受けなかったことや、さらには第2次世界大戦の戦禍を免れた事は良く知られているが、1970年の大阪万博の開催が迫り、訪問者の急増が予想されたことから、1967年に後継の高層ホテルが建設され、ライトの旧本館の一部、正面ロビーなどは博物館明治村（愛知県）に移築された。

[ケン・タダシ・オオシマ]

"No foreigner yet invited to Japan had taken off his hat to Japanese traditions. When foreigners came, what they had back home came too, suitable or not, and the politely humble Japanese, duly impressed, took the offering and marveled. They tried to do likewise in their turn. Japanese fine-art traditions are among the noblest and purest in this world, giving Chinese origins due credit. It was my instinct not to insult them. The West has much to learn from the East—and Japan was the gateway to that great East of which I had been dreaming since I had seen my first Japanese prints—and read my first Laotze."

Frank Lloyd Wright, An Autobiography

Designed and built over the decade from 1913-1923, the *Imperial Hotel* was Frank Lloyd Wright's largest built project up to that point and one that he considered to be among his most important works. The design developed through more than 700 drawings between Chicago and Tokyo as an evolution from a consciously Japanese-inspired hotel complex with pagoda/temple like roofs and *samurai* sprite sculptures, to a more abstract geometric composition constructed of volcanic *Oya* stone; the hotel was described as the "Jewel of the Orient" that was "neither of the East nor of the West, but might fittingly be called a blending of the ideals of the two civilizations."

Located just to the north of Rokumeikan (1883) in the central Tokyo district of Hibiya, Wright's design superseded the first *Imperial Hotel* (1887-1922) as a micro-cosmic city composed of its central cruciform-shaped forum of lobby, Main dining room, Auditorium (theater) with Banquet hall foyer above and cabare restaurant below along with amble *promenades* for social interaction outside of guest rooms and expansive Roof garden.

While noted for its remarkable survival of the Great Kanto Earthquake on its opening day, September 1, 1923 as well as escaping total destruction in World War II, Wright's *Imperial Hotel* was replaced by its high-rise successor in 1967 in anticipation for additional visitors from the Japan World Exposition Osaka 1970, with its lobby rebuilt at The Museum MEIJI-MURA in Aichi Prefecture.

[Ken Tadashi Ohshima]

参考文献／**References**

- フランク・ロイド・ライト著『自伝―ある芸術の展開』、中央公論美術出版、2000年
- 明石信道著『旧帝国ホテルの実証的研究』、東光堂書店、1972年
- Frank Lloyd Wright, *An Autobiography* ; New York: Horizon Press, 1977, 237.
- *Frank Lloyd Wright in Imperial Hotel* by Akashi Michio (Tokodo, 1972)

《帝国ホテルライト館》明治村公開映像
2018年／制作：博物館明治村、凸版印刷
Frank Lloyd Wright's Imperial Hotel — Video for Meiji-Mura
2018 / Production: The Museum MEIJI-MURA, Toppan Printing

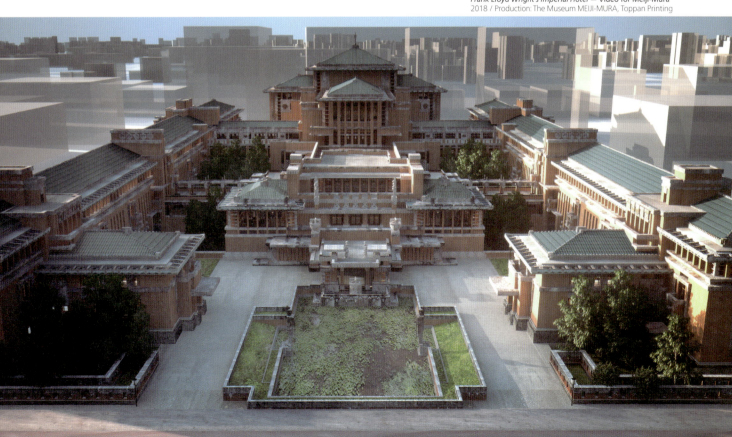

フランク・ロイド・ライトと浮世絵
Frank Lloyd Wright and Japanese *Ukiyo-e* Prints

　フランク・ロイド・ライトは、1912年に『*The Japanese Print*』(『日本の版画』)という小冊子を出版し、そこに、幾何学的なかたちを基にして、日本的美学ではあまり重要とされない部分を極めて思い切って切り捨て省略するという手法で表現される、浮世絵の「魅了する力」を絶賛した。[*1] ライトが最初に浮世絵と出会ったのは、1893年開催のシカゴ万国博覧会での日本版画の展示やライトの浮世絵コレクターの友人達からだと思われる。

　ライトは、細版(細絵)の縦長フレームと簡略化された自然描写などの歌川広重の浮世絵作品に対しての思いを、《Weeds and Wildflowers》(『雑草と野花』)と題された自身の絵画を『*House Beautiful*』(『ハウス・ビューティフル』1896-97)という本の巻末余頁に、和紙に印刷された白黒のコロタイプ写真製版として掲載することなどを通して、彼の持っていた親和感を示した。1905年に日本を最初に訪問した時、ライトは、数百点におよぶ大量の日本版画を収集した。そして帰米後の翌年、ライトは、シカゴ美術館で世界初となる広重の回顧展を開催した。

　ライトが浮世絵からインスピレーションを受けて自身で描いた彼の作品のパース(透視)画の、例えば《トーマス・ハーディ邸》は、1910年に出版された本、『フランク・ロイド・ライトの建築―実施および計画案』(ヴァスムート・ポートフォリオ)に収録された。このことは、ル・コルビュジエ(1887-1965)やアントニン・レーモンド(1888-1976)またルドルフ・シンドラー(1887-1953)を含むヨーロッパ出身の建築家達に、とても大きな影響を与えることになった。彼は1913年に日本に戻った。それは、帝国ホテルの設計依頼を確実にするためであったが、同時に、掛物、摺物、屏風、彫物、陶磁器さらには浮世絵の木版のセットなどを含む、彼の日本美術コレクションを拡充することでもあった。[*2]

　取り分け歌舞伎役者画や広重の風景画への好みを示していたライトだが、彼は膨大な数の版画作品を収集しただけでなく同時に売却もしていた。ライトは、版画などの購入に現在の金額でおおよそ50万ドルを費やしていたのだが、一部を売却して実質的には《タリアセン I・II》の建設費用に充てているので、その購入目的は投資だったとも言えよう。しかし、彼自身のデザイン的な装飾としてはもちろん、一番大事なことは、彼にとってそれらが芸術的かつ精神的なインスピレーションの源になっていることだろう。[*3]

　幾度となくタリアセンで開かれた浮世絵を囲んだパーティーでは、すき焼きディナーの後、ライトは沢山の浮世絵のコレクションを持ち出し、何時間も版画印刷の技術やその価値などについて建築の学生に語り尽くしていた。ライトが言いたかったのは「広重が空間の感覚により(浮世絵で)成し得たのは、正に、我々が建築でやろうとしている事なのだと言える。」[*4]

[ケン・タダシ・オオシマ]

『フランク・ロイド・ライトの建築―実施および計画案』(ヴァスムート・ポートフォリオ)
出版:ヴァスムート／1910年-1911年／所蔵:金沢工業大学
Ausgefuhrte Beuten und Entwurfe von Frank Lloyd Wright
Publisher: Ernst Wasmuth, Berlin, Germany / 1910 / Collection: Kanazawa Institute of Technology

In 1912, Frank Lloyd Wright published the booklet, *The Japanese Print, an Interpretation*, in which he praised *ukiyo-e*'s "spell-power" of underlying geometric forms and the stringent simplification by elimination of the insignificant in Japanese aesthetics.[1] Wright's first encounters with ukiyo-e likely included an exhibition of Japanese prints at the World's Fair: Chicago Columbian Exposition 1893 and his circle of ukiyo-e collector friends.

Wright expressed his affinity for both the *hoso-e* (*hoso-ban*) framing and simplified expressions of natural subjects in Utagawa Hiroshige among others in his *Weeds and Wildflowers* composition of monochrome collotype photographs on Japanese paper as a flyleaf in the book, *House Beautiful* (1896-97). During his first 1905 voyage to Japan, Wright amassed several hundred prints, which he exhibited the following year at the Art Institute of Chicago in the world's first retrospective of Hiroshige.

Wright's ukiyo-e inspired perspectives of his own designs such as the *T.P. Hardy House* (1905) were published in the 1910 *Wasmuth Portfolio*, that in turn had a great influence on European architects including Le Corbusier, Antonin Raymond and Rudolf Schindler. He returned to Japan in 1913 to both secure the commission for building the new *Imperial Hotel*, and expanded his collection to include *kakemono, surimono,* folding screens, sculpture, ceramics, and a set of wood blocks themselves.[2]

Wright both collected and sold vast numbers of prints, finding particular affinity with *Kabuki* actor prints and landscapes of Hiroshige. Wright, who spent nearly half a million dollars on prints, bought them for investment that substantially funded the construction of Taliesin I and II, for decoration in his own designs, and most importantly for artistic and spiritual inspiration.[3]

In his many print parties at Taliesin, Wright would bring out a large selection of prints after a *sukiyaki* dinner and talk for hours about printing techniques and their value for students of architecture, underscoring that "Hiroshige did, with a sense of space, very much what we have been doing with it in our architecture."[4]
[Ken Tadashi Ohshima]

参考文献／ References

[*1] Frank Lloyd Wright, *The Japanese Print, An Interpretation*, Chicago: The Ralph Fletcher Seymour Co., 1912, 5, 6, 12
[*2] Bruce Brooks Pfeiffer, *Introduction to the Publication of Hiroshige's "Edo Meisho Harimaze Zue" in Frank Lloyd Wright and Hiroshige*, Kyoto: Kyoto Shoin, 1992, 3.
[*3] Julia Meech-Pakarik, *Frank Lloyd Wright and Japanese Prints: The Metropolitan Museum of Art Bulletin*, New Series, Vol. 40, No. 2 (Autumn, 1982) 56.
[*4] Ibid., 47.

《東海道五十三次　亀山 雪晴》（復刻版）
歌川広重／所蔵：アダチ版画研究所
*Kameyama, Clearing Weather after the Snow,
from the series Fifty-three Stations of the Todaido* (reproduction)
Utagawa Hiroshige / Collection: Adachi Woodcut Prints

ハーディ邸 透視図（ヴァスムート・ポートフォリオの復刻版）
出版：ホライゾンプレス／1963 年
所蔵：金沢工業大学
Perspective View of Thomas P. Hardy House,
Racine, Wisconsin (reproduction of Wasmuth portfolio)
Published: Horizon Press, New York / 1963
Collection: Kanazawa Institute of Technology

《名所江戸百景 真間の紅葉手古那の社継はし》（復刻版）歌川広重／所蔵：アダチ版画研究所
Maple Trees at Mama, Tekona Shrine and Linked Bridge, from the series One Hundred Views of Famous Places in Edo (reproduction) Utagawa Hiroshige / Collection: Adachi Woodcut Prints

レディズ・ホーム・ジャーナル誌のための住宅計画（ヴァスムート・ポートフォリオの復刻版）
出版：ホライゾンプレス／1963年／所蔵：金沢工業大学
Concrete House Designed for Ladie's Home Journal (reproduction of Wasmuth portfolio)
Published: Horizon Press, New York / 1963 / Collection: Kanazawa Institute of Technology

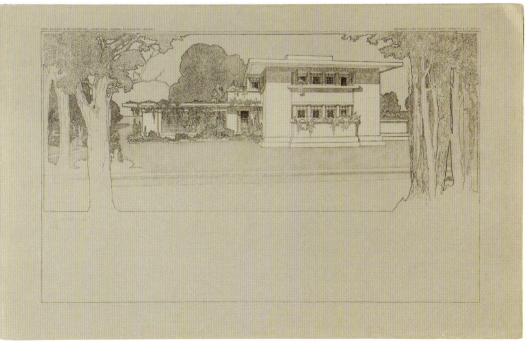

ウィンスロー邸（ヴァスムート・ポートフォリオの復刻版）
出版：ホライゾンプレス／1963 年／所蔵：金沢工業大学
Plate I. House for Mr. W. H. Winslow in River Forest, Illinois
(reproduction of Wasmuth portfolio)
Published: Horizon Press, New York / 1963 /
Collection: Kanazawa Institute of Technology

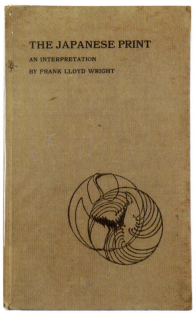

『日本の版画、フランク・ロイド・ライトによる解釈』
所蔵：金沢工業大学／1912 年
The Japanese Print; an Interpretation by
Frank Lloyd Wright
Collection: Kanazawa Institute of Technology /
1912

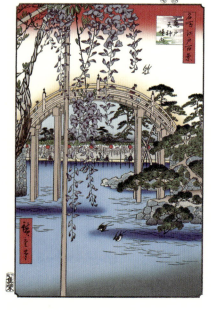

名所江戸百景 亀戸天神境内 （復刻版）
歌川広重／所蔵：アダチ版画研究所
Kameido Tenjin Shrine from the series One Hundred Views of
Famous Places in Edo (reproduction)
Utagawa Hiroshige / Collection: Adachi Woodcut Prints

シンドラー自邸（キングス・ロード・ハウス）
ルドルフ・シンドラー
1922年

Schindler House (Kings Road House)
Rudolph M. Schindler
1922

オーストリア生まれの建築家ルドルフ・シンドラー（1887 - 1953）は、太平洋沿岸に近代的な共同住居を追求して、彼と妻のポーリーン、そしてクライドとマリアン・チェースのために、このダブル・ハウスを設計した。シンドラーは建築家としてのキャリアをオットー・ワーグナー（1841 - 1918）とアドルフ・ロース（1870 - 1933）の指導を受けながらウィーンで始め、そしてシカゴに移り設計事務所に勤務しているときにフランク・ロイド・ライト（1867 - 1959）とも交流し、カルフォルニアで自身の事務所を開設した。

シンドラー家は、ライトのオークパークのスタジオに住んでいたので、そこで彼らは初めて浮世絵に出会ったのだろう。その後1920年にライトのタリアセンのスタジオに移り、その建物と周りの風景の調和された様子にも感銘を受けたことだろう。後にフイトは、その頃ロサンゼルスで進めていた《ホーリーホック邸》の設計のために、シンドラーをロサンゼルスに派遣した（東京に行って帝国ホテルの仕事に就けるという約束は、報われることのなかった）。

シンドラーは一度も日本を訪れていないが、彼の自邸は、庇のある縁側のようなベランダ、また障子や襖のような木や布地またはガラス製の引き戸、さらに木造の構造とコンクリートの傾斜壁の併用など、明らかにどこか伝統的な日本の住居とよく似た家の内と外との繋がり方が取り入れ、同時に先例となる日本やライトの住居を思い起こさせる。

自邸のドローイングもまた、浮世絵の縦長の細版(細絵)や同じくウィーンの師匠達やライトによる日本版画の抽象的な解釈を想起させる。とは言え、典型的な日本の住居とは違い、屋内の床と地面には段差がなく、庭も主に室内から観賞して楽しむものではなく、屋外のリビングルームのように実際にそこで楽しむものとなっている。さらに、様々な家具のデザインから、屋根上の「スリーピング・バスケット」まで、居住者の一風変わった進歩的でモダンなライフスタイルを実現するように設計した。

1925年に同郷オーストリア出身の同僚、リチャード・ノイトラ（1892 - 1970）と彼の家族は、ライトのタリアセンで数か月を過ごしてから、シンドラー邸のゲストスタジオに引越し、その後、ロサンゼルスに移り、1930年までチェーススタジオで暮らした。

ルドルフ・シンドラーは、1953年に亡くなるまでこの家に居住していた。1980年代に修復されたこの家は、1994年に「MAK Center for Art and Architecture at the Schindler House」と改名された。そして、今もヨーロッパとアメリカと日本とを繋ぐインスピレーションを発する、最も挑発的な20世紀の住宅の一つであり続けている。

[ケン・タダシ・オオシマ]

[上2点]《ルドルフ・シンドラー自邸》
画像提供：グラント・マッドフォード
[above] **Rudolph M. Schindler House**
Courtesy: Grant Mudford

Austrian-born architect Rudolph M. Schindler (1887-1953) designed this double house for him and his wife, Pauline, and Clyde and Marian Chace as a radically modern communal dwelling on the Pacific Rim. Schindler had begun his career in Vienna under the tutelage of Otto Wagner and Adolf Loos, then worked in Chicago and association with Frank Lloyd Wright before establishing his own independent practice in California.

The Schindlers had lived in Wright's Oak Park studio where they would have been exposed to *ukiyo-e* and also moved by the harmony of building and landscape of Wright's Taliesin studio in 1920. Wright then sent Schindler to Los Angeles to work on Wright's *Hollyhock House* design (with the unrequited promise of being sent to Tokyo to work on the *Imperial Hotel*).

Although Schindler never visited Japan, his house embraced an indoor-outdoor connection akin to traditional Japanese dwellings with *engawa-like* eave-covered verandas, *shoji* and *fusuma-like* sliding wood, canvas and glass panels and wooden structure together with concrete tilt-up walls that simultaneously recalled Japanese and Wrightian precedents.

The houses' drawing also recall the *hoso-e (hoso-ban)* framing of ukiyo-e along with the abstracted interpretations of Japanese prints by his Viennese mentors and Wright. Yet unlike typical Japanese dwellings, the floors were flush with the exterior ground and exterior gardens embraced as outdoor living rooms rather than ones to be primarily appreciated from the interior. Moreover, Schindler designed the furnishings along with rooftop "sleeping baskets" to accommodate their unconventional, progressive modern life style.

In 1925, fellow Austrian colleague Richard Neutra and his family moved into the house's guest studio after spending several months at Taliesin, then moved to Los Angeles and lived in the Chace studio until 1930.

Rudolph Schindler remained in the house until his death in 1953, with the house restored in the 1980s and renamed the *MAK Center for Art and Architecture at the Schindler House* in 1994 and remaining one of the most provocative twentieth century dwellings connecting inspirations from Europe, America and Japan.

[Ken Tadashi Ohshima]

ドローイング 資料提供：カリフォルニア大学サンタバーバラ校アート・デザイン・アンド・アーキテクチャー美術館 建築デザイン・コレクション シンドラー・ペーパーズ

Drawing Courtesy: R. M. Schindler Papers, Architecture & Design Collection; Art, Design & Architecture Museum; University of California, Santa Barbara

[右]笄町の自邸・事務所 外観
1951年／所蔵：レーモンド設計事務所
[下]旧井上房一郎邸 外観
画像提供：高崎市美術館
[right] Kōgai-chō House and Studio Exterior View 1951 / Collection: Raymond Architectural Design Office
[below] The Former Inoue Fusaichiro House Exterior View Courtesy: Takasaki Museum of Art

笄町の自邸・事務所と旧井上房一郎邸

アントニン・レーモンド
1951年（現存せず）

アントニン・レーモンド（原設計）｜井上房一郎
1952年

Kōgai-chō House and Studio
The Former Inoue Fusaichiro House

Antonin Raymond
1951(demolished) | The Former Inoue House
Antonin Raymond (Original design) | Inoue Fusaichiro | 1952

東京・麻布の《笄町の自邸・事務所》は、戦前・戦後の日本で先導的な役割を果たした建築家、アントニン・レーモンド（1888 - 1916）の自宅兼設計事務所である。戦後の日本で、レーモンドが設計活動を再開したのは1948年のことであったが、当初その事務所は《リーダーズダイジェスト東京支社》の現場敷地内に、安く不揃いな丸太を用いて建設された。2年後には次の現場である《アメリカ大使館アパート》の敷地へと移り、今度は足場丸太を用いて、生活の場や、妻であるノエミのスタジオもつくられた。しかし、大使館の敷地に住居をもつことが許されなくなったので、現場事務所によく似た《笄町の自邸・事務所》が建設された。工期はわずかに2ヶ月だったという。

一方の《旧井上房一郎邸》は、群馬・高崎の文化振興に尽力した実業家・井上房一郎（1898 - 1993）がレーモンドから承諾を得て《笄町の自邸・事務所》の自邸部分を再現したもので、現在は高崎市美術館の一部として公開されている。各室の配置が逆になっているなどの相違点はあるものの、現存しない《笄町の自邸・事務所》を体験できる唯一の存在である。

ふたつの作品は、足場丸太に由来するむき出しのシザーズ・トラスの架構と、従来の日本の雨戸のように、柱芯の外側にすべての建具を走らせる「芯外し」の手法を最大の特徴とする。また、鉄板たてはぜ葺きの軽く、しかし深い庇、室内と石敷きの縁や庭との強い連続性も印象的である。こうした作品は、その後も多く設計され、事務所員たちによって「レーモンド・スタイル」と呼ばれるようになった。

レーモンドは、日本の精神や建築について「自然への親近感、（中略）極度な単純さと奥床しさ、材料の経済性、軽さと優雅さであり、重量感や部厚さや虚飾よりは、むしろほとんど透明に近いもの」と述べている。「レーモンド・スタイル」の作品は、多くがアメリカ流の「オープンプラン」になっているが、レーモンドの日本理解のあり方もよく現れている。　　［大井隆弘］

The House in Azabu-Kōgai-chō was the personal home and studio of Antonin Raymond (1888–1976), an architect who played a leadership role in the pre- and postwar Japanese architecture community. When Raymond resumed his design activities after the war in 1948, he worked out of an office he built on the job site of the Reader's Digest Building, Tokyo using cheap, irregular logs. Two years later, he relocated to the job site of the US Embassy Apartments, where he used scaffolding logs to build an office that included living spaces and a studio for his wife, Noémi. However, when he was no longer allowed to maintain a residence on the embassy grounds, he built the House in Azabu-Kōgai-chō based on the design of his site office. Construction was completed in just two months.

The *Inoue Fusaichiro House* is a house that incorporates living spaces replicated from the House in Azabu-Kōgai-chō with Raymond's permission. Built by Inoue Fusaichiro, a businessman who made contributions to the development of culture in Takasaki, Gumma Prefecture, the house is now on display to the public as part of the Takasaki Museum of Art. Although there are some differences from the original design—such as the reversed arrangement of the rooms—it is the only place where one can experience the spaces of the House in Azabu-Kōgai-chō today.

The two works are characterized by their exposed scissors trusses—vestiges from the earlier scaffolding-log buildings—and the use of the *"shin-hazushi"* (off-centering) technique, where all of the doors slide along the outside of the column centerlines. Additionally, their vertical-seam steel roofs, which are light but also create deep eaves, and the strong sense of continuity between the interior, stone-paved porch and garden also make a strong impression. Raymond later went on to design many works in the same style, which his staff referred to as the *Raymond style*.

Raymond summed up the Japanese spirit and of Japanese architecture as "an affinity to nature, …. extreme simplicity and reserved refinement, economical materials, and lightness and elegance," adding that "it is not about weightiness, massiveness or superficial decoration but rather near transparency." Although many Raymond-style buildings have American-style open plans, they reflect Raymond's understanding of Japan very well.

[Ohi Takahiro]

笄町の自邸・事務所 内観 1951年／所蔵：レーモンド設計事務所
Kōgai-chō House, Studio Interior View 1951 / Collection: Raymond Architectural Design Office

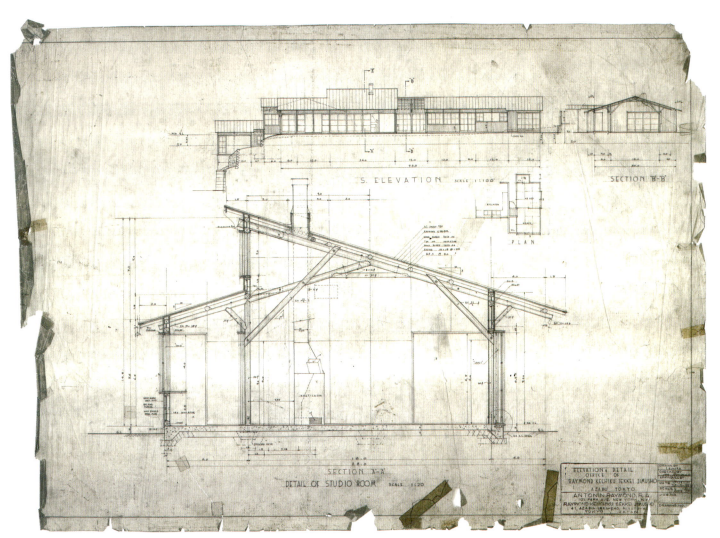

笄町の自邸・事務所 立面図 1:100、断面詳細図 1:20
1951年
所蔵：レーモンド設計事務所
Kōgai-chō House, Studio Elevation 1:100, Section Detail 1:20
1951
Collection: Raymond Architectural Design Office

参考文献／References

- 三沢浩：『A・レーモンドの住宅物語』（建築資料研究社, 1999）
- アントニン・レーモンド：『自伝アントニン・レーモンド』（鹿島出版会, 2007）
- MISAWA Hiroshi: *A. Remondo no Jutaku Monogatari (A Story of Houses by A. Raymond)*: Tokyo: Kenchiku Shiryo Kenkyusha, 1999.
- Antonin Raymond: *Antonin Raymond: An Autobiography*: Tokyo: Kajima Institute Publishing, 2007.

赤星四郎週末別荘

アントニン・レーモンド
吉村順三（レーモンド建築設計事務所）
1931年（現存せず）

Akaboshi Shiro's Weekend Cottage

Antonin Raymond | Yoshimura Junzo
(Raymond Architectural Design Office)
1931 (demolished)

 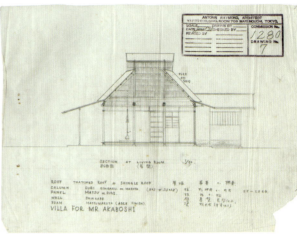

[左] 内観（『アントニン レイモンド作品集 大正九年ヨリ昭和拾年迄』）[右] 断面図 1:50 1931年／所蔵：レーモンド設計事務所
[left] Interior View, *Antonin Raymond His Work in Japan 1920-1935* [right] Section 1:50 1931 / Collection: Raymond Architectural Design Office

ゴルファーとして、またゴルフコースの設計者として活躍し、日本にゴルフの文化を根付かせた赤星四郎（1895 - 1971）。赤星は、自身が設計に携わった藤沢カントリー倶楽部の近くに、この別荘を計画した。当時、ゴルフコースの設計も軌道にのり、毎日のように藤沢カントリー倶楽部の現場に出かけては夢中に設計に取り組んでいたという。周囲からは「いよいよ山ごもり」と言われながら、レーモンドに別荘の設計を依頼する。

こうして出来上がった別荘の特徴は、なんといっても入母屋造りの茅葺き屋根だろう。レーモンドの建築に、茅や枯枝が葺かれることはあるものの、それらはいずれも近代的な構法で作られた構造のうえに用いられる。しかし扠首で組まれたこの屋根は、日本の民家そのものであり、レーモンドの他の作品とは、かけはなれた印象をもつ。

一方で、これが日本の民家であれば、壁は小舞土壁、建具は雨戸に障子といったところだろうが、この別邸はガラス戸がはめられ三面が開放できる、とても開放的な設計だ。内部をのぞけば、さらに驚くことにフローリングが敷かれ、パイプを曲げて作られた現代的な椅子が置かれている。そこには、囲炉裏も切られているが、この回りに座布団を敷いて座とは、さすがに想像しにくい。それほどまでに、軒のラインから、上と下とでそのデザインには、隔世の感がある。明らかに日本の農家風が目指されてはいるものの、その設計態度は折衷というよりは、むしろ引用に近い。

戦後、赤星の設計したゴルフコースのほとんどが進駐軍の接収にあう。ゴルフの仕事などあるはずもなく、東京での仕事をはじめるにあたり、彼は藤沢に残してきた、この別荘を1947年鵠沼に移築する。赤星という、モダンな感覚の持ち主が、民家の造形に魅せられて、離さなかったという事実は興味深い。

［本橋 仁］

This weekend house was commissioned by, and designed for and in collaboration with the golfer and golf course designer who introduced golf culture to Japan, Akaboshi Shiro (1895-1971). It is situated near the Fujisawa Country Club, which Akaboshi also helped design. While his golf course design was being carried out, Akaboshi would visit the Club almost daily, engrossed in its design. Just when others began referring to him as someone who was "on the verge of secluding himself in the mountains," he requested Czech American architect Antonin Raymond (who came to Japan initially as an assistant to Frank Lloyd Wright in 1919) to design this weekend house.

Featured in this villa is its *kayabuki* (thatched) roof built in a composite hip and gable roof style called *Irimoya-zukuri*. Although thatching and small branches had previously been used for the thatching on roofs in Raymond's architecture, they had been used on structures built by modern methods. This roof built with *sasu*, or struts to support the *munagi* ridge beam, however, is authentic to Japanese folk houses, giving it marked distinction from Raymond's other works.

Yet, unlike traditional Japanese folk houses with walls of mud over bamboo or wood latticework lathing, and *tategu* fittings such as *shoji* (traditional Japanese paper sliding doors with bamboo frames), *fusuma* (paper finished sliding doors), or *amado* (storm doors), this villa has a very open design with large glass door panels along three sides. More unexpectedly are the wood flooring and modern bent-pipe chairs. An *irori* (sunken hearth for heating and cooking) is also dug out of the floor, yet no practical place for *zabuton* (seat cushions) to place around it; to that extent, the home possesses a wide polarity in design that is split at the eave line. While it is clear that the intent was to create a Japanese farmhouse style house, its design approach is closer to adaptation than to eclecticism.

After World War II, a majority of the golf courses designed by Akaboshi were seized by the Occupation Forces, and since there were to be no more golf-related projects, Akaboshi relocated his weekend house to Kugenuma, a seaside town west of Tokyo, in 1947, so that he could commute to work in Tokyo. It is interesting to note that despite his modern sensitivities, Akaboshi was captivated with the form of traditional Japanese folk houses (*minka*) and could not let go of his weekend house.

[Motohashi Jin]

外観（『アントニン レイモンド作品集 大正九年ヨリ昭和拾年迄』）
Exterior View, *Antonin Raymond His Work in Japan 1920-1935*

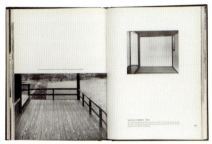

『アーキテクチュア・オブ・ジャパン』

アーサー・ドレクスラー
1955年

The Architecture of Japan
Arthur Drexler
1955

『アーキテクチュア・オブ・ジャパン』
個人蔵
The Architecture of Japan
Private Collection

本書はニューヨーク近代美術館（以下、MoMA）が出版した、日本建築の通史である。著者はMoMA 建築・デザイン部門のアーサー・ドレクスラーで、1954 - 55 年にかけて彼がキュレーションした「日本家屋展」(Japanese Exhibition House) に併せて刊行された。仁徳天皇陵や土偶、竪穴式住居、伊勢神宮から始まって薬師寺や唐招提寺といった寺院建築を紹介するとともに、寝殿造や書院造のような住居の様式の中に近代建築のエッセンスを見出し、展覧会で建設した《松風荘》(吉村順三設計、1954) を補論に据えて物語の円環を閉じている。日本建築の歴史に《松風荘》を書き加えることで、展示コンセプトの正当性を示そうとした姿勢が興味深い。

留意したいのは、本書が、会期の 2 年目にあたる 1955 年になって刊行されたことである。実はMoMAは「日本家屋展」に重なる 1953 年 -58 年にかけて、北米 28 都市で「日本建築展」(The Japanese Architecture) という写真展を催した。MoMAでの木造パビリオンと巡回する写真展によって、日本建築の情報が全米にもたらされたのである。写真の選定はMoMAの依頼に基づいて外務省が仲介役となり、堀口捨己（1895 - 1984）、関野 克（1909 - 2001）、浜口隆一（1916 - 1995）を中心に、写真家も協力を惜しまなかった。ただ、堀口らが求めた近代の建築の紹介は手薄で、《松風荘》と同様に古建築中心のパネル構成になったことは否めない。

一方ドレクスラーは本書の中で、写真展のために提供されたプリントも用いながら、自らが日本の調査旅行で収集、撮影した写真と、調査旅行に同行した石元泰博（1921 - 2012）の写真を大きく取り扱っている。特に桂離宮では京都便利堂の佐藤辰三（1904 - 1968）の写真に併せて、後に石元の代表作となる、桂の幾何学を大胆に切り取った作品を多数掲載した。また、《日本相互銀行》(前川國男設計、1952) や《増沢邸》(増沢洵設計、1952) など最新の作品も掲載しており、日本の近代建築に対するドレクスラーの関心を伺える。古建築の設計を吉村順三（1908 - 1997）に、撮影を石元に託したと考えられば、ドレクスラーの本意が近代的な視点による日本建築の再解釈にあったのは明らかだろう。

[山崎泰寛]

This book was published by the Museum of Modern Art, New York (hereafter, MoMA), and is an overview of Japanese architecture. The book accompanies the 1954-55 exhibition, *The Japanese House in the Garden* curated also by Arthur Drexler, the MoMA Architecture and Design director. The exhibition captured the essence of Japanese architecture, starting from Emperor Nintoku's tomb at the Daisen Kofun burial site, *dogū*, ancient clay figures, *tateana* dugout or pit dwellings and *Ise Jingū* (Ise Grand Shrine); followed then by introductions to major Buddhist temple architecture such as, *Yakushi-ji*, one of the most famous imperial Buddhist temples in Nara prefecture, *Tōshōdai-ji*, a major Buddhist temple also in Nara Prefecture; and furthermore, the residential architecture styles *Shinden-zukuri*, an aristocratic architectural style from the Heian period (8th c-12th c), and *Shōin-zukuri*, a traditional Japanese style of houses developed in the Muromachi period (14th c –16th c). The exhibition culminates full circle with a full-scale construction of the *Shōfusō Japanese House* and Garden by Yoshimura Junzo, which was later relocated to Philadelphia in 1957-58. By adding *Shōfusō* into the history of Japanese architecture, there was a deep interest in having an approach to the exhibition that could show authenticity.

I wish for readers to bear in mind that this document was published at the time of the second year of the exhibition in 1955. In reality, MoMA overlapped *The Japanese House in the Garden* with the photo exhibition called *Japanese Architecture* that toured 28 cities in North America from 1953 to 1958. Through the various photos, that also included the wood pavilion, it was possible to convey Japanese architecture to all of America. The selection of photos was based upon requests by MoMA and was handled by the Ministry of Foreign Affairs, Horiguchi Sutemi, Sekino Masaru and Hamaguchi Ryuichi; photographers also generously provided cooperation. However, even though Horiguchi and company were short on hands to introduce modern architecture, it cannot be denied that *Shōfusō* and the central panel about ancient architecture also became part of the composition.

However, Drexler's text, in addition to using the requested photographs, also included many personal pictures taken by himself on his investigative trip to Japan, as well as the photographs from Ishimoto Yasuhiro, the photographer who accompanied Drexler on his trip. In particular, the photographs of *Katsura Rikyū* paired with the photos of the *Benridō* in Kyoto by Sato Tatsuzo, came to be some of Ishimoto's representative works—daringly cropped photos of *Katsura* appeared in many publications. Despite this, the inclusion of newly published works such as *Nippon Sōgo Bank by Mayekawa Kunio* (1952) and the *Masuzawa Residence*, by Masuzawa Makoto (1952), allows one to ponder what Drexler's concerns and interests were toward modern Japanese architecture. Considering Drexler's decision to include the design of old architecture by Yoshimura, and photography entrusted to Ishimoto, it seems clear that Drexler's true intent was to reinterpret Japanese architecture through a modern point of view.

[Yamasaki Yasuhiro]

[2点とも]「日本家屋展」（ニューヨーク近代美術館、ニューヨーク）展示風景
1954年-1955年／画像提供：吉村設計事務所
[above and right] Installation View of *Japanese Exhibition House*, The Museum of Modern Art, New York, 1954-1955 / Courtesy: J. Yoshimura Architect Office

日本家屋展 松風荘
吉村順三
1954年｜1958年 移築

Shōfū-sō, Japanese Exhibition House
Yoshimura Junzo
1954｜1958 relocated

　ニューヨーク近代美術館（以下、MoMA）で展開された実物展示で、文字通りMoMAの中庭に建てられた住宅パビリオンのシリーズである。第1回は1949年にマルセル・ブロイヤー（1902-1981）による《バタフライハウス》が、第2回は1950年にグレゴリー・エイン（1908-1988）による工業化住宅がそれぞれ展示された。いずれも第2次世界大戦後の郊外住宅の将来像を展望する作品で、特にエインの工業化住宅は、展示に用いられた家具や食器の価格が図録に掲載されており、急速に大量消費社会化するアメリカの行く末をにじませている。

　第3回の住宅パビリオンを設計した建築家は吉村順三である。ただし吉村はブロイヤーらと異なり、彼自身のオリジナルではなく書院造の国宝「園城寺光浄院客殿」（1601年）をアレンジした作品《松風荘》を設計した。MoMAのキュレーター、アーサー・ドレクスラーは、師のフィリップ・ジョンソン（1906-2005）とともに、アメリカのモダニズムに流れ込む歴史の層の中に日本建築を取り入れようとしていた。

　ドレクスラーは1953年2月から3月にかけて来日し、調査を行っている。来日以前よりMoMAは日本の現代建築には興味を示さず、古民家の移築を目論んでいた。一方で、日本の建築関係者は、近代の住宅に結びつく様式として17世紀の武家の住宅を念頭に置いて書院造を推薦した。ドレクスラーはその意を受けつつも独自に桂離宮や銀閣寺、龍安寺などを訪れて、民家の移築ではなく書院造の新築に傾いていく。ドレクスラーが「光浄院客殿」の名を知るのは、建築史家の関野克（1909-2001）のアドバイスによるものだった。古民家の移築案はコストと文化財保護法が壁となって立ち消えとなり、最終的には「光浄院客殿」の再設計と新築が決定された。

　《松風荘》となった住宅パビリオンは折からの日本ブームに乗り、1954年と55年のサマーシーズンにそれぞれ12万人、10万人という記録的な動員を果たした。会期後1958年にフィラデルフィアのフェアモントパークに移築された後、現在も一般公開されている。いかにも古建築然とした姿に国内の評価は芳しくなかったが、吉村は過去の蓄積に学んで「再編成することが即ち創造だと思う」（新建築1956年3月号）と主張し、建築設計の思想が形態表現に矮小化されることに危機感を示した。

　《松風荘》が建設されたのは谷口吉生（1937-）の設計による新館の位置にあたる。アーカイブズやライブラリー、キュレーターオフィスなどを含む新館は、いわばMoMAの頭脳である。吉村が建築の知的遺産に学んだ《松風荘》の跡地に、現在のMoMAの知的営みが集約されていると思うと面白い。

［山崎泰寛］

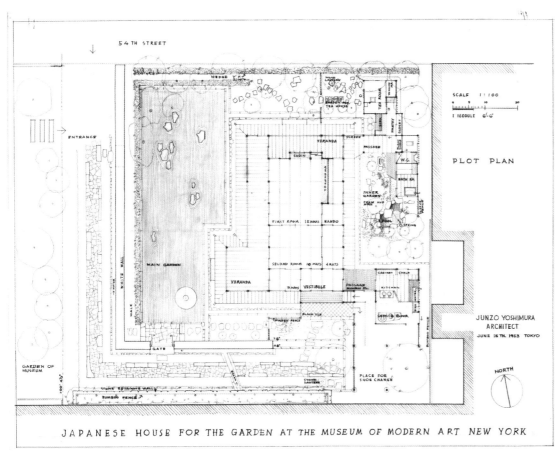

[上]平面図
[下]立面図
資料提供：吉村設計事務所
[top] Plan
[bottom] Elevation
Courtesy: J. Yoshimura Architect Office

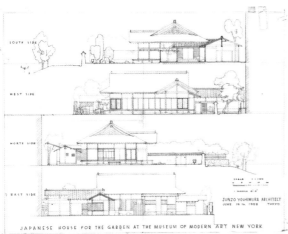

参考文献／References

山崎泰寛、松隈洋：「ニューヨーク近代美術館『日本家屋展』に見るキュレーターの役割」：日本建築学会計画系論文集，78巻，688号，pp.1441-1446、2013年6月｜藤岡洋保：松風荘　古建築の姿を借りた吉村順三の"現代建築"：新建築，Vol.79, No.12, pp.145-151, 2004年11月｜Benes, Mirke, A Modern Clssic: The Abby Aldrich Rockefeller Sculpture Garden：Philip Johnson and The Museum of Modern Art, 1998

YamasakiYasuhiro and Matsukuma Hiroshi: "New York Museum of Modern Art *Japanese Exhibition House at MoMA*, role of curator": *The Architectural Institute of Japan* Collection of Planning Essays, Vol. 78, #688, pp.1441-1446, June 2013.

Fujioka Hiroyasu: Shōfusō Yoshimura Junzo's *Modern Architecture Borrowing Form from Old Architecture*: Shinkenchiku, Vol. 79, No.12, pp.145-151, November 2004 issue.

Benes, Mirke: A Modern Classic: *The Abby Aldrich Rockefeller Sculpture Garden: Philip Johnson and the Museum of Modern Art*: 1998.

The Museum of Modern Art, New York (hereafter MoMA), occasionally has sponsored and hosted temporary exhibition houses, which have reflected seminal ideas in architectural history. Full-scale pavilions of houses were built as exhibition works in the Sculpture Garden. The first exhibit, in 1949, featured Marcel Breuer's (1908–81) butterfly roofed *Geller House*; the second exhibit, in 1950, featured *Gregory Ain's (1908-88) mass-production models for affordable housing*. While both provided an outlook on the suburban housing in Post WWII America, Ain's designs, in particular, included prices of the furnishings and utensils in the illustrations, which indicated the America's future trend toward rapid, mass-consumption.

In contrast, the third house pavilion, designed by Japanese architect, Yoshimura Junzo, took a different direction. Different from Breuer and Ain, Yoshimura chose not to show his own original design, but instead designed the *Shōfusō* Japanese House and Garden (later relocated to Philadelphia in 1957-58), a work that arranged a *Shōin-zukuri* (traditional style of Japanese house developed in the Muromachi Period, 14th c), a National Treasure, *Kojo-in Kyakuden* (Reception hall) at Onjō-ji Mii-dera, (a major Buddhist temple in Shiga Prefecture). Through this, Arthur Drexler, MoMA's curator together with Philip Johnson (1906-2005), his professor, introduced Japanese architecture into the narrative of Modern architectural history.

Prior to the exhibition, Drexler came to Japan from February to March 1953 to conduct a survey of Japanese architecture. Before to coming to Japan, little interest was shown for Japan's contemporary architecture, with focus placed instead on the dismantling and relocating of old folk houses. However, experts of Japanese architecture wished to recommend that Drexler look at the *Shonin-zukuri* style used in 17th century samurai houses for their relation to modern architectural residences. Drexler understood this intent and additionally visited *Katsura Imperial Villa, Ginkaku-ji*, the *Temple of the Silver Pavilion* and *Ryōan-ji* (a major Buddhist temple in Kyoto, famous for its stone Zen garden). Drexler had also heard about *Kōjō-in Kyakuden* from the advice of architectural historian Sekino Masaru. Plans to relocate and reconstruct old folk houses eventually fell through, burdened by cost and cultural preservation laws; ultimately, it was decided to re-design and reconstruct based on *Kōjō-in Kyakuden* for the exhibit.

The house pavilion for *Shōfusō* rode the wave of popularity of the Japanese boom at the time, and drew record numbers of over 100,000 visitors during the summer seasons of 1954 and 1955. After the exhibition, the pavilion was moved to Philadelphia's Fairmount Park in 1958, where it still currently is open to the public. Indeed, domestically within Japan, the forms of old houses were not well regarded; however, Yoshimura focused on learning from the accumulation of the past. He described the impending danger of architectural being relegated to a stunted expression of form when he claimed: "I think that so-called creation is reconfiguration" in the March 1953 volume of *Shinkenchiku*, a major architectural journal.

Today, Taniguchi Yoshio's (1937-) design for the new MoMA is located where *Shōfusō* was constructed. The new building includes archives, libraries and curators offices—the brain of MoMA. It is interesting to consider that the former site of *Shōfusō*, where Yoshimura learned from the past, became the site of the intellectual operations of MoMA.

[Yamasaki Yasuhiro]

ポカンティコヒルの家 (ロックフェラー邸)

吉村順三
1974年

Residence in Pocantico Hills (Rockefeller House)

Yoshimura Junzo
1974

[右頁上] 外観
画像提供：新建築社写真部／DAAS
[opposite, above] **Exterior View**
Courtesy: Shinkenchikusha / DAAS

[右頁下] 断面図
1972年／所蔵：吉村設計事務所／画像提供：吉村順三ギャラリー
[opposite, below] **Section**
1972/Collection: J. Yoshimura Architect Office / Courtesy: Junzo Yoshimura Memorial Gallery

　吉村順三が、1974年にニューヨーク郊外のポカンティコヒルに建築した住宅。地上1階、地下1階、建築面積623m²、延床面積1200m²。鉄筋コンクリート造の地階の上に、中庭を回廊で囲んだ柱梁による開放的なプランをもつ。室内仕上材と間仕切り建具の多くは日本から船で運び、日本の職人が現地で施工した。施主は、当時アメリカ合衆国副大統領だったネルソン・A・ロックフェラーで、竣工直後には昭和天皇も訪れている。回廊の一部はロックフェラーが収集した美術品を展示するギャラリーとなっており、居間、食堂、ギャラリーの間仕切りは、障子を用いてスペースを用途に応じて自由に変化させることを可能にした。これは、自宅に多数のゲストを招き、公的な、あるいは私的なパーティーを開くことが多いという、施主のライフスタイルを考慮した結果である。500万坪もの広大な敷地を見渡せる居間には、床の間が据えられ、ガラスと障子で引き戸があることで、外部と内部が視覚的に連続する。しかし、木材を日本から持って施工したとはいえ、障子にはアカマツを用い、石もアメリカのものが使われるなど、素材の点では、決して日本的ではない。吉村は、この住宅が「日本を意識してやっている」わけでも「日本式にしている」わけでもないが、障子というエレメントや吉村順三という名前によって「日本的に見え」、また「そういう匂い」がついてしまう（吉村順三著『火と水と木の詩』、2008年）と語っている。日本人の職人がつくったスライディングドア（障子）が壁の中に完全に引き込まれることにより、可変的な空間が実現することは、日本とは無関係に機能主義的でモダンと言えるはずだが、プロポーションなどから日本が「どうしても匂い出ちゃうかもしれないけれど、意識的にやったんじゃない」というのが、吉村に流れる日本建築の遺伝子を示しているのかもしれない。　　[岸佑]

[上2点] 外観　1974年／撮影：平尾 寛
[above] **Exterior View** 1974 / Photo: Hirao Yutaka

　This was house built by Yoshimura Junzo in Pocantico Hills, Westchester County, just north of New York City in 1974. With a reinforced concrete level below grade and a single story above (and a 623-square-meter building footprint area and a 1,200 square-meter total floor area), the open plan has a corridor with a colonnade that encircles a courtyard. Although the house was built locally (by Japanese artisans), most of the interior finishing materials and partition fittings were shipped from Japan. The client, Nelson Aldrich Rockefeller, at the time serving Vice President of the United States under President Gerald R. Ford, had invited the Emperor Hirohito for a visit just after the completion of the home.

　The corridor was designed to serve partially as gallery to display Rockefeller's collection of artworks, and *shoji* sliding partitions between the living room, dining room and gallery enabled flexibility in adjusting the size of the spaces according to usage, since Rockefeller would often host public or private parties for a large number of guests. Other Japanese elements include a *tokonoma* (a raised alcove for display of seasonal artworks or arranged flowers) in the living room that overlooks the expansive 4,000-acre site, and glass and shoji sliding doors allow for visual continuity between the indoor and outdoor spaces. Although the house was built with wood from Japan, its use was unconventional; lattice frames for the shoji were made of Japanese red pine. Likewise, stone materials from an American source were also employed in a fashion atypical to Japanese tradition.

　In fact, Yoshimura was not particularly conscious of reflecting Japan in the design and had no intent to create a "Japanese style," yet the house "looks Japanese" by using elements such as shoji, and the sheer aspect that his name was Yoshimura Junzo, thus emitting a particular Japanese *aroma* (Yoshimura, *Hi to mizu to ki no uta*, 2008). The faculty to conceal the Japanese-handcrafted sliding doors (shoji) entirely inside the walls enabling variable spaces could be considered to be unrelated to Japan, but functionalist and modern; yet the *smell* of something Japanese is produced due to such characteristics as the proportions of elements in the design, regardless of whether it was done consciously. This could simply be because of the genes of Japanese architecture that flowed through Yoshimura's veins.　　[Kishi Yu]

内観 メインフロア ダイニング・ルーム　撮影：平尾 寛
Interior View of Main Floor Dining Room　Photo: Hirao Yutaka

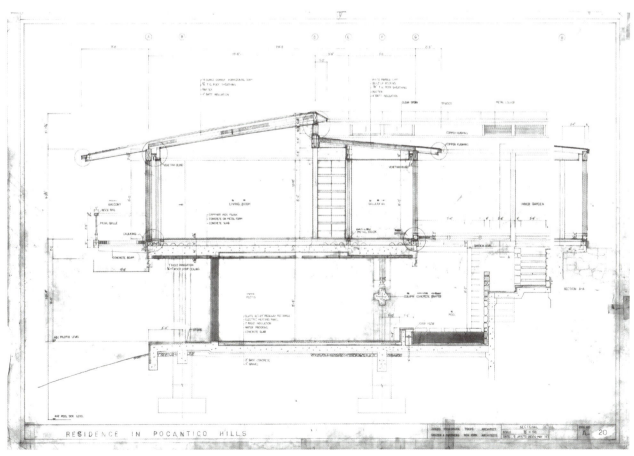

08 Japan Discovered

スケッチ 資料提供：ジョン・ポーソン
Sketch Courtesy: John Pawson

ポーソン自邸
ジョン・ポーソン
1999年

Pawson House
John Pawson
1999

建築家ジョン・ポーソンが、日々の暮らしの観察から得たものを、家の設計にどのように反映できるかという事を追求し、家族のために建てた自邸。この家では削いでいくという過程で、意味や目的を取り除いたのではなく、むしろ発見している。伝統的なファサードからは、古いフレームの中に取り込まれた新しい生活の様子が、思わせぶりに、ほんの少しだけ垣間見える。

この家の起点となるのは、地下階の上に3階建てという、西ロンドンの伝統的な19世紀のロウ・ハウスという連続住宅になるのだが、この家自体は連続住宅ではない。この家の取得時、各階には、それぞれ2つの部屋があり、最上階（3階）のみ3つの部屋があった。家の正面にはよく見られる、道路から下がった地下階へのアクセスと採光を提供する舗装されたエリアと、元々の家の1階の玄関へ上る階段があった。また、家の後部には、小さな庭と地下階の部屋から続く平屋の建物があった。

ベースとなっているのは従来のよくあるテラスハウスだが、他の家と一線を画して特別な家として際立たせているのは、敷地前後の共有ガーデン空間への視線が、遮られていない点だろう。

ポーソンのデザインでは、まず既存のインテリア全体をすべて一旦クリアな状態にするように、折り返し階段やそれによってL字型になってしまうフロア・プランが、各階から取り除かれている。その上でそこに、1階から3階まで続く真っ直ぐな階段が上へと連なり、また地階への第2の階段もその下に設けられた。この新しい構成は、平面を開放し、幅4mの妨げられることない空間を各階に造り出している。

道路側正面のファサードを変えることは、規制により禁止されているが、家の背後の立面は変更が可能なので、切断され、地下階は全面ガラス壁となり、1階の開口部が拡張されていて、その壁面は開放されている。最上階（3階）では家の端から端までガラスのスリットがとられていて、自然光が3層吹き抜けの階段室に振りそそぎ、空間を明るく照らしている。

イタリア南部レッチェ産の蜂蜜色の石灰岩が、内外の床面、ベンチ、ワークトップ、浴槽や洗面台などに使われていて、実質的にこの家の重量を2倍にしている。既存構造では、この倍増した荷重を支える強度がなかった事と、地盤沈下の問題も考慮し、このプロジェクトでは、新たにコンクリート造のフレームと3mの基礎を付加した。

1階は、主に談笑したり飲んだりする、テラスと暖炉を有効に活用する居間空間になっている。キッチンとダイニングエリアは地下階にある。そこには、キッチン内からガーデンへと続くように設けられた水平の線のデザインにより、まるで空が天井の屋外の部屋のように感じさせる空間が作り出されている。

主寝室は2階、家の後部にあり、プライベートと共有双方の木々や緑のガーデン空間を見下ろしている。浴室／トイレは家の前方にあり、巨大な先細り型の石の浴槽が設置されている。その他のプライベート空間は、一番上の3階にあり、ガラスの天井をスライドさせて開放すれば、星の動きや移り行く太陽光の下で、露天浴も楽しめるスカイ・シャワー室の両側に、ペアとなるシンプルな2つの寝室が置かれている。

［アリソン・モリス］

The house John Pawson created for his own family is a study in how domestic architecture can be designed around the rituals of everyday life. Here is a house where the process of paring down has uncovered rather than removed meaning and where a conventional *façade* gives only a tantalizing glimpse of the new life which has been flipped into the frame of the old.

The raw material was a traditional mid-nineteenth century row house without the row in west London, constructed on three floors over a basement. At the time of acquisition, each floor had two rooms, with the exception of the top floor which had three. At the front there was the usual arrangement of a paved area—providing both access and light to the basement—and stairs to the original front door at ground floor level. To the rear there was a small yard and a single-story outshoot. What marked an otherwise conventional house as extraordinary were unimpeded views over communal gardens to front and back.

The design strips out the existing interior in its entirety, clearing away the dog-leg staircases and attendant L-shaped floor plans. A single straight flight of stairs now rises from the ground to the top of the house, with a second flight underneath to the basement. This new arrangement opens up the plan and creates a four-meter wide band of uninterrupted space on every floor.

While planning regulations prohibited alterations to the façade, the rear elevation has been sliced open, with a glass wall at basement level and an enlarged aperture on the first floor. At the top of the house a glazed slot running the depth of the building allows daylight to spill down through the triple-height stairwell.

Honey-colored limestone from Lecce in southern Italy was sourced for use throughout, for floors inside and out, benches, worktops, bath and basins, effectively doubling the weight of the house. Since there was not sufficient unused strength in the original structure to support this additional load and given an existing subsidence problem, the project involved the installation of a new concrete frame and three meters of underpinning.

The ground (first) floor is used for sitting and drinking, making the best use of the terrace and the fireplace. Kitchen and dining areas are located in the basement. The continuation of lines established within the kitchen and extending into the garden create the sense of an outside room whose ceiling is the sky.

The main bedroom is on the second floor at the back of the house, overlooking the trees and green spaces of private and communal gardens. The bathroom is at the front, equipped with a monumental tapering stone trough bath. Additional private quarters are located on the upper floor in the form of a pair of simple sleeping cells located either side of a sky shower whose glass ceiling slides away to permit bathing beneath the stars or in the shifting play of sunlight.

[Alison Morris]

［上］内観
［下］外観
撮影：イェンス・ヴェイバ
[top] Interior View
[bottom] Exterior View
Courtesy: Jens Weber

[左]外観 画像提供：アジャイ・アソシエーツ
[右上]内観 [下]断面図
資料提供：アジャイ・アソシエーツ
[left] Exterior View [right] Interior View [below] Section
Courtesy: Adjaye Associates

ダーティー・ハウス
デイヴィッド・アジャイ
2002年

Dirty House
David Adjaye
2002

茶室のスケッチ　資料提供：アジャイ・アソシエーツ
Sketch of Tea Room　Courtesy: Adjaye Associates

　私の日本とのかかわりが始まったのは、建築家の友達が桂離宮とその建築がモダニズムに与えたインパクトについて、教えてくれた時からだ。その少し後、私がまだロンドンのロイヤル・カレッジ・オブ・アートの大学院で建築の修士課程の学生だった頃、京都に行って学ぶ研究旅行の奨学金を得ることが出来た。京都市立芸術大学に到着すると、私の担当は、今は亡き稲田教授であった。彼は建築家で英語も話せ、同時に茶道家や仏教の哲学者でもあった。稲田尚之（1927 - 2003）教授は、惜しみなく自身の時間を割いて、私の日本滞在中の研究のための旅程作成を助けてくれた。私は、自分を日本文化に没頭させたいと伝えたら、教授は、いくつかのすばらしい機会を与えてくれた。彼は、銀閣寺そばの茶室と神社の鳥居の両方で、私が採寸をし、記録やドキュメントが出来るように許可を取ってくれた。稲田教授が何度か私にお茶を立ててくれた茶室で過ごした時間から、茶道にとても興味を持つようになった。また、仏教の芸術や哲学の授業にも愛着を感じていた。それらの授業は日本語で行われていたが、スライドの画像を見ることはできたし、少し英語を話せる講師や学生の助けで、理解することができた。この授業により、私たちは旅をし、実際に日本のあちこちへと足を延ばして数々の神社や歴史的な遺物を間近に観察できた。現代的なホテルに泊まるのではなく、私は敢えて伝統的な日本の旅館に宿泊した。冬、春、夏という移り行く季節を通して住むことで、私は日本の伝統建築の醸す繊細さや儚さを実際に体感した。この宿舎で研究しながら、墨絵を学び、庭の木蓮の木が徐々に花咲き、満開になってから散っていく様子を、直に観察することが出来た。
　この国で過ごした時間は、私が異邦人としてだが日本の文化に落ち着いてじっくりと浸った時間であり、それにより、日本の中核を成す理想や理念のいくつかを観察できた。ロンドンの大学院での建築学の研究が終了しようとしていた頃、日本での経験で会得したのは、わたしが目の当たりにした空間的なそして観念的な関心を、信念を持って表現しなければならない、という事だろう。茶室からは、ありふれた材料を使っても何か特別に威厳のあるものを創出できるという事を、私は学んだ。それで私は、粗末でつまらない材料を使って建築を作るというアイディアを考えついた。都市環境では、エレクトラ・ハウスとダーティー・ハウスが、どうすれば茶室から発想を得てロウ・ハウスを構築できるかということへの、私なりの応答だ。これら2棟のロンドンの家は、光と空間が織りなすものを見せるものであって、パターンやかたちを称賛するのではなく、逆に内側から発出してくるような建築を作ろうとした。
　　　　　　　　　　　　　　　　　　　　　　　　　　[デイヴィッド・アジャイ]

My involvement with Japan started when architect friends told me about the *Katsura Rikyū* (Katsura Imperial Villa) and its impact on modernism. A short time later, when I was a student on the MA architecture course at the Royal College of Art in London, I made a successful application for a travel scholarship to study in Kyoto. Arriving at Kyoto City University of Arts, I was assigned to the late Professor Inada, an English-speaking architect, tea master and Buddhist philosopher, who was very generous with his time and helped me to organise an itinerary for my time in Japan. When I explained that I was interested in immersing myself in the culture, he set up some amazing possibilities. He arranged access to a teahouse near the *Silver Pavilion*, and to a shrine gate, both of which I was able to measure and document.
　My time in the teahouse made me very interested in the tea ceremony, which Professor Inada performed several times with me. I was also attached to a Buddhist art and philosophy class. It was given in Japanese but I could follow the slides with help from the lecturer and some of the students, who spoke English. The incredible thing about this course was that we travelled the length and breadth of the country looking at shrines and historic artefacts. Rather than staying in a modern hostel, I lived in a *ryokan*, as I wanted to experience the fragility of this kind of architecture in the winter, spring and summer. Working at home, I learnt *sumi-e* painting and made observational studies of the magnolia trees in the ryokan garden, as they came into blossom and the flowers faded.
　My time in the country allowed me to immerse myself quietly in the culture—as a stranger—and I was able to observe some of the core ideals in Japanese society. As I came to the end of my architectural studies in London, the experience of Japan taught me that I needed to have the conviction to express the spatial and ideological concerns that I was seeing. From the teahouse, I had learnt that you could use mundane materials to create something dignified, and this inspired me to use poor materials to create architecture. In an urban environment, the *Elektra House* and *Dirty House* are my response to seeing how a teahouse is constructed. The London houses are about revealing light and space, not being deferential to patterns for their own sake but trying to make an architecture that emanates from the inside out.
　　　　　　　　　　　　　　　　　　　　　　　　　　　　　　[David Adjaye]

レス・コルズ・パベヨーンズ
RCR アルキテクタス
2005年

Les Cols Pavellons
RCR Arquitectes
2005

　スペインのオロトにあるレス・コルズ・レストランに隣接している農家を、RCR が設計し現代的に改装した宿泊もできる鉄鋼とガラス製の5棟のパビリオン（パベヨーンズ）は、建築家が早い時期に日本の住居に接した時に得たインスピレーションを感じさせる。日本の茶室と露地の庭園を通る歩道を彷彿とさせるように、来客者はローソクが燈る土間仕立ての納屋の建物でチェックインを済ます。そして、緑色の鉄棒が囲む空間を通り抜けると、野菜ガーデンの建物によって配置されたパビリオンに導かれる。ジグザグに配された、色々な幅の半透明のガラスバンドにより目隠しされたそれぞれのパビリオンへと、金属製の魔法のカーペットが導いてくれる。ルームコードを打ち込むとガラス張りの部屋に入ることができる。

　壁と床や天井がすべて透明なガラス張りの部屋には、緑色の細長いマットレス以外家具が何もない。このマットレスが昼間はソファーに夜はベッドにと、その役割を変えるのは、日本の旅館での体験とそっくりだ。外を見るとそこにはロックガーデンがあり、日本の枯れ山水の石庭のようであり、光や空気また雨などの自然の要素と触れ合い、ガラス張りの部屋から頭上に見える、通り過ぎていく雲や太陽、雨滴などの効果で、その経験は深まってくる。隣のバスルームには、シンクもなく、唯一あるのはレーザービームに手をかざすと水が流れる斜めに設置された洗面台だけである。日本仕様で深めのバスタブには、石が敷き詰められ、自然な渓流を喚起させる。ガラスという主要な素材が水と相互作用し、常に変化していく粘性の空間的な彫刻を創り出している。

　朝が来ると、ガラス面から太陽の光が降り注ぎ、パビリオン内を活気づかせるように、新鮮な地産のパン、ジャム、チーズ、ソーセージやコーヒーそしてジュースの乗った朝食のトレーが運ばれてくる。盛りだくさんの地元産の食べ物は、一回の朝食としては余りある量なので、取り分けられ、オロト地域の火山性の景観を楽しみながら取るピクニックのランチ用に供される。　　　　　　　　　　［ケン・タダシ・オオシマ］

As a primal experience of dwelling that recalls the architects' early inspirations in Japan, the five steel and glass pavilions adjacent to the RCR-designed *Les Cols restaurant*, a modern transformation of a farmhouse in Olot, Spain, offer overnight accommodations. Abstractly reminiscent of Japanese tea houses and *roji* paths through their respective gardens, guests check in at an earthen-floored candle-lit barn structure, and then follow a path defined by an enclosure of green steel rods leading to the pavilions organized according to the structure of vegetable gardens. A metal screen magic carpet serves as the path to the individual pavilions, hidden behind a zigzag wall of translucent glass bands of varying positions widths. After punching in the secret room code, one enters the glazed room.

Here the walls, floors and ceiling are all transparent with no furniture, except for a green mattress cut into strips that serves as a couch by day and bed by night in a transformation reminiscent of an experience at a Japanese *ryokan*. While one can look out to the enclosed stone garden akin to Japanese dry rock gardens as they interact with natural elements of light, air and rain, the experience is intensified within the glazed box, with the passage of clouds, sun and falling of rain perceived overhead. In the adjacent bathrooms, there are no sinks, just washbasins configured as a slanted plane in which water flows upon passing through a laser beam. The deep Japanese-style bathtubs filled with stones evoke the freshness of streams. The primary material of glass interplays with water, creating an ever-changing viscous spatial sculpture.

In the morning, rays of sun illuminate the glass planes, bringing the pavilions to life as a breakfast tray of incredible local breads, jams, cheeses, sausage, coffee and juice is delivered to the space. As the bountiful offering is too much for one to enjoy at one sitting, it is wrapped up in a picnic bag to enjoy for lunch in the volcanic landscape of the Olot region.

[Ken Tadashi Oshima]

［上2点］内観　2005年／撮影：鈴木久雄
[above] Interior View 2005 / Photo: Suzuki Hisao

立面ドローイング　資料提供：RCR アルキテクタス
Elevation Drawing　Courtesy: RCR Arquitectes

ルーヴル・ランス
SANAA
2012年

Louvre-Lens
SANAA
2012

　ランスは、ベルギーとの国境に接するフランスのノール＝パ・ド・カレ地域圏にある人口 35,000 人の小さな地方都市である。敷地は 20ha の広大な土地で、第 9 竪坑と呼ばれる石炭炭坑とそれに付属する石炭搬出のための貨物支線の留置線の跡地である。本美術館の展示室やカフェテリア、エントランスホールなどの公共的なプログラムを地上に、収蔵庫やオフィスなどの支援的なプログラムを地下に計画した。大きな床面積を中規模ボリュームで数個に分け、それらをカーブさせながら地形に合わせて並べて繋げた。建物は全体として地形に沿って緩やかなスロープになっている。

　環境と美術作品、鑑賞者を柔らかく映し出すように、エントランスホールとガラスギャラリー以外の不透明ボリュームはアルミニウムのパネルで仕上げている。この地方特有の水平的な景観。煉瓦作りの低層の街並み。その上に広がる広い空。流れる雲。透明感のある光。大きなカーブを描くカバリエ。敷地に自然に生えた樹々の連なり。おおらかで素朴でかつ優雅な情景に、建物が横断しながら呼応するようなものになればと考えた。

[妹島和世・西沢立衛（SANAA）]

Lens is a small local city with a population of 35,000 in Pas-de-Calais in Northern France on the border of Belgium. The expansive, 20-hectare (approximately 49-acre) site is a former mine yard for coal mine shaft number 9 and its adjoining storage track of the freight branch line for transporting coal. The museum was designed with the public functions of the program that include the exhibition spaces, cafeteria and entrance hall planned above ground level, and the supporting functions of the program that include the storage and offices underground. The large floor space was divided into several low-lying structures which were linked to one another along a curve while following the topography of the site. In its entirety, the building takes on a gently sloping form along the landscape.

To softly reflect the environment, art works and visitors, all nontransparent structures—all but the foyer and the Glass Pavilion—are finished in aluminum panels. The local special horizontal scenery. The cityscape of brick low-rises. The vast sky overhead. The flowing clouds. The bright and clear light. The *Cavalier du 9 de Lens* rail tracks that describes a large curve. The grove of trees that grew naturally on the site. It was my intent to create a building that harmonized as it traversed this simple and unassuming yet elegant scenery.

[Sejima Kazuyo, Nishizawa Ryue (SANAA)]

［上］外観 ［下2点］内観
2013 年／撮影：鈴木久雄
[top] Exterior View [above and right] Interior View
2013 / Photo: Suzuki Hisao

断面スケッチ
資料提供：伊東豊雄建築設計事務所
Section Sketch
Courtesy: Toyo Ito & Associates, Architects

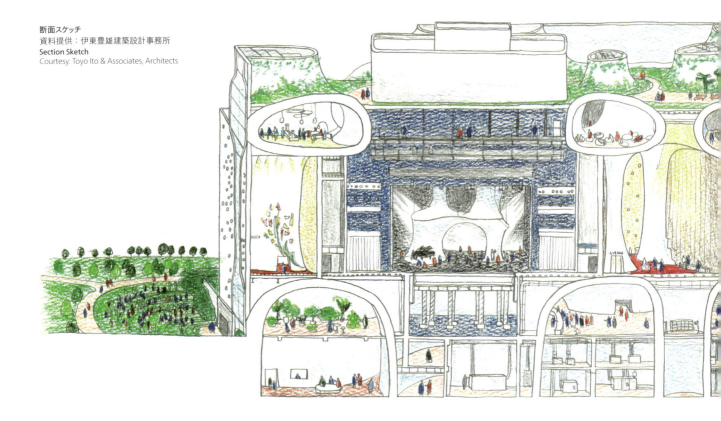

台中国家歌劇院
伊東豊雄
2016年

The National Taichung Theater
Ito Toyo
2016

　3つの劇場（2,000人、800人、200人収容）に、練習リハーサル室、舞台裏空間、レストラン、商業施設や公共公園などの複合施設が付随している51,000㎡ある6階建のオペラハウス（歌劇場）。
　歌劇場の建物は、58枚の曲面壁に覆われた鉄筋コンクリートのカテノイド構造により、洞窟のような垂直方向にも水平方向にも継ぎ目のない連続した空間が広がっています。建物の構造は、鉄筋を曲げて製作した2次元曲面トラスを20cm間隔で並べ、金属メッシュの型枠を設置して高流動コンクリートを流し込むというトラスウォール工法によって施工されています。外部のファサードは、構造体の断面図のように見え、それにより、屋上庭園やネットワーク状に配された庭園群を通して、内部と外部の間に連続的に拡張する空間を示唆しているのです。
［ケン・タダシ・オオシマ］

　The National Taichung Theater, designed by Ito Toyo (1941-), is the six-story, 51,000-square-meter opera house complex consisting of three theaters for 2,000, 800 and 200 people along with practice rooms, back spaces, restaurant, commercial facilities and a public park.
　The structure of this building employed a Truss Wall construction method. 2D curved re-bar trusses were fabricated and placed at 20cm intervals to define the complex 3D curved surface. A metal mesh formwork was then installed on both sides of the truss, with self-compacting concrete poured in to take form. The external façades appear as section cuts of the structure, implying a continuous extension between interior and exterior through the networked garden spaces along with the roof garden.
[Ken Tadashi Ohshima]

［右］《台中国家歌劇院 2階 グランドシアターホワイエ》2016年
［右頁左］《台中国家歌劇院 1階 エントランスロビー》2015年
［右頁右］《台中国家歌劇院 メインエントランス前の水盤》2016年
撮影：畠山直哉
[right] *Grand Theater Foyer 2nd floor, National Taichung Theater* 2016
[opposite, left] *Entrance Lobby 1st floor, National Taichung Theater* 2015
[opposite, right] *Waterscape at the entrance square, National Taichung Theater* 2016
Photo: Hatakeyama Naoya

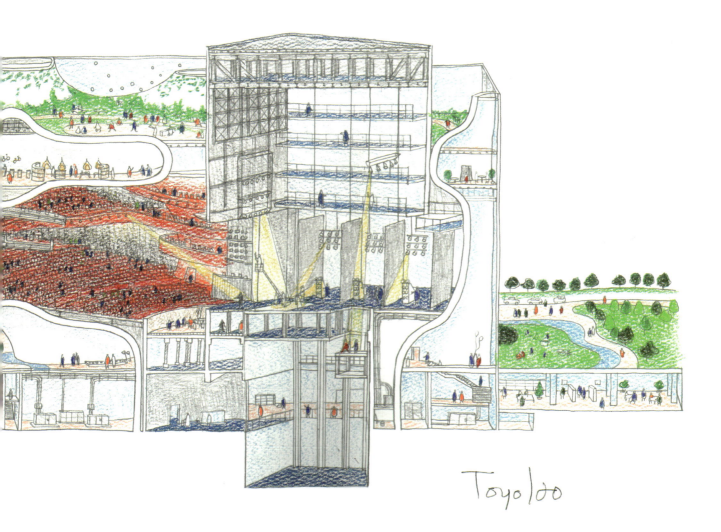

Toyoloo

08　Japan Discovered

旅人のまなざし——日本を「発見」した展覧会

山崎泰寛

　日本の建築の近代は、海の外から旅人が向けるまなざしとそれへの返答によって形成されてきたのかもしれない。明治時代に持ち込まれた西洋建築は日本なりの変貌を遂げて都市に定着してきたし、モダニズムもそういった様式をこそ乗り越えようとしてきた。一方で、各国の万国博覧会で建設されてきたパビリオン——旅する仮設建築——が西欧の建築家に「発見」され、評価されてきた例も少なくない。さらに、いまや国際建築展やコンペティション、受賞のニュースでは日本の建築家のみならず組織設計事務所の名前を見かけることができる。たとえば日建設計が勝ち取ったカンプノウ・スタジアムの改修コンペ案 (2016) は、開放的なデザインによって過度のアイコン化から離れ、スタジアム建築の未来像を鮮やかに示している。日本の建築デザインは国籍からも自由な場で評価されはじめているようだ。

　しかし、たとえば侵略戦争の過程で植民地化した地域に建てられた建築は、当然複雑なまなざしのもとに見出されてきた。立地する国家の主体が変わるたびに、あるいは見出す側の立場により、建築が浴びる視線の質は容易に変化する。事程左様に「発見」のストーリーは一筋縄ではいかないが、ここでは見るものと見られるものが拮抗する場として、ある展覧会を例にその姿を描いてみたい。

戦後に再発見された書院造

> われわれの家は石と石灰で作られている。彼らのは木、竹、藁および泥でできている。

　これは宣教師ルイス・フロイスが著した『ヨーロッパ文化と日本文化』の一節である。1562 年に来日した彼は各種習俗の一つとして建築に言及し、日本家屋の多くが平屋であり、基礎は石場建てであること、内外の仕切りは紙を貼った開き戸であること、屋根は板葺や草葺、こけら葺であることなどを驚くべき観察力で描写している。

　フロイスが住宅を発見した 16 世紀は、書院造が成立する時期にあたる。その書院造は 4 世紀後に再び探し出され、「松風荘」と呼ばれる日本家屋の展覧会として披露された。会場は、彫刻や絵画とともに、近代特有の表現である写真や映画、デザインといった分野を芸術と

して扱うニューヨーク近代美術館 (以下、MoMA)。仕掛けたのは、建築・デザイン部門のキュレーター、アーサー・ドレクスラー (1925 - 1987) である。[1]

　「松風荘」は、MoMA の中庭に実験住宅を建設するシリーズの一環として、1954 年から 55 年にかけて展示された日本家屋である。50 年代の MoMA は陶芸展や映画、歌舞伎の上演を通じて日本ブームを牽引していた。さらに、建築・デザイン部門のディレクターであり、MoMA の展覧会を通じてインターナショナル・スタイルを推し進めていた建築家フィリップ・ジョンソンは、自らの理論的補強として日本の建築に着目し、MoMA の彫刻庭園を日本庭園に模して改修するほど日本の古建築に強い関心を寄せていた。[2]

　ジョンソンの意を受けたドレクスラーは 2 カ月にわたる日本での調査の中で、関野克の助言も仰ぎながら書院造の存在を発見し、古民家の移築展示という案を退けて、「園城寺光浄院客殿」(1601) をアレンジしたパビリオンとして「松風荘」を建設した。命名は設計者の吉村順三 (1908 - 1997)。アントニン・レーモンド (1888 - 1976)の薫陶を受けた建築家である吉村は、オリジナリティの保持にこだわるドレクスラーの要求に向き合い、敷地に合わせて寸法を調えつつディテールを洗練させた設計に到達した。[3] 展覧会は 2 年間で 22 万 3 千人もの観客を集めた記録的な動員となった。

　しかし、50 年代半ばといえば、日本では「森博士の家」(清家清、1951) や「最小限住居」(増沢洵、1952) のような近代的な住宅が建てられはじめた時期にあたる。松風荘は清家や芦原義信、池辺陽、剣持勇といったモダニストからは反発を受けた。[4] 彼らにとって、MoMA での展示は自らの到達点を示す絶好の機会となるべきだったのだろう。だが、MoMA は古民家でも現代建築でもなく、自らのスタイルの普遍性を示してくれる原型（プロトタイプ）として「松風荘」を展示したのだ。近代建築を後追いした住宅作品が入り込む隙間などなかったのである。この展覧会に前後して、日本の建築家は、美術業界から続く「伝統論争」のなかで、日本的な建築のゆくえを探し求めることになった。

　一方、この展覧会に前後するかたちで、MoMA は日本建築の写真展を北米 28 都市で巡回している。外務省を巻き込んだ交渉の過程で現代建築を加えることに成功

し、20世紀に建てられた12作品を含めた全33作品が展示された。古建築の魅力はパビリオンとして、現代建築は写真というメディアのなかに発見されたのである。

実はMoMAの影響力は建築にとどまらない。1957年に国立近代美術館で開催された「20世紀のデザイン」展は、日本で開かれた初めての本格的なMoMAがプロダクトデザインの収蔵品を俯瞰するクロニクルとして構成したものだった。面白いのは、日本のデザイナーが「ジャパニーズ・モダン」（剣持勇）としてつくられた製品とMoMAのコレクションを並置して展示するように交渉を重ねたにもかかわらず、MoMAが頑としてはねつけたことである。その張本人こそがドレクスラーであった。彼はMoMAのコレクションの権威を最優先するために、自らが実検しなかった作品を丁寧に除去したのである。建築もデザインも、一人のキュレーターの判断の前に忸怩たる思いを抱いたと考えると、日米の文化政策上の相克を見るようで興味深い。アメリカからの旅人として日本の建築を発見したドレクスラーに、じっくり話を聞いてみたいものである。

未来を「発見」するための旅

ところで、「松風荘」から半年後のシンポジウム「伝統をどう克服するか？」に出席した吉村は、技術論が優先する機能主義的な建築観に対して、先人の蓄積に学び「再編成することが即ち創造だと思う[5]」と反論している。彼は、書院造を当世のまなざしのもとで再構成していた。つまり、吉村にとって「松風荘」はある意味で書院造のリノベーション、すなわち建築的な創造性が発露する機会だったのではないか。

戦後における木造建築のリノベーションといえば、木造モダニズムとして「松風荘」と同時代に建てられ、近年素晴らしい改修を遂げた建築を思い出さざるをえない。オリジナルのディテールと空間の質を尊重しつつ、最新の耐震基準にも応える優れた設計によって次代につながられた、愛媛県八幡浜市の「日土小学校」（松村正恒、1956、1958）である。同時期に建てられた日本のモダニズム建築は、地方都市に豊かな蓄積として残されている。もし日土小学校に至る旅の行程を組むならば、それは大阪の「生きた建築ミュージアム」や弘前の前川建築、瀬戸内の丹下建築と並び、現役の建築遺産を経験するため

のグランドツアーの一つとして数えられるにちがいない。建築史家の鈴木博之が言ったように、「観光旅行というものは、そのほとんどが都市と建築の見物なのだ[6]」。

日本の建築をめぐるいくつもの旅があった。そのまなざしを理解することは、私たちが未来を創造的に発見できるかどうかの試金石でもあるだろう。次は私たちこそが旅人となる時である。

［本稿の注釈、参考文献は、p. 273 参照］

Viewpoint of Travelers; the Exhibitions that have "Discovered" Japan

Yamasaki Yasuhiro

Modern architecture of Japan may have taken shape via the view of visitors from abroad and the responses to it. Western-style architecture introduced to Japan during the Meiji period was adapted to the Japanese context and became a fixture in our cities; whilst modern architecture was an attempt to overcome this style. Meanwhile, there are quite a few examples of pavilions—traveling temporary architecture—being built for expositions in different countries that were *discovered* and highly regarded by Western architects. Furthermore, in recent years we often find the names of individual Japanese architects and corporate firms amongst the winners of international architectural exhibitions and competitions. For example, Nikken Sekkei won the 2016 competition for the new *Camp Nou Stadium* for FC Barcelona, its open design, departing from the extravagant icons of the past and presenting a clear vision for the future direction of stadium architecture. Japanese architectural design seems to have gained reputation in a field beyond the boundaries of nationality.

However, architecture built in regions colonized by Japan during its wars of aggression are unsurprisingly subject to a complex gaze. The tenor of the eye with which architecture is viewed can easily shift depending on the subject position of the country in which it stands or who is doing the looking. To that extent, although the story of "discovery" is easier done than said, here I would like to trace, through the example of a particular exhibition, the shape of a field in which those viewing vie with that being viewed.

The Postwar Rediscovery of *Shoin-zukuri*

> "Our houses are made of stone and lime. Their houses are made of wood, bamboo, straw and mud."

This sentence appears in *European & Japanese: Treatise on Contradictions & Differences of Morals* written by Luís Fróis, a Portuguese missionary. Arriving in Japan in 1562, Fróis discussed architecture as being among the range of cultural customs. His account reveals his astonishing powers of observation, including that most Japanese houses were single-story; construction foundations were of stone; sliding doors with paper were used as partitions between indoor and outdoor spaces; and roofs were either shingled or thatched.

The 16th century, when Fróis discovered his Japanese houses, coincides with the time when the style of shoin-zukuri was being established. Four centuries later, shoin-zukuri was rediscovered and presented as *Shōfūsō* in an exhibition on the Japanese House. The venue of the exhibition was The Museum of Modern Art, New York (MoMA), which regards distinctive modern expressions such as photography, film and design as arts alongside other art forms including sculpture and painting. It was organized by Arthur Drexler (1925-1987), a curator of architecture and design.[1]

Shōfūsō was a Japanese house displayed from 1954 to 1955 in the courtyard of MoMA as a part of series that constructed experimental houses. In the 1950s, MoMA helped instigate a "Japan boom" through pioneering pottery exhibitions, film screenings and staging of Kabuki performances. Moreover, for Phillip Johnson, an architect and also the director of the architecture and design division at

MoMA, who strove to promote the *International Style* through MoMA exhibitions, Japanese architecture was useful in supporting his theoretical agenda. The strength of his interest in Japanese traditional architecture was such that Johnson transformed the sculpture garden at MoMA into a Japanese garden.[2]

Under the direction of Johnson, and with advice from Sekino Masaru, Drexler became aware of the existence of shoin-zukuri during his two-month research stay in Japan. He rejected a proposal to rebuild a traditional *minka* house, and instead built *Shōfūsō* as a pavilion, taking inspiration from the *Kōjō-in Kyakuden of Onjō-ji Mii-dera* (1601). The name was decided by the architect of the pavilion, Yoshimura Junzo. Yoshimura, who had worked under Antonin Raymond (1888-1976), responded to Drexler's desire to pursue originality, and managed to achieve a design with refined details that were accommodated to the site.[3] The exhibition attracted 223,000 visitors in two years, a record-breaking number of visitors.

Meanwhile, the 1950s in Japan was a period in which modern dwellings were starting to appear, such as *Doctor Mori House* (Seike Kiyoshi, 1951) or *Minimum House* (Masuzawa Makoto, 1952). *Shōfūsō* was rejected by the modernists such as Seike Kiyoshi, Ashihara Yoshinobu, Ikebe Kiyoshi and Kemmochi Isamu.[4] From their perspective, the exhibition at MoMA should have given the best opportunity for them to present their respective achievements. However, rather than through traditional *minka* house or contemporary architecture, MoMA chose to present *Shōfūsō* as a prototype to demonstrate the universality of their style. There was no room to exhibit house projects that pursued modern architecture. It was around the time of this exhibition that Japanese architects, in the context of the *dentō ronsō,* the debate over tradition unfolding in the art world, started to seek out the future direction of a Japanese architecture.

Meanwhile, around the time the exhibition was presented, MoMA organized a photographic exhibition of Japanese architecture, which toured to 28 cities in North America. Through negotiation with the Ministry of Foreign Affairs, they managed to incorporate contemporary architecture in the exhibition, which showed 33 photographs in total including twelve 20th century buildings. The charm of traditional architecture was discovered in the pavilion while contemporary architecture was captured via the media of photography.

In fact, the influence of MoMA extended beyond architecture. The *Exhibition of 20th Century Design in Europe and America* held in 1957 at the National Museum of Modern Art, Tokyo was the first serious exhibition in Japan chronicling MoMA's collection of product design. It is worth noting that despite pressure, MoMA flatly refused to agree to juxtaposing works from the MoMA collection with works of the Japanese designer Kenmochi Isamu made under his "*Japanese Modern*" banner. The person who refused the suggestion was Drexler himself. In order to sustain the preeminence of MoMA's authority, he quietly excluded works he hadn't himself passed judgment on. It is fascinating to observe how the abashed feelings of the Japanese before the judgment of a single curator about the presentation of "Japanese" architecture and design reveals the conflicts in the realm of Japanese-American cultural policy.

A Journey to "Discover" the Future

In a symposium called *How to Overcome Tradition* held half a year after *Shōfūsō*, Yoshimura argued, in opposition to the functionalist prioritization of technology, that "the reorganization of the accumulated knowledge of our ancestors is actually creation."[5] He had, then, reorganized the shoin-zukuri under the gaze of the present. In other words, for Yoshimura, *Shōfūsō* was in some way a renovation of shoin-zukuri, an opportunity to reveal his architectural creativity.

Speaking of the renovation of wooden architecture in the postwar period, I can't help recalling a building originally built at the same time as the shoin-zukuri in a timber modern idiom and recently wonderfully repaired. It is the *Hizuchi Elementary School* in Yawata-hama in Ehime Prefecture (Matsumura Masatsune, 1958). The building's life was extended to the next generation with the most up-to-date earthquake resistant techniques while respecting the original details and quality of space. The *Hizuchi Elementary School* should be included on itinerary to existing heritage architectures, along with the *Living Architecture Museum* in Osaka; the buildings in Hirosaki, Aomori Prefecture designed by Mayekawa Kunio; and the works by Tange Kenzo in the Seto Inland Sea. As the architecture historian Suzuki Hiroyuki has said, "Most of the sights of touristic travel are largely of cities and their buildings."[6]

Japanese architecture has inspired many journeys. Understanding this gaze upon it is a touchstone for a creative discovery of the future. The next step is for us ourselves to become travelers.

[Footnotes and References for this document are listed on p. 274]

▌年表
Chronology

ここでは、日本国外の建築家によって日本につくられた建築と日本人建築家によって海外につくられた建築、さらに日本の思想もしくは根底にあるものに影響を受けてつくられた建築や、日本の伝統的な文化の紹介をした書籍を主に選んでいる。魏志倭人伝やマルコ・ポーロの東方見聞録など、歴史上日本が国外の人物によって紹介される機会は何度かあったが、その文化が広く知れ渡るようになったのは19世紀末ごろの美術界の動きからによるところが大きいだろう。年表では、その時期から現在に至るまでの潮流について表している。

[添田菜月＋小岩正樹]

In this section of the chronological table, in regard to "Discovering Japan from the Outside," we introduce architecture by architects outside of Japan, as well as works outside of Japan created by Japanese architects. Works were chosen also for the influence of Japanese thought or underlying concepts in their design. We also present documents that introduced Japanese traditional culture to the rest of the world. Through sources such as Gishi-wajin-den (Account of the Wajin [Japanese] in The History of the Wei Dynasty) by Shou Chen and records of Marco Polo's travel to the East, historically Japan was introduced to the rest of the world through the eyes of outsiders. The most significant exposure to Japanese culture, however, occurred toward the end of the 19th century through movements of art. In this section of the chronological table, the series of works here takes the viewer through this period up until the present age.

[Soeda Natsuki ＋ Koiwa Masaki]

監修：早稲田大学 小岩正樹建築史研究室
Adviser: Koiwa Masaki Laboratory,
Department of Architecture, Waseda University

| 1850 | 1900 | 1950 | 2000 |

● 日英博覧会
The Japan-British Exhibition,
London, 1910

● パリ万国博覧会日本館（坂倉準三）
International Exposition 1937, Paris
Japan Pavilion (Sakakura Junzo)

● ヴァン・ロイエン・アパート（ジョン・ポーソン）
van Royen Apartment (John Pawson)

● 日本家屋展 松風荘（吉村順三）
Shōfū-sō, Japanese Exhibition House (Yoshimura Junzo)

● ロンドン万国博覧会 1862 年
International Exposition of
Industry and Art, London, 1862

● 帝国ホテル旧本館（ライト館）
（フランク・ロイド・ライト）
Frank Lloyd Wright's Imperial Hotel
(Frank Lloyd Wright)

● 笄町の自邸・事務所（アントニン・レーモンド）
Kōgai-chō House and Studio (Antonin Raymond)

● TAK ビル（デイヴィッド・チッパーフィールド）
TAK Building (David Chipperfield)

● 赤星四郎週末別荘
（アントニン・レーモンド、吉村順三［レーモンド建築設計事務所］）
Akaboshi Shiro's Weekend Cottage
(Antonin Raymond, Yoshimura Junzo [Raymond Architectural Design Office])

● ダーティー・ハウス
（デイヴィッド・アジャイ）
Dirty House
(David Adjaye)

● シカゴ万国博覧会 日本館 鳳凰殿
（久留正道）
The Hō-ō-Den, World's Columbian
Exposition, Chicago, Japanese Pavilion
(Kuru Masamichi)

● 夏の家（アントニン・レーモンド）
Antonin Raymond's Own Summer House
(Antonin Raymond)

● ポカンティコヒルの家（ロックフェラー邸）
（吉村順三）
Residence in Pocantico Hills (Rockefeller House)
(Yoshimura Junzo)

● 旧イタリア大使館日光別邸
（アントニン・レーモンド）
Former Italian Embassy Villa in Nikko
(Antonin Raymond)

● 旧井上房一郎邸
（アントニン・レーモンド［原設計］、井上房一郎）
The Former Inoue Fusaichiro House
(Antonin Raymond [Original Design], Inoue Fusaichiro)

● まつもとコーポレーション
（デイヴィッド・チッパーフィールド）
Matsumoto Corporation
Headquarters (David Chipperfield)

● ヒルハウス
（チャールズ・レニー・マッキントッシュ）
Charles Rennie Mackintosh's Hill House
(Charles Rennie Mackintosh)

● 吉田鉄郎『日本の住宅』
Wasmuth; Auflage: Neuaufl（ドイツ語版）

● レス・コルズ・
パベヨーンズ
（RCR アルキテクタス）
Les Cols Pavellons
(RCR Arquitectes)

● ブルーノ・タウト
『予は日本建築をいかに観るか』
（国際建築協会『国際建築』1934 年 1 月号）

● サンパウロ日本館（堀口捨己）
Japanese Pavilion in São Paulo (Horiguchi Sutemi)

● 旧日向家熱海別邸地下室（ブルーノ・タウト）
Basement of the former Villa Hyūga, Atami
(Bruno Taut)

● ブリオン墓地（カルロ・スカルパ）
Brion Cemetery (Tomba Brion)
(Carlo Scarpa)

● ポーソン自邸
（ジョン・ポーソン）
Pawson House (John Pawson)

● 漆のスクリーン（アイリーン・グレイ）
Eileen Gray's Japanese Lacquer screen

● イームズ自邸（チャールズ＆レイ・イームズ）
Charles Eames House, Case Study House
(Charles and Ray Eames)

● 台中国家歌劇院
（伊東豊雄）
The National
Taichung Theater
(Ito Toyo)

● ギャンブルハウス
（チャールズ・グリーン＋ヘンリー・グリーン）
The Gamble House (Charles Greene and Henry Greene)

● シングルトン・ハウス（リチャード・ノイトラ）
The Singleton House (Richard Neutra)

● シンドラー自邸（キングス・ロード・ハウス）
（ルドルフ・シンドラー）
Schindler House (Kings Road House)
(Rudolf Schindler)

● アーサー・ドレクスラー
『アーキテクチュア・オブ・ジャパン』
THE ARCHITECTURE OF JAPAN ／ MoMA
(Arthur Drexler)

● ルーヴル・ランス
（SANAA）
Louvre-Lens

● クリストファー・ドレッサー／ Christopher Dresser
『Japan: Its Architecture, Art, Art-manufactures』

● イサム・ノグチ、ジョージ・ナカシマ
Isamu Noguchi, George Nakashima
『art & architecture』

● エスター・マッコイ／
Ester McCoy
『Craig Ellwood:
Architecture』
Hennessey & Ingalls

● 西川驍『現代建築の日本的表現』／彰国社

● エドワード・モース／ Edward Morse
『Japanese Homes and Their Surroundings』

● ノーマン・カーヴァー／ Norman Carver
『日本建築の形と空間』／彰国社

● ジョン・ポーソン／John Pawson
『minimum』
Phaidon Press Limited

● グロピウス会『グロピウスと日本文化』／彰国社

● ジェームズ・モード・リチャーズ／James Maude Richards
『An Architectural Journey in Japan』／ The Architectural Press

● 本セクションでの展示プロジェクト Exhibit in this section　　● 他セクションでの展示プロジェクト Exhibit in other section

プロジェクトデータ
Project Data

p. 210

シカゴ万国博覧会 日本館 鳳凰殿
久留正道 (1855 - 1914)

The Hō-ō-Den, World's Columbian Exposition Japanese Pavilion
Kuru Masamichi (1855-1914)

[名称] シカゴ万国博覧会日本館 鳳凰殿
[所在地] アメリカ合衆国 シカゴ
[竣工年] 1893年 (明治時代) 現存せず
[主要用途] 展示場
[面積] 約132㎡ (内部)
[構造] 木造
[設計] 久留正道
[施工] 日本土木 (現 大成建設)
[Name] The Hō-ō-Den (Phoenix Hall), The World's Columbian Exposition
[Location] Chicago, USA
[Completion year] 1893 (demolished)
[Primary use] Exhibition pavilion
[Area] approximately 132 m² (interior)
[Structure] Wood frame
[Design] Kuru Masamichi
[Construction] Nippon Doboku (current Taisei Corporation)

p. 212

帝国ホテル旧本館 (ライト館)
フランク・ロイド・ライト (1867 - 1959)

Frank Lloyd Wright's Imperial Hotel
Frank Lloyd Wright (1867-1959)

[名称] 帝国ホテル旧本館 (ライト館)
[所在地] 東京都千代田区、愛知県犬山市明治村に移築 (中央玄関)
[竣工年] 1923年 (大正時代) 現存せず 1985年移築 (中央玄関)
[主要用途] ホテル
[延床面積] 29,107.35㎡
[構造] 鉄筋コンクリート造、一部煉瓦造
[設計] フランク・ロイド・ライト
[施工] 日本土木 (現 大成建設)
[Name] Frank Lloyd Wright's Imperial Hotel
[Location] Chiyoda, Tokyo relocated to MUSEUM MEIJI-MURA, Inuyama, Aichi (Main Entrance Hall)
[Year] 1923 (demolished), 1985 (relocated: Main Entrance Hall)
[Primary use] Hotel
[Total floor area] 29,107.35 m²
[Structure] Reinforced concrete, partly brick masonry
[Design] Frank Lloyd Wright
[Construction] Nippon Doboku (current Taisei Corporation)

p. 217

シンドラー自邸 (キングス・ロード・ハウス)
ルドルフ・シンドラー (1887 - 1953)

Schindler House (Kings Road House)
Rudolph M. Schindler (1887-1953)

[名称] シンドラー自邸 (キングス・ロード・ハウス)
[所在地] アメリカ合衆国 カリフォルニア州
[竣工年] 1922年
[主要用途] 住宅
[延床面積] 330㎡
[構造] 鉄筋コンクリート造、木造
[設計] ルドルフ・シンドラー
[Name] Schindler House (Kings Road House)
[Location] California, USA
[Year] 1922
[Primary use] House
[Total floor area] 330 m²
[Structure] Reinforced concrete, wood frame
[Design] Rudolph M. Schindler

p. 218

笄町の自邸・事務所と旧井上房一郎邸
アントニン・レーモンド (1888 - 1976)

Kōgai-chō House and Studio The Former Inoue House
Kōgai-chō Studio
Antonin Raymond (1888-1976)

─────

笄町の自邸・事務所
アントニン・レーモンド (1888 - 1976)

Kōgai-chō House and Studio
Antonin Raymond (1888-1976)

[名称] 笄町の自邸・事務所
[所在地] 東京都港区
[竣工年] 1951年 (現存せず)
[主要用途] 住宅、事務所
[延床面積] 650㎡
[構造] 木造
[設計] アントニン・レーモンド
[施工] 白石建設
[Name] Kōgai-chō Studio
[Location] Minato, Tokyo
[Completion year] 1951
[Primary use] House, office
[Total floor area] 650 m²
[Structure] Wood frame
[Design] Antonin Raymond
[Construction] Shiraishi Kensetsu

─────

旧井上房一郎邸
アントニン・レーモンド (原設計)
井上房一郎 (1898 - 1993)

The Former Inoue House
Antonin Raymond (Original design)
Inoue Fusaichiro (1898-1993)

[名称] 旧井上房一郎邸
[所在地] 群馬県高崎市
[竣工年] 1952年
[主要用途] 住宅
[延床面積] 191.21㎡
[構造] 木造
[原設計] アントニン・レーモンド
[設計] 井上房一郎
[施工] 井上工業
[Name] The Former Inoue House
[Location] Takasaki, Gunma
[Completion year] 1952
[Primary use] House
[Total floor area] 191.21 m²
[Structure] Wood frame
[Original design] Antonin Raymond
[Design] Inoue Fusaichiro
[Construction] Inoue Kougyo

p. 220

赤星四郎週末別荘
アントニン・レーモンド (1888 - 1976)
吉村順三 (1908 - 1997、レーモンド建築設計事務所)

Akaboshi Shiro's Weekend Cottage
Antonin Raymond (1888-1976), Yoshimura Junzo (1908-1997) (Raymond Architectural Design Office)

[名称] 赤星四郎週末別荘
[所在地] 神奈川県藤沢市
[竣工年] 1931年 (現存せず)
[主要用途] 別荘
[延床面積] 77.74㎡
[構造] 木造
[設計] アントニン・レーモンド、吉村順三 (レーモンド建築設計事務所)

[施工] 酒井コンクリート工業店
[Name] Akaboshi Shiro's Weekend Cottage
[Location] Fujisawa, Kanagawa
[Year] 1931 (demolished)
[Primary use] Villa
[Total floor area] 77.74 m²
[Structure] Wood frame
[Design] Antonin Raymond, Yoshimura Junzo (Raymond Architectural Design Office)
[Construction] Sakai Concrete Kogyoten

p. 222

日本家屋展 松風荘
吉村順三 (1908 - 1997)

Shōfū-sō, Japanese Exhibition House
Yoshimura Junzo (1908-1997)

[名称] 松風荘
[所在地] アメリカ合衆国ニューヨーク、フィラデルフィアに移築
[竣工年] 1954年、1957年移築
[主要用途] 展示場
[延床面積] 208㎡
[構造] 木造
[キュレーター] アーサー・ドレクスラー、フィリップ・ジョンソン
[設計] 吉村順三
[施工] 伊藤平左衛門 (建築)、佐野旦斎 (庭園)
[Name] Shōfū-sō
[Location] New York, USA (relocated to Philadelphia)
[Year] 1954, 1957 (relocated)
[Primary use] Exhibition pavilion
[Total floor area] 208 m²
[Structure] Wood frame
[Curator] Arthur Drexler, Philip Johnson
[Design] Yoshimura Junzo
[Construction] Ito Heizaemon (architecture), Sano Tansai (garden)

p. 224

ポカンティコヒルの家 (ロックフェラー邸)
吉村順三 (1908 - 1997)

Residence in Pocantico Hills (Rockefeller House)
Yoshimura Junzo (1908-1997)

[名称] ポカンティコヒルの家 (ロックフェラー邸)
[所在地] アメリカ合衆国 ニューヨーク州
[竣工年] 1974年
[主要用途] 住宅
[延床面積] 1,196.27㎡
[構造] 鉄筋コンクリート造、木造
[設計] 吉村順三設計事務所
[設計協力] グルーゼン・アンド・パートナーズ・アーキテクツ
[施工] 中村外二工務店
[Name] Residence in Pocantico Hills (Rockefeller House)
[Location] New York, USA
[Year] 1974
[Primary use] House
[Total floor area] 1,196.27 m²
[Structure] Reinforced concrete, wood frame
[Design] Junzo Yoshimura Architect
[Design Support] Gruzen & Partners Architects
[Construction] Nakamura Sotoji Komuten

p. 226

ポーソン自邸
ジョン・ポーソン (1949 -)

Pawson House
John Pawson (1949-)

[名称] ジョン・ポーソン自邸

[所在地]イギリス ロンドン
[竣工年]1999年
[主要用途]住宅
[延床面積]164㎡
[構造]鉄筋コンクリート造
[設計]ジョン・ポーソン
[Name] Pawson House
[Location] London, UK
[Year] 1999
[Primary use] House
[Total floor area] 164㎡
[Structure] Reinforced concrete
[Design] John Pawson

p. 227

ダーティー・ハウス
デイヴィッド・アジャイ（1966 - ）

Dirty House
David Adjaye (1966-)

[名称]ダーティー・ハウス
[所在地]イギリス ロンドン
[竣工年]2002年
[主要用途]住宅、スタジオ
[延床面積]333㎡
[構造]石造（既存）、鉄骨造
[設計]デイヴィッド・アジャイ／アジャイ・アソシエイツ
[施工]R. J. パリー
[Name] Dirty House
[Location] London, UK
[Year] 2002
[Primary use] Studio house
[Total floor area] 333㎡
[Structure] Existing masonry shell and steel frame
[Design] David Adjaye, Adjaye/ Associates
[Construction] R. J. Parry

p. 228

レス・コルズ・パベヨーンズ
RCR アルキテクタス

Les Cols Pavellons
RCR Arquitectes

[名称]レス・コルズ・パベヨーンズ
[所在地]スペイン オロト
[竣工年]2005年
[主要用途]ホテル
[延床面積]130㎡
[構造]鉄骨造
[設計]RCR アルキテクタス
[施工]ホアキン・プイデバル
[Name] Les Cols Pavellons
[Location] Olot, Spain
[Year] 2005
[Primary use] Hotel
[Total floor area] 130㎡
[Structure] Steel frame
[Design] RCR Arquitectes
[Construction] Joaquim Puigdevall

p. 229

ルーヴル・ランス
SANAA

Louvre-Lens
SANAA

[名称]ルーヴル・ランス
[所在地]フランス ランス
[竣工年]2012年
[主要用途]美術館、公園
[延床面積]32,400.00㎡

[構造]鉄筋コンクリート造、鉄骨造
[設計]妹島和世＋西沢立衛／SANAA
[Name] Louvre-Lens
[Location] Lens, France
[Year] 2012
[Primary use] Art museum, park
[Total floor area] 32,400.00㎡
[Structure] Reinforced concrete, steel frame
[Design] SANAA

p. 230

台中国家歌劇院
伊東豊雄（1941 - ）

The National Taichung Theater
Ito Toyo (1941-)

[名称]台中国家歌劇院
[所在地]台湾 台中
[竣工年]2016年
[主要用途]劇場、ギャラリー、レストラン
[延床面積]51,152.19㎡
[構造]鉄筋コンクリート造
[設計]伊東豊雄建築設計事務所、大矩聯合建築師事務所
[施工]麗明營造
[Name] The National Taichung Theater
[Location] Taichung, Taiwan
[Year] 2016
[Program] Theater, gallery, restaurant
[Total floor area] 51,152.19㎡
[Structure] Reinforced concrete
[Architect] Toyo Ito & Associates, Da-Ju Architects & Associates
[Construction] Lee Ming Construction

09

共生する自然
Living with Nature

　日本人は自然と共に生きてきました。日本の建築は、外と内との境界を曖昧にすることで自然を取り込むことを特徴としています。伝統的な住宅建築には、季節や天候の変化を感じることができる豊かさがあります。現代建築でも、西沢立衛が設計した瀬戸内海の《豊島美術館》では、内部には無柱空間が広がり、天井の開口部からは光と空気が採り込まれ、鑑賞者は内にいながらも外を感じることができます。一方で、自然に対する畏怖の念を表す建築もあります。切り立った岩のくぼみに建てられた鳥取県の《投入堂》は、独特の緊張感を見る者に与え、周囲の自然が厳しい修行の場であることを思い起こさせます。他にも、藤森照信の《ラ コリーナ近江八幡》は、縄文住居に由来するとされる芝棟にならい、屋根が芝に覆われており、建物全体が自然に溶け込むかのような独特の魅力を醸成しています。縄文時代より自然と共生する道を模索し、現代においてもその流れは幾多にも分かれながら繋がっているのです。日本の建築は、自然と共に生きています。

The Japanese have long lived side by side with nature. A characteristic of Japanese architecture is its integration of nature by blurring the boundaries between inside and outside. Traditional home architecture richly conveys a sense of the changing seasons and climate. Examples of this can be found even in contemporary architecture. Nishizawa Ryue's *Teshima Art Museum*, located on an island in the Seto Inland Sea, has no pillars or columns inside, bringing in light and air through the opening in the ceiling and allowing visitors to feel like they are simultaneously indoors and outdoors. On the other hand, architecture can also express our awe in the face of nature's incredible power. Built into the mouth of a steep cliff, *Nageire-dō* in Tottori Prefecture fills the viewer with a unique sense of apprehension and evokes the harshness of the surrounding nature. Fujimori Terunobu's *La Collina Omi-Hachiman* takes inspiration from the *shibamune* (turf ridge) used on homes in the Neolithic Jōmon period. With its roof completely covered by grass, the entire building seems to blend into the natural environment. Since the Jōmon period, people have searched for such ways to coexist with nature and the current of this spirit continues to flow and diverge today.
The architecture of Japan is always in close harmony with nature.

芝棟

芝棟（群馬県長野原町貝瀬）｜亘理俊次｜1976年｜所蔵：東京大学博物館 亘理俊次 芝棟コレクション

Shibamune

Shibamune (Kaise, Naganohara, Gunma)｜Watari Shunji｜1976
Collection: Watari Shunji *Shimamune* Collection, The University Museum, The University of Tokyo

ラ コリーナ近江八幡　草屋根
藤森照信
2014年 ｜ 全景 ｜ 撮影：ナカサアンドパートナーズ ｜ 画像提供：たねや

Kusayane, La Collina Omihachiman
Fujimori Terunobu
2014 ｜ Exterior View ｜ Photo: Nacasa & Partners ｜ Courtesy: Taneya

名護市庁舎
象設計集団＋アトリエ・モビル
1981年

Nago City Government Office
Atelier ZO + Atelier Mobile
1981

　沖縄本島北部の中核都市である名護市の庁舎である。この地は首都・東京から南東に約1500kmの距離にあり、亜熱帯気候に属し、琉球王国を核とした文化的な伝統を誇ると共に、第二次世界大戦では甚大な被害を受け、戦後27年間アメリカ統治下に置かれた経験を持つ。

　1972年の日本復帰後、行政業務の増大から新庁舎を建設するにあたり、市は当地の風土性を問う公開コンペの実施に踏み切った。全国から計308案が寄せられた。1978 - 79年の二段階コンペを経て、Team Zoo（象設計集団＋アトリエ・モビル）の案が1席に選ばれ、実施設計と工事監理が委託されて、1981年に開庁した。

　前面の広場に面して、パーゴラがかかった「アサギテラス」が取付いている。これが日陰を生んで内部の熱環境を改善し、外から段々に上がれる空間となって市民と行政をつなげている。上がった先は土で覆われた屋上テラス。これも断熱性能を高める工夫だ。他にも「風のみち」による自然通風、夜間の放熱への配慮など、外界を遮断するのではなく、自然環境との共存が図られている。

　「アサギテラス」の名は、琉球王国の時代から神を招いて祭祀を行う場所であった「神アサギ」をモチーフにしたことから。外壁のコンクリートブロック、特に遮光と通風に有用な花ブロックは、アメリカ統治時代から地元の住宅で使われている素材である。風土に由来する伝統を見直して、近代的な庁舎に馴染み深さを加えた。異邦人だからこそ風土性を新たな形にできる建築家の系譜は、設計者の師である吉阪隆正（1917 - 1980）、その師であるル・コルビュジエ（1887 - 1965）へと遡って捉えることができる。

　内部と外部、自然と人工、近代と伝統、官と民、現地人と異邦人……そんな対立項を超えるのは、設計者が言うところの「あいまいもこ」の思想だ。それはこの後、南東にさらに650km進んで国境を越え、台湾に《宜蘭県庁舎》（1997）などを生むことになる。

［倉方俊輔］

[左頁]外観 撮影：新建築社写真部
[左]外壁詳細 撮影：新建築社写真部
[opposite] Exterior View Photo: Shinkenchikusha
[left] Exteior Wall Detail Photo: Shinkenchikusha

断面図 他 所蔵：象設計集団
Section Plan etc. Collection: Atelier Zo

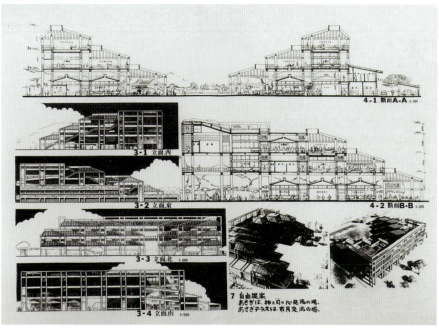

Located in a subtropical climate approximately 1,500 km southeast of the nation's capital of Tokyo is the city hall of Nago, a central city in northern part of the Okinawa Main Island. Taking great pride in their cultural traditions, of which the Ryūkyū Kingdom (15th to 19th c.) serves at the core, the Okinawa Islands suffered destruction in WWII and for 27 years after the war were occupied by the American military.

After the administration of Okinawa was restored in 1972, the increase in administrative duties required a new government facility, and accordingly, Nago City organized an open competition to seek designs that respond to the regional climate. A total of 308 proposals were sent from all over the country. After a two-phase competition process conducted from 1978 through 1979, the entry by Team Zoo (a collaboration between Atelier Zo + Atelier Mobile) was selected as the winning proposal. They were subsequently entrusted with the execution of the design as well as the construction supervision, and successfully completed the work in 1981.

The complex faces an open plaza, and has a grand terrace covered by a series of pergolas called *Asagi Terrace*. This composition produces shade and alleviates heat inside the facility. The stepped arrangement on the exterior mediates between the plaza and the offices, figuratively connecting the citizens to the administrators. The roof terraces at the top of the stepped parti are covered in soil and grass; a device that increases the performance of insulation. Other passive design elements include the "wind corridors" that channel the breeze from the ocean, combating the radiated heat at nighttime; instead of cutting off the interior from the outside world, the design strives for coexistence with natural environments.

The name *Asagi Terrace* is a motif from the ages of the Ryūkyū Kingdom, when there was a place called *Kami* (Deities) *Asagi*, where people would invite the gods and perform religious rituals. The exterior concrete block—in particular the breeze blocks—useful for shading and ventilation, are components of residential architecture used in the local homes during the American occupation. In rethinking the tradition that originates in the climate of a locale, the architects added familiar depth to a modern government building. The genealogy of an architect who creates new form in response to climate because of his foreignness with the land can be traced back to Le Corbusier (1887-1965), the mentor of Yoshizaka Takamasa (1917-1980), the Waseda University mentor who taught the designers of *Nago City Hall*.

Interior and exterior, nature and art, modernism and tradition, government authorities and citizens, locals and foreigners—what surpasses such terms of dichotomy are thought of by the designers as "*aimai moko,*" or "that which is unlimited, vague, or ambiguous." That aspect becomes the very element of design that this generation of descendants from the Swiss master himself later go on to use to produce such uniqueworks as the Yilan County Hall in Taiwan, 650 km southeast of Nago and across the national borders.

[Kurakata Shunsuke]

藤井厚二は、明治32年（1899）に創立し黎明期にあった竹中工務店に初の東京帝国大学卒の社員として大正2年（1913）に入社し、その設計組織の礎を築いた。大正8年（1919）に竹中工務店を退社後、約9か月間の欧米視察を終え、翌年、草創期の京都帝国大学建築学科に招かれ講師となる。大学で自らがはじめ、学位を取得した環境工学の成果を生かして自邸を実験的に次々と建て、その完成形とした第5回目の自邸が《聴竹居》（1928）である。藤井の先進性を示す主なものは次の4つ。

1. 科学的アプローチを駆使したパッシブな（自然エネルギーを生かした）建築計画
・通風の徹底と冷気を取り入れるクールチューブ（導気口）の設置。
・明るさを取り入れつつ熱負荷を減らす工夫など。

2. 洋風と和風そしてモダンを統合し「日本の住宅」を進化させたデザイン
・椅子座と床座を融合させた平面・断面計画（椅子と畳に座った人の目線を合わせるために畳の床を30cm高く設定、洋間として床の位置を高くした客室（応接室）など）。
・日本の建築に用いられてきた自然系材料の採用。
・黎明期にあった欧米のモダニズムと日本の茶室（数寄屋）のデザインの融合。

3. 住まいの"原型"としての家族が集う居室（居間）中心のプランニング
　居室を中心に貫入・連続された空間全体で、家族それぞれが居場所を確保しながら集い繋がりあえる豊かな空間を実現。

4.「聴竹居」での暮らし−ライフスタイル全体をデザイン
　大山崎の約12,000坪の広大な敷地に第3回から第5回の住宅以外にも小住宅3軒、窯（「藤焼」と名づけ自ら作陶）、プール（25m×6mコンクリート製）、テニスコートなどを設け、地下水を汲み上げた簡易水道による小川や滝など傾斜を生かしたランドスケープとしている。さらに茶道、華道をたしなみ、建築だけではなく、家具、照明、絨毯、陶器、自著の装丁など生活文化に関わるあらゆるものをデザイン。

　《聴竹居》は、「其の国の建築を代表するものは住宅建築である」として日本の気候風土と日本人のライフスタイルに適合した住まいを生涯追求した藤井の想いを今に伝える「日本の住宅」の理想形。2017年、国の重要文化財に昭和の建築家の自邸として初めて指定された。

［松隈章］

聴竹居（旧藤井厚二邸）
藤井厚二
1928年｜重要文化財

Chōchikukyo (former Fujii Koji House)
Fujii Koji
1928 | Important Cultural Property

In 1899, Fujii Koji entered the newly established Takenaka Kōmuten (Takenaka Corporation) as the first employee from the Tokyo Imperial University (present day The University of Tokyo) in 1913. While working at Takenaka, Fujii built his design foundation of architectural knowledge. Then, in 1919, after resigning from Takenaka Corporation, Fujii traveled for nearly 9 months throughout Europe. The next year, he was invited as a lecturer at the newly formed Kyoto Imperial University (present day Kyoto University), School of Architecture.

From his teaching at Kyoto University, Fujii gradually began to take advantage of his proximity to rich research in the fields of ecology, environmental design, analysis and science (which he formed into a new department and from which he received his own degree) and began to design his own house. *Chōchikukyo* is the name of his private residence—the end result of five house prototypes. The following four elements illustrate the forward thinking and advancements in Fujii's design:

1. Unabashed use of a scientific approach to create a passive (energy efficient) architectural design.
• Installation of a "cool tube" throughout the house that acted as cross-ventilation and a natural cool air duct.
• Various devices and methods for increasing brightness on the interior while reducing heat loads.

2. Synthesis of Western, Japanese and modern design particulars without fear of eclecticism; a design that was advanced in the book *The Japanese Houses* (1928).
• Innovation in plan and section that blends the use of chairs and floor seating. In order to allow for people seated in chairs to meet eyes with those sitting on tatami mats, tatami mats are raised 30cm; likewise, the floor is elevated to in parts to accommodate the Western-style parlor.
• Using natural materials found in Japanese architecture.
• Fusing burgeoning Western-style modernist design with the Japanese tearoom (*Sukiya-style*, tea ceremony room) design.

3. A prototype house form intended to gather residents around the central living room.
• By arranging the layout such that the living room connects as a central space to each room, the privacy of the family's various rooms is preserved while also realizing a rich living space.

4. Designing all aspects for the lifestyle in *Chōchikukyo*.
• The house is located on a large plot of land of about 12,000 *tsubo* (approximately 39,669 m² or 9.8 acres). On this plot of land, various elements are established: test houses #3-#5, three other small houses, a kiln for *Fuji Yaki*, Fujii's personal pottery line, a pool (25 m x 6 m, made of concrete), a tennis court, *et al*. The landscape design utilizes the natural slope to draw in groundwater to create a brook and waterfall on the site. Additionally, the house provided a space for leisure enjoyment of cultural arts such as tea ceremony and flower arrangement. Fujii designed not only the architecture but also the furniture, lights, rugs, pottery and bookbinding for his own writings, among many other items concerned with daily activities and culture.

Chōchikukyo, representative of Japan's modern housing architecture, exemplifies the ideal Japanese house form that was Fujii's lifelong pursuit: a house that could appropriately handle the climate and the lifestyle of Japanese people. In 2017, the house was the first Showa period (1926-1989) private residence to be designated as an Important Cultural Property.

[Matsukuma Akira]

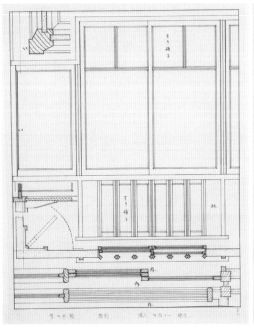
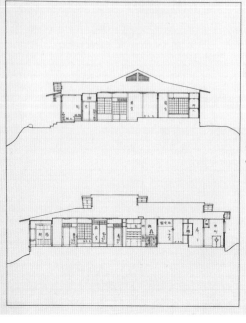

［左］南側開口部詳細図 1:10 原寸　［右］断面図 1:100　所蔵：京都大学工学研究科吉田建築系図書室

[left] **Detail (South Side Entrance) 1:10 and 1:1**
[right] **Section 1:100** Collection: Library of Architecture, Yoshida Campus, Faculty of Engineering, Graduate School of Engineering, Kyoto University

[上]外観 2000年 [左]内観 2014年 撮影：古川泰造／画像提供：竹中工務店
[above] **Exterior View** 2000 [left] **Interior View** 2014 Photo: Furukawa Taizo / Courtesy: Takenaka Corporation

内観
2014年／撮影：古川泰造
画像提供：竹中工務店
Interior View
2014 / Photo: Furukawa Taizo
Courtesy: Takenaka Corporation

09 Living with Nature

245

後山山荘

藤井厚二（原設計）｜前田圭介
1930年代｜2013年

Villa Ushiroyama

Fujii Koji (original design)｜Maeda Keisuke
1930s｜2013

[上] 内観　[右] 外観
撮影：藤井浩司　画像提供：藤井浩司／ナカサアンドパートナーズ
[above] Interior View　[opposite top] Exterior View
Photo: Fujii Koji / Courtesy: Koji Fujii / Nacasa & Partners

建築とは環境を生み出すことである。

計り知れない価値あるモノ

瀬戸内海国立公園のほぼ中心、自然景観と歴史の町、鞆の浦（広島県福山市鞆町）を一望できる高台に建つ《後山山荘》。これは建築家・藤井厚二（1888 - 1938）が兄・与一右衛門のためにつくった、故郷の福山市に唯一現存する鞆別荘を壮大な庭と合わせて再創造させたプロジェクトである。

建主から依頼があった2009年時点では昔日の面影を微かに残しながらも、昭和初期に建てられたであろう主屋の過半は朽ち果てた酷い状態であった。しかし熱環境を踏まえた裳階風の二段屋根や小屋裏換気窓、細部に渡る木部の丁寧な技巧、そして何よりも京都の大山崎に現存する《聴竹居》を彷彿とさせるサンルームからは藤井厚二の環境工学の考えを窺い知ることができた。

藤井厚二との対話

既存の状態を読み取るために瓦礫下に埋もれていた敷石から形状を導き、僅かに残存する建物から大屋根と二段屋根のプロポーションなどを踏襲しながら新たな空間を再創造した。そして、藤井厚二の思考を新たに解釈しながら、内外のつながりや熱環境を意識した内露地／サンルームなどの構成を取り入れている。また、既存縁側／サンルームはオリジナルの状態に完全修復しながらも違い棚の形跡があった床の壁面を跳上障子にし、居間との空気の流れをつくりだす縁側としての機能を持たせた。新たな材質の部位に関してはあえて着色を施さず、長い時間をかけながら古材と緩やかに同化していける仕上げとしている。さらなる100年の中で時間の変化に合せながら手を入れていき、その痕跡がこの建築の歴史になればと考えたからである。

建主から別邸として使わない際の活用方法を求められ、後山山荘倶楽部を設立し現在では多くの方々が訪れている。先達から受け取った豊かな環境を活かし価値を共有していくことは、まちのアイデンティティを再認識することにつながるだろう。

暮らしとは何気ない日々の積み重ねである。新緑の木々の葉が透けるような初々しさ、風で揺らぐ枝葉の陰影、葉擦れの音、艶やかな葉に反射する陽光や雨音など、季節や天候に応じながら過ごすひとときこそ、何物にも代えがたい豊かさが存在すると思っている。

[前田圭介]

Architecture is Born from Environment

Things of Immeasurable Value

Ushiroyama Sansō is a residence on a high plateau with a sweeping view of the landscape. The house is located in the center of the Seto Inland Sea National Park, Tomonoura, a scenic port set in a natural backdrop in an area with a deep history of the surrounding area of Fukuyama, Hiroshima Prefecture. Ushiroyama sansō is reconstructing project of villa and its splendid garden which Fujii Koji, the architect of Chōchikukyo, designed for his brother, Fujii Yoichi-emon, in his hometown, Fukuyama.

In 2009, when the owner had made a request for the renovation, the original building maintained traces of its original form but had fallen into disrepair. Although the building was constructed in the early Showa period, by this time the majority of the main living room had become decrepit. However, the hot-climate appropriate mokoshi (a doubled-roof style seen in temple buildings) and small ventilation windows, down to the details of the wooden parts had been made with finesse. These elements, and particularly the sunroom in the house that is reminiscent of the still existing Chōchikukyo in Ohyamazaki, Kyoto, give insights into Fujii Koji's methods in the fields of ecology, environmental design, analysis and science.

A Dialogue with Fujii Koji

In order to read the original structure of the building, pavers uncovered from rubble gave guidance to the design, and a new interior space was recreated by emulating the large roof and two tiered roof structure's proportions. The reconstruction at once reinterprets Fujii's thoughts in a new manner while also considering the interior connection and the composition of the hot climate-focused inner tea-room/sunroom. Furthermore, the existing engawa/sunroom, became cross-ventilated while being completely restored to its original state; the raised shoji screens created an engawa that could facilitate the flow of fresh air through the space. The new materials and components were left untreated where possible, taking great pains to make the finishes match the materials used in the original house. It can be thought that, by intervening to make the house respond to changes that have occurred over the last 100 years, and likewise, to changes that will occur over the next 100 years, the vestiges of the original also can become part of the building's history.

The owner, looking for another use for the residence besides a villa, created the Ushiroyama Sansō Club that now is frequented by many visitors. Taking advantage of the rich environment received from the original house, and then sharing that value will enable the owner and people in the community to shape and reaffirm the strong identity of the town.

Ultimately, living can be thought of as the accumulation of many nonchalant days. The newness of transparent green leaves, shadows from the wind blowing through branches, sounds of rustling leaves, the sheen of light passing through the tree canopies and the sound of rain—spending time to fully enjoy the seasonal changes, is above all, a richness that is difficult to replace.

[Maeda Keisuke]

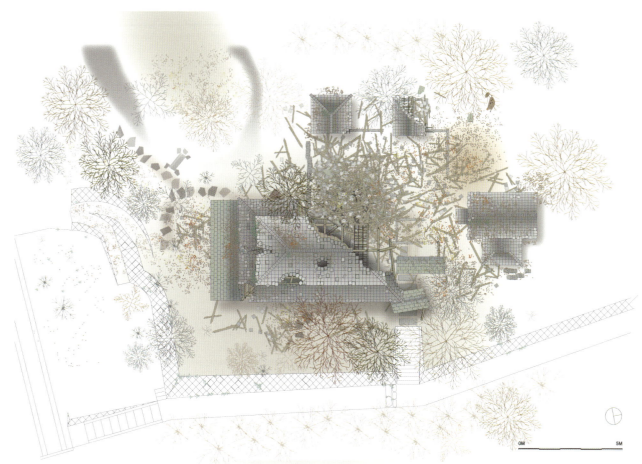

[上]既存平面図 [下]既存外観
画像・資料提供：UID
[above] **Plan (Original)** [below] **Existing Exterior View**
Courtesy: UID

09 Living with Nature

芝棟
Shibamune

日本の非雪国には、民家の茅葺屋根のてっぺんにイチハツ、キキョウ、ユリ、野芝といった草花を植える古い風習があり、「芝棟」と呼ばれた。なぜ雪国にはないのか、なぜそんなことをわざわざするのか謎であり、植物学者の亘理俊次（1906-1993）先生が長年、関心を払い、貴重な記録を『芝棟―屋根の花園を訪ねて』（1991）にまとめられた。

全く同じ風習がフランスのノルマンディ地方に残ることも分かってきた。

現在、基本的な謎は判明している。新石器時代（縄文時代）にユーラシア大陸北部と日本では、寒さ対策のため、竪穴式住居を作り、屋根には土を載せて芝で押さえていた。その「土葺き」の名残りである。雪国では雪が防寒の働きをするから、土葺きの必要はなかった。

日本の非雪国の民家の多くは、とりわけ東日本では江戸時代はむろん戦前まで、茅葺きといえばてっぺんに草花が生えるのが普通だったのである。

私が芝棟に関心を持ったのは、その起源のあまりの古さと、民家という建築類型における伝統の不変性（なんと一万年）と、そしてもう一つ、建築緑化をしながら、建築と植物の間に美学的一致というか美学的共犯関係が成立していることだった。

世界の建築界で先駆的に試みられ始めている建築緑化には、建築と植物の美的不一致という致命傷が観察されることを悲しむ者の目には、日本とノルマンディの芝棟の存在は救いである。

現在、ノルマンディの芝棟は政府により村ぐるみの保存が実現し、今も北欧では別荘建築などが土葺を伝える。しかし、ユーラシア大陸の東端では、芝棟が息も絶え絶え状態であるのはどうしたことか。私の知る限り、岩手の建築家の鈴木貴子さんが、一人調査を続けるだけ。

［藤森照信］

In the non-snowy regions of Japan, there used to be an old custom of planting greenery such as irises, balloon flowers, lilies and turf along the ridgelines of thatched *minka* folk houses, called *shiba-mune*, or turf ridge ornamentation. Why this trend did not spread to snow country or why people decorated their ridgelines with plants has been an enigma that was researched for many years by Japanese botanist Watari Shunji (1906-1993), who compiled his work into a valuable record called *Shiba-mune—Exploring the Flower Gardens of the Roof* (1991).

Through Watari's investigations, it was found that this exact custom remained in the Normandy district of France. Currently, the general answer to the mystery behind *shibamune* has becomes clear; during the Neolithic era (known as the Jōmon period in Japanese history) in both Japan and the northern regions of the Eurasian Continent, humans built pit dwellings and covered the roofs with soil kept in place with a layer of sod to cope with the cold weather; *shibamune* is a vestige of that soil roofing. Because the snow itself acted as protection against the cold in snowy areas, soil roofing was not needed.

In the non-snowy regions of Japan, including the East Japan, most of thatched minka houses commonly had flowers growing on the roof ridges in the Edo period up until WWII.

My interest in *shibamune* stemmed from the sheer antiquity of its origin and the unchanging aspects of the *minka* building type tradition (for 10,000 years); another point of interest for me is that while *shibamune* is a measure to green buildings, it also establishes an aesthetic agreement, or in other words, a complicitous relation, between architecture and greenery.

For the eyes of those grieving their witness of the fatal wound of aesthetic disagreement between architecture and greenery in the pioneering attempts at greening architecture in the global architectural scene, the subsistence of *shibamune* in Japan and Normandy provide relief. As for the *shibamune* in Normandy, the government is realizing the preservation of entire villages, and in Scandinavia, villas still convey the tradition. Why is it, however, that *shibamune* are facing extinction on the east end of the Eurasian Continent? As far as I am aware, an architect of Iwate Prefecture, Suzuki Takako, is the only one continuing this investigation.

[Fujimori Terunobu]

芝棟（長野県佐久市香坂）亘理俊次／1976年／所蔵：東京大学博物館 亘理俊次 芝棟コレクション
Shibamune (Kozaka, Saku, Nagano) Watari Shunji / 1976 / Collection: Watari Shunji *Shibamune* Collection, The University Museum, The University of Tokyo

ラ コリーナ近江八幡 草屋根

藤森照信
2014年

Kusayane, La Collina Omihachiman

Fujimori Terunobu
2014

[上]外観 [右]内観
撮影：ナカサアンドパートナーズ
画像提供：たねや
[above] Exterior View
[right] Interior View
Photo: Nacasa & Partners
Courtesy: Taneya

　日本の伝統の古層は次の3つに分かれる。上層には仏教建築が、中層には弥生時代から古墳時代にかけて高床式建築が、下層には縄文時代の竪穴式建築が横たわっている。

　日本の建築家が関心を払ってきた伝統は、仏教系（後の社寺系）と高床系（弥生系）の2つだけであったが、例外的に戦前の段階で今和次郎が縄文系の手作り建築（民家とバラック建築）に目覚め、白井晟一（1905 - 1983）が《江川家住宅》（重要文化財,1615 - 1660）を「縄文的なるもの」として発見し、その美学を《歓帰荘》（1938）で実現している。戦後も白井は孤立的に縄文美学の傾斜を続けるが、続く者は現れなかった。

　そんな中で、私は、「縄文的なるもの」への関心が抜きがたくあり、とりわけ縄文住居に由来する芝棟に直接的に影響されて屋根緑化に取り組むようになるが、《タンポポハウス》（1995）以来、美学上も技術上も失敗の連続であった。失敗にもかかわらず繰り返し試行し続けることが出来たのは、施主の理解による。

　そして、ついに《ラ・コリーナ近江八幡》の総合ショップ《草屋根》《ラ・コリーナ近江八幡 草屋根》（2014）で技術上も美学上も満足する成果を得ることができた。

　施主からの要求はただ一つ「丘（ラ コリーナ）を」と伝えられ、ただちに寄棟屋根を山（丘）のように緑化する方法が浮かび、一か月後、立面と平面をA4版にスケッチして送ると、「これで行きます」の返答があり、あとは一気呵成にことは進んだ。

　建築の内観と外観は全く別々な内容でいいと日頃より考えており、内部は漆喰の上に炭片を取り付けて仕上げとしている。回廊を支える支柱は皮を剥いだだけの栗丸太を並べているが、全体の美学さえ統一させれば、山から伐り出したただの丸太でも十分に美しい。

[藤森照信]

The historical layers of the Japanese tradition can be divided into three strata: at the top sits Buddhist architecture; in the middle is the raised floor architecture characterizing the Yayoi and Kofun periods (10th c. BCE to 7th c. AD), with the pit dwelling architecture of the Jōmon period underlying the rest.

Japanese architects have only shown interest in the Buddhist style (later known as the temple and shrine style) and the raised-floor (or Yayoi style) of architecture. As an exception, Kon Wajiro recognized the Jōmon character of the self-built architecture of *minka* and shacks before the war; and Shirai Seiichi (1905-1983) discovered the Jōmon-esque qualities of the Egawa Residence in Shizuoka Prefecture and realized its aesthetics in his *Kankiso* of 1938. After the war, only Shirai alone continued to appreciate Jōmon aesthetics, but no one else emerged to follow his lead.

I myself cannot help being interested in Jōmonesque stuff. In particular, I wrestled with green roofs consciously under the direct influence of the *shiba-mune* planted ridgelines of Jōmon dwellings ever since the *Tampopo House* (1995), to repeated failure at both aesthetic and technical levels. Despite these defeats, what allowed me to repeat my attempts was their appreciation by clients.

Finally, in 2014, I managed to achieve something satisfactory, both technologically and aesthetically, through the grassy roof of a shopping complex, *La Collina Omihachiman*.

The client's only request was "build a hill (La Collina)." I immediately came up with the idea of a hipped roof planted like a hillside. One month later, I sent elevation and plan sketches on an A4 piece of paper. The reply came back: "Let's do it!," after which everything came together smoothly to the finish.

I've always thought that interiors and exteriors can be completely different from each other, so for the interior I used plaster embellished with charcoal pieces. I used chestnut logs as columns lining the walkways but as long as the overall aesthetic is coherent, pretty much any round logs cut from the mountains would do just as well.

[Fujimori Terunobu]

與助尾根（よすけおね）第七阯（あと）上屋（うわや）復原圖
（与助尾根遺跡第七住居址上屋復元図）青焼図／1949／所蔵：
茅野市尖石縄文考古館／復元案：堀口捨己
Drawing for restoration of house at 7th site, Yosukeone Ruins
Blue print / 1949 / Collection: Togariishi Museum of Jomon
Archaeology / Restoration plan: Horiguchi Sutemi

竪穴住居復元模型写真　1942年／撮影：関野克／所蔵：茅野市尖石縄文考古館
Restoration Model of Pit Dwelling
1942 / Photo: Sekino Masaru / Collection: Togariishi Museum of Jomon Archaeology

竪穴住居の復元研究
Restoration Study of Jōmon Dwelling

「始原の家」を求めて

1899年、千島を訪れた考古学者・鳥居龍蔵（1870 - 1953）は、アイヌのトイチセ＝穴居を実見し、日本列島の石器時代人を「竪穴住居民」と考えた。一方建築界では、江戸時代に神社の神明造から仮想された「天地根元宮造」に代わる案をまだ持ち合わせていなかった。

やがて考古学と建築学が邂逅する。1926年、鳥居の弟子、八幡一郎（1902 - 1987）らは千葉県姥山貝塚（縄文）で竪穴住居址を発掘、招かれた伊東忠太（1867 - 1954）、関野貞（1868 - 1935）ら建築家が6本の柱で支える上部構造を推測し、復元の端緒が得られた。

1930年、鳥居らの指導で長野県戌立・寺ノ浦遺跡（縄文）が発掘され、アイヌのチセを参考に住居址の保存上屋が建てられた。日本初の復元家屋である。この時結成された地元の滋野史蹟保存会が復元家屋を建て、考古学者たちにイギリス新石器時代の復元家屋を見るような衝撃を与えた。

1938年、関野貞の長男克（1909 - 2001）は、竪穴住居の屋根架構がタタラ製鉄の「高殿」に共通すると考えた。それは1940年発掘の長野県尖石遺跡（縄文）や、戦後の1947年発掘の静岡県登呂遺跡（弥生）での住居址復元設計を経て実現した。この過程で技術とデザインの対応関係に気付いたモダニスト関野克の視点は、1950年代の「伝統論争」を先取りしている。一方で戦時中の尖石で、関野は天地根元宮造的な独立棟持柱や千木を想定した。当時は、超越的で不変な日本の原型として古代が称揚され、そのイメージが地域の隅々に刻印され、天地根元宮造的建築が多く実現・構想された。その中には満蒙開拓団宿舎のように、竪穴住居的な外観のものもある。復元＝創作を行う関野も、超然たり得なかったのではないか。

復元を依頼した尖石の発掘者宮坂英弌（1887 - 1975）や、戌立・寺ノ浦で活動した滋野史蹟保存会に、地域共同体のアイデンティティを表す可視的な表象物として、先史遺跡への心性を見出せる可能性はある。敗戦後に発掘した長野県与助尾根遺跡で宮坂は、登呂で忙しい関野に代わり堀口捨己（1895 - 1984）に住居址の設計を依頼した。また宮坂の協働者矢島数由は、諏訪地方の小屋を参考に別の復元案を作成した。彼ら地元関係者は、復元住居に並々ならぬ関心を持っていた。

復元竪穴住居には、戦前から戦後を貫く地域共同体の「始原の家」という性格が投影されている。居住を前提とせず、これほど全国に普及した日本建築はない。それは正しく時代の産物なのである（青柳憲昌氏の業績に学び、山科哲氏の御教示を得た）。

［佐藤竜馬］

In Pursuit of the "Primitive Hut"

When Japanese archeologist Torii Ryuzo (1870-1953) visited the Kuril Islands in 1899, he discovered the *toi-chise* pit dwellings of the Ainu (indigenous peoples of Japan and Russia), and determined that the people of the Stone Age on the Japan archipelago were "pit dwellers." Meanwhile, in the architectural world, scholars could offer no other alternative to the Edo period conception of *"Tenchi kongen miya-zukuri"* (the speculative form of the oldest shrine architecture as the origin of Japanese houses) as extrapolated by carpenters from the *Shimmei-zukuri* style (the ancient style of Shinto shrines, such as that of *Ise Jingū*).

Before long, the fields of archeology and architecture met. In 1926, Torii's disciple, Yawata Ichiro (1902-1987), and others excavated the ruins of a pit dwelling site in Ubayama Kaizuka, Chiba (from the Jōmon period), and Ito Chuta (1867-1954), Sekino Tadashi (1868-1935) and other architects who were invited to participate inferred that the superstructure was supported by six pillars, which led to the beginnings of reconstructing pit dwellings.

In 1930, under the guidance of Torii and his entourage, the Indate and Teranoura ruins (also from the Jōmon period) in Nagano were excavated, and the *chise* thatched pit dwellings of the Ainu were used as a reference to reconstruct a storage shed for the prehistoric dwelling site. As the nation's first reconstruction of a prehistoric dwelling, this was a landmark achievement. Meanwhile, in Nagano Prefecture, the Shigeno Historical Site Preservation Association was established, and their reconstruction of a prehistoric dwelling shocked archeologists to the equivalent of witnessing the reconstruction a British Mesolithic dwelling.

In 1938, Sekino Tadashi's eldest son, Masaru (1909-2001), determined that there were similarities in the roof structure for pit dwellings and thatch-covered furnace structures used for *tatara* (iron sand smelting) steel production. Masaru was able to realize this through his reconstruction plans for the dwelling remains of a Togariishi archaeological site (of the Jōmon period) in Nagano Prefecture and the Toro archaeological site (of the Yayoi period) in Shizuoka Prefecture that were excavated in 1940 and in 1947, respectively. Through this pioneering process, Masaru, a modernist who noticed the corresponding relationship between technique and design, was a step ahead of the 1950s *"dentō ronsou"* debate between Jōmon and Yayoi cultures as the true origins of Japanese culture.

Incidentally, it was during the wartime project of Togariishi that Sekino speculated on the *munamochi-bashira,* or free-standing pillars that directly support the ends of the roof ridges, and *chigi,* or projecting rafter ends on the roof a shrine, in alignment with the *Tenchi kongen miya-zukuri* theory. At the time, the ancient model of architecture was extolled as the transcendental and unchanging Japanese model, and that image was impressed upon every corner of the nation, inspiring the planning and actualization of many Tenchi kongen miya-zukuri-style structures. Among those were the lodgings for Japanese agricultural settlers in Manchuria and Mongolia built in the 1930s, with exteriors resembling pit dwellings. As an architect, Sekino, who undertook the reconstruction—or rather creation—of these original dwellings, did not take it upon himself to transcend the realm of historic representation.

In the visible representations expressing the identity of local communities, both Miyasaka Fusakazu (1887-1975), the archaeologist who Sekino hired to supervise the excavations of Togariishi, and the Shigeno Historical Site Preservation Association, which was responsible for the reconstructions of the Indate and Teranoura ruins, had the potential to discover the spirit of the prehistorical remains. Since Miyasaka was busy with Toro, Sekino requested Horiguchi Sutemi (1895-1984) to plan the reconstruction of the dwellings at the Yosuke-one Jōmon Period Archeological Site in Nagano Prefecture which was excavated after the defeat in WWII. In a separate project, Miyasaka's colleague, Yajima Kazuyoshi, created a reconstruction plan in reference to primitive huts of the Suwa Region in Nagano Prefecture. As local inhabitants of the area, they held great personal interest in these reconstructions.

The nature of the regional community efforts in pursuit of the original "Primitive Hut" that persevered through WWII is reflected in these reconstructed pit dwellings. Limited not only to housing, there is no other Japanese architectural typology that spread so widely throughout the entire country. That degree of dispersion of a concept is most certainly a product of the times.

[Sato Ryuma]

豊島美術館
西沢立衛
2010年

Teshima Art Museum
Nishizawa Ryue
2010

[上]内観 [下]鳥瞰
2010年／撮影：鈴木研一／画像提供：公益財団法人 福武財団
[right] Interior View [below right] Bird's-eye view
2010 / Photo: Suzuki Kenichi / Courtesy: Fukutake Foundation

　《豊島美術館》は、瀬戸内海の豊島に建つ美術館である。敷地は、海を近くに望む小高い丘の中腹にある。棚田と自然が混ざり合う美しい環境である。豊島の環境とよく調和しながら、内藤礼さんの作品と共存する建築空間のあり方を考え、水滴のような形の、自由曲線による建築を提案した。水滴のように自由な曲線をもつ形状が、周辺の起伏する地形と調和しながらも、ひとつの強い建築空間を作り出せるのではないかと考えた。最大で60m飛ぶコンクリートの薄いシェル板によって、内部に大きく有機的なワンルームの空間が生まれる。また、天井高を通常のシェル構造物よりも低く抑えることで、建物というよりはむしろ丘や坂道に近いような、ランドスケープ的な存在感が作られ、室内では空間が低く伸びてゆくような、水平方向の広がりが得られる。シェルには非常に大きな穴がいくつか開けられて、そこから光や雨、美しい自然の気配が取り込まれる。作品や環境のために建築が閉じ、しかし同時に開く、というダイナミックな状態を作り出そうとしている。環境と美術と建築の融合、それらすべてでひとつの単位となるような存在を、目指している。

[西沢立衛]

The *Teshima Art Museum* is a museum on the island, Teshima in Kagawa Prefecture, in the Seto Inland Sea. Its site lies midway up a small hill overlooking the nearby sea amid a beautiful landscape where *tanada* (terraced paddies) mix with nature. I proposed to make it a freeform building shaped like a water droplet after thinking about how to create an architectural space that would be in harmony with Teshima's environment while also co-existing with Naito Rei's artwork.

　I believed that the droplet-like form outlined by a free curve would be able to produce a powerful architectural space while also resonating with the undulations in the surrounding topography. Its thin concrete shell surface that has a maximum span of 60 meters gave rise to a single large, organic space. By limiting its height to be lower than typical shell structures, I was able to give it a landscape-like feel more akin to a mound or hill rather than a building, and on the inside, I achieved a space that seems to expand outward, low to the ground, in the horizontal direction. The shell is pierced by a couple of very large holes that bring in light, rain and other beautiful hints of nature. What I tried to attain was a dynamic state, where the building is closed in consideration of the artwork and the surrounding environment but which at the same time also opens up. The aim was to synthesize the environment, art and architecture into a single unit.

[Nishizawa Ryue]

外観 2010年／撮影：鈴木研一／画像提供：公益財団法人 福武財団
Exterior View 2010 / Photo: Suzuki Kenichi / Courtesy: Fukutake Foundation

「日本の家」を考えようと思った。《A House for Oiso》は大磯の海と山の間にある不定形な敷地に建つ家となる。大磯は後期縄文時代から現代までひとが住み続けた痕跡が残る地域であった。そこで日本の民家を研究した。古来からある竪穴式から高床式住居、土壁の民家から江戸の宿場町屋、昭和の邸宅建築まで、前近代までの日本の民家の形式性を考察し、それらの全ての居住形式をひとつの「家」にしようというアイデアが生まれた。

また日本の古来の暮らしには「居間」と「寝間」という設えがあった。「居間」は家族、近隣、地域へ開かれた公の場所であった。そこで1階を竪穴式のように掘り込み、夏は涼しく冬は暖かくなるような、床も壁も大地と繋がるような敷地の土によって覆われた「居間」となる。多数の「室」と「庭」に囲まれた居間は求心的な場所として、家族だけではなく地域のひとが集まる場所となった。一方「寝間」は2階に設置され、家族が眠る場所として、柔らかく包み込まれるような木で覆われた空間とした。ひとが眠るという根源的な行為のための場所は、地上から切り離され「家」として象徴化されている。日常の終わりに還る場所、その「寝間」こそが本来の意味での「家」ではないかと考えた。

そして、このプロジェクトを「House in Oiso＝大磯に建つ家」ではなく「A House for Oiso＝大磯のために建つ家」と名づけた。昨今、国内では住宅の平均寿命が約27年と短命になっているなかで、「家」が過去から学び、土地のために建ち、土地のために捧げ、土地に帰属すること、それによって時代を越え大地に居座ることを決意したような建築を目指した。

[田根 剛]

The design of this house was an investigation of Japanese folk dwellings, or *minka*. This concept was derived from its situation on uneven landscape between the ocean and the mountains in Oiso, where there are traces of human settlement dating from the late Jōmon period onward. Conceived through a study of the forms and typologies of traditional Japanese homes—ancient pit-style huts, raised-floor style dwellings, clay-walled houses, inns of the Edo period post towns (*shukuba*), townhouses for tradesman (*machiya*) and homes of well-to-do in the post-war Showa period—the design combines each of these forms of housing into a single home.

Ancient Japanese pit dwellings consisted of two main spaces: living space (*ima*) and sleeping space (*nema*). The living spaces were for public use, open to family, neighbors, and their community. In the floor of the living space located on the first level, a pit was dug, and the space was cool in the summer and warm in the winter; the floor and walls were covered with local earth, creating a connection to the immediate land.

As a space surrounded by several rooms and cultivated land, the living space had a centripetal focus where not only family members, but also neighbors gathered. The sleeping quarters, however, were located on the second level and were finished in wood as a soft material that wrapped the sleeping area for comfort. As a space devoted to the basic function of sleep, it symbolized the family home, raised off of the ground. This place to where one returned at the end of each day possesses the original meaning of the word "home."

Although at present, the average life span of Japanese homes has been reduced to approximately 27 years, through the study of dwellings of former ages, and by building homes for and dedicated to and belonging to the land, the architect of this house has resolved to create architecture that will surpass the ages and become integral with the land. For that reason, the project was entitled, *A House for Oiso*, as opposed to *A House in Oiso*.

[Tane Tsuyoshi]

外観　撮影：太田拓実　画像提供：Dorell. Ghotmeh. Tane / Architects
Exterior View　Photo: Ota Takumi / Courtesy: Dorell. Ghotmeh. Tane / Architects

A House for Oiso

田根 剛
2015年

A House for Oiso
Tane Tsuyoshi
2015

内観　撮影：太田拓実／画像提供：Dorell. Ghotmeh Tane / Architects
Interior View　Photo: Ota Takumi / Courtesy: Dorell. Ghotmeh. Tane / Architects

[左] 内観 撮影：エモトサトル
[右] 外観 画像提供：石上純也建築設計事務所
[left] **Interior View** photo: Satoru Emoto @saruto.com
[right] **Exterior View** Courtesy: junya.ishigami+associates

House & Restaurant

石上純也
2016年 -（建設中）

House & Restaurant
Ishigami Junya
2016- (work in progress)

平面図 1:50 資料提供：
石上純也建築設計事務所
Plan 1:50 Courtesy: junya.ishigami+associates

「できるだけ重々しい建築を設計してほしい」と数少ない要求の中でそのことを強調された。
「時間とともにその重みを増していくような建物がほしい。プレファブや鉄骨造のような軽いものではダメだ。ツルツルのものではなく、もっと自然の粗々しさを含むような建物にしてほしい。本格的な料理にはそういう空間が必要なんだ」
クライアントは、フレンチレストランのシェフでありオーナーである。彼の住宅兼レストランを設計することが依頼であった。
確かに、商業ビルの1室のピカピカの室内で食べる食事より、古い木造の壊れそうな居酒屋や、レンガの経年変化が進んだ建物で食べる食事は、風情があり、その料理に深みを与えるような気がする。
工業的な予定調和をめざすような設計の仕方ではなく、もっと、不確定要素を伴うような設計の仕方。時間とともにその魅力を増していくだけでなく、経年劣化や汚れ方も含めて、そのことが最初から設計の中に計画として含まれているような方法を考えた。具体的には、粘土質の敷地に複数の穴を掘り、それらを繋げ、コンクリートを流し、固まったところで、コンクリートのボリュームの間の土を掻き出し、掘り出されたボリュームの外側にガラスを嵌め、内部化し、建築とする。この工程を少人数の多能工が通して行っていく。ボリュームの形状は、建主のこの場所での生活を思い浮かべ、模型でひたすらスタディと調整を行なった。そのボリューム模型をフォトスキャンし、3Dデータ化する。それから得た3次元座標データをTS（トータルステーション）測量機に入力し、現場にて杭打ち観測でポイントを出しながら、同時に、iPadで形状を確認しながら数人の職人が手作業で穴を掘っていく。削り取られた地面のそれぞれの穴の表面は、敷地の地盤の状態により、場所や深さによって、赤い土が現れたり、緑色の土、灰色の土、砂利が多く含まれる地層、大きな石が多く含まれる層など、場所により実にさまざまな表情を見て取ることができる。
流し込まれ塊になったコンクリートが土から掘り出され、表面に付着した土は、ぼろぼろになった土壁を補修しもとに戻すのと同じ方法で、仕上げにし、地盤のさまざまなあり方がそのまま空間を包み込む。最終的には、床にコンクリートが敷かれ、それをベタ基礎とし、開口部の形状をレーザーで測量してそれをもとにガラスをレーザーカットし、取り付ける。洞窟のような環境は室内となり、レストランとなり、住宅となり、生活が始まる。
これは計画性と非計画性との間に新しい空間の質を生み出す実験である。

[石上純也]

"Design an architecture which is as solemn as possible." The client stressed this point amongst very few other requests. "I would like to have a building which seems to get heavier as time passes. Something light such as pre-fab or steel construction is not acceptable. It shouldn't be something too smooth. Rather it should be an architecture embracing the roughness of nature. Such a space is essential for real cuisine." The client was a chef and the owner of a French restaurant. His request was to design something that functions as his house and restaurant.
There's no doubt that, rather than eating in a clean and shiny indoor space located on the ground floor of a commercial building, eating at an *izakaya* (Japanese-style pub) in a crumbling wooden structure or at a restaurant in a building constructed of aged bricks is more tasteful, and that this atmosphere helps to add depth to a meal.
A design approach incorporating indefinite, unpredictable elements rather than one pursuing a machine-like pre-established harmony—from the start my design approach was one in which not only the growing charm of the building over time, but also the deteriorations and blemishes of its aging, would be anticipated as part of its planning.
In concrete terms, we dug number of holes in the clayey ground of the site, connected them, filled them with concrete and dug out the earth in between the concrete volumes after they solidified. We then fitted glass to the exterior of the excavated volumes, thereby transforming the resulting interior into architecture.
This process was done by a small number of our multi-talented staff. To determine the shape of the volumes, we ran through multiple studies and adjustments with models, imagining how the client would spend time in this place. We then photo-scanned the model of the volume and obtained its 3D data. The three-dimensional co-ordinates were entered into a TS (Total Station) survey instrument, calculating the location for piling on site while confirming the shapes on an iPad as a few workers manually dug holes.
The surfaces of each excavated hole revealed various characteristics in accordance with the conditions of the site's national foundation. Depending on particular spots or depth of the holes, we observed red earth, strata consisting of green and grey soils with gravel, strata with bigger stones and so on.
The solidified mass of poured concrete was dug out from the soil, with the soil adhering to its surfaces finished in the same manner as that used for restoring crumbling mud walls, allowing the variety of characteristics of the natural foundation to enclose the space as is. Finally, the floor was laid as a concrete slab foundation, with the shapes of the openings measured by laser, and laser-cut glass set into them. The cave-like environment became and interior space, a restaurant and a house, and there life began.
This was an experiment to create an alternative quality of space between the planned and the unplanned.

[Ishigami Junya]

09 Living with Nature

[上]三仏寺投入堂全景
[右頁]三仏寺投入堂掛造柱・筋違（すじちがい）
1966年／撮影：土門拳／所蔵：土門拳記念館
[above] General View of the Nageire-dō, Sambutsu-ji
[opposite] Substructure of the Nageire-dō, Sambutsu-ji
1966 / Photo: Domon Ken / Collection: Ken Domon Museum of Photography

投入堂
1086年-1184年（平安時代）｜国宝

Nageire-dō
1086-1184 | National Treasure

　岩窟内の急峻な断崖に蔵王権現を祀るため造営された平安後期の懸造。三仏寺は鳥取県東伯郡三朝町の三徳山に位置する山林寺院の一つで、7世紀後半から8世紀頃を生きた役小角が開基したと伝える天台宗修験道の行場である。
　桁行一間・梁間二間となる小規模な身舎に、庇が北・西方向に取り付く。身舎は円柱を立て板壁と板扉で内部を囲い、庇は面取した角柱を用いた吹き放しとなる。柱上の舟肘木が桁を承け、その上方に流造の屋根を葺く。近年の調査により、創建当初は柱・桁・長押・垂木などの主構造が赤色塗、壁板や化粧裏板などが白色塗であったことが明らかとなった。

　懸造は別称「崖造」・「懸崖造」とも呼ばれる通り、崖地などの傾斜地や水上に長短の柱で建物をかけわたしてつくられる。三仏寺奥院《投入堂》では急傾斜の断崖を水平に削った箇所に、地形に合わせて適宜長さを調整した柱を立て主屋を支える。これら柱のあいだを筋交いで固定しているため、石山寺本堂や清水寺本堂のような貫でしっかり固定した懸造と比べ華奢な印象を与える。全体の平面規模が小さいものの、成のある柱で雄大な自然環境に屹立する出立ちは、独特の緊張感と端整さを見る者に訴える。かつて役小角が法力で仏堂を断崖絶壁の岩窟に投入れたという伝説と併せて、ある種の神聖さを今に伝えている。

[野村俊一]

Deep within a cave inside a steep cliff is a late Heian period structure built to enshrine the image of the Buddhist figure, Zaō Gongen. *Sambutsu-ji*, a Buddhist Temple, is a singular forest temple located in Mt. Mitoku in the town of Misasa, Tohaku-gun, Tottori Prefecture where En no Ozunu, a Japanese *yamabushi* (ascetic) who lived from the late 7th century to the 8th century, laid the foundation for the temple and practiced the *Shugen-dō* (Japanese aesthetic practices) for the Tendai-shu Buddhist sect.

The small-scale *moya* (central part of the temple), measuring *ketayuki* (length of the building) 1-ken or 6 feet, and *harima* (beam span) 2-ken, accepts the *hisashi*, roof eaves, from the north and west directions. Round columns support the moya, and its interior is enclosed by a wooden wall and solid door; the roof eaves project into the void from the use of beveled columns. Above the columns, a *funahijiki* (a boat-shaped bracket placed directly atop a pillar to carry a purlin) accepts the girder, and the upper portion is the thatched roof in the *Nagare-zukuri* style (a characteristic gable-roofed shrine). According to studies from recent years, at the time of construction, principle structural elements such as the columns, girders, *nageshi* (non-penetrating tie beams that are made to fit around the pillar of temples and shrines), *taruki* (rafters), *et al.* were painted red, and the wooden walls and ornamental backboards were painted white.

As the name for the structure suggests, in cliff construction, long and short columns suspend the structure over the cliff's incline and over water. For the Inner Temple at *Sambutsu-ji*, at one location where the steep cliff is carved horizontally, a column, sized suitably to match the form of the earth, is erected to support the main building. Compared to *Ishiyama-dera Hondō* (main hall) in Shiga Prefecture and *Kiyomizu-dera Hondō* in Kyoto where a *nuki*, penetrating beam securely holds the columns in place, Sambutsu-ji's braces evoke an impression of fragility. Although the entire building's floor plan is quite small in scale, standing tall over the majestic view of nature from the strong pillars, appeals to a unique sense of tension and to those who are looking for a graceful sight. Paired with the legend that the former En no Ozunu built the temple in the cave in the precipice through a mystical power of Buddhism, the temple continues to convey a sense of sanctity.

[Nomura Shun-ichi]

光学硝子舞台（小田原文化財団 江之浦測候所）
2017 年 撮影：杉本博司 © 小田原文化財団
Optical Glass Stage (Enoura Observatory, Odawara Art Foundation)
2017 / Photo: Sugimoto Hiroshi © Odawara Art Foundation

小田原文化財団 江之浦測候所

杉本博司＋榊田倫之
2017年

Enoura Observatory, Odawara Art Foundation

Sugimoto Hiroshi ＋ Sakakida Tomoyuki
2017

　現代美術作家・杉本博司が、20年の歳月をかけて構想した《江之浦測候所》は、箱根外輪山を背景に相模湾に向かって広がる約1万平米の敷地に、ギャラリー棟、石舞台、光学硝子舞台、茶室、門、待合棟など複数の建築があり、それらで構成された庭園を散策しながら建築と場を体感することができる。

　70mの「冬至光遥拝隧道」が向かう冬至の朝日が昇る軸線と、100mの「夏至光遥拝ギャラリー」が向かう夏至の朝日が昇る軸線が、この施設において最も重要な建築の配置を決めている。悠久の昔、古代人が意識を持ってまず行ったことは太陽の運行上の軸線、規則性を認識することで、自分の存在や場所を確認した。相模湾に向かって配置された建築は、宇宙あるいは周辺に広がる自然と相互関係を持ち、建築そのものが地球の一部として存在していることをあらわしている。またその強い軸線あるいはコンセプトは、建築が存在することができる「時間」を100年という単位ではなく1万年以上の単位に昇華させてくれるのである。建築は土地に対してさながら埋没しているかのように配置され、海からつながる水平線と建築の外形線が呼応し、箱根外輪山に広がる自然の造形、稜線との対比が非常に美しい。

　縄文時代より日本人は自然を敬い共に生きる道を模索し、文明が進んだ現代においても連綿とその流れは繋がっている。アートでもあり、建築でもあり、未来の遺跡でもあるこの施設には、自然と共生することができる建築の糸口が潜んでいるのである。

[榊田倫之]

Set against a backdrop of the outer rim of the Hakone Mountains on an oceanfront site overlooking Sagami Bay is the site of *Enoura Observatory*, an approximately one-hectare (or 2.5-acre) art complex conceived over span of twenty years by contemporary artist Sugimoto Hiroshi. Comprised of various works of architecture that include a gallery, a Noh stage, an optical glass stage, a tea house, a stone gate and a reception pavilion amidst a stroll garden that allows visitors to perceive the relation between the buildings and their place.

The axis of the sunrise on winter solstice and that of the summer solstice determined the placement of the observatory's most significant structures—the 70-meter *Winter Solstice Light-Worshiping Tunnel*, and the 100-meter *Summer Solstice Light-Worshiping Gallery*, respectively. From time immemorial, the ancient's conscious recognition of the axis of the sun's path and its regularity led them to confirm their own existence and place on earth. These two buildings situated toward Sagami Bay possess a mutual relationship with the universe or the surrounding nature, expressing that the architecture itself exists as a part of the earth. Moreover, this strong axis or concept places the architecture not on a timeline of a short 100 years, but to one over 10,000 years long. The buildings appear to sink into the land, and their silhouettes respond to the horizon connecting land to sea, and the shape of nature that spreads towards the outer rim of Hakone's volcanic crater sets off an awe-inspiring contrast with the mountainous ridgeline.

Since the primeval Jōmon period, Japanese people have been in pursuit of a way in which they can worship nature in harmonic coexistence, and that legacy connects to the present advanced civilization. At once both art and architecture, as well as a future ruin, the *Enoura Observatory* is where the beginnings of an architecture symbiotic with nature lie latent within.

[Sakakida Tomoyuki]

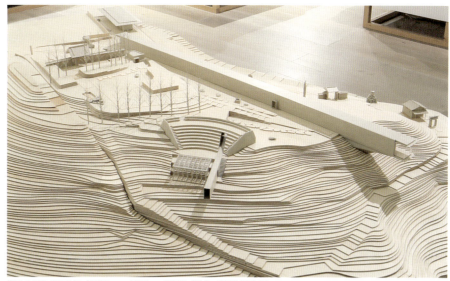

模型 1:100 2018年／h350 × w2000 × d2000／制作：新素材研究所
Model 1:100 2018 / h350×w2000×d2000 / Production: New Material Research Laboratory

外観 2017年／撮影：杉本博司 © 小田原文化財団
Exterior View 2017 / Photo: Sugimoto Hiroshi © Odawara Art Foundation

09 Living with Nature

257

外観 資料提供：新建築社写真部
Exterior View Courtesy: Shinkenchikusha

宮島弥山展望台
三分一博志
2013年

Miyajima Misen Observatory
Sambuichi Hiroshi
2013

内観 座の空間
撮影：三分一博志建築設計事務所
(本建築写真は特別な許可を取って撮影したものであり、現在の状況とは異なる。)
Interior View The space for "za" (sitting in contemplation)
Photo: Sambuichi Architects / (Special permission was obtained to take the architectural photograph, and this differs slightly from the present building.)

外観　撮影：三分一博志建築設計事務所（本建築写真は特別な許可を取って撮影したものであり、現在の状況とは異なる。）
Exterior View　Photo: Sambuichi Architects (Special permission was obtained to take the architectural photograph, and this differs slightly from the present building.)

座と動く素材

「動く素材」とは空気や水・太陽のことである。我々日本人が太古よりそれら動く素材とどのように向き合ってきたか、自然を畏れ敬い尊び、いかに自然を味方にする事が人の心を引き付け、さらに民をまとめる力となったか。それが宮島とその霊峰弥山全体で感じる事が出来る。私は、この弥山山頂に「座」することでより動く素材を繊細に感じる事ができると考えた。

山頂535mの弥山展望台からは、動く素材と宮島弥山の関係がすべて見て取れる。南を望むと、神が鎮座すると考えられている磐座が見え、山頂の岩肌あらわな巨石群が、如何に強い風雨にさらされた信仰修行の場であった事が想像される。一方、北の麓を見下ろすと厳島神社が大野瀬戸の入り江にあり、強い風雨や嵐から守られたとても緩やかな動く素材の地形にあることに気付くだろう。西に広がる弥山原生林は、標高ごと、地形ごとに水と風・日照が異なるように植生が異なっている。東には瀬戸の島々や内海が広がり、多くの水を太陽が水蒸気に変えて弥山原生林へと運んでくれる。我々人類の基本は常に水を中心とした動く素材の関係にあり、海から山頂までの水のつながりと共生が文化芸術、信仰そして生活のすべてを司っている事がこの宮島弥山では深くかつ美しい形として読み取る事ができる。

「座の展望台」は天井、それを支える柱と壁といった最小限の要素とコアを中心に縁と庇が廻る。深く広がる庇は軒を下げ、縁に「座」することを促す断面形状としている。庇は格子とルーバーにより隙間を持った構成とし、強い風雨などの自然にさからわないディテールとしている。また、庇のルーバーは、夏の強い太陽の日射しを和らげると共に軒先にいくほど角度を緩やかにし、雨水が流れ落ちる速度と風の力を緩めるディテールとなっている。

「座の空間」に腰を下ろして静態することで宮島弥山の動く素材が見えてくる。

太古より変わらない変化し続ける自然、つまり動く素材を「座」してゆっくり感じてもらうことが弥山そのままを伝えることだと考えている。

［三分一博志］

Sensing "Moving Materials" through Sitting

Air, water and sun, are the dynamic elements or "moving materials" of architecture. Miyajima Island and its sacred mountain of Misen evoke an awareness of how Japanese people have grappled with such "moving materials" since ancient times, and how people have united in awe and reverence under the wisdom to live harmonically with nature. *Miyajima Misen Observation Platform* was designed as a sitting-style observatory where visitors are invited to be seated at the summit of Mt. Misen and be more receptive to the dynamism of those "moving materials."

From the observatory atop the 535-m-high summit, one can understand Mt. Misen in relation to "moving materials." The view to the south overlooks a group of large rocks believed to be the dwelling place of gods. Their bare rock faces suggest how this sacred place of ascetic practices must have been exposed to strong winds and rain. Looking north, one discovers how *Itsukushima Jinja (Itsukushima Shrine)* in the inlet of the Seto Inland Sea is protected from severe weather by its topography. In the virgin forest of Mt. Misen spreading out to the west, the variation of vegetation expresses the availability of water, wind and sunshine in respect to the altitude and topography. To the east, the view extends over the Seto Inland Sea and its islands, where the sun transforms the waters into mist and carries it to the virgin forest. Mt. Misen in Miyajima is a beautiful representation of the fundamental relationship between our civilization and the "moving materials," where all levels of our daily life—our culture, art and religious faith—are established upon the cyclical flow of water from the ocean to the mountain summit and the symbiosis it creates.

This sitting-style observatory, where sitting is encouraged as an experience of observing, is comprised of an overhead shelter, the minimal elements of columns and walls necessary to support it, and a core encircled by a viewing deck and projecting eaves. The depth and length of the eaves create a profile that suggests the visitors be seated. The eaves are composed into a grid-like system, with lattice frames and louvers set apart, devised to comply with any weather condition. The louvers have slats with angles that gradually relax toward the perimeter to reduce the strong summer sunlight and decelerate the flow of rainwater and wind. In experiencing a *static* state by being seated in the observatory, one becomes perceptive of the "moving materials" of Mt. Misen.

Instead of attempting to tell stories of Mt. Misen through my architecture, I endeavored to encourage the act of sitting for visitors to gain the story themselves—through the "moving materials" of a perpetually transforming nature.

［Sambuichi Hiroshi］

瀬戸内海の西部、広島県廿日市市宮島町の厳島海上に鎮座する社殿。かつて伊都伎嶋神社や厳島大明神とも称した。平清盛 (1118 - 1181) の援助のもと、佐伯景弘が仁安3年 (1168) に大修理を施したことで、おおむね現在の社容となる。のちの仁治2年 (1241) にも大きな修理が行われたが、その後、風波による破損のメンテナンスを除き、規模を改変する目立った大修理は行われていない。中世を代表する大型神社の遺構として貴重である。

　境内中心には本殿・幣殿・拝殿、祓殿からなる本社が位置する。本殿は両流造という特殊な形式を採用しており、身舎の前後に付属した庇の屋根を伸ばし反らせることで、軒下に深い奥行きを獲得している。本殿前方には幣殿を介して入母屋造の拝殿が並び、その北方には拝殿に直行させた祓殿が接続する。その先には海に向かって平舞台が延び、舞楽のための高舞台が据えられる。そして、これら本社中心軸の延長上に大鳥居が海上で聳え立つ。

　本社の東方には摂社客神社（本殿、幣殿、拝殿、祓殿）が、西方には能舞台が位置し、これら建築群をほかの各社殿と併せ回廊で接続している。海上に浮かぶ矩折の回廊を移動することで、丹・朱塗りの軸部、白塗りの壁、檜皮葺の屋根、そして眼下に拡がる海と奥に聳える山々による光景が連続していく。建築と山水の取り合わせによる、人工と自然の秀逸な共演が見どころである。

［野村俊一］

嚴島神社
国宝 ｜ 重要文化財 ｜ 世界文化遺産

Itsukushima Shrine
National Treasure ｜ Important Cultural Property ｜ World Cultural Heritage

On the western edge of the Seto Inland Sea, in the Itsukushima Sea bordering the town of Miyajima in Hatsukaichi, Hiroshima Prefecture, is one of Japan's most iconic Shinto shrine complexes, the *Itsukushima Shrine*. At one time also known as *Itsukishima Jinja* (Shrine) or *Itsukushima Dai-myōjin*, it was restored more or less to its current state in 1168 by Saeki no Kagehiro, with the support of warlord Taira no Kiyomori (1118-1181). Later, extensive repair was carried out in 1241, but due to lack of maintenance after damage from the sea winds and water, there have been no considerable repairs or modifications to its overall scale. Not only holding value as a World Heritage Site, it has historical significance as the remains of an ancient large Shinto shrine representative of Japan's medieval period.

In the center of the shrine precinct is the main shrine complex, which is comprised of a *honden* (main shrine), a *heiden* (offering hall), a *haiden* (worship hall), and a *harai-den* (purification hall). The main shrine features a *Ryō-nagare-zukuri* roof characterized by a gable with a long, flowing, curved eaves extending to the front and rear of the *moya* (central space), producing a deep overhang. In front of the honden and connected by the heiden is the *Iri-omoya-zukuri* (hip-and-gable) roof-covered haiden, and directly to the north of it is the harai-den. Beyond the shrine complex is the *hirabutai* open stage deck that extends toward the sea and upon it sits a *takabutai* (elevated stage) for *bugaku,* or traditional court dance and music performances. Finally, extending along the central axis of the main shrine is the *Ōtorii,* (floating grand torii gate), the front gate to the shrine, that soars 16 m above the sea.

To the east of the honden is the *Sessha-marodo Jinja* (auxiliary shrine for guest deities) complex (which is also comprised of a honden, heiden, haiden and harai-den), and to the west is a *Noh* stage. These facilities are connected to the other shrine buildings through a covered corridor. As one walks along these floating corridors that turn at right angles, vermilion lacquered frames, whitewash walls, and *hiwada-buki* (*hinoki*) cypress bark) thatched roofs bring together the scenery of the distant mountain range and the expanding sea. This vista combining building and landscape at Itsukushima Jinja is a magnificent blend of the artificial and natural.

[Nomura Shun-ichi]

外観　画像提供：アマナイメージズ
Exterior View　Courtesy: amana images

水面の上に静かに佇む十字架。その背後には人工的なものが何ひとつない豊かな自然の風景が広がっている。北海道トマムに建設されたこの教会は、安藤建築を特徴付ける幾何学的構成、コンクリート打放しという限定された素材と形態が空間に緊張感と静謐さを付与する一方で、付近を流れる小川から引き込んだ水による水面が媒体となって、周囲の自然を大胆に取り込む。

一辺15mと10mの大小2つの正方形が重なり合い、それらを取り囲むようなL字の壁によって建築が構成されている。大きい方の正方形は礼拝室が、小さい方の上部には四方をガラスで囲われたアプローチ空間になっている。ここは4つの十字型のコンクリートが向かい合い、象徴的な雰囲気をつくりだすと同時に、水の音や風の音などの周囲の自然を感じる場でもある。そこから薄暗がりの円弧状の階段を降りていくと、正面のからの光を受けながら礼拝室にたどり着く。闇から光への劇的な空間の変化が開口部の向こうに広がる水面と十字架との出会いを強調する。水面と建物の間の開口部は1枚の大きな引き戸で、気候がよい時期には大きく開け放つことができ、内と外が連続する。

注目すべきは、ここでの水は映り込みや光の反射を考慮して厳密にデザインされていることだろう。安藤は水をあるがままの自然の姿ではなく、極めて人工的で構築的なものとして扱っている。自然の要素を限定して取り込み、抽象化することで、祈りの空間を現前させているのである。　　　　　　　　　　　　　　[川勝真一]

Church on the Water was designed by Ando Tadao and was completed in 1988. It has become an iconic image of contemporary Japanese architecture—a cross standing serenely above the water surface with a lush natural backdrop and no other artificial structure in view. Built in the Tomamu area of Hokkaido, this church gives a tension and tranquility to the space through its geometric composition, limited use of forms and material palette of poured-in-place concrete typical of Ando's architecture. At the same time, it boldly integrates the surrounding nature using the water surface as a medium by drawing water from a nearby stream.

In plan, the building consists of two intersecting squares, one square with 15-meter side lengths and the other with 10-meter side lengths, with an L-shaped wall enclosing them. The larger square is the church and the smaller square is an approach with glazing on all four sides. The latter space is composed of four reinforced concrete crosses that face one another, generating a symbolic ambiance, and is at once a space where one can sense the surrounding nature through the flowing water and breeze.

外観　1988年／画像提供：星野リゾート トマム
Exterior View 1988 / Courtesy: Hoshino Resorts Tomamu

One approaches the church by descending a dimly lit arc-shaped stairway, and walking toward the light that floods the space from the back. This dramatic spatial transformation from darkness to light emphasizes the water surface and the cross that appear beyond the church opening. The opening between the water surface and the building is a large sliding door that can fully open up in moderate weather creating a continuous space that connects the interior and exterior.

Of particular mention is the meticulous attention to both the images reflected in the water and the reflections of light on the water surface; Ando has treated the water not as a natural element, but essentially as an artificial component of the architecture. A place of prayer was achieved by incorporating limited elements of nature and transforming them to abstract forms.　[Kawakatsu Shin-ichi]

水の教会
安藤忠雄
1988年

Church on the Water
Ando Tadao
1988

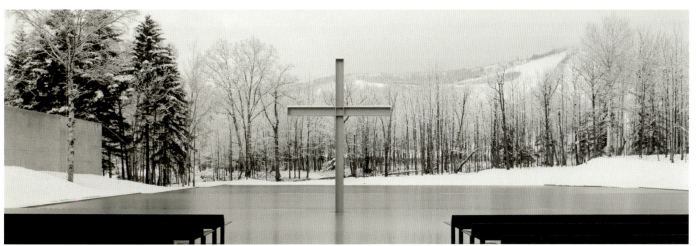

『ANDO x ANDO − Photographs』内観　2015年／撮影：安藤忠雄／所蔵：アマナサルト
"ANDO x ANDO - Photographs" Interior View 2015 / Photo: Ando Tadao / Collection: amanasalto

09　Living with Nature

261

建築の自然

德山拓一

自然環境はその地域に暮らす人々の世界観や文化の形成に固有性を与えてきた。建築も例外ではない。温暖で四季のある日本の風土は、豊かな森林を育み、変化に富んだ自然を生み出すと同時に、火山、台風、地震など人知を超えた脅威を内包しており、それらがそこに暮らす人々の自然観を特徴づけている。ここでは、建築に内在する自然観に着目し、現代に生きる私たちがそこから学ぶべきものについて考えたい。

宗教的特徴にみる自然観

まずはじめに、西沢立衛 (1966) の設計した《豊島美術館》(2010) と《投入堂》(1086) という二つの建築を通して、そこに表れている自然観とその背景にあるものを読み解いてゆく。

宗教学者の松本滋 (1933 - 2010) は著書『父性的宗教母性的宗教』の中で、日本の宗教を母性型宗教と分類した。松本の論拠は、哲学者の和辻哲郎が「風土」の中で、「牧場的風土」、「砂漠的風土」、「モンスーン的風土」と自然環境に基づいて類型化した文化類型論に据えられている。そこに発達心理学的な考察を導入し、特定の地域の宗教を父性型と母性型に分類したのである。砂漠的風土などの過酷な自然環境において発生したキリスト教やイスラム教などの一神教を父性型宗教とし、日本を含む豊かな自然風土に根ざした仏教や神道などを母性型宗教としている。母性型宗教の特徴は、人間心理の初期の発達段階の自他が分離せず、母に代表される世界と一体している状態に例えられるとしている。そうした宗教の自然観は、自然の無条件の包容性や寛容性を特色とし、調和を好む傾向にある。[1]

《豊島美術館》は、母性型宗教の自然観の特徴を示しているといえる。内藤礼 (1961 -) の《母型》(2010) を唯一の展示作品とする美術館は、内部に柱のない白色の一室空間が広がっている。天井の二つの大きな開口部からは光と空気がふんだんに取り込まれ、鑑賞者は内にいながらも外を感じることができ、建築全体が境界的な空間となっている。建築は、内藤の作品《母型》と一体となり、周囲の自然を取り込んでいる。観客は、静謐な空間の中で光や風に包み込まれるような感覚を体感できる。そこには、松本の定義する母性的な宗教に繋がる、自然との一体感を感じさせる、原始的な姿が浮かび上がるだ

ろう。その意味で、日本の風土によって形作られ、信仰の中で連綿と受け継がれる自然観を体感できる建築空間だといえる。

一方で、日本で暮らしてきた人々にとって自然は、豊かな恵みを与えてくれるだけではなく脅威を内包していることから、恐れの対象でもあった。寺院建築にはそのような自然観を見出すことができるものが多い。日本各地に伝わる山岳信仰は山林を修行の場とし、密教をはじめとする平安仏教以降、仏教寺院は人里離れた厳しい自然のなかに開山されることも多かった。そこには自然の厳しさを受け止めようとする畏怖の念がある。

三徳山三佛寺の奥の院である《投入堂》は、その立地と構造で見る者を圧倒する。切り立った玄武岩層と凝灰岩層の境目に自然にできたくぼみに建ち、京都の《清水寺本堂》(1633) と同様の懸造りの床に屋根があるだけの質素な構造の建築は、山岳信仰が仏教と融合した修験道の修行の場であった。その佇まいは周囲の自然が厳しい修行の場であることを暗示し、そこから眺める風景は、この場所に開山した役小角の信仰心と自然に対する眼差し[2]を感じさせるだろう。

豊かな恵みを与えてくれる自然は、時として脅威にもなる非合理を内包している。そうした自然と向き合う方法論の一つが、「無条件の包容性や寛容性」のある母性として捉えながらも、同時に、畏怖の念を抱くことだったのではないだろうか。そのようにして人々は、自然を受け入れ、共生してきたのかもしれない。その根底にある自然観は、日本の建築のなかに様々な形で息づいているのである。

住居にみる自然との調和

一方、住居建築では自然観はどのように表現されてきたのだろうか。ここでは、建築と自然が親密な関係にあった近代以前に注目し、《芝棟》と《聴竹居》(1920) という二つの事例を通して、それぞれ異なる観点から住居の中の自然について考えたい。

長い時間をかけて築かれた多様な住居様式は、日本の気候風土の中で快適に暮らすための工夫の結果であったが、近現代の100数十年の間に消えていったものが多い。戦後に全国の住居を調査した宮本常一 (1907 - 1981) は、高度経済成長期に量産された現代住居に危機感を抱

き、伝統的な建築にある気候風土や環境と調和する暮らしの重要性を訴えていた。宮本の調査によると、明治初期までは竪穴式になっていなくても、土間にもみがらや藁を敷き、その上に藁の敷物などを敷いて暮らしていた家は多く、新潟では六割まではそのような土間住まいの家だったという。[3] 近代の変化がいかに激しかったかを改めて実感することができる。

《芝棟》は、近代に激減した住居様式のひとつである。茅葺や藁葺き屋根の棟に草木や花を植える習慣で、日本全国で見られた様式だった。棟の固めに適した植物が選択され、その植え方や寄せ植えの技法に様々な工夫がなされており、芝棟には屋根を支えるという機能があったとされている。一方で、そこには象徴的な意味もあった。もともと屋根の天辺部分の棟は、祭祀や呪いなどの場でもあり、家内安全を願い棟の一部に水・竜・寿などの漢字が書いてあることがある。芝棟も例に漏れず、文字が書いてあるだけではなく、地方によっては鎌を立てて魔除けとしたり、芝棟には蛇が住み着くので鼠封じになると信じられているなど、興味深い事例が全国各地にみられた。[4]

そうした《芝棟》の象徴性だけを取り入れた現代建築に、藤森照信（1946 - ）による《ラ コリーナ近江八幡 草屋根》（2015）がある。屋根が芝に覆われ、その先端や棟の部分に草木を植えた意匠は、建築が自然の一部として溶け込むための大きな力となっている。建築史家の太田博太郎（1912 - 2007）は日本と西洋の建築の違いとして、「〔日本〕建築は自然に対抗し、あるいは、自然を克服して立つものではなく、人間のつくったものでありながら、あたかも自然のうちの一本の樹木であるかのように、自然の一点景としか考えられていない」[5] と論じている。《ラ コリーナ近江八幡 草屋根》は、圧倒的な存在感を示しながらも、風景の中で木々のように佇むのは、日本の風土で育まれた芝棟の象徴性を通して、自然と調和していることが一因となっているだろう。

一方で、即物的でありながらも周囲の環境に寄り添い、調和しているところにも日本の住居建築の特徴があるだろう。大正から昭和初期にかけて、そうした伝統を意識しながらも新しい住居建築を開発しようとした建築家に、藤井厚二（1888 - 1938）がいる。藤井の代表作とされる《聴竹居》は、地震を起きるものとして設計した平屋、夏や冬にも快適に暮らせるようにと日差しと梅雨の雨に対処できる深さを研究した軒、周囲の自然を室内に取り込もうとした大きな窓などの諸要素が、当時の最新技術を取り入れながらも、長く受け継がれてきた自然との調和を重んじる視点によって編み上げられている。さらに、洋風趣味も随所に取り込まれた折衷建築であったことや、大正から昭和初期にかけて盛んであった生活改善運動を反映し、オール電化のシステムキッチンを導入していたことも特筆すべきところである。

《聴竹居》は、環境的な条件によって形づくられ、そこで育まれた自然観によって環境に結び付けられており、伝統に学びながらも、未来に接続しようとしていた野心的な実験住居だったのである。

自然観を体感する装置として

日本の建築は、多様な視点から自然を体感できる場であるといえる。《豊島美術館》や《投入堂》には、宗教的特色にみる自然の姿があり、住居には、利便性の中にも自然との調和を重んじる人々の姿勢を感じることができる。数学者の岡潔（1901 - 1978）は、「人と人との間にはよく情が通じ、人と自然の間にもよく情が通じます。これが日本人です。」という言葉を残している。言語化も数値化もできない自然とのコミュニケーションは、高度情報化社会の現代において、新鮮な響きをもって私たちに届くのではないだろうか。私はいま、自然と対話できる場として、日本の風土に根ざした自然観をフィジカルに感受できる装置として日本の建築を見ることに、殊更に重要性を感じている。それは他のメディアが代替することができない、建築の本質的な機能の一つなのだから。

［本稿の注釈、参考文献は、p. 274 参照］

Views of Nature as Expressed in Architecture

Tokuyama Hirokazu

The natural environment has lent uniqueness to the worldviews and cultures developed locally by people living in different regions. Architecture is no exception. With mild temperatures and four distinct seasons, Japan's climate has supported the growth of lush forests and the creation of a richly variegated natural environment which, at the same time, has also presented dangers such as volcanoes, typhoons and earthquakes, whose workings remain beyond human knowledge. These factors have shaped how people living in Japan view nature. Here, I would like to examine the views of nature embodied in Japanese architecture and think about what we can learn from them today.

Views of Nature as Expressed in Religious Characteristics

I would like to begin by examining two buildings, the *Teshima Art Museum* (2010) designed by Nishizawa Ryue (1966-) and the *Nageire-dō* (1086), and decipher what lies behind the views of nature expressed in them.

Matsumoto Shigeru (1933–2010), a scholar of religion, describes Japanese religions as maternal religions in his book *Fusei-teki Shūkyō, Bosei-teki Shūkyō (Paternal and Maternal Religions)*. Matsumoto's argument is grounded on a theory of cultural typology that philosopher Watsuji Tetsuro presents in his book *Fūdo (Climate and Culture)*, in which cultures are categorized as "pastoral," "desertic" or "monsoonal" depending on their native natural environment. Matsumoto applied a developmental psychological perspective to Watsuji's analysis and classified the religions of different regions as paternal or maternal. He describes monotheistic religions that arose in harsh environments found in desert climates as paternal religions (*e.g.* Christianity and Islam) and religions rooted in lush environments like those of Japan as maternal religions (*e.g.* Buddhism and Shinto). He explains that maternal religions can be likened to the state of the self and other in the early stage of human psychological development, when they are not yet separated and exist as one with a mother or a world that represents a maternal figure. These religions' view of nature is marked by an unconditional inclusiveness and tolerance toward nature, and they tend to favor harmony.[1] It can be said that the *Teshima Art Museum* carries the characteristics of this view of nature held by these maternal religions.

The *Teshima Art Museum* contains a single column-less white room dedicated to displaying one work of art: a piece by Naito Rei (1961–) titled *Matrix* (2010). Two large openings in the ceiling draw in plentiful light and air and enable viewers to feel the outside from the inside. The whole building ... womb-like space that acts as one with Naito's *Matrix* to bring the surrounding nature inside. Visitors to the tranquil space can experience the sensation of being enveloped in light and wind. It evokes a primordial form of architecture that gives one the feeling of being immersed with nature—an attribute that resonates with Matsumoto's definition of maternal religions. In this sense, it can be described as an architectural space that was shaped by Japan's climate and which allows one to experience a view of nature handed down through religious faith.

People living in Japan are well aware that nature does not only offer copious blessings, however; it can also pose dangers, and this has led it to be viewed as something to be feared. Many works of Japanese temple architecture reflect this other view of nature. Traditions of mountain worship practiced throughout Japan treated mountain forests as places for spiritual training, and many Buddhist temples were built in harsh natural environments in remote locations, particularly with the rise of esoteric sects of Buddhism during the Heian period. These practices were motivated by an awe for nature and a willingness to accept its severity.

The *Nageire-dō*, the *Oku-no-in* (inner sanctuary) of the *Mitokusan Sambutsu-ji*, astonishes all with its incredible location and structure. Set into a naturally formed hollow at the boundary between a basalt layer and tuff layer in the face of a steep cliff, the basic building composed only of a roof and a floor supported by a *Kake-zukuri* structure—the same type of structure used for the *Kiyomizu-dera Hon-dō* (1633) in Kyoto—was built as a place for spiritual training for practitioners of *Shugen-dō*, a religion which fused Buddhism with mountain worship. Its appearance alone suggests how its surrounding natural environment is a place for strict training, and the view from atop it is sure to leave one with an appreciation for the piousness and view of nature of the religion's founder, En no Ozuno.[2]

Nature, while offering copious blessings, is also irrational and can at times be dangerous. One way of dealing with nature is to view it as a maternal figure that offers "unconditional inclusiveness and tolerance" while, at the same time, respecting it with awe. This is undoubtedly how people came to accept and live with nature. This underlying view of nature continues to live on in various forms within Japan's architecture today.

Harmony with Nature as Expressed in Houses

How have views of nature been expressed in residential architecture? Here I will look back to the time before the modern period when architecture and nature existed in a close relationship and use *shiba-mune* (grass-planted roof) houses and the *Chōchikukyo* (1920) as examples for thinking about how nature has been expressed in houses from two different viewpoints.

The diverse styles of residential architecture that evolved in Japan over the span of generations represented the result of ingenuity aimed at achieving comfortable lifestyles in Japan's climate, but many of them have disappeared in the past 150 years since the dawn of the modern period (circa 1868). Miyamoto Tsuneichi (1907–1981), who surveyed houses across the nation during the postwar period, was alarmed by the modern houses that were being mass-produced during the period of high economic growth, and he defended the importance of the traditional lifestyles that achieved harmony with the climate and environment. According to Miyamoto's surveys, until the early Meiji period, there were still many houses that were built as partially earthen-floored buildings, if not quite as full pit-houses. Around 60 percent of houses in Niigata Prefecture had such floors, which were strewn with rice husks and straw and covered over with straw mats.[3] This is telling of just how drastically things changed during the modern period.

The shiba-mune was a residential construction style that was once ubiquitous throughout Japan but rapidly disappeared during the modern period. It was a way of building in which the ridges of thatched roofs were planted with grasses and flowers. Shiba-mune were thought to have the functional purpose of supporting roofs, and various ingenious techniques were developed to grow plants that were suited for consolidating the ridges. The shiba-mune also had a symbolic function. Rooftops were originally used as places for ceremonies and hexing practices, and Chinese characters such as 水 (water), 龍 (dragon) and 寿 (longevity) were often inscribed in the ridges to protect the safety of the household. It is known from many intriguing examples of shiba-mune documented throughout the country that such characters were also inscribed in the planted roofs. In some regions, sickles were set in the roofs to repel evil spirits, and in other regions, the planted roofs, which often sheltered snakes, were believed to help keep mice away.[4]

One work of contemporary architecture that incorporates the symbolic aspect of the shiba-mune is the *Kusayane* of *La Collina Omi Hachiman* (2015) by Fujimori Terunobu (1946–). The grass-covered roof with plants at its tips and ridges plays a great role in blending the building into its natural landscape. Architectural historian Ota Hirotaro (1912–2007) points out how Japanese and Western architecture are unalike in that "[Japanese] architecture neither attempts to fight nor conquer nature, and despite being man-made, it is thought of as a feature in the landscape no different from a naturally growing tree."[5] One reason why the *La Collina Omi Hachiman* is able to occupy the landscape like a stand of trees even while having a powerful presence is perhaps because it achieves a harmony with nature through the symbolism of the shiba-mune that was nurtured in the Japanese climate.

Another characteristic of Japanese houses is that they not only harmoniously nestle into their surrounding environment but also fulfill practical needs. One architect of the Taisho through the early Showa period who strove to develop a new form of residential architecture while giving consideration to these traditional qualities was Fujii Koji (1888–1938). Fujii's most famous work, the *Chōchikukyo*, was woven together by incorporating both the latest technology of its time and also the age-old attitude of harmonizing with nature. It was designed as a single-story house to withstand earthquakes, it has eaves that are the product of studies conducted to find the optimal depth needed to keep out the sun and seasonal rains and create a comfortable living environment both in the summer and winter, and it also has large windows positioned to draw in the surrounding nature. Furthermore, the building is also notable as an example of eclectic architecture with its mix of various Western-style features and as an example of a house equipped with a fully electric kitchen, which reflects the movement to improve lifestyles that was promoted during the early Showa period.

The *Chōchikukyo*, designed by learning from tradition and also by looking forward to the future, was an ambitious experimental house that was anchored in its setting by a view of nature shaped and fostered by its native environmental conditions.

Devices for Experiencing Views of Nature

One could say that works of Japanese architecture provide places for occupants to experience nature from various perspectives. As we have seen, the *Teshima Art Museum* and *Nageire-dō* express a nature that reflects the character of Japan's native religions, while Japanese houses have reflected the attitude of a people that values harmony with nature even while being designed for utility. Mathematician Oka Kiyoshi (1901–1978) writes, "Humans communicate with nature just as they do with other humans. This is a characteristic of being Japanese." This idea of communicating with nature—an interaction that can neither be expressed in words nor numbers—should have a fresh ring to our ears today as citizens of a hyper-information society. Personally, I feel that it is particularly important to look at works of Japanese architecture as places for engaging in dialogue with nature and to see them as devices for physically experiencing the views of nature rooted in the Japanese climate. This is an essential function of architecture that no other medium can replace.

[Footnotes and References for this document are listed on p. 274]

年表
Chronology

ここでは、人間と自然が共生・対峙する場所につくられた建築、自然を利用することによって成り立つ建築、さらに人々がどのように自然を捉えていたかその断片を知ることができる資料や場所を主に選んでいる。古くより自然は畏怖の対象であり、宗教建築と結びついて現れるが、後の時代になると、庭園や草庵茶室として人々の生活の中により溶け込むようになり、現代では自然環境が工学的に解釈され建築に取り込まれている。このように、日本人はどの時代においてもある「自然観」を持っていた。時代によって形は変化していくが、日本人は自然を常に見つめ、共に生きてきたのである。

[添田菜月＋小岩正樹]

In this section of the chronological table, we present architectures that were created through the symbiosis with or confrontation against nature, architecture that makes use of nature, and documents and places that expose fragments of how people grappled with nature in the past. In ancient times, nature was an object of awe, which manifested itself in shrines and temples, but in later ages, nature is absorbed into the life of people as gardens and tearooms in thatched tea huts, and in the present age, natural environments are incorporated as natural environments are technologically interpreted and are integrated into the design of buildings. Although the form in which Japanese architects have expressed their outlook on nature through the ages has changed over time, it has always maintained a symbiotic balance.

[Soeda Natsuki ＋ Koiwa Masaki]

監修：早稲田大学 小岩正樹建築史研究室
Adviser: Koiwa Masaki Laboratory,
Department of Architecture, Waseda University

500　1000　1500　1900　1950　2000

● 古墳 Tombs
百舌鳥・古市古墳群 Mozu-Furuichi Kofungun (Mozu- Furuichi Tombs)
西都原古墳群 Saitobaru Burial Mounds

● 桂離宮 Katsura Imperial Villa

● 志賀重昂 『日本風景論』／政教社

● 所沢聖地霊園礼拝堂（池原義郎）
Tokorozawa Seichi Reien (Cemetery)
Ossuary and Chapel (Ikehara Yoshiro)

聴竹居（旧藤井厚二邸）
（藤井厚二）
Chōchikukyo (former Fujii Koji House)
(Fujii Koji)

House & Restaurant（石上純也）
House & Restaurant (Ishigami Junya)

● House N（藤本壮介）
House N (Fujimoto Sosuke)

● 軽井沢の山荘（吉村順三）
A Mountain Villa in Karuizawa (Yoshimura Junzo)

● 投入堂
Nageire-dō

後山山荘（藤井厚二［原設計］、前田圭介）
Villa Ushiroyama
(Fujii Koji [Original Design], Maeda Keisuke)

● 山中湖の山荘（吉村順三）
Yamanaka-ko Lakeside Villa (Yoshimura Junzo)

● 伊勢神宮 Ise Jingū (the Ise Grand Shrine)※1
神田下種祭 Shinden Geshu-sai (the Festival of sowing seeds in the shrines's rice field)
抜穂祭 Nuiho-sai (the Rice Harvesting Ceremony)
神嘗祭 Kanname-sai

八ヶ岳高原音楽堂（吉村順三）
Yatsugatake Kōgen Ongakudō
(The Hall of Chamber Music)

● 金刀比羅宮プロジェクト
（鈴木了二）
Kotohira-gū Project (Suzuki Ryoji)

● 日吉大社
Hiyoshi Taisha

● 西芳寺 庭園
Saihō-ji Garden
(commonly known as Koke-dera)

● 吉田鉄郎 『日本の庭園』／鹿島出版会

● 平等院
Byōdō-in

● 大高正人、浜口隆一、神代雄一郎、二川幸夫
『現代のにわ』／彰国社

● 比叡山 延暦寺
Hiei-zan Enryaku-ji

● 修学院離宮
Shugaku-in Rikyū
(Shugaku-in Detached Villa)

● 丹下健三、ヴァルター・グロピウス、石元泰博
『桂 日本建築における伝統』／造形社

● 永平寺
Eihei-ji

● 堀口捨己 『Tradition of Japanese Garden』
彰国社

● 宗像大社 Munakata Taisha
沖津宮 Okitsu-gū
中津宮 Nakatsu-gū
辺津宮 Hetsu-gū

直島ホール（三分一博志）
NAOSHIMA HALL (Sambuichi Hiroshi)

● 嚴島神社
Itsukushima Shrine

● 名護市庁舎（象設計集団＋アトリエ・モビル）
Nago City Government Office
(Atelier ZO ＋ Atelier Mobile)

ラ コリーナ近江八幡 草屋根（藤森照信）
Kusayane, La Collina Omihachiman
(Fujimori Terunobu)

● 清水寺
Kiyomizu-dera

● 龍安寺 石庭
Ryōan-ji Sekitei (Ryōan-ji Zen Stone Garden)

藤井厚二
『日本の住宅』／岩波書店

● 豊島美術館（西沢立衛）
Teshima Art Museum
(Nishizawa Ryue)

● 方丈記
Hōjōki

● 滋賀県・近江八幡の水郷
Omihachiman Riverside
District in Shiga Prefecture

● 伊藤ていじ、岩宮武二 『日本の庭』
中央公論

● 賀茂別雷神社
Kamo-wake-ikazuchi Jinja
(commonly known as Kamigamo Shrine)

● ルーヴル・ランス（SANAA）
Louvre-Lens

● 長谷川等伯『月夜松林図屏風』

● 日本電力黒部川
第二発電所（山口文象）
Kurobe Dai 2 (No.2) Power Plant
(Yamaguchi Bunzo)

● 三千院
Sanzen-in (Sanzen-in temple)

● 兼六園
Kenroku-en

● 小田原文化財団
江之浦測候所
（杉本博司＋榊田倫之）
Enoura Observatory,
Odawara Art Foundation
(Sugimoto Hiroshi ＋
Sakakida Tomoyuki)

● 待庵
Tai-an

● 孤篷庵 忘筌
Kohō-an Bōsen

● 竪穴住居の復元研究
Restoration Study of
Jōmon Dwelling

● 浄瑠璃寺
Jōruri-ji

● 円通寺 庭園
Entsū-ji Garden

A House for Oiso（田根 剛）
A House for Oiso (Tane Tsuyoshi)

● 水の教会（安藤忠雄）
Church on the Water (Ando Tadao)

● 芝棟（年不明）
Shibamune

● 大徳寺 真珠庵
Daitoku-ji Shinju-an
(Shinju-an tea house at Daitoku-ji temple)

● ベネッセハウスミュージアム（安藤忠雄）
Benesse House Museum (Ando Tadao)

● 高台寺 Kōdai-ji (Kodai-ji Zen temple)
傘亭 Kasa-tei (Kasa-tei teahouse at Kōdai-ji)
時雨亭 Shigure-tei (Shigure-tei tea house at Kōdai-ji)

● 宮島弥山展望台
（三分一博志）
Miyajima Misen Observatory
(Sambuichi Hiroshi)

山口蓬春画伯邸（吉田五十八）
Hōshun Yamaguchi Memorial Hall (Yoshida Isoya)

● 神長官守矢資料館（藤森照信）
Jinchōkan Moriya Shiryō-kan
(Fujimori Terunobu)

● 本セクションでの展示プロジェクト Exhibit in this section　● 他セクションでの展示プロジェクト Exhibit in other section

▌プロジェクトデータ
Project Data

p. 242

名護市庁舎
象設計集団＋アトリエ・モビル

Nago City Government Office
Atelier ZO + Atelier Mobile

[名称] 名護市庁舎
[所在地] 沖縄県名護市
[竣工年] 1981年
[主要用途] 庁舎
[延床面積] 6,149.1 m²
[構造] 鉄骨鉄筋コンクリート造
[設計] 象設計集団＋アトリエ・モビル
[施工] 仲本工業・屋部土建・阿波根組共同企業体
[Name] Nago City Government Office
[Location] Nago, Okinawa
[Year] 1981
[Primary use] Government office
[Total floor area] 6,149.1 m²
[Structure] Steel-frame reinforced concrete
[Design] Atelier ZO + Atelier Mobile
[Construction] Nakamoto Industry, Yabu Doken and Ahagon gumi Joint Venture

p. 244

聴竹居（旧藤井厚二邸）
藤井厚二（1888 - 1938）

Chōchikukyo (former Fujii Koji House)
Fujii Koji (1888-1938)

[名称] 聴竹居（旧藤井厚二邸）
[所在地] 京都府乙訓郡大山崎町
[竣工年] 1928年（本屋、閑室）、1933年以前（茶室）
[主要用途] 住宅
[延床面積] 173 m²（本屋）、44 m²（閑室）、33 m²（茶室）
[構造] 木造
[設計] 藤井厚二
[施工] 酒徳金之助
[Name] Chōchikukyo (former Fujii Koji House)
[Location] Oyamazaki, Otokuni, Kyoto
[Year] 1928 (main building, pavilion), before 1933 (tea-ceremony room)
[Primary use] Residence
[Total floor area] 173 m² (main building), 44 m² (pavilion), 33 m² (tea-ceremony room)
[Structure] Wood frame
[Design] Fujii Koji
[Construction] Sakatoku Kinnosuke

p. 246

後山山荘
藤井厚二（1888 - 1938、原設計）
前田圭介（1974 - ）

Villa Ushiroyama
Fujii Koji (1888-1938) (original design)
Maeda Keisuke (1974-)

[名称] 後山山荘
[所在地] 広島県福山市
[竣工年] 1930年代（原設計）/ 2013年
[主要用途] 別邸
[延床面積] 139.53 m²
[構造] 木造
[設計] 藤井厚二（原設計）、前田圭介
[構造設計] 佐賀田中建築研究所
[造園] 荻野寿也景観設計、UID、造園ワークショップ有志
[施工] 大和建設
[Name] Villa Ushiroyama
[Location] Fukuyama, Hiroshima
[Year] 1930s (original design) /2013
[Primary use] Villa

[Total floor area] 139.53 m²
[Structure] Wood frame
[Design] Fujii Koji (original design), Maeda Keisuke
[Structural design] Saga Tanaka Structural Design
[Landscape design] Toshiya Ogino Landscape Design, UID, Landscape workshop volunteer
[Construction] Daiwa Construction

p. 249

ラ コリーナ近江八幡 草屋根
藤森照信（1946 - ）

Kusayane, La Collina Omihachiman
Fujimori Terunobu (1946-)

[名称] ラ コリーナ近江八幡 草屋根
[所在地] 滋賀県近江八幡市
[竣工年] 2014年
[主要用途] 物販店舗、工場
[延床面積] 1394.7 m²
[構造] 鉄筋コンクリート造、鉄骨造、木造
[設計] 藤森照信＋中谷弘志（アキムラフライング・シー）
[施工] 秋村組
[Name] Kusayane, La Collina Omihachiman
[Location] Omihachiman, Shiga
[Year] 2014
[Primary use] Retail, factory
[Total floor area] 1394.7 m²
[Structure] Reinforced concrete, steel frame, wood frame
[Design] Fujimori Terunobu + Nakatani Hiroshi (Akimura Flying-C)
[Construction] AKIMURA & PARTNERS

p. 251

豊島美術館
西沢立衛（1966 - ）

Teshima Art Museum
Nishizawa Ryue (1966-)

[名称] 豊島美術館
[所在地] 香川県小豆郡土庄町
[竣工年] 2010年
[主要用途] 美術館
[延床面積] 2,334.73 m²
[構造] 鉄筋コンクリート造
[設計] 西沢立衛建築設計事務所
[施工] 鹿島建設
[Name] Teshima Art Museum
[Location] Tonoshō, Shōzu, Kagawa
[Year] 2010
[Primary use] Art museum
[Total floor area] 2,334.73 m²
[Structure] Reinforced concrete
[Design] Office of Ryue Nishizawa
[Construction] Kajima Corporation

p. 252

A House for Oiso
田根 剛（1979 - ）

A House for Oiso
Tane Tsuyoshi (1979-)

[名称] A House for Oiso
[所在地] 神奈川県中郡大磯町
[竣工年] 2015年
[主要用途] 住宅
[延床面積] 119.73 m²
[構造] 木造
[設計] DORELL. GHOTMEH. TANE / ARCHITECTS
[施工] 栄港建設
[Name] A House for Oiso
[Location] Ōiso, Naka, Kanagawa
[Year] 2015
[Primary use] House

[Total floor area] 119.73 m²
[Structure] Wood frame
[Design] DORELL. GHOTMEH. TANE / ARCHITECTS
[Construction] Eiko Construction Co., Ltd

p. 253

House & Restaurant
石上純也（1974 - ）

House & Restaurant
Ishigami Junya (1974-)

[名称] House & Restaurant
[所在地] 山口県宇部市
[竣工年] 2016年 - （建設中）
[主要用途] 飲食店舗、住居
[延床面積] 194 m²
[構造] 鉄筋コンクリート造
[設計] 石上純也建築設計事務所
[施工] アキタ建設
[Name] House & Restaurant
[Location] Ube, Yamaguchi
[Year] 2016- (work in progress)
[Primary use] Restaurant, house
[Total floor area] 194 m²
[Structure] Reinforced concrete
[Design] junya.ishigami + associates
[Construction] Akita Co., Inc.

p. 254

投入堂

Nageire-dō

[名称] 三仏寺奥院投入堂
[所在地] 鳥取県東伯郡三朝市
[竣工年] 1086年 -1184年（平安時代）
[主要用途] 神社、仏堂
[構造] 木造
[規模] 桁行一間、梁間二間、両側面に庇屋根および隅庇屋根付
[Name] Okuno-in Nageire-dō, Sanbutsu-ji
[Location] Misasa, Tohaku, Tottori
[Year] 1086-1184
[Primary use] Shintō shrine, Buddhist temple
[Structure] Wood frame

p. 256

小田原文化財団 江之浦測候所
杉本博司（1948 - ）＋榊田倫之（1976 - ）

Enoura Observatory, Odawara Art Foundation
Sugimoto Hiroshi (1948-) + Sakakida Tomoyuki (1976-)

[名称] 小田原文化財団 江之浦測候所
[所在地] 神奈川県小田原市
[竣工年] 2017年
[主要用途] 美術館
[延床面積] 927.77 m²
[構造] 鉄筋コンクリート造、鉄骨造（ギャラリー棟、待合棟）、木造（明月門、茶室）
[設計] 新素材研究所
[実施設計] 榊田倫之建築設計事務所
[施工] 鹿島建設
[Name] Enoura Observatory, Odawara Art Foundation
[Location] Odawara, Kanagawa
[Year] 2017
[Primary use] Art museum
[Total floor area] 927.77 m²
[Structure] Reinforced concrete, steel frame, wood frame
[Design] New Material Research Laboratory
[Detail design] Tomoyuki Sakakida Architect
[Construction] Kajima Corporation

p. 258

宮島弥山展望台
三分一博志（1968 - ）

Miyajima Misen Observatory
Sambuichi Hiroshi (1968-)

[名称] 瀬戸内海国立公園 宮島弥山展望休憩所
[所在地] 広島県廿日市市宮島町
[竣工年] 2013年
[主要用途] 展望施設
[延床面積] 217.95㎡
[構造] 鉄骨造
[基本デザイン設計] 三分一博志建築設計事務所
[設計] 広島県土木局営繕課
[施工] 増岡組
[Name] Miyajima Misen Observatory
[Location] Miyajima, Hatsukaichi, Hiroshima
[Year] 2013
[Primary use] Observatory
[Total floor area] 217.95㎡
[Structure] Steel frame
[Basic design] SAMBUICHI ARCHITECTS
[Design] Building and Repairs Section, The Hiroshima
Prefectural Government
[Construction] MASUOKA Architectural Contractors

p. 260

嚴島神社

Itsukushima Shrine

[名称] 嚴島神社
[所在地] 広島県廿日市市宮島町
[竣工年] 幣殿、拝殿：1241年（鎌倉時代）、本殿：1571
年（室町時代）
[主要用途] 神社
[延床面積] 1,580.34㎡
[構造] 木造
[規模] 本殿：桁行正面八間、背面九間、梁間四間
[Name] Itsukushima Shrine
[Location] Miyajima, Hatsukaichi, Hiroshima
[Year] 1241, 1571
[Primary use] Shintō shrine
[Total floor area] 1,580.34㎡
[Structure] Wood frame

p. 261

水の教会
安藤忠雄（1941 - ）

Church on the Water
Ando Tadao (1941-)

[名称] 水の教会（星野リゾートトマム）
[所在地] 北海道勇払郡占冠村中トマム
[竣工年] 1988年
[主要用途] 教会
[延床面積] 520㎡
[構造] 鉄筋コンクリート造
[設計] 安藤忠雄建築研究所
[施工] 大林組
[Name] Church on the Water (Hoshino Resorts TOMAMU)
[Location] Naka-tomamu, Yufutsu, Hokkaido
[Year] 1988
[Primary use] Church
[Total floor area] 520㎡
[Structure] Reinforced concrete
[Design] Ando Tadao
[Construction] Obayashi Corporation

注釈・参考文献（セクション01-09）
Footnotes and References

01 可能性としての木造

なぜ、みんな格子が好きなのか？　　木内俊彦

注釈

1　香山壽夫は『建築意匠講義』（香山壽夫著『建築意匠講義』、東京大学出版会、1996年。）全12回のうち、第9回と第10回で基本モティフである「囲いモティフ（包むもの、囲覆体）」と「支えモティフ（立ち上がるもの、構築体）」について解説し、両者の「闘争」と「対立的統合」が建築史を形づくってきたこととともに、両者の「分断」を20世紀以降の問題として指摘している。また、藤森照信は『人類と建築の歴史』（藤森照信著『人類と建築の歴史』、ちくまプリマー新書、2005年。）において、洞穴（包む内部）からつながる地母信仰と、ストーン・サークルなどの巨石文化（そびえ立つ外観）に結びつく太陽信仰が揃うことで人類は〈建築〉を手に入れたと述べている。

2　槇文彦は「奥の思想」（槇文彦著「奥の思想」（『見えがくれする都市』、鹿島出版会、1980年。）。）で、多重な境界域がつくり出す日本の都市空間の濃密性を、「奥」の概念によって説明するとともに、同概念を、町家などの限られた空間に領域を重層させて意味の多様性を演出する手法としても取り上げている。槇が指摘するように「奥」は日本の特徴的現象と考えられる一方、文化よりも深い人間レベルでの空間認識を考えるとき、〈構築性〉〈包囲性〉に〈奥性〉を加えた3つが、建築の基本モティフであるとも考えられる。このような考え方に近い理論として、シュルツの『実存・空間・建築』（ノルベルク・シュルツ著、加藤邦男訳『実存・空間・建築』、鹿島出版会、1973年。）が挙げられるほか、筆者の論文「カルロ・スカルパの建築作品に見られる空間変移のデザインに関する研究」では、スカルパの建築が三つのモティフ（空間図式）の統合（変移）として理解できることを示した。

3　境界を曖昧にすることによって他のシステムを意識させる日本的な仕組みは、「同時にいくつもの像を重ねて見ること、事象の境界を不確定にすること、こうした見方ないしは操作」を誘導する〈非ず非ず〉の理論との関連が考えられる。原広司は「〈非ず非ず〉と日本の空間的伝統」（原広司著「〈非ず非ず〉と日本の空間的伝統」（『空間〈機能から様相へ〉』、岩波現代文庫、2007年。）。）のなかで、このような現象を日本の建築空間の特性と述べる一方で、このような伝統が「日本固有であるとは考えていない」と注意を促している。日本の木造とそこで育まれた仕組みも、グローバルな状況で活かされていくための構想が求められる。

参考文献

- 坂本功著『木造建築を見直す』、岩波新書、2000年。
- 後藤治著『建築学の基礎 6 日本建築史』、共立出版、2003年。
- 木内修著『現代棟梁の設計術 五意達者への道』、新建築社、2007年。
- 上田篤編『別冊『環』21 ウッドファースト！ 建築に木を使い、日本の山を生かす』、藤原書店、2016年。
- 井上充夫著『日本建築の空間』、鹿島出版会、1969年。
- 東京大学建築学専攻 Advanced Design Studies 編『T_ADS TEXTS 01 これからの建築理論』、東京大学出版会、2014年。

02 超越する美学

超越する美　　大井隆弘

参考文献

1　大野晋著『日本語の起源』、岩波書店、1957年。

2　高階秀爾著『日本人にとって美しさとは何か』、筑摩書房、2015年。

01 Possibilities of Wood

Why Are People So Fond of Louvers?　　Kiuchi Toshihiko

Footnotes

1　In *Lectures on Architectural Design* (Koyama Hisao: *Kenchiku Ishou Kougi (Lectures on Architectural Design)*: University of Tokyo Press, 1996.), architect Koyama Hisao explains on the basic motifs of "enveloping" and "supporting," and points out how conflict and opposing integration in both motifs have formed architectural history, identifying the division between them as a post 20th century problem. And in his book, *The History of Humankind and Architecture* (Fujimori Terunobu: *Jinrui to Kenchiku no Rekishi, (The History of Humankind and Architecture)*: Chikumashobo, 2005.), architect Fujimori Terunobu states that architecture came to humankind through faith in an earth goddess associated with caves (enclosed interiors) and a sun god connected to the megalithic culture of stone circles (dominating external appearances), showing the relationship between the basic motifs.

2　In his book, *City with a Hidden Past* (Maki Fumihiko: *Oku no Shisou "Miegakuresuru Toshi" (City with a Hidden Past)*: Kajima Institute, 1980.), alongside the concept of *oku* as dense space produced by the multilayered boundaries in Japanese cities, architect Maki Fumihiko also discusses the method of producing a diversity of meaning by similarly multilayering the boundaries within a limited space in *machiya* and other traditional Japanese vernacular architectures. As Maki points out, while on one hand oku is regarded as a Japanese characteristic phenomenon, considering spatial perception on a personal level deeper than a cultural one, the motif of layering in architecture can be added to the other two basic motifs of framing and enveloping. Aside from the comparable theory cited in Norberg Schulz's *Existence, Space and Architecture* (Norberg Schultz Christian: *Existence, Space and Architecture*: Praeger Publishers 1971.), in my doctoral thesis, *Research on the Design of Spatial Transition as Seen in the Architectural Work of Carlo Scarpa*, Italian architect Carlo Scarpa's work can be understood as an integration (transition) of the three motifs (referred to as spatial schemata).

3　An association can be seen between the Japanese mechanism of bringing awareness to other systems through ambiguous boundaries and the theory of *Arazu Arazu* (undefined-ness) that is lead to by the perception or operation when various phenomena concurrently occur or when the boundaries of a phenomenon are made indefinite. In his essay *Arazu-Arazu (Undefined-ness)* (Hara Hiroshi: 〈*Arazu Arazu*〉 *to Nihon no Kukanteki Dentou (Kuukan Kinou kara Yousou he) (Arazu-Arazu and Japanese Spatial Traditions (Space: From Function to Modality]))*: Iwanami Shoten, 2007.) and Japanese Spatial Traditions, while architect Hara Hiroshi discusses this kind of phenomena as the special quality of Japanese architectural space, he points out that he doesn't believe this kind of tradition is particular to Japan. We shouldn't stop at being satisfied with the peculiarity of Japanese timber construction and the mechanisms that were generated by it, but we should seek a plan to optimize it in a global situation.

References

- Sakamoto Isao: *Mokuzou Kenchiku wo Minaosu (Revisiting Wooden Architecture)*: Iwanami Shoten, 2000.
- Goto Osamu: *Kenchiku Gaku no Kihon 6: Nihon Kenchikushi (Basis of Architecture 6: Japanese Architectural History)*: Kyoritsu Shuppan, 2003.
- Kiuchi Osamu: *Gendai Tōryō no Sekkei Jutsu: Goitassha e no Michi (Design Expertise of the Contemporary Master Builder: The Path to be Master)*: Shinkenchiku-sha, 2007.
- Ueda Atsushi, ed.: *Bessatsu "Kan" 21 Wood First! Kenchiku ni Ki wo Tsukai, Nihon no Yama wo Ikasu, (Special Edition, "Kan" 21 Wood First! Use Wood in Architecture and Optimize the Woods of Japan)*: Fujiwara Shoten, 2016.
- Inoue Mitsuo: *Nihon Kenchiku no Kukan (Space of Japanese Architecture)*: Kajima Institute , 1969.
- The University of Tokyo Architecture Department: *Advanced Design Studies*, ed., *T_ADS TEXTS 01 Korekara no Kenchiku Riron (T_ADS TEXTS 01 Architectural Theory Today)*: University of Tokyo Press, 2014.

3 和辻哲郎著『風土——人間学的考察』、岩波書店、1935年。
4 伊藤ていじ著『日本デザイン論』、鹿島出版会、1966年。
5 伊藤ていじ著『Nature and Thought in Japanese Design』、World Design Conference Organization、1960年。
6 谷崎潤一郎著『陰翳礼讃』、創元社、1939年。
7 ブルーノ・タウト著、篠田英雄訳『日本美の再発見』、岩波新書、1962年。
8 高村光太郎著『美の日本的源泉』、昭和文学全集第4巻、小学館、1989年。
9 鈴木大拙著『日本的霊性 完全版』、角川学芸出版、2010年。
10 田中久文著『日本美を哲学する あはれ・幽玄・さび・いき』、青土社、2013年。

03 安らかなる屋根

屋根をめぐる日本史
海野 聡

注釈
1 中国や朝鮮半島との関係で言えば、百済を経由した寺院建築の導入、その後の唐からの建築技術の導入、鎌倉時代の東大寺大仏殿再建のための宋様式の導入の3つの画期があった。
2 切妻造の祭殿の周囲は囲み形（塀）で囲まれ、取水孔から水を引き込み、祭殿の下を通って排水孔に通す表現がなされている。祭殿も棟持ち柱や横木など、実際の建物の構造の細部まで表現しており、かつての水辺の祭祀の様子を今に伝えている。
3 建物を表現したものとしては瓦塔があり、組物や台輪、丸瓦と平瓦による本瓦葺の表現がなされており、建物の造形への着眼の的確さの一端が醸し出されている。
4 現存する建物では、法隆寺大講堂（990年）にみられる野屋根が最も早い例である。
5 元和元年（1615年）頃には古書院が完成し、約半世紀かけて、中書院・新御殿が順次、整備されていった。
6 渡辺仁（1887 - 1973）と西村好時（1886 - 1961）による設計。

参考文献
・ 池浩三著『家屋文鏡の世界 古代祭祀建築群の構成原理』、相模書房、1983年。
・ 石田潤一郎著『物語 ものの建築史 屋根のはなし』、鹿島出版会、1990年。
・ 藤井恵介著『日本建築のレトリック 組物を見る』、INAX出版、1994年。
・ 原田多加司著『屋根 桧皮葺と柿葺』、ものと人間の文化史112、法政大学出版、2003年。
・ 伊藤ていじ、高井潔著『屋根』、淡交社、2004年。
・ 海野聡著『古建築を復元する——過去と現在の架け橋—』、歴史文化ライブラリー444、吉川弘文館、2017年。

04 建築としての工芸

建築の工芸性は、マーブルのように漂う
本橋 仁

注釈
1 虚偽論争の顛末については、岡山理香著「虚偽論争をめぐる諸問題」（その1・その2ともに）日本建築学会研究報告集（63巻1993年2月・65巻1995年2月）が詳しい。中村達太郎が建築雑誌上に「虚偽建築なりや否」（大正4（1915）年9月）という論考を発表することに端を

02 Transcendent Aesthetics

Transcendent Beauty
Ohi Takahiro

Footnotes
1 Ohno Susumu: *Nihongo no Kigen (The Origins of Japanese)*: Iwanami Shoten, 1957.
2 Takashina Shuji: *Nihonjin ni totte Utsukushisa to wa Nanika (What is Beauty to the Japanese?)*: Chikuma Shobo, 2015.
3 Watsuji Tetsuro: *Fūdo (Climate and Culture)*: Iwanami Shoten, 1935.
4 Ito Teiji: *Nihon Dezain-ron (Japanese Design Theory)*: Kajima Institute, 1966.
5 Ito Teiji: *Nature and Thought in Japanese Design*: World Design Conference Organization, 1960.
6 Tanizaki Jun-ichiro: *In-ei Raisan (In Praise of Shadows)*: Sogensha, 1939.
7 Bruno Taut: *Nihombi no Saihakken (Rediscovering Japanese Beauty)*: translated by Shinoda Hideo: Iwanami Shoten, 1962.
8 Takamura Kotaro: *Bi no Nihonteki Gensen (Japanese Sources of Beauty)*: Showa Bungaku Zenshu vol. 4: Shogakukan, 1989.
9 Suzuki Daisetz: *Nihon-teki Reisei (Japanese Spirituality)*: Kadokawa Gakugei Shuppan, 2010.
10 Tanaka Kyubun: *Nihombi wo Testsugaku suru: Aware, Yugen, Sabi, Iki (Philosophizing on Japanese Beauty: Aware, Yugen, Sabi, and Iki)*: Seidosha, 2013.

References
・ Ito Teiji: *Nihon Dezain-ron (Japanese Design Theory)*: Kajima Institute, 1966.
・ Ohno Susumu: *Nihongo no Kigen (The Origins of Japanese)*: Iwanami Shoten, 1957.
・ Takamura Kotaro: *Bi no Nihonteki Gensen (Japanese Sources of Beauty)*: Showa Bungaku Zenshu Vol. 4: Shogakukan, 1989.
・ Takashina Shuji: *Nihonjin ni totte Utsukushisa to wa Nanika (What is Beauty to the Japanese?)*: Chikuma Shobo, 2015.
・ Tanaka Kyubun: *Nihombi wo Testsugaku suru: Aware, Yūgen, Sabi, Iki (Philosophizing on Japanese Beauty: Aware, Yugen, Sabi, and Iki)*: Seidosha, 2013.
・ Tanizaki Jun-ichiro: *In-ei Raisan (In Praise of Shadows)*: Sogensha, 1939.
・ Bruno Taut: *Nihombi no Saihakken (Rediscovering Japanese Beauty)*: translated by Shinoda Hideo: Iwanami Shoten, 1962.
・ Watsuji Tetsuro: *Fūdo (Climate and Culture)*: Iwanami Shoten, 1935.

03 Roofs of Tranquility

The Roof in Japanese Architectural History
Unno Satoshi

Footnotes
1 The relationship of Japanese architecture to China and the Korean Peninsula is through the Kudara clan. After that, the Tang dynasty introduced architectural engineering to Japan, followed then by the Song Dynasty for the reconstruction of the *Tōdai-ji Daibutsu-den (The Great Buddha Hall)*.
2 The *Kirizuma-zukuri* ritual sanctuary was surrounded by an enclosure fence that pulled in water through water intake ports. The scupper at the bottom of the fence is expressed. The ritual sanctuary also contained many actual parts of architecture including the *muna-mochi bashira* (winged pillar), and the *yokogi* (cross piece) all the way to the structure of the building. The former water ritual site is recalled in the expression.
3 Depicted as buildings, *gatō* (pottery or porcelain-made towers resembling pagodas), show an attention to the detail of the architecture through the entablature, architrave and roofing with convex and flat roof tiles.
4 Of existing buildings, *Hōryū-ji Daikō-dō* (the grand hall of a major Buddhist temple in Nara) from 990 is believed to be the earliest example of the *noyane*.
5 Around the first year of Genwa (1615) *Koshoin*, or Old *Shoin*, was completed. This was then succeeded half a century later with the addition of the *Chūshoin* (middle *shoin*), followed by the *Shin-goten* (new palace).
6 Designed by Watanabe Jin (1887 - 1973) and Nishimura Yoshitoki (1886 - 1961).

References
・ Ike Kozō: *Kaoku-monkyo no Sekai; Kodadi Saiki Kenchiku-gun no Kosei Genri*:

発する。その後、後藤慶二や、松井貴太郎、黒田鵬心ら若い建築家・批評家が加わり、論争が展開された。

2 ここでの村野藤吾の発言は、後に『建築と社会』（昭和8（1933）年6月号）に「日本に於ける折衷主義建築の功禍」として掲載されるに至る。

3 昭和3（1928）年、仙台市二十人町通に設置された。日本における産業工芸の確立を目指し、伝統的な技術の生産効率をあげるための技術開発などを行った。設置当初は、東京高等学校（千葉大学工学部の前身）で蔵田周忠（1895 - 1966）や木檜恕一（1881 - 1944）の影響を受けた出身者が多く携わった。

4 こうした呼称は、90年代後半から確認することができる。他にも「デザイン物件」「建築家物件」などと呼ばれた。バブル崩壊後、マンション業界不振のなかで、他の物件との差別化が求められたことに起因する。（出典：1997年8月19日発行の日本経済新聞夕刊）

参考文献

・磯崎康彦、吉田千鶴子著『東京美術学校の歴史』、日本文教出版、1977年。
・井上章一著『つくられた桂離宮神話』、弘文堂、1986年。
・グルッペ5編『型而工房から 豊口克平とデザインの半世紀』、美術出版社、1987年。
・マンフレド・シュパイデル監修・文、ワタリウム美術館編『ブルーノ・タウト 桂離宮とユートピア建築』、オクターブ、2007年。

05 連なる空間
「空間」の成り立ち　　　　岸 佑

注釈

1 このことを論じた研究としては、次の文献が詳しい。藤岡洋保著「昭和初期の日本の建築界における「日本的なもの」」（『日本建築学会計画系論文報告集』第412号、1990年6月）。

2 井上充夫の論文と浜口隆一の論文は、のちにそれぞれ、『日本建築の空間（SD選書）』（鹿島出版会、1969年）と、『市民社会のデザイン』（而立書房、1998年）に再録された。建築史全体を空間概念の変遷と捉えたギーディオンの歴史記述に対する批判としては、たとえばマーク・ウィグリーの『White Walls, Designer's Dresses』（MIT Press、1995年）が参考になる。「空間」が第二次世界大戦後に日本で使われるようになっていく過程については、藤岡洋保、佐藤由美著「建築雑誌に示された日本の建築界への「空間」という概念の導入と定着」（『日本建築学会計画系論文報告集』第447号、1993年5月）を参照。

3 建築と言語の関係については、次の文献から得るところが多い。エイドリアン・フォーティー著『言葉と建築』、鹿島出版会、2005年。

4 前川國男著「覚え書——建築の伝統と創造について」『建築雑誌』693号、日本建築学会、1942年。「環境」という用語の建築への援用については、青井哲人、田中禎彦著「1940年代前半の建築学における「大東亜」をめぐる言説に関する考察」（神戸芸術工科大学紀要『芸術工学』、1997年）も参照のこと。

参考文献

・高安啓介著『近代デザインの美学』、みすず書房、2015年。
・彰国社編『モダニスト再考〔日本編〕』、彰国社、2017年。
・中谷礼仁著『明治・国学・建築家』、波乗社、1993年。
・磯崎新著『建築における「日本的なもの」』、新潮社、2003年。

Sagami shobo, 1983.
・ Ishida Jun-ichiro: *Yane no Hanashi: Monogatari: Monono Kenchiku Rekishi*: Kajima Institute, 1990.
・ Fujii Keisuke: *Nihon Kenchiku no Rhetoric: Kumino wo Miru*: INAX (LIXIL), 1994.
・ HaradaTakashi: *Yane: Hiwada-buki to Kokera-buki: Mono to Hito no Bunkashi*: Hosei University Press, 2003.
・ Ito Teiji, Takai Kiyoshi: *Yane*: Tankosha, 2004.
・ Unno Satoshi: *Rekishi Bunka wo Fukugen Suru – Kako to Genzai no Kakehashi*: Rekishi Bunka Library 444, Yoshikawa Publishing, 2017.

04 Crafts as Architecture
The Marbling of the Art of Architecture　　Motohashi Jin

Footnotes

1 The full details of the false controversy can be found in *Various Problems in the Falseness Controversy*, (Parts 1 and 2) by Okayama Rika, published in the research report of Architectural Institute of Japan (vol.63 Feb 1933 and vol.65 Feb 1935). It was prompted by Nakamura Tatsutaro's paper *False Architecture or Not?* (September 1915) published in an architectural magazine. Young architects and critics such as Goto Keiji and Matsui Kitaro joined the discussion and took it further.

2 The statement by Murano Togo here later published in Architecture and Society (June 1933) as *Vicissitudes of Eclecticism in Architecture in Japan*.

3 This was established in Nijūnin-machi Dori in Sendai in 1928. It aimed to establish "industrial arts" and worked on the development of technology to improve production efficiency of traditional techniques. Those who were influenced included Kurata Chikatada (1895 - 1966) and Kogure Joichi (1881 - 1944) at Tokyo Kōtō Gakkō (presently Faculty of Engineering Chiba University) involved with the early phase of its establishment.

4 This label started to appear in descriptions of real estate in the late 1990s. Alternatives include "design property" or "architect's property." It was prompted by a market demand for alternative properties during the real estate industry slump after the burst of the bubble economy. (Source: *The Nippon Keizai Shimbun*, The evening edition newspaper on August 19, 1997).

References

・ Isozaki Yasuhiko & Yoshida Chizuko: *Tokyo Geijutsu Gakko no Rekishi (History of Tokyo National University of Fine Arts and Music)*: Nihon Bunkyo Shuppan, 1977.
・ Inoue Shoichi: *Tsukurareta Katsura Rikyu Shinwa*: Kobundou, 1986.
・ Groupe 5: *Keiji Kobo kara: Toyoguchi Katsuhei to Design no Hanseiki*: Bijutsu Shuppan-sha, 1987.
・ Manfred Speidel and editing by The Watari Museum of Contemporary Art: *Bruno Taut: Katsura Villa and the Utopian Architecture*: Octave, 2007

05 Linked Spaces
The Origins of Space　　Kishi Yu

Footnotes

1 For more details, see: Fujioka, Hiroyasu: *"Japaneseness" among the Japanese Architects who supported Rationalism in the late 1920s and the 1930s (Shōwa shoki no nihon no kenchikukai ni okeru nihontekina mono)*: Journal of Architecture and Planning, No.412, Architectural Institute of Japan, 1990.

2 Texts of Inoue Mitsuo and Hamaguchi Ryūichi were included in the following books; Inoue Mitsuo: *Japan Space Design (Nihon kenchiku no kūkan)*: SD Series37, Kajima Publishing 1969, and Hamaguchi Ryuichi: *Design of People's Society (Shimin shakai no dezain)*: Jiritsu Shobō, 1998. Critics of the descriptive history of Gideon that changed the course of architectural theory and the concept of space include: Mark Wigley: *White Walls, Designer Dresses*: MIT Press, 1995. Regarding the time when the word "space" was used, Fujioka Hiroyasu and Sato Yumi: *The Introduction and Development of the Concept of "Space" among Japanese Architects Shown in the Four Major Architectural Magazines between 1887 and 1960 (Kenchiku zassi ni shimesareta nihon no kenchikukai he no "kūkan" to iu gainen no dounyū to teichaku)*: Journal of Architecture and Planning, No.447, Architectural Institute of Japan, 1993.

- 八束はじめ著『思想としての日本近代建築』、岩波書店、2005年。
- 日本建築学会編『建築論辞典』、彰国社、2008年。

06 開かれた折衷

国の自画像   市川紘司

注釈

1 伊東忠太著「「アーキテクチュール」の本義を論じて其訳字を選定し我が造家学会の改名を望む」（『建築雑誌』第90号、1894年）。

2 伊東忠太著「法隆寺建築論」（『東京帝国大学紀要』第1冊第1号、1898年）。なお、学位論文としてまとめられる以前にも『建築雑誌』（第83号、1893年11月）に発表されている。

3 伊東忠太著「建築進化の原則より見たる我邦建築の進化」（『建築雑誌』第265号、1909年）。

4 藤森照信著『日本の近代建築（上）』、岩波書店、1993年。

5 「帝冠様式」は、1919年開催の議院建築（国会議事堂）設計競技における下田菊太郎の提案にその源流を見出すことができる。ここで下田は躯体は西洋古典主義、屋根は平等院鳳凰堂を模したデザインでまとめる「帝冠併合式」の設計案を提出した。「帝冠様式」が流行した当時、下田の「帝冠併合式」のリヴァイバルと見なす建築家も少なからずいた。参照：近江栄著「「帝冠様式」の語源と下田菊太郎について」（『日本建築学会大会学術講演梗概集（関東）』、1970年）。

6 「帝冠様式」および戦前植民地・傀儡国家で展開された伝統意匠を交える建築表現は、しばしば戦前の帝国主義やファシズムとの関係性から理解されがちであった。しかしこうした見解は、井上章一著『アート・キッチュ・ジャパネスク——大東亜のポストモダン』（青土社、1987年）や西澤泰彦著『植民地建築論』（名古屋大学出版会、2008年）などの研究成果により、妥当性に欠くことが指摘されている。これらの研究によれば、こうした建築表現は、政治に対する建築的動員というよりは、古典主義からモダニズムへの様式移行期における過渡的表現であったり（「帝冠様式」）、あるいは中国人官僚の評判を気にしての採用であった（満州国）。

7 唐破風の連続するファサード・デザインについて、建築史家の長谷川堯は、村野が愛媛県の道後温泉本館を参照した可能性を指摘している。参照：長谷川堯（インタビュー）「過去にも未来にもとらわれない、村野藤吾の和風建築」（『TOTO通信』、2016年新春号）。

8 社会主義体制のなかで個人の作家としての活動が抑圧されていた中国も、「改革開放」を経た21世紀からは数多くのアトリエ建築家が登場している。彼らの大半はアメリカを中心とした海外留学組であるが、その取り組みには共通して中国固有の地域性や伝統を求める姿勢が見出される。参照：市川紘司編『ねもはEXTRA 中国当代建築——北京オリンピック、上海万博以後』、フリックスタジオ、2014年。

9 石上純也によるヴェネツィア建築ビエンナーレ日本館（2000年）は、吉阪隆正による日本館の周囲にガラス・ボックスを配置するものであり、きわめて抽象的な作品と言えるが、キュレーションを担当した五十嵐太郎によれば、外国プレスからは「生花」や「借景」といった日本的文脈での解釈が続いた。参照：五十嵐太郎著『日本建築入門』、筑摩書房、2016年。

10 童寯著「中国建築的特点」（『童寯文集 第1巻』中国建築工業出版、2000年）。童寯（1900 - 1983）は、中華民国時代の上海で活躍した建築家であり、モダニズムを実践する一方で、上海を含む江南地方の中国庭園の研究を並行し、そこに近代的な空間性を見出した。

3 Regarding architecture and language, the following resources contains valuable information: *Words and Buildings: Vocabulary of Modern Architecture* by Adrian Forty, Kajima Shuppan Publishing, 2005.

4 Mayekawa Kunio: *Memorandum on The Tradition and Creation of Architecture*: Kenchiku zasshi no. 693, Nihon kenchiku gakkai, 1942. The persons who began to relate "environment" to architecture were Aoi Akihito, Tanaka Sadahiko. See: *An Inquiry into the Discourse in the Architecture Prior to 1940*: Kobe Design University Bulletin *Geijutsu Kōgaku*, 1997.

References

- Isozaki Arata: *Japan-ness in Architecture*: MIT Press, 2006.
- Nakatani Norihito: *A Study of Structural Characteristics in Nationalism of Modern "JAPANESE" Architecture (Meiji, Kokugaku, Kenchikuka)*: Hajōsha, 1993.
- JABS eds.: *Dictionary of the theory of Architecture (Kenchikuron jiten)*: Shokokusha, 2008
- Shokokusha: *Rethinking Modenist Architects in Japan (Modanisuto saikou Nippon hen)*: Shokokusha, 2017.
- Takayasu Keisuke: *The Aesthetics of Modern Design (Kindai dezain no bigaku)*: Misuzu Shobō, 2015.
- Yatsuka Hajime: *Modern Japanese Architecture as Thought (Shisō toshite no nihon kindai kenchiku)*: Iwanami Shoten, 2005.

06 Hybrid Architecture

The Country's Self-Image   Ichikawa Koji

Footnotes

1 Ito Chuta: *Architecture on Hongi wo Ronjite sono Yakuji wo Sentei shi Waga Zoya Gakkai no Kaimei wo Nozomu*: Kenchiku Zasshi No.90 Issue, 1894.

2 Ito Chuta: *Hōryū-ji Kenchiku-ron*: Tokyo Imperial University Report Vol.1, 1st Issue, 1898 (The text was first published, before the doctoral thesis, in Kenchiku Zasshi 83rd Issue on November 1893).

3 Ito Chuta: *Kenchiku Shinka no Gensoku yori Mitaru Wagaho Kenchiku no Shinka*: Kenchiku Zasshi No.265 Issue, 1894.

4 Fujimori Terunobu: *Nippon no Kindai Kenchiku Book 1*: Iwanami Shoten, 1993.

5 The origins of *Imperial Crown Style* can be seen in Shimoda Kikutaro's entry to the 1919 Competition for the National Diet. Here, Shimoda proposed a design that had a classical structure with the roof of *Byōdō-in Hō-ō-dō* (Phoenix Hall). At the time the *Teikan* style was popular; there was no dearth in the number of buildings with Shimoda's style of "Imperial Crown infusion style." Reference: Omi Sakae's *Regarding the Etymology and origins of Teikan Style*, by Shimoda Kikutaro. The Architectural Institute of Japan of Japan, Architecture. College Lecture Series Abstacts, Kanto Region 1970.

6 *Teikan* style and other architectural expressions mixing traditional architecture that were developed in Pre-World War II colonies and puppet states were understood to have the tendency to frequently to have an association with imperialism and fascism. However, the research of Inoue Shoichi: *Art Kitsch Japanesque — Daitoa no Post Modern*: Seidosha, 1987 and Nishizawa Yasuhiko: *Nippon Shokuminchi Kenchiku-ron*: The University of Nagoya Press, 2008, suggests that the validity of this claim is lacking. According to their research, this type of architectural expression was, rather than a government action, was an expression of a transitional period of architectural design moving from classicism to modernism, as seen in *Teikan* style; or was employed taking into consideration the criticism of Chinese bureaucrats, as seen in Manchu-kuo.

7 Regarding the kara-hafu style continuous facade design, architectural historian Hasegawa Takashi suggests that Murano perhaps looked to *Dōgo Onsen Main Building* in Ehime Prefecture for guidance. Reference: Hasegawa Takashi (interview) *Caught neither in the past nor the present: Murano Togo's Japanese-style architecture*: (Toto Tsushin: 2016 Spring Issue).

8 Within even the socialist systems of China where activities of individuals were oppressed, the 21st century spirit of "open innovation" resulted in the formation of many ateliers. The majority of these people studied abroad in America; however, through sharing the knowledge learned during this effort, they began discovering forms in China's regional characteristics and tradition. Reference: Ichikawa Koji, ed.: *Nemoha Extra Contemporary Chinese Architecture — The Beijing Olympics and Shanghai Exposition*: Felix Studio, 2014.

参考文献

- 藤森照信著『日本の近代建築』上下巻、岩波書店、1993年。
- 井上章一著『アート・キッチュ・ジャパネスク――大東亜のポストモダン』、青土社、1987年。
- 河上眞理、清水重敦著『辰野金吾――美術は建築に応用されざるべからず』、ミネルヴァ書房、2015年。
- 鈴木博之編著『伊東忠太を知っていますか』、王国社、2003年。
- 西澤泰彦著『日本植民地建築論』、名古屋大学出版会、2008年。
- 八束はじめ著『思想としての日本近代建築』、岩波書店、2005年。

07 集まって生きる形

日本的コミュニティと
デザイン＆リサーチ・プロジェクト　　　石榑督和

注釈

1　岡部明子編「特集：東京の公空間・共空間」（『地域開発』日本地域開発センター、2017年4・5月号）。

2　青井哲人＋岡村健太郎＋石榑督和著「基盤編成の一九三〇年代―昭和恐慌下の三陸漁村と津波復興―」（『近代日本の空間編成史』、思文閣出版、2017年）。

3　陣内秀信著『イタリア都市再生の論理』（鹿島出版会、1978年）でティポロジアの方法論を日本に紹介した。

4　布野修司著『カンポンの世界 ジャワの庶民住居誌』（PARCO出版局、1991年）ほか。

5　塚本由晴＋中谷礼仁著「不寛容化する世界で、暮らしのエコロジーと生産や建設について考える（22人で。）」『10＋1 web site』http://10plus1.jp/monthly/2017/03/pickup-02.php、2017年3月号。

参考文献

- 今和次郎著『今和次郎 採集講義』、青幻舎、2011年。
- 今和次郎著『日本の民家』、岩波書店、1989年。
- 今和次郎著『住居論 今和次郎集 第4巻』、ドメス出版、1971年。
- 西山夘三著『日本の住まい（壱）』（勁草書房、1975年）、同『日本の住まい（弐）』（勁草書房、1976年）、『日本の住まい（参）』（勁草書房、1980年）。
- 明治大学工学部建築学科神代研究室編『日本のコミュニティ その1 コミュニティとその結合（SD別冊 No.7）』、鹿島出版会、1975年。
- 神代雄一郎著『コミュニティの崩壊＝建築家に何ができるか』、井上書院、1973年。
- 明治大学神代研究室・法政大学宮脇ゼミナール編『復刻 デザイン・サーヴェイ『建築文化』誌再録』、彰国社、2012年。
- アトリエ・ワン著『アトリエ・ワンと歩く 金沢・町家・新陳代謝』、金沢21世紀美術館、2007年。
- アトリエ・ワン著『アトリエ・ワン コモナリティーズ ふるまいの生産』、LIXIL出版、2014年。

08 発見された日本

旅人のまなざし――日本を「発見」した展覧会　　　山崎泰寛

注釈

1　アーサー・ドレクスラーはジョージ・ネルソンの事務所を経て編集者としてキャリアをスタートした。彼はジョンソンの庇護をバックにライバルを押しのけ、1956年にわずか30歳でディレクター職を禅譲される。1957年にMoMA初のデザインコレクショ

9　Ishigami Junya's *Venezia Biennale Japan Pavilion* (2008) encased Yosizaka Takamasa's original *Japan Pavilion*'s surroundings in a glass box, creating a very abstract work; however, according to Igarashi Taro, the curator, the foreign press continued to interpret this as the Japanese culture of *ikebana* and *shakkei*. Reference: Igarashi Taro *Introduction to Japanese Architecture*: Chikumashobo, 2016.

10　Tong Jun: *Special Aspects of Chinese Architecture*: (Tong Jun Essay Collection Volume 1: Chinese Architecture and Engineering Publishing, 2000). Tong Jun (1900 - 1983) was an architect who had success in Shanghai. While he realized modern works, he also researched Shanghai's Jiangnan district's Chinese gardens in parallel, discovering modern spaces.

References

- Fujimori Terunobu: *Nippon no Kindai Kenchiku: Book 1 and 2*: Iwanami Shoten, 1993
- Inoue Shoichi: *Art Kitsch Japanesque — Daitoa no Post Modern*: Seidosha, 1987.
- Kawanami Mari & Shimizu Shigeatsu: *Tastuno Kingo — Bijutsu ha Kenchiku ni Oyo sarezaru-bekarazu*: Minerva Shobo, 2015.
- Suzuki Hiroyuki: *Ito Chuta wo Shitte Imasuka*: Okokusha, 2003.
- Nishizawa Yasuhiko: *Nippon Shokuminchi Kenchiku-ron*: The University of Nagoya Press, 2008.
- Yatsuka Hajime: *Shiso to shiteno Nippon no Kindai Kenchiku*: Iwanami Shoten, 2005.

07 Forms for Living Together

Design and Research of
Japanese-Style Communities　　　Ishigure Masakazu

Footnotes

1　Okabe Akiko: *Feature articles: Tokyo no Kokukan, Kyokukan, Chiiki Kaihatsu*: Japan Center for Area Development Research, April and May 2017 Issues.

2　Aoi Akihito, OKamura Kentaro and Ishigure Masakazu: *The Organization of Infrastructures during the 1930s—The Sanriku Region's Fishing Villages during the Showa Great Depression and the Reconstruction after the Tsunami*: In *Kindai Nippon no Kukan Hensei-shi*: Shinbunkaku Shuppan, 2017

3　Jinnai Hidenobu: *Italia Toshi Saisei no Ronri*: Kajima Publishing, 1978, (The notion of Italian *Tipologia* was introduced to Japan through this book.)

4　Funo Shuji: *Kanpon (Kampung) no Sekai: Jawa (Java) no Shomin Jukyo-shi*: Parco Publishing, 1991.

5　Tsukamoto Yoshiharu & Nakatani Norihito: *Fukanyouka suru Sekai de, Kurashi no Ecology to Seisann ya Kensetsu ni tsuite Kangaeru (With 22 Experts)*: 10+1 Web Site, March 2017 Issue, (http://10plus1.jp/monthly/2017/03/pickup-02.php).

References

- Kon Wajiro: *Kon Wajiro Saishu Kogi*: Seigensha Art Publishing, 2011.
- Kon Wajiro: *Nippon no Minka*: Iwanami Shoten, 1989.
- Kon Wajiro: *Jukyoron Kon Wajiro Shu*: Vol.4, Domesu Publishers, 1971.
- Nishiyama Uzo: *Nippon no Sumai, Vol. I*: Keiso Shobo, 1975. Nishiyama Uzo: *Nippon no Sumai, Vol. II*: Keiso Shobo, 1976. Nishiyama Uzo: *Nippon no Sumai, Vol. III*: Keiso Shobo, 1980.
- Department of Architecture, Kojiro Laboratory, School of Science and Technology, Meiji University: *Nippon no Community, Part 1, Community and Integration, SD Special Issue No.7*: Kajima Institute, 1975.
- Kojiro Yuichiro: *Community no Hokai: Kenchiku-ka ni Naniga Dekiruka*: Inoue Shoin, 1973.
- Department of Architecture Kojiro Laboratory, School of Science and Technology, Meiji University and Miyawaki Seminar, Hosei University: *Fukkoku Design Survey*: Reprinted from Kenchiku Bunka, Shokokusha, 2012.
- Atelier Bow-Wow: *Atelier Bow-Wow to Aruku, Kanazawa, Machiya, Shinchin-taisha*: 21st Century Museum of Contemporary Art, Kanazawa, 2007.
- Atelier Bow-Wow: *Atelier Bow-Wow Commonalities Furumai no Seisan*: LIXIL Shuppan, 2014.

ン展「20世紀のデザイン」展を日本で開催するなど、デザイン界にも影響力があった。60年代以後は建築展とともにデザインコレクションの拡充にも注力し、ミース・ファン・デル・ローエ・アーカイブを整備するとともに、バルセロナ・パビリオンの復原にも力を貸した。1987年ガンで没する。

2 Benes, Mirka, A Modern Classic: The Abby Aldrich Rockefeller Sculpture Garden: Philip Johnson and The Museum of Modern Art, 1998, pp.126

3 藤岡洋保著「松風荘 古建築の姿を借りた吉村順三の"現代建築"」(『新建築』2004年11月号、pp.145 - 151)。

4 池辺陽著「日本的デザインといかに取りくむか」(『新建築』1955年2月号、pp.41 - 43)、芦原義信著「ビルの谷間に咲きいでた花」(『新建築』1954年12月号、p.32)、吉阪隆正著「ジャポニカ是非論」(『朝日新聞』1954年4月25日朝刊5面)。

5 討論会「伝統をどう克服するか?」(『新建築』1956年3月号、pp.74 - 79)。

6 鈴木博之著『都市へ(日本の近代10)』、中央公論新社、1999年、p.9。

参考文献

・五十嵐太郎著『日本建築入門 近代と伝統』、ちくま新書、2016年。
・大坪健二著『アルフレッド・バーとニューヨーク近代美術館の誕生 アメリカ20世紀美術の一研究』、三元社、2012年。
・足立元著『前衛の遺伝子 アナキズムから戦後美術へ』、ブリュッケ、2012年。

09 共生する自然

建築の自然
徳山拓一

注釈

1 松本滋著『父性的宗教 母性的宗教』、東京大学出版会、1987年。

2 役小角(えんのおづの)。修験道の開祖とされている。

3 宮本常一著『日本人の住まい 生きる場のかたちとその変遷』、社団法人農山漁村文化協会、2007年。

4 亘理俊次著『芝棟 屋根の花園を訪ねて』、八坂書房、1991年。

5 太田博太郎著『日本建築の特質』(『日本建築史論集Ⅰ』、岩波書店、1987年)。

参考文献

・和辻哲郎著『風土』、岩波書店、1935年。
・石田英一郎著『日本文化論』、筑摩書房、1987年。
・志賀重昂著『日本風景論』、岩波文庫、1937年。

08 Japan Discovered

Viewpoint of Travelers; the Exhibitions that have "Discovered" Japan
Yamasaki Yasuhiro

Footnotes

1 Arthur Drexler started his career as an editor after working in the office of George Nelson. With the support of Johnson he overcame his rivals and was appointed as a director in 1956 at the youthful age of 30. He exerted great influence over the design field through organizing the first exhibition of MoMA's design collections in Japan called *Exhibition of 20th Century Design in Europe and America* in 1957. From the 1960s onward, he focused on organizing architectural exhibitions as well as expanding the collection of design works, while sorted the archive of Mies van der Rohe and supported the restoration of the *Barcelona Pavilion*. He died of cancer in 1987.

2 Mirke Benes: *A Modern Classic: The Abby Aldrich Rockefeller Sculpture Garden: Philip Johnson and The Museum of Modern Art*: 1998, pp.126.

3 Fujioka Hiroyasu: *Shōfūsō—Yoshimura Junzo's modern architecture by borrowing from traditional architecture*: Shinkenchiku, November 2004 Issue, pp.145 - 151.

4 Ikebe Kiyoshi: *How to Take on with Japanese Design?*: Shinkenchiku, February 1955 Issue, pp.41 - 43.
Ashihara Yoshinobu: *Blooming Flowers in the Valley of the Buildings*: ShinKenchiku, December 1954 Issue, pp. 32.
Yosizaka Takamasa: *Japonica Arguments*: Asahi Shimbun, April 25, 1954 Morning Paper.

5 Symposium: *How to Overcome Tradition*: Shinkenchiku, March 1956 Issue, pp.74 - 79.

6 Suzuki Hiroyuki: *Toward Cities (Modern Times of Japan vol.10)*: Chuokoron-shinsha, 1999, P. 9.

09 Living with Nature

Views of Nature as Expressed in Architecture
Tokuyama Hirokazu

Footnotes

1 Matsumoto Shigeru: *Fusei-teki Shūkyō, Bosei-teki Shūkyō*: The University of Tokyo Press, 1987.

2 En no Ozunu is considered to be the founder of *Shugen-dō*, the Japanese ascetic practices.

3 Miyamoto Tsuneichi: *Nihonjin no Sumai—Ikiru-ba no Katachi to sono Hensen*: Rural Cultural Association Japan, 2007.

4 Watari Shunji: *Shiba-mune—Yane no Hanazono wo Tazunete*: Yasaka Shobo, 1991.

5 Ota Hirotaro: *Nippon Kenchiku no Tokushitsu*: from *Nippon Kenchiku-shi-ron* Vol.I, Iwanami Shoten, 1987.

References

・Watsuji Tetsuro: *Fūdo*: Iwanami Shoten, 1935.
・Ishida Eiichiro: *Nihon Bunka-ron*: Chikumashobo, 1987.
・Shiga Shigetaka: *Nihon Fūkei-ron*: Iwanami Shoten, 1937.

Essay 1

Japan, World, Tradition, Modern

Fujimori Terunobu

From a global perspective, the traditional architecture of Japan presents an unusual figure. While many countries and regions had moved to masonry structures made of bricks and stones from an early phase of civilization and established and developed corresponding surfaces and expressions, Japan continued to develop post and beam structures that brought together wooden columns and beams in lattice forms and has successfully taken this to advanced levels in plan, structure and expression, quite in contrast to European architecture.

How did these genes of Japanese traditional architecture penetrate into Japanese modern architecture after the Meiji period (i.e., namely the "Western-style" buildings of the Meiji period, the "modern design" of the Taisho period, and the "modernism proper" of the Showa period), and further to the contemporary architecture of the postwar period? What kind of impact did it have upon the 20th century architecture (i.e., architecture such as that referred to as modern design, modernist, rationalist, functionalist, or International Style) across the world?

To answer these questions is as troublesome as disentangling a ball of wool made of many different colored yarns. However, there is no doubt that there is a hidden common quality underlying Japanese tradition, 20th century architecture from around the world, and that of the modernists in Japan, and it is necessary for Japanese architectural historians and theorists to carefully unravel this background.

To help with this effort, I would like to set down some thoughts on this topic here.

The Aesthetics of Spatial Continuity and Plan Fluidity

We know the moment when the architects who led Japanese and International modern design (from Art Nouveau to the Expressionist movement) and Modernist Movement (influenced by Bauhaus and Le Corbusier) started to pay attention to Japanese tradition.

In 1898 in Japan, Takeda Goichi identified the tea house as an expression free from historicism, while outside Japan, Frank Lloyd Wright encountered the *Hō-ō-den* (a timber building taking inspiration from *Byōdō-in Hō-ō-dō*, Photo 1, p. 210) at the *Japan Pavilion* of the World's Columbian Exposition in Chicago in 1893. In this Wright found a clue to an escape from European historicism, subsequently making repeated visits to Japan and becoming deeply engaged with the traditional artistic forms of Japanese architecture and *ukiyo-e* (Edo period woodblock prints, Fig. 1, p. 216). The depth of Wright's learning can be seen in the close resemblance of the plan of *Nikkō Tōshō-gū* (Fig. 3, p. 14) with that of *Unity Temple* (Fig. 2, p. 14), a masterpiece which opened up a new direction for him.

In the hints drawn from Japanese tradition, about which aspect relating to architecture was it that enabled Wright to make his breakthrough to a new architecture? Architecture consists of different elements, such as plan, structure, expression (style, ornament, texture) and services. Which of these did Wright learn from Japanese tradition?

At that time, Wright was at the stage of Art Nouveau in America (where it was called Arts and Crafts), and so his concerns were not with the structure or style (such as *shoin-zukuri,* an important style of traditional Japanese residential architecture) nor the ornamentation of traditional Japanese wooden buildings. Rather, what he found at the *Hō-ō-den* was a continuous plan design that, on opening the opaque *fusuma* sliding

screens, linked room to room, and on opening the timber-framed paper *shōji* screens, linked inside to outside. Wright was struck by this completely different kind of plan design to that of Western architecture, with its enclosing walls and only designated apertures (windows and doors) used to connect room to room and inside to outside.

The prominent American architectural historian, Vincent Scully, used the term "continuity" to name this continuous unfolding of the plan design. It refers to the horizontal fluidity of the space defined by this plan design. What was done in concrete terms? If we look to this plan design at Wright's masterpiece, the *Robie House* (1908, Photo 2, p. 15), the main room extends long and narrow toward the outside from the core (containing the staircase, fireplace and services), which to a Western eye makes the eaves and terrace look unusually drawn out horizontally. He had found a way to overcome the segmentation of plan design and expression that formed the crux of Western historicism and realized it in his architecture. He published his achievements as *Executed Buildings and Designs by Frank Lloyd Wright* in 1910 with a German publisher, Ernst Wasmuth. The reason why he published in Germany rather than America was because it was Germany where the evolution of Art Nouveau to modernism was most advanced.

Those who reacted immediately to this book's arrival from across the Atlantic Ocean were German expressionists, including Walter Gropius and Ludwig Mies van der Rohe. Like Wright, they were completely at a loss as to how to take forward questions of the plan design and overall external appearance, after having first rejected historicist styles through Art Nouveau and then further challenging ornament with the progression to German Expressionism.

Like Wright in America, rather than breaking up or adding forms to highlight edges, both plan design and exterior walls could be extended as far as felt necessary. Based upon this thinking, Gropius, for instance, designed a model factory at an exposition for the Deutscher Werkbund (German Association of Craftsmen) in 1914.

Gropius and Mies established modernism by blending the continuity they learned from Wright with the two-dimensional planar composition they were taught by the Dutch De Stijl movement (as represented by the painter Piet Mondrian), and disseminated this to the world through the Bauhaus (established in 1919, reorganized in 1924). Modernism as established by the Bauhaus movement was brought to Japan by young architects in the early Showa period such as Yamawaki Iwao, Yamaguchi Bunzo and Tsuchiura Kameki, leading to the foundation of Japanese modernism.

It is interesting to look at this history from present day. It goes around the globe—starting from Japanese tradition, to Wright in America, to the Bauhaus in Europe, and then on to Japanese modernism; the Japanese tradition had transformed into Japanese modernism after circumnavigating the globe. Although it would be such a delight for an architecture historian if this journey had been achieved by Japanese architects, but of course this was not the case. But we can relax—we were not left behind too badly as Japanese architects have been involved with all the phases of this story.

It was Japanese architects who have elaborated the fluidity of plan and continuity of space even beyond what the Bauhaus architects achieved. Although the latter managed to establish continuity from exterior to interior space, the relation between interior and exterior remained only a visual continuity (looking outside from inside the room) through the use of

Essay 1   Japan, World, Tradition, Modern

275

extensive glazing. After being shown around the Bauhaus school in Weimar (prior to its restructuring, i.e., the building prior to its iconic one built in 1926) and its director's room (designed by Gropius in 1923, from the first phase of Bauhaus modernism), Horiguchi Sutemi reflected on experience of the visit and countered it in the design his *Okada House* in 1933. In it, he succeeded in creating a seamless plan and spatial design without division between inside and outside beyond just a visual continuity. He then published the results in German, so that the true essence of Japanese design could be understood by the Bauhaus.

Japan still continues to be a pioneer in the quest for horizontal continuity today.

For example, the basis of spatial composition for Ito Toyo is an "absolute sense of horizontality." He avoids walls and doors which segregate spaces and rather sets relations between inner and outer spaces such that people may experience the smooth transition from outside space to the inside even unconsciously. "The disappearance of the division between inner and outer spaces," as the ultimate condition of continuity between inside and outside, which was conducted in so trail-blazing a fashion by Ito, has been passed down to his successors, sometimes called "Ito's Children," including Sejima Kazuyo, Fujimoto Sosuke, Hirata Akihisa and Ishigami Junya. This nullification of the inside/outside boundary is at the global cutting edge of thought about architectural space. The louvers and lattices of Kuma Kengo can be largely regarded as the product of this consciousness of the nullification of the inside/outside boundary.

Kuma is the only one who is conscious about Japanese tradition but if we trace back to where the origin of this nullification of the inside/outside division began, we reach the gene of Japanese tradition via Bauhaus. Light, thin, white, transparent and horizontal—the gene of tradition is unconsciously embedded deeply behind these impressions of Ito's Children.

As shown above, Wright managed to open up a new field of 20th century architecture under the the influence he received from the plan design and space of Japanese traditional architecture.

The Aesthetics of Trabeated Post and Beam Structures

After plan design, let us look now at structure.

While Japanese traditional architecture is an assembly of wooden elements that enjoys the continuity or fluidity of the plan design and its trabeated post and beam structure, has the gene of timber post and beam structure ever made an impact on the evolution of 20th century architecture? Indeed, it has. It fell a step behind the flowering of the Bauhaus, but it still did. The main players in this event were Mies van der Rohe and Le Corbusier from America and Europe, and Sakakura Junzo and Tange Kenzo on the Japan side. It was a competition between the two sides.

20th century architecture first aimed to make structure using contemporary materials thoroughly such as reinforced concrete, leaving behind the older materials such as brick and stone. It then pursued new structures, making the best use of these new materials of steel and concrete and their corresponding expression. The approach that seeks to give expression to structure and materials is sometimes called "Structural Expressionism," which became one of the chief streams of thought leading 20th century architecture, with the Deutscher Werkbund (the German Association of

Craftsmen) at its center. Hermann Muthesius, the leader of the Deutscher Werkbund, visited Japan in 1887. He not only participated in the "Project for Centralizing Government Offices" promoted by the Meiji government, but also designed his first building and collected *ukiyo-e*. Naturally he knew a lot about Japanese wooden architecture.

Peter Behrens of the Deutscher Werkbund and Mies of the Bauhaus worked with steel frame structures. Let's look at Mies' work. A steel frame structure made of rolled steel avoids arched shapes and ornamentation, unlike the earlier structures that had previously been made of cast iron. It has a trabeated post and beam structure, in which straight upright columns receive horizontal beams (cross beams), which is the most rational and functional structure.

Mies, a pioneer in tackling this structural approach, designed the masterpieces of spatial composition that are the *Barcelona Pavilion* (1929) and the *Villa Tugendhat* (1930). However, he was uninterested in structural expression, and as a result, the structural diagram of the former remains unclear (it was even rebuilt after the war despite this structural ambiguity). As for the latter, although it employed a post and beam structure, he hid the horizontal beams behind the ceiling and so the structure was not translated into visible expression.

The person who was the first in the world to succeed in presenting a trabeated steel structure as architectural expression was Sakakura Junzo. At the *Japan Pavilion* in the International Exposition (1937, Photo 3, p. 15), he installed a large pane of glass between a vertical steel column and a horizontal steel beam, presenting nothing but the steel frame and glass. Along with the *Finnish Pavilion* by Alvar Aalto and *Pavilion of the Spanish Republic* by Josep Lluís Sert, the *Japan Pavilion* was awarded the Grand Prix for architecture by the head judge, Auguste Perret.

Subsequently, in 1938, Mies moved to Chicago after the Bauhaus was closed by the Nazis. He then built the *IIT Campus Buildings* (1943, Photo 4, p. 15), focusing for the first time on the expression of glass panes framed by the vertical and horizontal steel elements. Then after the war, he built the *Lake Shore Drive Apartments* (1951), setting the design direction for the world's skyscrapers.

There was a gap between his exclusive focus on columns during his days in Germany and his approach after he had moved to the States of adding horizontality to the vertical columns in order to express post and beam structures. While puzzling over how and with what to overcome this impasse, the *Japan Pavilion* at the International Exposition in Paris surfaced. He stayed in Paris for one week while negotiating his move to America during the period of the Exposition and it is hard to imagine he didn't pay it a visit, given the close involvement of his masters and peers, such as Perret, Aalto and Sert, who had helped establish modernism in architecture. The drawings of the pavilions by Sert and Sakakura were done at Le Corbusier's office, and Perret taught both Mies and Le Corbusier.

What is disappointing here is that Sakakura Junzo himself didn't seem to be aware of the innovation of the *Japan Pavilion*, as he didn't attempt to make a powerful expression of trabeated structure in steel frame buildings after the war, such as in his *Museum of Modern Art Kamakura* (1951). A young architect and the editor-in-chief of an architectural magazine *Gendai Kenchiku* who featured the *Japan Pavilion* at the Paris Exposition took forward the aesthetic question of post and beam structures. This was Tange Kenzo.

There were two reference works in front of Tange. As the editor-in-chief, he picked up *Osaka Central Post Office* (1939), constructed in reinforced concrete by Yoshida Tetsuro, and Sakakura's *Japan Pavilion*, a steel frame structure. Tange now sought to wrestle with the aesthetic issues of the Paris Exhibition, not in steel frame but rather in reinforced concrete (often termed *Rahmen* or rigid-framed structure in Japan). Tange was dissatisfied with the *Osaka Central Post Office*, at the time a leading example of a reinforced concrete structure. He was unhappy with the tiles hiding the concrete, the lack of a strategy for avoiding oversized beams and the wall upstands beneath the windows. Yoshida Tetsuro didn't grasp that the beauty of the Rahmen structure is generally only realized when the verticality of the column and horizontality of the beam are brought together as a single unit and highlighted accordingly.

The beauty of any structure will not seep out if it is just built rationally. Without a sprinkling of secret powder on the details, its beauty will not emerge. Tange's first go at inventing this secret powder was on the Greater East Asia Co-Prosperity Sphere Memorial Hall Competition in 1942. He tried to translate the style of *Ise Jingū* into reinforced concrete. The original site planning borrowed from *Hōryū-ji* and the volumetric treatment of the buildings referencing Le Corbusier, was successful, but he wasn't happy with the connecting joints between the beam and columns for the colonnade surrounding the *People's Square*. He used square beams and round columns, drawing on European modernist sources, and highlighted both column and beam. However, the joint consisted of both square and round forms, which marred consistency, and in a subsequent interview, he exclaimed, "I would still like to fix this."

It was with the main building for the *Hiroshima Peace Memorial Museum* (1955, Photo 5, p. 16), a rather-belated debut work completed at the age of 42, that Tange managed to develop all his various secret powders. Here you will find many different kinds of powders. Beginning with the introduction of *pilotis,* other notable elements include exposed poured-in-place concrete finish, squared columns, the minimization of visual exposure of beams using the shadow of the veranda, the full-height glazed walls, and most significantly, the emphasis on horizontality through the railing standing slightly proud of the face of the main building. Here Tange, for the first time in the world, successfully realized the beauty of horizontal and vertical elements in post and beam structures made of exposed poured-in-place concrete. This was continued with the *Kagawa Prefectural Government Office East Building* (1958). Tange had replaced Japanese timber structure with reinforced concrete structure. The influence of the two buildings was enormous and thereafter public architecture in Japan more or less followed his style, except for conscious (or subjective) anti-modernists such as Murano Togo and Imai Kenji.

From the perspective of influence beyond Japan, for some reason America was more affected than Europe.

Two of the most prominent American postwar architects learned from Tange. Eero Saarinen, a rival of Tange, secretly visited Japan for one week. He studied the beauty of horizontal and vertical elements in the post and beam structures represented in *Tokyo Metropolitan Government Building* in Yurakucho (1957) and the Hiroshima and Kagawa buildings, and then designed his final project, *John Deere World Headquarters* (1963). Louis Kahn, who later collaborated with Tange, designed an exposed Rahmen structure for the first time (*The Yale Center for British Art*, 1974) after he met Tange on his first visit to Japan.

Let us also look at the deep relations between exposed poured-in-place

concrete and Japan. Perret was the first architect in the world to use it for architectural expression (*Church of Notre Dame du Raincy*, 1922), followed by Antonin Raymond (*Antonin Raymond's Own House and Studio* 1925 and *Rising Sun Petroleum Co.'s Employee Housing*, 1929), earlier than Le Corbusier who had worked under Perret. Tange realized fine and beautiful exposed concrete for the first time in the world with the total cooperation of alumni of Raymond's office, and since then, Japan became one of those rare countries in which exposed poured-in-place concrete blossomed. Eventually Ando Tadao emerged from this process of evolution, which is still continuing today.

What has driven Japanese architects to apply themselves to the expression of exposed concrete, and society to accept this extremely plain finish, must be *shiraki-no-bi*—the beauty of plain wood, that distinctive feature of the timber architecture of Japan. Exposed concrete can be described as the "concrete of plain wood." The turning of mud into stone accomplished by exposed concrete is akin to alchemy, and the achievement of a fine and beautiful finish requires full cooperation amongst the architect, the builder and the concrete manufacturer. However, the primary skill required for this is still that of the carpenter, a fact only known to those in the architectural field. As Uchida Yoshichika said, "reinforced concrete construction made with timber formwork built from wooden boards is actually an invisible timber construction, and hence the carpenter's skill decisively affects the quality of the outcome." If this is so, the flourishing of reinforced concrete in Japan since the war would never have happened without the solid native tradition of construction in wood.

As argued above, through the aesthetics of continuity of space, the fluidity of the plan design, and trabeated post and beam structures, the gene of Japanese traditional architecture has deeply influenced the birth and progress of modernism across the world. And it has certainly been passed down to the modern and contemporary architecture of Japan, resulting in its significant achievements right up to the present day.

Essay 2

The Japan of a Prophetic Architecture

Kurakata Shunsuke

In recent history, Japanese architecture has become all the rage; one clear sign of that are the Pritzker Architecture Prize nominations. Established in 1979 in the US, the Pritzker is referred to as the Nobel Prize of architecture for the status and international recognition it endows on architects. Past Japanese recipients include Tange Kenzo, Maki Fumihiko, Ando Tadao, Sejima Kazuyo and Nishizawa Ryue, Ito Toyo and Ban Shigeru. To date, the Pritzker has been awarded to architects from various countries, including those spread throughout Europe, Central and South America, Oceania and Asia. Among the laureates are seven Japanese recipients; and as the second highest number of recipients from a single country after the eight recipients from the US, this is a noteworthy statistic. Aside from that acknowledgement, there are several other Japanese architects who have achieved global fame, including Isozaki Arata, Taniguchi Yoshiro and Kuma Kengo. What is striking is that each of them established the greater part of their careers here on the archipelago of Japan. As a nation that produces such an astounding number of architects who studied the craft and received commissions at their home base and then went on to win worldwide fame, Japan must somehow be unique.

Further intriguing is the sheer fact that so-called "architects" did not exist in this country until the outset of the Meiji period (1868). In other words, the cultivation of architects that contribute to the world's architectural culture occurred in a span of 150 years.

The concept of architecture was introduced to Japan by the West when the country opened itself to the world at the closing of the Edo period. Until that time, the profession of specializing in design to determine the form of built environments apart from construction, or the actual assembly of material things, did not exist. Up through the Edo period, Japanese did not appreciate or discuss buildings such as Shintō shrines, Buddhist temples, and tea houses, as "architecture." They did not make note of the names of the designers, let alone reflect upon what makes Japanese architecture "Japanese," or consider holding exhibitions on architecture.

Architecture is a concept original to Western civilization. It substantially developed from the Renaissance period in the 15th century onward, and by the time Japan opened itself up to the world in the middle of the 19th century, the concept of architecture had manifested itself more or less as it is known today. Although this may appear to have no correlation to the significance of architecture, the same can be said about art and literature. In other words, architecture has existed as far as we can date back in history. Its many forms and the way it is appreciated are founded on its legacy, and continue to evolve; architecture is a concept grounded in a coherent sequence of events that will be carried into the future, and this concept is inherent in all buildings, large or small. Those who use verbal means to grasp just what it is, or those who have contributed or attempted to contribute to the ongoing legacy are the true architects, not merely designers. "Architecture" is a concept that belongs squarely in the modern Western world: it unfolds through challenging the past, and exerts enormous social impact when the built environment can be appreciated in ways that break free from the existing values of a given time. Faith in the power of such heritage helps us transcend regional and national boundaries. In this way, "architecture" was nowhere to be found in Japan. This therefore raises the question: Since architecture was never a part of Japanese tradition, why has it gained such an indispensable presence in the global architectural sphere?

Perhaps it is too radical to say that architecture was not part of the Japanese tradition, even with a parenthetical use of the adjectival word "western." Indeed, that is true. From the compositional principles of Buddhist temples and the dignified presence of *Shoin-zukuri* (a traditional residential architectural style) to the refined craftsmanship of *Sukiya-zukuri* (a more sophisticated variation), the value of architectural heritage that developed in Japan is far too rich—not to mention the integration of Shintō shrines with their sites, the powerful vitality of *minka* vernacular dwellings, and the perceptions of nature during the Jōmon period. However, the intellectual practices through which we rigorously categorize elements of architecture into those that move and those that are stationary, consciously place a building in its historical context, or understand its particularities and universalities were lacking in the Japanese tradition.

Does this then mean that Japanese architecture as it is presently known was established with a single swoop upon introduction of the modern European civilization? Not exactly; the way Japanese understand architecture today developed very gradually. There were two factors: the first was the change of the form of architecture and the way it was understood over the past 150 years within a global context; the second factor was the development of research on Japanese architecture domestically. As mentioned earlier, architecture is a concept that asks us to capture evolving phenomena as a continuum. The targets of research change according to what has been previously studied. What has drawn our attention before and our interests today combine to form the present progressive tense in which our understanding of Japanese architecture takes shape.

It would be incredibly easier to declare that what is defined as uniquely Japanese in architecture is grounded in the "Japanese style," i.e., that there are forms that can be identified as consistent throughout generations—that there is craftsmanship that has remained intact, or that there is a spirit that has persisted in architecture since the Jōmon period. This way of thinking, however, is not much different than how people thought 150 years ago. Fortunately, we can restrain ourselves from falling into such myopia.

When Japan opened itself to the world in the 1850s, architecture was generally understood in the West by categorizing architecture into "styles." Particularly in the architectural field, the word "*yōshiki*" (style) is used to refer to the design approach prevalent in a particular region during a particular historical period. This holds true for the "Romanesque yōshiki" and "Gothic yōshiki" during the medieval period, and subsequently the "Renaissance yōshiki" during the 15th century. Unlike the way the Japanese use yōshiki, in English, "style" is very much an integral part of the colloquial language. This point may appear a bit superficial, but actually deceivingly so. If a typical Japanese person hears that a building has a particular "*keishiki*," or "form," they may infer that the elements that comprise a given style can be disparate with no relationship among one another. A particular keishiki also gives the connotation that the significance of the building is understood within a particular field of expertise. Yōshiki, as used in architectural discourse, is different. It implies that the building in question manifests great design variations from its overall form to the details that can ultimately be understood as one entity. Moreover, yōshiki implies that the design is not unrelated to the building technology unique to a particular region or historical period, and that the building is grounded in its contemporaneous lifestyle. Therefore, yōshiki allows us to observe ways in which a particular built form came together to reveal the society's character during a given time. This is similar to how we say, "that person has style."

Therefore, to understand architecture within the framework of yōshiki is to recognize architecture as an evolving entity, and to parse it scientifically. It is "scientific" because the beginnings of this phenomenon can be traced back to the scientific revolution in the 17th century in the West. Analyses of architectural style were developed through the acts of surveying, researching, compiling and investigating that constituted the practice of historical studies and critique of architecture. Such analytical acts were applied to architectural design during the same period. However, this invited conflict with what made buildings "alive," always exposing the design process to the pitfalls of style. Architectural works that took pride in the nobility of historical masterpieces came to the fore, enlightening people with their interior beauty. There were also works that simply relied on a particular historical legacy. "Architects" scrambled to position themselves in society as experts who worked tirelessly to rival the glory of past architectural achievements.

This is the historical backdrop against which Japan imported "architecture" in the mid-19th century. The Japanese learned design techniques that were based on the legacy of Western architecture, and were soon able to imitate them. Naturally, the Japanese began to think that "architecture" could also be found in the Japanese tradition. They started to survey buildings and research written documents. Because it was the age of style, they wrote about the history of Japanese architecture using similar explanations.

This approach proved to be somewhat successful. Japanese architect Ito Chuta, who made a lifetime commitment to introducing the concept of "architecture" to Japan, wrote the architectural portion for *Nippon Teikoku Bijutsu Ryakushi (A Brief History of Japanese Imperial Art)* in 1901, compiling a complete history on buildings from the primitive age to the early modern period in the Japanese archipelago. Referencing nomenclature used during the Edo period, the work categorized built environments according to their form, which could also be considered as yōshiki: *Wa-yō, Kara-yō, Zen-shū-yō* (Zen-style), *Tenjiku-yō, Daibustu-yō* (Japanese Buddhist temple style), and *Shinden-zukuri* (an aristocratic residential style) and *Shoin-zukuri* in dwellings.

These categories, however, did not draw an exact parallel to the way building styles in Western architectural history evolved and replaced one another, in that different building categories in Japan existed simultaneously during the same period or gradually overlapped one another. At the same time, it was impossible to argue that a yōshiki distinct from what was outside the archipelago existed as a coherent entity. It couldn't be argued that elements that existed before the Japanese began building Buddhist temples—a milestone that occurred after the Japanese had imported building technology and design from mainland China in the 6th century—continued to impact Japanese architecture, whether in form, technology or spirit. In fact, had the Japanese at that time even considered calling out certain characteristics of forms of their buildings? Perhaps the very fact that architects were not an indigenous product of Japanese history before the modern period reflects an essential difference that sets itself apart from the West. If architecture is defined as "style," then a "Japan in Architecture" is not possible. However, here, we must also remember that the very concept of "architecture" evolves endlessly.

Fortunately, the timing was right when Japan opened its doors to the rest of the world, as it was concurrent with the peak of Western architecture being identified by styles. It was also around the time a scientific way of organizing information was developed to the point that the Japanese could learn Western styles as if they were studying from a textbook. Japan could proceed directly to embrace the next period of architectural epistemology while fully immersed in the process of importing what the Western civilization had to offer. Even after the tragedy of WWII, Japan recovered its humility to learn obediently through a devastating defeat. These events could have occurred in other non-Western countries. However, what is unique in Japan is that "Japanese architecture" often refers to architecture that excludes works from the modern and contemporary periods. In this regard, the term "Japanese architecture" alone reflects the impact it has had on the world's architectural culture from outside Western civilization.

The period when Western styles became identifiable is when they came to full maturity. Looking at architecture from the framework of styles was the culmination of the events of the Industrial Revolution in the 18th century. From that time onward, amid the environment of increased social instability that became the norm, the unwavering material and symbolic aspects of architecture in particular were highlighted, identifying and placing value on style and its role in society. For instance, an ancient Greek goddess symbolizing prosperity might have been positioned on a thick stone wall, even if in fact the wall is supported by steel and inside may be a salon for the nouveaux riche who acquired wealth through building factories. Even more comical would be a Gothic-style hospital, designed by a frenzied architect, under construction next door. While the design may suitably express the spirit of charity, would people in the future look at it and say, "that period had style?"

In the 1920s, the Modern Movement came to the forefront. The practice of looking at architecture through style was predicated on the idea that form is a unique aggregation grounded in the way society functioned at the time. By analyzing form and applying it to appropriate functions, style sought to fulfill architecture's mission in society. However, because style focused on immediate materiality and symbolism, it invited confusion that architecture failed to situate itself in a given society. Having gone through a period of immense maturation, the Modern Movement emerged after various trials and errors—it was a movement that reinforced the notion that architecture is something other than that which is swayed by the changes of society.

The Modern Movement put forward the idea that architecture must ground itself in society. Based on this thinking, it was centered on the reasons why society continued to undergo changes in modernity. Production was one factor. Indeed, revolution in production owing to new machinery and energy constituted the core of social change. It ushered in changes in everyday living, the way people related to one another, and even the way government operated and the political system itself. In this context, the Modern Movement could no longer imitate the "good old" past with stone masonry walls. Instead, architects used reinforced concrete, steel frame and other innovative materials of each period in a conspicuous fashion. The buildings were also characterized by clear structural design that could be determined simply from their exterior appearance. The designs sought to show architecture as that which simply grew out of the society in which it was born, as if it were the very part of the "production" process.

The question then shifts from how architecture is built to why it is built. The Modernist Movement asserted that architecture originated when space was created to shelter humans. Architecture was likened to a cave that protects the body, or a flat surface that offered shelter against the rain. Later in history, buildings began to serve different needs and each function manifested itself in a fixed type. If the architect was consigned to design a hospital, for example, his or her mission then was to design a space that best accommodated such purpose, not a style that purportedly embraces the spirit of charity. The architect was expected to devise floor plans that allow patients to undergo an operation immediately, sections that draw in sanitizing rays of light and air flow, and site plan designs that are hygienic and pleasant. This the architect was expected to perform without any prejudice. The Modernist Movement was founded upon a focus on human activities. It sought to place people inside architecture, and to coordinate their circulation, habitation and exit. It sought to create spaces that proved continually useful by recalling these fundamental architectural principles and by addressing the needs of the contemporary society that had become complex. Under the movement, design was not just about creating an insular box, but often about spaces that went beyond the walls to connect the interior with the exterior. This was another result of placing human activity at the core of its thinking. Modernist Movement architecture is also characterized by special attention given to the section. On the reasoning that human freedom can be expanded by revisiting the origins of architecture, architects developed new elements and technologies to bridge the interior and the exterior, such as new building structures, equipment such as elevators, atriums, *pilotis* and roof gardens.

Historical ornamentation was rejected, as it referenced past societies, and was not grounded in the production or activities of the present society; this did not mean, however, that beauty was abandoned. The Modernist Movement adopted geometry as guiding aesthetic principles. Visible elements were only a few: straight lines, curves that originated from a dynamic principle and surfaces that connected them. But this limited set of elements was used to investigate how they created balance, proportion, mass and transparency to offer pleasure to their users. In doing so, the Modernist Movement sought to transcend regional and national boundaries without being swayed by trend. Whereas high-brow discourse provided the *raison d'être* for style, the Modernist Movement was unabashed in asserting its purpose and democratic spirit. Its geometric forms are what easily distinguished works of the Modernist Movement. However, the designer rarely spoke about their intentions or their beauty. Neither production, nor activity, nor geometry can be perceived visually. In this regard, the Modernist Movement was an attempt to overcome the limits of style in what could be visually perceived, and to envision the goals of design in what was not apparent to the eye. This is why form is usually explained as the result of technology and function. In the process, the pursuit of beauty is hidden away.

During the above period when the Modernist Movement emerged and developed, the drawbacks of Japanese architecture came to be considered their strength.

"What taught me the principles of contemporary architecture was Japanese architecture," [1] said Antonin Raymond, a Czech-born American architect who arrived in Japan in 1919 and was active before and after WWII. Raymond said, "Which civilization other than Japan demonstrated that to make something beautiful is to get rid of the superfluous?" [2]

Raymond profusely praised the simple and free *tatami*-matted spaces, compositions using natural materials as is, and harmony of buildings with gardens. He sought to not just imitate these, but applied the principles he discerned through his observations in designing buildings using reinforced concrete and glass.

The same can be said about world-renowned architects, Frank Lloyd Wright and Bruno Taut. There is a wide variety of architecture outside of the West, but architecture from China, India or Central and South America has not yet made such deep impact. Among all non-Western civilizations, only Japan has contributed to the development of architecture on a global scale. Why did this happen?

The reason is probably because style failed to gain ground in Japan. If we understand Japanese architecture as unique, we denigrate its significance. It has not had the same strong development that style underwent. It can also be interpreted as a compact version of Chinese civilization. In fact, it's dubious whether enough attention was given to the overall integrity of forms in Japanese architecture. This is partly because Japanese architecture never developed beyond the act of creating spaces around inhabitants using available materials. The Modernist Movement sought not to symbolize an idea, but to ground itself in the production of things, and to focus on human activities rather than to change the inhabitants themselves. Architecture reawakened itself to beauty that emerged only as a consequence. Japanese architecture was compatible with this new form and ideas.

This was similar to what happened in the world of painting. When Western artists sought truthful expressions that were not based on realism, *ukiyo-e* woodblock prints, which did not belong in the high-brow culture, became influential. Japan opened itself to the world when the West sought its next self-portrait. As Western culture ushered in, Japan also gushed out beyond its borders. In architecture, Japan made a contribution to the West, where design sought to materialize what could only be created in spatial forms. This Japan did by offering a perspective that went beyond the exoticism of style. At the same time, understanding of Japanese architecture was overwritten. The search for what constitutes the culture of Japanese architecture continued.

The aforementioned assessment of Japanese architecture by Raymond echoes the words of *virtuoso* Mies van der Rohe, "Less is more." It is more fertile when you subtract. By removing excess, we get closer to the origin of things, their universality, and the everyday living itself. This is not limited to architecture. This philosophy of the Modernist Movement exists even today among us.

A major text that reinterpreted Japanese architecture from this perspective is Kishida Hideto's *Kako no Kosei (Composition of the Past)* (published in 1929 and revised in 1938). Steering clear of narrating the grand evolution of style, Kishida relies on photographs he cropped on his own and on his own critical prose to show that there were consistent elements that ran in the tradition of Japanese architecture from the years when Buddhism was introduced to the present day. Here, Kishida discusses how Japanese Buddhist temples were more residential, and describes the tiny tea rooms and their simple amenities. The intention is not to portray them as reflections of poverty, but as proof that style did not impose limits in Japan. He presented a new understanding of Japanese architecture by revealing the beauty and spirit that reside in its simple lines and surfaces, and how they formed the origins of architecture as space to expand the possibilities of everyday living. The extent of this impact is universal.

The same thinking can be found in the works of Horiguchi Sutemi, Taniguchi Yoshiro, Tange Kenzo and Seike Kiyoshi, especially between the 1930s and 1950s. Kishida's works spearheaded this development, but it was his attitude that was more significant in terms of being the forerunner. Kishida was not trapped by the stagnant thinking that we ought to know about Japan and apply what is unique about it. His photographs and prose do not attempt to conceal his own standards in assessing the past. This also held true for other architects, who sought to interpret Japan from the perspective of architecture from their own standpoints. This strong stance echoed with their own sensibilities, which were reflected in their own works. Varied interpretations of Japanese architecture were observed in the fluidity of space, forms that ground themselves in everyday living, and exercise of strict discipline.

A "Japan in Architecture" developed further after WWII. Japanese architecture soared in the postwar period mainly due to the country's defeat in 1945. An all-out war that mustered every possible resource and thinking ended in an unconditional surrender. This made it a taboo for Japanese architects to reference past styles as the mode of the country's expression. For this reason, postwar Japanese government facilities were not adorned with tiled roofs or *kumimono*, or an eave-supporting wooden bracketing complex, unlike other Asian countries. The authority accorded to style that existed in the prewar period and the wishful thinking that modernization unique from the West was possible were also wiped out. The fact that design philosophy was now limited to that of Modernist architecture was a blessing to foster the talents of Japanese architects. Those such as Mayekawa Kunio and Tange Kenzo faced setbacks, as their early works during their younger years were placed on hold over fifteen years or so during and after the war. However, they can also be considered to have been among the luckiest generation, as they were able to release the thinking they held to themselves during the reconstruction period. The society was now different, and even *avant-garde* design was accepted as expressions of postwar remorse.

The architects born in 1920s and 1930s that followed also enjoyed this postwar luxury in both philosophical freedom and opportunities to build. This postwar generation set themselves apart from their older counterparts by paying attention to Japan's past by focusing in particular on *minka*, vernacular private dwellings. In the postwar years, interest rose in traditional rural farm houses and *machiya*, or traditional urban merchants' houses, neither of which were subject of full-fledged study during the prewar period. This occurred in tandem with the postwar development of historiography. Steering clear of taking shortcuts by discussing forms of authoritative projects using idealistic rhetoric, these architects were poised to look at forms that everyday living generated, and study them empirically. The works of Okamoto Taro in 1952, which appraised the beauty of Jōmon pottery, and the *Controversies on Tradition* between 1955 and 1956 in architecture, were also part of the same trend. Attempts to identify "tradition" in forms that transcend singular pieces of buildings also gained ground among architects and architectural historians of this period. Metabolism, Japanese theories on urban squares and urban design theory, and design surveys, were major examples of this movement. Common among them was the drive to apply solid proof to improve society in practice, and

the pursuit of understanding whether we could identify in Japan's past elements that survived into the modern period. These two derived from postwar historiography and research on minka, vernacular dwellings. They soon faded in their influence.

The notions of locality and community discussed were the issue with which the Modernist Movement grappled worldwide in the postwar period. After WWII, Modernist architecture offered a model for urban and rural renewal and reorganization. It could no longer continue to stand alone as a handsome challenger as was the case during the prewar period. The challenge was to figure out how Modernist architecture can address the needs of a given region or community. Architects who were searching for ways to communicate what cannot be visualized, or those who were seeking symbolic "forms," were also inspired greatly by the notion of a "Japan in Architecture." This is where Maki Fumihiko, Kurokawa Kisho and Isozaki Arata spread their wings to the world.

Postwar Japan is characterized by a big watershed in 1945, followed by another one around the 1970s. This is especially true in the field of architecture. After the EXPO 1970 Osaka, and as Japan was nearing the end of high economic growth in 1973, it became clear that the Modernist Movement was just another framework. In tandem, progressive views of history, as well as narratives that focus on the architect—both of which were embraced wholesale in the postwar period—began to lose ground. As a result, design that existed before the birth of the Japanese architect, such as imitated Western-style architecture, began to draw serious critical attention. In works that were heretofore scoffed as products of mind-numbing design with *Japonesque* aesthetic, such as *Teikan,* or the *Imperial Crown Style*, intricate details were discovered. In Ito Chuta, whom the architectural discourse avoided for similar reasons, critics found aspects of his thinking that sought design possibilities in Japan and Asia using his own standards of assessment, befitting the poise expected from Kishida's mentor. Murano Togo and others, who were once disdained for relying on style, were cast in a new light for their craftsmanship that transcended existing architectural styles. These are only a few examples. Because Japanese architecture was never a style, we are still unearthing various elements that the epistemological framework of Modernist architecture failed to capture.

Up to today, this watershed ended the honeymoon between architects and society, a phenomenon that is unique to postwar Japan. Since then, large architectural design firms and design departments of major general contractors who came to the fore since the late 1960s, became the center of society's attention. From this emerged the "architects of boutique firms." Japan's stance to capture the world was further fortified. Their worldwide success owes in part to casting the same gaze to Japan's past, to establish relationships that transcend superficial forms or words more than ever before. Reading and analyzing require critics as 'other.' This is something that Japan lacks today.

It is also important to understand a "Japan in Architecture" from the opposite side of the argument, and doing so promises a great harvest. What I've discussed here is the process by which Japanese tradition was gradually identified in the relationship among parts, not the consistency found among separate pieces of architecture as one single movement. What society needs today is to figure out ways to realize sustainability, which requires more attention to ethical issues than ever before. This includes addressing ways to coexist with nature, social aspects of materials and community formation. The very fact that architecture and architects did not exist in Japan as in the West can now function as its strength. If the origin of architecture can be identified in the act of sheltering humans by locally source-able materials, we can even think of the possibility of Japan making an early entry to the next stage by leveraging technology. This stage is devoid of prevalent notions of architecture and architects.

Japan in Architecture has been discovered through contact with foreign cultures. As such, the future holds many promises. Already, Japanese architects no longer build their career within the confines of this archipelago. Japan is no longer an isolated, solitary country. It is now a site where multiple ideas and opinions cross, alongside Asia, Africa and South America.

What I have discussed above can be summarized into the following four points:
❶ The concept of "architecture" did not exist in Japan.
❷ "Japan in Architecture" was discovered during the modern and contemporary periods.
❸ This is an extraordinary backdrop against which Japanese architects can be understood.
❹ "Japan in Architecture" evolved by historical period and layers of its understanding accumulated over the years.
These four points should be understood in the present progressive tense as well.

Then, how should the exhibition be? Since I was asked to curate the exhibition two years ago, I have exchanged numerous ideas with Mori Museum's Nanjo Fumio, Maeda Naotake and Tokuyama Hirokazu, as well as Ken Tadashi Oshima, an architectural historian. Another architectural historian, Fujimori Terunobu, also gave me advice.

To list what I excluded, I adhered to my interpretation that Japanese architecture cannot be identified by styles. Therefore, I rejected categorizations such as *shoin-zukuri* and *sukiya-zukuri*. Arranging works in a temporal order by periods is boring. I also forewent the idea of defining what is pretentiously "Japanese." Of course, simply doing an exhibit on today's leading Japanese architects won't add anything new.

I tried to understand what can complete the sentence: "Japanese architecture is ____." Japanese architecture is made of wood. It is exciting. It is defined by roofs. If I went on like this, logically speaking, I could come up with multiple sentences, not just one, or not an infinite variation of them. The nine versions of my thinking have been summarized on the door of each section. They overlap, as I did not divide the entire exhibit as an aggregation of separate entities. One theme may belong to multiple sections, but I believe that as a whole, the contents of the exhibit covers the larger ideas about Japanese architecture. Logic is immaterial. Therefore, it opens itself up to the future. What architectural historians did—especially those in the generation who experienced Japan before the watershed—must have been exactly just that. My hope is that this exhibit will reinvigorate that spirit in a new format. This is my humble hope as an expert in the field. I asked promising young researchers to write the responses to each section's theme. Together with the description provided for each work, the texts in the catalog are dense. I am convinced that my hope is not just a fantasy.

I'd like to repeat: Architecture does not merely refer to a building, in as much as art is not "scribbling" and literature is not "chit-chat." Did such

architecture exist before Japan opened itself up to the world? We cannot answer that question here. However, we can say for certain that, even if architecture did not exist in Japan, it offered more than enough. Architecture developed by forever integrating elements that were non-architectural, as I've stated in my discussion of phenomena before and after the Modernist Movement. "Japan," as seen from the lens of 'architecture' after the country's opening, and yet to manifest architecture, provided enough resources for Japanese architects to succeed. Japan boasts multiple versions of itself. There are those that can be readily identified, and those that are elusive. But herein lies our starting point of our inquiry. This exhibition is the first of its kind to take on such perspective. My wish is that the concept of "architecture" is disseminated further to the general audience, and that the exhibition occasions the opportunity for those in the field to debate further just what "Japan" in architecture is.

Footnotes

1 Kato Yuki: Kinsei & Kindai no Rekishi Ishiki to Kenchiku: Chuokoron-Bijutsu Shuppan, 2015; referenced the following related topics; Trends in interest and knowledge about past building in modern period as well as about a succeeding point.
2 Antonin Raymond: Translated by Misawa Hiroshi: *Kenchiku no Kompon Gensoku (The Fundamentals of Architecture)*: 1953, from the book, *Myself and Japanese Architecture*: Kajima Institute, 1967, p.181.
3 Antonin Raymond: Translated by Misawa Hiroshi: *Nihon Kenchiku ni Tsuite*: 1935: from ibid. p.16.

Essay 3

Architectures of Japan

Ken Tadashi Oshima

What is Japanese architecture and how has it evolved in an international context over time? In 1889, Irish poet and playwright, Oscar Wilde argued that the idea of "Japan" or "Japanese things" was an aesthetic fiction. As Wilde's character named Vivian asserted in his essay *Intentions: The Decay of Lying;*

> I know that you are fond of Japanese things. Now, do you really imagine that the Japanese people, as they are presented to us in art, have any existence? If you do, you have never understood Japanese art at all. The Japanese people are the deliberate self-conscious creation of certain individual artists. If you set a picture by Hokusai, or Hokkei, or any of the great native painters, beside a real Japanese gentleman or lady, you will see that there is not the slightest resemblance between them. The actual people who live in Japan are not unlike the general run of English people; that is to say, they are extremely commonplace, and have nothing curious or extraordinary about them. In fact the whole of Japan is a pure invention.[1]

This assertion came only 21 years after the official opening of Japan with the start of the Meiji period in 1868 and expresses the subsequent fascination and fantasy about the island nation. Yet by extension, Wilde's argument raises fundamental questions about what constitutes Japanese architecture. Is Japanese architecture defined simply by citizenship, language and race of its architects and builders? Can it be defined by a particular sensitivity toward the regional context of Japan? In other words, is Japanese architecture defined by its designers and creators or is it defined by the land in which it is built? Is it a style, which can be transported beyond its national boundaries? Or rather, does all that is built in Japan from ancient times to the present constitute Japanese architecture? Can an expression of the architecture of Japan be implicit rather than explicit?

These questions indeed defy singular answers and perhaps can be understood through a more complex constellation of expressions evolving through time. Such a constellation expresses a configuration of both physical and perceptual expressions both inside and outside of Japan. The multiple nodes articulate the multi-directional flow of inspirations, translations and transformations embodied in Japan represented at international expositions, exhibitions, publications and realized buildings. These perceptions would further evolve through the travel and exchanges among architects and sites connecting Japan with the rest of the world.

Early Perceptions

International exhibitions served as sites shaping early perceptions of Japanese design and architecture in Europe and America. Before the Meiji period, understanding of Japanese architecture remained sparse; the 1862 London International Exhibition was limited to lacquer-ware, straw baskets, china, textiles and woodblock prints collected by Britain's first consul-general in Japan, Sir Rutherford Alcock (1809-97). The illustration of the exhibit highlights the juxtaposition of objects from many countries whereby an eight-tiered ceramic Chinese pagoda might be confused for being Japanese.

While the 1867 Paris International Exposition featured a tea store in the exhibit put up by the Japanese *shogunate*, the Satsuma and Saga domains, the first official display by the modern Meiji government was the

1873 Vienna International Exposition that featured a Shintō shrine and Japanese garden. However, visitors illustrated strolling around and on the shrine do not seem to have understood its sacred nature. The 1876 Philadelphia Centennial Exhibition featured both a two-story *ryokan*-style *Japanese Pavilion* and a single-story *sukiya*-style dwelling along with a Japanese garden. Records indicate that these buildings were sent from Japan and assembled by Japanese carpenters to be an authentic "Japanese" structure outside of Japan.[2]

One of the most prominent exhibition pavilions was the *Hō-ō-den*, the reconstruction of the *Phoenix Pavilion of the Byōdō-in* at the 1893 Chicago World's Columbian Exposition (p.13, Photo 1). The wood-frame tile-roof *Hō-ō-den* stood in vivid contrast with the backdrop of the massive "White City" neo-classical architecture. Moreover, the brilliance of its gold-leaf *fusuma* featuring peacocks and over-sized export ceramics would have added to its exotic appeal to a Victorian sensibility. This display is also thought to be the site of Frank Lloyd Wright's first encounter with so-called "Japanese architecture" that would be followed by his lifelong dialogue with Japan highlighted by his design of the *Imperial Hotel* (1913-1923).[3]

Publications and Exhibitions

The publication of architecture of Japan through time presents a kaleidoscopic view, illuminating the concerns of their respective eras and mindsets of their authors. Scottish designer Christopher Dresser (1834-1904) published *Japan: Its Architecture, Art, and Art Manufactures* in 1882, praising its decorative brilliance based on his four-month journey around Japan. Noted zoologist, ethnologist and archaeologist Edward Morse (1838-1925) published *Japanese Homes and Their Surroundings* (1886) as an almost objective account of this typology and variations during the early Meiji period prior to rapid Westernization.

Ralph Adams Cram's *Impressions of Japanese Architecture* from 1905, based on a series of essays by this architect noted for Gothic church and campus design, reflect his discovery and enthusiasm of the subject in the period following Japan's success in the Russo-Japanese War. The book illustrates his interest in tectonic temple and shrine construction akin to gothic architecture and ends with an illustration of his own proposal for the Japanese Diet Building design embellished with temple roof details.

The German architect Bruno Taut published *Fundamentals of Japanese Architecture* in 1936 and *Houses and People of Japan* in 1937 based on three years of observations upon arriving in Japan in 1933. In contrast to Dresser who praised the *Nikko Tōshō-gū* (shrine) as the *Alhambra* of Japan and paradigm of his Victorian decorative sensibilities, Taut considered Nikko "kitsch" and rather praised the *Katsura Imperial Villa* and the farmhouses of Shirakawa-go as the expression of "modern quality."[4] Yoshida Tetsuro's *Das Japanische Wohnhaus,* published by Wasmuth in 1935, provided an account of the "Japanese house" by a Japanese architect for the European audience that emphasized its closeness with nature, flexibility, rationality and expression of structure and standardization. While the drawings of the multiple geometric configurations of the *tokonoma* (decorative alcove) evoked a strong parallel with De Stijl designs, the book had a great impact on architects including Alvar Aalto in his design of details in *Villa Mairea* (1937-39).[5]

In the postwar period, Bruno Taut's esteemed paradigms of the *Katsura Imperial Villa, Ise Jingū* (*Ise Grand Shrine*) and farmhouses took on new, powerful photographic expressions and ushered in a new wave of interest and inspirations around the world. American architect and photographer Norman Carver, sponsored by one of the first Fulbright grants to experience Japan first hand, published his photographs in *Form and Space of Japanese Architecture* (1955). His carefully framed photographs of *Katsura Imperial Villa, Ise Jingū (Ise Grand Shrine)* a multitude of farmhouses laid out with ample white space on the printed page presented a dramatic, new expression of classic works. In the same year of 1955, Futagawa Yukio began to capture his own vision of *minka* farmhouses that he published in *Japanese Traditional Houses (Nippon no Minka)*, in 1962. Meanwhile, photographer Ishimoto Yasuhiro's 1953 photographs combined with texts by Tange Kenzo, Walter Gropius and book design by Herbert Beyer were published in 1960 as *Katsura: Tradition and Creation in Japanese Architecture* (p.142)—a carefully constructed modernist interpretation highlighting its geometric compositions without its requisite gable roofs.

By contrast, the Museum of Modern Art (MoMA) featured the "Architecture of Japan" through both publications and exhibitions. In 1955, Arthur Drexler published the book, *The Architecture of Japan,* illustrating work from ancient times to the present, in conjunction with the construction of the Japanese Exhibition House designed by Yoshimura Junzo in MoMA's sculpture garden (1954, 1955, p. 222). As Drexler explained, "The Museum's Exhibition House was chosen to illustrate some of the characteristics of buildings considered by the Japanese to be masterpieces, and considered by Western architects to be of continuing relevance to our own building activities."[6] Based on the 17th century model of *Kojō-in*, the "Japanese House" was "authentic" in being "made" in Nagoya in 1953 and shipped "with all accessories" including "prefabricated panels of *hinoki* (cypress) bark shingles for the roof, lanterns, fences, furnishings, and kitchen utensils, stones of all sizes and coarse white sand for the gardens" in 700 crates.[7]

In contrast to Taut's embrace of the tea pavilions of the *Katsura Imperial Villa* and farmhouses, Yoshimura together with Drexler consciously embraced a prime example of *shoin-zukuri* that could meet the limitations of the site and make the house accessible to the public. Despite its "authenticity" of being made in Japan, the Japanese Exhibition House transformed from being a Zen Buddhist religious structure within the *Onjō-ji temple complex* to a secular one. It was also re-contextualized from its original mountainous setting to its urban one in midtown Manhattan along with their differing respective climates. Nonetheless, it expressed paradigms of modern architecture to have a flexible, column-based architecture open to the environment of a constructed landscape. Such principles could be seen expressed a half-century later in Ban Shigeru's *Curtain Wall House,* featured on the inside cover of MoMA's 1999 *Un-Private House* book, Ban's 2000 installation of a cardboard tube lattice roof over the same sculpture garden. Most recently, MoMA featured the Architecture of Japan through the 2016 exhibition *A Japanese Constellation: Toyo Ito, SANAA, and Beyond.* The evolution of the "Architecture of Japan" at MoMA highlights its own genealogy through time from traditional to contemporary expressions.

Constellation of Influences and Inspirations

On the other hand, the *Japanese Constellation Exhibition* illustrated a broader configuration of architects connected across time and space that can be seen as a broader evolution of multi-directional, non-linear development of design inspirations. Actual constellation of stars are seen as imaginary shapes (mythological characters, people, animals and objects) in a night sky, in which the same stars have been interpreted to make up different shapes from locations around the world. Similarly, the various interpretations of Japan and Japanese architecture outside of Japan can be viewed to connect in many different ways.

Dresser and Morse's accounts of Japanese architecture along with the *Hō-ō-den* would shape Frank Lloyd Wright's early understanding of the subject.[8] Indeed Wright drew inspiration from or had strong commonalities with many sources, including the Viennese Secession artists—who themselves were inspired by Japanese art and design displayed at the international exhibitions and/or in their own collections. The Viennese Secession artists drew from Japanese crafts, graphic design, and woodblock prints, even as their own designs strongly influenced contemporary Japanese designers.[9] As Ito Chuta elucidated in 1912: "While in Japan everyone is talking about the West, in the West everyone is talking about the East. Secession is one point where the two meet."[10] Art nouveau design in Japan had an air of familiarity as an idiom intermediate between European and Japanese styles and cultures, rather than being a one-directional, imported, Western neoclassical style.

By contrast, Japanese examples such as Horiguchi Sutemi's design for a wood-frame entryway to *Sōshōkyo* (1927), perched above a rusticated stone foundation on a sloping site, expressed another constellation of influences and inspirations. The entryway, consisting of square *shibanjiki* pavement embedded in tiny gravel pebbles, all framed within a unique geometric pattern of horizontal and vertical moldings, simultaneously evoked a dewy stone path (*roji*) leading to a teahouse, a three-dimensional geometric De Stijl composition, and elements of Frank Lloyd Wright's Prairie houses. Rather than being simply an eclectic design, it illustrated fundamental connections between the three references in the overall abstraction. The design can be interpreted as having been conceived through a kind of cultural "chain" in which each reference stemmed from its predecessor. Thus Wright drew from the Japanese domestic tradition, De Stijl was influenced by Wright, and Horiguchi synthesized elements drawn from both.[11] As one Japanese critic argued, "Wright's style (as opposed to other Western architectural styles) was particularly appropriate for Japan as it resembled Japanese houses."[12]

Frank Lloyd Wright himself inspired the interpretation of Japanese design and architecture of many others—especially those who worked under the master. Following Wright's early encounters with Japanese art and architecture in America, Wright travelled to Japan in 1905 for two months and returned to recreate his own studio and residence at *Taliesin* (1911-1925) expressing his ideals of Japan through its landscapes and art.[13] It is here that architects including Antonin Raymond (in 1916) and Richard Neutra (in 1924) would enter into Wright's own world. This experience subsequently led Raymond himself to travel to Japan in 1919 to work on Wright's *Imperial Hotel* in Tokyo and end of practicing architecture nearly four decades there before and after World War II.

Austrian born architect Rudolph Schindler worked for Wright from 1917 in his Oak Park, Illinois studio before being summoned to Los Angeles to work on Wright's *Barnsdall House* (1919-1921), designing his own *Kings Road House* (1921-1922) by combining elements of Wright's Prairie School aesthetic, the vernacular forms of Southwest Indian pueblos, Japanese design aesthetics, and the inside-outside possibilities of California living. Neutra joined Schindler, his longtime friend and classmate from

Vienna, in Los Angeles in 1925 and subsequently established his own internationally inspired design practice there. Neutra himself traveled to Japan in 1930, hosted by architects Tsuchiura Kameki and Tsuchiura Nobu, whom he had first met at Taliesin in 1924. Neutra further developed the ideal of indoor-outdoor living with close synergies to Japanese ideals expressed in Horiguchi's *Okada House* (1933) in Neutra's *Singleton House* (1959) that connected the house to the landscape with a reflecting pool as foreground for the borrowed scenery of the Hollywood Hills.

Meanwhile, Charles and Ray Eames designed their own house, also known as *Case Study House No. 8*, in 1949 with its modular, steel-frame structure and *façade* assembly akin to the traditional Japanese dwelling. The Eames made this parallel explicit in laying *tatami* (-mats) on the floor in 1951 to stage a tea ceremony in the house and would continue their dialogue with visits to Japan in the 1960s where they connected with kindred spirits such as Yanagi Sori as they shared in their explorations of bent plywood furniture in their respective designs of the *Lounge Chair* (1945) and *Butterfly Stool* (1954) .

In counterpoint to Wright's constellation of projects, inspirations, and disciples on the Pacific Rim, Wright could also be seen to connect another constellation between Italy and Japan. Following Wright's 1905 trip to Japan, a large part of his 1909-10 European Tour was spent in Italy centered around Florence. While interest in Wright's work in Italy before World War II was limited, Wright's work inspired Italian admirers in 1951 upon the first Italian exhibition of his work and his return to Florence. Wright's subsequent unrealized design for the *Masieri Memorial* in Venice in 1952 along the Grande Canal continued his sensitivity toward ornament and potted plantings that he had expressed decades earlier in his *Imperial Hotel* design in Tokyo.

Within this context, Carlo Scarpa (1906-1978) found particular inspiration in Wright and subsequently share his passion for Japan. Scarpa designed the *Frank Lloyd Wright Exhibition* at the 12th Milan Triennale in 1960, which was "a testament to his reflections on themes and forms related to Japanese architecture" *vis-à-vis* Wright.[14] Scarpa traveled to Japan in 1969 and then again in 1978, when he tragically died following an accidental fall from a staircase.[15] By contrast, Ando Tadao's 2009 transformation of the *Punta Dogana* for at the entry point of Venice's Grand Canal pays homage to Scarpa's designs, such as the transformation of the *Castelvecchio* (1958-64), that expressed his interest in layered openings, akin to those of the sliding screens of Japan. As Ando has noted:

I myself have had much to learn from Scarpa's details, from the designs of handrails and metalwork to the way floor panels are individually laid. I am impressed by new discoveries every time I visit the Castelvecchio in Verona or Querini Stampalia in Venice.[16]

In the design of the *Brion Cemetery* (1968-78) Scarpa himself can be seen to further transform Japanese inspirations from his 1969 and 1978 journeys to take root on Italian soil and literally serve as his eternal place of rest. Here the realization of utopia is not heroic, but rather expressed as a multivalent sensitivity and worldview of life and death as it can be interpreted to evoke images of the dry rock garden of *Ryōan-ji* or an open-air *Noh* stage.

In contrast to direct interlinked global constellations or inspirations and exchanges of Japanese architecture and design, specific design ele-

ments link works in diverse cultures and climates. Beyond Yoshimura's translation of the *shōin* residential tradition embodied in *Kojō-in* at the MoMA Japanese Exhibition House in New York, the ideal of the *engawa* in-between verandah space is central to the design of *Halldor Gunnløgsson's own house* (1958) outside of Copenhagen, Denmark as well as *Pierre Koenig's Case Study House #22* (1959) hovering above Los Angeles, California in the Hollywood Hills. Although Gunnløgsson's house is made of wood and Koenig's is made of steel, the extended eaves and verandah below create a transitional space between inside and outside and distinctly frame their respective views from inside. Both rely on sliding window and door partitions like the *Japanese Exhibition House* in their respective relatively benign climates. However in contrast to tatami floors with flexible furnishings, the Danish and American examples ultimately rely on fixed furniture and have an accordingly larger scale. Yoshimura himself further translated the model of the MoMA Japanese House in his *Residence in Pocantico Hills* completed in 1974 (p. 224). While employing a reinforced concrete structure at a larger scale to suit the site and client, he maintained engawa in-between space to link the interior and exterior spaces and frame the dramatic expansive view of the surrounding rolling hills.

Architecture and Utopia

A profound dialogue in-between Japan, Italy and beyond from the 1960s to the present can be seen in terms of "architecture and utopia." This is the English title of the 1973 book of architectural historian Manfredo Tafuri (1935-1994) and expresses his broader interest in non-linear trajectories in realizing visions of the built environment. In the age of international architectural journalism with the free flow of images beyond national borders and increased travel following World War II, a particularly dynamic exchange of design aspirations could be seen between Tafuri, architect Tange Kenzo (1913-2005), his disciple Isozaki Arata (1931-), the Italian *avant-garde* including Superstudio and beyond, up to design culture of the present.

Tafuri himself had found the realization of utopian aspirations in the built environment of Japan which he published at the youthful age of 29 in the 1964 book *L'Architettura Moderna in Giappone*.[17] For Tafuri, the crisis of the Modern Movement came to a head in Italy with the appearance of the "Neoliberty" group in 1958, which reevaluated the first period of the Modern Movement through their eclectic and fantastical architectural forms and triggered an intense debate on the dialectical relationship between history and modernity.[18] While one faction believed that the movement was alive and well but just coming of age, the other led by Ludovico Quaroni in Rome and Ernesto Rogers in Milan were "engaged in a process of reassessment tainted with disbelief and heterodoxy with respect to the principal tenets of the Modern Movement."[19] Tafuri, while still a student, identified with the latter as they posited the need for a "critical and considered review of historical tradition [which is] useful for an artist who refuses to accept certain themes in a mechanical manner."[20] This crisis also spurred a vocal debate about architecture's relationship with the city; Aldo Rossi was already lecturing on this topic from 1960 and commenting on the British urban utopian movements of Archigram and Team X in Casabella. Furthermore, other intellectuals such as Roland Barthes in France and Umberto Eco in Italy emerged in the early 1960s, leading the discourse on architectural language as a symbolic communication. Then in February 1961, the American journal Architectural Forum published Tange's dramatic megastructure scheme for the structural reorganization of Tokyo. In April of that year, Tafuri responded with his article entitled *Un piano per Tokio e le nuove problematiche dell'urbanistica contemporanea*.[21]

For Tafuri, Tange's work embodied "dynamism" of "incontrovertible international influence."[22] He would later note that the Tokyo plan was "a polemic against the two-dimensional tradition of planning, with its theories of territorial equilibrium based on decentralization by means of satellite towns. With Tange the exaltation of the tertiary city and the mobility of the urban structure are explicit. His megastructure summons up an entirely uncommon scale of design." While the Archigram group was also proposing utopian megastructure schemes in England, what made Tange's work particularly powerful for Tafuri was the fact that, unlike the British schemes, Tange's plans were actually being realized: the *Hiroshima Peace Memorial Museum and Plaza* in 1952 (p. 16, Photo 5), the *Tokyo Metropolitan Government Building* in Yuraku-chō (1952-1957), was in the process of completing the megastructure schemes of the *Yamanashi Press and Broadcasting Center* (presently *Yamanashi Culture Hall*), as well as other civic buildings all around Japan.

Tange's architecture was not only built on an urban scale, but also inflected with what Tafuri saw as a "mannerist quality" that addressed past architecture of Japan. For Tafuri, Tange offered concrete solutions mirroring the architectural concerns of Italy in the 1960s, and moreover was a positive protagonist for physical and social change. Tange subsequently became one of the main subjects for a book on modern Japanese architecture; of the books' 96 illustrations which span from the sixteenth century Zen garden, *Ryōan-ji*, to Tange's plan for the reconstruction of Tokyo, nearly half are by Tange or his mentor Mayekawa Kunio. Tange also became profoundly influential in Italy, featured on the cover of the July 1966 issue of *Casabella* for his winning urban megastructural reconstruction plan for rebuilding Skopje, Macedonia after its devastating 1963 earthquake.[23] Tange subsequently began urban design and planning projects in 1967 for the Fiera District of Bologna, a new town with residences for 60,000 in Catania, and a *master plan for Naples* (1985-95).

On a fundamental level, both Tafuri and Tange had lived in countries that had seen the rise and fall of nationalist militarism during World War II, with this ultra-nationalism based from above, and were constructed modern nation states. While Tafuri and Tange were both dealing with similar architectural crisis in the 1960s, seen from a broader perspective, both countries were fundamentally both dealing with the problems of modernity as it affected all aspects of society, government and economics. Living in the immediate postwar period, the problem of dealing with totalitarian militarism from the past fundamentally formed the problematic for historians of all of these countries. Marxist-based historiography provided a powerful means to identify these underlying stages of development not only for Benevolo and Tafuri in Italy, but also Walter Benjamin, Jürgen Habermas and others at the Frankfurt School in Germany, and modernist historian Murayama Masao in Japan. Liberation and equality, goals both of these historians as well as the avant-garde Modern Movement in architecture, could only be achieved through class struggle.

Such a struggle can be seen in unrest in 1968. Tange's disciple Isozaki came to the foreground with his installation design for the 14th Milan Triennale. In the shadow of the destruction of World War II, Isozaki's design featured images of ghosts and tragedies projected on 12 curved reflec-

tive, revolving panels. The Triennale also featured the visionary designers of Archigram, Saul Bass, Georges Candilis, Aldo Van Eyck György Kepes, George Nelson, Peter and Alison Smithson and Shadrach Woods.

Reflecting worldwide unrest, the exhibition area was stormed during a press conference on May 30, 1968 and occupied by several hundred artists, intellectuals and architectural professors. In light of these conditions, Isozaki chose *ukiyo-e* prints about ghosts and asked photographer Tomatsu Shomei to find documentary stills about atomic bombs of Hiroshima and Nagasaki and collaborated with graphic artist Sugiura Kohei, and composer Ichiyanagi Toshi, who created a sound installation. These images of the tragedy of the war or crisis in society in resonance with the conditions of 1968 were projected on the panels and moved whenever anyone passed through an invisible infrared beam. Sugiura used photographs and graphic patterns like stylized clouds from classic Japanese painting and many photographic images of dead bodies and one after the atomic bomb of Hiroshima.

Isozaki simultaneously surrounded the installation by five-meter by 13-meter long wall collages entitled *The City of the Futures is the Ruins* depicting the ruins of Hiroshima and the megastructure it would later become. For Isozaki, the implicit parallels between Italy and Japan became explicit through the publication of his 1971 book *Kūkan-e* (*Toward Space*) which depicted his vision of Cities in the Sky juxtaposed with ruins evocative of the Roman Forum.

Such visionary collages of megastructures superimposed upon the existing urban fabric resonated with those of the Florence-based architects of Superstudio. Their collages appeared in the October 1969 issue of Domus with Superstudio's *Continuous Monument* published with their projects and thoughts. While they looked to the importance of monumentality as advocated by Louis Kahn, they also put forth "the indictment against architecture in crisis with itself, that can no longer influence decision-making processes, for which the only possible solution is an Architecture of Reason—an architecture that exalts itself as a product of human history."[24]

Isozaki interpreted their convictions toward creating a perfect platonic form in response to their memories of the epic 1966 flood in Florence while they were students.[25] He also interpreted their Non-Stop City as an impulse to expand infinitely and also violently as "an aggressive fantasy."[26] Superstudio's powerful images found resonance in Japan, featured in the September 1971 issue of the journal *Toshi Jutaku* followed by Isozaki's own article on Superstudio in October in the journal *Bijutsu Techo* as part of his ten-part series of articles on the *Destruction of Architecture* (*Kenchiku no Kaitai*). The visual impact of Superstudio's paper architecture was amplified by the widespread culture of avant garde architectural journalism in Japan. Yet with the dissolution of Superstudio in 1978 and minimal built projects, their direct impact on the built environment would remain limited and underscore Tafuri's look to Japan to realize utopia.

Just as Tafuri looked to Tange and Tange and Isozaki looked back and forth between Italy in a dynamic of architecture and utopia, built and unbuilt, many Italian architects would realize buildings of all scales in Japan in a continual dialogue supported by a bubble economy and the prowess of Japanese construction. Aldo Rossi built the two hotels of *Il Palazzo* (1986-89, Fukuoka) and *Mojiko* (1996-98, Kitakyushu) that can be seen as a synthesis of Italian rationalism and Japanese simplicity, along with the small-scale jewel box design of the *Ambiente Showroom* (1992,

Tokyo). In contrast, the Renzo Piano Building Workshop their megastructural *Kansai International Airport* (1988-94) on a man-made island in Osaka Bay and their large-scale transformation of the *Maison de Verre for the Hermes Showroom* (1998-2006, Tokyo). In 2005, Gae Aulenti interpreted this dialogue between Italy and Japan in her design of the *Istituto di cultura italiano* of Tokyo.

Contemporary Trajectories

In the 21st century, architects around the world continue to find inspiration in the "Architecture of Japan." David Adjaye's *Dirty House in London* (2002, p. 227) in the exterior expression of "blackness" evokes his sympathies with the sentiments of Junichiro Tanizaki's *In Praise of Shadows* and his own time in Kyoto as a student making drawings of a teahouse to study its light. As he recalled, "One thing that I had not anticipated about Japan was that it would reawaken my memories of Africa and the light there. Africa has an exceptional luminosity and this has an all-pervasive effect on its architecture and the experience of space."[27] David Chipperfield's own early practice was shaped in Japan through three projects in Japan in the early 1990s including the minimal, reinforced concrete *Toyota Auto Kyoto Building* (1989-1990) and continues most recently with the completion of his design of the *Inagawa Cemetery* (2013-2017), with its quiet, contemplative forms complemented by the colors and textures of the surrounding Japanese landscape. RCR Arquitectes, the 2017 Pritzker Prize winners from Olot, Spain, continue their own dialogue with experiences and inspirations from travels in Japan in their design of the *Les Cols Pavilions* (2002-2005, p. 228). Analogous to a stay at a Japanese *ryokan*, the spaces transform the completely glazed sitting spaces by day to sleeping spaces by night, with an adjacent deep soaking bath—all shaped by the ever changing qualities of natural light.

Visions of Japanese architecture, viewed from a global context over time, are constantly evolving. Each vision can be a constructed "creation" or "invention," to repeat the words of Oscar Wilde in a dynamic between architecture and utopia, both imagined and realized. These visions range from minimal to ornate, abstract to concrete and are inevitably shaped by their respective sites, ideals of their designers and cultural contexts. Yet, indeed this evolution is not strictly linear or one-directional, but rather forms a multi-nodal constellation ever-changing and ever-inspiring.

Footnotes

1 Oscar Wilde: *1854–1900: The Decay of Lying (in, Intentions)*: Cambridge Chadwyck-Healey 1999 Literary Theory Full-Text Database.1999 Chadwyck-Healey, 46–47.
2 Yoshida Mitsukuni, ed. *Bankoku-haku no Nippon-kan（万国博の日本館）*. INAX BOOK-LET Vol.10, No. 1, 14.
3 Kevin Nute, *Frank Lloyd Wright and Japan: The role of traditional Japanese art and architecture in the work of Frank Lloyd Wright*: Chapman & Hall, 1993, 47–72.
4 Christopher Dresser: *Japan, Its Architecture, Art, and Art Manufactures*: Longmans, Green,1882, 319.
5 Hyon-Sob Kim: *Tetsuro Yoshida (1894–1956) and architectural interchange between East and West*: Arq vol. 12, no. 1, 2008, 21.
6 Arthur Drexler: *The Architecture of Japan*: The Museum of Modern Art, 1955, Inside cover.
7 Drexler, 262.
8 Nute: *Frank Lloyd Wright and Japan*.
9 In particular, the Sixth Secession exhibition of 1900 in Vienna featured the Japanese art collection of Adolph Fisher, with 691 items. Other influential sources of Japanese art at the time included L'Art Nouveau gallery in Paris, run by Sigfried Bing (1838–1919), and Frank Lloyd Wright's extensive work as a Japanese woodblock print dealer. On Japanese influence on the Viennese Secession, see Johannes Wieninger: *A Europeanized Japan: Reflections on Japonisme in Vienna, in Japonisme in Vienna*: Tokyo Shinbun, 1994, 204–8. Also see Tokyo Metropolitan Art Museum: *Art Nouveau 1890–1914*: Yomiuri Shinbun, 2001; and Julia Meech: *Frank Lloyd Wright and the Art of Japan*: Abrams, 2001.
10 Ito Chuta: *Secession ni tsuite, Kenchiku to soshoku (special issue)*: July 1912, 1–2.
11 On Wright's effect on De Stijl, see Mariëtte van Stralen: *Kindred Spirits: Holland, Wright, and Wijdeveld: in Anthony Alofsin, ed.: Frank Lloyd Wright: Europe and Beyond*: Berkeley: University of California Press, 1999, 45–65.
12 Okada Takao, *Jutaku yoshiki no hanashi (A discussion of house styles): Shinkenchiku 4*, no. 5 (1928): 22–41.
13 Meech, 178–193.
14 *Carlo Scarpa and Japan*: MAXII Foundation, 2016.
15 J.K. Mauro Pierconti: *Carlo Scarpa e il Giappone*: Electa, 2007.
16 Peter Noever and MAK Wien: *Carlo Scarpa: The Craft of Architecture*: Hatje Cantz Verlag, 2003, 39.
17 Manfredo Tafuri: *L'Architettura Moderna in Giappone*: Cappelli, 1964.
18 This heated debate was triggered by then Architectural Review assistant editor Reyner Banham who launched an attack on this group's historicist tendencies, which he believed to betray the original tenets of modernism, in the article *Neoliberty—the Italian Retreat from Modern Architecture*: Casabella editor Ernesto Rogers counter attacked with his article *The Evolution of Architecture: Reply to the Custodian of Frigidaires*, where he affirmed Italy's commitment to modernity, but asserted that "critical and considered review of historical tradition is useful for an artist who refuses to accept certain themes in a mechanical manner." Joan Ockman, ed, Architecture Culture 1943–1968, Rizzoli, 1993, 300–307.
19 Tomas Lorens in Manfredo Tafuri: *L'Architettura Moderna in Giappone*, 85: In particular, Casabella published a special edition (251) in 1961 reevaluating the last fifteen years of Italian architecture, which also included the views of the state of the architectural profession in Italy by architects including Rossi, Quoroni, Giuseppe Samonà, Vittorio Gregotti and Giancarlo Da Carlo.
20 Ockman, 303.
21 This article appeared in *Ardometi de Architettura*, 4, 1961, and followed by the publication of Tange's plan in the December 1961 issue of Casabella.
22 Manfredo Tafuri and Francesco Dal Co: *Modern Architecture*, trans. by Robert Wolf: Harry Abrams, 1979, 385.
23 The Skopje Earthquake occurred on July 26, 1963. *Il concorso per il centro di Skopje*: Casabella 307, July 1966, cover, 24–29.
24 http://www.domusweb.it/en/from-the-archive/2012/02/11/superstudio-projects-and-thoughts.html
25 Isozaki Arata and Iino Naohiko: *Toward Kenchiku-no-Kaitai. The Effort to Map the Movement of the '60s*: 10+1, No. 49 (Dec. 2007),190–205.
26 Isozaki met the members of Superstudio after the 1968 Milan Triennale, likely at their interior design of La Liberia Marzocco in Florence, Isozaki and Hino, 190–205.
27 David Adjaye: *Light and the City*: 2010, http://www.toto.co.jp/gallerma/ex100708/index_e.htm (accessed on December 1, 2017).

Essay 4

Possibilities of Architectural Exhibitions:
Considerations for Their Planning and Development

Maeda Naotake

Introduction: The Dilemma

Exhibitions are places for authors to share their works with the audiences, though in architecture the works themselves cannot simply be displayed in galleries. Even if they could, they wouldn't have the same meaning, as they are always built in consideration of their corresponding sites and locations.

While architectural exhibitions have been gaining popularity in recent years, they have also attracted the demographics beyond professionals in its own field, varying presentation methods to accommodate the further broadening audiences. Formerly, viewers had to *read* architecture from drawings and scale models, but today the galleries provide the means for simpler absorption of information through more experiential spaces. They are often achieved using more expressive images, simulations, real spaces, new technologies, etc. Architectural exhibitions have become common places for common people by becoming places of "spatial media."[1]

Perhaps the biggest influence on architectural exhibitions are contemporary art installations. Since the beginning of the century, art museums have opted to display more dynamism, employing the use of multiple media rather than restricting viewers to fixed distances from each piece of artworks. They created *one-off* experiences. Architects, more than ever, have fashioned works specific to such exhibitions.[2] Turning *architects* into *authors* has been an effective method for conveying their creative forces in art museums, making them more comprehensive to both the curators and non-professionals alike.

However, the actual works of architecture are the products of collaboration between multiple entities, architects being only a single piece of the puzzle. The real power of architecture lies in the fact that they are influenced by time and societies, changing their meanings through the course of their useful lives. Even so-called "masterpieces" are demolished, and it is an inevitability that no architecture is immune to social changes. It is impossible to convey the intended meanings without context, thus museums and galleries using architectural works as their subjects often face this dilemma.

1: Construction, Architecture, and Beyond

The term "*kenchiku*," which the Japanese introduced as an interpretation of the word "architecture," emerged during the modernization of Meiji period in the 19th century. The use of word was made common by the architect Ito Chuta. Prior to this, the closest word was "*fushin*," or "construction," a Buddhist term often describing the involvement of multiple entities in a single project. Japan's architectural history, predating *Hōryū-ji Temple* built in the year 607, attest to its long maturing process supported by the collaboration of landowners, carpenters, and common people. Since the beginning of Meiji period, in the past 150 years, Japanese architecture, with its unique philosophy, began attracting attention from all over the world.

This exhibition, *Japan in Architecture: Genealogies of its Transformation*, explores Japanese architecture, from the ancient times to contemporary, and its underlying unique values. Although the presence of each architect warrants more weight in modern architecture, the situation is rather different in the previous era. As such, the objective of this exhibition is set not in finding commonalities between the architects of the present and the past, but an exploration of Japanese history through architecture. Therefore, by not following typical museum exhibition methods nor by introducing technical and academic architectural theories, instead, this exhibition presents architecture in assortment of rather philosophical, political,

social, technological and artistic expressions from various time-frames.

From "Possibilities of Wood" to "Living with Nature," the nine sections explore each theme as the DNA of Japanese architecture that would be carried onto the future generations. Each work of architecture is simply touched on for their singular qualities, as it would be impossible to homogenize these unique works if explained in detail for they all possess numerous qualities and attributes.

There are 100 exhibits, selected with priority given to realized and existing works, hoping that the actual visits to the actual sites would complete this journey of cultural and philosophical empathies for the audiences. One would realize that this 1,500m² exhibition cannot capture the entirety of the subject. With various works of different periods displayed non-chronologically, brings new ideas to the creative vigor of the visitors. The exposition is a place of stimulation, a freedom of individual interpretation, and a space of discussion for the future of architecture.

2: The Exhibits

Academically, the research of technical documents should be emphasized for the betterment of the industry, however, gaining support of broader audiences requires certain challenges. Often art exhibitions revolve around their centerpieces, but with architecture, the lack of presence of the *actual* buildings makes for very different circumstances. One method is to use large installations and life-sized mock-ups as the foci of the shows, but it is essential for these pieces to be more than just ostentatious.[3] Four large-scale exhibits were considered for this exhibition, one of which is the full-scale model of Sen no Rikyu's tea room, *Tai-an*. (pp.122-123) *Tai-an* was reconstructed number of times in the past, while this particular one was entrusted and realized as an academic project.[4] The second is *Power of Scales* (pp.152-153), a laser fiber installation by Rhizomatiks Architecture. This high-tech installation displays, in 3D and full-scale, the modules of the old and new works of architecture. The third piece in question is 1/3 scale model of *A House* (*Tange's Own House*), constructed by traditional-style carpenters under the strict guidance of Tange's family. An enormous number of photographs, taken by Tange himself, were used to reconstruct the schematics, which were then used to build the scale model. In addition, an "Augmented Reality," or "AR," was employed[5] (pp.148-149), allowing the viewing public to see the old photographs when looking at the model through a tablet computer. Lastly, for the large-scale exhibits, the original furniture from *Kagawa Prefectural Government Office* was brought in[6] (pp.156-157), not simply as exhibits but to be used by the visitors to experience the appeal of well-used materials.

3: Architectural Archives

Art exhibitions display corresponding materials in addition to the works themselves, or the *supplements*. In the case of architecture, all museum exhibits may be considered as such supplements. However, the architectural sketches and drawings make for interesting displays for their surprisingly artistic expressions. Museum curators may treat such drawings and models as the *works*, while photographs may be regarded as the *supplements*.[7] This is similar to the relationship between the original prints and the negatives for photographic artists. The confusion arises when a photographer captures a building, making an image as an art form in its own right. The distinction between expressive *work* and informative *supplement* is carefully thought-out for this exposition.

Over 400 materials were gathered to fulfill the scope of this event, some of which were created specifically for this exhibition. They include sketches, drawings, models, CAD data, literature, photographs, videos, material samples, and old pamphlets. They were borrowed from building owners, architects, relatives, former employees, fixture designers, contractors, photographers, filmmakers, publishers, museums, governments, etc., scattered across the country.

Since 2007, the industry has strengthened the archive in response to the excessive outflow of architectural documents overseas.[8] Museums and academic institutions have become more aware of the issue, running more exhibitions while organizing their materials in the process. However, photographs and films are often under the control of independent copyright-holders, making difficult scenarios to find their whereabouts. Some architectural works, demolished and without drawings, only exist in photographic mediums. They not only portray the buildings, but also the context of the times, which can never be recreated. Furthermore, some viewers without architectural training frequently prefer photographs over technical drawings. One of the problems is that most photos were printed on magazines directly from film, which is an inconvenience for museums that prefer to archive the original prints. Also, collecting detailed information requires extensive effort; one must discover and contact multiple parties, including the landowners, architects, contractors, researchers, photographers, relatives, and publishers, etc. Many difficulties hinder the process, but the development of such archival databases is also an important goal of these expositions.

4: Synergy—Exhibition, Catalogue, and Learning Program

As mentioned previously, the exhibition is an opportunity to promote architecture as well as gathering and organizing historic information. A catalogue of the show is published as the record of the ongoing research and archiving. In addition, a learning programs including symposium, gallery tours, and workshops help fulfill the objectives of the project.

The *exhibition space* is created by a team of emerging architects and graphic artists, working together to create a place that appeals even to the untrained eyes.[9] Old and new works of architecture converge, yet the presentation is designed in ways to convey fresh views, evoking interest in the visitors of all demographics.

The *catalogue*, in this case, a record of the exhibition, explains the nine sections of the show. Also included are the discussions and commentaries from 52 authors, further enriching the document.[10]

The *learning programs,* including symposium and other events, are held throughout the duration of the exhibition, creating opportunities to share, discuss, and debate current issues in the industry with the museum visitors.

While the exhibition, catalogue, and the learning programs operate independently, with the desired goal being the synergy of the three, the whole experience is enhanced.

5: Possibilities and Significance

Most museum exhibitions house multiple art genres, including contemporary art, media art, architecture, etc. Each category would be comprised by themes, such as regional, personal, and periodic. Looking back at past exhibitions in the country, most are retrospective of certain architects or historic journeys of certain regions, while very few have opted for unique organization for their shows.

Meanwhile, in art exhibitions, curators exercise their creative freedom to arrange the works, constructing each segment and the overall stories. Keeping true to artistic tradition, they are put together in ways to promote diverse interpretations. Such method, staying true to *its* tradition, was believed to be possible in architecture as well, and was put in practice for this particular show.

Originally this exhibition was conceived with the title *Genealogies of Japanese Architecture*, with its direction entrusted to Fujimori Terunobu. Working together with Kurakata Shunsuke and Ken Tadashi Oshima, the direction of the show was considered with a theme of historic inspirations in contemporary and future architecture. As a result, nine sections, irrelevant of chronology, were developed as the guideline. By expressing the fragments of modern history on a timeline, a comparison is made with contemporary history, illuminating what Japanese architecture was, is, and can be.

Ken Tadashi Oshima warned of the homogenization of 20th century style architecture, that only regional qualities give birth to new ideas and methods while being part of the whole:

The effect of the 21st century metamorphoses has been to decentralize global practice as we knew it in the 20th century—between shifting centers, blurred boundaries, and numerous, different local standards. Instead of a single monolithic paradigm, this perspective is simultaneously global and local and embraces multiple possibilities that are connected by subtle overlaps. Intensified by the networks of cyberspace, the subsequent global/local practices are in new locales that generate dynamic synergies from their connections to the local regional character and the global as well as the powerful individual sensibilities of the designers inspired by specific climates and topographies.[11]

Kurakata Shunsuke also states:

I believe that architectural history is not a record of buildings, but that of "architectural acts." Understandings of commissioning, design intent, construction, and maintenance processes cannot simply be achieved by the final product alone. Materials describing these "architectural acts" are the "architectural records." It is the job of the researchers to determine what constitutes architectural records, and in the end must be beneficial to the public.[12]

Perhaps this statement also applies to the museums that are working with architectural materials in their exhibitions.

With the help of these two collaborators, it has become clearer where we stand and where we can go with these exhibitions.

Good architecture cannot simply be achieved by designers and constructors alone. Small houses to large developments require the solid foundations of people's wills, culminating in civilizations. Architecture must be considered a general education that teaches us about our communities and environments. When our cities continually renew themselves, these exhibitions, with respect for the knowledge and multiple viewpoints, must be recurrently fulfilled for the betterment of our societies.

Footnotes

1 Current state of architectural exhibitions refers to: *Thoughts on Architectural Exhibitions*: Architectural Magazine, 2008, 4th issue, vol.123, no. 1575. (Nihon Kenchikugakkai, 2008), GA Japan 150 (JAN-FEB/2018) Special Issue *Trending Architectural Exhibitions*: (A.D.A.EDITA Tokyo, 2018). Listed with timelines of the exhibitions. Mori Art Museum (MAM) held five exhibitions in 15 years including, *ARCHILAB: New Experiments in Architecture, Art and the City, 1950–2005* (2005), *Le Corbusier: Art and Architecture—A Life of Creativity* (2007), *Metabolism, The City of the Future: Dreams and Visions of Reconstruction in Postwar and Present-Day Japan* (2011), and *Foster+Partners: Architecture, Urbanism, Innovation* (2016).

2 Some of the installations exhibited in recent years include, *Space for Your Future*: (Museum of Contemporary Art Tokyo, 2007) involving Ishigami Junya and SANAA, and *Where is Architecture? 7 Installations*:(National Museum of Modern Art, Tokyo, 2010), featuring Atelier Bow-Wow and Naito Hiroshi.

3 At *Le Corbusier: Art and Architecture—A Life of Creativity* (2007), Le Corbusier's art studio, a unit of *Unité d'Habitation*, and his *House in Cap Martin* were recreated at full scale. For details, see *Le Corbusier Exhibition: Art and Architecture—A Life of Creativity Catalogue* (Archimedia, 2007). At *Metabolism, The City of the Future: Dreams and Visions of Reconstruction in Postwar and Present Day Japan* (2011), a unit of Kurokawa Kisho's *Nakagin Capsule Tower* was displayed after refurbishment. Since then, the capsule was donated to Saitama MoMA, and has become a part of the permanent exhibition.

4 Created by Institute of Technologists, the only institution offering a course in wood construction. Collaboration between 8 students of architecture and general mechanics, 7 temporary staff of carpentry and housing crafts, and 27 students, spent 10 months on research and construction.

5 Modeling was supervised by architect Noguchi Naoto, while the drawings were verified by Toyokawa Saikaku, Horikoshi Hidetsugu, and Uchida Michiko, daughter of Tange Kenzo. Construction, done in accordance with the original methods, was done by a non-profit organization, Odawara Nagaoka, using lumber from Odawara of 200–300 years old, leftover material from the refurbishment of temples and shrines. The "AR" was created by an interactive contents company, helo.

6 Number of modernist works, including Tange's *Kagawa Prefectural Government Office*, are still in use. For this exhibition, with the help of The Kagawa Museum, several prefecture-owned pieces of furniture were borrowed.

7 For example, Tokyo Photographic Art Museum's standard practice (formulated in 1989) prioritizes the collection of prints that help understand the photographic culture. The collection is further divided into photography, documents, equipment, and moving images. (https://topmuseum.jp/)

8 In 2007, a symposium was held by Tokyo University at the Architectural Institute of Japan regarding the archiving process. In the same year, JIA-KIT Architectural Archive, an entity that handles over 200,000 materials each year, was established through the collaboration of Kanazawa Institute of Technology and the Japan Institute of Architecture. In 2010 symposium, *The Present and the Future of Architectural Archives*, hosted by Tokyo University, Irena Murray (RIBA), head of architectural archive of Britain, pointed out the severity of the outflow of architectural records. An investigation was conducted by foreign museums during the MAM exhibition, *Metabolism, The City of the Future*, regarding this issue. Yamana Yoshiyuki, Suzuki Hiroyuki, and Yatsuka Hajime authored a literature: *Threatened Architectural Documents: Possibilities for the Establishment of the Archive*, in 2011. The Agency for Cultural Affairs, influenced by this movement, opened the National Archives of Modern Architecture in 2013. In 2014, the Research Committee on the History and Theory of Architecture receives a commission from the archive to conduct a nation-wide research on modern and contemporary works. Their accomplishments are listed in *The Present and Future of Modern and Contemporary Architectural Archives*: (Architectural Institute of Japan, 2014).

9 The design of the exhibition was carried out by architects Motogi Daisuke, Kudo Momoko, Kawakatsu Shinichi, and graphic designer Hoshizume So in collaboration with a team from MAM. The emphasis placed on comprehensive display of the vast collections and clear distinction between the nine sections. For example, tall walls (5.5m) were divided into three segments, upper portions were used for large projections, photographs, and the overview panels, mid-sections for core exhibits, and the lower for detailed explanations. Such system was implemented to organize and modulate the entire show.

10 The catalogue was edited with a help of architectural historian Fushimi Yui. Not an easy task developing the literatures when the exhibits were yet to be determined but was made possible through partnership with a professor of history at Waseda University, Koiwa Masaki, and his research staff. The commentaries were provided by collaborators of the projects, including researchers, architects, and critics who possess extensive knowledge regarding the relevant subjects.

11 Ken Tadashi Oshima: *Global Ends: Towards the Beginning*: TOTO, 2012.

12 Kurakata Shunsuke: *How Our Japan was Constructed*, *The Present and Future of Modern and Contemporary Architectural Archives*: Architectural Institute of Japan, 2014.

Insight

Multiple Interpretations of the Past in Regard to Architecture and Gardens
Exploring Modern Zen and Zen of the Middle Ages

Nomura Shunichi

Diverse Readings of the Past

In Japan, architects often create alluring designs modeled on the architecture and gardens of the past. Various methods of reckoning with history are reflected in the work of those who tangibly unravel traditional forms and spaces and modify them to their own design ideas; those who re-produce long-vanished historical works through research; or those who meticulously reference historical sources and incorporate past concepts into their design ideas. Adding to the readings of these creators aspiring toward better architecture, there are those of the sightseers, who discover the charm of architecture or gardens untold in textbooks. In fact, there are as many interpretations of the past as there are people.

There is no doubt that understanding the past both practically and pragmatically can inspire new creations. On the other hand, however, it is possible that interpretations of the past may be limited when applied to a certain utility or purpose. To illustrate, let us take a glance at the case surrounding *Zen* in architecture and gardens.

Modern Zen and Architecture and Gardens

Even abroad, we have repeatedly seen interpretations of the architecture and gardens of Japan. Among them, Zen architecture and gardens are highly regarded, and *kare-sansui*, or Japanese traditional rock gardens with white sand and large *tateishi* ("standing rocks" or upended boulders) have been adopted along with the stillness and simplicity signified by the term "Zen." Several landscape works overseas were inspired by kare-sansui including Isamu Noguchi's *Sunken Garden for Chase Manhattan Plaza* (New York, NY) with a rock garden motif, and Martha Schwarz's *Splice Garden* (Cambridge, MA), that incorporates plastic "plants" in a landscape stained in green—all of them abstracted landscapes mimicking rocks and sand.

On the topic of aesthetics, architects in the Modern era also alluded to Zen. German architect Bruno Taut discovered the eternal nature of Japanese beauty in the unadorned design of the *Katsura Imperial Villa*, and observed the influence of Zen on its origins.[1] Walter Gropius also recognized the simplicity and lack of waste in the lifestyle represented in the traditional Japanese house, recognizing the influence of Zen, and found commonality with the avoidance of classification and value of direct experience in Zen thought with the experimental ideas of Bauhaus.[2]

It is also said that upon the advice of his "friends of the International House of Japan"—in all likelihood Mayekawa Kunio, Sakakura Junzo and Yoshimura Junzo—with whom he became acquainted during his visit to Japan in 1954, Gropius studied the writings of Buddhist philosopher Suzuki Daisetz (otherwise known as D. T. Suzuki). In his *Zen and Japanese Culture* (New York: Pantheon Books, 1959), Suzuki's book originally published in English in 1940, he, finding a drawing method in the *sumi-e* ink-wash drawings, in which a landscape is depicted only on a corner of the painting in order to leave more margins, as well as adopting such keywords as *kozetsu* (an ascetic terms referring to aloneness or solitude), identified the transcendent aspects of Zen that are removed from form and custom. Written in English, the book stimulated the taste for the exotic in European and American intellectuals and fed the world a specific image of the rusticity and plainness of the Zen aesthetic.

Suzuki's writings were premised on the appeal for the originality and advantages of Japanese religion, particularly focusing on the abstractness and spiritual nature of Zen; and so, it can be stated that in the case of Gropius, the history of Zen was quoted in practical terms to secure the legitimacy of Bauhaus.

Certainly, this aesthetic aspect of Zen culture cannot be denied, nor can the fact that an abundance of new designs emerged from its influence. It should be noted, however, that the abstractions of Zen had been over-emphasized, and they had produced a one-sided image that worked against a holistic approach to Zen culture. What, then, was the other side of Zen? As an experiment, I would like to set aside those popular notions of Zen culture and focus attention upon the age in which Zen architecture and gardens became firmly established in Japan in order to reveal the beginnings of their influence and dissemination to the rest of the world. During that time, there were circumstances that have up until now been overlooked; in particular, the fabric of human relationships that facilitated the transmission of the new culture.

Zen *Sansui* Gardens and Poetry

One of the primary figures of Zen culture in Japan was Muso Soseki, a Buddhist monk (1275-1351) who was also a landscape gardener and calligrapher.[3] As representative of the Kitayama and Higashiyama cultures of Kyoto, the shogunate palaces of the Ashikaga Clan—*Muromachi-dono*; *Kitayama-dono* (presently *Rokuon-ji*) of the famed *Temple of the Golden Pavilion, Kinkaku-ji*; and *Higashiyama-dono of Ginkaku-ji* (officially *Jishō-ji*) of the famed *Temple of the Silver Pavilion*—subsequently had tremendous influence on the architecture of *Shoin-zukuri*, tea-ceremony rooms, and gardens. All of these examples, however, were modeled upon *Saihō-ji*, a major Buddhist temple that was a former imperial estate revived by Muso Soseki in 1339.

Even more noteworthy is *Zuisen-ji*, a Buddhist temple in Kamakura, built by Muso in 1327, twelve years prior to *Saihō-ji*. At the summit of the slight precipice, Muso built a tea arbor about which were composed over 130 poems on the theme of the temple's sansui, or abstracted "mountains and streams." These poems were eventually framed and hung in the arbor, which is in its current form thanks to its restoration by Tokugawa Mitsukuni in the early modern era. The accompanying garden was designed with a pond, and in addition to the view from the arbor overlooking Tsuru-ga-oka Hachiman-gū and Hase-dera, there was a magnificent view of Mt. Fuji and the hot springs of Hakone, quite a departure from the abstract Zen aesthetics of kare-sansui.

These poems were composed by the abbots of the Gozan Sorin (the "Five Mountains," or five leading Zen monasteries of Kamakura); monks from China and those who had returned from studies in China; a scholar from the Suzhou region of China who had arrived in Japan through Hakata; as well as famous Buddhist priests and scholars who had played a significant role in the flourishing of the Zen school. Approximately the first 30% of the framed 130 poems mentioned above were created by those figures.

Now then, just where and when did these ascetics and men of letters write their poetry? The above description may conjure the image of a large gathering of lyricists reciting poetry amongst elegant scenery, but in actuality, this was not the case. As far as the poems of known origin and era, each was written in a slightly different season; they are the poems of those who were drawn to poetry after Muso left *Zuisen-ji*; those who were studying in China at the time; those poets who emerged after the death of Muso; and those who had never even been to Kamakura, where *Zuisen-ji* was located. Add to this the fact that almost none of the rhymes are shared even in the poems that are written alongside one another. In other words, this large quantity of verse was not written at a single poetry gathering but were composed at different times and places by different people, and then later compiled as a single work.

The Operation of *Zuisen-ji*'s Sansui and its Chain of Implications

Could the compilation of this poetry have been happenstance? To illustrate, the poetry by the aforementioned Suzhou scholar was penned from Hakata in Kyushu, where he was living, in response to the direct request of the abbot of the Muso school of Rinzai Zen Buddhism; this, in fact, occurred 24 years after the death of Muso. Furthermore, other contributors were given a theme and sent in their poetry in the form of letters to the representative of *Zuisen-ji*. In other words, it is understood that collecting poetry was one of the operations of that temple. Temples at that time aspired to the ideal that the sansui gardens should be places where many gather, and so situations were arranged in support of this concept, both intentionally and virtually.

In such manner, large volumes of poems composed by high priests and scholars were written about the sansui of *Zuisen-ji*; beyond both time and space, a virtual social network was established that facilitated a communalization of the sansui surrounding the arbor of *Zuisen-ji*. It is a system that closely resembles the modern day SNS, in which each new frame of space-time garners a thread of comments. The chain of implications through this network then adds value to the sansui. Historically, the poetry-collecting business of *Zuisen-ji* appeared to be a success and developed into what some may even consider a branding strategy to increase the value of its sansui. Consequently, the steadfast efforts of the administration were apparent as the premise for the popularization of Zen style architecture and gardens.

Interestingly, the majority of poems that had been successively recited over the years were composed by obscure poets and had become somewhat formalized with regularized rhyme and word association. It is likely that this tendency emerged because an increasing number of unknown poets desired an affiliation with this sansui garden or its community, which had been branded by so many prominent lyricists. On the other hand, the trend to maintain a fixed format of using responding poems and/or palinodes could have been due to the teachings of contemporaneous Zen abbots who deemed it enlightening to use rhyme and word association while succeeding the meaning of the poetry; that approach, however, may seem a bit too earnest in light of the disparity with the Zen perspective that it was the act of composing poems freely without inhibition that lead one to the achievement of nirvana.

In any case, there is no doubt that the reputation of *Zuisen-ji* soared due to this large collection of poetry. Invariably, whenever Japanese culture is identified by an outsider's perspective—by a non-Japanese—I am immediately reminded of the similarities with the aforementioned instance of Gropius. This glimpse of the mutual desires of the administration of the sansui and its users is very real to us in the present age. It was a network of Zen clerics who established architectural works and gardens of another kind of "stillness" and "simplicity," and who endeavored to promote their organization.

Continuing to Multifariously Grasp the Past

This discussion introducing Zen architecture and gardens reveals the extent of my knowledge of the phenomenon unique from the Zen that has taken root in the contemporary age. As well, the events of the Middle Ages introduced herewith are an example of one of the most detailed descriptions of the past that an architectural historiographer is able to relay. There is much, much more to uncover underlying the architecture and gardens of Japan.

Regardless of whether one is an architect, landscape designer, architectural historian or restoration expert, the framework for identifying the past is multifarious depending on one's position or objective. However, in each case, nothing will emerge from a passive viewpoint wherein the past is considered fixed or privileged. Just as tea masters of the past skillfully acceded to their past culture and created afresh, it is crucial to use a productive critical approach regarding our ancestors. Before taking up the issue of the charms or insights of architecture or gardens at hand, each observer must begin to tell their story without the fear of misreading. Finally, in order to come closer to an asymptote-like status of truth and discover new horizons of architecture and gardens, one must also continue to ruminate over one's own readings together with the ancients. It is that very linkage that will become the stepping stone to a better future city or architecture in keeping with the past.[4]

Footnotes

1 Bruno Taut: *Eien Naru Mono*, from *Nippon no Kaoku to Seikatsu*: Ondori-sha, 1940.

2 Walter Gropius: *Shuchū-ka no Oshie*, from *Kōza Zen, Vol. 5 Zen to Bunka*: Chikumashobo, 1968.

3 Reconstructed based on the following academic research:
Nomura Shunichi: *Sansui no Seisei to Sono Shokūkan—Chūsei Zen-in niokeru Kyōchi to Shayū no Kōsatsu wo tooshite—: Kūkan Shigaku Sousho Vol.1 Konseki to Jojutsu*: Compiled by Kūkan Shigaku Kenkyūkai, Iwata-Shoin, 2013.
Nomura Shunichi: *Zen-in no Fukei to sono Eikyō-ryoku*, Academic research in *Higashi Ajia kaiiki ni Kogidasu 4, Higashi Ajia no Naka no Gozan Bunka*: The University of Tokyo Press, 2013.

4 Historical descriptions were referenced from a vast amount of sources, among which the following are most notable:
Manfredo Tafuri: *Theories and History of Architecture*: Icon, London, 1981.
Andrew Leach: *What is Architectural History?*: Polity, 2010.
Hayden White: *The Practical Past*: Northwestern University Press, 2014.

展示資料・作品リスト
List of Documents and Works

01 可能性としての木造
Possibilities of Wood

平等院鳳凰堂の組物
Kumimono of Byōdō-in Hō-ō-dō (eave-supporting bracketing complex of Byōdō-in Phoenix Hall)

部分模型
1904年頃
h1045× w963× d845
木
所蔵：東北大学大学院工学研究科 都市・建築学専攻

Partial Model
ca.1904
h1045 × w963 × d845
Wood
Collection: Department of Architecture and Building Science, School of Engineering, Tohoku University

木組
Kigumi

継手仕口
写真｜画像提供：公益財団法人 竹中大工道具館
追掛大栓（おっかけだいせん）継ぎ
台持継ぎ
京呂組（きょうろぐみ）
鼻栓
宮島継ぎ
襟輪留
腰掛鎌継ぎ
蟻落し
腰掛蟻継ぎ

Tsugite - shiguchi (traditional joint on a beam)
Photograph ｜ Courtesy: Takenaka Carpentry Tools Museum
Okkake-daisen-tsugi
Daimochi-tsugi
Kyōro-gumi
Hana-sen
Miyajima-tsugi
Eriwa-dome
Koshikake-kama-tsugi
Ari-otoshi
Koshikake-ari-tsugi

継手仕口模型 1：1
2018年
h670× w120× d120、φ272×980
木、アクリル、スチールパイプ
所蔵：三角屋
制作：三角屋
追掛大栓（おっかけだいせん）継ぎ
いすかしゃち継ぎ
箱栓
腰掛鎌継ぎ
大阪城大手門控柱継手
二枚ほぞの住吉

Tsugite - shiguchi Model 1:1
2018
h670 × w120 × d120, φ272 × 980
Wood, acrylic, steel pipe
Collection: Sankakuya
Production: Sankakuya
Okkake daisen-tsugi
Isukashachi-tsugi
Hako-sen
Koshikake-kama-tsugi
Osaka-jō Ōtemon Hikae-bashira-tsugite
Nimai-hozo-no-sumiyoshi

ミラノ国際博覧会 2015日本館　木組インフィニティ
KIGUMI INFINITY, Japan Pavilion, Expo Milano 2015

《木組インフィニティ》原寸再現
2018年
h5300× w10000× d1280
設計・制作期間：2017年9月～ 2018年4月
設計：北川原 温、松川真友子（北川原温建築都市研究所）、フェデリカ・ブルノーネ（ミラノ工科大学）
構造アドバイザー：金田充弘（東京藝術大学准教授）
組立：前田建設工業
紀州ヒノキ材 提供・加工：山長商店
コーディネーター：一般社団法人公共建築協会 次世代公共建築研究会 木造建築部会

KIGUMI INFINITY Full - size Reconstruction
2018
h5300 × w10000 × d1280
Design and construction period: September 2017 to April 2018
Design: Kitagawara Atsushi, Matsukawa Mayuko (Atsushi Kitagawara Architects Inc.), Federica Brunone (Politecnico di Milano)
Structural advisor: Kanada Mitsuhiro (Associate professor, Tokyo University of the Arts)
Construction: Maeda Corporation
Fabrication of Cypress Wood from Wakayama Prefecture: YAMACHO CO., Ltd.
Coordinator: Public Buildings Association, Advanced Public Building Group

《木組インフィニティ》制作記録
映像｜2分40秒
映像提供：北川原温建築都市研究所

KIGUMI INFINITY Making Process
Video ｜ 2min. 40sec.
Courtesy: Atsushi Kitagawara Architects

《木組インフィニティ》コンセプトから実現へ
映像｜3分30秒
撮影：大野繁、アレサンドロ・トンド、ジャコモ・ビアンキ
映像提供：北川原温建築都市研究所、ダヴィデ・デラ・クローチェ（ミラノ工科大学）、ガロッピーニ・レニャーミ

KIGUMI INFINITY From concept to construction
Video ｜ 3min. 30sec.
Production: Ohno Shigeru, Alessandro Tondo, Giacomo Bianchi
Courtesy: Atsushi Kitagawara Architects, Davide della Croche (Politecnico di Milano), Gallopini Legnami

URBAN BYOUBU：リユースプロジェクト
（イタリア、シチリア島　FARM Cultural Park）
2016年
映像｜2分4秒
撮影：ロサリオ・カステラーナ
映像提供：北川原温建築都市研究所

URBAN BYOUBU: The Reuse Project Conducted in FARM Cultural Park, Sicily, Italy
2016
Video ｜ 2min. 4sec.
Production: Rosario Castellana
Courtesy: Atsushi Kitagawara Architects

国際教養大学図書館
Akita International University Library

内観
写真｜画像提供：国際教養大学

Interior View
Photograph ｜ Courtesy: Akita International University

模型1：50
h300× w900× d1200
所蔵：環境デザイン研究所

Model 1:50
h300 × w900 × d1200
Collection: ENVIRONMENT DESIGN INSTITUTE

大工秘伝書
Secret Books of Carpentry Techniques

木割書『柏木家秘伝書』巻子 全五巻 御所様
1689年（江戸時代）
所蔵：公益財団法人竹中大工道具館

"Residence" in the series *Carpenter's Design Manual: Secret Books of Kashiwagi Family*
1689
Collection: Takenaka Carpentry Tools Museum

木割書『柏木家秘伝書』巻子 全五巻 神社之部
1689年（江戸時代）
所蔵：公益財団法人竹中大工道具館

"Shintō shrine" in the series *Carpenter's Design Manual: Secret Books of Kashiwagi Family*
1689
Collection: Takenaka Carpentry Tools Museum

木割書『柏木家秘伝書』巻子 全五巻 仏閣之部
1689年（江戸時代）
所蔵：公益財団法人竹中大工道具館

"Buddist temple" in the series *Carpenter's Design Manual: Secret Books of Kashiwagi Family*
1689
Collection: Takenaka Carpentry Tools Museum

木割書『柏木家秘伝書』巻子 全五巻 門之部
1689年（江戸時代）
所蔵：公益財団法人竹中大工道具館

"Gate" in the series *Carpenter's Design Manual: Secret Books of Kashiwagi Family*
1689
Collection: Takenaka Carpentry Tools Museum

木割書『柏木家秘伝書』巻子 全五巻 塔之部
1689年（江戸時代）
所蔵：公益財団法人竹中大工道具館

"Tower" in the series *Carpenter's Design Manual: Secret Books of Kashiwagi Family*
1689
Collection: Takenaka Carpentry Tools Museum

大工技術書『新編三雛形』全3冊 武家雛形
1658年（江戸時代）
所蔵：公益財団法人竹中大工道具館

"Samurai residence" in the series *Carpenter's Technical Manual: New Edition of Three Designs*
1658
Collection: Takenaka Carpentry Tools Museum

大工技術書『新編三雛形』全3冊 四十八棚十分一之地割
1658年（江戸時代）
所蔵：公益財団法人竹中大工道具館
"Illustration in 1:10 scale of 48 different shelves" in the series *Carpenter's Technical Manual: New Edition of Three Designs*
1658
Collection: Takenaka Carpentry Tools Museum

大工技術書『新編三雛形』全3冊 宮雛形
1658年（江戸時代）
所蔵：公益財団法人竹中大工道具館
"Shrine" in the series *Carpenter's Technical Manual: New Edition of Three Designs*
1658

規矩術書『規矩真術 軒廻図解』上下巻
1856年（江戸時代）
所蔵：公益財団法人竹中大工道具館
Carpenter's Stereotomy Manual *Kiku - Shinjutsu Nokimawari - Zukai* (calculation technique of dividing wood and illustration for curved eaves) First Volume and Second Volume
1856
Collection: Takenaka Carpentry Tools Museum

会津さざえ堂（旧正宗寺三匝堂）
Aizu Sazaedō (former Shōsō-ji Sansōdō)

模型 1:15
2005年
h1213× w1042× d1042
木
所蔵：福島県会津若松市一箕小学校
制作：福島県郡山高等技術専門学校（現 福島県立テクノアカデミー）
Model 1:15
2005
h1213 × w1042 × d1042
Wood
Collection: Ikki Elementary School, Aizu Wakamatsu, Fukushima
Production: Koriyama Technical College, Fukushima (currently Koriyama Technical Academy)

実測正面図
1965年
実測調査：日本大学理工学部建築学科 小林文次研究室
所蔵：日本大学理工学部建築学科
Measurement Survey Elevation
1965
Measurement survey: Department of Architecture, Nihon University College of Science and Technology Kobayashi Bunji Laboratory
Collection: Department of Architecture, Nihon University College of Science and Technology

実測断面図
1965年
実測調査：日本大学理工学部建築学科 小林文次研究室
所蔵：日本大学理工学部建築学科
Measurement Survey Section
1965
Measurement survey: Department of Architecture, Nihon University College of Science and Technology Kobayashi Bunji Laboratory
Collection: Department of Architecture, Nihon University College of Science and Technology

外観
ゼラチンシルバープリント
写真｜撮影：藤塚光政
Exterior View
Gelatin silver print
Photograph｜Photo: Fujitsuka Mitsumasa

東照宮 五重塔
Tōshōgū Gojū-no-tō (five-story pagoda)

断面図
1983年
資料提供：日光社寺文化財保存会
Section
1983
Courtesy: Association for the Preservation of the Nikko World Heritage Site Shrines and Temples

心柱 弾竹（はじきだけ）
写真｜画像提供：公益財団法人日光社寺文化財保存会
Central pillar bamboo spring
Photograph｜Courtesy: Association for the Preservation of the Nikko World Heritage Site Shrines and Temples

心柱 鉄鎖（てっさ）（吊金具）
写真｜画像提供：公益財団法人日光社寺文化財保存会
Central pillar iron chain (metal hook)
Photograph｜Courtesy: Association for the Preservation of the Nikko World Heritage Site Shrines and Temples

心柱 初重（しょじゅう）
写真｜画像提供：公益財団法人日光社寺文化財保存会
Central pillar
Photograph｜Courtesy: Association for the Preservation of the Nikko World Heritage Site Shrines and Temples

心柱 最下部と礎石
写真｜画像提供：公益財団法人日光社寺文化財保存会
Central pillar lowest part and foundation stone
Photograph｜Courtesy: Association for the Preservation of the Nikko World Heritage Site Shrines and Temples

東京スカイツリー
Tokyo Skytree

模型 1:500
2010年
h1300× w250× d250
3Dプリンター立体造形、樹脂
所蔵：日建設計
Model 1:500
2010
h1300 × w250 × d250
3D printer sculpture, resin
Collection: NIKKEN SEKKEI

架構CG
2011年
資料提供：日建設計
Structure Frame Computer Graphic Rendering
2011
Courtesy: NIKKEN SEKKEI

心柱制振断面
2011年
映像｜53秒（CG）
映像提供：日建設計
Section behavior of Shimbashira Seisin (the central pillar vibration control system)
2011
Video｜53sec. (CG)
Courtesy: NIKKEN SEKKEI

心柱制振平面
2011年
映像｜30秒（CG）
映像提供：日建設計

Plan behavior of Shimbashira Seisin (the central pillar vibration control system)
2011
Video｜30sec. (CG)
Courtesy: NIKKEN SEKKEI

嚴島神社 大鳥居
Itsukushima Shrine *Ōtorii*

外観
写真｜画像提供：嚴島神社
Exterior View
Photograph｜Courtesy: Itsukushima Shrine

ホテル東光園
Hotel Tōkōen

外観
1964年
写真｜撮影：新建築社写真部
画像提供：DAAS
Exterior View
1964
Photograph｜Photo: Shinkenchikusha
Courtesy: DAAS

組柱模型 1:20
2011年
h1455× w472× d450
コンクリート、竹ひご
所蔵：中央工学校
制作：中央工学校（小池華南子、津久井寛之、田野めぐみ、仲沢祐人、坊谷誠）
協力：長谷川彰、布施勝章
監修：寺岡豊博
Model of Framed Column 1:20
2011
h1455 × w472 × d450
Concrete, bamboo
Collection: Chuo College of Technolgy
Production: Chuo College of Technolgy (Koike Kanako, Tsukui Hiroyuki, Tano Megumi, Nakazawa Yuto, Boutani Makoto)
Support: Hasegawa Akira, Fuse Katsuaki
Supervision: Teraoka Toyohiro

模型 1:50
2011年
h729× w845× d632
木
所蔵：中央工学校
制作：中央工学校（元城淵、加納千夏、滝竜一、玉江直樹）
協力：渡邊友尚
監修：寺岡豊博
Model 1:50
2011
h729 × w845 × d632
Wood
Collection: Chuo College of Technolgy
Production: Chuo College of Technolgy (Won Sung Yeon, Kanou Chika, Sei Ryuichi, Tamae Naoki)
Support: Watanabe Tomonao
Supervision: Teraoka Toyohiro

古代出雲大社本殿
The Main Hall of the Ancient Izumo Shrine

復元模型 1:50
1983年
h1000× w2725× d520
制作：小山工業高等専門学校建築学科
所蔵：小山工業高等専門学校建築学科
復元案：福山敏男
Restoration Model 1:50
1983
h1000 × w2725 × d520
Production: Department of Architecture, Oyama College, National Institue of Technology
Collection: Department of Architecture, Oyama College, National Institue of Technology
Restoration plan: Fukuyama Toshio

復元CG
2018年
制作：後藤克典
復元案：福山敏男
Restoration Model CG
2018
Production: Goto Katsunori
Restoration plan: Fukuyama Toshio

金輪御造営差図（かなわごぞうえいさしず）
鎌倉時代－室町時代
所蔵：出雲国造　千家尊祐（出雲大社）
Kanawa (metal ring) construction specifications for the ancient Izumo Shrine
13th – 16th Century
Collection: Izumo Kokusou Senge Takamasa (Izumo Ōyashiro)

宇豆柱出土時の写真
2000年-2001年
画像提供：島根県立出雲歴史博物館
Photo documentation of Uzubashira (sacred pillars) excavation site
2000-2001
Courtesy: Shimane Museum of Ancient Izumo

ティンバライズ200
Timberize 200

《ティンバライズ200 - 2018》
2018年
ドローイング｜所蔵：東京大学生産技術研究所人間・社会系部門 木質構造学 腰原幹雄研究室
Timberize 200 - 2018
2018
Drawing｜Collection: Koshihara Laboratory, Institute of Industrial Science, University of Tokyo

《ティンバライズ200 - Traditional》
2018年
ドローイング｜所蔵：東京大学生産技術研究所人間・社会系部門 木質構造学 腰原幹雄研究室
撮影：淺川 敏
Timberize 200 - Traditional
2018
Drawing｜Collection: Koshihara Laboratory, Institute of Industrial Science, University of Tokyo
Photo: Asagawa Satoshi

模型 1:100
2018年
h2000× w1200× d1200
所蔵：東京大学生産技術研究所人間・社会系部門 木質構造学 腰原幹雄研究室
Model 1:100
2018
h2000 × w1200 × d1200
Collection: Koshihara Laboratory, Institute of Industrial Science, University of Tokyo

東大寺南大門
Tōdai-ji Nandai-mon (the Great Southern Gate of Tōdai-ji)

架構模型 1:50
1990年
h540× w400× d450
所蔵：池浩三
制作：中部大学建築学科 池浩三研究室
協力：西村孝一（西村孝一法律事務所）
Structural Model 1:50
1990
h540 × w400 × d450
Collection: Ike Kozo
Production: Chubu University Ike Kozo Laboratory
Support: Nishimura Koichi (Nishimura Koichi Law Office)

《東大寺南大門正面軒》
写真｜撮影：渡辺義雄
画像提供：日本写真家協会
Front eaves of Tōdai - ji Nandai - mon (the Great Southern Gate of Tōdai - ji)
Photograph｜Photo: Watanabe Yoshio
Courtesy: Japanese Professional Photographers Society

《東大寺南大門西南面》
写真｜撮影：渡辺義雄
画像提供：日本写真家協会
Southwest Side of Tōdai - ji Nandai - mon (the Great Southern Gate of Tōdai - ji)
Photograph｜Photo: Watanabe Yoshio
Courtesy: Japanese Professional Photographers Society

空中都市 渋谷計画
City in the Air: Shibuya Project

模型 1:200
1990年
h650× w2500× d1900
所蔵：公益財団法人福岡文化財団（大分市寄託）
Model 1:200
1990
h650 × w2500 × d1900
Collection: Fukuoka Cultural Foundation on deposit at city of Ōita

梼原 木橋ミュージアム
Yusuhara Wooden Bridge Museum

模型 1:50
2010年
h330× w860× d510
所蔵：隈研吾建築都市設計事務所
Model 1:50
2010
h330 × w860 × d510
Collection: KENGO KUMA & ASSOCIATES

スケッチ
2017年
所蔵：隈研吾建築都市設計事務所
Sketch
2017
Collection: KENGO KUMA & ASSOCIATES

外観
2010年
写真｜撮影：太田拓実
Exterior View
2010
Photograph｜Photo: Ota Takumi

02 超越する美学
Transcendent Aesthetics

伊勢神宮正殿
Ise Jingū Shō-den (The Ise Grand Shrine Central Hall)

模型 1:20
1943年頃
h650× w910× d730
木
所蔵：東北大学大学院工学研究科 都市・建築学専攻
Model 1:20
ca. 1943
h650 × w910 × d730
Wood
Collection: Department of Architecture and Building Science, School of Engineering, Tohoku University

《内宮正殿北面全景》
1953年
写真｜撮影：渡辺義雄
画像提供：日本写真家協会
North Side of Central Hall, Naikū (inner shrine of the Ise Grand Shrine)
1953
Photograph｜Photo: Watanabe Yoshio
Courtesy: Japanese Professional Photographers Society

《内宮正殿北面全景》
1993年
写真｜撮影：渡辺義雄
画像提供：日本写真家協会
North Side of Central Hall, Naikū (inner shrine of the Ise Grand Shrine)
1993
Photograph｜Photo: Watanabe Yoshio
Courtesy: Japanese Professional Photographers Society

鈴木大拙館
D. T. Suzuki Museum

模型 1:50
2014年
h300× w1400× d1250
アクリル
所蔵：金沢市
Model 1:50
2014
h300 × w1400 × d1250
Acrylic
Collection: City of Kanazawa

《思索空間を水鏡の庭から望む》
2011年
写真｜撮影：北嶋俊治
View of Shisaku - kūkan (contemplative wing) from Suikyō no Niwa (water mirror garden)
2011
Photograph｜Photo: Kitajima Toshiharu

鈴木大拙館
2014年
映像（スライドショー）｜1分38秒
撮影：金子俊男、北嶋俊治ほか
D. T. Suzuki Museum
2014
Video (slide show)｜1 min. 38sec.
Kaneko Toshio, Kitajima Toshiharu et.al.

孤篷庵 忘筌
Kohō-an Bōsen

内観
写真｜撮影：新建築社写真部
画像提供：DAAS

Interior View
Photograph｜Photo: Shinkenchikusha
Courtesy: DAAS

アトリエ・ビスクドール
Atelier-Bisque Doll

外観
2009年
写真｜撮影：上田宏
画像提供：UID

Exterior View
2009
Photograph｜Photo: Ueda Hiroshi
Courtesy: UID

内観
2009年
写真｜撮影：上田宏
画像提供：UID

Interior View
2009
Photograph｜Photo: Ueda Hiroshi
Courtesy: UID

佐川美術館 樂吉左衞門館
Sagawa Art Museum Raku Kichizaemon Building

模型 1：30
2015年
h300× w1200× d800
アクリル樹脂、木
個人蔵

Model 1:30
2015
h300 × w1200 × d800
Acrylic, wood
Private Collection

内観 エントランスロビー
写真｜撮影：畠山崇
画像提供：竹中工務店

Interior View of Entrance Lobby
Photograph｜Photo: Hatakeyama Takashi
Courtesy: TAKENAKA CORPORATION

内観 広間「俯仰軒」
写真｜撮影：畠山崇
画像提供：竹中工務店

Interior View of *hiro - ma* **(main room), Fugyō - ken**
Photograph｜Photo: Hatakeyama Takashi
Courtesy: TAKENAKA CORPORATION

《佐川美術館 樂吉左衞門館》
2018年
映像｜3分52秒
制作：竹中工務店
ディレクター、編集、撮影：田中英行
空撮：岡本高幸（関西空撮）
音楽：石田多朗

Sagawa Art Museum Raku Kichizaemon Building
2018
Video｜3min. 52sec.
Production: TAKENAKA CORPORATION
Director, Editor, Video: Tanaka Eikoh
Aerial Shoot: Okamoto Takayuki (Kansai Aerial Photography)
Music: Ishida Taro

---

03 安らかなる屋根
Roofs of Tranquility

家屋文鏡
Kaoku Monkyō (mirror with four buildings)

家屋文鏡
3-7世紀頃（古墳時代）／1881年（出土）
φ235

複製
発見地：奈良県佐味田宝塚古墳
所蔵：宮内庁書陵部

Kaoku Monkyo (mirror with four buildings)
ca. 3rd - 7th century / 1881 (Discovery)
φ235
Reproduction
Site: The Samita Takarazuka *kofun* (mounded tomb)
Collection: Archives and Mausolea Department, Imperial Household Agency

家形埴輪
Iegata Haniwa (terracotta clay house figures)

水の祭祀場を表わした埴輪
3-7世紀頃（古墳時代）
複製
所蔵：八尾市立歴史民俗資料館

Haniwa **(baked terracotta clay figures) Representing the Waterside Ritual Field**
ca. 3rd-7th century
Reproduction
Collection: History and Folklore Museum, Yao City

『日本の民家』
Japanese Folk Houses

山形県蔵王の妻破風の民家
1955年
写真｜撮影：二川幸夫

A Folk House with *Tsumahafu* **in Zao, Yamagata**
1955
Photograph｜Photo: Futagawa Yukio

『日本の民家 第1巻 陸羽・岩代』
文：伊藤ていじ
撮影：二川幸夫
発行：美術出版社
1958年
個人蔵

MINKA Japanese Folk Houses 1st volume Rikuu and Iwashiro
Text: Ito Teiji
Photo: Futagawa Yukio
Publisher: BIJUTSU SHUPPAN-SHA
1958
Private Collection

『日本の民家 第2巻 武蔵・両毛』
文：伊藤ていじ
撮影：二川幸夫
発行：美術出版社
1958年
個人蔵

MINKA Japanese Folk Houses 2nd volume Musashi and Ryomo
Text: Ito Teiji
Photo: Futagawa Yukio
Publisher: BIJUTSU SHUPPAN-SHA
1958
Private Collection

『日本の民家 第3巻 信州・甲州』
文：伊藤ていじ
撮影：二川幸夫
発行：美術出版社
1958年
個人蔵

MINKA Japanese Folk Houses 3rd volume Shinshu and Koshu
Text: Ito Teiji
Photo: Futagawa Yukio
Publisher: BIJUTSU SHUPPAN-SHA
1958
Private Collection

『日本の民家 第4巻 北陸路』
文：伊藤ていじ
撮影：二川幸夫
発行：美術出版社
1959年
個人蔵

MINKA Japanese Folk Houses 4th volume Hokurikuji
Text: Ito Teiji
Photo: Futagawa Yukio
Publisher: BIJUTSU SHUPPAN-SHA
1959

Private Collection

『日本の民家 第5巻 高山・白川』
文：伊藤ていじ
撮影：二川幸夫
発行：美術出版社
1958年
個人蔵

MINKA Japanese Folk Houses 5th volume Takayama and Shirakawa
Text: Ito Teiji
Photo: Futagawa Yukio
Publisher: BIJUTSU SHUPPAN-SHA
1958
Private Collection

『日本の民家 第6巻 京・山城』
文：伊藤ていじ
撮影：二川幸夫
発行：美術出版社
1959年
個人蔵

MINKA Japanese Folk Houses 6th volume Kyo and Yamashiro
Text: Ito Teiji
Photo: Futagawa Yukio
Publisher: BIJUTSU SHUPPAN-SHA
1959
Private Collection

『日本の民家 第7巻 大和・河内』
文：伊藤ていじ
撮影：二川幸夫
発行：美術出版社
1957年
個人蔵

MINKA Japanese Folk Houses 7th volume Yamato and Kawachi
Text: Ito Teiji
Photo: Futagawa Yukio
Publisher: BIJUTSU SHUPPAN-SHA
1957
Private Collection

『日本の民家 第8巻 山陽路』
文：伊藤ていじ
撮影：二川幸夫
発行：美術出版社
1958年
個人蔵

MINKA Japanese Folk Houses 8th volume Sanyouji
Text: Ito Teiji
Photo: Futagawa Yukio
Publisher: BIJUTSU SHUPPAN-SHA
1958
Private Collection

『日本の民家 第9巻 四国路』
文：伊藤ていじ
撮影：二川幸夫
発行：美術出版社
1958年
個人蔵

MINKA Japanese Folk Houses 9th volume Shikokuji
Text: Ito Teiji
Photo: Futagawa Yukio
Publisher: BIJUTSU SHUPPAN-SHA
1958
Private Collection

『日本の民家 第10巻 西海路』
文：伊藤ていじ
撮影：二川幸夫
発行：美術出版社
1959年
個人蔵

MINKA Japanese Folk Houses 10th volume Saikaiji
Text: Ito Teiji
Photo: Futagawa Yukio
Publisher: BIJUTSU SHUPPAN-SHA
1959
Private Collection

直島ホール
NAOSHIMA HALL

外観
2015年
写真｜撮影：小川重雄
Exterior View
2015
Photograph｜Photo: Ogawa Shigeo

風洞実験模型 1：100
2013年
h2600× w2400× d1600
所蔵：公益財団法人 福武財団
Wind Tunnel Experiment Model 1:100
2013
h2600 × w2400 × d1600
Collection: Fukutake Foundation

風洞実験模型屋根パーツ 1：100
2013年
所蔵：三分一博志建築設計事務所
Wind Tunnel Experiment Model Items 1:100
2013
Collection: Sambuichi Architects

《直島ホール》
2015年
映像｜3分24秒
映像提供：三分一博志建築設計事務所
NAOSHIMA HALL
2015
Video｜3min. 24sec.
Courtesy: Sambuichi Architects

風と水のコクピット：直島ホール風と水の模型実験（scale：1/6）
2016年
映像｜3分29秒
映像提供：三分一博志建築設計事務所
Cockpit for Wind and Water: NAOSHIMA HALL Experiment Models for Wind and Water (scale: 1/6)
2016
Video｜3min. 29sec.
Courtesy: Sambuichi Architects

洛中洛外図
Rakuchūrakugai-zu (painted scenes in and around Kyoto)

年中行事絵巻と洛中洛外図にみる屋根の変遷
映像（スライドショー）｜28秒
画像提供：京都大学文学部、国立歴史民俗博物館、福岡市博物館、東京国立博物館
Changes in representation of roofs in *nenjūgyoji - emaki* and *rakuchūrakugai - zu*
Video (slide show)｜28sec.
Courtesy: Faculty of Letters, Kyoto University, National Museum of Japan History, Fukuoka City Museum and Tokyo National Museum

《年中行事絵巻 第七巻》（12世紀後半）模本（部分）
18世紀
所蔵：京都大学附属図書館
Reproduction of Picture Scrolls of Annual Functions Vol.1 (12th century) detail
18th century
Collection: Kyoto University Library

《洛中洛外図屏風》（歴博甲本）部分
室町時代（16世紀）
所蔵：国立歴史民俗博物館
Scenes in and around Kyoto (Reikhaku A version) detail
Muromachi Period (16th century)
Collection: National Museum of Japanese History

《洛中洛外図屏風》（部分）
狩野孝信
桃山時代（17世紀）
所蔵：福岡市博物館
画像提供：TNM Image Archives
Scenes in and around Kyoto
Kano Takanobu
Momoyama period (17th century)
Collection: Fukuoka City Museum

Courtesy: TNM Image Archives

《洛中洛外図屏風》（舟木本）部分
岩佐又兵衛
江戸時代前期（17世紀）
所蔵：東京国立博物館
画像提供：TNM Image Archives
Scenes in and around Kyoto (Funaki version) detail
Iwasa Matabei
Early Edo Period (17th century)
Collection: Tokyo National Museum
Courtesy: TNM Image Archives

佳水園
Kasuien

鳥瞰
1959年
写真｜撮影：市川靖史
Birds - eye View
1959
Photograph｜Photo: Ichikawa Yasushi

模型 1：100
2006年
h528× w840× d530
制作：大谷文男
所蔵：京都工芸繊維大学美術工芸資料館
Model 1:100
2006
h528 × w840 × d530
Production: Otani Fumio
Collection: Kyoto Institute of Technology Museum and Archives

立面検討スケッチ
所蔵：京都工芸繊維大学美術工芸資料館
Elevation Study Sketch
Collection: Kyoto Institute of Technology Museum and Archives

京都の集合住宅
Kyoto Apartments (NISHINOYAMA HOUSE)

《住人の記録写真》
2014年
写真｜撮影：アルノ・ロドリゲス
Photo Documentary of Residents
2014
Photograph｜Photo: Arnaud Rodriguez

模型 1：20
2014年
h300× w2500× d1500
所蔵：SANAA
Model 1:20
2014
h300 × w2500 × d1500
Collection: SANAA

《Nishinoyama House by Kazuyo Sejima》
2014年
映像｜8分01秒
撮影：クリスチャン・メルリオ
協力：株式会社長谷ビル
Nishinoyama House by Kazuyo Sejima
2014
Video｜8min. 01sec.
Video: Christian Merlhiot
Support: Hase Building Company

荘銀タクト鶴岡（鶴岡市文化会館）
SHOGIN TACT TSURUOKA (Tsuruoka Cultural Hall)

模型 1：50
2017年
h600× w2600× d2600
所蔵：SANAA
Model 1:50
2017
h600 × w2600 × d2600
Collection: SANAA

外観
2017年
写真｜撮影：新建築社写真部

Exterior View
2017
Photograph｜Photo: Shinkenchikusha

荘銀タクト鶴岡（鶴岡市文化会館）
2018年
映像｜4分00秒
撮影：鈴木久雄
SHOGIN TACT TSURUOKA (Tsuruoka City Cultural Hall)
2018
Video｜4 min. 00 sec.
Video: Suzuki Hisao

東京オリンピック国立屋内総合競技場
National Gymnasium for the Tokyo Olympic Games

国立代々木競技場 第一体育館
2013年
写真｜撮影：ホンマタカシ
First Gymnasium, National Gymnasium for the Tokyo Olympic
2013
Photographs｜Photo: Homma Takashi

国立代々木競技場
2016年
写真｜撮影：ホンマタカシ
National Gymnasium for the Tokyo Olympic
2016
Photograph｜Photo: Homma Takashi

牧野富太郎記念館
Makino Museum of Plants and People

外観
1999年
写真｜撮影：石元泰博
所蔵：内藤廣建築設計事務所
Exterior View
1999
Photographs｜Photo: Ishimoto Yasuhiro
Collection: Naito Architect & Associates

内観
1999年
写真｜撮影：石元泰博
所蔵：内藤廣建築設計事務所
Interior View
1999
Photographs｜Photo: Ishimoto Yasuhiro
Collection: Naito Architect & Associates

模型 1：100
1999年
h330× w2390× d1011
所蔵：内藤廣建築設計事務所
Model 1:100
1999
h330 × w2390 × d1011
Collection: Naito Architect & Associates

展示棟平面詳細図
1999年
資料提供：内藤廣建築設計事務所
Detail Plan, Exhibition Building
1999
Courtesy: Naito Architect & Associates

日本武道館
Nippon Budōkan

外観
写真｜撮影：山田新治郎
Exterior View
Photograph｜Photo: Yamada Shinjiro

模型 1：400
1964年
h280× w700× d540
所蔵：公益財団法人日本武道館
Model 1:400
1964
h280 × w700 × d540
Collection: Nippon Budokan Foundation

List of Documents and Works

平面図
1958年
資料提供：山田守建築事務所
Plan
1958
Courtesy: Mamoru Yamada Architects, Engineers & Consultants

04 建築としての工芸
Crafts as Architecture

日生劇場
Nissay Theatre

内観
1963年
写真｜撮影：市川靖史
Interior View
1963
Photograph ｜ Photo: Ichikawa Yasushi

断面図
1963年
所蔵：京都工芸繊維大学美術工芸資料館
Section
1963
Collection: Kyoto Institute of Technology Museum and Archive

ホール天井 石膏スタディ模型 1:50
h150× w630× d600
所蔵：MURANO design
Hall Ceiling Plaster Study Model 1:50
h150 × w630 × d600
Collection: MURANO Design

スケッチ ホール天井
所蔵：MURANO design
Sketch for Hall Ceiling
Collection: MURANO Design

竣工時パンフレット
個人蔵
Pamphlet from the Grand Opening
Private Collection

日生劇場の模型を製作する村野藤吾
映像（スライドショー）｜1分10秒
画像提供：MURANO design
Murano Togo Working on the Model for Nissay Theatre
Video (slideshow) ｜ 1min. 10sec.
Courtesy: MURANO design

ロイヤルホテル メインラウンジ
Main Lounge, Royal Hotel

ロイヤルホテル（現 リーガロイヤルホテル）
竣工時メインラウンジ
1973年
写真｜画像提供：竹中工務店
Main Lounge, Royal Hotel (current RIHGA Royal Hotel)
1973
Photograph ｜ Courtesy: TAKENAKA CORPORATION

ロイヤルホテル（現リーガロイヤルホテル）
メインラウンジスケッチ
1972年
所蔵：多田善波研究所
Sketch for Main Lounge, Royal Hotel (current RIHGA Royal Hotel)
1972
Collection: Minami Tada Associates

竣工時パンフレット
1973年
所蔵：ロイヤルホテル
Pamphlet at the Occasion of the Completion of Construction
1973
Collection: Royal Hotel

日本万国博覧会 東芝IHI館
Toshiba IHI Pavilion, Expo '70 Osaka

テトラユニット部分模型 1:5
1996年
h2600× w2500× d2700
所蔵：森アートコレクション
Partial Model of Tetra Unit 1:5
1996
h2600 × w2500 × d2700
Collection: Mori Art Collection, Tokyo

平面図
所蔵：森アートコレクション
Plan
Collection: Mori Art Collection

断面図
所蔵：森アートコレクション
Section
Collection: Mori Art Collection

外観
写真｜撮影：新建築社写真部
画像提供：DAAS
Exterior View
Photograph ｜ Photo: Shinkenchikusha
Courtesy: DAAS

ハノーバー国際博覧会 日本館
Japan Pavilion, Expo 2000, Hannover

模型 1:100
2000年
h180× w1030× d500
所蔵：坂茂建築設計
Model 1:100
2000
h180 × w1030 × d500
Collection: Shigeru Ban Architects

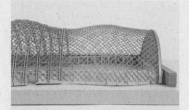

外観
2000年
写真｜撮影：平井広行
Exterior View
2000
Photograph ｜ Photo: Hirai Hiroyuki

内観
2000年
写真｜撮影：平井広行
Interior View
2000
Photograph ｜ Photo: Hirai Hiroyuki

ルイ・ヴィトン松屋銀座
LOUIS VUITTON MATSUYA GINZA

外観
2013年
写真｜撮影：阿野太一
Exterior View
2013
Photograph ｜ Photo: Ano Daici

スケッチが描かれたキャンパスノートブック no.101
2011年
所蔵：青木淳建築計画事務所
Campus Notebook with Sketches, no.101
2011
Collection: Jun Aoki & Associates

スケッチが描かれたキャンパスノートブック no.102
2012年
所蔵：青木淳建築計画事務所
Campus Notebook with Sketches, no.102
2012
Collection: Jun Aoki & Associates

外壁パネル プロトタイプ
2012年
所蔵：青木淳建築計画事務所
Prototype for Exterior Wall Panel
2012
Collection: Jun Aoki & Associates

外壁パネル プロトタイプ
2013年
映像｜1分32秒
映像提供：青木淳建築計画事務所
Prototype for Exterior Wall Panel
2013
Video ｜ 1min. 32sec.

ブルーノ・タウトの工芸
Bruno Taut's Crafts

『画帖 桂離宮』
著者：ブルーノ・タウト
1981年
所蔵：少林山達磨寺
Gachō Katsura Rikyu (sketchbook Katsura Imperial Villa)
Author: Bruno Taut
1981
Collection: Shorinzan Darumaji

『Fundamentals of Japanese Architecture』
著者：ブルーノ・タウト
1937年
所蔵：少林山達磨寺
Fundamentals of Japanese Architecture
Author: Bruno Taut
1937
Collection: Shōrinzan Darumaji

『日本文化私観』
著者：ブルーノ・タウト
発行：明治書房
1937年（第二版）
所蔵：少林山達磨寺
Nihonbunkashikan (my manifesto for Japanese culture)
Author: Bruno Taut
Publisher: Meijishobo
1937 (2nd Edition)
Collection: Shorinzan Darumaji

『ニッポン』
著者：ブルーノ・タウト
1938年
所蔵：少林山達磨寺
Nippon
Author: Bruno Taut
1938
Collection: Shorinzan Darumaji

『Grundlinien der Architektur Japans』
著者：ブルーノ・タウト
発行：国際文化振興会
1936年
所蔵：文化庁国立近現代建築資料館
Grundlinien der Architektur Japans
Author: Bruno Taut
Publisher: KOKUSAI BUNKA SHINKOKAI
1936
Collection: The National Archives of Modern Architecture, Japan

行燈
h937× w348× d348
所蔵：熱海市教育委員会
Lantern
h937 × w348 × d348
Collection: Department of Education, City of Atami

ライトスタンド
画像提供：産業技術研究所

Light Stand
Courtesy: National Institute of Advance Industrial Science

竹製ライトスタンド
h550 × w430 × d430
所蔵：少林山達磨寺
Bamboo Lamp Stand
Collection: Shorinzan Darumaji

旧日向家熱海別邸地下室
Basement of the former Villa Hyuga, Atami

旧日向家熱海別邸地下室
2018年
映像（スライドショー）｜3分2秒
撮影：来田猛
Basement of the Former Hyuga Villa, Atami
2018
Video (slideshow) ｜ 3min. 2sec.
Photo: Koroda Takeru

湧雲の望楼
Wakigumo no Bōrō

外観
写真｜画像提供：羽深隆雄・梅工房設計事務所
Exterior View
Photograph ｜ Courtesy: Takao Habuka & S.E.N. Architect Associates

---

内観
写真｜画像提供：羽深隆雄・梅工房設計事務所
Interior View
Photographs ｜ Courtesy: Takao Habuka & S.E.N. Architect Associates

---

《ザ・くさび》で組まれた欅材の天井架構
写真｜画像提供：羽深隆雄・梅工房設計事務所
Ceiling Wedge constructed with The Kusabi
Photograph ｜ Courtesy: Takao Habuka & S.E.N. Architect Associates

---

玄関大扉引手の試作
1980年代
鉄（鍛造蜜蝋仕上）
制作：倉田光太郎
所蔵：羽深隆雄・梅工房設計事務所
Door Knob (mockup)
1980s
Steel
Production: Kurata Kotaro
Collection: Takao Habuka & S.E.N. Architect Associates

仕口追締金物《ザ・くさび》模型1：1
2018年
h420× w750× d750
所蔵：羽深隆雄・梅工房設計事務所
The Kusabi Model 1:1
2018
h420 × w750 × d750
Collection: Takao Habuka & S.E.N. Architect Associates

詳細図 障子引違
2008年
所蔵：羽深隆雄・梅工房設計事務所
Detail of *shōji - hikichigai* (Japanese sliding doors that have two or more translucent screens)
2008
Collection: Takao Habuka & S.E.N. Architect Associates

詳細図 建具桟
2008年
所蔵：羽深隆雄・梅工房設計事務所
Detail of *tategu - zan* (parallel crosspieces used to frame doors)
2008
Collection: Takao Habuka & S.E.N. Architect Associates

待庵
Tai-an

《待庵》原寸再現
2018年
制作：ものつくり大学

教員：岡田公彦（准教授）、大竹由夏（助教）、三原斉（教授）、町田清之（教務職員）、市川茂樹（教授）、西直美（教授）、松本宏行（教授）、武雄靖（教授）
非常勤講師：小林靖史（棟梁、有限会社 コバヤシ）、飯島勇（インテリア イイジマ）、榎本栄治（榎本木工所）、金澤萌（marumo工房）、鈴木光（鈴木建塗工業株式会社）、永島義教（金属作家）
技能工芸学部 建設学科生：安藤大祐、魚住涼音、大川結花、大木貴博、小倉華純、柏原一輝、亀田安梨沙、木村光明、久保田竜玄、黒澤明紘、小林弘道、齊藤真子、西東愛実、齋藤壮弘、坂田優季、佐藤香里、島本裕美子、鈴木寅矢、高岡栞奈、高橋就宗、高橋立、竹田弥生、中村竜清、兵頭冬း
技能工芸学部 総合機械学科生：小林正晴、小林幹、斎藤解、笹岡実則、佐藤駿樹、佐藤弘人、清水輝幸、鈴木士隆、成田壮一、西村開、八戸航平、松島伸高、松本凌、吉澤佑規
協力：有限会社 コバヤシ（北野政行、森江大樹）、清勢表具店（清勢英治）、キャピタルペイント（長澤良一）
***Tai - an* Fullsize Reconstruction**
2018
Production: Institute of Technologists
Lecture: Okada Kimihiko (Associate Prof.), Otake Yuka (Assistant Prof.), Mihara Hitoshi (Prof.), Machida Kiyoyuki (Teaching Associate), Ichikawa Shigeki (Prof.), Nishi Naomi (Prof.), Matsumoto Hiroyuki (Prof.), Takeo Yasushi (Prof.)
Part-time Lecturers: Kobayashi Yasushi (Tōryō, Kobayashi Limited Company), Iijima Isao (INTERIOR IIJIMA), Enomoto Eiji (Enomoto Mokkojyo), Kanazawa Moe (marumo koubou), Suzuki Ko (Suzuki Kento Kougyo), Nagashima Yoshinori (Metal Art Creator)
Department of Building Technologists Students: Ando Daisuke, Uozumi Suzune, Okawa Yuika, Ohki Takahiro, Ogura Kasumi, Kashihara Kazuki, Kameda Arisa, Kimura Koumei, Kubota Ryugen, Kurosawa Akihiro, Kobayashi Hiromichi, Saito Mako, Saito Manami, Saito Masahiro, Sakata Yuki, Sato Kaori, Shimamoto Yumiko, Suzuki Tomoya, Takaoka Kanna, Takahashi Yukimune, Takahashi Ryu, Takeda Yayoi, Nakamura Ryusei, Hyodo Toui
Department of Mechanical and Production Engineering Students: Kobayashi Masaharu, Kobayashi Motoki, Saito Kai, Sasaoka Minori, Sato Toshiki ,Sato Hiroto, Shimizu Teruyuki, Suzuki Noritaka, Narita Soichi, Nishimura Kai, Hatinohe Kouhei, Matsushima Nobutaka, Matsumoto Rio, Yoshizawa Yuki
Support: Kobayashi Limited Company (Kitano Masayuki, Morie Taiki),Kiyose Hyogu Ten (Kiyose Eiji), Capitalpaint (Nagasawa Ryoichi)

《無字》（複製）
白隠慧鶴
所蔵：久松真一記念館
***Mu* (Reproduction)**
Hakuin Ekaku
Collection: Hisamatsu Shinichi Memorial Museum

《妙喜庵待庵茶席床の間 洞床荒壁仕上げ》
1974年
写真｜撮影：土門拳
所蔵：土門拳記念館
Alcove in the Tai - an Teahouse, Myōki - an
1974
Photograph ｜. Photo: Domon Ken
Collection: Ken Domon Museum of Photography

《妙喜庵待庵茶席躙口》
1974年
写真｜撮影：土門拳
所蔵：土門拳記念館
Half - size Doorway (nijiri - guchi) of the Tai - an Teahouse, Myōki - an
1974
Photograph ｜ Photo: Domon Ken
Collection: Ken Domon Museum of Photography

幻庵からアンモナイト美術館へ
From Gen-an to the Ammonite Museum

幻庵 図面
所蔵：スタジオ GAYA
Gen - an Drawing
Collection: Studio GAYA

幻庵 スケッチ
所蔵：スタジオ GAYA

Gen - an Sketch
Collection: Studio GAYA

幻庵 アクソノメトリック
ポスター
所蔵：スタジオ GAYA
Gen - an Axonometric
Poster
Collection: Studio GAYA

幻庵 模型 1：30
h215× w240× d500
所蔵：スタジオ GAYA
Gen - an Model 1:30
h215 × w240 × d500
Collection: Studio GAYA

アンモナイトミュージアム ドローイング
2018年
h1998× w2277
所蔵：スタジオ GAYA
Drawing for Ammonite Museum
2018
h1998 × w2277
Collection: Studio GAYA

外観
写真｜撮影：大橋富夫
Exterior View
Photograph ｜ Photo: Ohashi Tomio

内観
写真｜撮影：大橋富夫
Interior View
Photograph ｜ Photo: Ohashi Tomio

蟻鱒鳶ル
Arimasuton Buiding

コンクリートオブジェ
φ550×1200、φ200×1000
所蔵：岡啓輔
Concrete Object
φ550 × 1200、φ200 × 1000
Collection: Oka Keisuke

型枠
提供：岡啓輔
Formwork
Courtesy: Oka Keisuke

外観
写真｜撮影：本多晃子
Exterior View
Photograph ｜ Photo: Honda Akiko

《蟻鱒鳶ル ドキュメンタリー》
映像｜15分12秒
制作：久保田誠
Documentary of Arimasuton Building
Video ｜ 15min. 12sec.
Production: Kubota Makoto

---

05 連なる空間
Linked Spaces

『過去の構成』と『現代の構成』
Composition of the Past and Composition of the Present

『過去の構成』（改訂版）
著者：岸田日出刀
出版：相模書房
1951年
所蔵：文化庁国立近代建築資料館
Kako no Kosei (composition of the past) revised edition
Author: Kishida Hideto
Publisher: Sagami Shobo
1951
Collection: The National Archives of Modern Architecture, Japan

『過去の構成』(初版本)
著者：岸田日出刀
出版：相模書房
1929年
個人蔵
Kako no Kosei (composition of the past) First Edition
Author: Kishida Hideto
Publisher: Sagami Shobō
1929
Private Collection

『過去の構成』(改訂版)
著者：岸田日出刀
出版：相模書房
1951年
個人蔵
Kako no Kosei (composition of the past) revised edition
Author: Kishida Hideto
Publisher: Sagami Shobō
1951
Private Collection

『現代の構成』(初版本)
著者：岸田日出刀
出版：構成社書房
1930年
個人蔵
Gendai no Kosei (composition of the present) First Edition
Author: Kishida Hideto
Publisher: Sagami Shobō
1930
Private Collection

『京都御所』(初版本)
著者：岸田日出刀
出版：相模書房
1954年
所蔵：文化庁国立近現代建築資料館
Kyoto Imperial Palace (First Eidition)
Author: Kishida Hideto
Publisher: Sagami Shobō
1954
Collection: The National Archives of Modern Architecture, Japan

『京都御所』(初版本)
著者：岸田日出刀
出版：相模書房
1954年
個人蔵
Kyoto Imperial Palace (First Eidition)
Author: Kishida Hideto
Publisher: Sagami Shobō
1954
Private Collection

『現代の構成』掲載写真
1930年頃
撮影：岸田日出刀
所蔵：金沢工業大学建築アーカイヴス研究所
Photographs from *Gendai no Kosei*
ca.1930
Photo: Kishida Hideto
Collection: Research Institute for Architectural Archives, Kanazawa Institute of Technology

『京都御所』掲載写真
1930年頃
撮影：岸田日出刀
所蔵：金沢工業大学建築アーカイヴス研究所
Photographs from *Kyoto Imperial Palace*
ca.1930
Photo: Kishida Hideto
Collection: Research Institute for Architectural Archives, Kanazawa Institute of Technology

石元泰博と桂離宮
Ishimoto Yasuhiro and Katsura Imperial Villa

『桂 日本建築における傳統と創造』
著者：ワルター・グロピウス、丹下健三、石元泰博
出版：造形社
1960年
撮影：石元泰博

個人蔵
Katsura: Nihon Kenchiku ni okeru Dento (Tradition in Japanese Architecture)
Author: Walter Gropius, Tange Kenzo, Ishimoto Yasuhiro
Publisher: ZOKEISHA
1960
Photo: Ishimoto Yasuhiro
Private Collection

『桂 日本建築における傳統と創造』
著者：ワルター・グロピウス、丹下健三、石元泰博
出版：中央公論社
1971年
撮影：石元泰博
個人蔵
Katsura Tradition and Creation in Japanese Architecture
Author: Walter Gropius, Tange Kenzo, Ishimoto Yasuhiro
Publisher: CHUOKORONSHA
1971
Photo: Ishimoto Yasuhiro
Private Collection

『桂離宮 空間と形』
1991年（第二刷）
発行：岩波書店
撮影：石元泰博
解説：磯崎新、熊倉功夫、佐藤理
個人蔵
Katsura Rikyu: Kukan to Katachi (Katsura Imperial Villa: Space and Shape)
1991
Publisher: Iwanamishotens
Photo: Ishimoto Yasuhiro
Comment: Isozaki Arata, Kumakura Isao, Sato Osamu
Private Collection

『桂離宮』
2010年（初版）
発行：六耀社
撮影：石元泰博
個人蔵
Katsura Rikyu (Katsura Imperial Villa)
2010 (First Edition)
Publisher: RIKUYOSHA
Photo: Ishimoto Yasuhiro
Private Collection

『桂』
ポートフォリオ
1996年
出版：CCA（カナディアン センター フォー アーキテクチャー）
書：勅使河原宏
撮影：石元泰博
文：磯崎新
所蔵：高知県立美術館
© 高知県、石元泰博フォトセンター
Katsura
Portfolio
1996
Publisher: CCA (Canadian Center for Architecture)
Calligraphy: Teshigawara Hiroshi
Photo: Ishimoto Yasuhiro
Text: Isozaki Arata
Collection: The Museum of Art, Kochi
©Kochi Prefecture, Ishimoto Yasuhiro Photo Center

《桂離宮 中書院東庭から楽器の間ごしに新御殿を望む》(『桂』ポートフォリオ 1996年／印刷 1996年)
1981年 -1982年
写真｜ダイトランスファープリント
撮影：石元泰博
所蔵：高知県立美術館
© 高知県、石元泰博フォトセンター
Middle Hoin, right and the New Goten, left, veiwed from the east; Broad Veranda of the Museic Suite in the middle
1981-1982
Photograph｜Photo: Ishimoto Yasuhiro
Collection: The Museum of Art, Kochi
©Kochi Prefecture, Ishimoto Yasuhiro Photo Center

《古書院縁座敷から南西方の室内を望む》(『桂』ポートフォリオ 1996年／印刷 1996年)
1981年 -1982年
写真｜ダイトランスファープリント
撮影：石元泰博
所蔵：高知県立美術館
© 高知県、石元泰博フォトセンター
Rooms of the Old Shoin, viewed from the east; the Second Room in the middle; beyond, the Main Room, left, and the Spear Room, right
1981-1982
Photograph｜Photo: Ishimoto Yasuhiro
Collection: The Museum of Art, Kochi
©Kochi Prefecture, Ishimoto Yasuhiro Photo Center

《伝い廊下南から南西方の室内を望む》(『桂』ポートフォリオ 1996年／印刷 1996年)
1981年 -1982年
写真｜ダイトランスファープリント
撮影：石元泰博
所蔵：高知県立美術館
© 高知県、石元泰博フォトセンター
Liaison Corridor connecting the Old Shoin with the New Goten, viewed from the south
1981-1982
Photograph｜Photo: Ishimoto Yasuhiro
Collection: The Museum of Art, Kochi
©Kochi Prefecture, Ishimoto Yasuhiro Photo Center

《中書院一の間および二の間南面》(『桂』ポートフォリオ 1996年／印刷 1996年)
1981年 -1982年
写真｜ダイトランスファープリント
撮影：石元泰博
所蔵：高知県立美術館
© 高知県、石元泰博フォトセンター
Second Room left and the Main Room, right, of the Middle Shoin, viewed from the northeast
1981-1982
Photograph｜Photo: Ishimoto Yasuhiro
Collection: The Museum of Art, Kochi
©Kochi Prefecture, Ishimoto Yasuhiro Photo Center

《楽器の間三畳室北面》(『桂』ポートフォリオ 1996年／印刷 1996年)
1981年 -1982年
写真｜ダイトランスファープリント
撮影：石元泰博
所蔵：高知県立美術館
© 高知県、石元泰博フォトセンター
Three - mat Room of the Music Suite, viewed from the southeast
1981-1982
Photograph｜Photo: Ishimoto Yasuhiro
Collection: The Museum of Art, Kochi
©Kochi Prefecture, Ishimoto Yasuhiro Photo Center

《楽器の間広縁北面・棚》(『桂』ポートフォリオ 1996年／印刷 1996年)
1981年 -1982年
写真｜ダイトランスファープリント
撮影：石元泰博
所蔵：高知県立美術館
© 高知県、石元泰博フォトセンター
Shelf of the Broad Veranda of the Music Suite, viewed from the south
1981-1982
Photograph｜Photo: Ishimoto Yasuhiro
Collection: The Museum of Art, Kochi
©Kochi Prefecture, Ishimoto Yasuhiro Photo Center

《松琴亭茶室外観車面・躙口》(『桂』ポートフォリオ 1996年／印刷 1996年)
1981年 -1982年
写真｜ダイトランスファープリント
撮影：石元泰博
所蔵：高知県立美術館
© 高知県、石元泰博フォトセンター
Kneeling Entrance, the Tea Room of the Shokintei Pavilion, viewed from the northeast
1981-1982
Photograph｜Photo: Ishimoto Yasuhiro
Collection: The Museum of Art, Kochi
©Kochi Prefecture, Ishimoto Yasuhiro Photo Center

《松琴亭一の間南面》(『桂』ポートフォリオ 1996年／印刷 1996年)
1981年-1982年
写真｜ダイトランスファープリント
撮影：石元泰博
所蔵：高知県立美術館
© 高知県，石元泰博フォトセンター
Tokonoma in the Main Room of the Shokintei Pavilion, viewed from the northwest
1981-1982
Photograph | Photo: Ishimoto Yasuhiro
Collection: The Museum of Art, Kochi
©Kochi Prefecture, Ishimoto Yasuhiro Photo Center

《笑意軒土庇から室内を望む》(『桂』ポートフォリオ 1996年／印刷 1996年)
1981年-1982年
写真｜ダイトランスファープリント
撮影：石元泰博
所蔵：高知県立美術館
© 高知県，石元泰博フォトセンター
Entrance Room of the Shoiken Pavilion, viewed from the North Veranda; Middle Room beyond
1981-1982
Photograph | Photo: Ishimoto Yasuhiro
Collection: The Museum of Art, Kochi
©Kochi Prefecture, Ishimoto Yasuhiro Photo Center

《笑意軒口の間南西隅の柱頭部の欄間細部》(『桂』ポートフォリオ 1996年／印刷 1996年)
1981年-1982年
写真｜ダイトランスファープリント
撮影：石元泰博
所蔵：高知県立美術館
© 高知県，石元泰博フォトセンター
Southwest corner column and transoms of the Entrance Room of the Shoiken Pavilion
1981-1982
Photograph | Photo: Ishimoto Yasuhiro
Collection: The Museum of Art, Kochi
©Kochi Prefecture, Ishimoto Yasuhiro Photo Center

《笑意軒一の間東面》(『桂』ポートフォリオ 1996年／印刷 1996年)
1981年-1982年
写真｜ダイトランスファープリント
撮影：石元泰博
所蔵：高知県立美術館
© 高知県，石元泰博フォトセンター
Tokonoma in the Main Room of Shoiken Pavilion, viewed from the west
1981-1982
Photograph | Photo: Ishimoto Yasuhiro
Collection: The Museum of Art, Kochi
©Kochi Prefecture, Ishimoto Yasuhiro Photo Center

《月波楼の一の間西面・床》(『桂』ポートフォリオ 1996年／印刷 1996年)
写真｜ダイトランスファープリント
1981年-1982年
撮影：石元泰博
所蔵：高知県立美術館
© 高知県，石元泰博フォトセンター
Tokonoma in the Main Room of the Gepparo Pavilion, viewed from th southeast
1981-1982
Photograph | Photo: Ishimoto Yasuhiro
Collection: The Museum of Art, Kochi
©Kochi Prefecture, Ishimoto Yasuhiro Photo Center

桂離宮
Katsura Imperial Villa

内観
1980年
写真｜撮影：石元泰博
所蔵：高知県立美術館
© 高知県，石元泰博フォトセンター
Exterior View
1980
Photograph | Photo: Ishimoto Yasuhiro
Collection: The Museum of Art, Kochi
©Kochi Prefecture, Ishimoto Yasuhiro Photo Center

House N
House N

模型 1：15
2018年
h630× w2400× d1200
所蔵：藤本壮介建築設計事務所
Model 1:15
2018
h630 × w2400 × d1200
Collection: Sou Fujimoto Architects

内観
2008年
写真｜撮影：イワン・バーン
Interior View
2008
Photograph | Photo: Iwan Baan

東京国立博物館 法隆寺宝物館
The Gallery of Horyu-ji Treasures, Tokyo National Museum

模型 1：50
2014年
h500× w1150× d1800
所蔵：金沢市
Model 1:50
2014
h500 × w1150 × d1800
Collection: City of Kanazawa

東京国立博物館 法隆寺宝物館
1999年
映像（スライドショー）｜1分38秒
画像提供：谷口建築設計研究所
The Gallery of Horyu - ji Treasures, Tokyo National Museum
1999
Video (slideshow) | 1min. 38sec. (slideshow)
Courtesy: Taniguchi and Associates

寝殿造
Shinden-zukuri

『源氏物語絵巻 第四十九帖 宿木一 絵』
模写
椿 潤也
2006年
所蔵：東京藝術大学
Chapter 49 Yadorigi 1 ("The Ivy"), The Tale of Genji
Reproduction
Tsubaki Junya
2006
Collection: Tokyo University of Arts

『源氏物語絵巻 第四十九帖 宿木二 絵』
模写
染谷泰介
2007年
所蔵：東京藝術大学
Chapter 49 Yadorigi 2 ("The Ivy"), The Tale of Genji
Reproduction
Someya Taisuke
2007
Collection: Tokyo University of Arts

『源氏物語絵巻 第三十九帖 夕霧 絵』
模写
三田尚弘
2009年
所蔵：東京藝術大学
Chapter 39 Yugiri ("Evening Mist"), The Tale of Genji
Reproduction
Sanda Takahiro
2009
Collection: Tokyo University of Arts

『源氏物語絵巻 第三十六帖 柏木一 絵』
模写
波根靖恵
2005年
所蔵：東京藝術大学
Chapter 36 Kashiwagi 1 ("The Oak Tree"), The Tale of Genji
Reproduction
Hane Yoshie
2005
Collection: Tokyo University of Arts

『源氏物語絵巻 第三十六帖 柏木二 絵』
模写
中井智子
2006年
所蔵：東京藝術大学
Chapter 36 Kashiwagi 2 ("Oak Tree"), The Tale of Genji
Reproduction
Nakai Tomoko
2006
Collection: Tokyo University of Arts

『源氏物語絵巻 第三十八帖 鈴虫一 絵』
模写
松下雅寿
2009年
所蔵：東京藝術大学
Chapter 38 Suzumushi 1 ("The Bell Cricket"), The Tale of Genji
Reproduction
Matsushita Masatoshi
2009
Collection: Tokyo University of Arts

源氏物語二条院復元模型1：50
2002年
h150× w1450× d1450
所蔵：池浩三
考証・製作：中部大学 池浩三研究室
協力：西村孝一（西村孝一法律事務所）
Nijyoin from The Tale of Genji Reconstructed Model 1:50
2002
h150 × w1450 × d1450
Collection: Ike Kozo
Research and Production: Chubu University Ike Kozo Laboratory
Support: Nishimura Koichi (Nishimura Koichi Law Office)

モジュールと木割
Module and Kiwari

『匠明』（復刻版）
監修：太田博太郎
解説：伊藤要太郎
出版：鹿島出版会
2010年（第15刷）
個人蔵
Shomei
Editrial supervision: Ota Hirotaro
Commentaries: Ito Yortaro
Publisher: Kajima Institute Publishing
2010 (15th edition)
Private Collection

『モデュール』
出版：彰国社
1963年
個人蔵
Module
Publisher: SHOKOKUSHA Publishing
1963
Private Collection

『国際建築』1958年1月号 世界のモデュール
出版：美術出版社
1958年
個人蔵
International Architecture, January 1958 issue / World's Modules
Publisse Collection

List of Documents and Works   301

『国際建築』1955年11月号 モデュール特集
出版：美術出版社
1955年
個人蔵
International Architecture, November 1955 issue / Modules
Publisher: BIJUTSU SHUPPANSHA
1955
Private Collection

『建築文化』1959年1月号
出版：彰国社
1959年
個人蔵
The Architecture Culture, January 1959 issue
Publisher: SHOKOKUSHA Publishing
1959
Private Collection

住居（丹下健三自邸）
A House (Tange Kenzo House)

模型 1:3
2018年
制作監修：森美術館、野口直人
制作：おだわら名工舎
棟梁：芹澤 毅（せりざわたけし工務店）｜木材：辻村百樹（辻村農園・山林）｜製材：大山謙司、大山哲生（㈱大山材木店）｜建具：徳長竜弘（杢工舎徳長）｜世話役：髙木大輔（竹広林業）｜おだわら名工舎理事：吉川征二、渡邉剛治、鴛海幸司、吉田大悟（内藤工務店）、和田泰博（和田組）｜おだわら名工舎監事：田中和幸
協力：内田道子、豊川斎赫、堀越英嗣、菅原 裕（タウンニュース社）、小田原市、小田原地区木材業協同組合、小田原林青会、小田原大工職組合、小田原工匠会、小田原市森林組合、小田原庭園交流館 清閑亭、ラルーチェ
Model 1:3
2018
Supervisor: Mori Art Museum, Noguchi Naoto
Production: Odawara Meikou-sha
Master carpenter: Serizawa Takeshi (Serizawa Takeshi koumuten) | Wood: Tsujimura Momoki (Tsujimura nouen・Sanrin) | Lumber: Ooyama Kenji, Ooyama Norio (Ooyama zaimokuten) | Sliding lattice: Tokunaga Tatsuhiro (MokkoushaTokunaga) | Manager: Takagi Daisuke (Takehiro ringyo) | Odawara Meikou-sha Director: Yoshikawa Seiji, Watanabe Kouji, Oshiumi Kouji, Yoshida Daigo (Naito koumuten), Wada Yasuhiro (Wadagumi) | Odawara Meikou-sha Auditors: Tanaka Kazuyuki
Support: Uchida Michiko, Toyokawa Saikaku, Horikoshi Hidetugu, Sugawara Yu (Town News), Odawara City, Odawaratiku Wood industry cooperatives, Odawara rinseikai, Odawara Carpentry union, Odawara Koshyokai, Odawaracity Forest Association, Odawara Garden Exchange Center Seikantei, La Luz

外観
写真｜撮影：平山忠治
Exterior View
Photograph | Photo: Hirayama Chuji

平面図
所蔵：内田道子
Plan
Collection: Uchida Michiko

配置図
所蔵：内田道子
Site Plan
Collection: Uchida Michiko

AR展示
製作監修：森美術館
製作：ハロー（赤津慧、山田沙也香）、テオ（岸井一、久松慎一）
協力：内田道子、豊川斎赫、下田泰也
画像提供：内田道子
AR Exhibit
Supervisor: Mori Art Museum
Production: helo (Akatsu Kei, Yamada Sayaka), Theo (Kishii Hajime, Hisamatsu Shinichi)
Support: Uchida Michiko, Toyokawa Saikaku, Shimoda Yasunari

Courtesy: Uchida Michiko

フクマスベース／福増幼稚園新館
Fukumasu Base / Fukumasu Kindergarten Annex

模型 1:30
2016年
h450× w1800× d900
所蔵：吉村靖孝設計事務所
Model 1:30
2016
h450 × w1800 × d900
Collection: Yasutaka Yoshimura Architects

フクマスベース／福増幼稚園新館
2016年
映像（スライドショー）｜1分45秒
画像提供：吉村靖孝設計事務所
Fukumasu Base / Fukumasu Kindergarten
2016
Video (slideshow) | 1min. 45sec.
Courtesy: Yasutaka Yoshimura Architects

HouseMaker
HouseMaker

HouseMaker
2018年
映像｜2分35秒
所蔵：吉村靖孝設計事務所
HouseMaker
2018
Video | 2min. 35sec.
Collection: Yasutaka Yoshimura Architects

パワー・オブ・スケール
Power of Scale

《パワー・オブ・スケール》
2018年
齋藤精一＋ライゾマティクス・アーキテクチャー
インスタレーション
Power of Scale
2018
Saito Seiichi + Rhizomatiks Architecture
Installation

香川県庁舎
Kagawa Prefectural Government Office

模型 1:50
h1035× w1850× d2250
木、アクリル、MDF
制作：西日本模型
所蔵：香川県庁
協力：大林組
Model 1:50
h1035 × w1850 × d2250
Wood, Acrylic, MDF
Production: Nishi-Nihon Model Fabrications
Collection: Kagawa Prefectural Government
Support: Obayashi Corporation

県庁ホール
2016年
写真｜撮影：ホンマタカシ
所蔵：香川県立ミュージアム
Prefectural Building Hall
2016
Photograph | Photo: Homma Takashi
Collection: The Kagawa Museum

ピロティ
2016年
写真｜撮影：ホンマタカシ
所蔵：香川県立ミュージアム
Piloti
2016
Photograph | Photo: Homma Takashi
Collection: The Kagawa Museum

外観
2016年
写真｜撮影：ホンマタカシ
所蔵：香川県立ミュージアム
Exterior View
2016
Photograph | Photo: Homma Takashi
Collection: The Kagawa Museum

1Fロビー
2016年
写真｜撮影：ホンマタカシ
所蔵：香川県立ミュージアム
First Floor Lobby
2016
Photograph | Photo: Homma Takashi
Collection: The Kagawa Museum

『今日の建築（L'architecture d'aujourd'hui）日本特集 No. 65』
1956年
個人蔵
"Japon" issue, *L'architecture d'aujourd'hui, No. 65*
1956
Private Collection

『新建築』1955年1月号
出版：新建築社
個人蔵
SHINKENCHIKU, January 1955 issue
Publisher: Shinkenchiku-sha
1995
Private Collection

『新建築』1959年1月号
出版：新建築社
1959年
個人蔵
SHINKENCHIKU, January 1959 issue
Publisher: Shinkenchiku-sha
1959
Private Collection

《香川県庁舎》
2016年
映像｜4分41秒
撮影：ホンマタカシ
Kagawa Prefectural Government Office Building
2016
Video | 4min. 41sec.
Video: Homma Takashi

家具のモダニズム
Modernist Furniture in Japan

香川県庁舎マガジンラック付きベンチ
マガジンラック付ベンチ
1958年
h1120× w3000× d1800
デザイン：丹下健三計画研究室
制作：桜製作所
所蔵：香川県立ミュージアム
Bench with Magazine Rack at the Kagawa Prefectural Government Office
1958
h1120 × w3000 × d1800
Design: Kenzo Tange Laboratory
Production: Sakura Seisakusho
Collection: The Kagawa Museum

香川県庁舎執務室間仕切り棚
1955-58年
h1950× w7200× d450
デザイン：丹下健三計画研究室
制作：桜製作所
所蔵：香川県立ミュージアム
Partition Shelves at the Kagawa Prefectural Government Office

1955-58
h1950× w7200 × d450
Design: Kenzo Tange Laboratory
Production: Sakura Seisakusho
Collection: The Kagawa Museum

香川県庁舎クローク荷物置き
1958年
h348× w1610× d545
デザイン：丹下健三計画研究室
制作：桜製作所
所蔵：香川県立ミュージアム
Table Bench at the Kagawa Prefectural Government Office
1958
h348×w1610×d545
Design: Kenzo Tange Laboratory
Production: Sakura Seisakusho
Collection: The Kagawa Museum

香川県庁舎陶製椅子
1955-58年
h400× w500× d500
デザイン：丹下健三計画研究室
所蔵：香川県立ミュージアム
Ceramic Chiars at the Kagawa Prefectural Government Office
1955-58
h400× w500× d500
Design: Kenzo Tange Laboratory
Collection: The Kagawa Museum

香川県立体育館木製椅子
1964年
h435× w830× d830
デザイン：剣持デザイン研究所
制作：天童木工
所蔵：香川県立ミュージアム
Round Wooden Chairs at the Kagawa Prefectural Gymnasium
1964
h435× w830 × d830
Design: Kenmochi Isamu
Production: Tendo Mokko
Collection: The Kagawa Museum

香川県文化会館椅子
1965年
h640× w505× d495
デザイン：大江宏
制作：天童木工
所蔵：香川県立ミュージアム
Chairs at the Kagawa Prefectural Cultural Hall
1965
h640 × w505 × d495
Design: Oe Hiroshi
Production: Tendo Mokko
Collection: The Kagawa Museum

五色台少年自然センター 椅子
h795× w420× d520
デザイン：坂倉準三（担当：坂倉準三建築研究所 長大作）
制作：天童木工
所蔵：香川県立ミュージアム
Chairs at the Mountain House in Goshikidai
h795 × w420 × d520
Design: Sakakura Junzo, Cho Daisaku (Junzo Sakakura architects and engineers)
Production: Tendo Mokko
Collection: The Kagawa Museum

チェーンデリア
1973年
デザイン：多田美波
所蔵：多田美波研究所
Chain - delier
1973
Design: Minami Tada
Collection: Minami Tada Associates

06 開かれた折衷
Hybrid Architecture

伊東忠太と日本建築
Ito Chuta and Japanese Architecture

法隆寺中門 部分模型1:10
h910× w720× d670
所蔵：東北大学大学院工学研究科 都市・建築学専攻
Hōryū - ji Chumon Partial Model 1:10
h910 × w720× d670
Collection: Department of Architecture and Building Science, School of Engineering, Tohoku University

『野帳 第一巻・清国・自北京至張家口』
1902年
所蔵：日本建築学会建築博物館
From Beijing to Zhangjiakou, China, Field Book 1st Volume
1902
Collection: Architectural Institue of Japan Architectural Museum

『野帳 第二巻・清国・自張家口経龍門至西安』
1902年
所蔵：日本建築学会建築博物館
From Zhangjiakou via Longmen to Xi'an, China, Field Book 2nd Volume
1902
Collection: Architectural Institue of Japan Architectural Museum

『野帳 第六十八巻・台湾（雑）』
1908年
所蔵：日本建築学会建築博物館
Taiwan, Field Book 68th Volume
1908
Collection: Architectural Institue of Japan Architectural Museum

『野帳 第四巻・清国・自重慶至貴陽』
1902年 -1903年
所蔵：日本建築学会建築博物館
From Chongqing to Guiyang, China, Field Book 4th Volume
1902 – 1903
Collection: Architectural Institue of Japan Architectural Museum

『野帳 第七十二巻・大正十二年 大震火の主トシ建築論を試む』
1923年 -1924年
所蔵：日本建築学会建築博物館
Urban Architectural Theory of the Great Kanto Earthquake in 1923, Field Book 72nd Volume
1923 – 1924
Collection: Architectural Institue of Japan Architectural Museum

『野帳 第六巻・印度・自緬甸至孟買』
1903年
所蔵：日本建築学会建築博物館
From Myanmar to Mumbai, India, Field Book 6th Volume
1903
Collection: Architectural Institue of Japan Architectural Museum

『野帳 第七巻・印度』
1903年
所蔵：日本建築学会建築博物館
India, Field Book 7th Volume
1903
Collection: Architectural Institue of Japan Architectural Museum

『野帳 第七十四巻・奈良』
1895年
所蔵：日本建築学会建築博物館
Nara, China, Field Book 74th Volume
1895
Collection: Architectural Institue of Japan Architectural Museum

『野帳 第九巻・土耳其』
1904年
所蔵：日本建築学会建築博物館
Turkey, Field Book 9th Volume
1904
Collection: Architectural Institue of Japan Architectural Museum

『野帳 第十巻・土耳古・埃及』
1904年
所蔵：日本建築学会建築博物館
Turkey and Egypt, Field Book 10th Volume
1904
Collection: Architectural Institue of Japan Architectural Museum

『野帳 第十一巻・叙利亜・小亜細亜』
1904年
所蔵：日本建築学会建築博物館
Syria and Anatolia (Asia Minor), Field Book 11th Volume
1904
Collection: Architectural Institue of Japan Architectural Museum

『野帳 第十二巻・希・伊・独・仏』
1905年
所蔵：日本建築学会建築博物館
Greece, Italy, Germany and France, Field Book 12th Volume
1905
Collection: Architectural Institue of Japan Architectural Museum

『野帳 第十三巻・英・米・日（滋賀・奈良・山口・愛媛・兵庫）』
1905年
所蔵：日本建築学会建築博物館
England, United State and Japan (Shiga, Nara, Yamaguchi, Ehime and Hyōgo), Field Book 13th Volume
1905
Collection: Architectural Institue of Japan Architectural Museum

『野帳 第二十二巻・琉球』
1924年
所蔵：日本建築学会建築博物館
Okinawa, Field Book 22nd Volume
1924
Collection: Architectural Institue of Japan Architectural Museum

『野帳 第二十九巻・紫禁城実測帳』
1901年
所蔵：日本建築学会建築博物館
Survey of the Forbidden City, Field Book 29th Volume
1901
Collection: Architectural Institue of Japan Architectural Museum

『野帳 第三十五巻・東京・静岡・栃木・長野・富山』
1900年 –1901年
所蔵：日本建築学会建築博物館
Tokyo, Shizuoka, Tochigi, Nagano and Toyama, Field Book 35th Volume
1900 – 1901
Collection: Architectural Institue of Japan Architectural Museum

『野帳 第三十七巻・京都・滋賀・奈良・東漸して日光廟』
1906年 –1907年
所蔵：日本建築学会建築博物館
Kyoto, Shiga, Nara and Nikko Tōshōgū, Field Book 37th Volume
1906– 1907
Collection: Architectural Institue of Japan Architectural Museum

『野帳 第三十九巻・明治神宮設計並諸神社』
1914年 –1920年
所蔵：日本建築学会建築博物館
Architectural Design for Meiji Shrine and Osther Shrines , Field Book 39th Volume
1914– 1920

Collection: Architectural Institue of Japan Architectural Museum

『野帳 第四十巻・法隆寺 大正十二年より大正十五年まで』
1924年–1927年
所蔵：日本建築学会建築博物館

From 1923 to 1926, Hōryū - ji, Field Book 40th Volume
1924–1927
Collection: Architectural Institue of Japan Architectural Museum

『野帳 第四十四巻・明治三十一・二年』
1898年
所蔵：日本建築学会建築博物館

1897 and 1898, Field Book 44th Volume
1898
Collection: Architectural Institue of Japan Architectural Museum

祇園閣
Gion-kaku

模型 1：20
1928年頃
h1683×w805×d805
制作：坂本甚太郎（建築模型師）
所蔵：大倉集古館

Model 1:20
ca.1928
h1683 × w805 × d805
Production: Sakamoto Jintaro (Architectural Modeler)
Collection: Okura Museum of Art

外観
写真｜撮影：岩崎和雄

Exterior View
Photograph｜Photo: Iwasaki Kazuo

立面図 1：100
複製
1925年
資料提供：大成建設

Elevation 1:100
Reproduction
1925
Courtesy: Taisei Corporation

立面図、断面図及び平面図 1：100
複製
1926年
資料提供：大成建設

Elevation, Section and Plan 1:100
Reproduction
1926
Courtesy: Taisei Corporation

尖塔（せんとう）上部構造図 1：10　原寸
複製
1927年
資料提供：大成建設

Detail of Plan for Upper - steeple 1:10 and 1:1
Reproduction
1927
Courtesy: Taisei Corporation

詳細図 桿（かん）の頂の鶴 1：10
複製
1927年
資料提供：大成建設

Detail of the Crane on top of the Pole 1:10
Reproduction
1927
Courtesy: Taisei Corporation

詳細図 狛犬 1：10
複製
1927年
資料提供：大成建設

Detail of the Guardian Lion - dog 1:10
Reproduction
1927
Courtesy: Taisei Corporation

『財団法人大倉集古館 祇園閣京都大倉別邸 建設記念写真帖』
1928年頃
所蔵：大成建設

Photobook of Gion - kaku completion Memorial, Okura Shukokan (Okura Museum of Art)
ca.1928
Collection: Taisei Corporation

『財団法人大倉集古館 祇園閣京都大倉別邸 建設記念写真帖』
1928年頃
所蔵：大倉集古館

Photobook of Gion - kaku completion Memorial, Okura Shukokan (Okura Museum of Art)
ca.1928
Collection: Okura Museum of Art

第一国立銀行（三井組ハウス）
The First National Bank (The House of Mitsui)

《東京海運橋三井組第一国立之銀行ハウス之図》
永島孟斎
錦絵
1872年
所蔵：清水建設

The First National Bank at Kaiun - bashi bridge
Nagashima Mosai
Colored woodblock print
1872
Collection: Shimizu Corporation

《東京名所 海運橋五階造真図》
歌川国輝（二代）
錦絵
1872年
所蔵：清水建設

Five - story building in Kaiunbashi
Utagawa Kuniteru (The second)
Colored woodblock print
1872
Collection: Shimizu Corporation

《海運橋第一銀行 平成の新版》
小林清親
錦絵
1876年（オリジナル）
所蔵：清水建設

First Bank of Kaiun - bashi bridge, Heisei new edition
Kobayashi Kiyochika
Colored woodblock print
1876 (Original)
Collection: Shimizu Corporation

《東京名大区之内 海運橋第一国立銀行》
歌川国輝（二代）
錦絵
1875年
所蔵：清水建設

First Bank of Kaiun - bashi bridge
Utagawa Kuniteru (The second)
Colored woodblock print
1875
Collection: Shimizu Corporation

第一国立銀行
額絵
1872年／1935年
h1472×w2076
所蔵：清水建設

First National Bank
Framed picture
1872/1935
h1472 × w2076
Collection: Shimizu Corporation

為替バンク三井組の柱頭
1872年
所蔵：清水建設

Capital of the Mitusi - gumi Exchange Bank
1872
Collection: Shimizu Corporation

『西洋家作ひながた』
著者：チャールズ・ブリュス・アルレン
訳：村田文夫、山田貢一郎
1872年
所蔵：清水建設

Cottage building, or, Hints for improving the dwellings of the laboring classes
Arthur: Charles Bruce Allen
Translation: Murano Fumio, Yamada Koichiro
1872
Collection: Shimizu Corporation

宮城県会議事堂
Miyagi Prefectural Parliament Building

外観
1881年頃
写真｜白黒プリント
h120×w167
所蔵：東北大学大学院工学研究科 都市・建築学専攻

Exterior View
ca.1881
Photograph｜Black and white print
H120 × w167
Collection: Department of Architcutre and Building Science, Shool of Engineering, Tohoku University

雛形模型
1881年頃
h600×w1125×d770
木
所蔵：東北大学大学院工学研究科 都市・建築学専攻

Model
ca.1881
h600 × w1125 × d770
wood
Collection: Department of Architcutre and Building Science, Shool of Engineering, Tohoku University

展示ケース
1877年頃
h1955×w2092×d1238
所蔵：東京国立博物館

Exhibition Case
Ca.1877
h1955 × w2092 × d1238
Collection: Tokyo National Museum

大礼記念京都美術館
Kyoto Enthronement Memorial Museum of Art

模型 1：200
h335×w1030×d880
所蔵：京都市美術館

Model 1:200
h335 × w1030 × d880
Collection: Kyoto Municipal Museum of Art

本館正面
写真｜画像提供：京都市美術館
Front View of Main Building
Photograph | Courtesy: Kyoto Municipal Museum of Art

駒沢オリンピック公園総合運動場 体育館 管制塔
Gymnasium and Control Tower, Komazawa Olympic Park

管制塔 外観 写真パネル
1964年
所蔵：武蔵野美術大学 美術館・図書館
Tower Exterior View
1964
Collection: Musashino Art University Museum & Library

外観 写真パネル
1964年
所蔵：武蔵野美術大学 美術館・図書館
Exterior View
1964
Collection: Musashino Art University Museum & Library

全体立面スケッチ（南面）1:500
1964年
所蔵：武蔵野美術大学 美術館・図書館
Elevation Sketch (South Side) 1:500
1964
Collection: Musashino Art University Museum & Library

『外部空間の設計』挿図写真
所蔵：武蔵野美術大学 美術館・図書館
Illustration from Exterior Design in Architecture
Collection: Musashino Art University Museum & Library

『外部空間の設計』原稿
所蔵：武蔵野美術大学 美術館・図書館
Manuscript of Exterior Design in Architecture
Collection: Musashino Art University Museum & Library

『外部空間の設計』
著者：芦原義信
出版：彰国社
1975年
個人蔵
Exterior Design in Architecture
Author: Ashiwara Yoshinobu
Publisher: SHOKOKUSHA Publishing Co., Ltd.
1975
Private Collection

駒沢体育館 オリンピックへの建設
1964年
映像｜9分42秒（抜粋）
企画：鹿島建設
製作：日本技術映画社
映像提供：株式会社鹿島建設、株式会社Kプロビジョン
THE KOMAZAWA GYMNASIUM
1964
Video | 9min. 42sec. (excerpt)
Planning: Kajima Construction
Production: Nippon Technical Film Production
Courtesy: KAJIMA CORPORATION, K-PROVISION

静岡県富士山世界遺産センター
Mt. Fuji World Heritage Centre, Shizuoka

模型 1:100
h250 × w1230× d895
所蔵：坂茂建築設計

Model 1:100
h250 × w1230 × d895
Collection: Shigeru Ban Architects

外観
撮影：平井広行
Exterior View
Courtesy: Hirai Hiroyuki

07 集まって生きる形
Forms for Living Together

旧閑谷学校
Former Shizutani School

石塀と備前瓦の屋根
写真｜撮影：小川重雄
Ishibei (stone fence) and Bizen Tile Roof
Photograph | Photo: Ogawa Shigeo

航空写真
写真｜撮影：小川重雄
Aerial View
Photograph | Photo: Ogawa Shigeo

《花頭窓から孔子・光政を祀る聖廟・神社、楷の木が漆の床に映り込む》
写真｜撮影：小川重雄
View of Mausoleum and Shrine Enshrining Confucius and Mitusmasa through Katoumado, Reflection of Chinse Pistachio Tree on Urushi painted floor
Photograph | Photo: Ogawa Shigeo

《備前焼瓦、屋根のパイプ、垂木の漆、土間の漆喰》
写真｜撮影：小川重雄
Bizen Roof Tiles, Roof Pipes, Urushi on Rafter, Lime Plaster of Earth Floors
Photograph | Photo: Ogawa Shigeo

現在も学校として使われている姿
写真｜撮影：小川重雄
The Building Being Used as School
Photograph | Photo: Ogawa Shigeo

学校田資料
資料提供：閑谷学校資料館
Documentation of School Rice Field
Courtesy: Shizutani School

旧農林省積雪地方農村経済調査所
Research Institute of Agrarian Economy in Snowbound Districts, the Former Ministry of Agriculture and Forestry

鳥瞰
写真｜画像提供：雪の里情報館
Birds - eye View
Photograph | Courtesy: YukinoSato Information Center

雪国と暖国の比較統計図表
1931年
資料提供：雪の里情報館
Statical Comparison between Snowy and Non - snowy Regions in Japan
1931
Courtesy: YukinoSato Information Center

『選擇・傳統・創造－日本藝術との接觸－』
著者：シャルロット・ペリアン、坂倉準三
出版：小山書店
1941年
所蔵：加藤道夫
Selection, Tradition and Creation
Arthur: Charlotte Perriand, Sakakura Junzo
Publisher: Oyamashoten
1941
Collection: Kato Michio

折り畳み式寝台
1940年
指導：シャルロット・ペリアン

所蔵：山形県立博物館
A Chaise Longue and Cushions
1940
Instructor: Charlotte Perriand
Collection: Yamagata Prefectural Museum, Japan

クッション
1940年
指導：シャルロット・ペリアン
所蔵：山形県立博物館
Cushions
1940
Instructor: Charlotte Perriand
Collection: Yamagata Prefectural Museum, Japan

机台
指導：シャルロット・ペリアン
所蔵：山形県立博物館
Table Legs
Instructor: Charlotte Perriand
Collection: Yamagata Prefectural Museum, Japan

机台用盆
指導：シャルロット・ペリアン
所蔵：山形県立博物館
Table Top
Instructor: Charlotte Perriand
Collection: Yamagata Prefectural Museum, Japan

椅子
指導：芹沢銈介
所蔵：山形県立博物館
Chairs
Instructor: Serizawa Keisuke
Collection: Yamagata Prefectural Museum, Japan

丸マット
所蔵：山形県立博物館
Round Carpet
Collection: Yamagata Prefectural Museum, Japan

家具展示風景
写真｜画像提供：雪の里情報館
Installation View of the Furniture being used
Photograph | Courtesy: YukinoSato Information Center

積雪地方農村経済調査所庁舎と雪国試験農家
Research Institute of Agrarian Economy in Snowbound Districts Office Building and Snowbound Districts Experimental Farmhouse

雪国試験農家家屋 模型
h650 × w930 × d940
所蔵：雪の里情報館
Model, Experimental Farmhouse for Research Institute of Agrarian Economy in Snowbound Districts
h650 × w930 × d940
Collection: YukinoSato Information Center

外観 本庁舎
写真｜画像提供：雪の里情報館
Exterior View of Research Institute of Agrarian Economy in Snowbound Districts Office Building
Photograph | Courtesy: YukinoSato Information Center

List of Documents and Works

52間の縁側
Longhouse with Engawa

模型 1：30
2018年
h600× w3600× d750
所蔵：山﨑健太郎デザインワークショップ
Model 1:30
2018
h600 × w3600 × d750
Collection: Kentaro Yamazaki Design Workshop

外観透視図
2018年
画像提供：山﨑健太郎デザインワークショップ
Perspective Exterior View
2018
Courtesy: Kentaro Yamazaki Design Workshop

《「52間の縁側」によせて》
2018年
映像｜3分12秒
撮影・制作：山﨑健太郎デザインワークショップ
Visiting the Longhouse with Engawa
2018
Video｜3min. 12sec.
Video and Production: Kentaro Yamazaki Design Workshop

恋する豚研究所
Koisuru-Buta Laboratory

記録写真
2015年
写真｜撮影：石渡朋
Photo documentation
2015
Photographs｜Courtesy: Ishiwatari Tomo

模型 1：100
2018年
h300× w2000× d1500
所蔵：アトリエ・ワン
Model 1:100
2018
h300 × w2000 × d1500
Collection: Atelier Bow-Wow

栗源第一薪炭供給所（1K）
Kurimoto Daiichi Firewood Supply Station (1K)

記録写真
2018年
写真｜撮影：石渡朋
Photo documentation
2018
Photographs｜Courtesy: Ishiwatari Tomo

栗源里山資源化作業分解
2016年
h1570× w3600
製作：アトリエ・ワン＋福祉楽団＋東京工業大学塚本研究室
Reduction of a firewood sourcing process from Satoyama in Kurimoto
2016
h1570 × w3600
Production: Atelier Bow-Wow + Fukushi Gakudan + Tsukamoto lab, Tokyo Institute of Technology

栗源第一薪炭供給所（1K）作業マニュアル
2015年
製作：アトリエ・ワン＋福祉楽団＋東京工業大学塚本研究室
The Operating manual for Kurimoto Daiichi Firewood Supply Station (1K)
2015.
Courtesy: Atelier Bow-Wow + Fukushi Gakudan + Tsukamoto lab, Tokyo Institute of Technology

栗源の里山を資源化するためのアクターネットワーク
製作：アトリエ・ワン＋東京工業大学塚本研究室
2018年
Redesigning the Actor Network for the rediscovery of the local resources of Satoyama in Kurimoto
2018

Courtesy: Atelier Bow-Wow + Tsukamoto lab, Tokyo Institute of Technology

薪割り作業模型 1：20
h150× w910× d210
所蔵：アトリエ・ワン
Copping wood work Model 1:20
h150 × w910 × d210
Collection: Atelier Bow-Wow

栗源沢地区鳥瞰図、5色ボールペン、40時間
2018年
製作：アトリエ・ワン＋東京工業大学塚本研究室
A Bird's eye view of Sawa district, Kurimoto, 5 colors ball point pen, 40hours
Courtesy: Atelier Bow-Wow+ Tsukamoto lab, Tokyo Institute of Technology
2018

地域資源へのアクセスの改善／栗源第一薪炭供給所（1K）
2018年
映像撮影・編集：石渡朋
Creating better accessibility to the local resources / Kurimoto Daiichi Firewood Supply Station (1K)
2018
Courtesy: Ishiwatari Tomo

神代雄一郎のデザイン・サーヴェイ
Kojiro Yuichiro's Design Survey

伊根デザインサーヴェイ 集落平面図 1 - 4
1968年
所蔵：明治大学建築アーカイブス（明治大学理工学部建築学科）
Village Plan, Design Survey of Ine No.2
1968
Collection: Meiji Architecture Archives, Department of Architecture, Faculty of Science and Technology, Meiji University

伊根デザインサーヴェイ 集落外観スケッチ
1968年
所蔵：明治大学建築アーカイブス（明治大学理工学部建築学科）
Exterior Sketch of Village, Design Survey of Ine
1968
Collection: Meiji Architecture Archives, Department of Architecture, Faculty of Science and Technology, Meiji University

瀬戸内のデザイン・サーヴェイ
Design Survey in the Seto Inland Sea Area

「御堂前」での祭礼
1967年
所蔵：明治大学建築アーカイブス（明治大学理工学部建築学科）
Ritual at Omidomae
1967
Collection: Meiji Architecture Archives, Department of Architecture, Faculty of Science and Technology, Meiji University

広場としての「御旅所」
1967年
所蔵：明治大学建築アーカイブス（明治大学理工学部建築学科）
Otabisho as a Square
1967
Collection: Meiji Architecture Archives, Department of Architecture, Faculty of Science and Technology, Meiji University

女木島の民家の野帖
1967年
所蔵：明治大学建築アーカイブス（明治大学理工学部建築学科）
A House in Megijima, Field Books
1967
Collection: Meiji Architecture Archives, Department of Architecture, Faculty of Science and Technology, Meiji University

女木島デザインサーヴェイ
1967年

所蔵：明治大学建築アーカイブス（明治大学理工学部建築学科）
Design Survey of Megijima
1967
Collection: Meiji Architecture Archives, Department of Architecture, Faculty of Science and Technology, Meiji University

本村の空撮写真
2015年
写真｜画像提供：三分一博志建築設計事務所
Aerial Photograph of Honmura Village
2015
Photograph｜Courtesy: Sambuichi Architects

NAOSHIMA PLAN スケッチ
2015年
資料提供：三分一博志建築設計事務所
NAOSHIMA PLAN Sketch
2015
Courtesy: Sambuichi Architects

女木島・調査図面
1967年
所蔵：金沢工業大学建築アーカイヴス
Megijima Research Drawings
1967
Collection: Research Institute for Architectural Archives, Kanazawa Institute of Technology

直島リサーチ
映像｜3分55秒
映像提供：三分一博志建築設計事務所
Naoshima Research
Video｜3min. 55sec.
Courtesy: Sambuichi Architects

LT城西
LT Josai

全体模型 1：10
2011年
h830× w1460× d1090
所蔵：成瀬猪熊事務所
Model 1:10
2011
h830 × w1460 × d1090
Collection: Naruse Inokuma Architects

《LT城西》
2011年
映像｜4分32秒、47秒、6分18秒、5分15秒、3分30秒
編集：ドローイングアンドマニュアル
LT Josai
2011
Video｜4min. 32sec., 47sec., 6min. 18sec., 5min. 15sec., 3min. 30sec.
Editing: Drawing and Manual

ヒルサイドテラス
Hillside Terrace

模型 1：200
h264× w1350× d845
所蔵：朝倉不動産株式会社
Model 1:200
h264 × w1350 × d845
Collection: Asakura Real Estate

《ヒルサイドテラス》
2017年
映像｜5分14秒
ディレクター／編集／撮影：田中英行
空撮：井上玄
音楽：石田多朗
Hillside Terrace
2017
Video｜5min. 14sec.
Director, Editor, Camera: Tanaka Eikoh
Aerial Shoot: Inoue Gen
Music: Ishida Taro

08 発見された日本
Japan Discovered

シカゴ万国博覧会 日本館 鳳凰殿
The Hō-ō-Den, World's Columbian Exposition Japanese Pavilion

《シカゴ・コロンブス万国博覧会 鳥瞰絵図》
1893年
所蔵：博物館明治村
Bird - eye View of World's Columbian Exposition, Chicago
1893
Collection: The Museum Meijimura

『シカゴ万国博覧会 臨時博覧会事務局報告』
1893年
所蔵：乃村工藝社
Special Report for Exposition Committee, World's Columbian Exposition
1893
Collection: NOMURA

シカゴ万国博覧会 閣龍世界博覧会美術品画譜 第1集、第2集、第3集
所蔵：乃村工藝社
Fine Art Object Catalogue, World's Columbian Exposition 1st Volume, 2nd Volume, 3rd Volume
Collection: NOMURA

帝国ホテル旧本館（ライト館）
Frank Lloyd Wright's Imperial Hotel

食堂入口の柱
1923年
h2130× w1230× d1230
所蔵：博物館明治村
Column of the Entrance to the Dining Hall
1923
h2130 × w1230 × d1230
Collection: The Museum Meiji-mura

VR作品《帝国ホテルライト館2017》ダイジェスト映像
2018年
映像｜4分00秒
制作：凸版印刷
VR: *Frank Lloyd Wright's Imperial Hotel - 2017* **Short Version**
2018
Video｜4min. 00sec.
Production: Toppan Printing

VR作品《帝国ホテルライト館》明治村公開映像
VR: Frank Lloyd Wright's Imperial Hotel—Video for Meiji - Mura
映像｜8分00秒
制作：博物館明治村、凸版印刷
Video｜8min. 00sec.

フランク・ロイド・ライトと浮世絵
Frank Lloyd Wright and Japanese *Ukiyo-e* Prints

『フランク・ロイド・ライトの建築—実施および計画案』
（ヴァスムート・ポートフォリオ）
出版：ヴァスムート
1910年 -1911年
所蔵：金沢工業大学
Ausgefuhrte Beuten und Entwurfe von Frank Lloyd Wright
Publisher: Ernst Wasmuth, Berlin, Germany
1910-1911
Collection: Kanazawa Institute of Technology Library Center

『日本の版画、フランク・ロイド・ライトによる解釈』
1912年
所蔵：金沢工業大学
The Japanese Print; an Interpretation by Frank Lloyd Wright
1912
Collection: Kanazawa Institute of Technology Library Center

レディズ・ホーム・ジャーナル誌のための住宅計画（ヴァスムート・ポートフォリオの復刻版）
1963年
出版：ホライゾンプレス
所蔵：金沢工業大学
Concrete House Designed for Ladie's Home Journal (reproduction of Wasmuth portfolio)
1963
Published: Horizon Press, New York
Collection: Kanazawa Institute of Technology Library Center

ハーディ邸 透視図（ヴァスムート・ポートフォリオの復刻版）
1963年
出版：ホライゾンプレス
所蔵：金沢工業大学
Perspective View of Thomas P. Hardy House, Racine, Wisconsin (reproduction of Wasmuth portfolio)
1963
Published: Horizon Press, New York
Collection: Kanazawa Institute of Technology Library Center

ダナ邸 外観（ヴァスムート・ポートフォリオの復刻版）
1963年
出版：ホライゾンプレス
所蔵：金沢工業大学
General View of a City Dwelling for Mrs. Susan L. Dana, Springfield, Illinois (reproduction of Wasmuth portfolio)
1963
Collection: Kanazawa Institute of Technology Library Center

ウィンスロー邸（ヴァスムート・ポートフォリオの復刻版）
1963年
出版：ホライゾンプレス
所蔵：金沢工業大学
Plate I. House for Mr. W. H. Winslow in River Forest, Illinois (reproduction of Wasmuth portfolio)
1963
Published: Horizon Press, New York
Collection: Kanazawa Institute of Technology Library Center

コーンリー邸（ヴァスムート・ポートフォリオの復刻版）
1963年
出版：ホライゾンプレス
所蔵：金沢工業大学
Plate LVIa. Dwelling for Mr. and Mrs. Avery Coonley (reproduction of Wasmuth portfolio)
1963
Published: Horizon Press, New York
Collection: Kanazawa Institute of Technology Library Center

《東海道五十三次 亀山 雪晴》（復刻版）
歌川広重
所蔵：アダチ版画研究所
Kameyama, Clearing Weather after the Snow, from the series Fifty - three Stations of the Todaido **(reproduction)**
Utagawa Hiroshige
Collection: Adachi Woodcut Prints

《名所江戸百景 真間の紅葉手古那の社継はし》（復刻版）
歌川広重
所蔵：アダチ版画研究所
Maple Trees at Mama, Tekona Shrine and Linked Bridge, from the series One Hundred Views of Famous Places in Edo **(reproduction)**
Utagawa Hiroshige
Collection: Adachi Woodcut Prints

《名所江戸百景 浅草金龍山》（復刻版）
歌川広重
所蔵：アダチ版画研究所
Kinryuzan Temple at Asakusa, from the series One Hundred Views of Famous Places in Edo **(reproduction)**
Utagawa Hiroshige
Collection: Adachi Woodcut Prints

《名所江戸百景 亀戸天神境内》（復刻版）
歌川広重
所蔵：アダチ版画研究所
Plum Garden at Kameido from the series One Hundred Views of Famous Places in Edo **(reproduction)**
Utagawa Hiroshige
Collection: Adachi Woodcut Prints

シンドラー自邸（キングス・ロード・ハウス）
Schindler House (Kings Road House)

《ルドルフ・シンドラー自邸》
映像（スライドショー）｜28秒
撮影：グラント・マッドフォード
Rudolpfh M. Schindler House
Video (slideshow)｜28sec.
Courtesy: Grant Mudford

ドローイング（複製）
資料提供：カリフォルニア州立大学サンタバーバラ校アート・デザイン・アンド・アーキテクチャー美術館 建築デザイン・コレクション
シンドラー・ペーパーズ
Drawing (Reproduction)
Courtesy: R. M. Schindler papers, Architecture & Design Collection; Art, Design & Architecture Museum; University of California, Santa Barbara

笄町の自邸・事務所と旧井上房一郎邸
Kōgai-chō House and Studio
The Former Inoue Fusaichiro House

外観
1951年
写真｜所蔵：レーモンド設計事務所
Exterior View
1951
Photograph｜Collection: Raymond Architectural Design Office

内観
1951年
写真｜所蔵：レーモンド設計事務所
Interior View
1951
Photograph｜Collection: Raymond Architectural Design Office

西側断面図 1：100、北側断面図 1：100、A - A断面図 1：100、B - B断面図 1：100
1951
所蔵：レーモンド設計事務所
West Side Section 1:100, North Side Section 1:100, A - A Side Section 1:100, B - B Side Section 1:100
1951
Collection: Raymond Architectural Design Office

立面図 1：100、断面詳細図1：20
1951年
所蔵：レーモンド設計事務所
Elevation 1:100, Section Detail 1:20
1951
Collection: Raymond Architectural Design Office

赤星四郎週末別荘
Akaboshi Shiro's Weekend Cottage

家具図
1931年
所蔵：レーモンド設計事務所
Furniture Plan
1931
Collection: Raymond Architectural Design Office

断面図 1：50
1931年
所蔵：レーモンド設計事務所
Section 1:50
1931
Collection: Raymond Architectural Design Office

椅子
1931年
所蔵：レーモンド設計事務所

Chair
1931
Collection: Raymond Architectural Design Office

『アントニン レイモンド作品集 大正九年ヨリ昭和拾年迄』
著者：アントニン・レイモンド、ノエミ・レーモンド
出版：城南書院
1935年
個人蔵

Antonin Raymond His Work in Japan 1920 - 1935
Arthur: Antonin and Noemi P. Raymond
Publisher: JOHNAN SHOIN
1935
Private Collection

『アーキテクチュア・オブ・ジャパン』
The Architecture of Japan

『アーキテクチュア・オブ・ジャパン』
個人蔵

"The Architecture of Japan"
Private Collection

日本家屋展 松風荘
Shōfū-sō, Japanese Exhibition House

《日本家屋展》
1954年-1955年
映像｜18分30秒
映像提供：ニューヨーク近代美術館
本映像はニューヨーク近代美術館（MoMA）により保存されている資料です

House In The Garden (Japanese House)
1954-1955
Video｜18min. 30sec.
Courtesy: The Museum of Modern Art, New York
This film was preserved by The Museum of Modern Art, New York.

ポカンティコヒルの家（ロックフェラー邸）
Residence in Pocantico Hills (Rockefeller House)

平面図
1972年
所蔵：吉村設計事務所
資料提供：吉村順三記念ギャラリー

Plan
1972
Collection: J. Yoshimura Architect Office
Courtesy: Junzo Yoshimura Memorial Gallery

断面図
1972年
所蔵：吉村設計事務所
資料提供：吉村順三記念ギャラリー

Section
1972
Collection: J. Yoshimura Architect Office
Courtesy: Junzo Yoshimura Memorial Gallery

断面詳細図
1972年
所蔵：吉村設計事務所
資料提供：吉村順三記念ギャラリー

Section Detail
1972
Collection: J. Yoshimura Architect Office
Courtesy: Junzo Yoshimura Memorial Gallery

外観・内観
1974年
写真｜撮影：平尾寛

Exterior View, Interior View
1974
Photograph｜Photo: Hirao Yutaka

模型1：50
2005年
h315× w1575× d1445
所蔵：吉村設計事務所

Model 1:50
2005
h315× w1575× d1445
Collection: J. Yoshimura Architect Office

ポーソン自邸
Pawson House

外観
写真｜撮影：イェンス・ヴェイバ

Exterior View
Photograph｜Photo Courtesy: Jens Weber

内観
写真｜撮影：イェンス・ヴェイバ

Interior View
Photograph｜Photo Courtesy: Jens Weber

『minimum』
出版：ファイドン
1996年
個人蔵

minimum
Publisher: Phaidon Press
1996
Private Collection

ダーティー・ハウス
Dirty House

外観
写真｜画像提供：アジャイ・アソシエーツ

Exterior View
Photograph｜Courtesy: Adjaye Associates

水墨画（複製）
資料提供：アジャイ・アソシエーツ

Ink Painting (reproduction)
Courtesy: Adjaye Associates

レス・コルズ・パベヨーンズ
Les Cols Pavellons

外観
2005年
写真｜撮影：鈴木久雄

Exterior View
2005
Photographs｜Photo: Suzuki Hisao

内観
2005年
写真｜撮影：鈴木久雄

Interior View
2005
Photographs｜Photo: Suzuki Hisao

レス・コルズ・パベヨーンズ
映像｜4分00秒
撮影：鈴木久雄

Les Cols Pavellons
Video｜4min. 00sec.
Production: Suzuki Hisao

ルーヴル・ランス
Louvre-Lens

外観
2013年
写真｜撮影：鈴木久雄

Exterior View
2013
Photograph｜Photo: Suzuki Hisao

ルーヴル・ランス
映像｜4分00秒
撮影：鈴木久雄

Louvre - Lens
Video｜4min. 00sec.
Production: Suzuki Hisao

台中国家歌劇院
The National Taichung Theater

実施設計段階の大劇場のスタディ模型
2007年
h700× w1700× d850
所蔵：伊東豊雄建築設計事務所

Collection: J. Yoshimura Architect Office

National Taichung Theater/ Study Model of the Grand Theater at Design Development Phase
2007
h700 × w1700 × d850
Collection: Toyo Ito & Associates, Architects

《台中国家歌劇院 1階 エントランスロビー》
2015年
写真｜撮影：畠山直哉

Entrance Lobby 1st floor, National Taichung Theater
2015
Photograph｜Photo: Hatakeyama Naoya

《台中国家歌劇院 2階 グランドシアターホワイエ》
2016年
写真｜撮影：畠山直哉

Grand Theater Foyer, National Taichung Theater
2016
Photograph｜Photo: Hatakeyama Naoya

《台中国家歌劇院 グランドシアター観客席》
2016年
写真｜撮影：畠山直哉

Seats in Grand Theater, National Taichung Theater
2016
Photograph｜Photo: Hatakeyama Naoya

《台中国家歌劇院 メインエントランス前の水盤》
2016年
写真｜撮影：畠山直哉

Waterscape at the entrance square, National Taichung Theater
2016
Photograph｜Photo: Hatakeyama Naoya

09 共生する自然
Living with Nature

名護市庁舎
Nago City Government Office

外観
写真｜撮影：新建築社写真部

Exterior View
Photograph｜Photo: Shinkenchikusha

平面図
所蔵：象設計集団

Plan
Collection: Atelier Zo

断面図 他
所蔵：象設計集団

Section Plan etc.
Collection: Atelier Zo

名護市庁舎
全体模型1：200
1981年頃
h300× w840× d840
所蔵：象設計集団

Nago City Government Office
Model 1:200
ca. 1981
h300 × w840 × d840
Collection: Atelier Zo

聴竹居（旧藤井厚二邸）
Chōchikukyo

南立面図 1：50
所蔵：京都大学大学院工学研究科建築学専攻
Elevation (South) 1:50
Collection: Architecture and Architectural Engineering,
Graduate School of Engineering, Kyoto University

東立面図、北立面図 1：100
所蔵：京都大学大学院工学研究科建築学専攻
Elevation (East and North) 1:100
Collection: Architecture and Architectural Engineering,
Graduate School of Engineering, Kyoto University

西立面図、南立面図 1：100
所蔵：京都大学大学院工学研究科建築学専攻
Elevation (West and South) 1:100
Collection: Architecture and Architectural Engineering,
Graduate School of Engineering, Kyoto University

断面図 1：100
所蔵：京都大学大学院工学研究科建築学専攻
Section 1:100
Collection: Architecture and Architectural Engineering,
Graduate School of Engineering, Kyoto University

1階平面図 1：100
所蔵：京都大学大学院工学研究科建築学専攻
Plan (First Floor) 1:100
Collection: Architecture and Architectural Engineering,
Graduate School of Engineering, Kyoto University

客室及床の間詳細図 1：20　原寸
所蔵：京都大学大学院工学研究科建築学専攻
Plan (Guest Room and Bed Room) 1:20 and 1:1
Collection: Architecture and Architectural Engineering,
Graduate School of Engineering, Kyoto University

客室展開図、詳細図 1：20
所蔵：京都大学大学院工学研究科建築学専攻
Expansion and Detailed Plan (Guest Room) 1:20
Collection: Architecture and Architectural Engineering,
Graduate School of Engineering, Kyoto University

南側開口部詳細図 1：10　原寸
所蔵：京都大学大学院工学研究科建築学専攻
Detailed Plan (South Side Entrance) 1:10 and 1:1
Collection: Architecture and Architectural Engineering,
Graduate School of Engineering, Kyoto University

居室展開図 1：20
所蔵：京都大学大学院工学研究科建築学専攻
Expansion Plan (Living Room) 1:20
Collection: Architecture and Architectural Engineering,
Graduate School of Engineering, Kyoto University

『日本の住宅』
出版：岩波書店
1928年
個人蔵
Nihon no Jutaku **(The Japanese House)**
Publisher: Iwanami Shoten
1928
Private Collection

枕付肘掛椅子
h729× w845× d632
チーク
所蔵：竹中工務店
Chair with Armrest
h729 × w845 × d632
Teak
Collection:.Takenaka Corporation

藤井厚二のスケッチブック
1928年以前
所蔵：竹中工務店
Fujii Koji's Sketch Book
before 1928
Collection: Takenaka Corporation

藤井厚二のスケッチブック（複製）
1928年以前

資料提供：竹中工務店
Fujii Koji's sketch book (reproduction)
before 1928
Courtesy: Takenaka Corporation

藤井厚二の日記（複製）
1919年11月8日 ～ 1920年8月10日
資料提供：竹中工務店
Fujii Koji's Diary (reproduction)
8 November, 1919 – 10 August, 1920
Courtesy: Takenaka Corporation

《聴竹居》
2018年
映像｜6分23秒
企画：竹中工務店
制作：麦プロダクション
協力：聴竹居倶楽部
Chōchikukyo
2018
Video｜6min. 23sec.
Planning: Takenaka Corporation
Production: Mugi Production
Courtesy: Chochikyo Club

重要文化財「聴竹居」の「茶室」VR復元プロジェクト
2018年
映像｜3分50秒
企画制作：竹中工務店
**Important Cultural Property Chochikukyo's Tea
House VR Restoration Project**
2018
Video｜3min. 50sec.
Planning and Production: Takenaka Corporation

後山山荘
Villa Ushiroyama

後山山荘
2013年
映像｜4分38秒
映像提供：UID
Villa Ushiroyama
2013
Video｜4min.38sec.
Courtesy: UID

模型 1：100
2012年
h430× w610× d610
所蔵：UID
Model 1:100
2012
h430 × w610 × d610
Collection: UID

土壁、丁番、五徳、鎬桟瓦、建材（オリジナル）
所蔵：UID
Soil Wall, Hinge, Tripod, Material (Original)
Collection: UID

スケッチ
所蔵：UID
Sketch
Collection: UID

既存平面図
資料提供：UID
Plan (Original)
Courtesy: UID

内観
写真｜撮影：藤井浩司
画像提供：藤井浩司／ナカサアンドパートナーズ
Interior View
Photograph｜Photo: Fujii Koji
Courtesy: Koji Fujii/ Nacasa & Partners

聴竹居から後山山荘への便り
差出人：藤井厚二 長女 宛名：藤井与一右衛門 妻
所蔵：UID
Letter from Chōchikukyo to Villa Ushiroyama
From the Daughter of Fujii Koji to the Wife of Fujii
Yoichiemon

Collection: UID

芝棟
Shibamune

《生麦事件の現場》
年代不詳
写真｜画像提供：横浜開港資料館
View on the Tōkaidō Road
Year unknown
Photograph｜Courtesy: Yokohama Archives of History

《箱根宿》
年代不詳
写真｜画像提供：横浜開港資料館
View of Hakoni Village
Photograph｜Courtesy: Yokohama Archives of History

亘理俊次 芝棟コレクション
映像（スライドショー）｜2分55秒
所蔵：東京大学博物館 亘理俊次 芝棟コレクション
Watari Shunji *Shimamune* Collection
Video (slideshow)｜2min. 55sec.
Collection: Watari Shunji *Shimamune* Collection, The
University Museum, The University of Tokyo

ラ コリーナ近江八幡 草屋根
Kusayane , La Collina Omihachiman

模型
h1130× w1870× d600
制作：藤森照信
所蔵：たねや
Model
h1130 × w1870 × d600
Production: Fujimori Terunobu
Collection: Taneya

全景
写真｜撮影：ナカサアンドパートナーズ
画像提供：たねや
Exterior View
Photograph｜Photo: Nacasa & Partners
Courtesy: Taneya
Photo: Nacasa & Partners

竪穴住居の復元研究
Restoration Study of Jōmon Dwelling

**與助尾根（よすけおね）第七阯（あと）上屋（うわや）復原
圖（与助尾根遺跡第七住居址上屋復元図）**
青焼図
1949年
所蔵：茅野市尖石縄文考古館
復元案：堀口捨己
**Drawing for restoration of house at 7th site,
Yosukeone Ruins**
Blue print
1949
Collection: Togariishi Museum of Jomon Archaeology
Restoration plan: Horiguchi Sutemi

**與助尾根（よすけおね）第七阯（あと）上屋（うわや）復原
圖（与助尾根遺跡第七住居址上屋復元図）**
青焼図（複製）
1949年
所蔵：茅野市尖石縄文考古館
復元案：堀口捨己
**Drawing for restoration of house at 7th site,
Yosukeone Ruins**
Blue print (reproduction)
1949
Collection: Togariishi Museum of Jomon Archaeology
Restoration plan: Horiguchi Sutemi

竪穴住居復元模型写真（複製）
1942年
写真｜撮影：関野克
所蔵：茅野市尖石縄文考古館
Restoration Model of Pit Dwelling (reproduction)
1942
Photograph｜Photo: Sekino Masaru
Collection: Togariishi Museum of Jomon Archaeology

豊島美術館
Teshima Art Museum

内観
2010年
写真｜画像提供：公益財団法人．福武財団
Interior View
2010
Photograph｜Courtesy: Fukutake Foundation

模型 1：60
2010年
h100×w1220×d910
所蔵：西沢立衛建築設計事務所
Model 1:60
2010
h100×w1220×d910
Collection: Office of Ryue Nishizawa

豊島美術館建設記録
2010年
映像｜6分30秒
映像提供：西沢立衛建築設計事務所
Documentation of Teshima Museum Construction
2010
Video｜6min. 30sec.
Courtesy: Office of Ryue Nishizawa

A House for Oiso
A House for Oiso

模型 1：10
2018年
h850×w2350×d1400
木、ピグメント入りモルタル、セメント、発泡ボード
所蔵：ATELIER TSUYOSHI TANE ARCHITECTS
Model 1:10
2018
h850×w2350×d1400
Wood, dirt, cement, foam board
Collection: ATELIER TSUYOSHI TANE ARCHITECTS

外観
写真｜撮影：太田拓実
画像提供：DGT ARCHITECTS
Exterior View
Photograph｜Photo: Ota Takumi
Courtesy: DGT ARCHITECTS

House & Restaurant
House & Restaurant

模型 1：150
h200×w700×d900 ×2個
所蔵：石上純也建築設計事務所
Model 1:150
h200×w700×d900×2set
Collection: junya.ishigami+associates

外観
写真｜画像提供：石上純也建築設計事務所
Exterior View
Photograph
Courtesy: junya.ishigami+associates

模型 1：300
H60×w70×d90
所蔵：石上純也建築設計事務所
Model 1:300
H60×w700×d900
Collection: junya.ishigami+associates

模型 1：8
h375×w1520×d823
所蔵：石上純也建築設計事務所
Model 1:8
h375×w1520×d823
Collection: junya.ishigami+associates

平面図 1：50
資料提供：石上純也建築設計事務所
Plan 1:50
Courtesy: junya.ishigami+associates

Restaurant & House
2018年
映像｜6分19秒
撮影制作：江本 悟
映像提供：石上純也建築設計事務所
Restaurant & House
2018
Video｜6min. 19sec.
Production: Emoto Satoru
Courtesy: junya.ishigami+associates

投入堂
Nageire-dō

三仏寺投入堂全景
1966年
写真｜撮影：土門拳
所蔵：土門拳記念館
General View of the Nageire-dō at the Sambutsu-ji
1966
Photograph｜Photo: Domon Ken
Collection: Ken Domon Museum of Photography

小田原文化財団 江之浦測候所
Enoura Observatory, Odawara Art Foundation

模型 1：100
2018年
h350×w2000×d2000
製作：新素材研究所
Model 1:100
2018
h350×w2000×d2000
Production: New Material Research Laboratory

《究極の杉本博司作品 江之浦測候所》
2017年
映像｜5分29秒、4K
監督、撮影：宮部一通（HIROBA）
撮影：長谷部雅治（V-OUT）
ドローン空中撮影：airvision（amana）
所蔵：株式会社マガジンハウス『カーサ ブルータス』
The ultimate Hiroshi Sugimoto artwork Enoura Observatory
2017
Video｜5min. 29sec. 4K
Director, Video: Kazuyuki Miyabe (HIROBA)
Video: Masaharu Hasebe (V-OUT)
Drone: airvision (amana)
Collection: MAGAZINE HOUSE CO., LTD., Casa BRUTUS

宮島弥山展望台
Miyajima Misen Observatory

コンセプトスケッチ
所蔵：三分一博志建築設計事務所
Concept Sketch
Collection: Sambuichi Architects

《幻の十三夜 弥山名月浮かぶ》
撮影：中国新聞社
A full moon and Misen
Photograph｜Photo: Chugoku Shimbun

外観
写真｜撮影：三分一博志建築設計事務所
所蔵：三分一博志建築設計事務所
Exterior View
Photograph｜Photo: Sambuichi Architects
Collection: Sambuichi Architects

内観 座の空間
写真｜撮影：三分一博志建築設計事務所
Interior View The space for "za" (sitting in contemplation)
Photograph｜Photo: Sambuichi Architects

地形模型 1：300
h500×w1300×d570
所蔵：三分一博志建築設計事務所
Terrain Model 1:300
h500×w1300×d570
Collection: Sambuichi Architects

外観
写真｜撮影：三分一博志建築設計事務所
Exterior View
Photograph｜Photo: Sambuichi Architects

宮島弥山展望台
映像｜2分13秒
映像提供：三分一博志建築設計事務所
Miyajima Misen Observatory
Video｜2min. 13sec.
Courtesy: Sambuichi Architects

嚴島神社
Itsukushima Shrine

外観
写真｜画像提供：アマナイメージズ
Exterior View
Photograph｜Courtesy: amana images

水の教会
Church on the Water

外観
1988年
写真｜画像提供：星野リゾート トマム
Exterior View
1988
Photograph｜Courtesy: Hoshino Resorts Tomamu

『ANDO BOX The 1st Round [drawings]』
平面ドローイング
安藤忠雄
2014年
プラチナプリント
所蔵：株式会社アマナサルト
Plan drawing from ANDO BOX The 1st Round [drawings]
Ando Tadao
2014
Platinum print
Collection: amanasalto

『ANDO×ANDO - Photographs』内観
2015年
写真｜撮影：安藤忠雄
プラチナプリント
所蔵：アマナサルト
ANDO x ANDO - Photographs Interior View
2015
Photograph｜Photo: Ando Tadao
Platinum print
Collection: amanasalto

ブックガイド
Book Guide

塚本二朗 編・解説

日本の建築、建築界を知る本

- 太田博太郎著
『日本建築史序説』
1947年｜彰国社（2009年｜増補第三版）

明治期の西洋建築の導入以降、伊東忠太、関野貞が築いた日本建築史学。本書はその基盤を戦後、大きく発展させた太田博太郎が1947年に出版した日本建築史の概説書。原始の住宅から近世の城廓まで簡潔に解説している。改訂された1962年以降は「日本建築の特質」が総論として加わり、図版等も大幅に加えられている。多くのページを日本建築史の文献目録に当てるなど、現在でも日本建築史の入門書として中心的な存在である。

- 西和夫・穂積和夫共著
『日本建築のかたち 生活と建築造形の歴史』
1983年｜彰国社

豊かな自然と共生し、それがもたらす木材を主とした材料として培われてきた伝統的日本建築。この書ではその長い歴史を図によってたどって見ることが意図されている。建築史家・西和夫が「祀る」、「住む」、「戦う」、「遊ぶ」の四つ用途別のそれぞれの代表的な建築の遺構の紹介とともに、建築様式、木割、造営技術、都市づくりなどについて、線画によって描かれた多くの臨場感ある復元図や絵図等とともにわかりやすく解説している。

- 藤井正一郎・山口廣編著
『日本建築宣言文集』
1973年｜彰国社（2011年｜復刻）

明治から戦後までの日本における建築思想の軌跡を宣言や論文によって辿る本書は、建築評論家・藤井正一郎、建築史家・山口廣によって編纂。「アーキテクチュールの本義」伊東忠太(1894)から、「日本的なものとは何か」瀧澤真弓(1934)、「日本国民建築様式の問題」浜口隆一(1944)、そして戦後の伝統論争と、伝統と西洋建築との交わりの中での先人たちの「思想的営為」が現代に至っていることを再確認できる。

- 磯崎新著
『建築における日本的なもの』
2003年｜新潮社

建築家・磯崎新による表題と、桂離宮論、東大寺を再建した重源論、伊勢神宮論のエッセイからなる日本建築論。日本の近代建築が「日本的なるもの」と折り合いを付けながら独自に成立していったかを、大きな影響をもたらしたライト、タウトをはじめとする外部からの視線、堀口捨己、岸田日出刀、浜口隆一といった建築家たちの言説や活動、戦後での丹下健三やメタボリストと磯崎自身の活動の軌跡によって解明しようとしている。

- 五十嵐太郎著
『日本建築入門──近代と伝統』
2016年｜筑摩書房

近代以降、西洋建築を積極的に導入していくなかで、学問としての日本建築史の体系がつくられ、建築家たちも「日本とは何か」と問い続けてきた。その過程を日本趣味、戦時下の建築論、伝統論争、メタボリズムといった昭和初期から戦後を中心に建築界の流れを追いながら、オリンピック、万博、戦争、国会議事堂建設と日本的を意識せざるを得ない国家的なプロジェクトに際して建築家がどのように取り組んできたかを紹介している入門書。

- 『日本の建築意匠』
2016年｜学芸出版社

伝統的な日本建築にある本質を抽出し、未来の日本建築へとつなげようと意図された解説書。近代以降の建築家の作品を取り上げその中にある伝統表現を考察した「近代の建築家による伝統理解と表現手法」、伝統的な社寺、民家、都市での空間構成の骨格を説いた「フレームとフォルム」、屋根、建具、柱といった要素と素材を考察した「構成要素とマテリアル」の3つ構成によって、構法や様式の詳細な解説ではない独自の解説書となっている。

- 『建築への思索』
1992年｜INAX

「造型の美、日本の空間概念、そして装飾…。」を読みなおすべく、伊藤ていじ、内井昭蔵、内藤昌、西澤文隆が伝統的建築の写真とともにそこにある空間、技と美を考察している。そして、伊東忠太からはじまる「日本の建築批評100年の系譜」について藤森照信らによる座談会の記録、伊東から黒川紀章までの重要な言説の再録と年表等によって、日本における建築の思索の歴史をダイジェストに振り返ることができる1冊。

01 可能性としての木造

- 『日本のやしろ』
1962 - 64年｜美術出版社（1965年｜合本）

日本独自の更新性を持って古代から継承されてきた出雲大社、伊勢神宮、住吉大社、春日大社、嚴島神社。そして近世における日光東照宮。大陸文化の影響を受けつつ、それぞれの造形を創出し現代に伝えている各社を写真家・土門拳、渡辺義雄、二川幸夫、岩宮武二が現代的な視点で記録し、福山敏男、神代雄一郎、針生一郎、川添登、菊竹清訓といった歴史家、評論家、建築家たちがそれぞれの立場での考察を添えた大判の写真集。

Book Guide 311

• 『日本の寺』
1958 - 61年｜美術出版社（1963年）｜合本）

法隆寺、東大寺、唐招提寺、平等院、室生寺、当麻寺、西芳寺・竜安寺、大徳寺、室生寺など奈良、京都の15の名刹に引き継がれている、建立されたそれぞれの時代の伝える特色を、土門拳、渡辺義雄、二川幸夫、入江泰吉、佐藤辰三、藤本四八他錚々たる写真家が建築、仏像、庭園などのそれぞれの独自の視線でとらえた写真集。それぞれに井上靖、野間宏、大佛次郎をはじめとする執筆陣によるエッセイと福山敏男による解説が添えられている。

• 渡辺保忠著
『日本の美術 3 伊勢 出雲』
1964年｜平凡社

学位論文「日本建築生産組織に関する研究」から、建築がその生産体制に大きく影響される点に着目した建築史家・渡辺保忠。ここではそうした彼の視点で神社建築の代表としての伊勢神宮、出雲大社の起源と、神殿形式の変遷を論じている。伊勢が遷宮を経るごとによって古代の形式を守りかつ洗練しつづけ、対する出雲がその巨大性を伝えるために技術とともに変遷していったと考察している。シリーズ全体の装幀は原弘が手がけている。

• 稲垣栄三著
『原色日本の美術16 神社と霊廟』
1968年｜小学館

伊勢神宮そして出雲大社をはじめとする国宝の全てと、重要文化財に指定されている主要な神社、霊廟建築を豊富な写真を大判で紹介。解説を担当したのは名著『日本の近代建築 その成立過程』（1959, 丸善）や堀口捨己との共著と神社建築の研究など広い分野で活躍した建築史家・稲垣栄三。古代の造形感覚を継承している神社こそ現代の造形に通じるとする、稲垣が神社建築の概説と、それぞれの社の縁起から建築について詳しく紹介している。

• 清家清著
『日本の木組』
1979年｜淡交社

『木組』『竹編』『紙折』の三部冊からなる『日本の造形』（1970）を独立させた書。日本古来の建築の接合部である「木組」を取り上げることで木造建築の見直しをめざし編纂された。木造建築について発達した背景と概説、そして日本独自の木組み23種類を写真、図版とともに紹介している。解説は、自身が手がけた木造住宅を見たW・グロピウスに「日本建築の伝統と近代技術との幸福な結婚」と言わしめた建築家・清家清。

• 菊竹清訓著
『代謝建築論』
1969年｜彰国社（2008年｜復刻）

資材の乏しい戦後期に既存の木造建築の転用、増改築を手がけたことで日本の木造建築の優れた更新性に着目し、のちにメタボリズムを提唱した建築家・菊竹清訓による建築論集。「か」「かた」「かたち」の三段階理論による方法論から、大きな影響を受けた出雲大社の考察をはじめ、「柱は空間に場をあたえる」で知られる『ホテル東光園』（1964）計画の発表時の論文、など歴史から設備の多岐にわたる論考を収録している。(p.51参照)

• 広瀬鎌二著
『伝統のディテール』
1974年｜彰国社

日本の伝統的建築の技術的な変遷の過程を、国宝をはじめとする建築の基礎、石垣、床、組物、軒、屋根、天井、架構といった部位ごとに写真と図面を用い紹介している。改訂版では、古墳の遺構、石造について追加。著者のひとり建築家・広瀬鎌二は1954年の最小限の軽量鉄骨造の架構とガラスやレンガを用いた自邸（SH-1）以降、スチールと工業製品を用いた軽快なSHシリーズの住宅と後年の伝統的な構法を用いた作品で知られる。

02：超越する美学

• 岡倉天心著、村岡博訳
『茶の本』
1929年｜岩波書店

明治期の美術思想家・岡倉天心によって英語で著され1906年にアメリカで出版された。原題は『The Book of Tea』。F. L. ライトにも影響をあたえたという本書は、庶民までが花を活け、山水を好む人のふるまい、住まい、絵画、文学まで茶の精神の影響の元にある、西欧人にとって難解なこの日本の伝統的思想を、茶道の歴史、思想的背景、それを具現化した茶室などを考察することで解き明かそうとした文明論。

• 谷崎潤一郎著
『陰翳禮讃』
1939年｜創元社（1975年｜中公文庫）

1933〜34年に発表された谷崎による随筆。「大きな屋根と、その庇の下にある濃い闇である」と述べ、日本では日射、雨をしのぐための屋根によって生まれる陰翳のうちに美を見出したとし、陰影表現の豊かな建築、そして、衣服、芸能、生活品について具体的に陰影の美を論じている。そこには近代化とともに忘れ去られていく日本的な美について、文学者らしい考察とともに文学の中だけでもそれを継承いきたいとしている。

• 伊藤ていじ著
『日本デザイン論』
1966年｜鹿島出版会

1960年の世界デザイン会議で配布された小冊子各『び nature and Thought in Japanese Design』の企画に携わったことをきっかけに、伊藤は1963 - 1965年、ワシントン大学に招聘される。本書はその講義録をもとに、建築、庭園、美術などにおいて「直線の変更」、「灰色の空間」、「無常のデザイン」「布石の構想」、「界隈の構成」のそれぞれのデザイン概念の形成を西洋的な思考を用い考察している。

• 丹下健三・川添登共著
『伊勢』
1962年｜朝日新聞社

1953年の式年遷宮の際に内宮、外宮の御垣内を写真家・渡辺義雄が丹念に撮影した貴重な記録による写真集。丹下健三が"日本建築の原型であり、その伝統の起点"と綴る『日本建築の原型 伊勢』、『民と神の住まい』（1960, 光文社）から晩年の『伊勢神宮 森と平和の神殿』（筑摩書房）まで伊勢に取り組み続けた評論家・川添登による「伊勢文化論」と伝統論争の中心的人物による論考を納めている。装本・レイアウトは原弘と片山利弘。(p.70参照)

● 篠原一男著
『住宅建築』
1964・1993年｜紀伊国屋書店

建築家・篠原一男による作品発表時などのテキストを集めた著作。「日本の空間論」として伝統的建築について空間の分割や連結、虚空の表現と論考。民家を自然の一部だとし「民家はきのこだ。」でしられる「民家論」、そして「住宅は芸術である」を収録。日本的な空間に抽象的性を取り入れた住宅作品《から傘の家》(1961)、《白の家》(1966) などの美しい空間とともに、これらの論考は今なお、国内外に影響を与えている。

03：安らかなる屋根

● 伊藤ていじ著
『民家は生きてきた』
1963年｜美術出版社 (2013復刊｜鹿島出版会)

1957年から59年にかけて出版された二川幸夫の写真による『日本の民家』。本書は伊藤ていじが担当したその全十巻分のテキストを増補改訂し1冊にまとめたもの。奥州路から西海路の地域ごとに農家から町家にいたる変化に富む民家を歴史的背景やエピソードを交えながら、平面や架構、モジュールといった建築的に分析。同時にそこにシステムを見出し、現代建築への示唆を見出そうとしている。(p. 88 - 89参照)

● 伊藤ていじ・高井潔共著
『日本の屋根』
1982年｜叢文社 (2004年｜改訂版『屋根』｜淡交社)

伝統的建築の特色である大きな屋根を戴く神社、寺院、城郭、民家と様々な用途の日本建築の屋根に焦点をあてた写真集。細部まで映し出す写真は茅屋根、皮屋根、板屋根、瓦屋根、石屋根、金属屋根と材料別にまとめられている。「屋根が空間をつくる」と語る伊藤ていじによる各材料の屋根の解説と総論が添えられている。巻末には国宝光浄院客殿など主要な建築の図面が挿入されている。改訂版では土屋根が加えられ、図面は省略されている。

● 池浩三著
『家屋文鏡の世界』
1983年｜相模書房

(p. 86参照)

● 山田幸一監修、石田潤一郎著
『屋根のはなし』
1990年｜鹿島出版会

日本壁の第一人者であった山田幸一監修による日本建築の各部位を解説するシリーズの一冊。技術的、文化的に屋根のもつ意味と影響は大きいとする著者が、用語の解説と奥行きなど平面的な制限があった「モヤ＋ヒサシ構造」を乗り越え、変遷していく過程を断面図などの挿絵とともに考察。あわせて主に民家で用いられた茅葺き屋根を大きくとりあげ、その構法、葺き

方、「ユイ」による更新システムの成り立ちを解説している。

● 藤井恵介著
『INAX ALBUM 21 日本建築のレトリック』
1994年｜INAX

木造建築の技術のひとつとして寺院などの大屋根の軒を支える日本に伝わった組物。中世以降、野屋根の登場で軒先の構造的負荷が減ったのを機に建築表現の自由度が増し、日本独自の組物が誕生する。この書では、主に畿内の寺院の具体的な遺構の写真、図版を用い、組物の解説から、構造的解決と建物の性格や重要度の表現として様々な形式の組物を生み出した先人達の努力に迫ると同時に、それを読み解く楽しさを読者に伝えている。

04：建築としての工芸

● ブルーノ・タウト著
『日本文化私観』
1936年｜明治書房 (1992年｜講談社学術文庫)

タウトの日本での「発見」は建築だけではなく、絵画、工芸といった芸術全編に及んだ。「ヨーロッパ人の眼で見た——ニッポンの芸術」を原題とするこの書では、そうした芸術全般への洞察をまとめている。当時の日本の事情から「建築の休業」状態だったタウトの研究成果は、仙台の商工省工芸指導所や高崎において、工芸指導者として工芸のデザインに携わった際に発揮され「伝統と現代的文明の総合」を工芸品として具現化させている。(p. 116 - 117)

● 堀口捨己著
『利休の茶室』
1949年｜岩波書店 (1968年｜鹿島出版会)

建築家である堀口捨己は、1932年に「茶室の思想的背景と其構成」『建築論叢』(1932、六文館発行) を著して1930年代まで建築の対象として語られることが少なかった茶室に注目した。戦中の茶室研究を経たその20年後、現代建築の立場で利休による茶室の成立と、その空間について論考した本著を出版。茶道について論じた『利休の茶』(岩波書店発行) とともに堀口の千利休を中心とした茶室研究の集大成として知られる名著。

● 石井和紘著
『数寄屋の思考』
1985年｜鹿島出版

近代での数寄屋の復興、ポストモダン期での引用、本来の草庵建築の本質に立ち返りありふれた工業製品を用いた数寄屋の模索と歴史的様式のひとつでありながら現在でも変貌を見せている数寄屋建築。中世の千利休を中心とした数寄屋の創出と、近世の小堀遠州による発展、近代ではミースと吉田五十八との対比、そして自作を含めた現代の数寄屋建築と、時代ごとの変遷をわかりやすく辿る、ポストモダン建築で知られる建築家の数寄屋再考論。

● ブルーノ・タウト著
『ニッポン』
1934年｜明治書房
(1991年｜講談社学術文庫、2008年｜春秋社)

1933年5月来日した建築家・ブルーノ・タウトの3年半の滞在中に執筆されもので最初に出

版された。伊勢神宮を「一切が究極に清楚である」と評し、遷宮によって新鮮な姿を見せ続けていることに感銘をうけている。加えて桂離宮を「世界に二なきもの。純粋の日本」と評し世界的な業績だと賞賛。世界的な建築家が、日本建築の中に現代建築がめざす清純さや明朗さを見出し言及したことは日本の建築界に大きな影響を与えた。(p. 116-117参照)

05：連なる空間

- ノーマン F. カーヴァ JR. 著
『日本建築の形と空間』
1956年｜彰国社

戦後、進駐軍の兵士として来日した際に日本建築に触れ、のちに京都大学に留学した著者が、1953〜55年にかけて撮影した社寺、民家などの記録をもとに編集した写真集。「近代建築家にとって意義深い"経験の宝庫"」とした日本建築のディテールを抽出し、そこにある幾何学などの秩序から日本建築と近代建築との構造的手法や形（フォーム）の親和性を示している。翻訳は浜口隆一。伝統論争のきっかけとなったとされる写真集。

- 二川幸夫著
『日本建築の根』
1962年｜美術出版社

二川幸夫による独自の現代的な視線と、伊藤ていじの解釈によって構成された日本の伝統的建築の写真集。「伝統的な日本建築の中に発掘しうる現代的な何ものかが存在するだろうか」という問いかけを「無限を限定することから建築は始まった」、「空間は自由な方向にむかって連続してゆく」、「屋根がつくりだす光と影は天と地をつないでいる」などのテーマごとに伝統的建築の写真と論考で応え、現代にも通ずる不変の美を探求している。

- 井上充夫著
『日本建築の空間』
1969年｜鹿島出版会

日本の建築の内外の空間の変遷、発展を体系的にとらえた通史。古代での外部空間のなかでの建物の彫塑性、中世までの一方向的な視線を意識した絵画的な空間、内部空間の発展を経て誕生した、回遊式庭園のように継時的に接続され「紆余曲折」を経る空間の連続性を特徴とする「行動的空間」。井上はここに、無常観を反映した日本的な独自性があるとしている。出版当時、論じられる事の少なかった日本の建築の"空間"を論じた名著。

- 丹下健三・藤森照信共著
『丹下健三』
2002年｜新建築社

木造建築の柱、梁を意識した『広島平和記念公園』(1942)、『香川県庁舎』(1942)、最新技術を用いた現代建築でありながら日本的な大屋根を彷彿とさせる『国立室内競技場』(1964)と、日本建築を意識し続けたモダニスト、丹下健三が最晩年にまとめた評伝集。建築家でもある建築史家・藤森照信が丹下本人、高山英華、川添登などへの聞き取りをもとに丹下の軌跡と建築界の様子を7年がかりで、丹念に纏めた大作。

- 太田博太郎監修、伊藤要太郎解説
『匠明』
1971年｜鹿島出版会

かつて日本建築の建設時に柱間から各部材における比例と寸法を導く体系として参照された「木割書」。室町中期に存在した三代巻が最も古いとされるが、最も完備された木割書とされるのが、和算家でもあった江戸幕府の作事方大棟梁・平内吉政によって1608年に記された『匠明』(東大建築科教室所蔵)。殿屋、門、堂、塔、社とそれぞれ綿密に体系づけがなされている。本書はこれを太田博太郎監修により編纂した解説書。(p. 45, 147参照)

- 隈研吾監修
『境界 世界を変える日本の空間操作術』
2010年｜淡交社

中間領域である縁側、廊下、庇などによって境界部の技術を蓄積してきた日本建築。伝統的日本建築や空間の窓、塀、軒、暖簾といった建築の中の境界を生み出す部位から、風景の中での境界である鳥居、橋までを民家等の伝統的建築を撮り続けた高井潔の写真とともにとりあげている。加えて現代の建築家・隈研吾、藤本壮介、石上純也の作品とそれぞれの境界論が加わり多様な「境界」が生む豊かさの今日性と可能性を紹介している。

- 井上章一著
『つくられた桂離宮神話』
1986年｜弘文社（1997年｜講談社学術文庫）

桂離宮の評価に重きを置かなかった日本建築史の祖、伊東忠太。岸田日出刀の『過去の構成』(p. 140-141参照)でのモダニズムとの類似性の指摘と「日本インターナショナル建築会」の建築家たちの招聘で来日したブルーノ・タウトによる"意図された"「発見」。そして、桂離宮を「建築の規範」と称した丹下健三。現在ひろく日本文化、建築の頂点のひとつと評価される桂離宮の明治以降それぞれの時代の評価を辿り、桂離宮神話を問う意欲作。

06：開かれた折衷

- 伊東忠太著
『日本建築の美 社寺建築を中心として』
1944年｜築地書店

ここで伊東は日本独自の神社建築と、アジア大陸から入り国内で発展していった寺院建築こそ、古代から途切れることなく続く建築の系譜であり、その本質や様式を研究することこそ肝要だと説いている。神社建築では平安の和様で完成を見たとするその変遷から、新たな神社のあり方までを論考し、寺院建築では仏塔についてページを割いている。すでにタウトの日光東照宮への批判以降でありながら東照宮を詳しく紹介している点なども興味深い。

- 鈴木博之著
『伊東忠太を知っていますか』
1995年｜王国社

建築家として、築地本願寺、平安神宮などの独自の作風を持つ宗教建築を多く手がけつつ、学者として日本の建築史学を確立した伊東忠太。本書は伊東の評伝、遺した作品の論考、3年半のアジア〜欧州への大旅行の足取りの追跡などで構成される。合わせて、東京駅の復元など近代建築の保存に尽力した編著者である建築史家・鈴木博之と、現代の歴史家、建築家が伊東

について語り、その業績を振り返りつつ彼の活動の現代性を模索している。(p. 168 - 171 参照)

• 井上章一著
『アートキッチュジャパン
戦時下日本の建築家』
1995年｜朝日新聞社

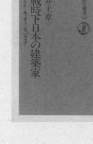

1930年ごろから現れる、東京国立博物館(1934)や《大礼記念京都美術館(現京都市美術館)》(1934) (p.174 参照) にみられるコンクリートのビル形式の上に瓦屋根を載せた和洋折衷の建築。当時求められた「日本趣味」の回答のひとつとして、異論もありながらこうした形態が受け入れられ実現していった建築界の動きを追いながら、戦後の丹下健三の広島平和記念公園までの建築家たちの作品や言説をとりあげ、井上独自の考察をしている。

• 大江宏著
『建築作法 混在併存の思想から』
1989年｜思潮社

《国立能楽堂》(1983)、《角館伝承館》(1978) などの作品で知られる建築家・大江宏の遺稿集。鉄筋コンクリートの構造体と木造の建築が共存する香川県立文化会館 (1965) 以降、伝統と現代、東洋と西洋を並列に扱う「併存混在」を提唱。本書では作品に見られる日本的な空間処理である「間」や明治末期の折衷論から桂と日光の評価について論じ、日本の伝統だけに偏らない歴史感と意匠をめざした大江の思想と功績を辿っている。

07：集まって生きるかたち

• 『これからのすまい 住様式の話』
1947年｜相模書房（2011年｜復刻版）

戦後の復興期においてすまいについて論じた名著。戦前からの庶民の生活を調査し、住環境の向上を目標に掲げ、「床面座と椅子座」「家生活と私生活」「住生活の共同化」「機能分化」などのテーマで分析と提案が論じている。中でも実状から導いた「食寝分離」は後の住宅公団による51C型プランなどに影響を与えた。結びの「住宅の型、生活の型」では、住宅の規格化や住まい方の変化によって新たな住様式確立の必要性を説いている。

• 都市デザイン研究体著
『日本の都市空間』
1968年｜彰国社

雑誌『建築文化』1963/12月号で特集された「日本の都市空間」の単行本。東京大学の丹下研究室を中心に磯崎新、伊藤ていじらが寺社、城廓、集落等の調査から、都市形成における日本独自の思想や手法を抽出することで現代への応用をめざしている。街並の「形成の原理」として「天地人」「真行草」「布石」「構成の技法」では「折れ曲がり」「見えがくれ」といったキーワードを用い分析。デザインサーベイの先駆けでもある。

• 槇文彦著
『見えがくれする都市』
1980年｜鹿島出版会

1975年から建築家・槇文彦らによって取り組まれた日本独自の都市の空間概念についての研究をまとめた名著。密集した都市では建物内外の混在、重合性が「すきま」「ひだ」を生み出し景観を充実させ、さらにそこに救心的な「奥」性があることが日本の都市空間構成の原点だと、歴史的、深層意識から読み解いている。槇自身が1969年以降長きにわたり計画してきたヒルサイドテラスでは、これらの思想が随所に反映されている。(p. 199 参照)

• 黒川紀章著
『グレーの文化 日本的空間としての「縁」』
1977年｜創世紀

メタボリズムで知られる建築家・黒川紀章は、東洋、日本の思想に基づく「共生の思想」といった提唱を積極的に発信してきた。本書でも縁側などの内と外の重なる中間領域に着目し、その曖昧性をもつ「縁」「中間体」、西洋の広場文化に対する日本での「道の文化」などを考察することで空間の文脈を模索している。こうした提唱を《福岡銀行本店》(1975) では大規模な「縁」「中間体」である半公共空間として実現させている。

• 『建築と言葉——日常を設計するまなざし』
2012年｜河出書房新社

詩人・小説家である小池昌代と建築家・塚本由晴が、都市、風景、建築などに対し「言葉」を与えることで、建築や街に動きを与える事ができるのではと、人間の生活の未来を模索している意欲的な対話集。塚本による論考「山水主義試論」では、庭園や風景のみならず、日常生活の中の鍋や風呂まで論じ、日本人、アジア人が受け継いできた美意識のひとつである水墨山水の夢を現代人が見出すことで「居場所」を創出していると考察している。(p. 194 - 195 参照)

• 今和次郎著
『日本の民家』
1922年｜鈴木書店（1927年｜岡書店、1954年｜相模書房、1989年｜岩波書店）

『考現学』の提唱者である今は、1917年から5年間、柳田国男と佐藤功一らによる「白茅会」とともに全国の農村、漁村の民家を訪れた。その記録をまとめたのが、『日本の民家 田園生活者の住家』(1922、鈴木書店発行)。そこには集落全体の配置図から住居の敷地内の配置、住居の平面、断面図、生活用具の置き方まで描いたスケッチと解説文によって各地の民家での生活の様子が克明に記録されている。その後増補が繰り返されている。(p. 190 - 192 参照)

• 西山卯三著
『日本のすまい II III』
1975 - 1980年｜勁草書房

すまいを研究の対象としてきた西山卯三の集大成とも言える大著。ありふれた住まいを扱うことで、階層構成をもつ日本のすまいの全体像を見いだすことを目指している。1940年代から60年ごろまでにリサーチされた膨大な調査記録をもとに、町家から舟すまいといった集積型住居、独立住居、職住併用住宅（増補版のみ）などを分類し、西山自身の豊富なスケッチとともに、その成り立ちや住まい方までの事例を3冊にまとめている。

08：発見された日本

- 吉田鉄郎著
『建築家・吉田鉄郎の日本の住宅』
2002年｜鹿島出版会
（1935年｜発行、原書 "Das Japanische Wohnhaus"）

逓信省の建築家として合理性を追求した郵便局の「かた」を見出しつつ、木造建築の「清純性」を抽出し独自のモダニズム建築を創出した、吉田鉄郎。1931年から33年の訪欧時に当地での日本建築への関心の高さを知り、1935年に木造建築の解説書『日本の住宅』をドイツ語で出版。A. アアルトほか多くの建築家に影響を与えたと言われる。のちに『日本の建築』(1952)、『日本の庭園』(1957) をドイツ語で出版。

- フランク・ロイド・ライト著、樋口清訳
『ライト自伝――ある芸術の形成』
1988年｜中央公論美術出版社（2000年｜中央公論美術出版社）

1910年に出版した作品集が、ミースらに影響を与え近代建築の巨匠のひとりと称されるライト。本書はその波乱に満ちた半生を綴った自伝となり、不遇な時代に依頼された《帝国ホテル日本館（ライト館）》(1923) にもページが割かれている。建設のための来日、完成後の関東大震災を中心に記述される中で、浮世絵を通じて日本と少なからず関わりのあったライトの眼に映った風景、人々の生活、芸術、建築の有機的な性格と近代性を見出している様子を伺うことができる。(p. 212 - 216 参照)

- K・ニュート著
『フランクロイドライトと日本文化』
1997年｜鹿島出版会

平等院鳳凰堂を彷彿とさせる旧帝国ホテルを手がけた、フランク・ロイド・ライトは浮世絵のディーラーであり1912年には著作まで出版するほどの愛好家であった。そうした彼は自身の建築における日本からの影響を否定していたが、その影響を指摘する様々な議論は当時からなされてきた。この書では、ライトのキャリアが育まれていく中での日本との出会いを検証しながら、具体的な作品をとりあげ日本から哲学的、建築的影響を検証している。(p. 212 - 216 参照)

- 西川驍著
『現代建築における日本的表現 1』
1957年｜彰国社

『ミースと日本建築の精神』の一文を冒頭に掲げ、2冊構成の（2は出版されず）「国外編」とされた本書は世界の現代建築と日本との関わりを、建築家・西川驍の視線で紹介している。モダニズムを中心とした当時の建築、芸術の動向とそこにみられる浮世絵をはじめとする日本の芸術と建築の影響、国外の主な建築家達の日本への言及を簡潔に紹介している。そして建具に焦点をあて、欧米の作品における日本的表現の事例を掲載。

- グロピウス会著
『グロピウスと日本文化』
1956年｜彰国社

バウハウスの創設者であるワルター・グロピウスは1954年、ロックフェラー財団の知的交流事業として来日。本書は80日に及ぶ滞在の記録である。夫人のT.A.C. 宛の書簡、各地での講演と「伝統と現代建築」というテーマで行われた座談会、いわゆる「箱根会談」の記録、剣持

勇、石川栄耀、清家清、丹下健三らが伝える滞在の様子が収録され、現代建築の巨匠とされたグロピウスによる日本建築への評価と問題点を伝えている。

- A・レーモンド著
『私と日本建築』
1967年｜鹿島研究所出版会

1919年F. L. ライトとともに帝国ホテルの建設のために来日したA・レーモンド。その後、第二次世界大戦中を除き日本を主な活動の拠点とし、多くの作品と前川國男、吉村順三らを輩出し日本の建築界に大きな影響を与えた。本書は1935年に日本で出版された作品集から、寄稿やアメリカでの講演録などを集めた著作集。人生の半分を日本で活動したレーモンドによる日本建築へのまなざしとその本質的理解を知ることができる。(p. 218 - 220 参照)

9：共生する自然

- 和辻哲郎著
『風土――人間的考察』
1935年｜岩波書店

哲学者・和辻哲郎の代表的著作。「風土」とは気候といった自然環境だけでなく、そこで生きる人間の生活習慣、文化、歴史も含めた精神的風土学だとし、モンスーン地帯、砂漠、牧場の三つの類型を提示。それぞれの地域の民族と文化の特徴に焦点をあてている。日本については、湿潤が生んだ受容忍従的性格、宗教的結束による特色や、庭園などを例にあげその芸術的特徴について論じている。現在でもひろく参照される比較文化論の名著。

- 西澤文隆著
『日本名建築の美』
1990年｜講談社

坂倉準三亡きあと、坂倉建築研究所を引き継ぎ、建築空間と庭園、自然との共存をめざした作品や『コートハウス論』(1974、相模書房) などの著作も残した建築家・西澤文隆。本書は設計活動とともに日本の伝統的建築や庭園の研究をライフワークとした西澤が、建築家としての審美感で自然と対峙する三仏寺投入堂、高山寺石水院をはじめとする寺社、茶室などの名建築を建物の細部まで捉えた写真とともに論考している。

- 西澤文隆「実測図」集刊行委員会著
『日本の建築と庭』
1997年｜建築資料研究所

「移動に合わせて展開してゆく空間の面白さこそが日本の空間の特質である」と述べる西澤文隆が設計活動とともに、1967年から取り組んだ建築と庭園の実測。その実測図は建築と庭園とが不可分である優れた遺構を体感し、図面化されている。没後編纂されたこの書では厳島神社、桂離宮などの多くの遺構を「透けた空間」、「密な空間」、「歩く庭」と分類し、実測図とともに、西澤の遺したテキストが主に引用され添えられている。

- 松隈明著
『聴竹居
藤井厚二の木造モダニズム建築』
2015年｜平凡社

藤井厚二が近代的な日本住宅を模索した、聴竹居。日本の気候に調和、適応する建築をめざした科学的なアプローチによって1928年に建てられ、現在も京都大山崎の自然に調和しつつ保存されている。この書ではその姿を捉えた写真と解説によって、環境工学的な先進性、日本住宅とモダニズムの調和を確認するとともに、藤井が遺した他の作品、著書『日本の住宅』（岩波書店 1928）の解説も加わり、早逝の建築家の足跡も辿っている。（p. 244 - 245 参照）

- ### 『堀口捨己作品・家と庭の空間構成』
1973年｜鹿島出版会

レイアウトや装幀まで堀口好みとなる1973年に出版された作品集。芸術性を重視した分離派建築会での活動をへて、オランダ建築に影響を受けた《紫烟荘》、モダニズム建築の邸宅、モダニズムと日本建築を対峙させた《岡田邸》、戦後の近代数寄屋の名作とされる「八勝館みゆきの間」、「䂖居」と変遷する堀口の主要な作品を納めている。「様式なき様式」（1938）、「現代建築と数寄屋について」（1954）などの論文も再録。

執筆者プロフィール
Profiles of Contributors

・姓のアルファベット順
・In an alphabetical order of family names.

デイビッド・アジャイ David Adjaye

1966 年タンザニア、ダルエスサラーム生まれ。1993 年ロンドンのロイヤル・カレッジ・オブ・アート卒業後、1994 年自身の事務所を立ち上げる。2000 年事務所名をアジャイ・アソシエイツに改める。2005 年頃、複数の公共施設を設計した後、世界に知られるようになる。近年の主な作品にニューヨークの《シュガー・ヒル》（2014）、ベイルートの《アイシティ複合施設》（2015）、ワシントンの《国立アフリカ系米国人歴史文化博物館》（2016）など。著書にアフリカの都市の研究をまとめた「Adjaye Africa Architecture」（2011）がある。2016 年イギリスのナイトの称号を授与される。

Sir David Adjaye was born in Dar es Salaam, Tanzania, in 1966. He graduated from the Royal College of Art, London, in 1993 and established his first practice in 1994, which he reformed as Adjayè Associates in 2000. After completing several public buildings in London in 2005, his practice became more global. Recent works include *Sugar Hill*, a mixed-use residential development in New York (2014), the *Aïshti Foundation in Beirut* (2015) and the *National Museum of African American History and Culture* in Washington D.C. (2016). His study of African cities, *Adjaye Africa Architecture*, was published in 2011. He was knighted for services to architecture in 2016.

青井哲人 Aoi Akihito

あおい・あきひと／ 1970 年愛知県生まれ。1995 年京都大学博士課程中退後、神戸芸術工科大学、人間環境大学を経て 2008 年より明治大学准教授。現在同教授。博士（工学）。「彰化一九〇六年」、「明治神宮以前・以後」（共編著）、「福島アトラス」（監修・編著）、「近代日本の空間編成史」（共著）ほか。

Aoi Akihito, Ph.D. Engineering, was born in Aichi Prefecture in 1970. After his doctoral program at Kyoto University, he worked at Kobe Design University, University of Human Environment, and in 2008 Aoi became an associate professor at Meiji University. Currently he is a professor at the university. His notable literatures are: *Shoka 1906*, *Meiji Jingū Izen Ikō*, *Fukushima Atlas*, and *Kindai Nippon no Kūkan Henseishi*.

芦原太郎 Ashihara Taro

あしはら・たろう／建築家。1950 年東京都生まれ。1974 年東京芸術大学建築科卒業。1976 年東京大学大学院建築学修士課程修了。1985 年芦原太郎建築事務所設立。2010 - 2016 年日本建築家協会会長を務める。日本、アメリカ（Hon FAIA）、韓国、中国、タイ、モンゴルの建築家協会名誉会員。個人邸から公共建築づくりまで幅広いジャンルの設計を行い、新日本建築家協会新人賞、日本建築家協会賞、ほか受賞多数。

Ashihara Taro was born in Tokyo in 1950. After graduating from the Department of Architecture at Tokyo University of Arts, he went on to receive his master's degree from the Faculty of Engineering at The University of Tokyo. He established his own practice in 1985, and from 2010 to 2016 he chaired the Japan Institute of Architects. He is an honorary member of architectural organizations of the USA, Korea, China, Thailand, and Mongolia. His portfolio ranges from private houses to public facilities. Ashihara has been a recipient of a number of JIA and other domestic architectural awards.

坂 茂 Ban Shigeru

ばん・しげる／ 1957 年東京都生まれ。1977 - 80 年南カリフォルニア建築大学（SCI - ARC、ロサンゼルス）在学。1980 - 82 年クーパー・ユニオン建築学部（ニューヨーク）、84 年卒業。1982 - 83 年磯崎新アトリエ勤務。1985 年坂茂建築設計設立。1995 年 NGO ボランタリー・アーキテクツ・ネットワーク（VAN）設立。1995 - 99 年国連難民高等弁務官事務所（UNHCR）コンサルタント。2001- 08 年慶応義塾大学環境情報学部教授／ 2015 年- 現在 特別招聘教授。2014 年フランス芸術文化勲章（コマンドゥール）。2014 年プリツカー賞受賞。2017 年紫綬褒章。2017 年マザー・テレサ社会正義賞。

Ban Shigeru was born in Tokyo in 1957. He attended Sci-Arc from 1977 to 1980, and Cooper Union from 1980 to 1982, and graduated in 1984. He worked at Isozaki Arata's office from 1982 to 1983 and established his own practice in 1985. Ban also began his non-profit Voluntary Architects' Network (VAN) in 1995. From 1995 to 1999, he was a consultant for UNHCR. From 2001 to 2008, he was a professor at Keio University, and since 2015 he has been a guest lecturer at the institution. Some of his notable achievements include the Pritzker Prize, L'Ordre des Arts et des Lettres, Medal with Purple Ribbon, and Mother Theresa Memorial Award for Social Justice.

藤森照信 Fujimori Terunobu

ふじもり・てるのぶ／ 1946 年長野県生まれ。建築史家、建築家。東京大学名誉教授。東京都江戸東京博物館館長。専門は日本近現代建築史、自然建築デザイン。「明治の東京計画」（岩波書店）で毎日出版文化賞、「建築探偵の冒険 東京篇」（筑摩書房）で日本デザイン文化賞・サントリー学芸賞、建築作品《赤瀬川原平邸（ニラ・ハウス）》（1997）で日本芸術大賞、《熊本県立農業大学校学生寮》（2000）で日本建築学会作品賞を受賞。主な作品に《ラ コリーナ近江八幡 草屋根》（2014）などがある。

Fujimori Terunobu is an architect/historian and an honorary professor at University of Tokyo. As the director of Edo-Tokyo Museum, he specializes in natural and modern architecture of Japan. His notable accomplishments include Mainichi Shuppan Culture Award, 1997 Japan Design Culture Award for *Nira House* (house for Akasegawa Genpei), World of Literary Prizes, and 2000 AIJ Award. His major architectural work includes *Kusayane of La Collina Omi Hachiman* (2014).

藤本壮介 Fujimoto Sosuke

ふじもと・そうすけ／ 1971 年北海道生まれ。東京大学工学部建築学科卒業後、2000 年藤本壮介建築設計事務所を設立。2014 年フランス・モンペリエ国際設計競技最優秀賞、2015 年パリ・サクレー・エコール・ポリテクニーク・ラーニングセンター国際設計競技最優秀賞に次ぎ、2016 年 Réinventer Paris 国際設計競技ポルトマイヨ・パーシング地区最優秀賞を受賞。主な作品に、ロンドンの《サーペンタイン・ギャラリー・パビリオン 2013》（2013）、《House NA》（2011）、《武蔵野美術大学 美術館・図書館》（2010）、《House N》（2008）などがある。

Fujimoto Sosuke was born in Hokkaido in 1971. He graduated from the Department of Architecture, Faculty of Engineering at University of Tokyo. He established Sou Fujimoto Architects in 2000. In 2016, he has won the 1st prize for Pershing, one of the sites in the French competition called Réinventer Paris, following the victories in the Invited International Competition for the New Learning Center at Paris-Saclay's Ecole Polytechnique and the International Competition for the Second Folly of Montpellier in 2014. In 2013 he became the youngest architect to design the Serpentine Gallery Pavilion in London. His notable works include: *Serpentine Gallery Pavilion 2013*, *House NA* (2011), *Musashino Art University Museum & Library* (2010), *Final Wooden House* (2008), *House N* (2008) and many more.

藤原徹平 Fujiwara Teppei

ふじわら・てっぺい／ 1975 年神奈川県生まれ。1998 年横浜国立大学卒業。2001 年横浜国立大学大学院卒業。2001 年から 2012 年まで隈研吾建築都市設計事務所。2012 年より横浜国立大学大学院 Y - GSA 准教授。フジワラテッペイアーキテクツラボ主宰。宇部ビエンナーレ運営委員・展示委員。

Fujiwara Teppei was born in 1975 in Yokohama. He has earned bachelor's degree from Yokohama National University in 1998 and subsequently a master's degree from the same institution in 2001. Fujiwara went on to work for Kuma Kengo until 2012 until becoming an associate professor at Yokohama National University. He is a chairman on Fujiwara Teppei Architects Lab and a committee member of Ube Biennale.

畑田尚子 Hatada Takako

はただ・たかこ／ 1976 年 4 月 清水建設株式会社に入社。人事部を経て、2000 年から「清水建設二百年史」（2013 年上梓）編纂業務を担当。発刊後は集積した約 10 万点におよぶ歴史的記録資料を体系的に整備し、詳細なデータベースの作成等を経て「シミズ・アーカイブズ」を構築。現在は、これら資料の活用を図り、社内・外での講演、歴史的建造物の調査および書籍の執筆などを担当。

Hatada Takako joined Shimizu Corporation in 1976, and since 2000, she has been working on Shimizu's 200-year historical archive project. Since the publishing of the record 2013, Hatada has worked to archive over 100,000 items to establish the Shimizu Archives. Currently she utilizes this vast amount of information for survey, research, and education of historical buildings.

市川紘司 Ichikawa Koji

いちかわ・こうじ／ 1985 年東京都生まれ。2008 年横浜国立大学建設学科卒業。2011 年東北大学大学院工学研究科都市・建築学専攻修士課程修了後、東北大学大学院工学研究科建築学専攻博士後期課程を経て、明治大学理工学部建築学科助教。2013 - 2015 年中国政府奨学金留学生（高級進修生）として清華大学建築学院に留学。博士（工学）。博士論文は「天安門の近代——義和団事件から中華人民共和国まで」。著書に「中国当代建築——北京オリンピック、上海万博以後」（フリックスタジオ、2014）など。

Ichikawa Koji, Ph.D. Engineering, was born in Tokyo in 1985. Ichikawa completed the master course at Department of Architecture and Building Science, Graduate School of Engineering at Tohoku University in 2011, later the doctoral course at the same institution. He worked as an assistant professor at the Department of Engineering at Meiji University. Through 2013-2015 he received a scholarship from the Chinese government to study abroad at Tsinghua University. His doctoral thesis was titled: *The Modernization of Tiananmen — From the Boxer Rebellion to the People's Republic of China*. Ichikawa also authored *Contemporary Chinese Architecture — The Beijing Olympics and the Shanghai Exposition*.

猪熊 純 Inokuma Jun

いのくま・じゅん／ 2004 年東京大学大学院修士課程修了。千葉学建築計画事務所勤務を経て、07 年成瀬・猪熊建築設計事務所共同設立。08 年から首都大学東京助教。主な受賞に、INTERNATIONAL ARCHITECTURE AWARDS、2015 年日本建築学会作品選集新人賞、JID AWARDS 2015 大賞、第 15 回ベネチア・ビエンナーレ国際建築展 出展 特別表彰。

Inokuma Jun earned his master's degree from Tokyo University in 2004. He went on to work for Chiba Manabu until establishing his own office in 2007. Inokuma has been an assistant professor at Tokyo

Metropolitan University since 2008. His notable accomplishments are: 2015 AIJ Young Architect Award, International Architecture Awards, Grand Prize JID Award, and Special Mention at 15th Venice Biennale.

石上純也 Ishigami Junya

いしがみ・じゅんや／1974年神奈川県生まれ。2000年東京藝術大学大学院美術研究科建築専攻修士課程修了、妹島和世建築設計事務所を経て、2004年石上純也建築設計事務所を設立。主な作品に《神奈川工科大学 KAIT 工房》など。2010年豊田市美術館で個展「建築のあたらしい大きさ」展、2018年フランスのカルティエ財団現代美術館で個展「FREEING ARCHITECTURE」を開催。日本建築学会賞、BCS 賞、ベネチア・ビエンナーレ第12回国際建築展金獅子賞（企画展示部門）、毎日デザイン賞など多数受賞。

Ishigami Junya was born in 1974 in Kanagawa Prefecture. After graduating from Tokyo University of the Arts in 2000, he joined Sejima Kazuyo's office until starting his own practice in 2004. His major works include KAIT Workshop at Kanagawa Institute of Technology. Ishigami worked on number of exhibitions such as The New Size of Architecture at Toyota Municipal Museum of Art and Freeing Architecture at Fondation Cartier pour l'art contemporain. He has won numerous awards including, AIJ Award, BCS Award, Golden Lion at 12th Venice Biennale, and Mainichi Design Award.

石榑督和 Ishigure Masakazu

いしぐれ・まさかず／1986年岐阜県生まれ。2009年明治大学理工学部建築学科卒業。11年明治大学大学院理工学研究科建築学専攻博士前期課程修了後、同大学大学院博士後期課程を経て、同大学兼任講師、同大学助教。17年より東京理科大学工学部建築学科助教。博士（工学）。博士論文は「闇市の形成と土地所有からみる戦後東京の副都心ターミナル近傍の形成過程に関する研究」。

Ishigure Masakazu, Ph.D. Engineering, was born in Gifu Prefecture in 1986. Graduated from the Department of Architecture, School of Science and Technology, Meiji University in 2009. After completing his Master's in Architecture at the Graduate School of Science and Technology at Meiji University in 2011, he eventually earned his Ph.D., and became a professor at the institution. Since 2017, Ishigure has also served as an assistant professor of the Department of Architecture in the Faculty of Engineering at the Tokyo University of Science. His doctoral dissertation was entitled Postwar Recovery Process of Areas Surrounding Tokyo's Subcenter Railway Terminals in Light of the Black Market Formation and Land Ownership.

石山修武 Ishiyama Osamu

いしやま・おさむ／1944年生まれ。1968年早稲田大学大学院修士課程修了後、設計事務所開設。現在、早稲田大学名誉教授。1985年吉田五十八賞、1995年日本建築学会賞、1996年ベネチア・ビエンナーレ建築展金獅子賞、98年日本文化デザイン賞、1999年織部賞、2002年芸術選奨文部科学大臣賞など受賞。

Ishiyama Osamu was born in 1944. He began his own practice after earning a master's degree from Waseda University in 1968. Currently a professor emeritus at the institution. Ishiyama's notable achievements include: 1985 Yoshida Soiya Award, 1995 AIJ Award, 1996 Venice Biennale Golden Lion, 1998 Japan Culture Design Award, 1999 Oribe Award, and 2002 Minister of Education Award.

勝原基貴 Katsuhara Motoki

かつはら・もとき／1984年東京都生まれ。2008年日本大学理工学部建築学科卒業。10年、同大学大学院理工学研究科博士前期課程建築学専攻修了後、同大学大学院博士後期課程。日本大学理工学研究所研究員を経て、16年より文化庁国立近現代建築資料館。博士（工学）。一級建築士。博士論文は「大正・昭和戦前期における岸田日出刀の近代建築理念に関する研究」。

Katsuhara Motoki, Ph.D. Engineering, First Class Registered Architect, was born in 1984 in Tokyo. After graduating from the College of Science and Technology at Nihon University in 2008, he went on to finish his doctor's program two years later at the same institution. Having been a part of the faculty member at Nihon University, Katsuhara became a member of

The National Archives of Modern Architecture – Agency for Cultural Affairs. His doctoral dissertation discussed Kishida Hideto's ideas about modern architecture in pre-war Japan.

川勝真一 Kawakatsu Shinichi

かわかつ・しんいち／1983年生まれ。2005年京都工芸繊維大学卒業。2008年京都工芸繊維大学大学院修士課程修了。2008年より建築リサーチプロジェクト RAD を主宰し、建築の展覧会のキュレーション、市民参加型の改修ワークショップの企画運営、行政への都市利用提案などに取り組んでいる。

Kawakatsu Shinichi was born in 1983. Having graduated from Kyoto Institute of Technology, he went on to finish his master's degree at the same institution in 2008. Since 2008, Kawakatsu has led architectural research project "RAD," and has taken major roles in museum curation, public restoration workshops, and municipal city planning.

岸 佑 Kishi Yu

きし・ゆう／1980年宮城県生まれ。2003年国際基督教大学教養学部人文科学科卒業。2005年同大学大学院比較文化研究科比較文化専攻修士課程修了後、同大学大学院博士課程を経て、2015年より同大学アジア文化研究所研究員。博士（学術）。博士論文は「『貫戦』期日本におけるモダニズム建築の言説・表象・実践」。

Kishi Yu, Ph.D., was born in Sendai in 1980. Graduated from Division of Humanities, College of Liberal Arts at International Christian University (ICU) in 2003. Graduated from the Graduate School of Comparative Culture, ICU with a master's degree in 2005. Completed doctoral course at the same institution and currently a research fellow at the Institute of Asian Cultural Studies, ICU. Doctoral Dissertation titled: Building a Modern Identity: Architectural Debates in "Trans-War" Japan.

木内俊彦 Kiuchi Toshihiko

きうち・としひこ／1973年千葉県生まれ。97年東京理科大学工学部建築学科卒業。99年東京大学大学院工学系研究科建築学専攻修士課程修了後、横河設計工房に勤務。2002年東京大学大学院工学系研究科建築学専攻助手。17年東京大学工学系研究科特任研究員。一級建築士。博士（工学）。博士論文は「カルロ・スカルパの建築作品に見られる空間変移のデザインに関する研究」。

Kiuchi Toshihiko, Ph.D. Engineering, First Class Registered Architect, was born in Chiba Prefecture in 1973. Graduated from Department of Architecture at Tokyo University of Science in 1997. Employed at Ken Yokogawa Architect & Associates, Inc. after completion of master's program at Department of Architecture, Graduate School of Engineering at University of Tokyo in 1999. Research Associate at Department of Architecture, Graduate School of Engineering, University of Tokyo in 2002. Project Researcher at Graduate School of Engineering, Tokyo University in 2017. His doctoral thesis was Research on the Design of Spatial Transition as Seen in the Architectural Work of Carlo Scarpa.

小岩正樹 Koiwa Masaki

こいわ・まさき／1977年神奈川県生まれ。2001年早稲田大学理工学部建築学科卒業。同大学大学院修士課程および博士後期課程を経て、06年より同大学助手、09年より同大学高等研究所助教、14年より同大学准教授。博士（工学）。専門は建築史・意匠。著書・論文に「日本古代建築における様の研究」、「木砕之注文（共著）」、「日本近代建築大全（東日本篇）（共著）」など。

Koiwa Masaki, Ph.D. Engineering, was born in 1977 in Kanagawa Prefecture. He graduated from the Faculty of Science and Engineering at Waseda University in 2001. After completing his master's program at the same institution, Koiwa went on to become an assistant professor at Waseda. In 2014, he became an associate professor specializing in architectural history and design. His notable literatures include, "Research on Ancient Japanese Architecture," "The Kiwari System of Juho Kiwari Note (collaboration)," and "Collection of Modern Architecture in Japan – Eastern Japan (collaboration)."

腰原幹雄 Koshihara Mikio

こしはら・みきお／1968年千葉県生まれ。1992年東京大学工学部建築学科卒業。94年東京大学大学院工学系研究科建築学専攻修了後、構造設計集団（SDG）、東京大学生産技術研究所助教授を経て、2012年同大学教授、team.Timberize 理事長。博士（工学）。木造建築を中心に、自然素材（木、石、土）を建築物に活用する可能性を構造的な観点から研究。

Koshihara Mikio, Ph.D. Engineering, was born in Chiba Prefecture in 1968. Having graduated from the Department of Architecture, Faculty of Engineering at University of Tokyo in 1992, he went on to receive his master's degree from the same institution in 1994. He became a member of Structural Design Group (SDG) and an assistant professor at the Institute of Industrial Science at University of Tokyo. In 2012, he was appointed as a professor and the chair of Team Timberize. Koshihara has been researching the possibility of using natural materials, such as wood, stone, and earth, as structural components for architecture.

倉方俊輔 Kurakata Shunsuke

くらかた・しゅんすけ／1971年東京都生まれ。1994年早稲田大学理工学部建築学科卒業。同大学大学院修士課程・博士課程修了後、2011年大阪市立大学大学院理工学研究科准教授。博士（工学）。2017年日本建築学会賞（業績）、2018年日本建築学会教育賞。著書に『東京モダン建築さんぽ』『吉阪隆正とル・コルビュジエ』、監修・解説書に『伊東忠太建築資料集』ほか。

Kurakata Shunsuke, Ph.D. Engineering, was born in 1971 in Tokyo. He graduated from the Faculty of Engineering at Waseda Unviersity in 1994. After completing his doctor's program at Waseda, he became an associate professor at Osaka City University's Graduate School of Engineering. In 2017, he was awarded by the AIJ for his career achievements. In 2018, he was awarded the Prize of AIJ for Education. Kurakata has written a number of literatures including Modern Building Tokyo and Yoshizaka Takamasa and Le Corbusier.

桑原遼介 Kuwabara Ryosuke

くわばら・りょうすけ／1987年千葉県生まれ。2011年東京藝術大学美術学部建築学科卒業。2013年東京藝術大学大学院美術研究科建築専攻修士課程修了後、同大学で在籍していた研究室の教授、北川原温氏が主宰する株式会社北川原温建築都市研究所に入所。修了制作『Kaleidotransformation』にて学内の賞として吉田五十八賞を受賞。

Kuwabara Ryosuke was born in Chiba Prefecture in 1987. He graduated from the Department of Architecture at Tokyo University of the Arts in 2011. After finishing his master's degree at the same institution in 2013, he joined Atsushi Kitagawa Architects, a practice run by his professor at Tokyo University of the Arts. Kuwabara has received Yoshida Isoya Award for his thesis work, Kaleidotransformation.

前田圭介 Maeda Keisuke

まえだ・けいすけ／1974年広島県生まれ。1998年国士舘大学工学部建築学科卒業。2003年 UID 設立。18年広島工業大学教授。主な受賞歴／2011年日本建築学会作品選奨、ARCASIA 建築賞ゴールドメダル。2013年 JIA 新人賞。2014年 DESIGN VANGUARD。2016年 AR House 2016最優秀賞。2017年グッドデザイン金賞、土木学会デザイン賞優秀賞。

Maeda Keisuke was born in Hiroshima Prefecture in 1974. He graduated from the Department of Architecture, School of Engineering at Kokushikan University in 1998. Maeda established UID in 2003 and became a professor at Hiroshima Institute of Technology in 2018. Notable accomplishments include: 2011 AIJ Award nomination, 2011 ARCASIA Gold Medal, 2013 JIA Emerging Architect Award, 2014 Design Vanguard, 2016 Grand Prize for AR House, 2017 Good Design Award, and Grand Prize JSCE Award.

前田尚武 Maeda Naotake

まえだ・なおたけ／1970年東京都生まれ。1994年早稲田大学大学院理工学研究科建築計画専攻修士課程修了後、2003年の森美術館開館より、展示デザイン、建築展企画、美術館コンサルティングに従事。現在、森美術館 デザイン・コンサルティング担当マネージャー、建築・デザインプログラム・マネー

ジャー、法政大学非常勤講師、愛知県立芸術大学非常勤講師、環境芸術学会理事。
Maeda Naotake was born in Tokyo in 1970. He completed a master's program in architecture at Waseda University. He has worked on exhibition design, developing architectural exhibitions, and consulting for museum architecture at Mori Art Museum since its initiation in 2003. He currently serves as design consulting manager and architecture and design programs manager at the museum. In addition, he is a part-time lecturer at Hosei University and Aichi University of the Arts, and as a director of the Institute of Environmental Art and Design.

松隈 章 Matsukuma Akira

まつくま・あきら／ 1957 年兵庫県生まれ。1980 年北海道大学建築工学科卒業。竹中工務店大阪本店設計部、本社・企画室、地球環境室などを経て 2010 年より設計本部副部長。17 年より一般社団法人聴竹居倶楽部代表理事兼務。著書に『聴竹居 藤井厚二の木造モダニズム建築』（平凡社コロナブックス）、『環境と共生する住宅 聴竹居実測図集』（彰国社）、『16 人の建築家──竹中工務店設計部の源流』（井上書院）。
Matsukuma Akira was born in 1957 in Hyogo Prefecture. After graduating from the Faculty of Engineering at Hokkaido University in 1980, he joined Takenaka Corporation at its headquarters in Osaka. In 2010, he became the deputy director of design for Takenaka, and in 2017 he became a chair person of Chōchikukyo Club. His notable literatures include, *Chochikukyo – Fujii Koji's Modernist Architecture*, *Collection of Schematics of Chochikukyo*, and *16 Architects – Origin of Takenaka*.

アリソン・モリス Alison Morris

1988 年ケンブリッジ大学卒業。その後 10 年間教員として勤務した後、ジョン・ポーソンと出会う。ポーソンとは 20 年間協働し、数多くの著書を出版。著書に、『John Pawson Plain Space』（Phaidon 2010）。2002 年にはディヤン・スジック監修のもと、第 8 回ベネチア・ビエンナーレのカタログを編集している。
Alison Morris is a writer and a curator, specializing in the field of architecture and design. She graduated from Cambridge University in 1988 and spent the following decade teaching, before a chance meeting with John Pawson led to a collaboration that is already of twenty years standing. Amongst many published works, she is the author of *John Pawson Plain Space* (2010). In 2002 she edited the 8th Venice Architecture Biennale catalogue under the directorship of Deyan Sudjic.

本橋 仁 Motohashi Jin

もとはし・じん／ 1986 年生まれ。早稲田大学大学院博士後期課程を経て、2014 年より同大学建築学科専任助手、ならびに株式会社メグロ建築研究所取締役。17 年より京都国立近代美術館特定研究員。博士（工学）。博士論文は「地方銀行の製糸金融と繭担保倉庫の発生─明治二九年竣工 旧本庄商業銀行煉瓦倉庫建設過程からみる地域産業発達の近代的特質─」。
Motohashi Jin, Ph.D. Engineering, was born in 1986. After completing his doctoral program at Waseda University, he has been a research associate since 2014 while he also has been working as a director of the board at Meguro Architecture Laboratory. Now, he has been an assistant curator at the National Museum of Modern Art Kyoto since 2017. His Ph.D. dissertation was entitled *Study on The Silk-Reeling Finance and The Warehouse for Cocoon as Collateral – On the Developing of Modern Characters of The Old Brick Warehouse as Commercial Bank of Honjo, completed in 1896.*

内藤 廣 Naito Hiroshi

ないとう・ひろし／ 1950 年神奈川県生まれ。1976 年早稲田大学大学院修了。フェルナンド・イゲーラス建築設計事務所、菊竹清訓建築設計事務所を経て、1981 年内藤廣建築設計事務所を設立。2001 - 11 年東京大学にて教授・副学長を歴任。主な作品に、《海の博物館》、《安曇野ちひろ美術館》、《牧野富太郎記念館》、《倫理研究所富士高原研修所》、《島根県芸術文化センター》、《静岡県草薙総合運動場体育館》、《富山県美術館》などがある。
Naito Hiroshi was born in 1950 in Kanagawa Prefecture. After completing his graduate studies at

Waseda University in 1976, he went on to work for Fernando Higueras and Kikutake Kiyonori until starting his own practice in 1981. From 2001 to 2011, he served as a professor and the vice president of the University of Tokyo. His notable works include, *Toba-Sea Folk Museum*, *Chihiro Art Museum*, *Makino Botanical Garden*, *RINRI Institute of Ethics*, *Shimane Arts Center*, *Kusanagi Sports Complex*, and *Toyama Prefectural Museum of Art & Design*.

成瀬友梨 Naruse Yuri

なるせ・ゆり／ 2007 年東京大学大学院博士課程単位取得退学。同年成瀬・猪熊建築設計事務所共同設立。10 年から 17 年まで東京大学助教。主な受賞に、INTERNATIONAL ARCHITECTURE AWARDS、2015 年日本建築学会作品選集新人賞、JID AWARDS 2015 大賞、第 15 回ベネチア・ビエンナーレ国際建築展 出展 特別表彰。
Naruse Yuri founded Naruse-Inokuma Architects in 2007. She was an assistant professor at The University of Tokyo between 2010 and 2017. Her notable accomplishments are: 2015 AIJ Young Architect Award, International Architecture Awards, 2015 Grand Prize JID Award, and Special Mention 15th Venice Biennale.

西沢立衛 Nishizawa Ryue

にしざわ・りゅうえ／ 1966 年生まれ。1990 年横浜国立大学大学院修了。妹島和世建築設計事務所を経て 1995 年妹島和世と SANAA 設立。1997 年西沢立衛建築設計事務所設立。現在、横浜国立大学大学院 Y - GSA 教授。
Nishizawa was born in 1966 in Tokyo. In 1990, he graduated from Yokohama National University with a master's degree in Architecture and joined Kazuyo Sejima & Associates. In1995, established SANAA with Sejima. In 1997, he established Office of Ryue Nishizawa. Main awards include: The AIJ Award (1998, 2006, 2012), Golden Lion for the most remarkable work in the exhibition *Metamorph* in the 9th Venice Biennale (2004), The Kunstpreis Berlin (Berlin Art Prize, 2007), Pritzker Architecture Prize (2010), Officier de L'ordre des Arts et des Letters, France (2011), and the 25th Murano Togo Prize (2012).

野村俊一 Nomura Shunichi

のむら・しゅんいち／ 1975 年東京都生まれ。東北大学大学院工学研究科都市・建築学専攻准教授。博士（工学）。専門は日本・東洋建築史、文化財学。主要業績は「仮山水としての西芳寺──中世禅院における山水の枠組みをめぐって」（天野文雄監修『禅からみた日本中世の文化と社会』ぺりかん社、2016）、「黎明期の五山叢林とその建築・行事」（小島毅監修・島尾新編『東アジア海域に漕ぎ出す4 東アジアのなかの五山文化』東京大学出版会、2013）など。
Nomura Shunichi, Ph.D. Engineering, was born in Tokyo in 1975. He is an associate professor at School of Engineering at Tohoku University, specializing in Japanese / Oriental architectural history and national cultural treasures. Nomura has published a number of literatures regarding the historical and cultural aspects of Japanese and east Asian countries.

大井隆弘 Ohi Takahiro

おおい・たかひろ／ 1984 年東京都生まれ。2006 年三重大学工学部建築学科卒業。09 年東京藝術大学大学院美術研究科建築専攻修士課程修了後、同大学大学院博士課程、同大学教育研究助手を経て、17 年三重大学大学院工学研究科建築学専攻助教。博士（美術）。博士論文は「吉田五十八の住宅作品に関する研究ーその変容過程と日本近代住宅史における意義」。
Ohi Takahiro, Ph.D. Art, was born in Tokyo in 1984. Graduated from the Department of Architecture, Faculty of Engineering at Mie University in 2006. Completed a master's degree in architecture in 2009 at the Tokyo University of the Arts, where he remained to pursue a doctorate and to serve as a teaching assistant before becoming an assistant professor at the Department of Architecture in the Graduate School of Engineering at Mie University. His doctoral dissertation was titled: *A Study on Residential Works by Yoshida Isoya: Their Transformation Process and Significance in Japanese Modern Housing History.*

大沼 靖 Ohnuma Yasushi

おおぬま・やすし／ 1967 年静岡県生まれ。1990 年日本大学理工学部建築学科卒業後、黒川紀章建築

都市設計事務所。94 年から個人活動および、プロジェクト単位で黒川設計に従事。2008 - 17 年黒川紀章建築都市設計事務所・設計部長。《大阪国際会議場》、《国立新美術館》、《ゴッホ美術館新館増築》などを担当。
Ohnuma Yasushi was born in 1967 in Shizuoka Prefecture. Graduated from the College of Science and Technology at Nihon University in 1990 and joined Kurokawa Kisho's office. From 2008 to 2017, Ohnuma served as the manager of Kurokawa's design division. Some of his contributions include *Osaka International Convention Center*, *The National Art Center Tokyo*, and the expansion of the Annex of the Van Gogh Museum.

岡 啓輔 Oka Keisuke

おか・けいすけ／ 1965 年福岡県生まれ、船小屋温泉育ち。1986 年有明高専建築学科卒業。会社員、鳶職、鉄筋工、型枠大工、住宅メーカー大工などを経験。88 年から高山建築学校に参加。95 年から 2003 年まで「岡画郎」運営。20 代、舞踏家・和栗由紀夫に師事し踊りを学ぶ。2005 年手作りの小さなビル《蟻鱒鳶ル》着工、現在も建設中。2018 年筑摩書房から『バベる！ 自力でビルを建てる男』出版。
Oka Keisuke Was born in Fukuoka Prefecture in 1965. Graduated from National Institute of Technology, Ariake College in 1986. Oka worked various trades throughout his life, ranging from office worker to carpenter. He has participated in Takayama Achitecture Seminar School since 1988. From 1995 to 2003, he operated Oka Garō. In his 20's, Oka apprenticed under Waguri Yukio to learn dancing. He began construction of his handmade building *Arimasutonbiru*, which is still under construction today. In 2018, he published *Baberu!*, a book on his handcrafted buildings.

岡田公彦 Okada Kimihiko

おかだ・きみひこ／ 1971 年神奈川県生まれ。1997 年明治大学理工学部建築学科卒業。97 - 2004 年西沢立衛建築設計事務所勤務。05 年岡田公彦建築設計事務所設立。東京電機大学、明治大学、日本女子大学、多摩美術大学、東海大学等にて非常勤講師を経て、17 年よりものつくり大学建設学科准教授。ものつくり大学を通して、本展の《待庵原寸模型》の制作を指導した。
Okada Kimihiko was born in Kanagawa Prefecture in 1971. After graduating from the Department of Architecture, Faculty of Engineering at Meiji University's in 1997, he worked for Nishizawa Ryue until 2004. A year later, he established his own practice while working as a part-time professor at a number of universities including Meiji University and Tama Art University. He has been an associate professor at Institute of Technologists since 2017 and directed the full-scale reconstruction of Taian tea house for this exhibition.

ケン・タダシ・オオシマ Ken Tadashi Oshima

1965 年コロラド州（アメリカ）生まれ。ハーバード大学卒業、カリフォルニア大学バークレー校大学院建築学科修了、コロンビア大学大学院博士課程修了。ワシントン大学教授。著書・共書に『Kiyonori Kikutake Between Land and Sea』（Lars Müller、2015）『グローバル・エンズ：始まりに向けて』（Toto、2012）『Arata Isozaki』（Phaidon、2009）、『International Architecture in Interwar Japan: Constructing *Kokusai Kenchiku*』（University of Washington Press、2009）。米国・建築史協会（S.A.H.）の理事長（2016 - 18）。
Ken Tadashi Oshima, Ph.D., was born in 1965 in Colorado, U.S.A. Dr. Oshima received degrees from Harvard College (A.B. magna cum laude), University of California at Berkeley (Master of Architecture) and Columbia University (Ph.D.) and is Professor of Architecture at the University of Washington, Seattle. He is author of numerous publications including *Kiyonori Kikutake: Between Land and Sea* (2016), *Architecturalized Asia* (2013), *GLOBAL ENDS: towards the beginning* (2012), *International Architecture in Interwar Japan: Constructing* Kokusai Kenchiku (2009) and *Arata Isozaki* (2009). He served as President of the Society of Architectural Historians (2016-18) and his honors include fellowships from the Sainsbury Institute for Japanese Arts and Cultures, Fulbright Program, and Japan Foundation.

齋藤精一 Saito Seiichi

さいとう・せいいち／1975 年神奈川県生まれ。建築デザインをコロンビア大学建築学科（MSAAD）で学び、2000 年から NY で活動を開始。その後、フリーランスのクリエイティブとして活躍後、2006 年にライゾマティクスを設立。建築で培ったロジカルな思考を基に、アート・コマーシャルの領域で立体・インタラクティブの作品を多数作り続けている。株式会社ライゾマティクス代表取締役社長。
Saito Seiichi was born in Kanagawa Prefecture in 1975. Studied architecture at Columbia University (MSAAD) and began his career in New York in 2000. After working as a freelance designer, in 2006, he established Rhizomatiks, a company that creates interactive medium for art and commercial applications. Saito is currently a chairman and president of the company.

榊田倫之 Sakakida Tomoyuki

さかきだ・ともゆき／1976 年滋賀県生まれ。2001 年京都工芸繊維大学大学院工芸科学研究科博士前期課程修了後、株式会社日本設計。2003 年榊田倫之建築設計事務所設立。2008 年建築設計事務所「新素材研究所」を現代美術作家杉本博司と設立。《MOA 美術館》（2017・静岡）、《小田原文化財団江之浦測候所》（2017・神奈川）、《ハーシュホーン美術館ロビー》（2018・ワシントン D.C.）などの設計を手掛ける。現在、新素材研究所取締役所長、榊田倫之建築設計事務所主宰、京都造形芸術大学非常勤講師。
Sakakida Tomoyuki was born in Shiga Prefecture in 1976. After completing his master's degree at Kyoto Institute of Technology in 2001, he joins Nihon Sekkei. In 2003, he establishes his own architecture office, and in 2008 Sakakida, together with Sugimoto Hiroshi, founds New Material Research Laboratory. His major works include *MOA Museum* (2017), *Odawara Art Foundation* (2017), and *The Hirschhorn Museum Lobby* (2018). Currently he serves as an executive at the New Material Research Laboratory, President of his own architectural office, and an adjunct instructor at Kyoto University of Art and Design.

坂本忠規 Sakamoto Tadanori

さかもと・ただのり／1973 年福岡県生まれ。97 年早稲田大学理工学部建築学科卒業。2002 年同大学院博士課程修了。同大学建築学科助手を経て、05 年より竹中大工道具館研究員。現在、同館主任学芸員。博士（工学）。専門は日本建築技術史。著書に『水彩画で綴る大工道具物語』、『木砕之注文』など。
Sakamoto Tadanori, Ph.D. Engineering, was born in Fukuoka Prefecture in 1973. He graduated from the Department of Architecture, Faculty of Engineering at Waseda University in 1997. After completing his doctor's program at the same institution in 2002, Sakamoto became a research faculty at Takenaka Carpentry Tools Museum. Currently he is a chief curator at the museum, specializing in the history of Japanese architectural techniques. His major literatures include *Carpentry Tools Story in Watercolors*, and *The Kiwari System of Juho Kiwari Note*.

三分一博志 Sambuichi Hiroshi

さんぶいち・ひろし／1968 年生まれ。東京理科大学理工学部建築学科卒業。小川晋一アトリエを経て三分一博志建築設計事務所設立。日本建築大賞、日本建築学会賞作品賞受賞。代表作に《犬島精錬所美術館》、《六甲枝垂れ》、《宮島弥山展望台》、《直島ホール》、《おりづるタワー》など。2017 年日本・デンマーク外交関係樹立 150 周年記念事業として Cisternerne Pavilion – The Water。現在、デンマーク王立美術アカデミー教授（非常勤）。
Sambuichi Hiroshi was born in 1968. After graduating from the Faculty of Engineering at Tokyo University of Science, he worked for Atelier Shinichi Ogawa until starting his own practice. Sambuichi has won Grand Prize of JIA and AIJ Architectural Design Commendation. Notable works in his portfolio are, *Inujima Seirensho Art Museum*, *Rokkō-Shidare Obervatory*, *Miyajima Misen Observatory*, *Naoshima Hall*, and *Hiroshima Orizuru Tower*. Sambuichi has created the *Cisternerne Pavilion – The Water* to commemorate the 150th anniversary of the diplomatic relationship between the two countries. Currently he is a professor at The Royal Danish Academy of Fine Arts.

佐藤竜馬 Sato Ryuma

さとう・りゅうま／1966 年香川県生まれ。1988 年関西大学文学部史学地理学科卒業。2013 年に「丹下健三 伝統と創造 瀬戸内から世界へ」展（香川県立ミュージアム）を担当。現在、香川県立ミュージアム学芸課長。主な論文に「香川県庁舎南庭の基礎的考察」「香川県における鉄道橋梁下部構造の考古学的検討」。
Sato Ryuma was born in Takamatsu, Kagawa Prefecture in 1966. He graduated from Faculty of Letters at Kansai University in 1988. In 2013, he worked on exhibition, *Kenzo Tange: Tradition and Creation – From Setouchi to the World*, at The Kagawa Museum, where he currently serves as chief curator. His major literatures include *Considerations for the Southern Garden of Kagawa Prefectural Hall* and *Considerations for Archeology Underneath the Rail Road Bridges in Kagawa Prefecture*.

妹島和世 Sejima Kazuyo

せじま・かずよ／1956 年生まれ。1981 年日本女子大学大学院修了。1987 年妹島和世建築設計事務所設立。1995 年西沢立衛と SANAA 設立。現在、ミラノ工科大学教授、ウィーン応用美術大学教授、横浜国立大学大学院 Y-GSA 教授、日本女子大学客員教授。
Sejima Kazuyo was born in Ibaraki Prefecture in 1956. After completing her degree at the Graduate School at Japan Women's University in 1981, she opened her studio in Tokyo in 1987. In 1995, she along with Nishizawa Ryue founded SANAA. She currently teaches as professor at Politecnico di Milano in Italy, at University of Applied Arts Vienna in Austria and at Yokohama National University's Yokohama Graduate School of Architecture, as well as at Japan Women's University as visiting professor.

仙田 満 Senda Mitsuru

せんだ・みつる／1941 年神奈川県生まれ。1964 年東京工業大学卒業。1968 年環境デザイン研究所を設立し、現在会長。名古屋工業大学、琉球大学、東京工業大学教授を歴任。《国際教養大学》（図書館、講義棟他）、《広島市民球場》、《愛知県児童総合センター》等を設計。元日本建築学会、日本建築家協会会長。著書に『子どもとあそび』、『人が集まる建築』ほか。
Senda Mitsuru was born in 1941 in Yokohama. He graduated from Tokyo Institute of Technology in 1964, and he established his own environmental design lab in 1968. Senda is a professor at Nagoya Institute of Technology, University of the Ryukyus, and Tokyo Institute of Technology. His notable works include, *Akita International University Library*, *Mazda Stadium*, and *Aichi Children's Center*. He was a former chair of AIJ and JIA. Senda has written *Kodomo-to-asobi* and *Hitoga Atsumaru Kenchiku*.

庄子晃子 Shoji Akiko

しょうじ・あきこ／1943 年福岡県生まれ。64 年東北大学文学部卒業。68 年同大学修士課程美術史学専攻修了、東北工業大学講師、以後助教授、教授、現在名誉教授。78 年ハイデルベルク大学美術史研究所留学。84 年ブルーノ・タウトが商工省工芸指導所で指導した照明具の復元研究。99 年博士（学術）（千葉大学）、国井喜太郎産業工芸賞、日本デザイン学会賞。2012 年日本基礎造形学会功労賞。
Shoji Akiko, Ph.D., was born in 1943 in Fukuoka Prefecture. After graduating from the Faculty of Arts and Letters at Tohoku University in 1964, she went on to receive her master's degree in 1968 at the same institution. She became a lecturer, assistant professor, professor, and currently an honorary professor at Tohoku Institute of Technology. In 1978, Shoji took part in an exchange program to the University of Heidelberg. In 1984, she worked on restoration of Bruno Taut's luminaire for the National Research Institute of Industrial Arts. Her notable achievements are; Kunii Kitaro Industrial Design Award, JSDD Award, and the lifetime achievement award from Japan Society of Basic Design and Art.

杉江夏呼 Sugie Natsuko

すぎえ・なつこ／1965 年東京都生まれ。1988 年法政大学工学部建築学科卒業。同年大成建設株式会社入社、設計本部配属、現在伝統・保存建築設計室所属。設計実務と平行し、2010 年三重大学博士課程後期入学、2013 年三重大学課程後期修了、博士（工学）。博士論文は「重要文化財自由学園明日
館の保存と活用」。近年は伊東忠太設計・大倉土木施工作品の研究に取り組む。
Sugie Natsuko, Ph.D. Engineering, was born in 1965 in Tokyo. After graduating from the Faculty of Engineering and Design at Hosei University in 1988, she joined Taisei Corporation. While working at Taisei in design and preservation, Sugie completed her doctor's program at Mie University in 2013. Her thesis work focused on the preservation and use of Jiyū Gakuen Myōnichikan. In recent years, she has been researching Ito Chuta's works.

田根 剛 Tane Tsuyoshi

たね・つよし／建築家。1979 年東京都生まれ。2006-16 年 DGT. を経て、2017 年 ATELIER TSUYOSHI TANE ARCHITECTS を設立。代表作に《エストニア国立博物館》、《新国立競技場基本構想国際デザイン競技・古墳スタジアム（案）》、《A House for OISO》、《虎屋パリ》など。フランス国外建築賞グランプリ、ミース・ファンデル・ローエ賞ノミネート 2016、第 67 回芸術選奨文部科学大臣新人賞など多数受賞。2012 年よりコロンビア大学 GSAPP で教鞭を執る。
Tane Tsuyoshi was born in 1979 in Tokyo. He worked in Paris from 2006 to 2016 at Dorell Ghotmeh Tane Architects before establishing his own studio in Japan, Atelier Tsuyoshi Tane Architects. Some of his notable works include *Estonia National Museum*, *The New Olympic Stadium Proposal for Tokyo*, *A House for OISO*, and *Toraya Paris*. Tane has also won a number of awards including Grand Prix du International d'Architecture de France, Mies van der Rohe Award nomination, and Agency for Cultural Affairs Award. He has been a professor at Columbia University (GSAPP) since 2012.

徳山拓一 Tokuyama Hirokazu

とくやま・ひろかず／1980 年静岡県生まれ。2008 年京都市立芸術大学大学院美術研究科修了。12 年より京都市立芸術大学ギャラリー @ KCUA の学芸員。16 年より森美術館アソシエイト・キュレーター。
Tokuyama Hirokazu was born 1980 in Shizuoka Prefecture. Completed a master's program at the Graduate School of Arts, Kyoto City University of Arts in 2008. Curator at the Kyoto City University of Arts Art Gallery (KCUA) from 2012. Associate curator at the Mori Art Museum since 2016.

豊川斎赫 Toyokawa Saikaku

とよかわ・さいかく／1973 年宮城県生まれ。建築家、建築史家。千葉大学大学院地球環境理工学府都市環境システムコース准教授。東京大学大学院修了後、日本設計を経て現職。工学博士、一級建築士。「TANGE BY TANGE 1949-1959」展（ギャラリー間、2014）ゲストキュレーター。著書に『群像としての丹下研究室』（オーム社、2012、日本建築学会著作賞、日本イコモス奨励賞）など。
Toyokawa Saikaku, Ph.D. Engineering, First Class Registered Architect, was born in Miyagi Prefecture in 1973. He earned his degree from the University of Tokyo. The architect and architectural historian currently works at Department of Urban Environment Systems at Chiba University as an associate professor. Toyokawa was a guest curator at *Tange by Tange 1949-1959* exhibition and has written *Architectural Theories and Practices by Kenzo Tange Laboratory*. He has received AIJ Award and Japan Icomos Award.

塚本二朗 Tsukamoto Jiro

つかもと・じろう／1970 年大阪府生まれ。1992 年関西大学経済学部卒業。1996 年同工学部建築学科卒業。菊竹清訓建築設計事務所を経て、2012 年から塚本二朗建築設計事務所主宰。
Tsukamoto Jiro was born in Osaka in 1970. He graduated from the Faculty of Economics at Kansai University in 1992, and four years later he earned his architecture degree from the same university. Tsukamoto worked for Kikutake Kiyonori until starting his own practice in 2012.

塚本由晴 Tsukamoto Yoshiharu

つかもと・よしはる／1965 年神奈川県生まれ。1987 年東京工業大学工学部建築学科卒業。1987-88 年パリ・ベルビル建築大学。東京工業大学大学院博士課程、同助教、准教授を経て 2015 年より同大学院教授。博士（工学）。博士論文は「現代住宅作品における構成の修辞」。

Profiles of Contributors

Tsukamoto Yoshiharu, Ph.D. Engineering, was born in Kanagawa Prefecture in 1965. After graduating from the Department of Architecture, Faculty of Engineering at Tokyo Institute of Technology in 1987, he studied at Ecole d'Architecture Paris Belleville. Tsukamoto earned his doctor's degree at Tokyo Institute of Technology in 2015. His Doctoral dissertation was titled: *Gendai jūtaku sakuhin ni okeru kōsei no shūji* (contemporary housing and their designs).

海野 聡 Unno Satoshi

うんの・さとし／ 1983 年千葉県生まれ。2006 年東京大学工学部建築学科卒業。08 年同大学大学院工学系研究科建築学専攻修士課程修了後、同大学大学院博士課程を経て、09 年奈良文化財研究所研究員。博士（工学）。博士論文は「奈良時代の造営体制と建築」。

Unno Satoshi, Ph.D. Engineering, was born in Chiba Prefecture in 1983. Graduated from the Department of Architecture, School of Engineering, The University of Tokyo in 2006. Completed Master's Program at the Department of Architecture, School of Engineering at The University of Tokyo in 2008. Completed Ph.D. at Department of Architecture, School of Engineering at University of Tokyo, and became a fellow researcher at the Nara National Research Institute for Cultural Properties. Unno's doctoral dissertation titled *Nara Period Construction Practices and Architecture*.

内海慎介 Utsumi Shinsuke

うつみ・しんすけ／ 1956 年大阪府生まれ。1979 年早稲田大学理工学部建築学科卒業。1981 年早稲田大学大学院修士課程修了。1981 年より竹中工務店。現在、竹中工務店プリンシパルアーキテクト。作品に《佐川美術館本館・樂吉左衞門館》（1998、2007）、《小倉百人一首殿堂時雨殿》（2005）、《スキュルチュール江坂（彫刻美術館）》（1997）、《福寿園京都本店》（2008）、《イノダコーヒ本店》（2000）、《祇園畑中》（1995）。

Utsumi Shinsuke was born in Osaka Prefecture in 1956. After receiving his master's degree from the Faculty of Engineering at Waseda University in 1981, he joined Takenaka Corporation, where he is a principal architect today. His major works include *Sagawa Art Museum Kichizaemon Wing* (1998, 2007), *Shigureden the hall of Ogura Hyakunin Isshu* (2005), *Sculpture d'Esaka* (1997), *Fukujuen Flagship Store* (2008), *Inoda Coffee* (2000), and *Gion Hatanaka* (1995).

山崎泰寛 Yamasaki Yasuhiro

やまさき・やすひろ／ 1975 年島根県生まれ。1998 年横浜国立大学教育学部卒業。2000 年横浜国立大学大学院教育学研究科修士課程修了。05 年京都大学教育学研究科教育科学専攻修士課程修了。建築ジャーナル編集部、京都工芸繊維大学工芸科学研究科造形科学専攻博士課程を経て、滋賀県立大学環境科学部環境建築デザイン学科准教授。博士（学術）。博士論文は「1950 年代のニューヨーク近代美術館が日本の建築界とデザイン界に与えた影響に関する研究」。

Yamasaki Yasuhiro, Ph.D., was born in Shimane Prefecture in 1975. Graduated from the Education Department of Yokohama National University in 1998. Completed the MA of the Graduate School of Education, Kyoto University in 2005. After working at the editorial department of *Kenchiku Journal* and pursuing a doctoral degree at the Kyoto Institute of Technology, he took up an associate professor position at the Department of Design and Architecture at the University of Shiga Prefecture. His doctoral thesis is entitled *Research on the Influence of MoMA in 1950s on Japanese Architecture and Design Fields*.

山﨑健太郎 Yamazaki Kentaro

やまざき・けんたろう／ 1976 年生まれ。株式会社山﨑健太郎デザインワークショップ代表。工学院大学、東京理科大学、明治大学非常勤講師。主な受賞歴に、日本建築学会作品選集新人賞、グッドデザイン賞ベスト 100 ＋未来づくりデザイン賞（経済産業省商務情報局長賞）、iF DESIGN AWARD GOLD AWARD（ドイツ）、AR Emerging Architecture awards（ロンドン）など。

Yamazaki Kentaro was born in 1976. While a chairman of Yamazaki Kentaro Design Workshop, he is also a faculty member of Kogakuin University, Tokyo University of Science, and Meiji University. Some of his notable achievements include JIA Emerging Architect Award, Good Design Award Best 100, iF Design Award Gold Award, and AR Emerging Architecture Awards.

吉村靖孝 Yoshimura Yasutaka

よしむら・やすたか／ 1972 年愛知県生まれ。1995 年早稲田大学理工学部建築学科卒業。1997 年同大学大学院理工学研究科修士課程修了後、1999 - 2001 年文化庁派遣芸術家在外研修員としてオランダの MVRDV に在籍。02 年より東京大学大学院、早稲田大学、東京工業大学の非常勤講師を歴任し、05 年に吉村靖孝建築設計事務所設立、明治大学特任教授を経て、18 年より早稲田大学教授。

Yoshimura Yasutaka was born in Aichi Prefecture in 1972. After completing his master's degree in architecture at Faculty of Engineering at Waseda University in 1997, he worked at MVRDV in Netherlands as a research faculty member of the Agency for Cultural Affairs' overseas study program. Yoshimura has been a part-time lecturer at The University of Tokyo, Waseda University, and Tokyo Institute of Technology since 2002. An appointed professor at Meiji University since 2013. He established his own practice in 2005. He has been a professor at Waseda University since 2018.

森美術館 組織

理事長　森 佳子

館長　南條史生

部長　岡本次郎

チーフ・キュレーター　片岡真実

業務管理グループ
三戸和仁、原 育子、原 幸代、廣田真理子、北條ユミ、星野朋子、伊藤浩子、泉 佐和子、河野信秀、宮原洋子、村本絵里、千賀かおり、島田康平、品川知子、主藤 実、多田野祐子、冨山順子

マーケティング・グループ
清水昌和、洞田貫晋一朗、土井慶子、平田裕子、今村亜希子、加藤 恵、木所葉子、町野加代子、成田理恵、西牧佐知子、坂田めぐみ、杉 祐実、瀧 奈保美、田辺奈津、戸澤麗美、内田匠子

企画グループ
土屋隆英、金子素子、近藤健一、熊倉晴子、大垣すみれ、白濱恵里子、白木栄世、高島純佳、德山拓一、椿 玲子、横山佳世子

展示・制作グループ
松島義尚、稲木宏光、石田雅人、前田尚武、長路秀鷹、中島美々、小山田洋子、田篭美保、髙木ゆみ、髙橋美奈、鷹箸絵麻、竹ヶ鼻真理子、竹内もも、山名祭里、吉田彩子、吉岡智代

営業企画・運営グループ
永井研史、江口小百合、日高サリ、伊藤綾子、糸賀雄介、風間美希、栗原 彩、松久壽子、宮下由紀、長澤有記、中原里美、小川正彦、佐伯俊郎、齋藤多美子、杉山 央、砂田 景、高橋一菜、内田芽亜理、上田敏雄、山本ゆい、矢野紘輔

※ 姓のアルファベット順
※ 2018年4月25日現在

Mori Art Museum Organization

Chairperson: Mori Yoshiko

Director: Nanjo Fumio

General Manager: Okamoto Jiro

Chief Curator: Kataoka Mami

Administration Group:
Mito Kazuhito, Hara Ikuko, Hara Sachiyo, Hirota Mariko, Hojo Yumi, Hoshino Tomoko, Ito Hiroko, Izumi Sawako, Kohno Nobuhide, Miyahara Yoko, Muramoto Eri, Senga Kaori, Shimada Kohei, Shinagawa Tomoko, Shudo Minoru, Tadano Yuko, Tomiyama Junko

Marketing Group:
Shimizu Masakazu, Dodanuki Shinichiro, Doi Keiko, Hirata Yuko, Imamura Akiko, Kato Megumi, Kidokoro Yoko, Machino Kayoko, Narita Rie, Nishimaki Sachiko, Sakata Megumi, Sugi Yuumi, Taki Nahomi, Tanabe Natsu, Tozawa Reimi, Uchida Shoko

Curatorial Group:
Tsuchiya Takahide, Kaneko Motoko, Kondo Kenichi, Kumakura Haruko, Ohgaki Sumire, Shirahama Eriko, Shiraki Eise, Takashima Sumika, Tokuyama Hirokazu, Tsubaki Reiko, Yokoyama Kayoko

Exhibitions Production and Management Group:
Matsushima Yoshinao, Inaki Hiromitsu, Ishida Masato, Maeda Naotake, Nagaji Hidetaka, Nakajima Mimi, Oyamada Yoko, Tagomori Miho, Takagi Yumi, Takahashi Mina, Takanohashi Ema, Takehana Mariko, Takeuchi Momo, Yamana Matsuri, Yoshida Ayako, Yoshioka Tomoyo

Planning and Operation Group:
Nagai Kenji, Eguchi Sayuri, Hidaka Sally, Ito Ayako, Itoga Yusuke, Kazama Miki, Kurihara Aya, Matsuhisa Toshiko, Miyashita Yuki, Nagasawa Yuki, Nakahara Satomi, Ogawa Masahiko, Saeki Toshiro, Saito Tamiko, Sugiyama Ou, Sunada Kei, Takahashi Kazuna, Uchida Meari, Ueda Toshio, Yamamoto Yui, Yano Kosuke

* In an alphabetical order of family names.
* As of April 25, 2018.

建築の日本展：その遺伝子のもたらすもの

展覧会

監修	藤森照信（建築家・建築史家／東京大学名誉教授）
企画	南條史生（森美術館館長）、前田尚武（森美術館建築・デザインプログラムマネージャー）、徳山拓一（森美術館アソシエイト・キュレーター）、倉方俊輔（建築史家／大阪市立大学大学院工学研究科准教授）、ケン・タダシ・オオシマ（建築史家／ワシントン大学教授）
企画協力	香川県立ミュージアム、広瀬麻美（浅野研究所）
展示デザイン	森美術館、川勝真一、工藤桃子、元木大輔　橋詰 宗、飯田将平

カタログ

編集	土屋隆英、前田尚武、徳山拓一（森美術館）　広瀬麻美（浅野研究所）
編集補	髙橋美奈、吉田彩子、竹内もも（森美術館）
編集・制作	下田泰也、杉浦命生（Echelle-1）、鈴木真理子、鈴木雄大、松元みぎわ、李 潤希
編集協力	伏見 唯
アート・ディレクション	松田行正
デザイン	日向麻梨子、倉橋 弘
翻訳統括	大西伸一郎
翻訳	大西伸一郎、福田能梨繪、ゲン・マチダ　フィリップ・ナカムラ、ジュリアン・ウォーラル
翻訳協力	ハート・ララビー、牧 忠峰、渡辺美恵子、山木 茂　山本純子、織部晴崇、長谷川 香、横山祥平
発行日	2018 年 9 月 18 日 初版発行　2023 年 10 月 30 日 第 4 刷
発行人	下田泰也
発行所	株式会社 Echelle-1　〒 162-0822 東京都新宿区下宮比町 2-7 ドメインビル 3F　Tel. 03-3513-5826　http://echelle-1.com
発売	株式会社建築資料研究社　〒 171-0014 東京都豊島区池袋 2-38-1-3F　Tel. 03-3986-3239　https://www.kskpub.com
印刷	シナノ印刷株式会社

ISBN 978-4-86358-583-6

禁無断転載複写
落丁乱丁の場合はお取り替えいたします。

本書の出版にあたっては、株式会社竹尾より用紙のサポートをいただきました。
使用紙は、表紙：黒気包紙 C、論考部：タブロです。

Japan in Architecture: Genealogies of Its Transformation

Exhibition

Advisor: Fujimori Terunobu (Architect/Architectural Historian; Honorary Professor, the University of Tokyo)

Curatorial Team: Nanjo Fumio (Director, Mori Art Museum), Maeda Naotake (Manager, Architecture and Design Programs, Mori Art Museum), Tokuyama Hirokazu (Associate Curator, Mori Art Museum), Kurakata Shunsuke (Architectural Historian; Associate Professor, Graduate School of Engineering, Osaka City University), Ken Tadashi Oshima (Architectural Historian; Professor, Department of Architecture, University of Washington)

Curatorial Collaborators: The Kagawa Museum, Hirose Mami (Asano Laboratories)

Exhibition Design: Mori Art Museum, Kawakatsu Shinichi, Kudo Momoko, Motogi Daisuke, Hashizume So, Iida Shohei

Catalogue

Editors: Tsuchiya Takahide, Maeda Naotake, Tokuyama Hirokazu (Mori Art Museum), Hirose Mami (Asano Laboratories)

Editorial Assistants: Takahashi Mina, Yoshida Ayako, Takeuchi Momo (Mori Art Museum)

Editors and Production: Shimoda Yasunari, Sugiura Mei (Echelle-1), Suzuki Mariko, Suzuki Yudai, Matsumoto Migiwa, Lee Yuni

Editorial Support: Fushimi Yui

Art Director: Matsuda Yukimasa

Designers: Hyuga Mariko, Kurabahashi Hiro

Chief Translator: Shin Ichiro Ohnishi

Principal Translators: Shin Ichiro Ohnishi, Norie Lynn Fukuda, Gen Machida, Phillip Nakamura, Julian Worrall

Contributing Translators: Hart Larrabee, Maki Tadamine, Watanabe Mieko, Yamaki Shigeru, Yamamoto Sumiko, Oribe Harutaka, Hasegawa Kaori, Yokoyama Shohei

First Edition: September 18, 2018

Publisher: Shimoda Yasunari, Echelle-1. Inc.
Iidabashi KS Bldg 2-14 Shimomiyabi-cho, Shinjuku-ku, Tokyo 162-0822, Japan Tel. +81-3-3513-5826
http://echelle-1.com

Distributor(Japan): Kenchiku Shiryo Kenkyusha Co., Ltd.
COSMY-I 4F 2-38-2 Ikebukuro, Toshima-ku, Tokyo 171-0014, Japan Tel. +81-3-3986-3239

Distributor(Overseas): Echelle-1, Inc.

Printed in Japan by: Koyo-sha Co., Ltd.

© Mori Art Museum
© Echelle-1, Inc.

2018 All rights reserved.